Gerd Bolik

NATO-Planungen für die Verteidigung der Bundesrepublik Deutschland im Kalten Krieg

NATO-Planungen für die Verteidigung der Bundesrepublik Deutschland im Kalten Krieg

Gerd Bolik

2. durchgesehene und erweiterte Auflage

2023

Carola Hartmann Miles-Verlag

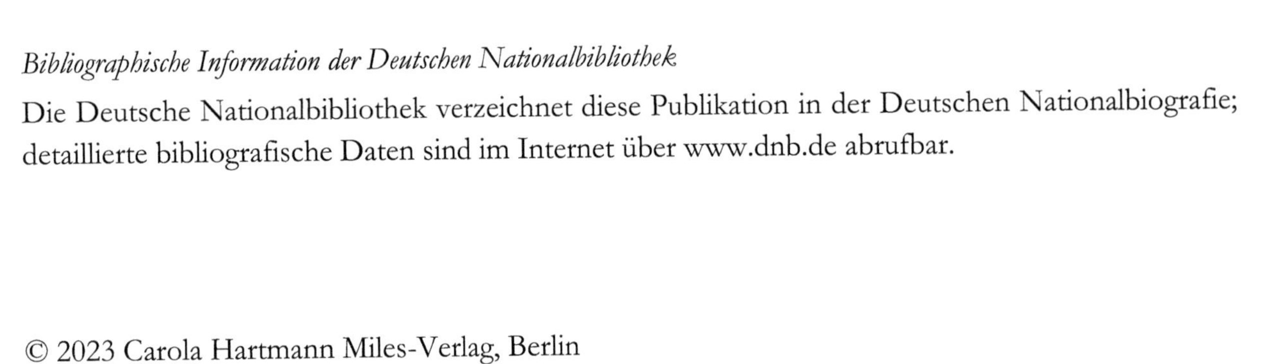
Bibliographische Information der Deutschen Nationalbibliothek
Die Deutsche Nationalbibliothek verzeichnet diese Publikation in der Deutschen Nationalbiografie;
detaillierte bibliografische Daten sind im Internet über www.dnb.de abrufbar.

© 2023 Carola Hartmann Miles-Verlag, Berlin
www.miles-verlag.jimdo@com
email: miles-verlag@t-online.de

Herstellung: Books on Demand, Norderstedt

Printed in Germany

ISBN 978-3-96776-063-7

Inhaltsverzeichnis

Vorwort zur 1. Auflage

Es ist sicher ungewöhnlich, dass sich ein ungedienter Zivilist mit Fragen der NATO-Verteidigung im Kalten Krieg befasst. Dies umso mehr, als dieser Zivilist in seinem Berufsleben ein Richter war, der von seiner Tätigkeit her keinerlei Bezug zu militärischen Dingen hatte. Allerdings beschäftigte sich der Verfasser seit frühester Jugend mit dem Militär, und zwar schon vor dem Aufbau der Bundeswehr.

Frühzeitig richtete sich das Interesse des Verfassers auf die Fragen der NATO-Verteidigung. Dieser Bereich war während des Kalten Krieges besonders sensibel. Hier galt die Neugier der Frage, welche Gefechtsstreifen von welcher Nation mit welchen Truppen besetzt ist, wo die Grenzen der Gefechts-streifen verlaufen und welche Kampfweise vorgesehen ist (lineare Aufstellung aller gefechtsbereiten Truppenteile oder Bereithaltung kampfkräftiger Reserven). Es gab kaum Literatur dazu, insbesondere waren die Gefechtsstreifen – auch in den Weißbüchern – unzureichend dargestellt. Nachfragen hierzu waren höchst verdächtig.

Etwas Licht ins Dunkel brachte dann die 1975 veröffentlichte Studie von Ulrich de Maizière „Vertei-digung in Europa Mitte", in der die Friedensdislozierung und grob die geplanten Einsatzräume abge-handelt wurden. Auch Heinz Magenheimer gibt in seinem 1986 erschienenen Buch „Die Verteidigung Westeuropas" eine Fülle von Informationen. Nach Ende des Kalten Krieges erfolgten Veröffentli-chungen von Dieter Krüger „Brennender Enzian – Die Operationsplanung der NATO für Österreich und Norditalien 1951 bis 1960" und Helmut R. Hammerich betreffend die Verteidigungsplanungen im Bereich des I.-III. (GE) Korps, die sich erstmals auf „scharfe" Einsatzplanungen stützten.

Dies ermutigte den Verfasser – teilweise aktengestützt – die Planungen für alle Korps darzustellen, die an der Verteidigung der Bundesrepublik Deutschland beteiligt waren. Schwierigkeiten ergaben sich daraus, dass nur bei den deutschen Korps eine befriedigende Aktenlage im Militärarchiv vorgefunden wurde. Aus diesen Akten ließen sich auch Erkenntnisse über die benachbarten Korps gewinnen.

Der GDP des V. (US) Korps ist im Internet einsehbar. Im Übrigen ließen die Amerikaner – ebenso wie die Belgier – mehrfache Anfragen unbeantwortet. Hier musste – wie auch bei anderen Nationen, deren Verteidigungspläne nicht eingesehen werden konnten – auf offene Literatur zurückgegriffen werden. Je nach Informationslage sind daher die einzelnen NATO-Korps in unterschiedlicher Aus-führlichkeit dargestellt.

Beim Lesen der Operationspläne, die mit Anhängen teils über 200 Seiten lang sind, wird man an ein Drehbuch erinnert. Allerdings beschleichen einen oft Zweifel, ob im Ernstfall dieses Drehbuch taug-lich gewesen wäre. Es ist keine Rede davon, dass ein Aufmarsch nicht planmäßig durchgeführt werden kann, weil Brücken gesprengt oder die Vormarschstraßen mit Flüchtlingen belegt sind, die sich jedem Versuch widersetzen, die Straßen freizumachen. Es ist auch keine Rede davon, dass die sorgfältige Aufmarschplanung nicht greift, da die nationalen Regierungen die Lage unterschiedlich einschätzen und daher zu unterschiedlichen Zeiten mobil machen. Ob die Verbände, die als Deckungskräfte oder in der Verzögerung eingesetzt waren tatsächlich nach kurzer Auffrischung in der Lage gewesen wären, die ihnen zugedachten Aufgaben in der Verteidigung oder im Angriff wahrzunehmen, kann bezweifelt werden.

Beklemmend ist weiter, dass im Rahmen der NATO-Strategie der „Massive Retalition" („Massive Vergeltung", MC 14/2) nüchtern die Zielpunkte auch auf dem Gebiet der Bundesrepublik genannt werden, die mit atomarem Feuer belegt werden sollen. Gott sei Dank blieb uns die Erprobung dieser Planungen erspart.

Die Arbeit ermöglicht es dem Leser, dass er sich anhand der Zitate in aller Regel die Quellen beschaf-fen und diese selbst studieren kann. Das Werk ist weder eine vollständige Darstellung aller

Verteidigungsplanungen über die gesamte Zeit des Kalten Krieges noch enthält es Bewertungen. Aus der Perspektive der NATO und seiner Mitgliedsstaaten wird vielmehr aufgezeigt, wie sie sich Aufmarsch und Verteidigung in den ersten Tagen eines Angriffs der Warschauer Pakt-Staaten planerisch vorstellten. Dabei bestand in West und Ost Übereinstimmung in der Annahme, dass alle Planungen nach dem ersten Schuss praktisch Makulatur sind.

Die vorliegende Ausarbeitung ist damit eine Beschreibung der sich über die Jahre veränderten NATO-Strategie und deren Auswirkungen auf die Gefechtsstreifen, Schwerpunktbildungen, Truppeneinteilungen, Kampfgrundsätze sowie auf Bildung und Einsatz der Reserven.

Bei aller Sorgfalt lassen sich Fehler und Ungenauigkeiten nicht vermeiden. Sollten solche in dem Buch aufgefunden werden, bitte ich um Mitteilung unter dr.gerd.bolik@t-online.de.

Die Arbeit wäre nicht möglich gewesen, wenn ich nicht von einer Vielzahl von Personen Unterstützung erhalten hätte. Da ist zunächst Frau Griseldis Ehrhardt vom Militärarchiv in Freiburg zu nennen. Sie hat in vielen Fällen für mich die Freigabe eingestufter Dokumente erreicht. Ferner wurde ich bei den Recherchen maßgeblich von Herrn Jonas Körtner, Mitarbeiter im Militärarchiv, beraten.

Weiter haben mich die Herren General a. D. Dr. Helge Hansen, Generalmajor a. D. Jürgen Reichardt, Brigadegenerale (a. D.) Hans Scriba und Istvan Csoboth, Oberst a. D. Manfred Benkel, Oberst a. D. Friedrich Jeschonnek, Oberst (NVA) a. D. und Oberstleutnant (Bw) a. D. Siegfried Lautsch, die Oberstleutnante Dr. Helmut R. Hammerich und Dr. Heiner Möllers aus dem ZMSBw, Oberstleutnant a. D. Wilhelm Knögel sowie Hans-Joachim Schick (†) und Major a. D. Jörg Wurdack bereitwillig unterstützt. Sie haben uneigennützig ihr umfängliches Wissen mit mir geteilt und mich bei der Idee einer Veröffentlichung bestärkt.

All den genannten Personen gilt mein aufrichtiger Dank.

Vorwort zur 2. Auflage

Kurz nach Erscheinen der 1. Auflage erhielt ich wertvolle Hinweise von mehreren Lesern. Viele davon habe ich bei dieser zweiten, erweiterten Auflage berücksichtigen können.

Als besonderer Glücksfall erwies sich dabei die Korrespondenz mit Herrn Oberst a. D. Michael Buck. Dieser war lange Jahre mit der operativen Planung in Schleswig-Holstein befasst. Ihm verdanke ich den Zugang zu weiteren Dokumenten des Militärarchivs, die sich mit den Planungen in Schleswig-Holstein befassen. So konnten einige Lücken in der Beschreibung der Verteidigungsplanung geschlossen werden. Überdies hat er eine Reihe von sehr informativen Skizzen zu den Operationsplänen beigesteuert.

Weitere wichtige Dokumente und Anregungen erhielt ich von Herrn Eric de Jong, der mir Unterlagen zur Operationsplanung des 1 (NL) Legerkorps zugänglich machte.

Die Verteidigungspolitischen Richtlinien von 2003 gaben die Priorität der Landesverteidigung als Aufgabe für die Bundeswehr auf, da eine Auseinandersetzung in Mitteleuropa in überschaubarer Zeit als unwahrscheinlich angesehen wurde.

Durch den Krieg in der Ukraine rücken nunmehr die Landes- und Bündnisverteidigung wieder in den Fokus; auch deshalb soll der Bundeswehr mit 100 Milliarden Euro ermöglicht werden, ihre dazu notwendigen Fähigkeiten aufzubauen.

Ein Wort noch zu den Kartenskizzen im Buch. Wenn man die im Buch geschilderten Operationen nachvollziehen will, muss eine Karte oder ein Atlas verwendet werden. Die Skizzen dienen in erster Linie der Veranschaulichung der Gesamtsituation.

In der 2. Auflage wurde das Layout verändert. So wurden die Endnoten in Fußnoten umgewandelt und die Zeitangaben an den Seitenanfang gestellt. Diese arbeitsintensive Umgestaltung des Layouts hat Herr Oberstleutnant Dr. Heiner Möllers übernommen, wofür ich ihm großen Dank schulde.

I.   Vorbemerkungen

1.   Grundsatzplanungen des NATO Military Committee (MC)

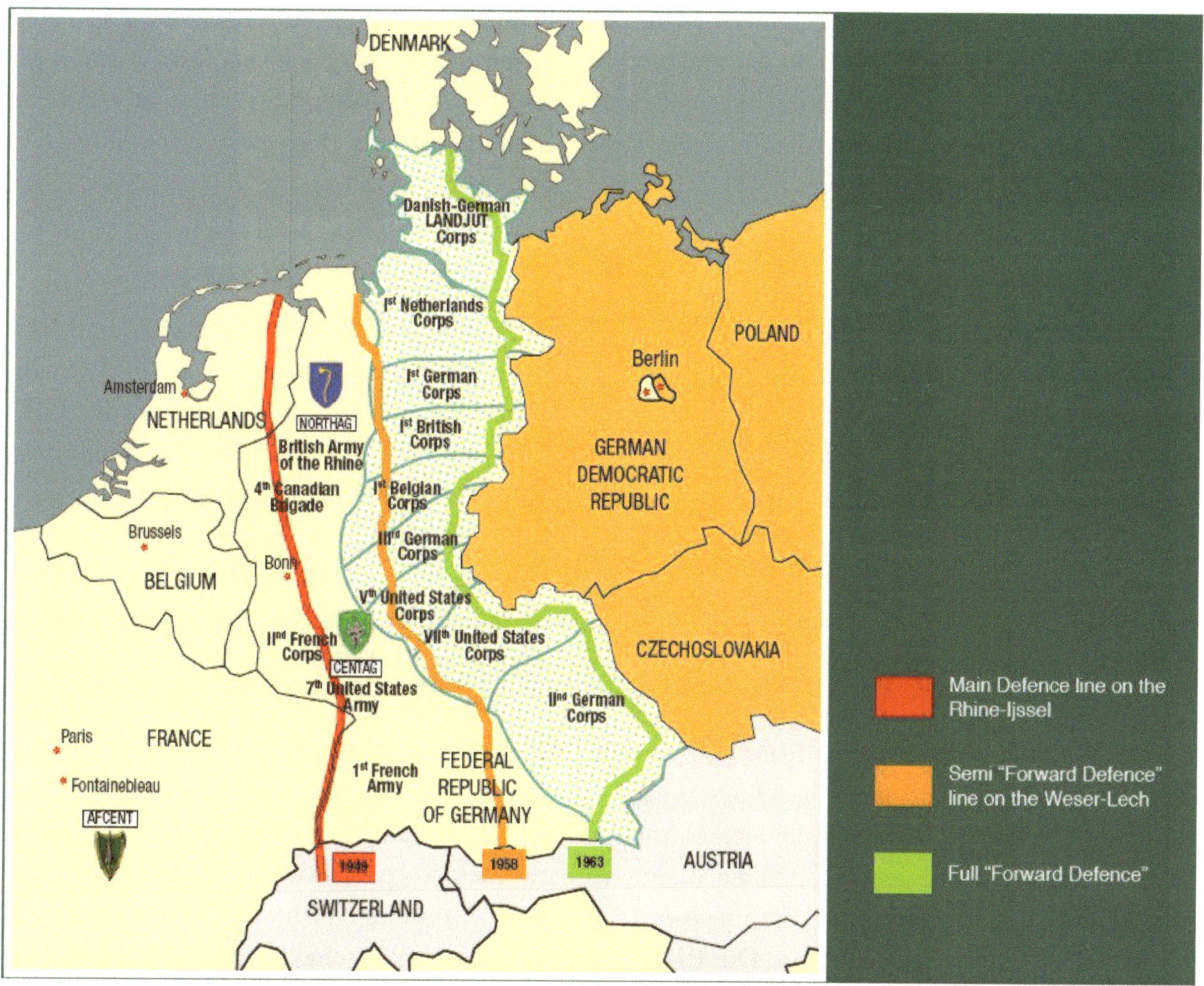

Abb. 1: Entwicklung der Vorneverteidigung. Quelle: https://www.nato.int/cps/en/natohq/news_109043.htm (Handout: Forward Defence: NATO's early military planning for Central Europe PDF/1100Kb) (22.12.2022).

Die Planungen der Verteidigungsoperationen waren von den strategischen Richtlinien der NATO bestimmt. Dabei ging man von einem „worst case"-Szenario aus, zog allerdings auch begrenzte Operationen des WP in die Überlegungen ein.

MC 14/1 (Final) vom 9.12.1952 hatte den Streitkräfteeinsatz zwischen der Zonengrenze und der RHEIN-IJSSEL-Linie sowie die Verteidigung wichtiger Räume in den südlichen Mittelgebirgen zum Ziel. Es galt schon damals der Grundsatz der Vorwärtsverteidigung in Westeuropa, d.h. Verteidigung soweit ostwärts des RHEIN wie möglich. Dazu bedurfte es allerdings starker konventioneller Streitkräfte, deren Schaffung auf der Tagung des NATO-Rates in LISSABON (20.-25.2.1952) beschlossen worden war. Die in LISSABON vereinbarten Streitkräfteziele (bis 1954 die Aufstellung von 52 einsatzbereiten und 90 Reservedivisionen, die binnen 30 Tagen nach Mobilmachung einsatzbereit sind) wurden – trotz der im Dezember 1952 beschlossenen Verschiebung auf das Jahr 1956 – zu keinem Zeitpunkt erreicht. Daher musste eine neue strategische Richtlinie entwickelt werden.

MC 14/2 (Final) vom 23.5.1957 verschrieb sich dem Prinzip der „Massive Retaliation", d.h. auch bei einem konventionell vorgetragenen Angriff bestand die Gefahr für den Angreifer, dass die NATO sofort massiv nuklear zurückschlägt. Der Grundsatz der Vorwärtsverteidigung galt fort und wurde am

1.9.1963 durch den SACEUR für die Bereiche AFCENT und BALTAP als strategisches Prinzip befohlen. In Folge der zunehmenden nuklearen Kapazität der UdSSR verlor MC 14/2 an Glaubwürdigkeit und wurde durch MC 14/3 ersetzt.

MC 14/3 (Final) vom 16.1.1968 hatte als Kerninhalt das Prinzip der „Flexible Response", d.h. man wollte einem Aggressor zunächst auf der von ihm gewählten „Stufe" entgegentreten, behielt sich aber – bei Scheitern dieses Versuches – eine Eskalation bis hin zum Nuklearwaffeneinsatz vor. Auch in der MC 14/3 war das Prinzip der Vorwärtsverteidigung (später Vorneverteidigung) verarbeitet und sollte durch Tiefenstaffelung der Streitkräfte sowie entsprechende taktische Beweglichkeit sichergestellt werden.

2. Entwicklung der Emergency- und General Defense Plans (EDP und GDP)

Aus politischen Gründen wurden – entgegen militärischer Vernunft – die zur Verteidigung von EUROPA-MITTE vorgesehenen nationalen Korps nebeneinander eingesetzt, wobei diese die Verteidigungsoperationen grundsätzlich schon an der Zonengrenze aufzunehmen hatten. Nach der HDv 100/100 der Bundeswehr war der Kriegsschauplatz in eine Combat Zone und eine Communication Zone eingeteilt. Die Combat Zone unterteilte sich in eine Forward Combat Zone, die aus den Division Areas (Breite 35 – 60 km und Tiefe bis 70 km) mit den Brigadegebieten und der Division Rear Area bestand. Auf diese folgte rückwärts die Corps Rear Area (= Rückwärtiges Korpsgebiet). Daran schloss sich die Rear Combat Zone (= Rückwärtige Kampfzone) an, gefolgt von der Communication Zone (= Verbindungszone). Die Division Areas bildeten das eigentliche Gefechtsfeld.

Die NATO-Befehlshaber entwickelten für ihren jeweiligen Bereich die Verteidigungspläne, die bis 1970 EDP (Emergency Defense Plan) und danach GDP (General Defense Plan) genannt wurden[1]. Diese hatten sich im Aufbau an die STANAG 2014 zu halten. Oberste Planungsebene war SACEUR, es folgten CINCENT und dann die Heeresgruppen NORTHAG und CENTAG. Deren Planungen gaben nur die groben Linien vor. Erst auf Ebene der nationalen Korps wurden die Vorgaben in Operationspläne bzw. Operationsbefehle umgesetzt. Auf dieser Grundlage planten die Divisionen und Brigaden ihre Einsatzmöglichkeiten. Die EDP/GDP wurden in unterschiedlichen Zeiträumen herausgegeben. Die Notwendigkeit einer grundlegenden Neubearbeitung für die EDP/GDP entstand dann, wenn die Organisationsstruktur und/oder die Waffenausstattung verändert wurden oder die Feindlage sich verändert hatte. Die EDP/GDP wurden auch nach ihrem Erlass/bei der Inkraftsetzung noch geändert, was man durch einen Austausch von Seiten bewerkstelligte. Der Korpsbefehl Nr. 1 für das I. (GE) Korps wurde am 30.6.88 erlassen und mit Wirkung vom 1. Juli 1989 in Kraft gesetzt, aber gleichwohl als GDP 88 bezeichnet.

Die NATO-Kommandobehörden konnten weder über die in der Vorneverteidigung eingesetzten Kräfte frei verfügen noch über den Raum für die Operationen. Jede signifikante Änderung des GDP bedurfte der Zustimmung der betroffenen Nationen. Es oblag der Verantwortung der jeweiligen Kommandierenden Generale der Korps, wie der Auftrag zur Verteidigung im zugewiesenen Gefechtsstreifen umgesetzt wird. NATO-Kommandobehörden konnten auch keinesfalls z.B. einen Ausgleich von Kampfkraft über die Korpsgrenzen hinweg befehlen[2].

Diese Grundsätze wurden in den 80er Jahren „aufgeweicht". So forderte der Befehlshaber von NORTHAG, General Sir Nigel Bagnall, die nationalen Korps sollten nach einer gemeinsamen Idee kämpfen[3]. Die „Operative Leitlinie" für die Bundeswehr postulierte, die Heeresgruppen müssten

---

1   Hammerich, Süddeutschland als Eckpfeiler, S.34.
2   Brand, Politische, strategische und operative Rahmenbedingungen, S. 30.
3   Bagnall, Concepts of LAND/AIR Operations, S. 59-62.

zwischen den Korps verschiedener Nationalität Kampfkraft und Verfügbarkeit ausgleichen und koordinieren[4].

Die in den NATO-Planungen vorgegebenen Korpsgrenzen waren nicht auf Dauer festgelegt. Im Laufe der Zeit gab es vielmehr Verschiebungen, abhängig vom Wechsel der einsetzbaren Kräfte und der Art der Kampfführung. Bis zu Beginn der 1980er Jahre wurde eine lineare „Aufreihung" der Brigaden bevorzugt. Später ging man davon aus, dass Reserven in der „Tiefe" des Raumes vorzuhalten sind.

Es ist heute praktisch nicht möglich aktengestützt die Korpsgrenzenverschiebungen und den geplanten Kräfteansatz innerhalb der einzelnen Korps lückenlos nachzuvollziehen. An das Bundesarchiv-Militärarchiv wurden nämlich die EDP- bzw. GDP-Akten nur unvollständig abgegeben. Die GDP-Planungen wurden 1990 außer Kraft gesetzt und die noch nicht an das Militärarchiv abgegebenen Unterlagen etwa 1992 auf Weisung des BMVg vernichtet[5].

3. NATO Alarmstufen[6]

Military Vigilance (MV) ist die „Vorstufe" der Alarmmaßnahmen. Sie wird in Zeiten niedriger, aber sich erhöhender Spannungen ausgerufen und kann von Major NATO Commands (MNC) für „assigned forces" angeordnet werden, ohne dass das NATO-Hauptquartier in Brüssel oder nationale Regierungen zustimmen müssen. Diese sind aber von der Anordnung zu unterrichten. Es können nur vorsorgliche militärische Maßnahmen ergriffen werden wie z.B. die Aktivierung reservierter Fernmeldeleitungen, Überprüfung von Mobilisierungsplänen, verdeckte Erkundung geplanter Auflockerungsräume und Durchführung von Bereitschaftsübungen.

Das **formale Alarmsystem** der NATO besteht aus den folgenden 3 Stufen:

Simple Alert (SA) ordnet an, dass die „assigned forces" in Kampfbereitschaft versetzt und die „earmarked forces" kriegstüchtig gemacht werden. Im Normalfall kann Simple Alert von den MNC nur angeordnet werden, wenn sie die Erlaubnis der Regierungen über deren Vertreter im NATO-Rat erhalten haben. Im Fall eines drohenden Überraschungsangriffs kann der MNC „selbst" den Simple Alert ausrufen, wenn dies mit der betroffenen Regierung vorab vereinbart wurde. Aus politischen Gründen durften bei Simple Alert nicht mehr als 20 Prozent der Einsatzkräfte im Einsatzraum sein[7].

Reinforced Alert (RA) bringt alle NATO-Kräfte auf den höchsten Stand der Einsatzbereitschaft und ist im Allgemeinen der Zeitpunkt, wo die "earmarked forces" den MNC unterstellt werden. Die Ausrufung erfolgt im Normalfall durch den NATO-Rat, kann aber im Notfall durch den MNC in Abstimmung mit der betroffenen Regierung erfolgen.

General Alert (GA) heißt, dass die Feindseligkeiten bereits ausgebrochen sind oder deren Ausbruch unmittelbar bevorsteht.

Neben dem formalen Alarmsystem gibt es das „Counter Surprise System", das den MNC erlaubt, im Falle eines Überraschungsangriffs Notfallmaßnahmen zu ergreifen.

---

[4] Leitlinie für die operative Führung von Landstreitkräften in Mitteleuropa, S. 13/36.; BArch, BH 1/22200.

[5] Mitteilung von Generalmajor a. D. Jürgen Reichardt vom 19.2.2013. Vgl. BArch, BH 7-3/864b, demnach ordnete COMCENTAG an, die Arbeiten an den GDP einzustellen. Für diesen Hinweis danke ich Herrn Oberstleutnant Dr. Heiner Möllers im ZMSBw.

[6] Miller, The Cold War, Kapitel 31, sowie dort Dokument „NATO-Alarm System" 1962.

[7] Mitteilung von Generalmajor a. D. Jürgen Reichardt vom 9.3.2013.

Das Counter Surprise System kennt 2 Stufen

- **State Orange,** falls ein Angriff binnen Stunden droht und
- **State Scarlet**, wenn ein Angriff bereits begonnen hat oder in weniger als 1 Stunde zu erwarten ist.

4.   Mobilmachung und Aufmarsch[8]

Die **Mobilmachung** konnte nicht von der NATO „angeordnet" werden, sondern setzte einen entsprechenden Beschluss der jeweiligen NATO-Staaten voraus. Mit der Mobilmachung sollten die Streitkräfte in den Zustand versetzt werden, der für die Verteidigungsoperationen notwendig ist. Dazu gehörten die personelle und materielle Mobilmachungsergänzung, die Einnahme der Verteidigungsgliederung sowie Maßnahmen zur Herstellung oder Erhaltung der Durchhaltefähigkeit. Die Mobilmachung konnte vollständig oder abgestuft erfolgen.

Die Einzelheiten enthielten die Mobilmachungspläne der jeweiligen Länder. Die Mobilmachungsabhängigkeit war bei den einzelnen Ländern und innerhalb der Länder bei den Truppenteilen sehr unterschiedlich. Als Anhalt kann gelten, dass die Kampftruppenteile den geringsten Mobilmachungsbedarf hatten, während er bei den Logistiktruppen und insbesondere bei den nichtaktiven Truppenteilen entsprechend hoch war. Nicht alle Truppenteile einer Brigade der Bundeswehr erreichten bei MILITARY VIGILANCE ihre V-Stärke. Aus der Verfügungsbereitschaft wurden nur die Rekruten ersetzt. Erst bei SIMPLE ALERT wird die Stärke einer PzGrenBrig durch personelle MobErgänzung von 3.150 auf 3.538 erhöht. Besonders abhängig von der Mobilmachung waren StKp, NschKp, InstKp und das PzArtBtl. Letzteres benötigte 110 Reservisten, davon 15 Offiziere und 36 Unteroffiziere. Die für die unmittelbare Feuerunterstützung zwingend benötigten Beobachter waren im Frieden nämlich nur zu 10 Prozent aktiv[9]. Zwischen dem Alarmsystem und der Mobilmachung bestand eine enge Abhängigkeit, da bestimmte Alarmmaßnahmen bestimmte Mobilmachungsmaßnahmen auslösten. Vor der Auslösung der Alarmmaßnahme SIMPLE ALERT wurde keine Mobilmachung durchgeführt.

Die Mobilmachung stützte sich bei der Bundeswehr auf ein System ab, das aus den folgenden Elementen bestand:

- Mobilmachungsstützpunkt (Lager in oder außerhalb von Kasernen),
- Gestellungsort Personal (dort hatten sich die einberufenen Reservisten einzufinden),
- Gestellungsort Material (hier wurden die von den Leistungspflichtigen abzugebenden Kraftfahrzeuge und/oder Maschinen auf ihre Tauglichkeit untersucht),
- Mobilmachungs-Unterbringungsobjekte (diese waren als Unterkünfte für die einberufenen Soldaten vorgesehen, wobei es sich um vorerkundete Objekte wie Gasthöfe, Jugendherbergen, Sporthallen usw. handelte). Es war allerdings die Ausnahme, dass alle Elemente an einem Ort lagen[10].

Dem **Aufmarsch** ging die Herstellung der Marschbereitschaft voraus. Zunächst mussten die vorhandenen Kräfte alarmiert und die Urlauber zurückgerufen werden. Gleichzeitig waren die Alarmreservisten einzuberufen, welche die am Anfang der Grundausbildung stehenden Soldaten zu ersetzen hatten.

Es waren die Kampf- und Transportfahrzeuge aufzurüsten und in standortnahe Auflockerungsräume zu verlegen. Dort hatte man Munition aufzunehmen, die aus den Standortmunitionsniederlagen

---

[8] Diese Ausführungen lehnen sich eng an die von Oberstleutnant a. D. Wilhem Knögel in der e-mail vom 9.7.2015 erteilten Informationen an; ferner an BArch 7-3/871b.

[9] Mitteilung von Oberstleutnant a. D. Wilhelm Knögel vom 9.7.2015.

[10] Mitteilung von Oberstleutnant a. D. Wilhelm Knögel vom 9.7.2015.

abgeholt wurde; ferner wurden die Fahrzeuge betankt[11]. Die Munition für die Panzerkanonen, die Artillerie und das Pioniersperrmaterial wurde durch die Nachschubverbände/-einheiten zugeführt.

Der Aufmarsch musste sorgfältig geplant werden. Er setzte grundsätzlich eine abgeschlossene Mobilmachung voraus und wurde hauptsächlich auf Straße und Schiene durchgeführt. Innerhalb der NATO-Staaten waren die Marschbewegungen genau zu koordinieren, da bei den einzelnen NATO-Kontingenten die Friedensgarnisonen selten im zugewiesenen Verteidigungsabschnitt lagen. Daher ließen sich „Kreuzungen" der verschiedenen NATO-Truppen nicht vermeiden.

So hatten wesentliche Teile des 1. (BR) Korps aus ihren Garnisonen (z.B. SOLTAU, FALLINGBOS-TEL, CELLE, HOHNE) den Gefechtsstreifen des I. (GE) Korps von NORD nach SÜD zu passieren, um ihre Verteidigungspositionen südlich von HANNOVER zu erreichen. Die Masse des belgischen und niederländischen Kontingents musste ganz Deutschland von WEST nach OST durchqueren. Den Kontingenten wurden Marschstraßen zugeteilt, um „Kollisionen" der einzelnen Marschkolonnen zu vermeiden.

Grundsätzlich wurde zwischen dem Regelaufmarsch und dem Eilaufmarsch unterschieden. Der Regelaufmarsch war bei der Bundeswehr in folgende Teilaufmärsche unterteilt:

- Vorlauf (dient der Verlegung besonders ungünstig stationierter Truppenteile in die Nähe ihres Einsatzraumes). Im Vorlauf konnten auch bereits Sperrpioniertruppenteile aufmarschieren.
- Vorausaufmarsch (für Pioniere, Fernmelder und Teile der Logistiktruppen zum befehlsgemäßen Anlegen von Sperren, der Herstellung von Kabelverbindungen und Vorbereitung feldmäßiger logistischer Einrichtungen).
- Sicherungsaufmarsch (Flugabwehrkräfte zum Beziehen von Stellungen im Zuge der Aufmarsch-straßen sowie 1 Kampftruppenbataillon je Brigade).
- Deckungsaufmarsch (betrifft die eingeteilten Verzögerungskräfte und Sperrpionierkräfte).
- Hauptaufmarsch (alle übrigen aktiven Truppenteile, um ihre Einsatzräume beziehen zu können).
- Nachaufmarsch (für die Geräteeinheiten nach durchgeführter Mobilmachung).

Ein Sonderfall war der Eilaufmarsch. Dieser war durchzuführen, falls der WARSCHAUER PAKT vor planmäßig durchgeführtem Aufmarsch angreift. Auch er war so vorgeplant, dass gegenseitige Behinderungen oder „Doppelbelegungen" auf den vorgesehenen Marschstraßen möglichst vermieden wurden.

Die Teilaufmärsche wurden durch den Aufruf von Alarmmaßnahmen ausgelöst.

- MILITARY VIGILANCE = Vorlauf kann rollen,
- SIMPLE ALERT und REINFORCED ALERT = Vorausaufmarsch, Sicherungsaufmarsch, Deckungsaufmarsch,
- GENERAL ALERT = Hauptaufmarsch und Nachaufmarsch.

Nach dem Aufmarsch waren im Verteidigungsraum Feldbefestigungen zu bauen und Sperren anzulegen, um wenigstens eine begrenzte Verteidigungsbereitschaft herzustellen. Dazu wurden mindestens 24 Stunden benötigt. Die angenommene militärische Vorbereitungszeit von 36 Stunden für die Herstellung der Marschbereitschaft, den Aufmarsch selbst und die Herstellung der Verteidigungsbereitschaft war nur unter optimalen Bedingungen zu erreichen[12].

---

[11] Oberst a. D. Michael Buck in e-mails v. 3.11. und 8.12.2021.
[12] Mitteilung von Oberst a. D. Michael Buck am 3.12.2021.

5. Bevölkerungsbewegungen

Ein großes Problem der Aufmarschplanung war die Frage, mit welchen Bevölkerungsbewegungen zu rechnen ist. Nach dem grundlegenden NATO-Dokument CM (77)52 hatte jedes Mitgliedsland alles in seinen Kräften Stehende zu tun, um etwaige Flüchtlinge im eigenen Land zu halten. Zur Durchsetzung dieser „Stay Put"-Politik (auch als „Stay at home" bezeichnet) waren alle Mittel einzusetzen, die unter menschlichen Gesichtspunkten vertretbar sind. Man konnte jedoch nicht davon ausgehen, dass der Grundsatz der „Stay-Put"-Politik vollinhaltlich befolgt würde. Die Bundesrepublik war allerdings nach MC 36 verpflichtet, die Operationsfreiheit der auf ihrem Territorium befindlichen NATO-Verbände zu gewährleisten. Militärische Bewegungen hatten also absoluten Vorrang gegenüber Flüchtlingsströmen. Dabei war die NATO zeitweilig durchaus der Meinung, sie könne diesen Vorrang auch mit militärischen Mitteln durchsetzen, wogegen sich die deutsche Seite vehement verwahrte. Erst 1963 konnte eine Einigung dahingehend erzielt werden, dass in der STANAG 2091 über die Frage möglicher Gewaltanwendung bei der Räumung von Militärstraßen überhaupt nichts ausgesagt wurde. Damit wurde es faktisch in das Ermessen eines NATO-Kommandeurs gestellt, mit welchen Mitteln er seinen verbindlichen Einsatzauftrag im äußersten Fall durchsetzt[13].

Im Operationsplan 33001 des V. (US) Korps ist dazu ausgeführt, dass die Kommandeure ermächtigt sind, die direkte militärische Kontrolle über die Bevölkerungsbewegungen zu übernehmen, sofern die bundesrepublikanischen Behörden die Kontrolle verloren haben[14]. Ähnliche Festlegungen finden sich auch im Korpsbefehl 1/67 des III. (GE) Korps zum EDP 1/65[15]. Anders dagegen die Operationspläne des II. (GE) Korps. Danach finden keine Zwangsräumungen der von Flüchtlingen belegten Straße durch die Truppe statt[16]. Teilweise war auch die Evakuierung von amerikanischen Staatsbürgern unter dem Decknamen NEO RONTO geplant. Diese sollte hauptsächlich über die Autobahnen nach FRANKFURT erfolgen[17].

6. Einsatz von Atomwaffen

Übungen und Planspiele der 60er Jahre gingen davon aus, dass die NATO auch eine relativ geringfügige Aggression mit einem koordinierten nuklearen Schlag gegen das Potenzial des Gegners beantwortet (vgl. oben MC 14/2). Der darauffolgende nukleare Schlagabtausch wurde auf 30 Tage geschätzt. Danach sollte die „Restitutionsphase" beginnen[18].

Im Juni 1954 hatten die USA 5 Bataillone mit Atomkanonen mit einem Kaliber von 280mm in der BRD stationiert. Es war vorgesehen, im V-Fall 2 Btl NORTHAG und ein weiteres der 1. (FR) Armee zu unterstellen[19]. Die Atomkanonen wurden bald durch taktische Atomraketen abgelöst.

---

13 Thoß; NATO-Strategie und nationale Verteidigungsplanung, S. 673-688; ausführlich zu den Bevölkerungsbewegungen auch Jörg Wurdack: Der Raum Hof, S. 435 ff.

14 GDP V. (US) Korps - Operationsplan 33001 - http://www.php.isn.ethz.ch/kms2.isn.ethz.ch/serviceengine/Files/PHP/17214/ipublicationdocument_singledocument/bc8f439f-fb45-4696-8039-f083d58b404c/de/us05.pdf (letzter Abruf am 23.11.2020). Es handelt sich bei dem Dokument um den von der HVA der DDR ausgewerteten Operationsplan aus dem Jahre 1981 in deutscher Sprache.

15 Vgl. BArch, BH 7-3/242.

16 BArch, BH 7-2/843 „Zwangsräumungen durch die Truppe sind nicht durchzuführen".

17 Zu NEO RONTO vgl. III. (GE) Korps G3/KorpsVerkOffz. In: BArch, BH 7-3/239.

18 Steinhoff, Wohin treibt die NATO, S. 183/184; vgl. auch BArch 7-2/1247, Bd. 1.

19 Carter, Forging the Shield, S.105. Es soll sich um die FA-Bn 59 (Pirmasens), 264 (Bad Kreuznach), 265 und 868 (Baumholder) sowie 867 (Heilbronn) handeln. Nach Hoffmann/Stoof „Sowjetische Truppen in Deutschland und ihr Hauptquartier in Wünsdorf 1945-1994", S. 58 wurden 1954 die erste Batterie Honest John und im Februar 1955 das erste Bataillon mit CORPORAL-Raketen in Deutschland stationiert. Es folgten im März 1955 die ersten Atombomben, im April 1955 die atomaren Sprengköpfe für die Raketen, ferner atomare Granaten für die 280mm und die 203mm Geschütze.

Für den Bereich der Bundeswehr sollten nach MC 70 als Träger für Atomwaffen aufgestellt werden:

- 1959 drei KorpsArtBtl (Honest John) mit je 4 Abschussgestellen,
- 1960 sechs DivisionsArtBttr (Honest John) mit je 2 Abschussgestellen für die 1. bis 6. Division,
- 1961 sechs DivisionsArtBttr (Honest John) mit je 2 Abschussgestellen für die 7., 10., 11. und 12. Div sowie die 1. GebDiv und die 1. LLDiv.

Allerdings zeigte eine Planübung von CENTAG im Herbst 1960 (FLASH BACK) bei angenommenen 240 eigenen und 170 feindlichen Atomschlägen auf den süddeutschen Raum eine derartige Verformung des Gelände, dass mit dem vorhandenen Kartenmaterial eine Orientierung schlicht nicht mehr möglich und die ausgedehnten Trümmerfelder selbst mit Gefechtsfahrzeugen nicht mehr gangbar waren; eine Rückeroberung aufgegebener Gebiete erschien daher undurchführbar[20].

Auch unter Geltung von MC 14/3 lagerten 1976 noch ca. 7.000 nukleare Sprengköpfe in EUROPA.

Im Zusammenhang mit dem Doppelbeschluss vom 12. Dezember 1979 vereinbarte die NATO, 1.000 nukleare Gefechtsköpfe aus Europa abzuziehen. Am 27. Oktober 1983 beschloss die Nukleare Planungsgruppe (NPG) in MONTEBELLO eine weitere Reduzierung in EUROPA um 1.400 nukleare Sprengköpfe, vor allem kleiner Kaliber (Artilleriemunition).

Die Freigabe des Einsatzes nuklearer Waffen ist grundsätzlich dem amerikanischen Präsidenten vorbehalten. Weniger bekannt ist, dass bereits 1956 der amerikanische Präsident Eisenhower amerikanischen Befehlshabern (u.a. SACEUR als CINCUSAREUR) für extreme Notfälle den Einsatz von Atomwaffen in ihrem Befehlsbereich freigegeben hatte. In der Folgezeit wurde diese Prädelegation auf nachfolgende Kommandobehörden ausgeweitet[21].

Mit Erklärung der „Selective Release Hour" ermächtigt SACEUR die für die Freigabe zuständigen Kommandeure, eine oder eine Anzahl von Atomwaffen einzusetzen. Mit Erklärung der „Release Hour" ermächtigt SACEUR die für die Freigabe zuständigen Kommandeure, Atomwaffen mit unbegrenzt hohen Detonationswerten auf dem Gebiet der Sowjetunion oder der Satellitenstaaten einzusetzen.

Auf westdeutschem oder neutralem Gebiet konnten Atomwaffen bis zu 10 kT eingesetzt werden, wenn deren Gebiet durch Streitkräfte des Sowjetblocks angegriffen werden. Der Einsatz musste durch militärische Notwendigkeiten bedingt sein[22].

Bis Mitte der 1960er Jahre waren atomare Feuerfelder vorgesehen, in denen ein durchgebrochener Feind vernichtet werden sollte. Ab 1967 wurden auf Weisung der NATO keine derartigen (atomaren) Feuerfelder mehr geplant, sondern auf eine konventionelle Gefechtsführung unter atomarer Bedrohung umgestellt[23].

Allerdings sah das Taktiklehrbuch des Command and General Staff College in Fort Leavenworth noch 1976 ein Szenario vor, wonach das sog. Paket „ZEBRA", bestehend aus 141 nuklearen Sprengköpfen von 0,1 bis 10 kT, binnen 90 bis 120 Minuten ausgelöst wird. 114 Sprengköpfe wären im Fulda Gap und 27 im Kinzigtal explodiert[24].

---

[20] Thoß, NATO-Strategie und nationale Verteidigungsplanung, S. 612 f., Thoß nennt auf S. 724 die Zahl 40 für die eigenen Atomschläge.
[21] Greiner/Maier/Rebhan, Die NATO als Militärallianz, S. 162, 376, 384; ausführlich mit Dokumenten auf https://nsarchive2.gwu.edu//news/19980319 (letzter Abruf 24.2.2018).
[22] Hammerich, Der Fall MORGENGRUSS, S. 309 Fn. 36; vgl. auch BArch 7-2/1247, Bd. 1.
[23] Brand, Politische, strategische und operative Rahmenbedingungen, S. 21.
[24] http://www.lagis-hessen.de/de/subjects/idrec/sn/edb/id/4507 (letzter Abruf 23.2.2022).

Seit 1958 standen die Atomic Demolition Munition (ADM) in größerer Zahl zur Verfügung und ab 1963 wurden sie auch den NATO-Korps zugeteilt. NORTHAG war bis Anfang der 70er Jahre vorwiegend auf den Einsatz von Atomwaffen, insbesondere ADM eingestellt.

Nach dem jeweils geltenden EDP (Emergency Defense Plan) war der Einsatz von ADM nicht in „Minengürteln" geplant, sondern schwerpunktmäßig in unmittelbarer Nähe der innerdeutschen/tschechoslowakischen Grenze vorgesehen[25].

Es findet sich jedoch im Operationskonzept des 1. (BR) Korps für die Zeit von 1964 bis 1970 noch eine geplante ADM-Linie, die grob parallel zur Innerdeutschen Grenze von OEBISFELDE bis südlich von DUDERSTADT reicht[26].

Im Rahmen von deutsch-amerikanischen Verhandlungen über die Einsatzgrundsätze für ADM kursierten amerikanische Überlegungen, wonach ADM-Sperrzonen in der Tiefe des Raumes geschaffen werden sollten. Diese Planung lehnte die Bundesregierung ab, sie wurde daher nicht verwirklicht.

Von OST nach WEST waren folgende Linien vorgesehen[27]:

1. Sperrzone von HAMBURG – HANNOVER – KASSEL – FULDA – NÜRNBERG nach LANDSHUT
2. Sperrzone von BREMEN – MINDEN – MARBURG – TAUBERBISCHOFSHEIM – AUGSBURG nach LANDSBERG
3. Sperrzone von EMDEN – HANAU – SIGMARINGEN nach KONSTANZ.

Die USA hatten insgesamt 93 SADM (Sprengkraft zwischen 10 und 1000 t TNT) sowie 279 MADM (Sprengkraft zwischen 1000 und 15000 t TNT) in GE, UK und NL gelagert[28]. Nach geheimen Plänen sollten SADM vom Typ T-4 von den LRRP (Long Range Reconnaissance Patrol) Kompanien der beiden US-Korps hinter den feindlichen Linien eingesetzt werden[29].

Für den Einsatz von ADM mussten teilweise erst die Detonationsschächte gebohrt werden, da sich die BRD geweigert hatte, diese schon im Frieden vorzubereiten[30]. In „normale" Straßenspreng-

---

25 Pommerin, General Trettner und die Atomminen, S. 653.
26 Vgl. Abbildung 33, S. 124.
27 Pommerin, General Trettner und die Atomminen, S. 650.
28 „Atom Minen – Sichwort Joker". In: Spiegel 3/1985.
29 Vgl. Artikel betreffend die LRRP-Kompanien des V. (US) und des VII. (US) Korps im Internet unter http://www.us-armygermany.com/Sont.htm (15.10.2016); vgl. auch Richard J. Aldrich. In: Hoffenaar/Krüger „Blueprints for Battle", S. 64.
30 Stratmann, NATO-Strategie in der Krise, S. 128 und widersprechend Generalmajor a. D. Jürgen Reichardt am 21.8.2014. Nach Bluth, Britain, Germany and Western Nuclear Strategy, S. 123, wurde der amerikanische Kongress 1973 dahingehend informiert, dass die bundesdeutsche Regierung keinerlei Maßnahmen zum Bau von ADM-Sprengkammern zustimmt. Allerdings scheinen 1962 im Zuge der KUBA-Krise 25 ADM an NORTHAG geliefert und in Sprengschächten eingebaut worden zu sein. Aus dem Operationsplan 33001 des V. (US) Korps ergibt sich, dass 20 Verlegetrupps der Bundeswehr, die für die Verlegung von ADM in den vorbereiteten Schächten vorgesehen sind, vom V. (US) Korps entsprechend mit ADM „auszustatten" sind. An anderer Stelle in dem Dokument wird betont, dass das Bohren entsprechender Schächte 24-48 Stunden benötigt. Vgl. auch BArch, BH 1/3941 (Vorlagenotiz für den Inspekteur des Heeres vom 4.12.1974): Danach sind die SADM kleiner und die MADM größer als 1 kT. Die MADM für die Bundeswehr sind in den 11 SAS-Lagern der RakArtBtl der Divisionen und den 3 SAS-Lagern der TrspBtl (Sw) der Korps eingelagert. Die Vorbereitung von ADM-Sprengschächten ist im Frieden nicht zulässig. Bundeswehreigenes Bohrgerät ist anzuschaffen.
In BArch, BH 1/2604a, Schreiben FüH III 1 v. 19.12.1973, finden sich die deutschen nationalen Einsatzbeschränkungen („4 German No's") für den Einsatz von ADM, die maximal 2 kT Sprengkraft haben dürfen. Danach gilt:
- keine Darstellung durchgehender ADM-Sperrgürtel in Einsatzplänen,
- keine Prädelegation im Freigabeverfahren,
- keine Vorbereitung der ADM-Einsätze in Friedenszeiten am Einsatzort,
- Statthaftigkeit solcher Maßnahmen nur nach Genehmigung durch die Bundesregierung,
- angemessener Schutz der Zivilbevölkerung, lebenswichtige Versorgungseinrichtungen dürfen nicht unbrauchbar werden.

schächte konnten die ADM nicht eingebracht werden, da diese nur 6 bis 8 m tief waren und ein ADM-Sprengschacht zwischen 20 und 40 m tief sein sollte, um maximale Wirkung zu erreichen[31].

In der Bundeswehr wurde erst Mitte der 1970er Jahre das Bohrgerät für die Erstellung von ADM-Schächten angeschafft. Ab 1985 wurden die letzten 300 ADM abgezogen. Die NATO verfügte 1988 „nur" noch über 4600 nukleare Sprengköpfe[32].

1971 wurde bestimmt, dass nur ADM mit einer maximalen Sprengkraft von 2 KT eingesetzt werden dürfen. In dieser Richtlinie wurde ferner festgestellt, dass von den 12 namhaften Bohrfirmen in der Bundesrepublik Deutschland nur 2 Firmen über das notwendige Gerät verfügen, mit dem die für die ADM notwendigen Schächte gebohrt werden können. Es wurde daher darauf verwiesen, dass FüH die Beschaffung geeigneten Gerätes prüft. Beabsichtigt war es, je 3 Geräte für die 11 Divisionspionierbataillone und die 3 schweren Pionierbataillone der Korps zu beschaffen[33]. 1974 befasste man sich im FüH mit dem ADM-Einsatz. Hierfür waren neben Kräften der von der Bundeswehr aufgestellten Pionierspezialsperreinheiten Zündteams der US-Army nötig. Ein Zündteam bestand aus 1 Feldwebel und 4 Soldaten. Der Ablauf war so, dass sich ab der entsprechenden Alarmmaßnahme die Zündteams und die zugeordneten Pionierspezialsperrkräfte in einem festgelegten Sammelraum in der Nähe des SAS-Lagers trafen, die ADM auslagerten und zu einer Field Storage Location transportierten. Bei Antrag auf Freigabe für den Einsatz der ADM wurde der Sprengkopf in die Holding Area, d.h. in die Nähe des Sprengschachtes gebracht und zur Zündung vorbereitet.[34]

1979 und 1980 kam es zu Gesprächen zwischen der Bundeswehr und Vertretern von USAREUR hinsichtlich einer einsatzgerechten Dislozierung der Zündteams. Die Zündteams für das I. (GE) Korps und die 6. (GE) PzGrenDiv waren in HANAU, die für das II. und III. (GE) Korps in LUDWIGSBURG stationiert. Die Entfernung zu den Lagerorten der ADM betrug mithin zwischen 300 und 600 km, was keinen schnellen Einsatz der ADM zuließ[35]. Es ist allerdings festzustellen, dass nukleare Einsatzmittel großzügig vorgeplant wurden. So weist der Korpsbefehl des III. (GE) Korps zum GDP 1/76 als Anlage F eine atomare Zielliste auf, in der für die Gefechtsstreifen der 2. JgDiv und der 5. PzDiv 84 Ziele vorgeschlagen werden, die alle auf dem Gebiet der Bundesrepublik liegen. Dabei sollten – auch in Ortschaften – Straßen und Eisenbahnlinien getroffen werden, ferner vermutete Sammelräume feindlicher Truppen[36].

Schließlich ist noch das rückstoßfreie Geschütz DAVY CROCKETT zu erwähnen, das einen einstellbaren Atomsprengkörper mit einer Sprengkraft von 10 bzw. 20 Tonnen TNT verschießen konnte. Es gab zwei Typen von DAVY CROCKETT (M 28 mit Kaliber 102mm und einer Reichweite von 2 km sowie M 29 mit Kaliber 155mm und einer Reichweite von 4 km). Das Geschütz konnte auf einem Dreibein oder auf einem Jeep montiert werden. Ab 1961 wurden die amerikanischen Infanterie- und Panzeraufklärungsbataillone mit zunächst 2 später 3 Waffensystemen ausgerüstet. Wegen der Bedenken, dass nach genereller atomarer Freigabe ein junger Offizier oder Unteroffizier einen Atomsprengkörper verschießen könnte, wurden die DAVY CROCKETT 1965 aus Europa abgezogen[37].

Der Vollständigkeit halber muss noch die 1956 erfundene und 1962 erstmals getestete Neutronenwaffe genannt werden. Im Gegensatz zu den anderen nuklearen Einsatzmitteln beruhte die Wirkung

---

[31] Bald, Politik der Verantwortung, S. 110.
[32] Schröter, Die NATO im Kalten Krieg, Bd. II, S. 914.
[33] BArch, BH 1/2509.
[34] BArch, BH 1/3941.
[35] BArch, BH 1/3943.
[36] Vgl. BArch TgbNr. 500/74, in: BArch, BH 7-3/735.
[37] Carter, Wargames in Europe, S. 148/149. Zu Entwicklung, Einsatzgrundsätzen und Leistungsparametern vgl. auch Soldat und Technik, Heft 6/1964, S. 316-319.

der Neutronenwaffe nicht auf der Kernspaltung, sondern einer Kernverschmelzung. Bei der Kernspaltung entlädt sich die freigesetzte Energie in erster Linie als Druck, Hitze und radioaktivem Fallout. Anders bei der Kernverschmelzung. Hier wirkt hauptsächlich die Neutronenstrahlung, welche die menschlichen Zellen zerstört, Gebäude und militärisches Gerät aber intakt lässt. Allerdings benötigt sie zur Zündung eine kleine Wasserstoffbombe was dazu führt, dass in unmittelbarer Nähe des Detonationsortes doch Druck- und Hitzeschäden sowie radioaktiver Fallout auftreten[38].

Ab etwa Mitte der 70er Jahre begann eine Diskussion über die Neutronenwaffe. Dabei wiesen die Befürworter darauf hin, dass man damit die Panzerarmeen des WARSCHAUER PAKTES stoppen könnte. Egon Bahr bezeichnete diese Gedankengänge als „Perversion des menschlichen Denkens". Auch in den USA zögerte man mit der Fertigung dieser Waffe. Erst im August 1981 wurde durch Präsident Ronald Reagan die Serienproduktion von etwa 700 Sprengköpfen angeordnet. Allerdings verweigerten die europäischen NATO-Partner der USA eine Stationierung auf ihrem Territorium. 1992 stellten auch die USA ihre Neutronenwaffen „außer Dienst".

7.   Definitionen[39]

Full Command: Es handelt sich um die Befehlsgewalt, welche alle Gebiete des militärischen Bereichs umfasst. Diese steht nur einem nationalen militärischen Führer, nicht jedoch einem NATO-Befehlshaber zu, da diesem nur OPCOM bzw. OPCON übertragen wird.

Operational Command (OPCOM): Dies ist die einem Befehlshaber/Kommandeur übertragene Befugnis, nachgeordneten Truppen Aufgaben zuzuweisen oder Aufträge zu erteilen, Truppenteile zu dislozieren, die Unterstellung von Kräften neu zu regeln sowie OPCON und/oder TACON selbst auszuüben oder zu übertragen. Truppendienstliche Befehlsbefugnis oder die logistische Verantwortung sind in der Regel nicht darin eingeschlossen.

Operational Control (OPCON): Dies ist die einem Befehlshaber/Kommandeur übertragene Befugnis, assignierte Kräfte so zu führen, dass sie bestimmte Aufgaben oder Aufträge durchführen können; diese sind im Allgemeinen nach Art, Zeit und Raum begrenzt. Ferner können die betroffenen Truppenteile disloziert und TACON selbst ausgeübt oder übertragen werden. Truppendienstliche Befehlsbefugnis oder die logistische Verantwortung sind in der Regel nicht darin enthalten.

Tactical Command (TACOM): Die einem NATO-Befehlshaber übertragene Befugnis, ihm unterstellte Kräfte zur Durchführung eines gestellten Auftrages einzusetzen

Tactical Control (TACON): Dies ist die ins Einzelne gehende und im Allgemeinen örtliche Führung von Bewegungen oder taktischen Maßnahmen, die für die Durchführung der erteilten Aufträge oder Aufgaben erforderlich sind.

Coordinating Authority: Ist die einem Befehlshaber/Kommandeur oder einer entsprechend beauftragten Person erteilte Befugnis, bestimmte Aufgaben oder Tätigkeiten zu koordinieren, an deren Durchführung Streitkräfte von zwei oder mehreren Staaten, zwei oder mehrere Teilstreitkräfte oder zwei oder mehrere Truppenteile derselben Teilstreitkraft beteiligt sind. Dazu können Beratungen zwischen den Beteiligten verlangt werden, wobei Ergebnisse nicht erzwungen werden dürfen. Kommt keine Einigung zustande, ist die Angelegenheit der Stelle vorzutragen, welche die Befugnis erteilt hat.

---

[38] Weitere Einzelheiten in Ernst Lutz, Lexikon zur Sicherheitspolitik, Stichwort: Neutronenwaffe und Guha, Die Neutronenbombe, S. 25-39.

[39] Deutscher Bundeswehr-Kalender – Grundwerk, Kap. B 19; sowie Buchbender/Bühl/Kujat/Schreiner/Bruzek, Wörterbuch zur Sicherheitspolitik, S. 239f.

Assigned Forces: Verbände bzw. Großverbände, die mit OPCOM oder OPCON einem NATO-Befehlshaber unterstellt sind. Diese Truppen werden ständig auf einem hohen Bereitschaftsstand gehalten.

Earmarked Forces: „Forces Earmarked for Assignment" sind Verbände bzw. Großverbände, die laut Zusage der betreffenden Staaten zu einem späteren Zeitpunkt dem Operational Command oder der Operational Control eines NATO-Befehlshabers unterstellt werden. Meist erlangen sie ihre volle Einsatzbereitschaft erst nach einer Mobilmachung.

National Forces: Dies sind die Streitkräfte, die auch im Verteidigungsfall nicht einem NATO-Stab unterstellt werden.

8.   Luftstreitkräfte

In der Anfangszeit der Bundeswehr galt noch der Grundsatz, dass die Vereinigten Staaten den nuklear-strategischen Luftkrieg führen, während den Europäern die Verteidigung zu Lande zugewiesen war. Dabei sollten auch die taktischen Luftstreitkräfte mit Nuklearwaffen ausgestattet werden. Bereits seit 1954 gab es einen SACEUR Atomic Strike Plan (ASP), der in den Folgejahren regelmäßig angepasst wurde. Nach Freigabe des Nuklearwaffeneinsatzes durch den SACEUR wurden die schon vorab festgelegten Ziele angegriffen. Ab 1959 wurden die Prioritäten in der Zielplanung geändert. In der Reihenfolge der hier genannten Wertigkeit waren anzugreifen:

1.   Basen der feindlichen Nuklearstreitkräfte,
2.   Stellungen ballistischer Raketen,
3.   Gefechtsstände und Kriegshauptquartiere,
4.   Fernmeldeknotenpunkte sowie elektronische Führungseinrichtungen,
5.   Häfen mit Treibstofflagern und/oder Pipelineverbindungen,
6.   Radarstellungen,
7.   Anlagen (z.B. Verkehrseinrichtungen) zur Abriegelung des Gefechtsfelds.

Die Einzelheiten des SACEUR Atomic Strike Plan (ASP) waren – auch den Deutschen – noch 1966 nur vage bekannt[40]. MC 14/2 „Massive Retaliation" sah einen sofortigen Atomwaffeneinsatz auf allen Ebenen vor. Man ging davon aus, dass in einer 1. Phase von bis zu 30 Tagen ein intensiver atomarer Schlagabtausch geführt wird und in einer 2. Phase der Aggressor auf seine Ausgangsstellungen zurückgedrängt wird.

Dieses Szenario bedingte eine nukleare Aufrüstung der taktischen Luftstreitkräfte, zumal sich die Raketentechnologie noch in der Entwicklung befand. MC 70[41] forderte 1958 von der Bundeswehr die Aufstellung von:

-   16 Staffeln leichter und schwerer Jagdbomber (= 360 Maschinen),
-   11 Staffeln Aufklärer (= 206 Maschinen),
-   20 Staffeln leichter und schwerer Jäger (= 356 Maschinen),
-   28 Bataillone mit Flugabwehrraketen,
-   2 Geschwader bzw. 3 Gruppen mit Boden-Boden Flugkörpern.

---

[40] Krüger, Schlachtfeld Bundesrepublik, S. 186.
[41] „Mindestanforderungen an die Hauptstreitkräfte der NATO für den Zeitabschnitt 1958-1963 (MC 70)", vgl. Pommerin, General Trettner und die Atomminen, S. 640.

Die Strategie der „Flexible Response" (MC 14/3) wies den taktischen Luftstreitkräften folgende Aufgaben zu[42]:

- Aufklärung über dem Gefechtsfeld und in der Tiefe des Raumes,
- Bekämpfung der gegnerischen Luftwaffe am Boden (counter-air),
- Unterstützung des Heeres im Kampf auf dem Gefechtsfeld (close air support),
- Unterbindung des feindlichen Nachschubs hinter dem Gefechtsfeld und in der Tiefe,
- Erkämpfen der Luftüberlegenheit über dem Gefechtsfeld (air superiority),
- Luftverteidigung.

Diese Zuweisung der Aufgaben darf nicht als anerkannte Reihenfolge verstanden werden. Innerhalb der NATO-Staaten herrschten durchaus unterschiedliche Auffassungen über die Prioritäten. So hatte die britisch geführte 2. ATAF andere Vorstellungen als die amerikanisch dominierte 4. ATAF.

Sehr umstritten war die Frage, inwieweit mit konventionellen Mitteln in der Tiefe des Raumes gekämpft werden soll. Streit bestand auch über die Frage, ob es weiterhin Aufgabe der taktischen Luftwaffe ist, die gegnerische Luftwaffe am Boden zu bekämpfen, da dies ein tiefes Eindringen in den feindlichen Luftraum erforderte, was angesichts der vorhandenen Flugabwehrwaffen ein hohes Risiko beinhaltete. 1974 werden die Kräfte der 2. und 4. ATAF (TWOATAF bzw. FOURATAF) dem neu geschaffenen Kommando Allied Air Forces Central Europe (AAFCE) unterstellt, was zu einer Vereinheitlichung der Einsatzgrundsätze führte. AAFCE erhielt Operational Command über die Luftstreitkräfte in der Central Region.

1975 hatte die NATO etwa 700-800 „nuklearfähige" Flugzeuge. Da allerdings die Luftstreitkräfte bei einem konventionellen Angriff den 1. Angriffsstoß abfangen sollten, wäre nur ein geringer Bruchteil der Maschinen für nukleare Einsätze verfügbar gewesen[43].

8. Verstärkungskräfte[44]

Beginnend ab 1955 hatten die USA der NATO Verstärkungen zugesagt, die über den Atlantik heranzuführen waren. Deren Verlegung hätte mindestens 30 Tage benötigt. Im Zuge der Wartime Host Nation Support (WHNS) Verhandlungen (Unterzeichnung des WHNS-Abkommens am 15.04.1982) sagten die USA zu, ihre in Deutschland stationierten 4 Divisionen samt den „dazugehörigen" Fliegerstaffeln binnen 10 Tagen um 6 Divisionen und die dazugehörigen Fliegerstaffeln (30 Staffeln) zu verstärken[45].

Weniger bekannt ist, dass am 13.12.1983 mit Großbritannien ebenfalls ein WHNS-Abkommen geschlossen wurde. Dieses sah vor, dass Großbritannien im Falle eines Angriffs durch den Warschauer Pakt den Umfang seiner British Army of the Rhine (BAOR) verdoppeln würde[46].

---

[42] Steinhoff, Wohin treibt die NATO, S. 145-178; Stein, The Development of NATO Tactical Air Doctrine 1970-1985, beschreibt anschaulich die Probleme, die verschiedenen Doktrinen der NATO-Luftstreitkräfte zu vereinheitlichen.

[43] Steinhoff, Wohin treibt die NATO, S. 198.

[44] Vgl. Anhang 2, Verstärkungskräfte.

[45] Weigl, Strategische Einsatzplanungen der NATO, S. 97.

[46] Schröter, Die NATO im Kalten Krieg, Bd. II, S. 869.

10. Vorwarnzeiten

Bis Ende der 50er Jahre ging die NATO von einem Überraschungsangriff mit massivem Kernwaffeneinsatz aus. Die erste Phase mit heftigen Gefechten wurde mit 30 Tagen prognostiziert, wobei die ersten 7 Tage durch einen intensiven nuklearen Schlagabtausch gekennzeichnet sind[47].

Die Vorwarnzeit hing davon ab, ob man dem WP unterstellte, er setze strategische Überraschung vor Stärke oder aber Stärke vor strategische Überraschung[48]. Einigkeit bestand, dass der Einmarsch 1968 und der Verbleib sowjetischer Truppen in der CSSR die Vorwarnzeit verkürzt hatte[49]. Bei einem Angriff nach kurzer Vorbereitung rechnete die NATO mit einer Vorwarnzeit von ca. 48 Stunden[50].

Ein Angriff nach (längerer) Vorbereitung würde die Vorwarnzeit auf 2-3 Wochen verlängern; allerdings gab es 1978 eine Information, wonach Mobilmachung und Heranführung sämtlicher Verbände der 1. und 2. Strategischen Staffel etwa 30 Tage beansprucht hätte. Der NATO wären dann für Mobilmachung und Aufmarsch etwa 23 Tage verblieben[51].

Letztlich war die überwiegende Meinung, es drohe ein Angriff nach kurzer Vorbereitungszeit, wobei die NATO eine Vorwarnzeit von 48 Stunden veranschlagte. Die Vorbereitungszeit für die Truppe hätte dann 36 Stunden betragen, was für einen geordneten Aufmarsch unzureichend war.

Ab 1981 wurde eine zusätzliche Bedrohung in den Operativen Manövergruppen (OMG) gesehen, d.h. schlagkräftigen Großverbänden, die ohne Rücksicht auf ihre Flanken tief in das gegnerische Gebiet eindringen sollten[52].

Dabei darf nicht übersehen werden, dass über 50% der Heeresstreitkräfte in ZENTRALEUROPA mehr als 100 km zurückzulegen hatten, um ihre Verteidigungspositionen zu erreichen[53].

Schließlich lag noch ein nicht zu unterschätzendes Problem darin, dass für einen „geordneten" Aufmarsch die Mobilmachungsvorbereitungen bei allen Mitgliedsstaaten „synchron" hätten ablaufen müssen[54].

11. Der Warschauer Pakt

a) Militärdoktrin

Bis in die frühen 1980er Jahre waren die operativen Planungen des WP offensiv angelegt. Dies schloss die Planung der Anwendung von Kernwaffen ein, insbesondere nach einem Ersteinsatz durch die NATO, aber auch bei der Gefahr, dass die eigenen Ziele mit konventionellen Kräften nicht zu erreichen sind. Die Entscheidung über den Kernwaffeneinsatz lag uneingeschränkt bei dem Generalsekretär der KPdSU als Oberstem Befehlshaber der Vereinten Streitkräfte der Warschauer Vertragsorganisation.

---

[47] Hoffenaar/Schoenmaker, Met de blik naar het Oosten, S.185.

[48] de Maizière, Die Verteidigung in Europa Mitte" S. 25; Hermann, Die sowjetische Fähigkeit zu Überraschungsangriffen, S. 305-315.

[49] Verteidigung im Bündnis, S. 227.

[50] Stratmann, NATO-Strategie in der Krise, S. 113. Die Angabe „48 Stunden" stammt wohl aus dem NATO-Dokument MC 161/87 (vgl. BArch, BH 8-3/434, Deutsch-Niederländisches Agreement).

[51] Magenheimer, Die Verteidigung Westeuropas, S. 116-123.

[52] Hammerich, Die Operationsplanungen der NATO, S. 296; Lautsch, Kriegsschauplatz Deutschland, S.75-78: Danach war der Einsatz von Operativen Manövergruppen (OMG) für tiefe Angriffsoperationen sowohl auf der Führungsebene der Front als auch der Armee vorgesehen. Als OMG wurde in der Regel eine verstärkte Panzerdivision eingesetzt, die speziell ausgebildet und mit den erforderlichen Kräften und Mitteln ausgestattet war. Die OMG sollte ihre Aufgabe in der Regel in 3 Tagen erfüllen.

[53] Steinhoff, Wohin treibt die NATO, S. 57.

[54] Steinhoff, Wohin treibt die NATO, S. 129.

Mit der Planung und Durchführung der Kernwaffenschläge waren die Frontbefehlshaber beauftragt. Die im Mai 1987 beschlossene Militärdoktrin des WP formulierte, dass man keinesfalls als Erster militärische Handlungen beginne und/oder Kernwaffen einsetze[55].

b)   Einteilung des Kriegsschauplatzes EUROPA

Ganz EUROPA untergliederte sich in drei „Schauplätze von Kriegshandlungen (TVD)", wobei die Bereiche AFCENT und BALTAP dem TVD MITTEL-/WESTEUROPA und die NATO-Nordflanke dem TVD „NORDEUROPA" zugerechnet wurden. Ein TVD bildete im Allgemeinen eine geographisch-operative Unterteilung mit **einem** Oberkommando, um die einheitliche Führung in einem Großraum unter Koordinierung aller zur Verfügung stehenden Kräfte und Mittel (einschließlich Luft- und Seestreitkräfte) zu gewährleisten.

Innerhalb der TVD sind die nur im Kriegsfall gebildeten Fronten die größten geschlossenen operativen Formationen. Sie können aus 3 bis 5 Armeen mit zugeordneten Artillerie-, Flieger-, und Luftsturmkräften sowie „Truppen besonderer Bestimmung (Spetsnaz)" bestehen; letztere sind auf den Führungsebenen TVD, Front und Armee vorhanden[56].

Zum TVD „MITTEL-/WESTEUROPA mit Hauptquartier in LIEGNITZ (LEGNICA/PL) gehörten alle sowjetischen Truppen im westlichen Vorfeld (GSTD, NGT, ZGT) und in den Militärbezirken BALTIKUM, WEISSRUSSLAND und KARPATEN, sowie die nationalen Streitkräfte der DDR, POLENs und der CZECHOSLOVAKEI.

Strategische Ziele in MITTELEUROPA sind die französische Atlantikküste, das Öffnen der OST-SEE-Ausgänge und die Küste SÜD-NORWEGENs. Zwischenziele für die 1. operative Staffel waren die RHEIN-Linie mit der NORDSEE-Küste und der NORD-OSTSEE-KANAL. Angriffe würden wahrscheinlich zunächst mit 2 Fronten der 1. Staffel (WEST- und SÜDWESTFRONT) geführt.

Zur Öffnung der OSTSEE-Ausgänge ist mit einer 3. Front (NORDFRONT) zu rechnen, die allerdings erst zum Einsatz käme, wenn die WESTFRONT erste umfangreiche Geländegewinne erzielt hat.

c)   Staffelbildung und Kampfführung bei den Streitkräften im Warschauer Pakt

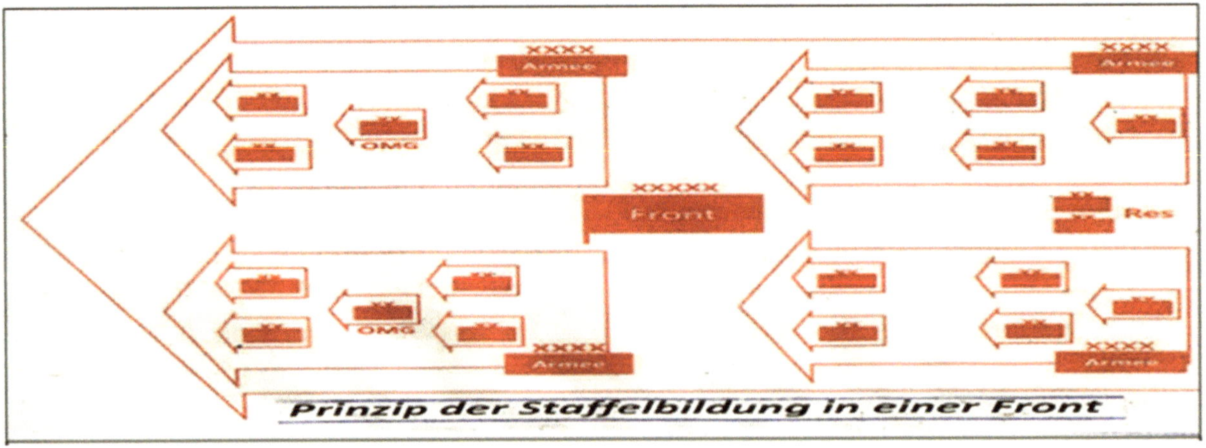

Abb. 2: Skizze aus Jeschonnek, Die Planung von Operationen, S. 64

---

55   Einen guten Überblick über die Militärdoktrinen des Warschauer Paktes gibt eine Ausarbeitung des Wissenschaftlichen Dienstes des Deutschen Bundestages vom 26.3.2015; siehe: https://www.bundestag.de/resource/blob/412840/2d4ad1e108ccf499692bad325c8c6d48/WD-2-052-15-pdf-data.pdf (28.11.2020); vgl. auch TRUPPENDIENST TASCHENBUCH, Die Streitkräfte der Warschauer-Pakt Staaten, 8. Auflage, S. 406-411.

56   Zu den Spetsnaz-Kräften vgl. TRUPPENDIENST TASCHENBUCH, Die Streitkräfte der Warschauer-Pakt Staaten, 8. Auflage, S. 149-154.

Für ihre Operationen bevorzugten die Streitkräfte des Warschauer Paktes die Staffelbildung. Dabei unterschied man operative und taktische Staffeln. Beginnend mit den Kriegsschauplätzen wären aus den unterstellten Fronten Staffeln gebildet worden.

Die Fronten hätten aus den unterstellten Armeen jeweils 2 operative Staffeln gebildet, die Armeen aus den Divisionen 2 taktische Staffeln. Bei den Divisionen wären die Regimenter und divisionseigenen Truppenteile ebenfalls in 2 Staffeln aufgeteilt worden. Daneben wurden auf allen Ebenen Reserven vorgehalten.

Die 1. Staffel hat auf jeder Ebene den Feind so zu schwächen, dass die Anfangserfolge durch die 2. Staffel ausgenützt werden können. Grundsätzlich wird versucht, die Verteidigungslinie des Gegners an wenigen Stellen zu durchbrechen und mit hohem Tempo in die Tiefe vorzustoßen. Dabei soll der Gegner eingeschlossen und der Aufbau einer neuen Verteidigungslinie verhindert werden. Im Allgemeinen werden in den ersten Staffeln 60 bis 75 % der verfügbaren Kräfte zusammengefasst. Die ersten Ziele einer Armee liegen in etwa 100-150 km Tiefe, die der Divisionen in 25 bis 50 km. Als Vormarschtempo werden täglich 30 km, bei besonders günstigen Umständen 50 km angenommen.

12. Aufgaben des Bundesgrenzschutzes (BGS)

Dem BGS oblag an der innerdeutschen Grenze die polizeiliche Grenzsicherung. Seine Verbände und Einheiten waren wie eine Perlenschnur von NEUSTADT/HOLSTEIN bis BAD ENDORF in relativ geringem Abstand zur Grenze stationiert.

Unter dem Schutz des BGS sollte der Aufmarsch der NATO-Verzögerungskräfte erfolgen, welche den BGS abgelöst hätten. Schwächere Feindvorstöße sollte der BGS selbst abwehren. Er wäre jedoch weder im Spannungs- noch im Verteidigungsfall der Bundeswehr unterstellt worden[57].

Seit 1965 (bis 1994) hatten die Verbände des BGS Kombattantenstatus. Damit durften sie bei einer Verwicklung in Kampfhandlungen nicht als Freischärler betrachtet werden[58]. Gleichwohl waren für den BGS keine militärischen Kampfaufträge vorgesehen[59]. Allerdings nutzten Bundeswehr und BGS wechselseitig logistische Einrichtungen (z.B. Tankstellen, Munitionsniederlagen)[60].

Dem Operationsplan 33001 für das V. (US) Korps (in Kraft gesetzt zum 1.1.1981) lässt sich z.B. entnehmen, dass der BGS bei SIMPLE ALERT die Grenzsicherung zu verstärken hatte. Den Befehl zum Rückzug aus der Grenzsicherung hätte der Bundesminister des Inneren erteilt, und zwar – so die Schätzung – binnen 36 Stunden nach Ausrufung von SIMPLE ALERT. Die BGS-Teile wären auf Befehl von den Deckungstruppen des V. (US) Korps aus der Grenzsicherung herausgelöst und von MP-Kräften zu (vorläufigen) Sammelräumen begleitet worden.

Von diesen hätten sie Teile des 709th MP-Bataillon in einen Raum bei VILLINGEN (nordostwärts HUNGEN) eskortiert. Aus Alarmunterlagen der Bundeswehr ergibt sich, dass die BGS-Verbände ab einer bestimmten Alarmmaßnahme an den RHEIN verlegt worden wären, um dort Aufgaben bei der Lenkung der erwarteten Flüchtlingsströme zu übernehmen.

---

[57] BMVg - Fü H III 1, Anweisung für den Einsatz (AnwFE 100/500), Schutz rückwärtiger Gebiete, Nr. 940.

[58] Vgl. 1000 Stichworte zur Bundeswehr, S. 102; ferner zum Wechsel der Aufgaben im Laufe der Zeit: Schmidt, An der Grenze der Freiheit, S. 131ff. Zum kriegsvölkerrechtlichen Begriff von Scheven/Schmidt/Petri, Die Bundeswehr, S. 60.

[59] Stratmann, NATO-Strategie in der Krise, S. 129. Allerdings hatte der CENTAG EDP 1-61 vorgesehen, dass 3 BGS-Abteilungen dem V. und VII. (US) Korps im Verteidigungsfall zu Beobachtungs- und Meldezwecken zugeteilt werden. Die anderen BGS-Verbände sollten schnellstens von der Demarkationslinie zurückgeführt werden. Vgl. hierzu Schmidt, An der Grenze der Freiheit, S. 162.

[60] Mitteilung von Major a. D. Jörg Wurdack am 1.5.2015

13. Sperrplanungen

Die Sperrplanung[61] war integraler Bestandteil der Verteidigungskonzepte der NATO. Grundlage bildete das Central Region Barrier Agreement (CRBA). Dieses unterschied 3 Zonen (von OST nach WEST = A bis C), welche unterschiedliche Voraussetzungen für die Sperrmaßnahmen vorsahen; insbesondere die Minenverlegung war in der Zone C an das Auslösen der Alarmmaßnahme RON oder der Alarmstufe REINFORCED ALERT gebunden[62]. Durch die Auslösung der vorbereiteten Sperren sollte der feindliche Vormarsch zumindest verzögert werden, damit die eigenen Hauptverteidigungskräfte ihre Stellungen erreichen können. Für den Bereich BALTAP galt das Northern Region Barrier Agreement (NRBA).

Vorbereitete Sperren gab es sowohl im Bereich der FCZ als auch der RCZ. Im Bereich der FCZ meldeten die NATO-Korps ihre Forderungen nach vorbereiteten Sperren im Rahmen der gültigen Kampfführungspläne bei den zuständigen deutschen territorialen Kommandobehörden an; diese errichteten und bezahlten die angeforderten Sperren. In der RCZ durften vorbereitete Sperren nur mit Genehmigung des BMVg geplant und angelegt werden. Allerdings wurde für bestimmte Sperrlinien in der RCZ der Ausbau generell genehmigt[63].

Im Bereich von USAREUR waren 1955 insgesamt 322 von 381 als verteidigungswichtig erachtete Sperren fertiggestellt.

1958/59 übernahm die Bundeswehr die vorbereiteten Sperren. Im Wehrbereich III gab es per 1.1.1976 insgesamt 479 Sperren, davon 395 in der FCZ und 84 in der RCZ.

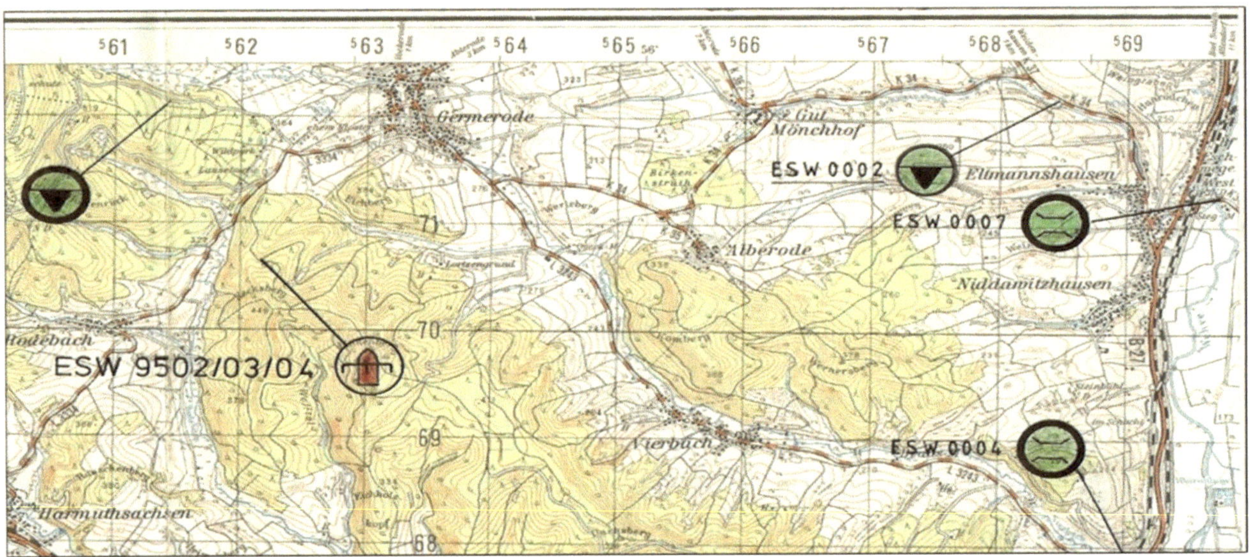

Abb. 3: Sperrplan eines Wallmeistertrupps. Auszug aus der topographischen Karte 1:50.000 eines Wallmeistertrupps mit den eingezeichneten vorbereiteten Trichtersperren und Brückensprengungen sowie einem Sperrmittelhaus, Stand 1987. Quelle: Landeskommando Hessen – Wallmeistertrupp Kassel. Für diese Karte danke ich Herrn Oberstleutnant Dr. Heiner Möllers.

Die Aufgaben der in der Bundeswehr bestehenden Wallmeisterorganisation waren im Einzelnen:

- Unterstützung der Truppe durch Bau und Unterhalt von vorbereiteten Sperren,
- Unterstützung bei Lagerung und Unterhalt von Spreng- und Zündmitteln für vorbereitete Sperren,
- erkunden und bewerten von natürlichen Hindernissen,

---

61 Einen sehr guten Überblick über verschiedene Arten der Sperrvorbereitungen bietet: https://www.geschichtsspuren.de/artikel/verkehrsgeschichte/verkehrsgeschichte/135-Sperrenwallmeister.html (22.12.2022) sowie Grot, So war's damals, S. 255 ff. Ferner empfehlenswert Wurdack, Der Raum Hof, S. 433ff.

62 Vgl. Anlage 8 zu GDP 87 des III. (GE) Korps, Tgb.Nr. 1/1/87, in: BArch, BH 7-3/874.

63 Vgl. Grot, So war's damals, S. 125 f.

- erstellen von Gewässerübersichten mit Hinweisen auf Übergangsmöglichkeiten,
- erarbeiten und führen der Sperrunterlagen,
- erkunden und erfassen von Baustoffen, Baumaschinen, Baufirmen usw.

Bis 1973 waren die Wallmeister den Wehrbereichskommandos direkt unterstellt, danach wurden sie von den Verteidigungsbezirkskommandos geführt.

1966 sah die Planung für das damalige Bundesgebiet 4.812 Sperranlagen vor, von denen etwa 60 Prozent existierten. Die restlichen Anlagen sollten bis Ende 1967 folgen. 1990 gab es 5.787 vorbereitete Sperren, die in der Folgezeit kontinuierlich abgebaut wurden. Im März 2005 war die Zahl auf etwa 1.650 Anlagen gesunken.

In den 1970er Jahren wurde zur Sicherung der Brücken über die SÜDERELBE der Sperrverband HAMBURG (HAMBURG BLOCKING FORCE – HBF) aufgestellt. Er unterstand bis zu seiner Auflösung nach der Wende dem 1 (NL) Korps und setzte sich zunächst aus dem 102 (NL) InfBtl und dem 11 (NL) Geniebataillon zusammen. Wegen der nicht ausreichenden Truppenstärke des 1 (NL) Korps stellte in der Folgezeit die Bundeswehr die Verbände, und zwar das JgBtl 722 (GerE) im MobStP BREMEN-HUCKELRIEDE und das PiBtl 120 (GerE) in BARME. Die Sperrmunition war in der StOMunNdlg NEUWULMSTORF eingelagert. Zeitweilig war statt des PiBtl 120 das PiBtl 722 (GerE) in BARME eingeteilt.

In den GDP des 1 (NL) Korps von 1979 und 1985 werden das PiBtl 722 (GerE) (SA + 120 Stunden) und das JgBtl 722 (GerE) (SA + 96 Stunden) als Teile des Sperrverbandes HAMBURG genannt, die nach Mobilmachung die zunächst eingesetzten NL-Verbände (ursprünglich waren dies das 102 (NL) Infanteriebataillon und 2 Kompanien des 41 (NL) Geniebataillon) „abzulösen" hatten.

14. Das Territorialheer der Bundeswehr in der militärischen Landesverteidigung

Das Territorialheer ist der Teil des Heeres, der auch im Verteidigungsfall in nationaler Verantwortung bleibt, also nicht (von Ausnahmen abgesehen) der NATO unterstellt wird. Seine Aufgabe ist es, die Operationsfreiheit für die NATO-Streitkräfte aufrecht zu erhalten, die auf dem Boden der Bundesrepublik ihren Verteidigungsauftrag zu erfüllen haben. Im Frieden ist das Territorialheer überwiegend eine Organisation territorialer Dienststellen. Seine Truppen sind in großem Umfang gekadert oder bestehen aus Geräteeinheiten.

Da die territoriale Organisation der föderativen Ordnung der Bundesrepublik angeglichen ist, decken sich die Grenzen der territorialen Dienststellen meistens mit den Grenzen der Länder, Regierungsbezirke und Kreise. Damit können die territorialen Befehlshaber/Kommandeure als Mittler zwischen den zivilen Organisationsbereichen und den Kommandobehörden der NATO-Streitkräfte – einschließlich der assignierten deutschen – wirken.

Im Verteidigungsfall sind die deutschen Befehlshaber/Kommandeure „Rückwärtige Befehlshaber". Sie haben in dem Raum, der westlich der NATO-Korps-Grenzen liegt die Befehlsgewalt. Ihre Aufgaben, Rechte und Pflichten sind in Vereinbarungen zwischen der Bundesrepublik und der NATO festgelegt.

Im Verteidigungsfall wäre das Territorialheer auf etwa das Zehnfache des Friedensumfanges angewachsen.

Die obersten Kommandobehörden des Territorialheeres sind die drei Territorialkommandos Schleswig-Holstein, Nord und Süd. Sie haben mit den NATO-Kommandos LANDJUT, NORTHAG und

CENTAG zusammen zu arbeiten. Ihr vordringlicher Auftrag ist die Abstimmung der nationalen Interessen mit den Erfordernissen der NATO-Befehlshaber.

Die nachfolgende Ebene ist die der 6 Wehrbereichskommandos. Dabei ist das TerrKdo S-H zugleich WBK I, das auch das Gebiet des Landes HAMBURG (nördlich der SÜDER-ELBE) mit abdeckt. Die Befehlshaber der Wehrbereiche II bis VI vertreten die Notwendigkeiten der militärischen Landesverteidigung gegenüber den jeweiligen Landesregierungen und den auf Landesebene tätigen Organen der zivilen Verteidigung des Bundes und der Länder gegenüber den NATO-Korps.

Die nächste Ebene bilden die Verteidigungsbezirkskommandos (VBK). In der Regel decken sich die Grenzen eines Verteidigungsbezirkes mit denen eines Regierungsbezirks. Die VBK sind in mehrere Verteidigungskreiskommandos untergliedert.

Den WBK wurden ab 1970 zur Ausweitung der Kampftruppenstärke in der Territorialverteidigung 6 teilaktive Heimatschutzkommandos (Nr. 13-18) unterstellt[64]. Diese sind im Rahmen der Heeresstruktur 4 ab 1982 in teilaktive Heimatschutzbrigaden (Nr. 51-56) umgegliedert worden.

Eine Ausnahme machen allerdings die WBK I und VI. Deren HSchBrig (51 und 56) waren seit dem 1.10.1982 der NATO assigniert. Die HSchBrig 56 wurde am 1.1.1985 der 1. (GE) GebDiv unterstellt, die HSchBrig 51 untersteht der 6. (GE) PzGrenDiv. Die HSchBrig 52 bis 55 wurden als „Other Forces for NATO" für einen Einsatz im Rahmen der NATO bereitgehalten. Sie waren nur zu etwa 65 Prozent präsent und gliederten sich in Stab/StKp, PiKp, ABCAbwKp, InstKp, NschKp, SanKp, 1 JgBtl (mot), 1 JgBtl (M-113), 2 PzBtl, 1 FArtBtl (105mm FH) und 1 FErsBtl. Die HSchBrig 56 hatte einen höheren Präsenzgrad und war stärker gepanzert als die anderen HSchBrig.

Daneben wurden als Geräteeinheiten die HSchBrig 61 bis 66 aufgestellt, die grundsätzlich den WBK unterstanden. Sie gliederten sich in Stab/StabsKp, PiKp, VersKp, 2 JgBtl, PzBtl und FArtBtl. Im PzBtl war der kampfwertgesteigerte Kampfpanzer M-48 A2 GA2 mit einer 105mm Panzerkanone eingesetzt. Eine Ausnahme bildete das PzBtl 613, welches über LEOPARD 1 verfügte. Die FArtBtl waren mit 105mm Feldhaubitzen ausgestattet. In den beiden JgBtl wurden teils Lkw, teils MTW M-113 eingesetzt.

Ferner wurden auch noch 15 Heimatschutzregimenter (HSchRgt) als Geräteeinheiten aufgestellt, die neben Stab/StKp, Mörserkompanie und Versorgungskompanie über je 3 JgBtl verfügten; weiter zahlreiche Sicherungskompanien und Sicherungszüge als Geräteeinheiten.

15. Die „Stay behind"-Organisation der NATO[65]

Nicht direkt zum Thema „NATO-Planungen…" gehören die nachfolgenden Ausführungen zu einer „Untergrundorganisation", die im Falle einer Besetzung der europäischen Staaten Aufklärungsarbeit leisten und (kleinere) Sabotageakte verüben sollte. Von der Existenz einer derartigen Organisation erfuhren sowohl die Öffentlichkeit als auch die Parlamente der einzelnen Länder erstmals am 3. August 1990. Der damalige Premierminister Italiens Giulio Andreotti bestätigte vor einem Untersuchungsausschuss des italienischen Senates, der sich mit der Frage der Verantwortlichkeiten hinsichtlich verschiedener Terroraktionen in Italien beschäftigte, die Existenz einer derartigen „Untergrundorganisation". Nach Bekanntwerden dieser Organisation wurde in allen europäischen Ländern mit mehr oder weniger Erfolg Nachforschungen zu diesem Thema angestellt.

---

64 Vgl. ausführlich Walther, Das Territorialheer, S. 97-102. Ferner zu Heimatschutzbrigaden Fuhr, Die Heimatschutzbrigade; vgl. ebd., S. 201 und zur Gliederung der Heimatschutzbrigade 56, unten S. 198.

65 Bei Eingabe von „stay behind" in Google finden sich weiterführende Informationen und Hinweise auf vorhandene Literatur.

Interessant ist, dass neben den NATO-Staaten auch neutrale Länder wie Schweden, Finnland, Österreich und die Schweiz über derartige Organisationen verfügten[66]. An der Schaffung der Strukturen waren die CIA, der britische militärische Geheimdienst MI 6 sowie die jeweiligen Geheimdienste der betroffenen Länder beteiligt. In den Ländern mit einer „Stay behind"-Organisation wurde eine unterschiedliche Anzahl von geheimen Verstecken angelegt, in denen Waffen, Sprengstoff und Funkausrüstung gelagert wurden. Die größte Zahl mit 139 Waffenlagern dürfte in ITALIEN angelegt worden sein. Die dortige „Stay behind"-Organisation führte den Namen GLADIO, wobei diese wohl auch den inneren Feind (die starke Kommunistische Partei PCI und die kleinere Sozialistische Partei SPI) bekämpfen sollte.

Das EU-Parlament richtete sich in der Sonderdebatte vom 22. November 1990 mit einer Resolution an die Adresse der USA und der NATO in scharfer Form gegen die „Stay behind"-Organisationen und forderte ihre Mitgliedstaaten auf, diese Strukturen genau und öffentlich zu untersuchen[67]. In der Folgezeit wurden in allen Staaten die „Stay behind"-Gliederungen aufgelöst. Nach gegenwärtigem Forschungsstand hat es keine konkreten Einsatzpläne der NATO für die „Stay behind"-Organisation gegeben. In den zugänglichen EDP oder GDP gibt es jedenfalls keine Hinweise darauf.

Allerdings kann als sicher gelten, dass die NATO ab April 1951 in ihrem „Clandestine Planning Committee" (CPC) die Koordinierung der in den einzelnen Ländern bestehenden Gruppen übernommen hat. Ab 1958 war eine weitere Dienststelle der NATO, das „Allied Clandestine Committee" (ACC), für die Vorbereitung und Durchführung internationaler Übungen und die Erstellung von Ausbildungshilfen zuständig; das ACC diente auch als Forum für einen Erfahrungsaustausch.

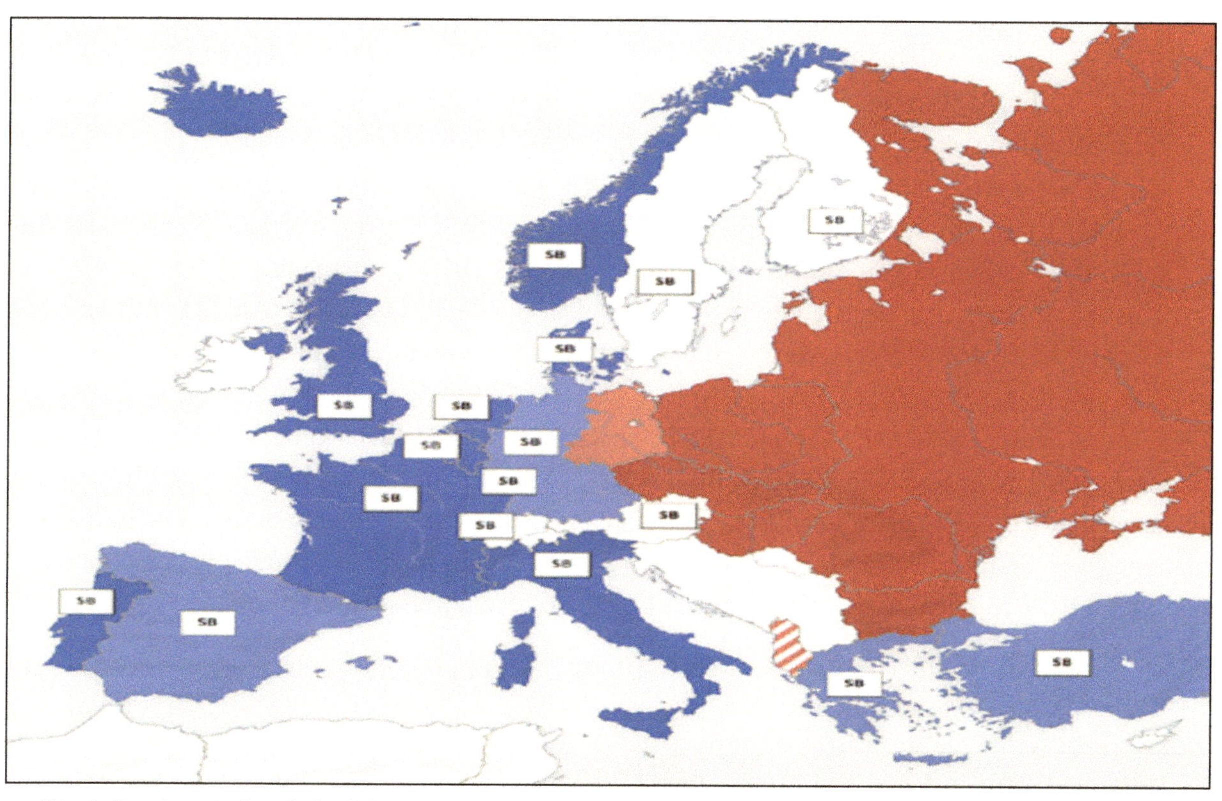

Abb. 4: Länder mit Stay Behind Organisation. Quelle: Wouter Kuijl, Warmlopen voor der Koude Oorlog. In: Militaire Spectator, Heft 1/20, S. 33. SB = Land mit einer Stay Behind Organisation

---

66 Daniele Ganser, Die Geheimarmeen der NATO. In: Neue Zürcher Zeitung vom 15.12.2004.
67 Kuijl, Warmlopen voor der Koude Oorlog, S 33.

II. Der NATO-Kommandobereich
Allied Forces Northern Europe (AFNORTH)

Der Bereich AFNORTH (HQ KOLSAAS/NOR) umfasste Norwegen, Dänemark (ohne Grönland und Färöer-Inseln) sowie die Bundesrepublik Deutschland nördlich der Elbe mit den umgebenden Seegebieten. Der Bereich untergliederte sich in Allied Forces Nordnorwegen (HQ BODO/NO), Südnorwegen (HQ OSLO) und Baltic Approaches (HQ KARUP/DA). Der Bereich der dänischen Inseln und die Ostseezugänge wurden teilweise als Achillesferse der NATO bezeichnet. Daher schuf die NATO auf deutsches Drängen 1962 den Kommandobereich Baltic Approaches (BALTAP), um eine Aufteilung der deutschen Streitkräfte auf die NATO-Kommandobereiche AFNORTH und AF-CENT zu beenden[68].

Gleichzeitig wurden aufgestellt[69]:

- das Multinationale Korps Alliierte Landstreitkräfte Schleswig-Holstein und Jütland (LANDJUT mit HQ in RENDSBURG). Dieses umfasste die Gebiete SCHLESWIG-HOLSTEIN und HAN-SESTADT HAMBURG (nördlich der ELBE/SÜDERELBE), JÜTLAND (südlich der Linie NY-MINDEGAB – HORSENS (= dänische Militärregion III) sowie die Inselgruppen FÜNEN und LANGELAND (= dänische Militärregion IV);

- die Luftstreitkräfte Ostseezugänge (AIRBALTAP mit HQ in KARUP/DA) zur Führung von Luftkriegsoperationen im Bereich BALTAP mit Ausnahme der Luftverteidigung südlich der deutsch-dänischen Grenze.

  Die Luftverteidigung nördlich der ELBE bis zur deutsch-dänischen Grenze war Aufgabe der TWOATAF, die in SCHLESWIG-HOLSTEIN die (GE) FlaRakBtl (HAWK) 38 in HEIDE (Friedensstellungen HUDE, DELLSTEDT, WINDBERGEN, DEICHHAUSEN) und 39 in ECKERNFÖRDE (Friedensstellungen MAASHOLM, WAABS, SEHESTEDT, TOLK) stationiert hatte und der das (GE) Jagdgeschwader 71 in WITTMUND unterstand;

- die Seestreitkräfte Ostseezugänge (NAVBALTAP) mit HQ KIEL-HOLTENAU (bis 1976), danach KARUP/DA, für Seekriegsoperationen in der westlichen und mittleren OSTSEE, das Auslegen und der Schutz von Minenfeldern im FEHMARN BELT, entlang der FEHMARNSUND-Küste und der LÜBECKER Bucht. Ferner sind in der DEUTSCHEN BUCHT und im SKA-GERRAK das Heranführen von Verstärkungen und Versorgungsgütern zu sichern.

Die Grenze zwischen AFNORTH und AFCENT ist die SÜDERELBE von LAUENBURG geradlinig nach OSTEN in Richtung nördlich LUDWIGSLUST. Für den Bereich Schleswig-Holstein und Dänemark ist das NATO-Kommando BALTAP mit HQ in KARUP verantwortlich. Die für die Verteidigung von SCHLESWIG-HOLSTEIN und JÜTLAND vorgesehenen Landstreitkräfte unterstehen LANDJUT mit dem Kommando in RENDSBURG. Sie umfassen die 6. (GE) PzGrenDiv[70] und

---

[68] TRUPPENDIENST TASCHENBUCH, Die Armeen der NATO-Staaten, S. 238ff.

[69] Vgl. auch Kießling, Die Verteidigung Schleswig-Holsteins, S. 127-136. Zu den politischen Problemen der Aufstellung von BALTAP vgl. Jesper Thestrup Henriken und zu den militärischen Überlegungen Dieter H. Kollmer, Rüdiger Wenzke und Torsten Diedrich, alle in: Grenzen überwinden, S. 49 bis 126.

[70] Die 6. (GE) PzGrenDiv besaß als „stärkster Division der Bundeswehr" bereits im Frieden zusätzliche Truppenteile, die normalerweise auf Korpsebene vorhanden sind (z.B. RakArtBtl 650, PiBtl 61 neben dem „normalen" PiBtl 6, amphibische PionierKp 600, Heeresfliegerregiment statt HFlgStff). Damit sollte LANDJUT durchsetzungsfähiger werden. Darüber hinaus war die 6. PzGrenDiv neben ihren „normalerweise" vorhandenen Brigaden noch die Heimatschutzbrigade 51 unterstellt. Einzelheiten finden sich unter: https://pzgrendiv6.de (1.3.2023).

die Dänische JÜTLAND-Division (JutDiv)[71]. Zusätzlich standen nach Mobilmachung nationale territoriale Kräfte des TerrKdo S-H für Sicherungsaufgaben, den Schutz rückwärtiger Gebiete sowie logistische Aufgaben zur Verfügung. Der gesamte Kommandobereich SCHLESWIG-HOLSTEIN ist Vordere Kampfzone[72]. Die Verbindungszone beginnt nördlich der Linie ESBJERG – KOLDING[73].

LANDJUT hat seinen VRV am ELBE-LÜBECK-Kanal (ELK) und soll dem Feind das Vordringen über die BAB A 1 LÜBECK – HAMBURG verwehren. Dabei kam der engen Zusammenarbeit mit den Marinestreitkräften besondere Bedeutung zu, um amphibische Landungen an der schleswig-holsteinischen Ostseeküste abzuwehren und so eine Bedrohung im Rücken und der linken Flanke von LANDJUT zu verhindern.

LANDJUT konnte 1988 mit folgenden auswärtigen Verstärkungskräften rechnen[74]:

- *United Kingdom Mobile Force (UKMF)*. Diese umfasste die 1.Infanteriebrigade sowie eine logistische Unterstützungsgruppe und 2 Hubschrauberstaffeln mit insgesamt 15.000 Mann, 4.750 Fahrzeugen, 10 Hubschraubern vom Typ PUMA und 5 vom Typ CHINOOK.

  Sie konnte in SCHLESWIG-HOLSTEIN mit der Verstärkung von LANDJUT der vorne eingesetzten Divisionen (6. (GE) PzGrenDiv und JutDiv) sowie zur Sicherung und Offenhaltung der Übergänge des NORD-OSTSEE-KANAL (NOK) bei RENDSBURG beauftragt werden. Eine weitere Option war der Einsatz auf der Insel SEELAND.

  Die UKMF wollte ihre Rear Maintenance Area (RMA) mit 1.Priorität in ANGELN (=Gebiet ostwärts der BAB A7 zwischen FLENSBURG und SCHLESWIG) einrichten und mit 2.Priorität in DITHMARSCHEN (=Region zwischen NORDSEE, EIDER, ELBE und NOK).

- *UK/NL Landing Force:* Diese bestand aus 6.720 Mann mit 2.049 Fahrzeugen und umfasste das HQ 3 Cdo Bde RM. Unterstellt waren 4 InfBtl, 1 Feldartilleriebataillon, 2 Pionierkompanien sowie 1 Flugabwehrraketenzug, ferner Wasserfahrzeuge. Zu dem Verband gehörten das 1. (NL) Marineinfanteriebataillon mit logistischer Unterstützung sowie eine 120mm Mörserbatterie, die Bootskompanie und eine amphibische Aufklärungskomponente (Froschmänner). Der Verband war BALTAP-Reserve und konnte entweder zur Verstärkung von LANDJUT-Kräften, zum Schutz der Insel FEHMARN und letztlich zur Verstärkung der CLZ eingesetzt werden. Die Beach Support Area (BSA) sollte in erster Linie südlich RENDSBURG, hilfsweise in DITHMARSCHEN eingerichtet werden.

- *9th (US) Infantry Division (mot) „Old Reliables"*, stationiert in Ft. Lewis im Staat Washington an der Westküste der USA. Die Division umfasste 16.891 Mann mit 183 Kampfpanzern M-60 A3, 268

---

[71] Die Jütlanddivision umfasste nach einer 3 Wochen dauernden Mobilmachung: Divisionstruppen (Stabs-/Fernmeldebataillon, Divisionsartillerie mit Stabs-/Beobachtungsbatterie, 2 Artilleriebataillonen sowie 2 schweren Artilleriebatterien, 1 Panzeraufklärungsbataillon, 1 Panzerabwehrbataillon, 1 Fernspähkompanie, 3 Brigaden zu je Stabskompanie, 3 mechanisierte Bataillone mit LEOPARD 1A3, MTW M-113, 1 Infanteriebataillon, 1 Artilleriebataillon mit M-109A3 und 155mm Haubitzen M 114/39, 1 Nachschubbataillon, 1 Panzerpionierkompanie und 1 Militärpolizeieinheit. 1983 wurde als mobile BALTAP-Reserve noch die jütländische Kampfgruppe mit 3 Infanteriebataillonen aufgestellt. Weitere Einzelheiten unter https://de.wikipedia.org/wiki/Hauptquartier_der_Alliierten_Landstreitkräfte_Schleswig-Holstein_und_Jütland (letzter Abruf am 21.10.2020).

[72] BArch, BH 2/17295.

[73] Vgl. Steinkopff, Die geostrategische Bedeutung der Cimbrischen Halbinsel. Steinkopff war von 1986 bis 1990 Kommandeur der 6. PzGrenDiv.

[74] Die Informationen zu den Verstärkungskräften stützen sich auf die Anlage B/2 (TgbNr. 3/88) im Operationsbefehl für die militärische Landesverteidigung im Territorialkommandobereich SCHLESWIG-HOLSTEIN. Vgl. BArch, BH 40-1/1.

Systeme Panzerabwehrlenkraketen TOW, 219 MTW M-113, 36 Flugabwehrkanonensysteme VULCAN, 60 Fliegerabwehrraketensysteme STINGER, 54 Feldhaubitzen 155mm,

12 Feldhaubitzen 105mm sowie 29 Panzerabwehrhubschrauber COBRA. Der Einsatz dieser Division war ab 1986 geplant[75], vorher hatte eine Marineinfanteriebrigade diese Aufgabe

Nach Entscheidung von BALTAP kann der Einsatz bei LANDJUT erfolgen, wo die Division als Korpsreserve südlich des NOK vorgesehen ist. Dabei sind im Zuge des NOK sowohl die Übergänge bei RENDSBURG zu schützen als auch die Aufnahme der von COMLANDJUT in der Vorneverteidigung eingesetzten Kräfte sicher zu stellen. Denkbar ist auch ein Einsatz in der Enge zwischen SCHLESWIG und HUSUM. Die Division Rear Area (DRA) ist in DITHMARSCHEN geplant.

Die EDP/GDP der Truppenteile nördlich der ELBE sind nur lückenhaft überliefert, d.h. für die Zeit vor 1983 sind offensichtlich keine Akten an das Bundesarchiv-Militärarchiv abgegeben worden. In der Folge beschränkt sich diese Darstellung daher auf die Planungen ab Mitte der 1980er Jahre.

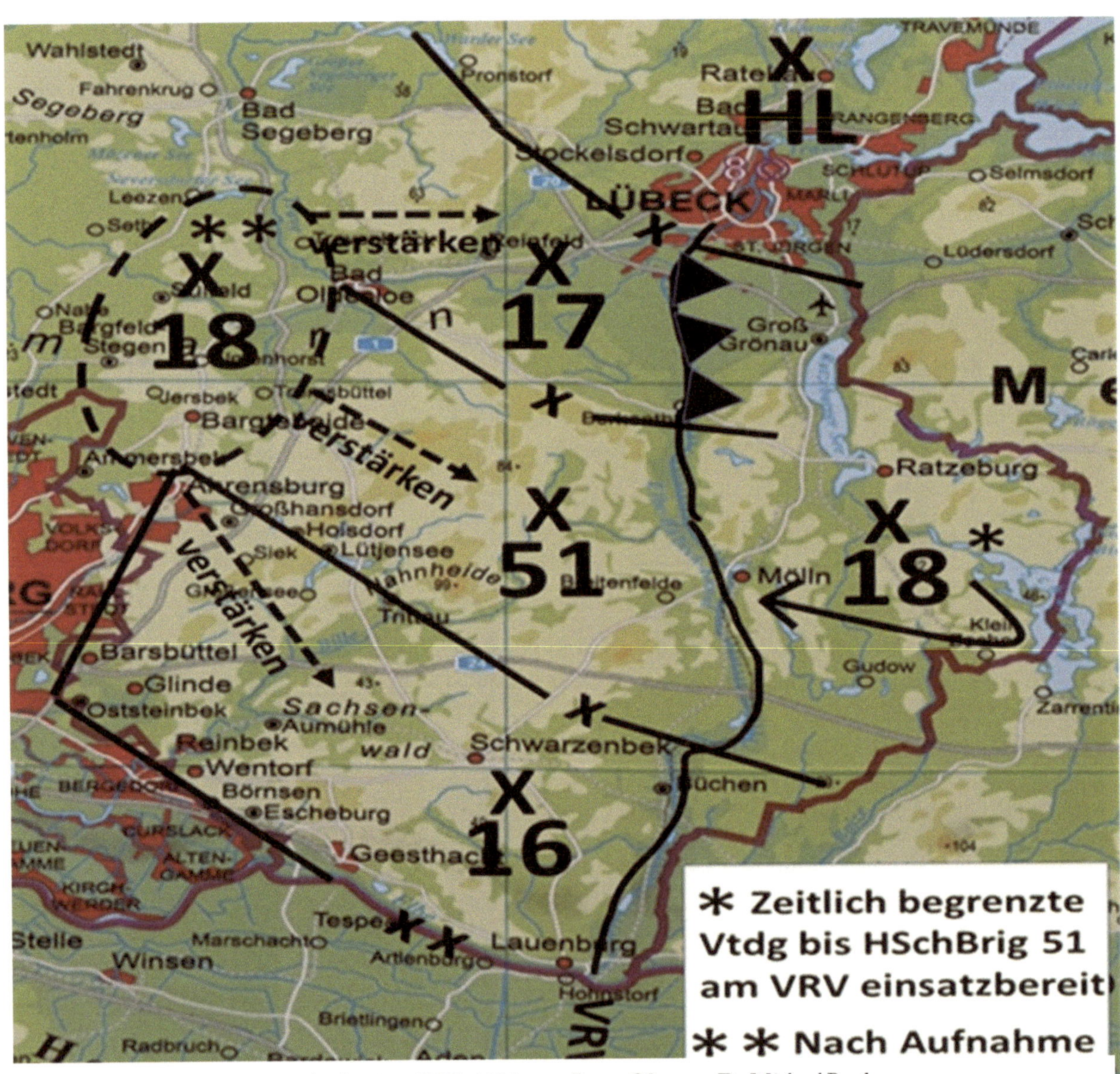

Abb. 5: 6. (GE) Panzergrenadierdivision, GDP 1985, erstellt von Oberst a. D. Michael Buck

---

[75] Vgl. Steinkopff, Die geostrategische Bedeutung der Cimbrischen Halbinsel, S. 120.

Der **GDP 1985** für die mit Kampfpanzern LEOPARD 1 und Schützenpanzern MARDER ausgerüstete 6. (GE) PzGrenDiv trifft folgende Festlegungen[76].

Bei der, in der Abbildung 5 wiedergegeben Aufstellung bestand die Gefahr, dass ein links und rechts vom RATZEBURGER BALKON schnell vorstoßender Feind den Rückmarsch der PzBrig 18 in ihren Verfügungsraum bei BARGTEHEIDE vereiteln könnte und der 6. (GE) PzGrenDiv keine kampfkräftige Divisionsreserve mehr zur Verfügung gestanden hätte.

Die Grenze zwischen der 6. (GE) PzGrenDiv und der dänischen Jütland-Division verläuft vom Ortsteil LÜBECK-MOISLING – Nordufer WARDERSEE – nordwestlich NEUMÜNSTER – nordostwärts NORTORF – nordwestlich auf JEVENSTEDT. Dort trifft sie auf die Grenze zwischen der JutDiv und dem Verfügungstruppenkommando 41. Dieses entsprach in etwa einem (teilaktiven, gekürzten) Divisionsstab, dem im Verteidigungsfall zu mobilisierende Truppenteile der Heimatschutztruppe (Heimatschutzbrigade, Heimatschutzregimenter) unterstellt worden wären. Seine Aufgabe war der Schutz des rückwärtigen Gebietes von LANDJUT, insbesondere die Sicherung wichtiger Infrastruktur sowie die Bekämpfung von Luftlandetruppen und die Abwehr von Seelandungen.

Die Brigaden werden von NORD nach SÜD wie folgte eingesetzt:

Die PzGrenBrig 17 sollte einen Verteidigungsraum mit VRV zwischen LÜBECK bis hart südlich BERKENTHIN halten. Rechts daneben schloss sich der Verteidigungsraum der HSchBrig 51[77] an mit dem VRV bis zum ELK-Knie bei SIEBENEICHEN. Der rechts davon durch die PzGrenBrig 16 besetzte Abschnitt endet bei LAUENBURG. Die PzBrig 18 war als Verzögerungsverband im RATZEBURGER BALKON eingesetzt, wobei das PzBtl 183 vorne links im Raum RATZEBURG und das PzGrenBtl 182 im Schwerpunkt der Brigade im Zuge der Bundesautobahn A 24 (BERLIN – HAMBURG) ihre Gefechtsstreifen hatten.

Das PzBtl 181 sicherte die Übergänge über den ELK und hielt diese offen, um den Kräften der PzBrig 18 nach Erfüllung der Verzögerungsaufgabe den Weg in den Raum um BARGTEHEIDE zu ermöglichen. Dort hatte sich die PzBrig 18 als Divisionsreserve auf neue Aufgaben vorzubereiten. Das PzBtl 184 unterstand während der Verzögerung nicht der PzBrig18, sondern war (einzige) Reserve der 6. (GE) PzGrenDiv.

Die Stadt LÜBECK, die im Verteidigungsraum der JutDiv lag, warf auch für die Planung der 6. (GE) PzGrenDiv besondere Probleme auf. Unverteidigt wäre LÜBECK als erste deutsche Großstadt in Feindeshand gefallen. Das musste schon aus dem Prinzip der Vorneverteidigung vermieden werden.

Daher forderte LANDJUT die Verteidigung von LÜBECK an seinem Ostrand, wofür die stark mobilmachungsabhängige JutDiv verantwortlich war, die zudem noch einen weiten Anmarsch aus ihren Friedensgarnisonen zu bewältigen hatte.

Die 6. PzGrenDiv traf deshalb Vorsorge für einen verspäteten Aufmarsch der JutDiv durch die für den Notfall geplante Aufstellung des **Gefechtsverbandes „HANSESTADT LÜBECK" (HL)**. Dieser bestand aus „schweren" Teilen des PzAufklBtl 6 (LEOPARD 1), den JgBtl 66 und 67 sowie Heeresfliegerkräften des HFlgRgt 6. Im Gegensatz zu den anderen Bundeswehrdivisionen waren die JgBtl 66 und 67 aktiv.

---

[76] Die Ausführungen zum GDP 85 der 6. (GE) PzGrenDiv beruhen auf Informationen von Oberst a.D Michael Buck in mails vom 15.7., 29.8. und 31.8.2021.

[77] Die HSchBrig 51 hatte bis 1984/85 den Auftrag, die Halbinsel WAGRIEN und die Insel FEHMARN zu verteidigen. Diesen Auftrag übernahm die HSchBrig 61 (GerE).

Dieser Gefechtsverband sollte im „Notfall" den Gefechtsstreifen der (DA) Jütland-Divisionen zeitlich übernehmen und hatte die Aufgabe, den Ostrand von LÜBECK zu verteidigen und die OSTSEE-Küste bis zum FEHMARNSUND zu überwachen, immerhin eine Strecke von etwa 65 km Luftlinie.

Es handelte sich insoweit um einen neuen Ansatz, da man bis in die 1980er Jahre LÜBECK nur mit schwachen Kräften überwachen und dem Feind die schnelle Nutzung der in der Stadt vorhandenen Verkehrsinfrastruktur – insbesondere der Brücken – verwehren wollte. Allerdings warf die Sperrplanung in LÜBECK wegen der historischen Bausubstanz, der Versorgung und dem Schutz der Bevölkerung erhebliche Probleme auf. Sprengungen in großem Umfang kamen daher nicht in Frage, man behalf sich mit Steckträgersperren gegen gepanzerte Fahrzeuge.

Nach dem Operationsbefehl Nr. 1 B vom 17.12.1984 **(GDP 85)** ist der **PzGrenBrig 16** ein Gefechtsstreifen zugewiesen, der vom ELK-Knie bei SIEBENEICHEN bis LAUENBURG reicht[78]. Die PzGrenBrig 16 hat den Auftrag, zunächst mit Sicherungs- und Deckungskräften den BGS an der Innerdeutschen Grenze (IdG) abzulösen und die IdG mit technischen Hilfsmitteln und Sperren zu überwachen und zu sichern. Ein Gefecht ist mit kampfstarken Teilen aus vorgeschobenen Stellungen in engem Zusammenwirken mit der Panzerbrigade 18 noch ostwärts des ELK aufzunehmen.

Bei überlegenem Feind ist in enger Abstimmung mit der PzBrig 18 über den ELK auszuweichen. Danach wird der ELK im eigenen Gefechtsstreifen so verteidigt, dass der Feind bereits im vorderen Teil des Verteidigungsraumes zerschlagen wird.

Die PzGrenBrig 16 stellt sich darauf ein, frühzeitig durch Teile der Divisionsreserve verstärkt zu werden und den Feind spätestens vor der Linie LOUISENHOF (PE 0228) und KRUKOW (NE 9820) zu zerschlagen.

Ferner ist die rechte Flanke der 6. (GE) PzGrenDiv zwischen LAUENBURG (PE 0228) und GEESTHACHT (NE 9121) zu überwachen und Verbindung zum rechten Nachbarn (3. (GE) PzDiv oder 5. bzw. 4. (NL) Div – Bereich AFCENT/NORTHAG) zu halten. Schließlich hat sich die PzGrenBrig 16 darauf einzustellen, durch die 1. (UK) Infantry Brigade[79] auf der Grundlage des Contingency Operation Plan (COP) „COVER POINT" abgelöst und in den Verfügungsraum um DUVENSTEDT (NE 7351) verlegt zu werden.

Zur Durchführung des erteilten Auftrages wird zunächst mit Teilen des links eingesetzten Bataillons (= verstärktes PzGrenBtl 162) in enger Abstimmung mit dem linken Nachbarn (= PzGrenBtl 182) zwischen IdG und ELK verzögert und danach mit 3 Btl nebeneinander am ELK mit Schwerpunkt im Raum BÜCHEN verteidigt.

Das PzGrenBtl 162 nimmt seine in der Verzögerung eingesetzten Teile auf und führt sie über die Kriegsbrücke bei SIEBENEICHEN und eine Brücke ostwärts BÜCHEN über den ELK zurück. Die zivile Wagenfähre über den ELK bei SIEBENEICHEN ist in eigener Zuständigkeit zu zerstören

---

[78] BArch, BH 9-16/219. Es ist zu beachten, dass nach diesem GDP der PzGrenBrig 16 ein anderer Gefechtsstreifen zugewiesen ist als im GDP für die 6. (GE) PzGrenDiv.

[79] Die 1. (UK) Infantry Brigade lag in TIDWORTH und war zur Verstärkung von LANDJUT eingeplant. Sie umfaßte 2 PzBtl, 3 mechInfBtl, 1 Pionierregiment, 1 Militärpolizeikompanie und 1 Fernmeldekompanie. Lt. https://en.wikipedia.org/wiki/1st_Armoured_Infantry_Brigade_(United_Kingdom) wurde Mitte der Achtziger Jahre beschlossen diese Brigade als Teil der United Kingdom Mobile Force im Rahmen der Operation „GRACIE" zur Verstärkung der LANDJUT-Kräfte einzuplanen. Standorte der Brigade waren im Frieden: TIDWORTH, BULFORD, THORNEY ISLAND und NETHERAVON. Die Gesamtstärke der UKMF umfasste (einschließlich der Luftstreitkräfte) 29.000 Mann, 10.000 Fahrzeuge und Geschütze, 31.000 Tonnen Vorräte und 82 Flugzeuge.

ebenso bei Feindangriff die ELK-Übergänge WITZEEZER SCHLEUSE (PE 079240) sowie die ELK-Eisenbahnbrücke am Südostrand von BÜCHEN. Die Kriegsbrücke SIEBENEICHEN darf erst auf Befehl der Brigade zerstört werden. Das PzGrenBtl 162 verteidigt am ELK zwischen SIEBENEICHEN und WITZEEZE, wobei dem Feind ein Nehmen des Höhengeländes um MÜSSEN (PE 0328) – FRANZHAGEN (PE 0426) zu verwehren ist. Schließlich stellt sich das Btl darauf ein, nach Ablösung der Masse der PzGrenBrig 16 der 1. (UK) InfBrig unterstellt zu werden und den Verteidigungsauftrag im selben Gefechtsstreifen, jedoch weiter in der Tiefe fortzuführen.

Das Panzerbataillon 164 überwacht den STECKNITZ-Abschnitt, um eine vermutete Annäherung von motSchtz aus dem Raum NOSTORF aufzuklären, zerstört in eigener Zuständigkeit die ELK-Übergänge DALLDORF (PE 073220) und ostwärts BASEDOW (PE 062194) sowie die Eisenbahnbrücke nordostwärts BASEDOW (PE 068207). Es verteidigt am ELK zwischen DALLDORF und der Niederung südlich BASEDOW und verhindert so einen feindlichen Zugriff auf die B 209 sowie einen Durchbruch in die Enge von GÜLZOW (PE 0023). Letztlich stellt sich das PzBtl 164 darauf ein, von Teilen der 1. (UK) InfBde durch Aufnahme abgelöst zu werden.

Das PzGrenBtl 163 überwacht den STECKNITZ-Abschnitt ostwärts LANZE (PE 0717) und überwacht die Brücke ostwärts LAUENBURG, um mechanisierte Feindkräfte bereits ostwärts der ELK-Übergänge LAUENBURG zu Massierungen zu zwingen. Die ELK-Brücken BUCHHORST (PE 055165) sowie ost- und südostwärts LAUENBURG (PE 055155, PE 043149) sind in eigener Zuständigkeit zu zerstören.

Das PzGrenBtl 163 verteidigt am ELK nördlich LAUENBURG sowie die Stadt LAUENBURG und verhindert den Zugriff auf die B 209 sowie Feindvorstöße entlang der B 5 in die Tiefe des Brigadegebietes. LAUENBURG ist der Eckpfeiler der Verteidigungsoperation der Brigade.

Schließlich stellt sich das PzGrenBtl 163 darauf ein, von Teilen der 1. (UK) InfBde durch Aufnahme abgelöst zu werden.

Eine bataillonsstarke Reserve (= gemPzGrenBtl 161) ist im Raum SCHWARZENBEK bereit zu halten, um vorn eingesetzte Verbände zu verstärken oder einen durchgebrochenen Feind spätestens in der Linie GRÜN (LOUISENHOF – GÜLZOW – GRÜNHOF) aufzufangen und im Zusammenwirken mit der Divisionsreserve zu zerschlagen.

Die Panzerjägerkompanie 160 (PzJgKp 160, siehe Abb. 6) ist auf Zusammenarbeit mit PzBtl 164 und PzGrenBtl 163 angewiesen. Sie verteidigt aus Stellungen zwischen BASEDOW (PE 0520) und LAUENBURG und verhindert im Zusammenwirken mit PzBtl 164 und PzGrenBtl 163, dass ein gepanzerter Feind nach LAUENBURG einbrechen oder auf der B 209 durchbrechen kann. Letztlich stellt sich die PzJgKp 160 darauf ein, frühzeitig von Teilen der1. (UK) InfBde durch Aufnahme abgelöst zu werden.

Der Panzerspähzug 16 (PzSpZg 16) ist für die Verzögerung dem PzGrenBtl 162 unterstellt. Nach Abschluss der Verzögerung überwacht er den ELBE-Abschnitt zwischen SANDKRUG (NE 992160) und BORGHORST (NE 870217) im Zusammenwirken mit 2 Verbindungshubschraubern (VBH) und weist Übersetzversuche bis zum Eintreffen von Reserven ab. Im Zuge des ELBE-Tales angreifende Hubschrauber sind zu bekämpfen. Hart nördlich der ELBE-Brücke GEESTHACHT (NE 889215) ist Verbindung zu Teilen des 103 (NL) PzAufklBtl zu halten.

Der Brigadeartillerieführer führt den Feuerkampf der Brigadeartillerie und koordiniert den Feuerkampf der zur Unterstützung der Brigade eingesetzten Artillerie (Teile des RakArtBtl 62 und des FArtBtl 61).

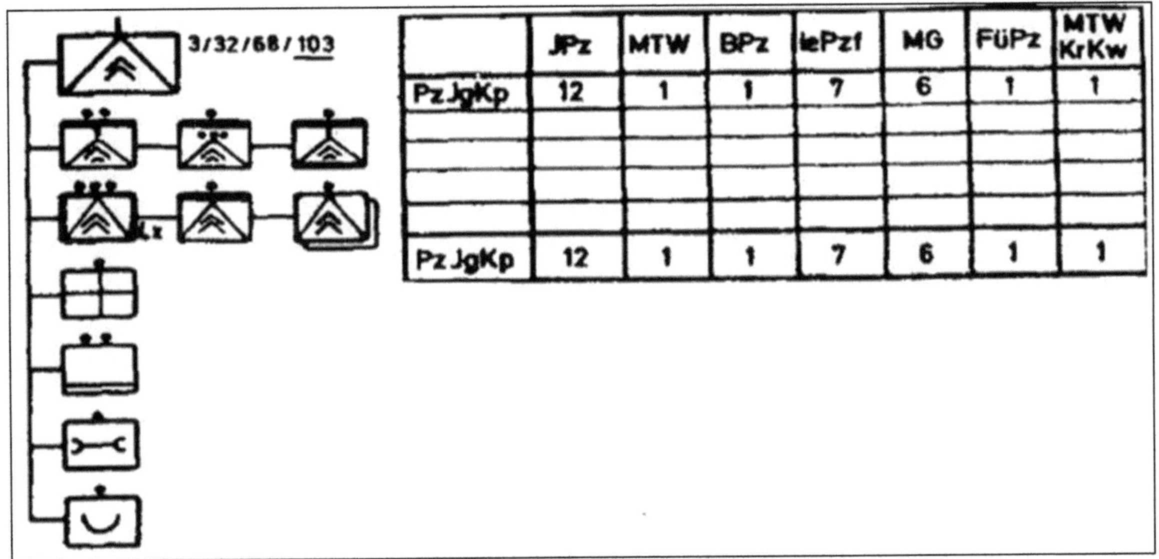

	JPz	MTW	BPz	lePzf	MG	FüPz	MTW KrKw
PzJgKp	12	1	1	7	6	1	1
PzJgKp	12	1	1	7	6	1	1

Abb. 6: Gliederung einer Panzerjägerkompanie (TOW/HOT), Stand 1984, AnwFE 700/108

Die Artillerie verstärkt das Feuer durch Einsatz von Minenauffangsperren im Raum BRÖTHEN (PE 1027) und ostwärts LAUENBURG und bekämpft die Feindartillerie im Raum GREVEN (PE 1927) – LÜTTENMARK (PE 1724) – GRESSE (PE 1621). Ferner sind die IdG südlich/südwestlich von LANGENLEHSTEN (PE 1529), die Waldränder südlich und südwestlich von BRÖTHEN sowie feindliche Annäherungen im Raum BICKHUSEN (PE 0817) sowie südlich davon zu überwachen und Feindangriffe auf mögliche Übergangsstellen, insbesondere im Raum SIEBENEICHEN (PE 0730), DALLDORF (PE 0622) und WITZEEZEE (PE 0623) abzuriegeln.

Nach entsprechender Freigabe unterstützen bis zu 2 Schwärme PAH sowie 3 VBH die PzGrenBrig 16.

Der Flugabwehrkampfverband 62 (FlaKpfVerb 62) ist mit 2 Batterien (total 12 GEPARD) auf Zusammenarbeit mit der PzGrenBrig 16 angewiesen und schützt mit 1 PzFlakBttr das PzGrenBtl 162 in seinem Verteidigungsraum sowie Übergänge über den ELK im Raum BÜCHEN und SIEBENEICHENER SCHLEUSE im stehenden Einsatz/FlaRiegel gegen Luftangriffe aus ostwärtiger Richtung.

Die weitere PzFlakBttr schützt das PzGrenBtl 163 und die Masse des PzBtl 164 in ihren Verteidigungsräumen durch einen FlaRiegel gegen Luftangriffe aus ostwärtiger oder südostwärtiger Richtung.

Bis zur Auslösung von GENERAL ALERT haben die FlaKräfte Feuerverbot, danach eine bedingte Feuererlaubnis.

Das Pionierbataillon 61 (PiBtl 61) mit unterstellter PzPiKp 160 legt Sperren gemäß Sperrplan und Forderungen der Kampftruppe an, stellt den ELK-Übergang bei SIEBENEICHEN (PE 078307) mit einer Kriegsbrücke MLC 60 sicher, hält im Raum SCHWARZENBEK (NE 9830) Kräfte zur Schadensbekämpfung bereit, um Marschbewegungen durch die Ortschaft sicherzustellen, stellt sich darauf ein, alle zum Übersetzen geeigneten Stellen am Nordufer der ELBE zwischen LAUENBURG und GEESTHACHT sowie die zur B 5 führenden Straßen zu sperren. Letztlich hat es noch Stellungen für das PzArtBtl 165 zu bauen. Zur Koordinierung wird angeordnet, dass die Kommandeure der Kampftruppen zur Anlegung von Wurfminensperren ermächtigt sind, wobei die Wirkzeiten vom BrigKdo befohlen werden. An Lückenwegen verbleiben Zünd- bzw. Schließtrupps der Pioniere.

Für das Schließen/Auslösen der der Sperren sind die Kommandeure der Kampftruppen verantwortlich mit Ausnahme der Brücke BÜCHEN und der Kriegsbrücke SIEBENEICHEN.Die ABC-Abwehrtruppe hat für die PzGrenBrig 16 Hauptentstrahlungsplätze (HEP) in GRANDE (NE 9238), HAVIGHORST (NE 7831) und FAHRENDORF (NE 9025) erkundet. Truppenentstrahlungsplätze sind von den Truppenteilen selbst zu erkunden.

Die Luftwaffe unterstützt zunächst – insbesondere vor Verfügbarkeit externer Luftstreitkräfte – den Kampf gegen feindliche Gefechtsstände, Artilleriestellungen und Verfügungsräume durch BATTLE AIRFIELD INTERDICTION (BAI) und durch CLOSE AIR SUPPORT (CAS), den Kampf gegen gepanzerte Feindkräfte, welche die Bataillonsverteidigungsräume durchbrochen haben sowie gegen Luftlandungen im rückwärtigen Div-/BrigGebiet.

Mit Übernahme des Gefechtsstreifens durch die 1. (UK) InfBde gibt die PzGrenBrig 16 das verstärkte PzGrenBtl 162 und 1 PzFlakBttr des FlaKpfVerb 62 an diese ab und verlegt als Divisionsreserve in den Verfügungsraum DUVENSTEDT.

Vom COMBALTAP OPLAN 23070 „BIRDIE BEBOP" (Minimum Warning Attack Contingency Plan for SCHLESWIG-HOLSTEIN) ist auch die PzGrenBrig 16 betroffen.

Der Plan soll sicherstellen, dass ein Feindangriff, der nach kurzer Warnzeit über die IdG und die Küsten auf SCHLESWIG-HOLSTEIN erfolgt durch den Einsatz verfügbarer Kräfte des COMBALTAP frühzeitig abgewehrt wird, um den eigenen Kräften Zeit für ein beschleunigtes Herstellen der Einsatzbereitschaft zu verschaffen bzw. den Kampf der Sicherungs- und Deckungskräfte zu unterstützen.

COMLANDJUT wird die 6. (GE) PzGrenDiv und möglicherweise das PzAufklBtl der JutDiv in den Gefechtsstreifen beider Divisionen einsetzen, bis die JutDiv ihren Verantwortungsbereich übernommen hat.

Hauptsächlich geht es aber darum, KILL ZONES festzulegen, in denen Luftangriffskräfte des COMBALTAP Feindkräfte bekämpfen können. Zur Koordinierung sind im Gefechtsstreifen der PzGrenBrig 16 zwei FIRE SUPPORT COORDINATION LINES (FSCL SCARLET ALFA und SCARLET BRAVO), 8 KILL ZONES sowie Zielräume in Form natürlicher/künstlicher Engen und Verbindungswegen befohlen.

Mit dem 1.1.1989 trat der **Operationsbefehl für die militärische Landesverteidigung im Territorialkommandobereich SCHLESWIG-HOLSTEIN (GDP) vom 11.7.1988** in Kraft[80]. Ihm ist folgendes zu entnehmen:

Man geht davon aus, dass der Warschauer Pakt mit sowjetischen Kräften den Hauptstoß südlich der ELBE führt und die 5. (NVA) Armee sowie die 1. (PVA) Armee im Nebenstoß die rechte Flanke decken. Die Warnzeit für die NATO wird mit 48 Stunden angenommen. Man rechnet vor und nach Angriffsbeginn mit einem Einsatz von Truppen besonderer Bestimmung in der Größenordnung von 50 bis 60 Gruppen zu je 4 bis 12 Mann im rückwärtigen Gebiet von COMLANDJUT, wobei ein erster Höhepunkt dieses Einsatzes etwa 24 Stunden vor Beginn des Angriffs angenommen wird. Vorrangig würde sich der Einsatz gegen nukleare Waffen und Aufmarschbewegungen richten. Bei einem Angriffserfolg südlich der ELBE soll versucht werden, die Verteidigung des COMLANDJUT zu durchbrechen und leistungsfähige Übergänge über den NORD-OSTSEE-KANAL (NOK) zu nehmen.

---

[80] BArch, BH 40-1/1.

Dabei dürfte Hauptrichtung die Achse NEUMÜNSTER – RENDSBURG sein. Erst nach einem erfolgreichen Vorstoß der WESTFRONT in die NORDDEUTSCHE TIEFEBENE sind umfangreiche Angriffe auf die Dänischen Inseln zu erwarten. Operative Luftlandeoperationen könnten die 35. (SU) Gardeluftsturmbrigade (F-StO COTTBUS), Teile von Luftlandedivisionen aus dem MILITÄRBEZIRK BALTIKUM und möglicherweise Kräfte der 6. (PL) Luftlandebrigade (KRAKOW – KRAKAU) ausführen. Als gefährdet gelten insoweit die Übergänge über den NOK im Raum RENDSBURG sowie die Enge HUSUM – SCHLESWIG.

Ab Kriegsbeginn ist – auch bei Schlechtwetter und Dunkelheit – anfangs mit 250 Sorties Starrflügler und 50 Sorties Hubschrauber täglich zu rechnen.

Ballistische Flugkörper (SS-20 und SCUD mit 110 bzw. 300 km Reichweite) sowie see- und luftgestützte Marschflugkörper und Abstandswaffen können jederzeit mit konventionellen, chemischen oder nuklearen Sprengköpfen eingesetzt werden.

Um die Fernmelde- und Radaranlagen zu stören, stehen auf allen Ebenen des WP Kräfte und Mittel zur Elektronischen Kampfführung zur Verfügung.

Erst nach dramatischer Verschlechterung der See- und Luftlage der NATO-Streitkräfte in der westlichen OSTSEE sowie der Überwindung der Seeminensperre im FEHMARN BELT werden amphibische Landungen an Teilen der Küsten SCHWANSENs und ANGELNs möglich.

Mit dieser Aufgabe dürften die 36. (SU) Gardemarineinfanteriebrigade (F-StO BALTYSK – PILLAU) und die 7. (PL) Seelandebrigade (F-StO GDANSK – GDINGEN) betraut werden.

Der Auftrag des **TerrKdo S-H/DBvBer AFNORTH** umfasst u.a. die Wahrnehmung der deutschen Interessen gegenüber den NATO-Stäben BALTAP, COMLANDJUT und WLC, den Schutz von Objekten, die für die Herstellung der Verteidigungsbereitschaft wichtig sind, die Unterstützung von Aufmarschkräften durch Einsatz von Feldjägern, die Sicherstellung des Übergangs über NOK und UNTEREIDER, Zerschlagung oder Bindung von luftgelandeten Feindkräften insbesondere im Raum RENDSBURG – SCHLESWIG – HUSUM, weiter:

Überwachung der Ostseeküste zwischen KIEL und FLENSBURG, Unterstützung von COMLANDJUT durch Sperrmaßnahmen, Errichtung und Betrieb von Fernmeldenetzen sowie Einrichtungen der ABC-Abwehr.

Ferner sind sicherzustellen die logistische Führung der 6. PzGrenDiv und der deutschen Korpstruppen von COMLANDJUT sowie die logistische Unterstützung verbündeter Streitkräfte im Rahmen getroffener Vereinbarungen.

Weiter hat man die Aufgaben der Fernleitungsbetriebsgesellschaft (FBG) zu übernehmen, das NEPS (Northern European Pipeline System) im TerrKdoBereich S-H zu betreiben und mit demLogKdo-Bereich AFNORTH und WLC hinsichtlich der NATO-Depots und Reservelazarettgruppen in DÄNEMARK zusammen zu arbeiten.

Dabei haben das VBK 10 HAMBURG und die VKK 111-114 (FLENSBURG, OSTERRÖNFELD, BAD SEGEBERG, LÜBDabECK) folgende gemeinsame Aufgaben:

- Unverzüglicher Schutz besonders ausgewählter Objekte,
- Unterstützung von Sperr- und Lähmungsmaßnahmen der nationalen und der NATO-Streitkräfte,

- Bereithaltung pioniertechnischer Führungshilfen und einer Liste der erkundeten Hauptentstrahlungsplätze (HEP),

- Einrichtung je eines Kriegsgefangenensammelpunktes und einer Versprengtensammelstelle,

- Zuführung von Personalersatz und Einsatz von Wehrleit- und Ersatzbataillonen (WLt/ErsBtl) für einfache Schutzaufträge.

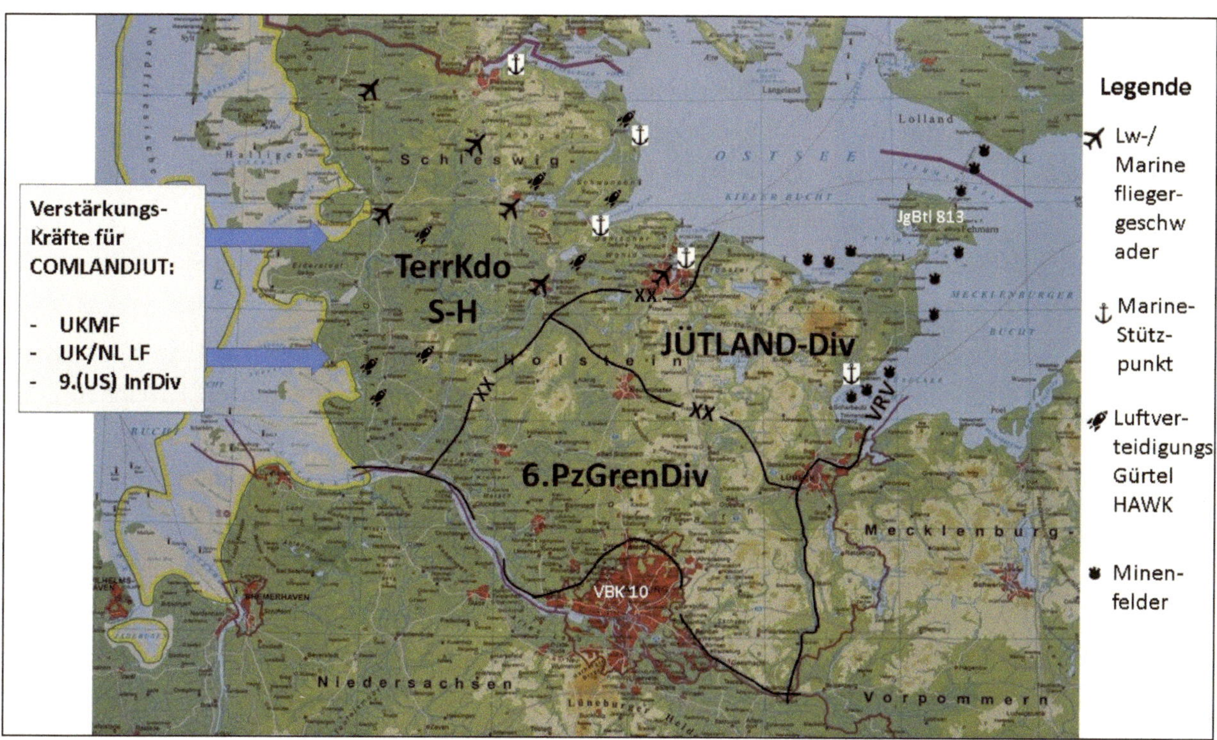

Abb. 7: Karte zu LANDJUT und TerrKdo S-H (1988), erstellt von Oberst a. D. Michael. Buck.

Eine Sonderaufgabe des VBK 10 ist die frühzeitige Unterrichtung über geplante Maßnahmen der Sperrung/Sprengung von Übergängen SÜDERELBE/ELB-Tunnel durch Verbindungskommando zum „Sperrverband HAMBURG".

Die VKK haben ferner Trägerfrequenz-Verstärkerstellen und mit Schwerpunkt an Brücken/Knotenpunkten die Aufmarsch- und Versorgungsstraßen sowie Eisenbahntransportlinien (ETL), NEPS-Anlagen und die Ostseeküste zu überwachen.

Das Verfügungstruppenkommando 41 (VfgTrKdo 41) überwacht ab VOK mit Kräften von PiRgt 60 und ABCAbwBtl 610 NOK-Übergänge bei RADE (NF 4821) und GRÜNENTAL (NE 2197) bis zur Entbindung von diesem Auftrag durch TerrKdo S-H

- sowie ab YSOK1 mit einsatzbereiten Teilen die Aufmarschstraßen noch während der Mobilmachung und den Einsatzraum mit Schwerpunkt SCHLESWIG – RHEIDER AU (NF 3034 =Fluss ostwärts von HOLLINGSTEDT) – TREIA (NF 2141),

- schützt nach Mobilmachung Objekte, Abschnitte der Hauptversorgungsstraßen/ETL und NEPS,

- bereitet NOK-Übergänge RADE (hier Schwerpunkt) und GRÜNENTAL, später SCHAFSTEDT (NE 2191) zur Verteidigung vor,

- übernimmt vom PiRgt 60 Vorbehaltssperren COMLANDJUT und löst diese auf Befehl von TerrKdo S-H aus,
- stellt sich darauf ein, schwächeren luftgelandeten Feind zu zerschlagen, stärkere Luftlandekräfte mit vermuteten Einsatzräumen in der Enge SCHLESWIG – HUSUM und im Raum RENDSBURG zu binden und abzuriegeln sowie amphibisch gelandeten Feind zwischen KIEL und FLENSBURG – je nach Stärke – zu zerschlagen oder zu binden.

Ergänzend ist zu bemerken, dass das Jägerbataillon 813 (GerE) (F-StO EUTIN) nach entsprechendem Aufwuchs die FEHMARNSUND-Brücke zu sichern und FEHMARN insgesamt zu überwachen hat. Bei einem Feindangriff soll das JgBtl 813 einen Brückenkopf im Raum LANDKIRCHEN – BURG halten.

Das FAusbRgt 60 stellt seine 3 FAusBtl im Raum RENDSBURG auf und verlegt sie (nicht vor Y-SOK1) zur Ausbildung und zum Sicherungseinsatz.

Mit ersten einsatzbereiten Teilen oder unterstellten Heimatschutzkompanien sind Aufmarschstraßen/ETL, das NEPS und eine Hauptversorgungsstraße zu überwachen sowie nach Erreichen einer bedingten Einsatzbereitschaft Objekte (Schwerpunkt Brücken FRIEDRICHSTADT über EIDER und TREENE– NF 0626) ebenso zu schützen wie die Häfen BRUNSBÜTTEL und/oder BÜSUM.

Das PiRgt 60 wird zum Objektschutz am NOK eingesetzt, gibt PiBtl 620[81] und 650 ab, hält Kriegsbrückengerät und Fähren mit Schwerpunkt beiderseits RENDSBURG zur Entlastung der festen Übergänge über EIDER und NOK bereit, nimmt die Aufgaben des „Kommandanten der Übergänge" (KdtÜ) wahr und arbeitet insoweit mit FJgBtl 610, Verkehrskommandantur, zuständigem FlaFhr sowie ABCAbwBtl 610 (bei Tarnvernebelung) zusammen. Ferner stellt es sich darauf ein, die Aufnahme auswärtiger Verstärkungskräfte durch Einsatz von feldmäßigen Rollon-/Rolloff Anlagen zu unterstützen.

Das Fernmeldekommando 600 (FmKdo 600) richtet die Fernmeldezentrale (FmZ) für den Gefechtsstand des TerrKdo S-H ein und betreibt sie, koordiniert Frequenzen und Aufbauplätze (Hohe Punkte) im Rückwärtigen Gebiet von COMLANDJUT, unterstützt fernmeldetechnisch ausländische Verstärkungskräfte und schützt ab YSOK1 Objekte.

Das Versorgungskommando 600 (VersKdo 600) unterstützt die 6. PzGrenDiv auf Anforderung beim Aufmarsch mit Transportraum und stellt deren Versorgung ebenso sicher wie die der übrigen deutschen Truppenteile, welche COMLANDJUT oder TerrKdo S-H unterstellt sind. Es schützt ferner ab YSOK1 Objekte und unterstützt die Versorgung des JgBtl 813 auf FEHMARN. Weiter überwacht das VersKdo 600 im Einsatzraum die B 200 und die Straßen HUSUM – TREIA sowie HUSUM – HOLLINGSTEDT (NF 2235). Letztlich hat es sich darauf einzustellen auf Befehl – auch vor Mobilmachung – die 3 Brücken von FRIEDRICHSTADT zu überwachen.

Das Sanitätskommando 600 (SanKdo 600) richtet Krankensammelstellen ein und betreibt 3 Territoriale Versorgungspunkte SanMat (TerrVP SanMat) zur regionalen Versorgung. Es hat sich darauf einzustellen, den alliierten Streitkräften, der Bundeswehrverwaltung und der Zivilbevölkerung

---

[81] PiBtl 620 hat nach Auslösung von YVON Sperrmunition in militärische Anlagen nahe der entsprechenden Sperren in der NRBA-Zone A zu transportieren, nach Verlegung in den Gefechtsstreifen der JutDiv bis zu deren Aufmarsch zunächst die 6. PzGrenDiv, nach Übernahme ihres Gefechtsstreifens die JutDiv beim Sperreinsatz und Bau von Feldbefestigungen zu unterstützen. Vorrang haben Sperrvorbereitungen in LÜBECK und ostwärts davon.

sanitätsdienstliche Unterstützung zu gewähren und das durch VKK 111 eingerichtete Kriegsgefangenensammellager sanitätsdienstlich zu betreuen.

Das FlaRgt 600 bereitet nach Unterstellung unter TerrKdo S-H die Durchführung der Aufträge gemäß OpPlan COMLANDJUT vor und schützt bis Unterstellungswechsel OPCOM zu COMLANDJUT die NOK-Übergänge mit Schwerpunkt Raum RENDSBURG.

Das ABCAbwBtl 610 wird (vor Mobilmachung/ab VOK) mit Teilen zum Objektschutz am NOK eingesetzt. Es hat einen Hauptentstrahlungsplatz (HEP) im Einsatzraum des VfgTrKdo 41 und zwei HEP im Bereich des VKK 111 einzurichten sowie NOK-Übergänge durch Nebel zu tarnen.

Das Feldjägerbataillon 610 (FJgBtl 610) unterstützt mit Verkehrsleitnetz den Aufmarsch, stellt sich darauf ein, bei Aufnahme auswärtiger Verstärkungen die Verkehrsführung in Zusammenarbeit mit Landespolizei und Militärpolizei der Verbündeten den Verkehrsfluss insbesondere über NOK und EIDER sicherzustellen. Ferner sind der Transport von vorläufig Festgenommenen und Kriegsgefangenen zu unterstützen und in Zusammenarbeit mit der Polizei die Ausweich- und Fluchtbewegungen der Zivilbevölkerung zu lenken.

Die Heeresfliegerstaffel 600 (HFlgStff 600) verlegt nach Mobilmachung in Verfügungs-/Einsatzraum Flugplatz SCHÄFERHAUS (NF 2370) und stellt seine 6 Alouette II für Verbindungs- und Überwachungsflüge entlang von Hauptversorgungsstraßen, ETL, NEPS sowie den Küsten von ANGELN und SCHWANSEN Verbindungshubschrauber ab.

Beim **GDP 1989 der 6. (GE) PzGrenDiv vom 30.9.1989** wurden erhebliche Änderungen gegenüber dem GDP von 1985 vorgenommen. So wurden die Gefechtsstreifen der PzGrenBrig 16 und der HschBrig 51 getauscht. Die PzBrig 18 ist kein Verzögerungsverband mehr, sondern Reserve der 6. PzGrenDiv. Im Divisionsbefehl Nr. 1 der 6. (GE) PzGrenDiv für die Verteidigung von SCHLESWIG-HOLSTEIN und der HANSESTADT HAMBURG (Option E) vom 30.09.1989[82] wird ausgeführt[83]:

Das TerrKdo S-H hat den Aufmarsch und die militärische Verkehrsführung, die Übergänge über den NOK sowie die UNTEREIDER ebenso sicherzustellen wie die logistische Führung und Anschlussversorgung der 6. PzGrenDiv.

Das Grenzschutzkommando Küste (GSK) ist im Rahmen von SIMPLE ALERT in der Grenzsicherung abzulösen.

Auftrag der **6. PzGrenDiv** ist die Verzögerung zwischen IdG und dem ELBE-LÜBECK-KANAL (ELK)

Der Feindlagebeurteilung ist zu entnehmen:

Die 5. (NVA) Armee wird vermutlich versuchen mit bis zu 3 motSchtzDiv in 1. Staffel der Armee, davon 2 Divisionen im Gefechtsstreifen der 6. PzGrenDiv mit Schwerpunkt zwischen MÖLLN und BÜCHEN die Verteidigung zu durchstoßen. Nördlich davon soll eine mobDiv Teile der 6. PzGrenDiv binden und gleichzeitig die Verzögerungskräfte im RATZEBUGER BALKON mit Kräften aus der 2. Armeestaffel auf den ELK zurückwerfen.

---

[82] Es gab auch einen GDP für die 6. PzGrenDiv mit der Option G. Diese beinhaltete die Übernahme des Gefechtsstreifens der PzGrenBrig 17 durch die UKMF. Voraussetzung war insoweit, dass die UKMF rechtzeitig aufmarschiert und verteidigungsbereit ist. In diesem Fall wäre die PzGrenBrig 17 als Reserve von COMLANDJUT in einem Verfügungsraum südlich von NEUMÜNSTER stationiert worden.

[83] BArch, BH 40-1/64.

Danach soll die 5. (NVA) Armee das vermutliche Zwischenziel BAD SEGEBERG – AHRENSBURG – BAD OLDESLOE nehmen, um die Voraussetzungen zu schaffen, mit der 2. Armeestaffel den Bereich des NOK anzugreifen. Zur Unterstützung des Angriffs sind taktischen Luftlandungen am ELK wahrscheinlich; bei einem entsprechenden Angriffserfolg ist mit einer operativen Luftlandung, um BAD SEGEBERG oder NEUMÜNSTER zu rechnen.

Denkbar sind auch subversive Aktionen zur Unterstützung des Angriffs, die sich gegen den Aufmarsch und das Herstellen der Verteidigungsbereitschaft im Einsatzraum richten dürften.

Abb. 8: GDP 88/89 der 6. (GE) PzGrenDiv, erstellt von Oberst a. D. Michael Buck

COMLANDJUT beabsichtigt bei Feindangriff zwischen IdG und VRV – Schwerpunkt zwischen LÜBECK und LAUENBURG – zu verzögern und anschließend mit der JutDiv links und der 6. PzGrenDiv im Schwerpunkt rechts so zu verteidigen, dass die 1. operative Staffel so weit vorn wie möglich zerschlagen wir und nachfolgende Kräfte noch ostwärts der Linie (genannt: ALPHA) NEU-STADT (PE 1998) – EUTIN (PE 0500) – PLÖNER SEE (NF 9400) – WARDER SEE (NE 9383) – REINFELD (NE 9867) – BAD OLDESLOE (NE 9163) – BAB A1 aufgefangen werden. Der Ostrand von LÜBECK ist zu halten, damit der Feind gezwungen wird, beiderseits der Stadt anzugreifen.

Bei kurzer Warnzeit ist die Verteidigung zunächst nur mit deutschen Kräften und der verfügbaren Luftunterstützung aufzunehmen, bis alle Kräfte des Korps verfügbar sind. Notfalls ist der VRV durch Gegenangriffe wieder zu nehmen.

Die JutDiv ist auf Antrag COMLANDJUT vermutlich mit folgenden Truppenteilen frühzeitig verfügbar:

- Gefechtsstand JutDiv,

- 3. (DA) FmBtl (-) und 2. (DA) FmBtl,

- PzAufklBtl JutDiv,

- EloKA FmKp,

- Teile des (DA) Jägerkorps (Fernspäher).

Auf Befehl des Korps (LANDJUT) übernimmt die JutDiv die Verantwortung im eigenen Gefechts-streifen und OPCON über zugeordnete deutsche Kräfte. Sie sichert und überwacht die IdG, wobei sie das PzAufklBtl 6 ablöst und der 6. PzGrenDiv rückunterstellt. Anschließend verteidigt sie so, dass der Feind am VRV zerschlagen oder spätestens an der Linie ALPHA aufgefangen wird. Letztlich hat die JutDiv noch WAGRIEN[84] zu überwachen.

COMNAVBALTAP verlegt und schützt Minenfelder im FEHMARN BELT, in der LÜBECKER BUCHT, entlang der Küste von FEHMARN und der Ostseeküste westlich von FEHMARN.

Die 6. PzGrenDiv beabsichtigt das Verteidigungsgefecht in 2 Phasen zu führen, wobei in Phase I der BGS abgelöst, der Raum ostwärts des ELK sperrstark links und in der Mitte überwacht und gesichert wird. Danach verteidigt die Division im Schwerpunkt rechts im Zuge des ELK. In Phase II verteidigt die Division mit 3 Brigaden nebeneinander, und zwar mit PzGrenBrig 17 links, PzGrenBrig 16 be-weglich im Schwerpunkt in der Mitte, Heimatschutzbrigade 51 (HSchBrig 51) rechts und PzBrig 18 als Divisionsreserve.

Mit den vorn eingesetzten Brigaden soll die 1. taktische Staffel des Feindes soweit ostwärts als möglich zerschlagen und dem Feind die Zugänge auf HAMBURG und das Nehmen des entscheidenden Hö-hengeländes um BAD OLDESLOE verwehrt werden, um die Voraussetzungen zu schaffen, die 2. taktische Staffel im Gegenangriff mit der Di-visionsreserve noch vor der Linie A zu zerschlagen. Da-mit soll das Gefecht gegen die 1. operative Staffel im Dreieck LÜBECK – LAUENBURG – HAM-BURG entschieden werden.

Bei kurzer Vorwarnzeit übernimmt die 6. PzGrenDiv mit dem Gefechtsverband HL[85] zusätzlich den Gefechtsstreifen der JutDiv bis zur Ablösung durch dänische Kräfte. Der Gefechtsverband HL besteht aus Teilen des PzAufklBtl 6 sowie den JgBtl 66 und 67, die im Gegensatz zu anderen Divisionen bei der 6. (GE) PzGrenDiv aktiv sind.

---

[84] Unter WAGRIEN verstand man früher den nordostwärtigen Teil HOLSTEINs (entsprach etwa den Kreisen PLÖN und OST-HOLSTEIN). Heute ist nur noch die OLDENBURG-Halbinsel gemeint.

[85] Lt. Oberst a.D. Michael Buck steht HL für Hansestadt Lübeck.

Der Brigadebefehl der **PzGrenBrig 17** für die Verteidigung am ELK (Option E) vom 29.01.1990[86] führt dazu aus:

Im Verteidigungsstreifen der PzGrenBrig 17 ist der Angriff einer motSchtzDiv und Kräften der 2.Armeestaffel in Regimentsstärke zu erwarten. Vermutlich beabsichtigt die motSchtzDiv schwerpunktmäßig tiefgestaffelt im WAKENITZ-Abschnitt anzugreifen, um zügig auf den ELK vorzustoßen, LÜBECK sowie den Raum nördlich davon zu überwachen und nach Verstärkung auf REINFELD vorzustoßen, um die TRAVE-Übergänge zu nehmen. taktische Luftlandungen am ELK sind wahrscheinlich und – je nach Angriffserfolg – eine operative Luftlandung um BAD SEGEBERG oder NEUMÜNSTER möglich. Subversive Aktionen sind vor Angriffsbeginn zu erwarten.

Die PzGrenBrig 17 hat den Auftrag,

- den BGS abzulösen,
- den Raum ostwärts des ELK zu überwachen und die Zugänge au den ELK sperrstark zu sichern, um dem Feind einen zügigen Zugang auf den ELK zu verwehren,
- anschließend so zu verteidigen, dass die 1.taktische Staffel soweit ostwärts als möglich zerschlagen und der Feind noch vorwärts der TRAVE aufgefangen wird, um die Voraussetzungen für den Gegenangriff HAMMER zu schaffen,
- TRAVE-Übergänge erst auf Befehl der Division zu sprengen,
- sich darauf einzustellen Gegenangriffe der Divisionsreserve zu unterstützen,
- sich auf einen Einsatz der UKMF einzustellen.

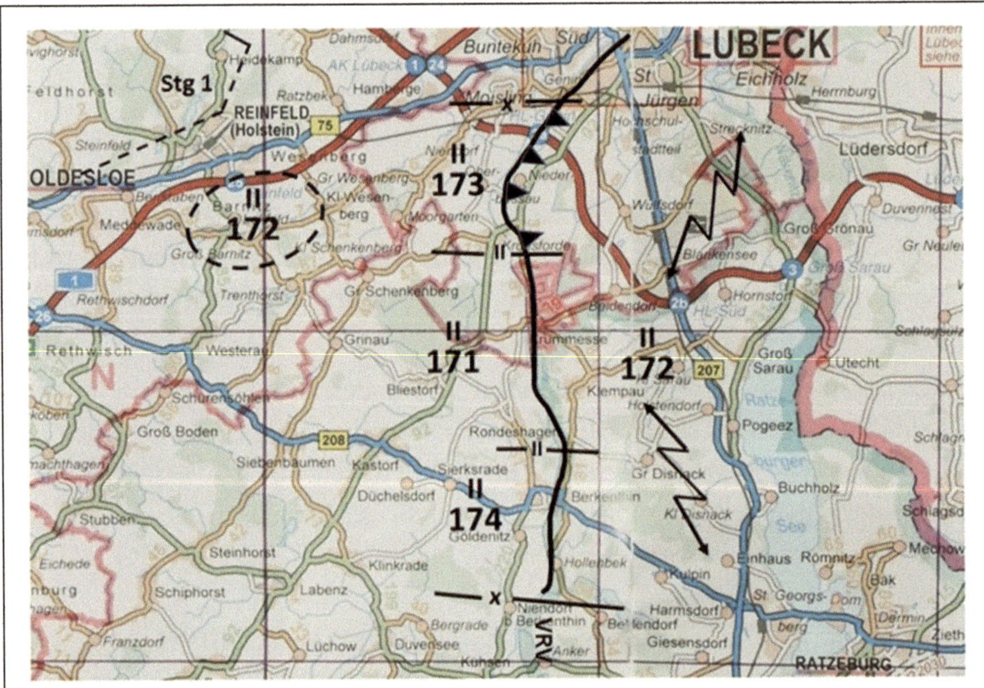

Abb. 9: PzGrenBrig 17 – GDP 88/89, erstellt von Oberst a. D. Michael Buck.

---

[86] BArch, BH 40-1/59, Panzergrenadierbrigade 17 (PzGrenBrig 17), Brigadebefehl für die Verteidigung am Elbe-Lübeck-Kanal (Operationsbefehl), 1989-1990.

Zur Durchführung des Auftrages plant die verstärkte PzGrenBrig 17 zwei Phasen:

- in der Phase I löst das verstärkte PzGrenBtl 172 den BGS an der IdG ab, überwacht sperrstark den WAKENITZ-Abschnitt (hier Schwerpunkt) und den RATZEBURGER SEE und übergibt Teile des erweiterten Gefechtsstreifens an die JutDiv nach deren Eintreffen. Die Masse der Brigade bereitet die Verteidigung am VRV vor und sichert/sperrt die Übergänge über den ELK und nimmt das PzGrenBtl 172 an den Übergängen auf.

- in der Phase II verteidigt die verstärkte PzGrenBrig 17 mit 3 Btl nebeneinander mit Schwerpunkt im erwarteten Hauptstoß zwischen MOISLING (PE 0767) und NIENDORF (PE 0715), zerschlägt Brückenköpfe über ELK durch sofortigen Einsatz der örtlichen Reserve und/oder Brigadereserve, verteidigt links in engem Zusammenwirken mit der 1.JutBrig und hält MOISLING, verteidigt rechts beweglich in enger Abstimmung mit der PzGrenBrig 16, fängt Feind vorwärts der TRAVE in TULPE auf und stellt sich auf einen Einsatz der UKMF ein.

Dabei sichert das PzGrenBtl 172 in der Phase I sperrstark den WAKENITZ-Abschnitt zwischen LÜBECK und RATZEBURGER SEE, überwacht den RATZEBURGER SEE sowie die rechte Flanke in Zusammenarbeit mit dem BrigSpZg und weicht im Zusammenwirken mit den PzGrenBtl 171, 173 und dem PzBtl 174 über den ELK aus. In der Phase II bezieht PzGrenBtl 172 den Verfügungsraum BARNITZ, stellt sich auf einen frühzeitigen Einsatz gegen Brückenköpfe über den ELK ein und erkundet als Brigadereserve den Einsatz in den Stellungen LOKI, TULPE und BAER.

Das PzGrenBtl 173 verteidigt im Schwerpunkt der PzGrenBrig 17 zwischen MOISLING und KRONSFORDE, hält Übergängen über den ELK offen, nimmt an den Übergängen Teile des PzGrenBtl 172 auf, sprengt Übergänge über ELK in eigener Verantwortung, klärt mit abgesessenen Kräften ostwärts des ELK auf, um einen Einsatz feindlicher Kräfte über den LANDGRABEN (= Fluss) zu erkennen, verhindert/zerschlägt feindliche Brückenköpfe mit örtlichen Reserven, hält MOISLING und KRONSFORDE, verhindert Feindvorstoß durch die Enge RECKERHEIDE (PE 0465) auf die TRAVE sowie die Enge GROSS SCHENKENBERG (PE 0262) und fängt den Feind spätestens in der Linie KLEIN WESENBERG (PE 0264) – HAMBERGE (PE 0466) auf.

Das PzGrenBtl 171 verteidigt zwischen KRONSFORDE und RONDEHAGEN (PE 0757), hält Übergänge über den ELK offen, nimmt dort Teile des PzGrenBtl 172 und des BrigSpZg auf, sprengt ELK-Übergänge in eigener Verantwortung, klärt mit abgesessenen Kräften ostwärts des ELK auf, spricht sich bezüglich des Einsatzes PzArtBtl 177 während Phase I im Verteidigungsraum PzGrenBtl 171 ab, verhindert/zerschlägt feindliche Brückenköpfe über der ELK mit örtlichen Reserven und fängt Feind spätestens in der Linie BLIESDORF (PE 0359) – KASTORF (PE 0357) auf.

Das PzBtl 174 verteidigt zwischen BERKENTHIN und NIENDORF, hält Übergänge über ELK offen, nimmt dort Teile des PzGrenBtl 172 und des BrigSpZg auf, sprengt ELK-Übergänge in eigener Verantwortung, klärt ostwärts des ELK mit abgesessenen Teilen auf, zerschlägt die Bildung von Brückenköpfen durch sofortigen Einsatz örtlicher Reserven, verhindert einen Feindvorstoß im Zuge der B 208 und bringt den Feind spätestens in der Linie KASTORF – WEHRENTEICH (PE 0154) zum Stehen.

An Artillerie stehen das PzArtBtl 177 und 1 Zug des RakArtBtl 62 für Unterstützungs- und Verstärkungsfeuer zur Verfügung. Der Feuerschwerpunkt ist zunächst links vor PzGrenBtl 172 geplant, danach vor PzGrenBtl 173. In 2.Priorität ist das PzBtl 174 durch Feuer zu unterstützen.

Der Schwerpunkt des Pioniereinsatzes ist der Sperreinsatz vorwärts und im Zuge des VRV, wobei mit 1. Priorität baulich vorbereitete Sperren an den Übergängen des ELK und Sperren vorwärts des VRV anzulegen sind. Mit 2.Priorität folgt die Anlage feldmäßiger Sperren im Zuge VRV und mit 3.Priorität ist eine Sperrverdichtung am VRV und in der Tiefe des Verteidigungsraumes vorzunehmen. Ferner sind Lückenwege im Zuge der Übergänge über den ELK zu schaffen. PzPiKp 170 und 3./PiBtl 6 können 6 Minenwerfer einsetzen wobei eine Wirkzeit bis zu 96 Stunden eingestellt werden darf.

Alle TRAVE-Übergänge sind Vorbehaltssperren der 6. PzGrenDiv.

Weiter sind Panzerbrücken beweglich für Übergänge über ELK bei KRUMMESSER SCHLEUSE (PE 081599) und BERKENTHIN (Schleuse = PE 088554) bereitzuhalten und 2 Übergänge über die GRINAU in Absprache mit PzGrenBtl 173 zu schaffen.

Das FlaBtl 610 schützt mit PzFlaRak- und PzFlak Kräften vorrangig die Kampftruppen der Brigade auf gesamter Breite der Verteidigung.

Die 1./FlgAbt 161 stellt sich darauf ein, die Panzerabwehr im Zuge des VRV zu verstärken und die rechte Flanke der Brigade zu überwachen.

Von den Luftstreitkräften wird der PzGrenBrig 17 Luftunterstützung im Regelfall nur gewährt, wenn sie im Schwerpunkt des Angriffs liegt. Es können jedoch jederzeit Sofort- oder Vorgeplante Einsätze angefordert werden. Der Schwerpunkt des Offensive Air Support (OAS) liegt in der Abriegelung des Gefechtsfeldes (BAI = Battle Field Air Interdiction), wobei eine Zuweisung auch ohne Anforderung erfolgen kann. Einsätze zur Luftnahunterstützung (CAS = Close Air Support) müssen angefordert werden.

Die ABCAbwKp 6 erkundet Truppenentstrahlungsplätze (TEP) und stellt sich darauf ein, in den Verteidigungsräumen der Bataillone Vorgeschobenen Entstrahlungsplätze (VEP) zu betreiben.

Die 4./FJgBtl 610 unterstützt mit Schwerpunkt Aufmarsch, Verkehrsregelung über ELK und Bewegungen der Divisionsreserve. Marschkolonnen der PzGrenBrig 17 haben Vorrang vor Marschbewegungen des BGS.

Der Befehl Nr. 1 für die **Regelung der Logistik und des Sanitätsdienstes** im V-Fall für PzGrenBrig 17 vom 03.01.1990 beinhaltet – kurzgefasst – folgende Regelungen:

Die Grundausrüstung ist in wesentlichen Teilen vorhanden, die Ergänzung durch materielle Mobilmachung vorbereitet. Das kampfentscheidende Großgerät ist zu mindestens 85 % einsatzbereit. Die Grundbeladung an Mengenverbrauchsgütern (MVG) ist vorhanden und in 3 Standortmunitionsniederlagen (HÖLTIGBAUM, WÜSTENEI und NEUSCHÖNNINGSTEDT) günstig disloziert. Die Munition für die Erstbefüllung des Brigadeversorgungspunktes ist in Depots eingelagert.

Es gibt aus dem Ausbildungsbereich des Heeres für die gesamte 6. PzGrenDiv nur geringe Reserven an einsatzwichtigem Großgerät (22 Kampfpanzer LEOPARD 1, 8 Schützenpanzer MARDER, 5 MTW-113, 1 FlakPz GEPARD, 4 Jagdpanzer JAGUAR (mit Panzerabwehrlenkraketen HOT), 6 Transportpanzer FUCHS und 1 Schwenklader). Eine Verteilung auf die Brigaden ist nicht festgelegt. Engpässe in der Ersatzteilversorgung und bei einzelnen Munitionsarten (35mm FlaMun (24 VR), PzAbwLFK MILAN (18 VR) und HOT (12 VR) sind zu erwarten[87].

---

[87] Grundsätzlich sind für die PzGrenBrig 17 nördlich der ELBE 35 (?) VR Munition verfügbar.

Um eine Überlastung der Divisionsversorgungspunkte MVG (DVP MVG) zu vermeiden, werden die im Divisionsgebiet liegenden Depots des VersKdo 600 auf Befehl des TerrKdo S-H der 6. PzGrenDiv unterstellt[88] und so lange betrieben, als es die Lage zulässt und die Division es fordert. Die Depots sind durch die Brigade wie DVP MVG zu nutzen.

Vor Aufwuchs des Sanitätsdienstes ist die sanitätsdienstliche Versorgung durch den Truppensanitätsdienst der Verbände/Einheiten und die Bundeswehrkrankenhäuser (HAMBURG und KIEL) nur bedingt sichergestellt. In besonderen Lagen kann die Hilfe ziviler Krankenhäuser genutzt werden.

Die Nachschubkompanie 170 richtet einen Brigadeversorgungspunkt (BrigVP) in BAHRENHOF (NE 90357113) mit einer Bevorratungshöhe von 2 Versorgungsraten (VR) Mun/Bstf ein.

Die InstKp 170 unterstützt die Bataillone zunächst durch einen Vorgeschobenen Feldinstandsetzungspunkt im Raum der Rückwärtigen Versorgungsdienste des PzGrenBtl 172 bei REINSFELD. Danach wird die InstKp 170 im Feldinstandsetzungspunkt SÖHREN (NE 9474) eingesetzt. Sie stellt sich darauf ein, durch starke InstKdos die Bataillone bei Bergung, Abschub und Instandsetzung zu unterstützen.

Die PzGrenBrig 17 hat durch 2./FErsBtl 64 eine Versprengtensammelstelle in KLEIN GLADEBRÜGGE (NE 8674) und durch 4./FErsBtl 64 eine Kriegsgefangenensammelstelle in MIELSDORF (NE 8974) einzurichten.

Letztlich wir auch geregelt, wie mit Kriegstoten umzugehen ist. Danach ist für die Bestattung grundsätzlich die Einheit zuständig, welcher der Tote angehört hat oder in deren Bereich er aufgefunden wurde. Stirbt ein Soldat in einer Sanitätseinrichtung, ist diese für die Bestattung zuständig. Steht ein Gräberregistrierungstrupp[89] nicht zur Verfügung, meldet die Einheit Personal- und Ortsangaben an den Brigadegefechtsstand Rück – Zelle S 1 – und sendet den Nachlass den Angehörigen direkt zu.

Die **PzGrenBrig 16** überwacht den RATZEBURGER BALKON und sichert sperrstark die Zugänge auf den ELK. Sie verteidigt anschließend beweglich im Schwerpunkt der Division so, dass die 1. taktische Staffel soweit ostwärts wie möglich zerschlagen und überlegener Feind spätestens in der Stellung 2A aufgefangen wird, um die Voraussetzungen für Gegenangriffe der Divisionsreserve zu schaffen.

Hierzu enthält der (vorläufige) „Befehl Nr. 1 für die Verteidigung zwischen NIENDORF und SIEBENEICHEN" der **PzGrenBrig 16** vom 28.12.1989 folgende Festlegungen:[90]

Der Schwerpunkt des Angriffs der 5. (NVA) Armee wird voraussichtlich im Raum zwischen MÖLLN und BÜCHEN liegen, um zunächst den ELK zwischen A 24 und BÜCHEN im Hauptstoß rasch zu nehmen und gleichzeitig im Nebenstoß die Verzögerungskräfte im RATZEBURGER BALKON auf den ELK zu werfen.

---

[88] Es handelt sich um die MunDp BOOSTEDT (NE 6483), Teildepots HOHENLOCKSTEDT (NE 4081), WAPELFELD (NE 4081), und Teildepot Material NIENKATTBEK (NF 4406) sowie das Materialaußenlager SCHACKENDORF (NE 8481).

[89] Vgl. Gräberregistrierungstrupp in BArch, BH 32/557. In: Der Spiegel, Je nach Bedarf, Heft 40/1983, findet sich ein Bericht über das NATO-Herbstmanöver „Confident Enterprise". Dabei wurde in einem Wald bei HANAU ein Massengrab ausgehoben, um die Bestattung von massenhaft anfallenden Leichen zu üben. Dieser Manöverteil wurde von deutschen Medien scharf kritisiert.

[90] Der vorläufige Operationsbefehl der PzGrenBrig 16 vom 28.12.1989 wurde (unwesentlich) geändert und der 6. (GE) PzGrenDiv am 27.3.1990 mit TgbNr. 39/90 als (endgültiger) Operationsbefehl übersandt; vgl. hierzu BArch, BH 40-1/58.

Nach Überwinden des ELK würde man mit dem Hauptstoß nach Nordwesten auf die B 207 einschwenken und mit Einführen der 2. Staffel der Divisionen den Angriff in den Raum beiderseits BAD OLDESLOE fortsetzen.

Die Brigade erwartet den Angriff der 8. (NVA) motSchtzDiv (F-StO SCHWERIN) mit 2 motSchtz-Rgt im Schwerpunkt zwischen A 24 und SIEBENEICHEN, 1 motSchtzRgt nördlich MÖLLN und 1 PzRgt in 2. Staffel. Weiterhin ist der Stoß eines motSchtzRgt der 1. (NVA) motSchtzDiv (F-StO POTSDAM) aus dem Raum BÜCHEN nach Nordwesten wahrscheinlich. Ein Einsatz der NVA-Grenztruppe im RATZEBURGER BALKON ist zu erwarten. Im Gefechtsstreifen ist täglich mit etwa 110 feindlichen Sorties durch Jagdbomber und Kampfhubschrauber zu rechnen.

Die PzGrenBrig 16 beabsichtigt, den RATZEBURGER BALKON mit dem verstärkten PzBtl 181 zu überwachen und – mit Schwerpunkt rechts – die ELK-Zugänge sperrstark zu sichern, auf Befehl das PzBtl 181 aufzunehmen und anschließend beweglich im Schwerpunkt der 6. PzGrenDiv mit PzBtl 514 links, PzGrenBtl 161 in der Mitte und verstärktem PzGrenBtl 163 rechts (hier Schwerpunkt) vorn so zu verteidigen, dass mit dem in Reserve gehaltenen PzBtl 164[-] und im Zusammenwirken mit dem rechten Nachbarn (= das der HSchBrig 51 unterstellte PzGrenBtl 162) der Feind möglichst beim Überschreiten des ELK zerschlagen wird.

Bei einem Feindeinbruch im Schwerpunkt ist so auszuweichen, dass bei neuerlicher Verteidigung aus Stellungen ostwärts der B 207 der Feind nach Norden abgedrängt, im Raum BREITENFELDE gestaut und durch die Brigadereserve zerschlagen wird. Die Brigade hat sich darauf einzustellen, den Feind entweder in Stellung BIBER oder A aufzufangen, um einen Gegenangriff der Divisionsreserve zu ermöglichen, den sie mit Teilen unterstützen soll.

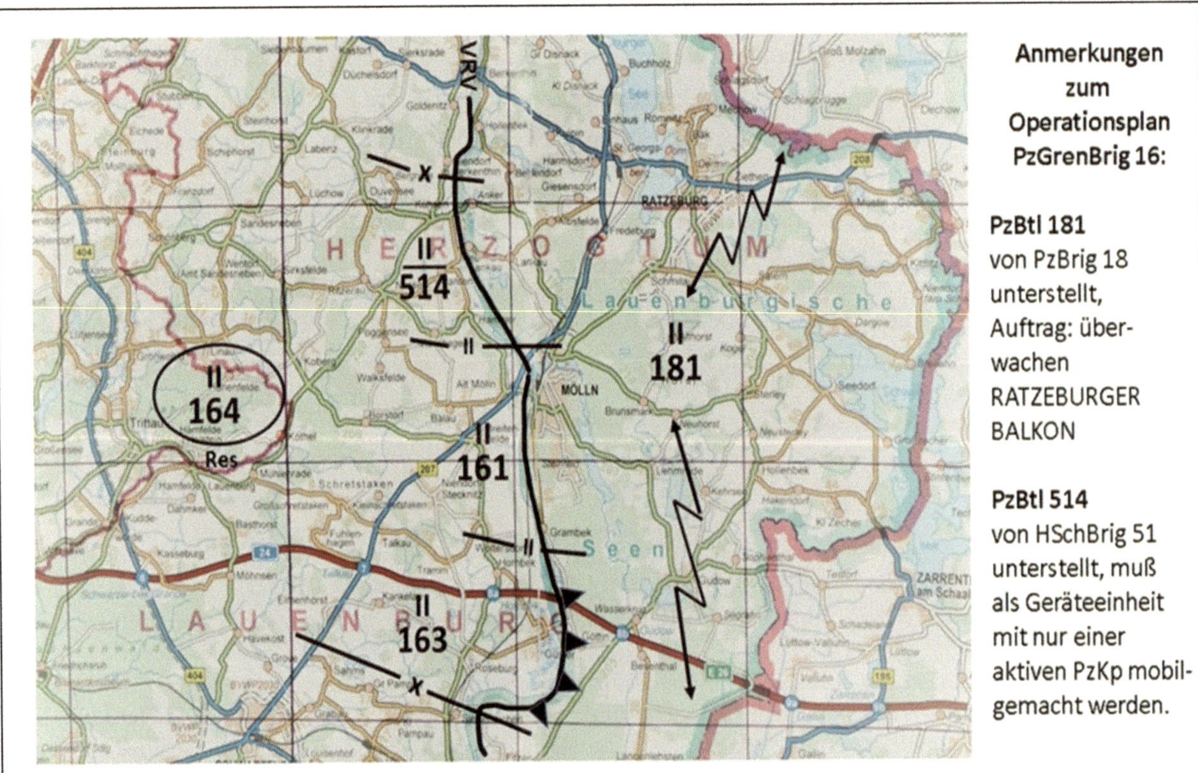

Abb. 10: PzGrenBrig 16 – GDP 88/89, erstellt von Oberst a. D. Michael Buck.

Dazu im Einzelnen folgende Anmerkungen:

Das verstärkte PzBtl 181 marschiert ab NATO-Alarmmaßnahme ROD auf und wird der PzGrenBrig 16 unterstellt. Es verhindert mit Schwerpunkt südlich GUDOW einen raschen Vorstoß auf den ELK und wird zwischen RATZEBURG und MÖLLN an der B 207 vom PzBtl 514 aufgenommen. Eine weitere Aufnahme erfolgt am ELK zwischen MÖLLN und SIEBENEICHEN.

Das PzGrenBtl 163 rechnet mit einem Angriff von starken motSchtzKräften im Zuge der BAB A 24 und südlich davon. Einzustellen hat man sich auf einen zeitlich vorgestaffelten Einsatz zur Wegnahme der BAB-Brücke über den ELK bei GÜSTER[91].

Der linke Nachbar, PzGrenBtl 161, überwacht den ELK zwischen MÖLLN und HORNBEK, der rechte Nachbar, die HSchBrig 51 überwacht und sichert mit BrigSpZg und Teilen des PzGrenBtl 162 die Zugänge zum ELK südostwärts und südlich des ELK-Knie.

Nach Ausweichen dieser Kräfte ist am Westufer des ELK beweglich und zeitlich begrenzt zu verteidigen.

Das PzGrenBtl 163 überwacht die ELK-Übergänge (BAB-Brücke der A 24 und Brücke bei GÜSTER (PE 115340) und hält diese offen, verteidigt im Schwerpunkt der PzGrenBrig 16 unter Ausnutzung des Hinderniswertes des ELK und der PRÜSSSEEN (PE 115330) in engem Zusammenwirken mit dem rechten Nachbarn so, dass der Feind möglichst schon beim Überschreiten des ELK zerschlagen wird, bricht auf Befehl die Verteidigung ab, weicht kämpfend auf eine Stellung ostwärts der B 207 aus und verteidigt diese.

Dazu werden Sperren der westlichen Ausgänge aus dem Waldgelände zwischen TRAMM und TALKAU vorbereitet, die BAB A 24 nördlich KANKELAU gesperrt und von den Pionieren 2 leistungsfähige Übergänge über die STEINAU nördlich LINDHORST und AHRENSHORST geschaffen, die an vorhandene Wege anzubinden sind. Damit soll der Stoß des Feindes nach Norden abgedreht und die Voraussetzung für den Gegenangriff AHORN geschaffen werden. Der Truppenentstrahlungsplatz (TEP) wird in ELMENHORST (PE 018347) und der Bataillonsgefechtsstand in ROSEBURG (PE 071335) eingerichtet.

Das PzBtl 514 (Befehl vom 21.5.90) hat als linken Nachbarn das PzGrenBtl 171 bzw. Teile der UKMF. Rechter Nachbar ist das PzGrenBtl 161 im Schwerpunkt der PzGrenBrig 16. Vorne überwacht das verstärkte PzBtl 181 den RATZEBURGER BALKON, in dem sich auch Teile des BGS, des PzAufklBtl 6 und des Spähzuges 16 befinden.

Das PzBtl 514 überwacht/hält offen 2 ELK-Übergänge und sichert im Zuge einer Aufnahmelinie westlich/südwestlich von RATZEBURG, nimmt Teile des PzBtl 181 auf, zerstört auf Befehl der Brigade Übergänge über den ELK, verteidigt am ELK so, dass der Feind vor allem im Zusammenwirken mit dem linken Nachbarn möglichst beim Überschreiten des ELK zerschlagen wird und schützt die tiefe linke Flanke sowie den Rücken der Brigade, um so den Gegenangriff AHORN durch das PzBtl 164 sicher zu stellen. Der Raum westlich der Linie NIENDORF (PE 0751) – KÜHSEN (PE 0649) – NUSSE (PE 0447) ist zu halten.

Ein Truppenentstrahlungsplatz ist in DUVENSEE (PE 035505) einzurichten, wo sich auch der vorgeschobenen Versorgungsdienst und der Truppenverbandsplatz befinden.

---

[91] BArch, BH 40-1/58, Panzergrenadierbrigade 16 (PzGrenBrig 16), Brigadebefehl Nr. 1 für die Verteidigung zwischen Niendorf und Siebeneichen (Operationsbefehl), 1989-1990.

Das PzArtBtl 165 führt den Feuerkampf so, dass

- in Phase I (= Kampf ostwärts des ELK, Schwerpunkt rechts) die IdG und die Waldränder südlich GUDOW und beiderseits der A 24 überwacht werden, eine Feuerverlegung in den Raum zwischen RATZEBURG und SCHAALSEE erfolgen kann und das Abriegeln nachstoßender Feindkräfte im Zuge der Aufnahmewege möglich ist.
- in Phase II (= Verteidigung am ELK, Schwerpunkt rechts) ist der Feind auf Höchstschussweite auf der A 24 zu stören, im Raum GUDOW – LANGENLEHSTEN – GÖTTIN ebenso zu zerschlagen wie Übersetzversuche über ELK mit Schwerpunkt GÜSTER (PE 1134) zu verhindern. Ferner ist ein eingebrochener Feind mit Schwerpunkt ELK und rechte Flanke durch Minenraketen abzuriegeln und feindliches Feuer niederzuhalten.

Dem **Befehl für die Regelung der Logistik** (BRLog) der **PzGrenBrig 16** vom 28.12.89 ist zu entnehmen:

Die PzGrenBrig 16 verfügt über die materielle Grundausstattung. Die Grundbeladung an Mengenverbrauchsgütern (MVG) ist vorhanden. Engpässe in der Versorgung sind bei Artilleriegeschützen, elektronischem und optronischem Wehrmaterial sowie bei Lenkflugkörpern MILAN zu erwarten.

Vor Aufwuchs des Sanitätsdienstes ist die sanitätsdienstliche Versorgung durch den Truppensanitätsdienst der Verbände/Einheiten und die Bundeswehrkrankenhäuser (HAMBURG und KIEL) nur bedingt sichergestellt. In besonderen Lagen kann die Hilfe ziviler Krankenhäuser genutzt werden. Die Unterstellung der 2./SanBtl 6 ist vom Ablauf der Mobilmachung abhängig.

Der Auftrag der logistischen Kräfte beinhaltet nach Aufbau der Feldversorgung Bergung und Instandsetzung von Schadmaterial sowie die Versorgung mit Munition. Der PzGrenBrig 16 sind die PzPiKp 180 und das PzBtl 181 nur für die Überwachung/Sicherung ostwärts des ELK, das PzBtl 514 und die 2./SanBtl 6 auf Dauer unterstellt.

Ab SLC richtet die NschKp 160 einen BrigVP in SPRENGE ein und versorgt aus diesem die Verbände/Einheiten im 24-Stunden-Betrieb. Mörser-, Artilleriemunition und Panzerminen nimmt die NschKp in der StOMunNdlg HOHENHORN auf und führt sie den Verbrauchern zu. Ferner befüllt sie den Teilversorgungspunkt Mun (TeilVP Mun) ab SLC aus MunDp BOOSTEDT zunächst mit 2 VR, wobei 1 VR beweglich bereitzuhalten ist.

Mit Auslösung VLC fordert die NschKp 160 je einen Eisenbahnkesselwagen (EKW) F-50 (Otto-Kraftstoff) und F-54 (Diesel) beim VersKdo 600 zur Entladung in MOLLHAGEN (NE 9152) an und betreibt dort eine Kanister-Befüllstation bis zur Ausgabebereitschaft des DVP MVG. Ferner hat die NschKp 160 noch den TeilVP Mun mit 245 Tonnen Munition zu befüllen.

Die InstKp 160 hat einen FInstPkt in HAMMOOR und einen vFInstPkt in WENTORF bei SANDESNEBEN (NE 975488) zu betreiben und hält dort eine Bergegruppe bereit.

Der Befehl Nr. 1 der **Heimatschutzbrigade 51** für die Verteidigung zwischen LAUENBURG und SIEBENEICHEN vom 5.12.1989 (mit Änderungen bis 28.9.1990)[92] enthält folgende Ausführungen:

Die HSchBrig 51 verfügt über folgende Kampftruppen: PzGrenBtl 162, JgBtl 511(mot) und 512 (MTW) sowie PzBtl 513.

---

[92] BArch, BH 40-1/61, Bd. 6: Heimatschutzbrigade 51 (HSchBrig 51), Brigadebefehl Nr. 1 für die Verteidigung zwischen Lauenburg und Siebeneichen (Operationsbefehl), 1989-1990.

Es wird mit dem Angriff von Kräften bis zu 1 motSchtzDiv im eigenen Gefechtsstreifen gerechnet, die vermutlich folgende Absichten haben

- Angriff gegen Stellungen am VRV mit Hauptstoß bei BÜCHEN (PE 0727) und einem Nebenstoß bei WITZEEZE (PE 0623),
- Nehmen der Räume nördlich SCHWARZENBEK und KOLLOW (NE 9725) – HAMWARDE (NE 9523),
- Fortsetzung des Angriffs und Nehmen der Enge TRITTAU – GRANDE (NE 9138) und der Enge WITZHAVE ((NE 8836) – RAUSDORF (NE 8738) oder Raum ostwärts WENTORF (NE 8428), um so einerseits die Voraussetzungen für das Erreichen des Angriffszieles Raum AHRENSBURG – BAD OLDESLOE zu schaffen und andererseits die Option zur Bedrohung der HANSESTADT HAMBURG offen zu halten.

Die 2. Staffel der motSchtzDiv kann durch 1 PzRgt und 1 motSchtzRgt gebildet werden. Ab Angriffsbeginn ist mit taktischen Luftlandungen, vor allem am ELK zu rechnen. Darüber hinaus könnten „Truppen besonderer Bestimmung" den Aufmarsch, die Gefechtsstände sowie zivile Verkehrs- und Versorgungseinrichtungen schon vor Angriffsbeginn bedrohen. Letztlich hat man sich auf bis zu 80 Sorties von Luftstreitkräften und Kampfhubschraubern täglich einzustellen. Truppen und Einrichtungen im rückwärtigen Brigadegebiet haben sich ebenso auf die genannten Bedrohungen einzustellen.

Die **6. (GE) PzGrenDiv** beabsichtigt das **Verteidigungsgefecht** in 2 Phasen zu führen.

- in Phase 1 wird der BGS abgelöst und der Raum ostwärts des ELK sperrstark sowohl links als auch in der Mitte überwacht und gesichert,
- in der Phase 2 verteidigt die Division am ELK mit 3 Brigaden nebeneinander und zwar UKMF links, PzGrenBrig 16 beweglich in der Mitte (hier Schwerpunkt) und der HSchBrig 51 rechts; die PzBrig 18 ist Divisionsreserve.

Ziel ist es, die 1. taktische Staffel soweit ostwärts als möglich zu zerschlagen, dem Feind die Wegnahme der Zugänge auf HAMBURG und das Nehmen des entscheidenden Höhengeländes um BAD OLDESLOE zu verwehren und so die Voraussetzungen zu schaffen, die 2. taktische Staffel mit der Divisionsreserve noch vor der Linie A (NEUSTADT in Holstein (PE 1998) – EUTIN – PLÖNER SEE (NF 9400) – WARDER SEE (NE 9383) – REINFELD (NE 9867) – BAD OLDESLOE (NE 9163) – BAB A1 (LÜBECK-HAMBURG) zu zerschlagen. Das Gefecht gegen die 1. operative Staffel soll im Dreieck LÜBECK – LAUENBURG – HAMBURG entschieden werden.

Bei kurzer Warnzeit hat die 6. (GE) PzGrenDiv mit dem Gefechtsverband HL zusätzlich den Gefechtsstreifen der JutDiv bis zur Ablösung durch dänische Kräfte zu übernehmen.

Aufgabe der HSchBrig 51 ist es, zunächst den BGS abzulösen und die IdG zu sichern, danach zeitlich begrenzt im Zuge des ELK zu verteidigen, die Verteidigung in Anlehnung an den linken Nachbarn fortzusetzen, die Ausgänge des SACHSENWALDES (PE 9033) offenzuhalten als Voraussetzung für den Gegenangriff SICHEL. Weiterhin hat sie die Wegnahme der Zugänge auf HAMBURG zu verwehren und sich darauf einzustellen, die Gegenangriffe der Divisionsreserve zu unterstützen. Die vom PiBtl 650 und der PiKp 510 gesicherten BILLE-Übergänge sind erst auf Befehl der Division zu sperren.

Die Gefechtsstände der HSchBrig 51 befinden sich in SCHWARZENBEK (= H1 – NE 9729), BRUNSTORF (=H2 – NE 9428) und WENTORF (=R – NE 8327).

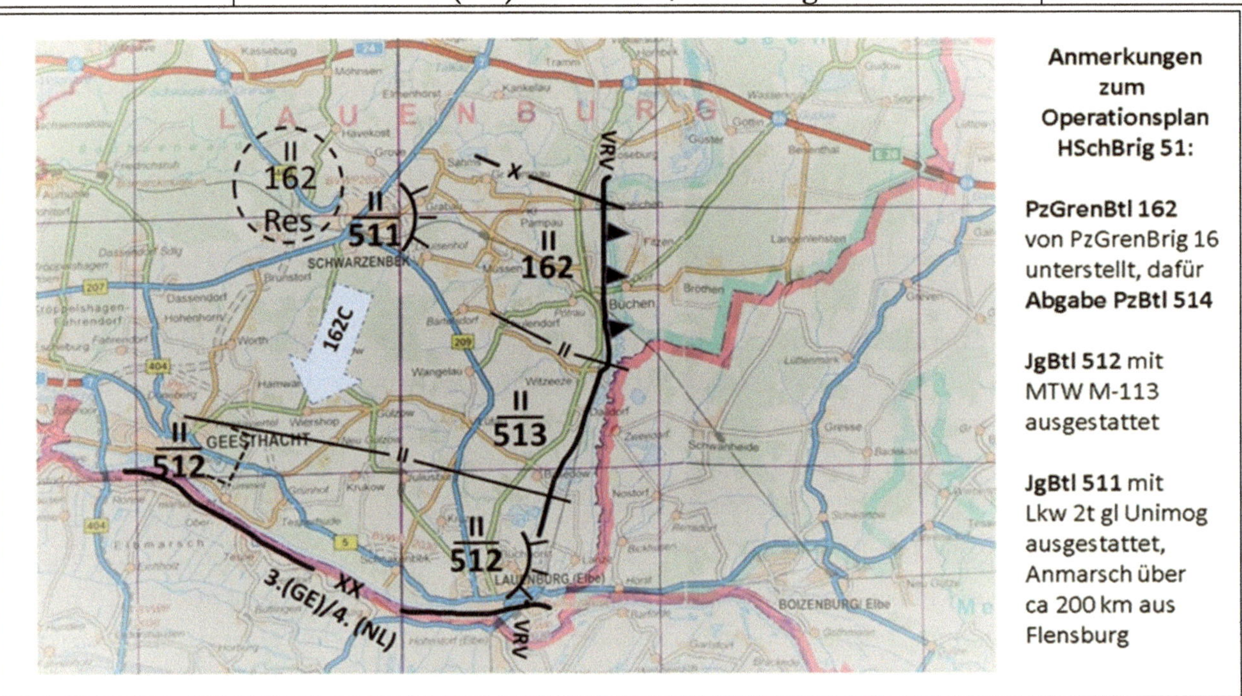

Abb. 11: HSchBrig 51 – GDP 88/89, erstellt von Oberst a. D. Michael Buck.

Die Absicht der HSchBrig 51 lässt sich wie folgt umreißen:

- Zunächst im Schwerpunkt der Division eingesetzt, löst sie mit Teilen den BGS ab und überwacht die IdG,

- danach verteidigt sie mit Teilen des links eingesetzten Btl – auch aus vorgeschobenen Stellungen – und verwehrt dem Feind für die Dauer des Einsatzes von Kräften des linken Nachbarn ostwärts des ELK einen Stoß in dessen Gefechtsstreifen.

- Sodann verteidigt die HSchBrig 51 in enger Anlehnung an den linken Nachbarn – zunächst ohne Reserve an gepanzerten Kampftruppen – mit den beiden gepanzerten Btl (PzGrenBtl 162 und PzBtl 513) vorn nebeneinander, Schwerpunkt links im Raum um BÜCHEN und überwacht mit dem JgBtl 512 den Raum beiderseits der B 5 zwischen LAUENBURG und GEESTHACHT.

- Das JgBtl 512 hat sich darauf einzustellen – ggf. nach Verstärkung – einen im Zuge der B 5 angreifenden Feind in der Linie RAPPENBERG (NE 9521) – GRÜNHOF (NE 9519) zum Stehen zu bringen. Das PzBtl 513 verstärkt auf Befehl JgBtl 512 mit Teilen in der Verteidigung, bricht auf Befehl die Verteidigung ab, verzögert unter zeitlich begrenzter Verteidigung der Enge GÜLZOW (NE 9822) und hält spätestens beiderseits HOHENHORN (NE 9026).

- Das JgBtl 511 wird nördlich und ostwärts von SCHWARZENBEK so bereitgehalten, dass ein im Schwerpunkt eingebrochener Feind aufgefangen und die linke Flanke der Brigade geschützt wird Nach Aufnahme des PzGrenBtl 162 ist der Raum GROVE (NE 9932) – GRABAU (PE 0030) – Südostrand SCHWARZENBEK zu verteidigen und ein im Zuge von B 209 und B 207 angreifender Feind zu zerschlagen. Ferner ist ein Öffnen der Enge SCHWARZENBEK zu verhindern und die Verteidigung auch in der Einschließung zu führen.

- Danach verteidigt die Brigade mit 3 Btl nebeneinander (JgBtl 511 und 512, PzBtl 513, PzGrenBtl 162 als Reserve) im Raum MÖHNSEN so, dass zumindest die Ausgänge des SACHSENWALDES als Voraussetzung für den Gegenangriff SICHEL offengehalten und dem Feind die Zugänge auf HAMBURG verwehrt werden.

Der Feuerkampf ist wie folgt geregelt:

- FArtBtl 515 schießt Feuerunterstützung,
- 2 Bttr (203mm M-110) des FArtBtl 61 wirken vor dem gesamten Gefechtsstreifen,
- 1 Zg des RakArtBtl 62 verschießt im Schwerpunkt der HSchBrig 51 Minen, Splitterminen und Nebelgranaten,
- die PzMrsZg der JgBtl 511 und 512 sowie die PzMrsKp des PzGrenBtl 162 unterstützen mit Feuer die jeweiligen Btl und beleuchten auf Befehl den ELBE-Übergang LAUENBURG und den Raum FITZEN (PE 0928) – BRÖTHEN (PE 1026) – BÜCHENDORF.

Der Pioniereinsatz hat seinen Schwerpunkt zunächst bei PzGrenBtl 162. Sperrfreie Räume sind für den Gegenangriff SICHEL der Raum BRUNSTORF (NE 9428) – GÜLZOW (NE 9922) – HAMWARDE (NE 9423), die Feuerstellungsräume der Art und der Mrs sowie das rückwärtige Brigadegebiet. Vorbehaltssperren sind die Brücke BÜCHEN, die Übergangsstelle SIEBENEICHEN (PE 078307), Sperren im Zuge der BILLE sowie 2 ELBE-Brücken (PE 0314 und NE 8821) in Verantwortung des rechten Nachbarn.

Der FlaKpfVbd 62 (GEPARD) ist auf Zusammenarbeit mit der HSchBrig 51 angewiesen und schützt mit je 1 PzFlakBttr zunächst das PzGrenBtl 162 und das PzBtl 513.

Das HFlgRgt 6 unterstützt mit Verbindungshubschraubern (VBH) sowie – nach Freigabe – mit bis zu 3 Schwärmen Panzerabwehrhubschraubern (PAH), stellt 2 VBH zur Überwachung der rechten Brigadeflanke im Zusammenwirken mit dem JgBtl 512 und der ABCAbwKp 510 und 1 VBH für den BrigGefStd (H).

Die Luftwaffe unterstützt im Rahmen ihrer Möglichkeiten mit Battlefield Air Interdiction (BAI) durch Einsätze gegen Gefechtsstände, Artilleriestellungen, Hauptverkehrswege und Verfügungsräume sowie durch Close Air Support (CAS) gegen gepanzerte Kräfte, welche in die Brigadeverteidigungsräume eingedrungen sind

Die SanKp 510 errichtet einen Hauptverbandsplatz in REINBEK (NE 822307) und betreibt Wagenhalteplätze in SCHWARZENBEK (NE 971291) und WIERSHOP (NE 966226). Anforderungen von LTH für den Verwundetentransport sind über den BrigGefStd (R) zu stellen.

Der Brigadeversorgungspunkt (BrVP) befindet sich in WENTORF in der Bose-Bergmann-Kaserne (NE 838278), wobei eine Anschlussversorgung – mit Ausnahme bestimmter Munitionsarten – sichergestellt ist, da 35 VR nördlich der ELBE vorhanden sind.

Der Feldinstandsetzungspunkt (FInstPkt) der InstKp 510 befindet sich im Depot GLINDE (NE 8133), der Ausweich FInstPkt in STEMWARDE (NE 823368).

Das FErsBtl 517richtet einen Kriegsgefangenensammelpunkt in STEMWARDE ein.

Letztlich werden noch Gräberregistrierung und Nachlassregelung angesprochen.

In der Beurteilung der Feindlage vom 27.3.1990 durch die HSchBrig 51 werden Zweifel an der Einsatzfähigkeit der NVA geäußert; man geht davon aus, dass im Falle einer militärischen Auseinandersetzung die Aufgaben der NVA durch die Rote Armee erfüllt würden.

Der (vorläufige) Brigadebefehl Nr. 1 für den Einsatz der **Panzerbrigade 18** als Divisionsreserve vom 7.11.1989[93] trifft folgende Feststellungen:

---

93 BArch, BH 40-1/60, Panzerbrigade 18 (PzBrig 18), Brigadebefehl Nr. 1 für den Einsatz als Divisionsreserve (Operationsbefehl), 1989-1990.

Die 6. PzGrenDiv verteidigt im Zuge des ELK mit UKMF links, PzGrenBrig 16 beweglich im Schwerpunkt, HschBrig 51 rechts sowie PzBrig 18 als Divisionsreserve. Die PzGrenBrig 17 ist Reserve von COMLANDJUT.

Die 3 vorne eingesetzten Brigaden sollen die feindliche 1.taktische Staffel soweit ostwärts wie möglich zerschlagen, dem Feind die Wegnahme der Zugänge auf HAMBURG und das Nehmen des entscheidenden Höhengeländes um BAD OLDESLOE verwehren. So sollen die Voraussetzungen geschaffen werden, mit der Divisionsreserve die 2. taktische Staffel noch vor der Linie A zu zerschlagen, um das Gefecht gegen die 1. operative Staffel im Dreieck LÜBECK – LAUENBURG – HAMBURG zu entscheiden.

Aufgabe der PzBrig 18 ist es, die Gegenangriffe HAMMER oder SICHEL zu führen und einen eingebrochenen Feind aus den Stellungen 1, 2 oder 3 aufzufangen.

- Beim Gegenangriff **HAMMER** wird zunächst mit PzBtl 183 links (hier Schwerpunkt), PzBtl 184 rechts, gefolgt von PzGrenBtl 182 links und PzBtl 181 rechts beidseits am Kreisforst FARCHAU vorbeigestoßen und der Feind im Höhengelände von SANDESNEBEN (NE 9850) angegriffen, im Zusammenwirken mit der PzGrenBrig 16 eingeschlossen und zerschlagen. Der PzSpähZg 18 klärt in raschem Vorstoß bis in die Engen beiderseits DUVENSEE (PE 0350), SIRKSFELDE (NE 9947), WENTORF (NE 9748), SCHÖNBERG (NE 9498) und verbleibt dort im stehenden Einsatz. Auf Befehl ist auszuweichen oder die Spähaufklärung nach Süden oder Südosten fortzusetzen.

  Die Artillerie unterstützt den Gegenangriff durch Ausschalten feindlicher Beobachtung und Wirkung in die linke Flanke der PzBrig 18; ferner riegelt sie Feindangriffe gegen Flanke und linken Flügel ab und setzt Artilleriebeobachtungsradar (ABRA) zur Überwachung der linken Brigadeflanke ein.

  Die Pioniere unterstützen den Gegenangriff mit PzPiKp 180 und PiBtl 6$^{(-)}$durch Sicherstellen der Bewegung im Angriff sowie einplanen von genehmigungspflichtigen Wurfminensperren zum Schutz der linken Flanke, besonders in den Engstellen.

  Der FlaKpfVerb 61 schützt in begleitendem Einsatz die PzBtl 183, 184 und 181 mit je einer PzFlakBttr.

  Die Heeresflieger unterstützen aus dem vorgeschobenen Verfügungsraum WILSTEDT (NE 7056) nach Zuweisung durch die 6. PzGrenDiv mit bis zu 3 Schwärmen schwerpunktmäßig durch Überwachung der linken Flanke sowie Abriegelung feindlicher Panzer bei Vorstoß auf das Angriffsziel.

- Beim Gegenangriff **SICHEL** greift die PzBrig 18 zunächst mit PzGrenBtl 182 links, PzBtl 184 rechts (hier Schwerpunkt), gefolgt von PzBtl 181 links und PzBtl 183 an und nimmt das Zwischenziel. Der Angriff wird dann links entweder in unveränderter oder neuer Gefechtsgliederung unter Ausnützung des sperrfreien Raumes nach Norden fortgesetzt, wobei der Feind zerschlagen und das Angriffsziel genommen und gehalten wird. Die PzBrig 18 stellt sich darauf ein, Angriffe weiter nach Norden oder Nordwesten vorzutragen und den Feind in der Verfolgung zu schlagen.

  Die Artillerie schaltet mit Schwerpunkt feindliche Beobachtung und Wirkung gegen die rechte Flanke aus, riegelt Feindangriffe vor allem aus dem Raum BREITENFELDE (PE 0750), MANNHAGEN (PE 0645), PANTEN (PE 0747), KÜHSEN (PE 0649). Ferner setzt sie ABRA zur Überwachung der rechten Brigadeflanke, zunächst bei PzBtl 184 ein.

  Die Pioniere haben die gleichen Aufgaben wie bei Gegenangriff HAMMER. Die genehmigungspflichtigen Wurfminensperren sind zum Schutz der rechten Flanke, vor allem zwischen Kreisforst

KOBERG (PE 0542) und POGGENSEE (PE 0444) sowie zwischen KNIESEBERG (PE 052477) und Höhe von TP 51 (PE 057466) einzuplanen.

Der Auftrag für den FlaKpfVerb gleicht dem des Gegenangriffs HAMMER.

Gleiches gilt die für die Heeresflieger, wobei die rechte Flanke zu überwachen und feindliche Panzer zwischen BREITENFELDE (PE 0750) und KÜHSEN (PE 0649) abzuriegeln sind.

Eine weitere Aufgabe für die PzBrig 18 ist der Kampf aus verschiedenen Stellungen:

1. In Stellung 1 verteidigt die PzBrig 18 – vermutlich ohne Nachbarn – mit PzBtl 183 links, PzGren-Btl 182 in der Mitte, PzBtl 184 rechts (hier Schwerpunkt) sowie PzBtl 181 als Brigadereserve den TRAVE – HEILSAU Abschnitt zwischen ZARPEN (PE 0070) und BAD OLDESLOE gegen aus Osten und Südosten angreifenden, vorn durchgebrochenen Feind, fängt ihn auf und zerschlägt ihn. So wird die Wegnahme des Schlüsselgeländes von LANDJUT im Verantwortungsbereich der PzBrig 18 verhindert. Dabei hat das PzBtl 183 kampfkräftig Verbindung zum linken Nachbarn (=Teile der JutDiv) zu halten. Das PzBtl 181 bezieht den Verfügungsraum STUBBEN (NE 9372) und wird an „Brennpunkten" eingesetzt.

   Die Artillerie hat, zunächst mit Schwerpunkt in der Mitte, feindliche Annäherung zu überwachen und Angriffsspitzen vorwärts der Phasenlinie ROSA zu zerschlagen.

   Die Pioniere legen mit Priorität 1 Sperren zum Kanalisieren feindlicher Bewegungen auf die festen Brücken über HEILSAU und TRAVE an. Mit Priorität 2 sind die Stellungen der Kampftruppe zu verstärken und Panzerschnellbrücken, vor allem für zusätzliche Übergangsmöglichkeiten bei PzBtl 184 einzusetzen.

   Auch bei dieser Option werden die PzBtl 183, 184 und 181 durch je eine PzFlakBttr geschützt.

   Die Heeresflieger werden aus dem vorgeschobenen Verfügungsraum WILSTEDT (NE 7056) mit ihren PAH zwischen REINFELD und BAD OLDESLOE eingesetzt.

2. Aus Stellung 2 verteidigt die vermutlich nur links angelehnte PzBrig 18 mit PzBtl 183 links (hier Schwerpunkt), PzBtl 184 in der Mitte, PzGrenBtl 182 rechts und PzBtl 181 als Brigadereserve gegen einen vorn durchgebrochenen Feind, fängt ihn auf und zerschlägt ihn. So wird ein Vorstoß über die BAB A1 nach Westen und die Inbesitznahme des Südteils seines vermutlichen Zwischenziels verwehrt.

   Das PzBtl 181 bezieht den Verfügungsraum TREMSBÜTTEL und wird von dort aus an den „Brennpunkten" eingesetzt.

   Die Artillerie riegelt vor allem Feindangriffe aus STUBBEN (NE 9455) sowie EICHEDE (NE 9353) ab und stellt sich darauf ein, den Feuerschwerpunkt rasch – auch mit Raketenartillerie – auf die Flügel oder Flanken der Stellung 2A zu verlagern.

   Die Pioniere haben auch hier den Auftrag, Sperren zum Kanalisieren anzulegen und Stellungen der Kampftruppe zu verstärken.

   Die PzBtl 183, 184 und 181 werden durch je 1 PzFlakBttr geschützt.

   Aus dem vorgeschobenen Verfügungsraum WILSTEDT leisten die Heeresflieger analog den anderen Optionen Unterstützung.

3. Aus Stellung 3 verteidigt die PzBrig 18 – vermutlich ohne Nachbarn – mit PzBtl 181 links, daran anschließend PzBtl 184, PzGrenBtl 182 und rechts PzBtl 183. Schwerpunkt befindet sich zwischen HENSTEDTER BORN (NE 856597) und BILSEN (NE 578589) und richtet sich gegen Angriffe aus Südosten und Süden. Diese sind aufzufangen und zu zerschlagen, damit ein Vorstoß in Richtung KALTENKIRCHEN – NEUMÜNSTER verwehrt wird.

   Das PzBtl 181 überwacht das NIENWOHLDER MOOR.

Der **Gefechtsverband HL** (= Gefechtsverband HANSESTADT LÜBECK) wird nur bei kurzer Warnzeit und/oder bei verspätetem Aufmarsch der JutDiv auf Befehl der 6. (GE) PzGrenDiv gebildet. Er löst den BGS ab und sichert die IdG, überwacht die Küste WAGRIENs zwischen FEHMARNSUND (PF 3730) und TIMMENDORFER STRAND (PE 2285) und verteidigt im Zuge des VRV so, dass der Ostrand LÜBECKs gehalten wird.

Nach Unterstellung mit OPCON durch COMLANDJUT stellt die UNITED KINGDOM MOBILE FORCE (**UKMF**) die Verteidigungsbereitschaft in Stellung 1 her, hält TRAVE- und HEILSAU-Übergänge zwischen BAD OLDESLOE (NE 9264) – REINFELD (NE 9866) und HEILSHOOP (PE 0172) offen, stellt sich darauf ein, die PzGrenBrig 17 aufzunehmen und hält Anmarschwege im eigenen Gefechtsstreifen für den Gegenangriff HAMMER sperrfrei.

Das PzAufklBtl 6 disloziert leichte Teile in der Nähe der IdG und klärt auf Befehl der Division gem. Aufklärungsplan auf. Schwere Teile werden als Aufklärungsreserve der Division bereitgehalten. Sie stellen sich darauf ein, die linke Flanke der Division zwischen HEILSHOOP und WARDER SEE (NE 8983) zu schützen und luftgelandeten Feind im rückwärtigen Divisionsgebiet zu binden oder zu zerschlagen. Es hat vorbereitet zu sein bei kurzer Warnzeit – ohne leichte Teile – zunächst bis zur Ablösung durch dänische Kräfte dem Gefechtsverband HL unterstellt zu werden.

Mit dem Radarzug sind bis Angriffsbeginn im Zuge der IdG die Hauptannäherungsmöglichkeiten des Feindes zwischen BRÖDTEN (PE 2284) und BÜCHEN (PE 0827) zu überwachen.

Der Divisionsartillerieführer (DivArtFhr) plant und koordiniert Einsatz und Feuerkampf der gesamten Artillerie – einschließlich später zugeführter Artillerieverbände – im gesamten Divisionsbereich, stellt jederzeit die verzugslose Aufnahme des atomaren Feuerkampfes sicher und unterstützt bei kurzer Warnzeit den GefVbd HL. Vorrangig sind das Zerschlagen der Feindartillerie und der Gefechtsstände sowie das Niederhalten der feindlichen Truppenflugabwehr (SEAD) sowie die Drohnenaufklärung.

- In Phase I liegen Feuer- und Aufklärungsschwerpunkt vor der HSchBrig 51 und im südlichen Teil des Gefechtsstreifens der PzGrenBrig 16, ferner sind ostwärts des ELK Sperren zu verstärken und Sperrlücken zu schließen.
- In Phase II liegen Feuer- und Aufklärungsschwerpunkt vor der PzGrenBrig 16. Dabei sind am ELK nachstoßende Feindkräfte bei Aufnahme der eigenen Sicherungskräfte abzuriegeln und mit Masse der Artillerie die Gegenangriffe SICHEL oder HAMMER zu unterstützen.

Die Pioniere haben Sperren anzulegen und zwar zunächst ostwärts des VRV, im Süden im Zuge des VRV, danach im Zuge des VRV und letztlich in den Verteidigungsräumen der Brigaden. Dabei sind sperrfreie Räume zu belassen. Als Reserve sind zunächst je 4 Minenwerfer mit je 1 Kampfbeladung bei dem PiBtl 6 und der HSchBrig 51 zu vorzusehen. Die Bewegungsmöglichkeiten sind mit Vorrang über den ELK durch Bau von Kriegsbrücken und Verstärken von Brücken sicherzustellen.

Ferner ist der Stellungsbau bei Kampftruppe und Artillerie mit allen verfügbaren Pioniermaschinen zu unterstützen. Diese werden später im rückwärtigen Divisionsgebiet für die Sicherstellung der Bewegungen eingesetzt.

Der Divisionsflugabwehrführer plant und führt den Einsatz aller, im Divisionsgebiet eingesetzten Heeresflugabwehrkräfte im Zusammenwirken mit den Kräften der integrierten Luftverteidigung und anderer Flugabwehrkräfte in Abstimmung mit dem Air Defence Element (ADE)/LANDJUT und ist als Leiter der Luftunterstützungs- und FlaKampfführungszentrale (LUFZ) im Rahmen der befohlenen Luftraumordnung für die Entflechtung von FlaKräften und eigenen Luftfahrzeugen verantwortlich.

Das verstärkte FlaRgt 6 – hierzu auf Zusammenarbeit angewiesen – schützt in Phasen I und II mit je einem Flugabwehrkampfverband (FlaKpfVbd) die PzGrenBrig 16 und 17 sowie die HSchBrig 51 und mit 1 PzFlakBttr die Divisionsreserve. Es stellt sich darauf ein, bei Einsatz der Divisionsreserve umzugliedern und diese zu verstärken und bei kurzer Warnzeit den Gefechtsverband HL mit einer zusätzlich unterstellten PzFlaRakBttr zu schützen.

Das Heeresfliegerregiment 6 (HFlgRgt 6) bereitet sich darauf vor, die vorn eingesetzten deutschen Großverbände/Gefechtsverband HL im Schwerpunkt mit bis zu 3 Schwärmen Panzerabwehrhubschraubern (PAH) zu verstärken und luftgelandete, gepanzerte Kräfte im rückwärtigen Divisionsgebiet zusammen mit den Kampftruppen zu zerschlagen sowie den Einsatz der Divisionsreserve zu unterstützen und vor allem bei Gegenangriffen die Flanken zu überwachen.

Mit ihren leichten Transporthubschraubern (LTH) UH-1D überwacht das HFlgRgt 6 bei kurzer Warnzeit mit dem Gefechtsverband HL die Ostseeküsten von FEHMARN bis TIMMENDORFER STRAND, hält 1 Schwarm[94] für den Verwundetentransport bereit und stellt sich darauf ein, Personal- und Materialtransport durchzuführen.

An Verbindungshubschraubern (VBH) werden je 2 für das Korpskommando LANDJUT und das Divisionskommando im Regimentsverfügungsraum des Heeresfliegerregiments 6 (HFlgRgt 6) bereitgehalten und je 1 VBH zu den Brigaden sowie ggf. dem Gefechtsverband HL abgestellt.

Die **Luftstreitkräfte** riegeln mit Schwerpunkt das Gefechtsfeld ab (BATTLE AIR INTERDICTION – BAI) und leisten auf Anforderung Luftnahunterstützung (CLOSE AIR SUPPORT – CAS).

Die integrierte Luftverteidigung schützt vornehmlich das rückwärtige Divisionsgebiet.

Das Sicherungsbataillon 68 (SichBtl 68) sichert den DivGefStd und schützt – wie die Feldersatzbataillone (FErsBtl) 61 und 62 – das rückwärtige Divisionsgebiet.

Das Fernmeldebataillon 6 (FmBtl 6) betreibt die Fernmelde- und Funkverbindungen, die Fernmeldezentrale bei den DivGefStd und stellt Fm-Teileinheiten zu den Brigaden und DivTr ab. Die FmKp 6 klärt auf und bereitet elektronische Gegenmaßnahmen (EloGM) gegen Feuerleitkreise und Führungsfunkverbindungen der im Schwerpunkt angreifenden Divisionen/Regimenter vor.

Die ABCAbwKp 6 hält 2 ABCAufklTrp als Reserve der Division bereit und stellt sich im Verfügungsraum darauf ein, im Gefecht unter ABC-Bedrohung zum Schutz des rückwärtigen Divisionsgebietes eingesetzt zu werden und ferner Unterstützung in den Verteidigungsräumen der Brigaden zu leisten.

Die 4./Feldjägerbataillon 610 (4./FJgBtl 610) unterstützt mit Schwerpunkt durch militärischen Verkehrsdienst den Aufmarsch, die Verkehrsregelung über den ELK, die Rückführung der Verzögerungskräfte und die Bewegungen der Divisionsreserve.

Weiter stellt sich die 4./FJgBtl 610 darauf ein, in Zusammenarbeit mit der Polizei Bevölkerungsbewegungen zu lenken.

Der Frontnachrichtenzug 6 (FNZg 6) richtet im DivGefStd (H) eine Zelle ein und bereitet sich darauf vor, Befragungstrupps zu den Brigaden abzustellen.

---

[94] Ein Schwarm umfaßt bei den Panzerabwehrhubschraubern 7 Maschinen, vgl. Kaldrack, Panzerjäger der Luft, S. 162; lt. e-mails (22. und 23.11.2021) von BG a.D. Istvan Csoboth gilt dies auch für die mit UH-1 D ausgestatteten Verbände., während bei den Staffeln mit CH-53 ein Schwarm 4 Hubschrauber umfaßt.

Schwerpunkt der Einsatzunterstützung liegt zunächst bei den Sicherungskräften ostwärts des ELK, danach westlich des ELK bei der PzGrenBrig 16, hier besonders bei dem Verwundetentransport und der Versorgung mit Munition. Bis zum Aufbau der Feldversorgung werden die Truppenteile aus Depots gem. Befehl zur Regelung der Logistik (BRLog) versorgt.

Das Sanitätsbataillon 6 (SanBtl 6) richtet den Divisionshauptverbandsplatz A (DivHVPl A) in WIEMERSDORF (nördlich BAD BRAMSTEDT) ein und unterstellt auf Befehl je 1 SanKp für den Einsatz den PzGrenBrig 16, 17 und der PzBrig 18, ggf. auch dem GefVbd HL.

Bei den Lazaretten 200 werden 2 in ITZEHOE (NE 3476), je 1 in RENDSBURG (NF 4418), SCHLESWIG (NF 3742) und LUNDEN (NF 0121) eingerichtet.

Das Instandsetzungsbataillon 6 (InstBtl 6) stellt Aufnahmebereitschaft im Einsatzraum KALTENKIRCHEN (NE 6366) her und hält dort Abschubmittel verfügbar.

Kriegsgefangenen- und Versprengtensammelpunkte (KgfSP und VsprSP) sind im BRLog genannt.

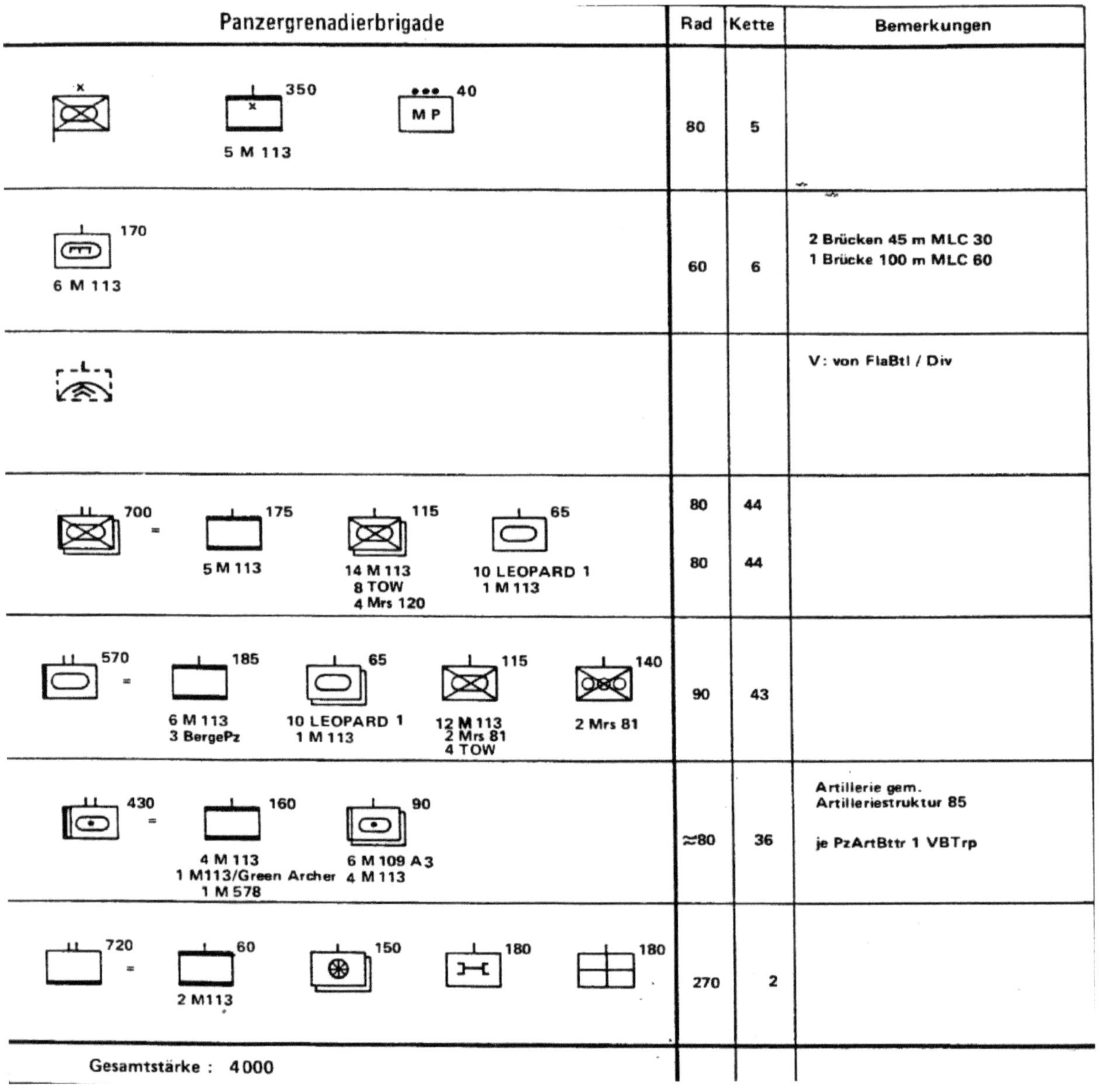

Panzergrenadierbrigade	Rad	Kette	Bemerkungen
x • 350 • M P 40 • 5 M 113	80	5	
170 • 6 M 113	60	6	2 Brücken 45 m MLC 30 1 Brücke 100 m MLC 60
(FlaBtl)			V: von FlaBtl / Div
700 = • 5 M 113 (175) • 14 M 113 / 8 TOW / 4 Mrs 120 (115) • 10 LEOPARD 1 / 1 M 113 (65)	80 / 80	44 / 44	
570 = • 6 M 113 / 3 BergePz (185) • 10 LEOPARD 1 / 1 M 113 (65) • 12 M 113 / 2 Mrs 81 / 4 TOW (115) • 2 Mrs 81 (140)	90	43	
430 = • 4 M 113 / 1 M113/Green Archer / 1 M 578 (160) • 6 M 109 A 3 / 4 M 113 (90)	≈80	36	Artillerie gem. Artilleriestruktur 85 je PzArtBttr 1 VBTrp
720 = • 2 M 113 (60) • 150 • 180 • 180	270	2	

Gesamtstärke : 4000

Abb. 12 Gliederung einer DK Jyske Brigade. Quelle: Übungsgliederung Grün Stand 1987

II. Der NATO Kommandobereich Allied Forces Central Europe (AFCENT)

Zum NATO-Kommandobereich Allied Forces Central Europe (AFCENT) sind ein paar grundlegende Aussagen zu treffen. Der Verantwortungsbereich dieses Kommandos in der Mitte Europas und am angenommenen künftigen Hauptkriegsschauplatz reichte von der Elbe bis zu den Alpen, der Grenze zum neutralen Österreich. Der Oberbefehlshaber (CINCENT) war seit 1966 ausschließlich ein deutscher General.

Innerhalb des Kommandobereiches waren im Wesentlichen die beiden Armeegruppen NORTHAG im Norden und CENTAG im Süden eingesetzt, deren Verantwortungsbereiche nach anfänglichen Verschiebungen ab Mitte der 1970er Jahre endgültig definiert wurden.

Bis 1956/57 gehörte der Raum KASSEL zu NORTHAG. Mit Abzug der FR-Truppen aus Hessen und dem Aufwuchs des III. (GE) Korps wurde die NORTHAG/CENTAG-Grenze nach Norden verschoben. Ab 1957 gab es Überlegungen KASSEL dem Bereich CENTAG zuzuschlagen.[95] Das 1. (BE) Korps wollte allerdings bei NORTHAG bleiben.

1960 ist KASSEL noch bei NORTHAG, 1963 bei CENTAG.

Den Korps von NORTHAG und CENTAG wurden 1957 definierte Verteidigungsstreifen zugewiesen.[96]

Die RHEIN-IJSSEL-Linie blieb auch 1957 die HVL. Allerdings sollte eine nachhaltige Verteidigung bereits auf der Linie OLDENBURG – OSNABRÜCK – ROTHAARGEBIRGE – Verlauf des NECKAR – SCHWARZWALD stattfinden (sog. neue RICHMOND-Linie).[97]

In der Aufstellungsphase der Bundeswehr war ab 1958 eine nachhaltige Verteidigung auf der Linie WESER – EGGEGEBIRGE – FRANKFURT/MAIN – MILTENBERG – JAGST – ILLER vorgesehen.[98]

Das III. (GE) Korps übernimmt am 8.11.1957 den bisher von den Franzosen gehaltenen Verteidigungsstreifen.[99]

Bei einer Besprechung von NORTHAG und CENTAG am 07.03.1958 wurde erneut die Frage der Einbeziehung von KASSEL in den Bereich CENTAG erörtert. Hierzu vertrat CENTAG eine ablehnende Haltung, da die Verteidigungslinien von NORTHAG und CENTAG nicht „harmonisiert" waren. NORTHAG hatte nämlich nur 1 Verteidigungslinie, die WESER – FULDA Stellung vorgesehen.[100]

Die Order of Battle weist ab 09.04.1958 den nationalen Korps Gefechtsstreifen zu.

Der EDP 2/58 von AFCENT sieht vor, dass die endgültige Stellung einer Verteidigungsschlacht im Südraum in der Linie ASCHAFFENBURG – JAGST – ILLER zu verlaufen hat.

Der neue CE-JEDP 2-58 wird am 1. Juli 1958 wirksam. Er basiert auf dem EDP von SACEUR und beinhaltet das Konzept von CINCENT, einer semi-forward strategy mit dem Hauptziel, erste Verteidigungspositionen schon ostwärts der RHEIN/IJSSEL-Linie zu beziehen. Bereits im Mai 1958 war der Central Europe Atomic Strike Plan (CEASP 2-58) herausgegeben worden.[101]

---

[95] Thoß, NATO-Strategie und nationale Verteidigungsplanung, S. 561; vgl. auch AFCENT-History 1957, S. 26, bzgl. der Überlegungen einer Verschiebung der Grenze CENTAG/NORTHAG.

[96] Laut Generalmajor a. D. Jürgen Reichardt vom 2.5.2013 erhielten die deutschen Korps erst 1960 ihre Gefechtsstreifen ab der IdG. Jan Hoffenaar in Militaire Spectator 2005, S. 543ff. erklärt, dass sich die anfangs zugewiesenen Gefechtsstreifen auf die WESER-LECH Linie bezogen.

[97] Hammerich, Kommiss kommt von Kompromiss, S. 135 mit Hinweis auf BArch BW 2/2668.

[98] Wurdack, Der Raum Hof, S. 426.

[99] Carter, Forging the Shield, S. 285.

[100] BArch, BH 1/3, Unterstellung deutscher Verbände unter die NATO, 1957-1961.

[101] AFCENT History 1958, S. 30.

Die RHEIN-IJSSEL als HV-Linie wird ab 1. Juli 1958 zugunsten der EMS-NECKAR Linie aufgegeben. Eine Verzögerung soll ab der WESER-LECH-Linie erfolgen.[102]

Vorverlegung von RHEIN-IJSSEL Linie auf WESER-LECH Linie mit Aufforderung an CENTAG und NORTHAG zu entsprechendem Vorziehen ihrer Verbände.[103]

Es wird ab 01.07.1958 eine „final defense area" definiert, wobei dem Feind westlich davon wesentliche Geländegewinne zu verwehren waren. Das Gebiet war durch die Linie EMS - BATTENBERG – MAIN (bei ASCHAFFENBURG) – JAGST – ILLER[104] begrenzt.

Die Folgestaffeln des WP sollten in den 1960er Jahren durch atomare Feuerschläge vernichtet werden.[105]

Im Zuge des Mauerbaus in BERLIN (13.8.1961) wurden erstmals NVA-Divisionen sowjetischen Armeen unterstellt.[106]

CINCENT Norstad legt im April 1962 fest, dass die bewegliche Verteidigung unmittelbar am Eisernen Vorhang beginnt.[107]

Nach EDP 62 für III. (GE) Korps (Tgb.Nr. 700/4/61 v. 15.10.1962) verläuft die Grenze zwischen NORTHAG und CENTAG auf der Linie WANFRIED – ESCHWEGE – HESS.-LICHTENAU – Zusammenfluss von EDER und FULDA – Verlauf der EDER bis BATTENBERG – HOLZHAUSEN – WALLAU – ALTENKIRCHEN – GRIESENBACH – HONNEF.[108]

Nach dem EDP 62 für III. (GE) Korps (Tgb.Nr. 412/184/62 v. 6.12.1962) verläuft die Grenze zwischen NORTHAG und CENTAG auf der Linie FRITZLAR – Verlauf der EDER bis BATTENBERG – HOLZHAUSEN – WALLAU – ALTENKIRCHEN – GRIESENBACH – HONNEF – OBERWINTER – GELSDORF – STADTKYLL.[109]

Die HVL wird ab 01.09.1963 an die WESER-LECH-Linie vorgeschoben; grundsätzlich soll ab der „Grenze" verteidigt werden. Obwohl die Verteidigung ab der Innerdeutschen Grenze 1963 schon offizielle NATO-Doktrin ist, werden an der Grenze nur Verzögerungskräfte von hohem Kampfwert und kurzfristiger Einsatzbereitschaft eingesetzt.[110] Gleichzeitig wird die Grenze zwischen NORTHAG und CENTAG nach Norden verschoben.

Die Grenze zwischen CENTAG und NORTHAG verläuft am 1.2.1965:

WESTHAUSEN – BREMKE – VOLKERODE – JÜHNDE – VOLKMARHAUSEN – GIMTE – IMMENHAUSEN – OBERELSUNGEN – PHILIPPINENDORF (heute GASTERFELD NB 0987) – KORBACH – SASSENHAUSEN – OBERNDORF – SIEGEN (ausschl.) – HOLPE (ausschl.) – MEISENBACH (ausschl.) – HONNEF (seit 1960 BAD HONNEF LB 7511 – ausschl.) – OBERWINTER (LB 7309).[111]

---

102 EDP 2-58 nach Hammerich, Die geplante Verteidigung, S. 250.

103 Thoß, NATO-Strategie, S.575 unter Hinweis auf CINCENT EDP 2-58.

104 Hammerich, Kommiss kommt von Kompromiss, S. 139 unter Hinweis auf CENTAG EDP 2-58.

105 Hammerich, Die Operationsplanungen der NATO, S. 292.

106 Hoffmann/Stoof, Sowjetische Truppen in Deutschland, S. 113.

107 Hammerich, Die Operationsplanungen der NATO, S. 291.

108 Tgb.Nr. 700/4/61 vom 15.10.1962 – Anlage C zu EDP III. (GE) Korps in BArch, BH 7-3/239.

109 Tgb.Nr. 412/184/62 vom 6.12.1962 – Anlage C zu EDP III. (GE) Korps in BArch, BH 7-3/238.

110 EDP 1-63 nach Hammerich, Die geplante Verteidigung, S. 250; Hammerich, Die Operationsplanungen der NATO, S. 291.

111 Mitteilung von Oberstleutnant Dr. Helmut Hammerich vom 8.1.2013 unter Hinweis auf III. Korps - OpPlan 1-65 vom 1.2.1965, in: BArch, BH 7-3/240.

Die NVA wird 1967 voll in die 1. Strategische Staffel des WP eingegliedert. Ihre Divisionen wären im Kriegsfall den sowjetischen Armeen unterstellt worden oder hätten als deren Reserve gedient.[112]

In den EDP sind ab 1968 keine atomaren Feuerfelder mehr vorgeplant.[113]

Bis Ende 1969 könnte die Grenze zwischen NORTHAG und CENTAG in Höhe ESCHWEGE gelegen haben.

Nach dem Konzept der Vorneverteidigung waren 1974 die Hauptkräfte am VRV einzusetzen und nur etwa 20 Prozent als Reserven für Gegenangriffe vorzusehen[114].

Die Grenze zwischen CENTAG und NORTHAG verläuft am 20.12.1974:

Südlich DUDERSTADT (NC 8707) – MACKENRODE – GÖTTINGEN – B3 – HILWARTS-HAUSEN – IMMENHAUSEN – OBERELSUNGEN – VIESEBECK – LANDAU – ELLERIN-GHAUSEN – OBER-WAROLDERN – KORBACH – MEDEBACH – MEDELON – HESBORN – WUNDERTHAUSEN – DOTZLAR – AMTSHAUSEN – SIEGEN – Fluss SIEG bis SCHEUER-FELD[115].

Die Folgestaffeln des WP sollten ab den 1980er Jahren durch konventionelle Kräfte bekämpft werden (FOFA-Konzept der NATO). Dieses Konzept wird von der NATO 1984 als Planungsleitlinie verabschiedet. Im Gegensatz zur AirLandBattle-Doktrin sollten keine NATO-Großverbände über die IdG hinaus vorstoßen. Militärische Ziele in der Tiefe des WP hatten die Luftwaffe und weitreichende Artillerie zu bekämpfen.[116]

Es wurde in den 1980er Jahren auch Abstand von der „unbedingten" Verteidigung am vordersten Rand der Verteidigungslinie genommen. Es sollte nicht mehr in erster Linie der Einbruch, sondern vielmehr der Durchbruch verhindert werden.

Taktisch wichtige Gebiete waren auf jeden Fall zu halten.[117]

Grenze NORTHAG/CENTAG verläuft am 01.01.1981 bei NB 6492 (SCHMIEDEKÖPFE), nahe Bahnhof NEU-EICHENBERG.[118]

Seit 1985 hatten die aus den MB III und V zu bildenden NVA-Armeen (3. in LEIPZIG und 5. in NEUBRANDENBURG) Abschnitte an den Flanken der Westfront zu beziehen und zu halten. Der 5. Armee war ein Abschnitt zwischen WITTENBERGE und DASSOW sowie die gesamte Ostseeküste der DDR (einschl. RÜGEN) zugewiesen worden, der 3. Armee ein Abschnitt zwischen MEININGEN und dem Dreiländereck (BRD, DDR, CSSR).

Dazwischen hatten (von Nord nach SÜD) die 2. (SU) GdPzArmee in FÜRSTENBERG, die 3. (SU) StoßArmee (MAGDEBURG) und die 8. (SU) GdArmee (WEIMAR-NOHRA) ihre Abschnitte.

---

[112] Naumann, NVA. Anspruch und Wirklichkeit., S. 253; Hoffmann/Stoof, Sowjetische Truppen in Deutschland, S. 130/131.

[113] Hammerich, Die geplante Verteidigung, S. 247.

[114] Trauschweizer, Creating Deterrence for Limited War, S. 356.

[115] GDP 1-76 für III. (GE) Korps – Korpsbefehl 1975, Tgb.Nr. 500/74 in BArch, BH 7-3/735.

[116] Hammerich, Die Operationsplanungen der NATO, S. 292.

[117] Hoffenaar/Schoenmaker, Met de blik naar het Oosten, S. 382.

[118] GDP V. (US) Korps - Operationsplan 33001 - http://www.php.isn.ethz.ch/kms2.isn.ethz.ch/serviceengine/Files/PHP/17214/ipublicationdocument_singledocument/bc8f439f-fb45-4696-8039-f083d58b404c/de/us05.pdf (letzter Abruf 23.11.2020).

Die 2. Staffel der Westfront bildeten die 20. (SU) GdArmee in EBERSWALDE-FINOW und die 1. (SU) GdPzArmee in DRESDEN.[119]

Nach dem GDP 1/87 des III. (GE) Korps waren für III (US) Korps geplant:

- NORTHAG COP „CREOLE CRIBAGGE" vom 15.06.1984 als Entwurf.
  Ziel ist es mit 2-3 Div den Zusammenhang der Verteidigung im Zuge der IdG und des VRV III. (GE) Korps wiederherzustellen und den eingeschlossenen Feind ostwärts WESER/FULDA zu zerschlagen. Angriffsziel ist der Raum ostwärts von KASSEL,

- CENTAG COP „CRYSTAL BALL" vom 23.01.1985 als Entwurf.
  Ziel ist es, mit 1 verstärkten Division den VRV des 1. (BE) Korps und den Zusammenhang der Verteidigung im Zuge der IdG ostwärts der WESER wiederherzustellen. Angriffsziel ist der Raum NORTHEIM.[120]

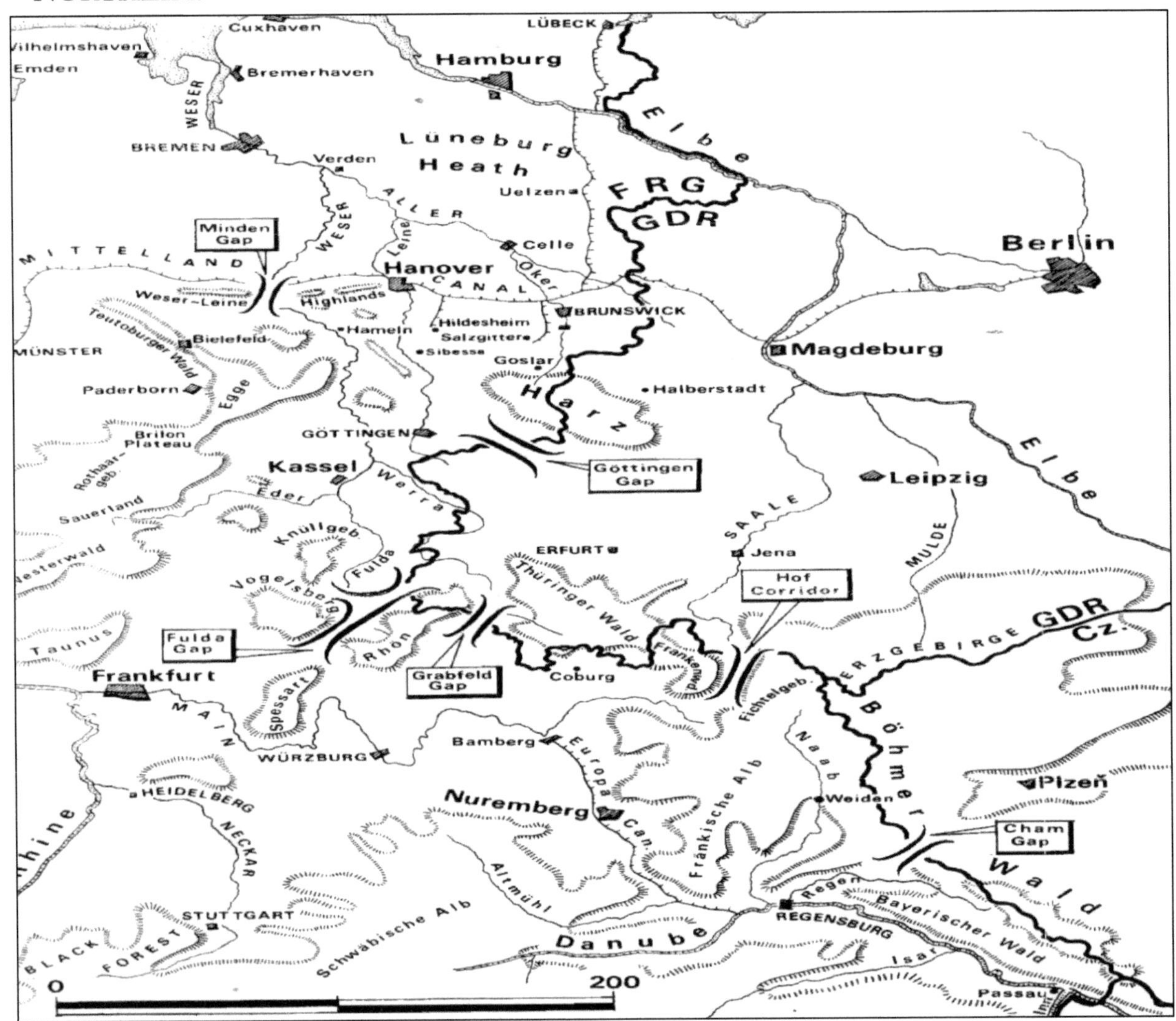

Abb. 13: Geografie des AFCENT-Gebietes. Quelle: Faringdon, Strategic Geography, S. 352

In EUROPA-Mitte rechnete die NATO mit einer 1. Staffel des WP, bestehend aus über 60 Divisionen sowie mit etwa 30 Divisionen in 2. Staffel. Als Verstärkung waren die 34 Divisionen der westlichen Militärbezirke vorgesehen.

---

[119] Lautsch, Kriegsschauplatz Deutschland, S. 114f.; vgl. auch Deim/Kampe H.G./Kampe J./Schubert, Die militärische Sicherheit der DDR, S. 101. 1957 wurde die 3. Stoßarmee in 3. Armee umbenannt.

[120] BArch, BH 7-3/874.

III a. Die Northern Army Group (NORTHAG)

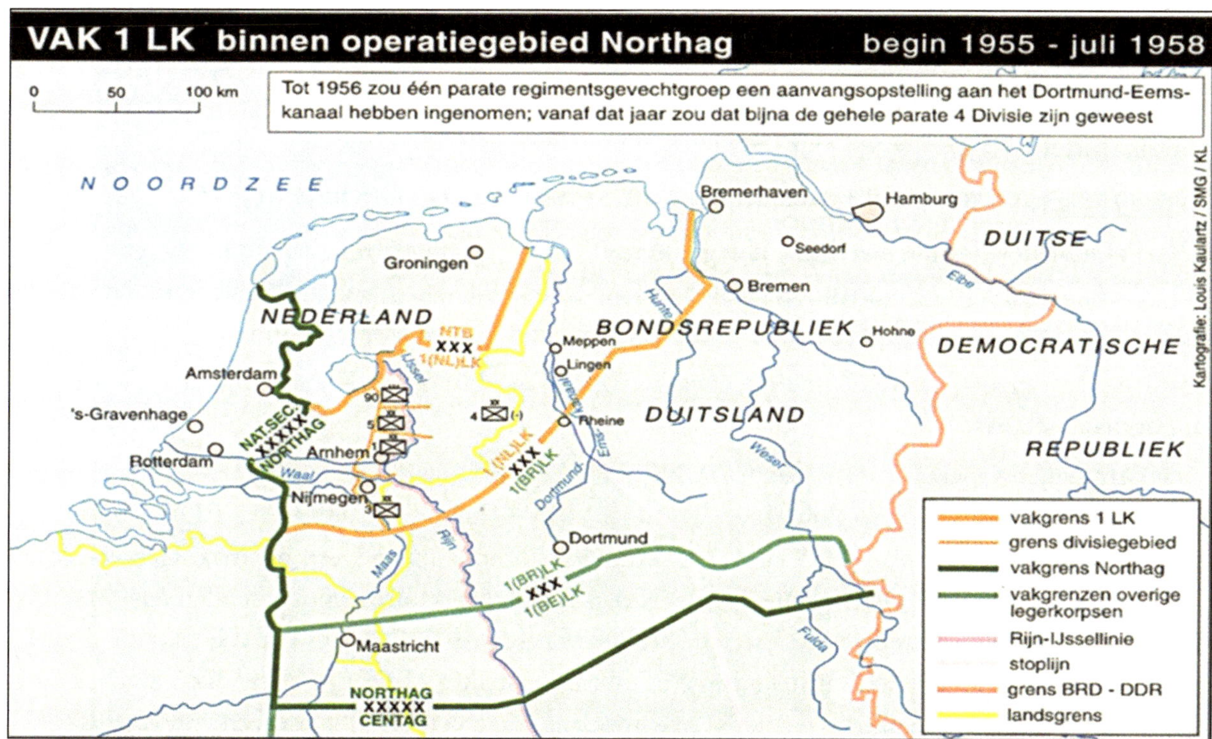

Abb. 14: Operationsgebiet der NORTHAG, 1955-58. Quelle: Hoffenaar/Schoenmaker, Met de blik naar het Oosten, S. 123

NORTHAG setzt 4 Korps nebeneinander ein (von Norden nach Süden): 1 (NL), I. (GE), 1. (BR) und 1. (BE) Korps.

Das III. (US) Korps ist seit den 1980er Jahren als strategische Reserve von AFCENT vorgesehen. Die 2nd (US) Armored Div stellte die Reserve von COMNORTHAG im V-Fall dar.[121]

Die Kräfte von NORTHAG umfassten im April 1956 je ein BR, BE und NL Korps mit total 10 mehr oder weniger einsatzbereiten Divisionen sowie 2 Brigaden. In der 1. Phase hätten 2 PzAufklBtl mit Pionierunterstützung zwischen IdG und WESER-Stellung (= CHICAGO) Fühlung mit den Feindkräften gehalten. Ab der WESER hatten die Verbände der NORTHAG über die Linie EMS-SOEST-WINTERBERG (= LIVERPOOL) hinaus hinhaltend zu kämpfen, um Zeit für die vorbereitete Verteidigung der RHEIN-Stellung (= TORONTO) zu gewinnen, die mit über 7 Div nachhaltig verteidigt werden sollte.[122]

NORTHAG hatte 1958 mit den vorhandenen 9 schwachen Divisionen eine Frontbreite von 380 km zu verteidigen[123]. Gleichzeitig wurde für NORTHAG befohlen, dass man sich nur noch bis zur TEU-TOBURGER-WALD Linie (IBBENBÜREN-DISSEN-HALLE-westl. BIELEFELD-westl. DET-MOLD auf BAB 44 bis westl. von SCHERFEDE), und damit nicht mehr zum RHEIN) zurückziehen durfte. Die Hauptverteidigungslinie für 1 (NL), 1. (BR) mit 4th CIBG, 1. (BE) und I. (GE) Korps war nunmehr die WESER. Diese war mindestens 2 Tage zu behaupten, um die Navigationseinrichtungen für die Luftstreitkräfte einsatzbereit zu halten, welche die 2. Staffel des Angreifers ostwärts der WESER zu bekämpfen hat. Covering Forces waren ostwärts der WESER zu belassen.

---

[121] http://www.orbat85.nl/order-of-battle/nato-command-structure.html#northag (letzter Abruf: 23.11.2020).
[122] Hammerich, Kommiss kommt von Kompromiss, S. 132, unter Hinweis auf BArch, BW 2/2721 und BW 2/2668.
[123] Hammerich, Die Operationsplanungen der NATO, S. 291.

Diese hatten neben der Verzögerung die Aufgabe, den Feind zu „kanalisieren", um ihn mit Nuklearwaffen bekämpfen zu können[124].

In den 1960er Jahren waren die 7. (GE) PzDiv mit PzBrig 33 von der 11. (GE) PzGrenDiv sowie eine britische InfDiv die Reserve von NORTHAG.[125]

Grenze zwischen I. (GE) und 1. (BR) Korps verläuft 1961 etwa bei NIENBURG.[126]

(GE) PzGrenBrig 7 kann nach Erfüllung ihres Deckungsauftrages mit Zustimmung von COM-NORTHAG dem 1 (NL) Korps unterstellt werden[127]. NORTHAG verfügt 1963 über 12 Teams, die ADM mit einer Sprengkraft zwischen 1 und 15 Kilotonnen TNT einsetzen können.[128]

Westliche Begrenzung der RCZ ist 1961 etwa der DORTMUND-EMS-Kanal, 1963 liegt die Begrenzung weiter ostwärts.[129]

Nach dem neuen Operationsplan von COMNORTHAG sind feindliche Kräfte bereits ostwärts der WESER zu vernichten. Diese Forderung wurde am 01.04.1966 im NORTHAG EDP 1-66 festgeschrieben.[130] Die Korps von NORTHAG haben mind. 30 Std. zu verzögern bei max. Gebietsverlust von 70 km in der Tiefe.[131] Der KG des 1 (NL) Korps meldet, er würde seine Verteidigungsstellungen nicht binnen der geforderten 48 Std. erreichen. Daher entschied COMNORTHAG, dass die 3. (GE) PzDiv (eigentlich Reserve des I. (GE) Korps) mit ihr unterstellter 41. (NL) PzBrig das Verzögerungsgefecht so lange zu führen hat, bis das 1 (NL) Korps „aufmarschiert" ist.[132] Reserven von NORTHAG für „Gegenangriffe" sind eine (GE) Div und eine (BR) Div.[133]

Die PORTA-Enge zwischen WIEHEN- und WESERGEBIRGE (genau zwischen WITTEKINDS-BERG und JAKOBSBERG) lag bis 1971 im Verteidigungsstreifen des 1. (BR) Korps. Nach der Verschiebung der Korpsgrenzen (neue Grenze zwischen I. (GE) und 1. (BR) Korps dürfte nunmehr der MITTELLANDKANAL sein) „kam" dieses Gebiet zum I. (GE) Korps.[134]

Ab Mitte der 1970er Jahre konnte bei NORTHAG der ELBE-SEITEN-KANAL (ESK) in die Verteidigungsüberlegungen einbezogen werden[135]. Von den GDP-Planern wurde die Hinderniswirkung des ESK eher kritisch gesehen[136]. So wurde einem Stabsoffizier-Lehrgang der US-Armee Mitte 1984 vorgeführt, wie leicht der ESK an vielen Stellen mit schwimmfähigen Fahrzeugen überwunden werden kann. Einen höheren Hinderniswert haben die westlich des ESK gelegenen Flüsse, wie z.B. die ISE, die etwa 1 m aus dem Wasser ragende lehmige Böschungen aufweist. Der ESK wird VRV für 1 (NL) und I. (GE) Korps.

---

124 Maloney, War without Battles, S. 84, 135 und 137.
125 Hammerich, Fighting for the Heart of Germany, S. 164/166.
126 Maloney, War without Battles, S. 155 (Skizze).
127 Hoffenaar/Schoenmaker, Met de blik naar het Oosten, S. 169.
128 EDP-63 sowie Sean M. Maloney, War without Battles, S. 205.
129 Hoffenaar/Schoenmaker, Met de blik naar het Oosten, S. 167/170.
130 Hoffenaar/Schoenmaker, Met de blik naar het Oosten, S. 170.
131 Hoffenaar/Schoenmaker, Met de blik naar het Oosten, S. 230.
132 Hoffenaar/Schoenmaker, Met de blik naar het Oosten, S. 230-231.
133 Hoffenaar/Schoenmaker, Met de blik naar het Oosten, S. 230.
134 Grot, So war's, damals, S. 10.
135 Vgl. Internet https://de.wikipedia.org/wiki/Elbe-Seitenkanal (23.11.2020).
136 Knögel, Mitteilungen vom 7.7. und 9.7.2015.

Die Grenze zwischen 1. (BR) Korps und I. (GE) Korps wird 1976 erneut geändert. Dadurch gehört die Sperrlinie MLK nunmehr zum I. (GE) Korps. Dies gilt auch für einige Sperrobjekte im Raum MINDEN.[137]

Reserven von NORTHAG waren 1980 die 3. (GE), 7. (GE) PzDiv und die 3. (UK) PzDiv.[138] Der Gefechtsstreifen von NORTHAG reicht am 01.01.1981 von LAUENBURG bis SCHMIEDE-KÖPFE[139].

1982 rechnen das 1 (NL) und das I. (GE) Korps mit einem Angriff von 2 Armeen in erster Staffel und zwar der 2 (SU) Gardepanzerarmee (F-StO FÜRSTENBERG/HAVEL) zwischen ELBE und MITTELLANDKANAL (Schwerpunkt beiderseits LÜNEBURG) sowie der 3 (SU) Stoßarmee (F-StO MAGDEBURG) zwischen MLK und dem HARZ (Schwerpunkt zwischen PEINE und HILDESHEIM). Die im Bereich des I. (GE) Korps links eingesetzte 11. PzGrenDiv bereitete sich auf einen Nebenstoß der 207 (SU) motSchtDiv (F-StO STENDAL) vor.[140]

Die 7. (GE) PzDiv wird 1982 als Reserve von NORTHAG westlich von HANNOVER an der WESER bereitgehalten. Die 3. (GE) PzDiv hatte zunächst Aufgaben im Bereich des 1 (NL) Korps (Deckung des Aufmarsches, ggf. auch Verzögerung und Verteidigung). Danach wäre die 3. (GE) PzDiv Reserve des I. (GE) Korps geworden.

1985 wurde das neue NORTHAG Konzept von BE, GE, NL, UK und US gebilligt. Danach wurde größerer Wert auf die Auswahl und die Verteidigung sogenannter „vital areas" gelegt, ferner auf die Zusammenarbeit zwischen Land- und Luftstreitkräften.

Der taktischen Flexibilität und Mobilität hatte man mehr Aufmerksamkeit zu schenken, ebenso der Bildung von Reserven. Dabei war ein wesentliches Element die Stärkung von Panzerreserven. Dem COMNORTHAG standen nun 3 Divisionen als Reserve zur Verfügung, mit denen er – unabhängig von den Korpsgrenzen – Gegenschläge führen konnte.

1988 wechselte bei NORTHAG die Tiefe zwischen IdG und VRV zwischen 6 und 60 km.[141]

1988 war dem COMNORTHAG das I. (GE) Korps mit 3 Divisionen (1., 3. und 11.) unterstellt; die 7. (GE) PzDiv war als NORTHAG-Reserve vorgesehen.[142]

Es wurde 1988 angenommen, dass die Westfront des WP den Raum zwischen LÜNEBURG und HARZ aufbrechen soll. Dabei waren Nebenstöße nördlich der ELBE und südlich des HARZ denkbar. Zwischenziel waren die WESER-Übergänge zwischen BREMEN und HÖXTER. Die Armeen der 2. operativen Staffel hatten ihre Angriffsziele im Raum WESEL, NEUSS und AACHEN.[143]

Nach dem am 1.7.1989 in Kraft getretenen GDP 88 verläuft die Grenze zwischen I. (GE) und 1 (NL) Korps von STENDAL (DDR) praktisch geradlinig auf die Innerdeutsche Grenze bei MÜSSINGEN zu, folgt dann über SOLTENDIEK – KÖNAU – WIEREN der Eisenbahnlinie, die nach UELZEN führt. Bei WIEREN wird die Bahnlinie verlassen.

---

[137] Grot, So war's, damals, S. 138.

[138] McInnes, Hot War, Cold War, S. 67.

[139] www.php.isn.ethz.ch/kms2.isn.ethz.ch/serviceengine/Files/PHP/17214/ipublicationdocument_singledocument/bc8f 439f-fb45-4696-8039-f083d58b404c/de/us05.pdf (Abruf 21.12.2022).

[140] Knögel, Mitteilung vom 7.7.2015.

[141] Hammerich, Die Operationsplanungen der NATO, S. 290.

[142] Hammerich, Die Operationsplanungen der NATO, S. 293.

[143] Hammerich, Die Operationsplanungen der NATO, S. 297.

Der weitere Verlauf geht südlich an WRESTEDT über SUDERBURG nördlich FlgH FASSBERG – südwestlich MUNSTER – südlich SOLTAU – südlich VISSELHÖVEDE – südlich VERDEN – über DÖRVERDEN und TWISTRINGEN auf die RCZ nordostwärts GOLDENSTEDT.[144]

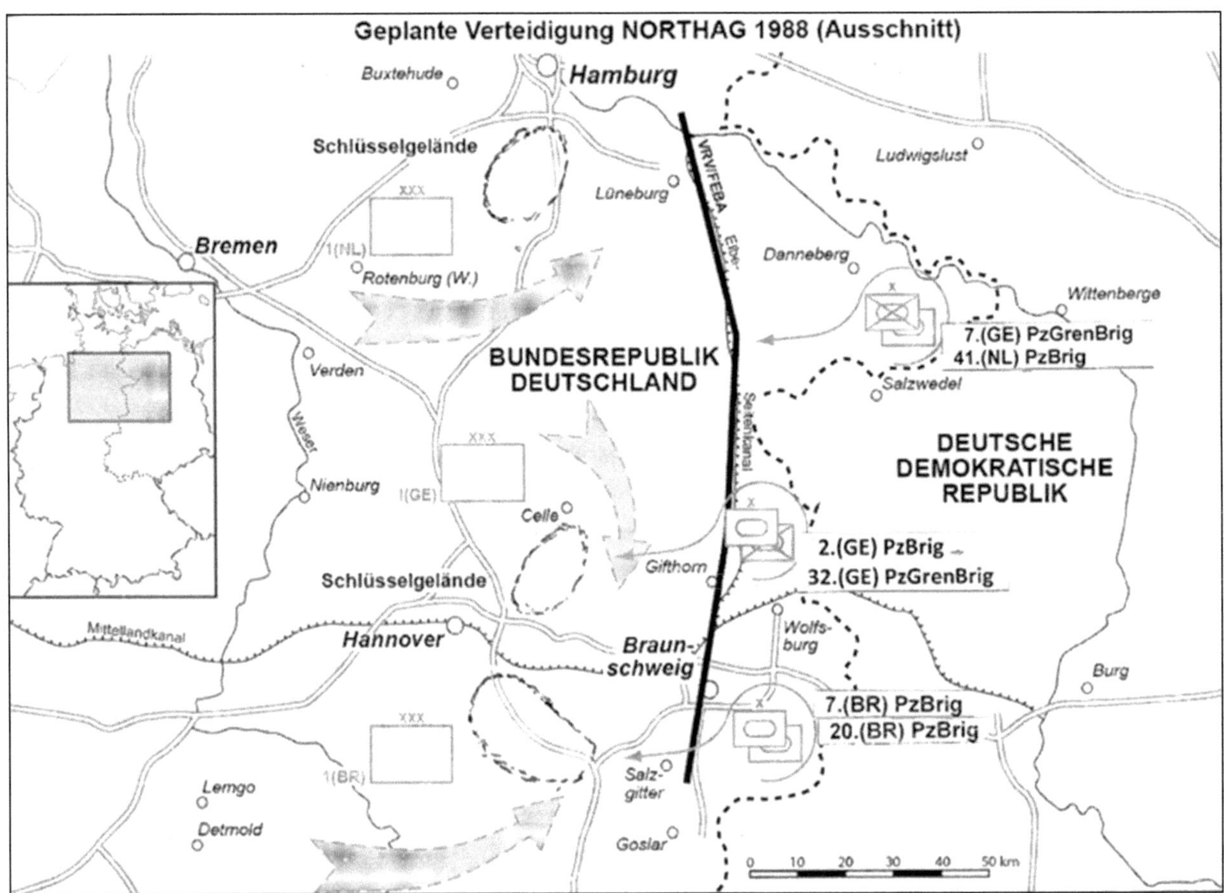

Abb. 15: Quelle: Hammerich, Verteidigungsplanungen der NATO, S. 298. Ergänzt durch den Verfasser.

Vermutete Absicht der WESTFRONT ist es, die Verteidigung der NORTHAG-Korps mit Schwerpunkt im Raum zwischen LÜNEBURG und HARZ (PC 0040) aufzubrechen, Nebenstöße nördlich der ELBE (NE 9815) und südlich des HARZ zu führen, um dort angriffsweise zu binden; als Zwischenziel sollen die Übergänge über die WESER zwischen BREMEN und HÖXTER erreicht und mit den Armeen der 2. operativen Staffel das Angriffsziel WESEL – NEUSS – AACHEN genommen werden.

Hierzu ist für die Anfangsoperation folgender Kräfteansatz wahrscheinlich:

- 3. (SU) Stoßarmee, vermutlich entlang der Angriffsachse HELMSTEDT – nördlich HILDESHEIM – HAMELN mit vermutetem Angriffsziel Raum RINTELN – HAMELN – LEMGO
- 2. (SU) Gardearmee, vermutlich entlang der Angriffsachse SALZWEDEL – FALLINGBOSTEL – NIENBURG mit vermutetem Angriffsziel SULINGEN – NIENBURG – LOCCUM
- vermutlich als Reserve eine weitere Armee im Raum HAVELBERG – POTSDAM – MAGDEBURG

---

[144] Militärgeschichtliche Exkursion 2016 (Lüneburg).

Als 2. operative Staffel werden wahrscheinlich 2 Armeen nördlich und südlich BERLIN sowie 1 Armee im Raum um LEIPZIG verfügbar gehalten.

Ausgehend von einer Warnzeit von 48 Stunden mit einer entsprechend geringeren Vorbereitungszeit für die Herstellung der Verteidigungsbereitschaft führt NORTHAG die Verteidigungsoperation in 3 Phasen:

- Verzögerung ab IdG so, dass ausreichend Zeit für Aufmarsch und Herstellung der Verteidigungsbereitschaft gewonnen, danach die Hauptstoßrichtungen aufgeklärt und dem Feind hohe Verluste – unter Erhaltung der eigenen Kampfkraft – zugefügt werden können. Für das Verzögerungsgefecht des 1 (NL) Korps wird diesem die 3. (GE) PzDiv (minus 1 PzBrig) unterstellt.
- Verteidigung, nach Aufnahme der Verzögerungskräfte, mit 4 Korps nebeneinander so, dass der Feind möglichst weit ostwärts zum Stehen gebracht wird.
- Dabei hält NORTHAG 4 Divisionen als Reserve bereit (7. (GE) PzDiv, 3. (GE) PzDiv – nach Ablösung unter Führungsvorbehalt –, 3 (BR) Div – unter Führungsvorbehalt und 5 (NL) Div – unter Führungsvorbehalt – und führt
- mit 1. Priorität durch die Reserven Angriffe gegen einen eingebrochenen Feind und zwar

  - im NORDEN, falls der Raum LÜNEBURG – UELZEN – MUNSTER nicht gehalten werden kann, in die tiefe Flanke eines aus dem SALZWEDELER BOGEN heraus angreifenden Feindes,
  - in der MITTE gegen die tiefen Flanken eines beiderseits des MITTELLANDKANAL ostwärts HANNOVER eingebrochenen Feindes,
  - im SÜDEN unter Halten des SOLLING und des REINHARDSWALD (CINCENT KEY TERRAIN) in die rechte Flanke eines ostwärts davon angreifenden Feindes,

- beabsichtigt mit 2. Priorität die Reserven zum Auffangen von eingebrochenem Feind oder zum Verstärken der vorn eingesetzten Kräfte der Korps freizugeben.

Ziel nachfolgender Operationen ist es die Schwächen des Feindes durch eigene Initiativen auszunutzen. Die Korps stellen sich darauf ein, neue Reserven zu bilden und diese NORTHAG zur Verfügung zu stellen. Die Operationen von NORTHAG sind solange wie möglich nichtatomar zu führen.

TWOATAF verteidigt den Gefechtsstreifen von NORTHAG gegen feindliche Luftangriffe durch INTEGRATED AIR DEFENCE (IAD), führt Luftangriffsoperationen im Rahmen von OFFENSIVE COUNTER AIR (OCA) zur Aufrechterhaltung der Operationsfreiheit der NORTHAG durch, führt AIR INTERDICTION (AI) mit Schwerpunkt gegen feindliche Reserven/2. Staffeln und unterstützt die Korps durch OFFENSIVE AIR SUPPORT (OAS) bei Aufmarsch und in der Verteidigung.[145]

NORTHAG muss in seinem Gefechtsstreifen mit feindlichen Luftstreitkräften (ca. 500 Jagdbomber zu je 3-4 Einsätzen/Tag, 320 Jagdflugzeugen als Begleitschutz mit je 2-3 Einsätzen/Tag, etwa 40 EloGM-/EloKaFlugzeugen mit 2-3 Einsätzen/Tag und 600 Kampfhubschraubern mit 5-6 Einsätzen je Tag) rechnen.[146]

---

[145] I. (GE) Korps, GDP 88, BArch, BH 8-3/437.
[146] I. (GE) Korps, GDP 88. BArch, BH 8-3/437.

1. Das 1. Niederländische Korps (1 (NL) Korps

In der 2. Hälfte der 1940er Jahre waren die Niederlande militärisch hauptsächlich auf ihre Überseebesitzung Niederländisch Ostindien (heute: Indonesien) konzentriert. Dafür sind ungefähr 150.000 Mann nach kurzer Ausbildung eingesetzt worden. Überlegungen für eine Entwicklung von Streitkräften für die Verteidigung in Europa wurden vernachlässigt. Dies beruhte darauf, dass die Regierungen der Niederlande in der Sowjetunion keine aktuelle militärische Bedrohung sahen. Nach dem Rückzug aus Indonesien 1950 wurde das Hauptaugenmerk auf die wirtschaftliche Entwicklung gelegt in der Meinung, dadurch sei eine kommunistische Bedrohung beherrschbar. Bis 01.07.1949 hatten die Niederlande für den Fall eines neuerlichen Krieges nur die Evakuierung des Königshauses und weiterer 10.000 wichtiger Persönlichkeiten nach Surinam (Südamerika) und die niederländischen Antillen geplant. Die Sicherheit für diese Evakuierung hatten die nicht in Übersee stationierten Streitkräfte zu gewährleisten. Nach dem 01.07.1949 hatten die Evakuierungspläne keine Bedeutung mehr und man befasste sich im Rahmen der WEU-Verteidigungsorganisation mit der Verteidigung Europas (Plan LEEUW)[147]. Bereits am 04. 04.1949 waren die Niederlande der NATO als Gründungsmitglied beigetreten.

Ein bis zum Ende des Kalten Krieges nicht gelöstes Problem war die geringe präsente Stärke der niederländischen Verbände nahe ihrem Verteidigungsraum. Der weitaus überwiegende Teil war in den Niederlanden stationiert und hätte mit der Eisenbahn und auf der Straße herangebracht werden müssen[148].

Seit 1977 hatte die NATO gefordert, dass die NL zumindest eine weitere Brigade in Deutschland stationiert. Dies wurde aus finanziellen Gründen abgelehnt, allerdings ergriffen die Niederlande Maßnahmen zur Verbesserung der vorhandenen Situation. So wurden die in der BRD stationierte 41. (NL) PzBrig und das 41. (NL) PiBtl fast auf Kriegsstärke gebracht und das Material für noch fehlende Truppenteile im Verteidigungsstreifen eingelagert. Ferner plante man den Bau von 9 Forward Storage Sites im Korpssektor und eine schnellere Mobilmachung der 5. (NL) Div. Zudem baute man 4 militärische Eisenbahnverladeeinrichtungen ('t Harde (war 1987 fertiggestellt), Amersfoort, Assen und Oirschot) und stockte den Flachwagenpool auf 478 Einheiten auf. Dies führte dazu, dass mechanisierte Verbände 24 Stunden eher im Einsatzraum zur Verfügung standen. 1970 waren bei einem Flachwagenpool von 75 Einheiten noch 72 Stunden eingeplant, um die Verbände in den Einsatzraum zu bringen. Trotz der nunmehrigen Verkürzung der Transportzeit waren die Verbände angesichts der seit 1969 von der NATO veranschlagten Mindestvorwarnzeit von 48 Stunden nicht rechtzeitig im Einsatzraum zu erwarten. Deshalb hatte die 3. (GE) PzDiv den Aufmarsch des 1 (NL) Korps zu decken und stand erst nach Erfüllung dieser Aufgabe dem I. (GE) Korps zur Verfügung.

Zudem wurden 6 „schlafende" Eisenbahnlinien zwischen den NL und GE so instandgehalten, dass sie für militärische Transporte benutzt werden konnten[149].

Aus einer dem Verfasser vorliegenden niederländischen Stabsstudie von 1988[150] lässt sich ablesen, welche Zeiträume für die Verlegung in die Verteidigungspositionen veranschlagt wurden. Dabei wird der Zeitpunkt R (= General Alert minus 48 Stunden) zugrunde gelegt.

---

[147] Hoffenaar, The Dutch Contribution, S. 217/218.

[148] https://www.orbat85.nl/order-of-battle/royal-army/1-nl-corps/1-lk.html (23.11.2020).

[149] https://www.orbat85.nl/order-of-battle/royal-army/1-nl-corps/1-lk.html#maldeployment (23.11.2020).

[150] Die Stabsstudie des Staf BVT – 1 LK vom 30.10.88 befindet sich im Besitz des Verfassers.

Dies ergibt **1988/1989** für die wichtigsten Großverbände:

Stab 1 (NL) Korps von APELDOORN nach SCHNEVERDINGEN = R + 38 bis 60

Stab 1 (NL) Div von SCHAARSBERGEN nach BROCKHÖVE = R + 44

Stab 4. (NL) Div von HARDERWIJK nach TOPPENSTEDT = R + 47

Stab 5. (NL) Div von STROE nach WESSELEH = R + 50

11. (NL) PzGrenBrig von ARNHEIM nach BÖDDENSTEDT = R + 32 bis 46

12. (NL) PzGrenBrig von NUNSPEET nach BEVERBECK = R + 68 bis135

13. (NL) PzBrig von OIRSCHOT nach SCHATTENSEN = R 38 bis 52

41. (NL) PzBrig von SEEDORF nach MOLBATH = 6 Stunden nach Alarmierung

42. (NL) PzGrenBrig von ASSEN nach MECHTERSEN = R + 27 bis 54

43. (NL) PzGrenBrig von HAVELTE nach WESSENSTEDT = R +20 bis 76

51. (NL) PzBrig von STROE nach UNDELOH = R + 100 bis 144

52. (NL) PzGrenBrig von STROE nach WIEGERSEN = R + 78 bis 120

53. (NL) PzGrenBrig von STROE nach EGESTORF = R + 38 bis 68

101. (NL) InfBrig von STROE nach HELLWEGE = R + 79 bis 108

Der erste Operationsplan der Niederlande war **1949** – wie bereits erwähnt – der Plan „LEEUW"[151]. Es handelte sich um einen Short Term Plan der WEU, der auf einer Planung der BAOR namens „ABIGAIL" beruhte. Man ging von einem Überraschungsangriff aus und wollte die vorhandenen Streitkräfte sofort hinter die RHEIN-IJSSEL-Linie verlegen und erst ab dieser Linie hartnäckig verteidigen. Der Plan „LEEUW" wurde 1952 durch den Operationsplan Nr. 1 ersetzt, der auf dem zwischenzeitlich vom COMNORTHAG erlassenen EDP beruhte. Darin wurde bestimmt, dass ein feindlicher Angriff schon ostwärts der RHEIN-IJSSEL-Linie zu verzögern ist.

Erst danach darf auf die RHEIN-IJSSEL-Linie zurückgefallen werden bzw. im Süden auf WAAL und ARDENNEN. Ab 1958 war infolge des Aufwachsens der Bundeswehr eine Vorverlegung der ersten Verteidigungslinie auf WESER und FULDA möglich.

Am 15.12.1959 hatte das Korps 25 km an der IdG und 120 km an der ELBE zu überwachen.

Deckungstruppe ist die am 15.12.1960 aufgestellte 121. Leichte Brigade[152]. Diese besteht aus den Aufklärungsbataillonen 102 und 103, der 104., 105. und 108. aktiven Kompanie der Kommandotruppen, dem 11. Geniebataillon sowie der 425. mobilen Infanteriesicherungskompanie „Van Heutsz". Infolge der BERLIN-Krise wurde diese Brigade ab Oktober 1961 in BERGEN-HOHNE (Gros der Brigade), FALLINGBOSTEL (11. Pionierbataillon) und ab März 1962 in CELLE (Detachements von Sanitätstruppen, Verwaltung und technischem Dienst, insgesamt ca. 450 Mann) stationiert. 1961 wurden die Weltkriegspanzer M-24 CHAFFEE mit seiner 75mm Kanone durch den CENTURION (105mm Kanone) ersetzt.

---

[151] Vgl. hierzu den Entwurf einer Studie für die Universität Rotterdam von P.B. Soldaat mit dem Titel „DE ROL VAN HET NEDERLANDSE LEGER TIJDENS DE MILITAIRE CONFRONTATIE TUSSEN DE NATO EN HET WARSCHAU-PAKT TIJDENS HET ENDE VAN DE KOUDE OORLOG 1984-1989." Das Dokument befindet sich im Besitz des Verfassers.

[152] Vgl. https://reneschupp.jouwweb.nl/bronnen/map-jacques-bartels (1.3.2023).

1962 kann die (GE) PzGrenBrig 7 nach Erfüllung ihres Deckungsauftrages mit Zustimmung von COMNORTHAG dem 1 (NL) Korps unterstellt werden.[153]

Zum 1.2.1963 wird die 121 (NL) leBrig aufgelöst. Ihre Aufgaben übernimmt die 41 (NL) PzBrig[154].Bevor der neue Operationsplan des 1 (NL) Korps am 1.9.1963 in Kraft trat, hätten sich die niederländischen Deckungstruppen bei MILITARY VIGILANCE im Osten der Niederlande versammelt und nach Abstimmung zwischen dem niederländischen Generalstab, dem COMNORTHAG und der Bundesregierung an die WESER verlegt. Der weitaus größere Teil des 1 (NL) Korps hätte die Grenze erst bei SIMPLE ALERT überschreiten dürfen[155].

Die 4. (NL) Div führt mit der 3. (GE) PzDiv das Verzögerungsgefecht im Streifen des 1 (NL) Korps. Die 13. (NL) PzInfBrig hat sich westlich der ILMENAU zu entfalten und übernimmt nach Rückzug der 41. (NL) PzBrig das Vzö-Gefecht. Beide Brig kämpfen verzögernd bis zu AUE. Diese Linie darf nur auf Befehl des Kommandierenden Generals des 1 (NL) Korps aufgegeben werden. Im Fall eines Überraschungsangriffs sichert die 41. (NL) PzBrig zwischen ELBE und WESER und zieht sich über die WESER zurück. Die 1. (NL) Div hätte westlich der WESER verteidigt, während sich die 4. (NL) Div ostwärts der HUNTE gesammelt und als Korpsreserve Gegenangriffe geplant hätte.[156]

Nach dem Entwurf eines Operationsbefehls Nr. 15 der 4 (NL) Div vom 1.07.1963[157] ist durch das 19 (NL) FArtBtl (ausgestattet mit Honest John und 203mm Feldhaubitzen M-115) nukleares Feuer auf 42 Ziele auf dem Gebiet der Bundesrepublik Deutschland vorzubereiten. Ferner sind 37 Punkte – ebenfalls auf dem Gebiet der Bundesrepublik – für den Einsatz von ADM zumindest erkundet.

Abb. 16, Quelle: Sanders, Tactische kernwapens in den Nederlands landmacht, S. 353

---

153 Hoffenaar/Schoenmaker, Met de blik naar het Oosten, S. 169.
154 Hoffenaar/Schoenmaker, Met de blik naar het Oosten, S. 169.
155 Zu den Regelungen des Grenzübertrittes verbündeter Streitkräfte vgl. BW 1/168786a.
156 Hoffenaar/Schoenmaker, Met de blik naar het Oosten, S. 170-173.
157 Vgl. hierzu ausführlich Sanders, Tactische kernwapens in de Nederlands landmacht, S. 353 mit Hinweis auf NL-HaNA, Staf 1e Legerkorps, 2.13.148, inv.nr.572.

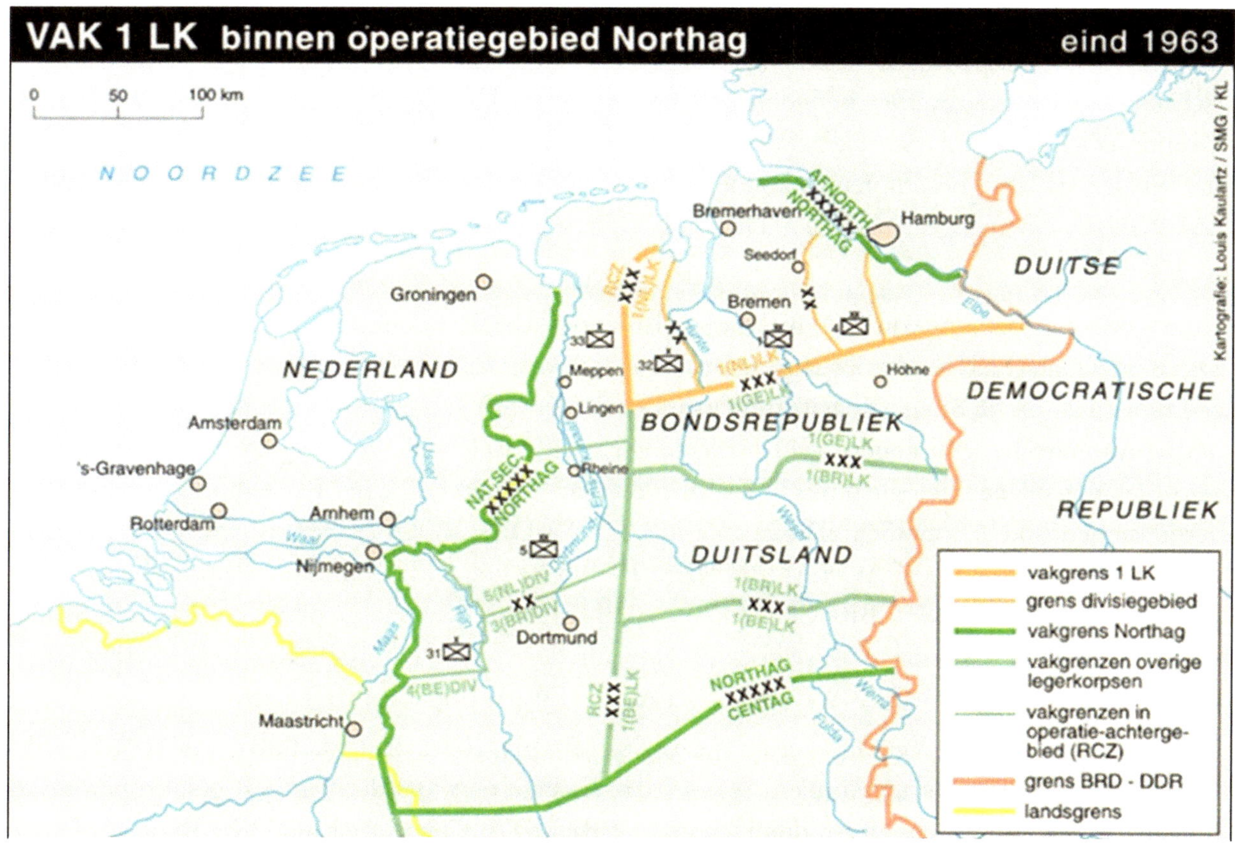

Abb. 17 Quelle: Hoffenaar/Schoenmaker: „Mit de blik naar het Oosten", S. 170

Ab **01.04.1966 tritt ein neuer Operationsplan für das 1 (NL) Korps** in Kraft, der auf den Vorgaben des EDP von NORTHAG beruht. Danach ist die Verteidigung soweit ostwärts wie möglich aufzunehmen[158]. Die 4. Div führt mit 3 Brig das Verteidigungsgefecht. Die 41. (NL) PzBrig überwacht mit dem 103. AufklBtl die ELBE. Ostwärts der ILMENAU zwingen die 13. PzInfBrig in Zusammenarbeit mit der (GE) PzBrig 8 den Feind zur Konzentration, um ihn (atomar) vernichten zu können. Bis zur ILMENAU ist hinhaltend zu kämpfen. Westlich der ILMENAU übernimmt die 43. PzBrig das Gefecht. Die 4. Div und/oder 1. Div haben den Feind an AUE und SEEVE zu stoppen. Wird die AUE/SEEVE-Linie durchbrochen, setzt die 1. Div taktische Nuklearwaffen ein und weicht hartnäckig kämpfend auf die WESER aus.

1967 erfolgt eine Verbreiterung des Gefechtsstreifens um 40 km nach Süden. Grund hierfür war, dass je 1 deutsche und 1 britische Division aus der Vorneverteidigung „herausgezogen" wurden, um eine schlagkräftige Gegenangriffsreserve zu bilden[159].

Ab 1.4.1969 gilt für das 1 (NL) Korps ein neuer Operationsplan[160], in dem die Doktrin der „Flexible Response" berücksichtigt wird. Danach soll möglichst lange konventionell gekämpft werden. Überdies sollte auf deutschen Druck hin die Verteidigung weiter ostwärts beginnen, damit nicht zu große Gebiete durch ein langes Verzögerungsgefecht verwüstet werden. Daher sollte das 1. (NL) Korps innerhalb von 48 Stunden sein Operationsgebiet erreichen.

---

[158] Hoffenaar/Schoenmaker, Met de blik naar het Oosten, S. 173/174 mit Hinweis auf den ab 1.4.1966 gültigen NORTHAG EDP 1-66.

[159] Hoffenaar/Schoenmaker, Met de blik naar het Oosten, S. 230; Hoffenaar/Krüger, Blueprints for battle, S. 231.

[160] Hoffenaar/Schoenmaker, Met de blik naar het Oosten, S. 231f. und Skizze S. 233.

Die 4. Div führt das Vzö-Gefecht (30 bis 70 Stunden), zieht sich kämpfend zurück und sichert das Gebiet nördlich von BREMEN. Die westlich von ihr eingesetzte 1. Div verteidigt das Gebiet, in dem sich die eigenen Kernwaffen befinden und behauptet die Übergänge über ALLER und WESER. Grundsätzlich sollten die verteidigenden Brigaden feindliche Kräfte möglichst „kanalisieren", um sie mit Nuklearschlägen bekämpfen zu können. Aufgabe der 101. InfBrig war die Sicherung der ALLER und WESER Übergänge. Auch die 5. Div hatte Sicherungsaufgaben.

Eine Operationsplanung von 1970 für das 1 (NL) Korps[161] befasst sich mit der WESER-Verteidigung. Das Korps marschiert bei Auslösung entsprechender Alarmmaßnahmen in Deutschland auf. Der Plan soll binnen 24 bis 48 Stunden nach Aufmarschbeginn in Kraft gesetzt werden, falls wegen des verzögerten Aufmarsches eine ungünstige Entwicklung entsteht, welche die zeitgerechte Ausführung anderer Operationspläne unmöglich macht.Es wird mit dem Angriff von einer Panzerarmee mit 3-4 Panzerdivisionen und 1-2 motSchtzDiv aus dem SALZWEDEL BOGEN heraus gerechnet, mit dem Ziel, die WESER zwischen ACHIM und NIENBURG zu überwinden und das taktisch bedeutsame Gebiet BASSUM – SYKE – BRUCHHAUSEN - VILSEN zu nehmen. Denkbar ist, dass zum Schutz dieses Angriffs 1 Division eingesetzt wird, um auf der Achse LÜNEBURG – BUCHHOLZ – TOSTEDT – ROTENBURG (WÜMME) bei ACHIM die WESER zu erreichen.

Man nimmt an, dass die Verzögerungskräfte 41 (NL) PzBrig, 103 (NL) PzAufklBtl und 41 (NL) PiBtl etwa 48 Stunden standhalten können. Solange das Gefecht ostwärts der WESER geführt wird, sind die niederländischen Truppen aus den Depots LÜBBERSTEDT und BREMEN-FARGE zu versorgen.

Allgemein wurden zur logistischen Unterstützung die Versorgungsgebiete X in der Umgebung von CLOPPENBURG, XI in der Umgebung von OLDENBURG und XII in der Umgebung von BÖRGER (liegt nordwestlich des HÜMMLING) eingerichtet. Ferner verwies man die Verbände auf die niederländischen Depots (FwStS) in BISSEL, LINDERN und HÖLTINGHAUSEN. Wenn eine Nutzung nicht mehr möglich ist, können die Verbände aus dem Versorgungsgebiet X bevorratet werden.

Die 1 (NL) Div nutzt (von Nord nach Süd mit ihren Brigaden 12, 11 und 13) maximal den hohen Hinderniswert der WESER aus, um den übrigen Truppenteilen Zeit zu verschaffen, die Verteidigungsbereitschaft herzustellen. Die Sprengung von Brücken südlich von BREMEN ist auf Befehl des Korpskommandeurs vorzubereiten, der Feind bereits in der Tiefe seines Aufmarschgebietes zu bekämpfen und zu kanalisieren. So soll ein feindlicher Einbruch in das Hauptverteidigungsgebiet verhindert werden. Die 101 (NL) InfBrig verwehrt dem Feind einen WESER Übergang nördlich von BREMEN. Für Gegenangriffe stellt die 4 (NL) Div die 42 PzGrenBrig und die 43 PzBrig bereit. Da die Anlagen zu dem Operationsplan fehlen, könne keine weiteren Aussagen gemacht werden.

Die beiden aktiven Div verteidigen ab 01.01.1973 nach dem neuen GDP[162] nun nebeneinander, wobei die 1. Div im Norden und die 4. Div im Süden eingesetzt sind. Die 5. Div und die 101. InfBrig haben Sicherungsaufgaben. Ab 1973 wird der ELBE-SEITEN-KANAL zum VRV für das 1 (NL) Korps.

---

[161] Die vorläufige Operationsplanung „Weserdefensief" besteht aus mehreren Teilen (Aufmarsch, Logistische Unterstützung, Verteidigungsplanung). Das Dokument befindet sich im Besitz des Verfassers.

[162] Hoffenaar/Schoenmaker, Met de blik naar het Oosten, S. 357.

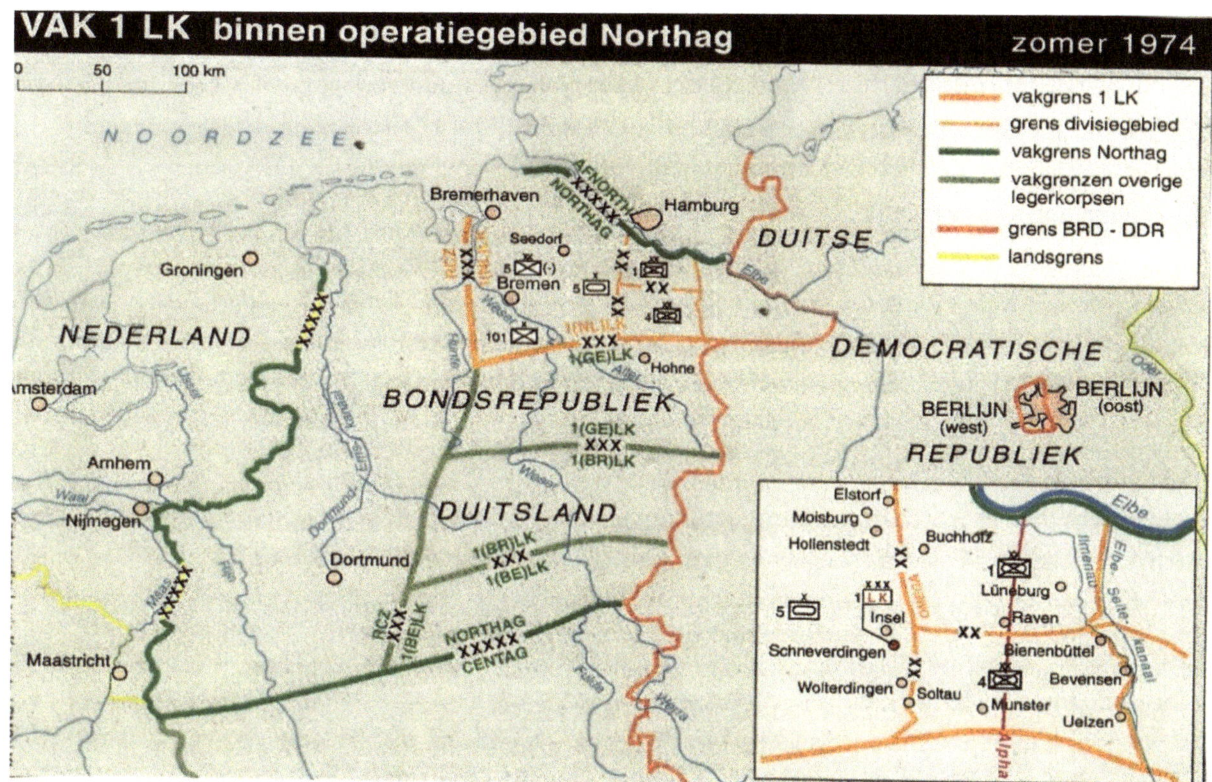

Abb. 18, Quelle: Hoffenaar/Schoenmaker, Mit de blik naar het Oosten, S. 357

Der **Operationsplan Nr. 1** vom 10.08.1976[163] betrifft die 4 (NL) Division. Ihr Verteidigungsstreifen liegt am ELBE-SEITEN-KANAL (ESK). Bis die Verteidigungspositionen des 1 (NL) Korps eingenommen sind, hat die 3. (GE) PzDiv zusammen mit der 41 (NL) PzBrig, dem 41 (NL) PiBtl und dem 103 (NL) PzAufklBtl die Aufgabe, das zugewiesene Gebiet zu sichern und den feindlichen Vormarsch für mindestens 24 Stunden zu verzögern.

Besonderes Augenmerk ist auf die Brücken bei LAUENBURG (PE 0314) und das Gebiet zwischen THIELITZ (PD 2057) und SOLTENDIECK (PD 1859) zu richten. Der Feind soll möglichst in der Linie ALPHA (etwa LUHE – LOPAU – KLEINE OERTZE) aufgefangen werden. Ein Rückzug hinter diese Linie ist nur mit ausdrücklicher Billigung des COMNORTHAG erlaubt.

Die 1 (NL) Div löst die im Sicherungseinsatz befindlichen Kräfte der 3. (GE) PzDiv durch die 42 (NL) PzGrenBrig ab und übernimmt das 103 (NL) PzAufklBtl sowie das 41 (NL) PiBtl. Ferner bereitet die 1 (NL) Div die Brücken bei LAUENBURG und GEESTHACHT zur Sprengung vor und riegelt das Gebiet zwischen dem Staatsforst GOEHRDE und dem ESK in enger Zusammenarbeit mit der 4 (NL) Div ab. Weiter übernimmt die 1 (NL) Div das 102 (NL) InfBtl, setzt es zur Sicherung des ELBE-Tunnel (NE 6132) der Autobahnbrücke (NE 6824) und die übrigen ELBE-Brücken in der Umgebung von HAMBURG ein. Für diese Aufgaben kann auf Befehl des Korpskommandeurs zusätzlich das 43 (NL) PzGrenBtl (Divisionsreserve) eingesetzt werden.

Rechter Nachbar der 4 (NL) Div ist die 11. (GE) PzGrenDiv mit den PzGrenBrig 32 (nördlich im Schwerpunkt) und der südlich davon eingesetzten PzGrenBrig 31.

Die 5 (NL) Div unterstellt die 53 (NL) PzGrenBrig dem Kommandant Rückwärtiges Korpsgebiet, sowie das 56 (NL) InfBtl der 51 PzBrig der 4 (NL) Div und übernimmt die 41 (NL) PzBrig.

---

[163] Operationspläne Nr. 1 (nr. 0016/4M/76) und Nr. 1 ALPHA (nr. 0016/5H/76/Geh der 4 (NL) Div, die sich beide im Besitz des Verfassers befinden.

Ferner bereitet sie Verteidigungsstellungen in der allgemeinen Linie ROTENBURG (ND 2784) – VISSELHÖVEDE (ND 3970) – DORFMARK (ND 5161) vor und verlegt die 41 (NL) und 51 (NL) PzBrig in dieses Gebiet. Ferner übernimmt sie auf Befehl das 43 (NL) PzGrenBtl von der 42 (NL) PzGrenBrig, bereitet sich sowohl auf die Verstärkung der vorn eingesetzten Divisionen als auch auf die Bekämpfung luftgelandeter Kräfte in Bataillons- bis Regimentsgröße sowie die Abriegelung durchgebrochener feindlicher Kräfte im Gefechtsstreifen des I. (GE) Korps in Verlauf der ÖRTZE vor.

Der Kommandant des Rückwärtigen Korpsgebietes löst auf Befehl Teile der (GE) LLBrig 27 an der WESER ab, koordiniert mit dem WBK II die Sicherung mit Priorität WESER-Übergänge (außer im Stadtgebiet BREMEN), CEPS-Depot BREDDORF, das Gebiet BASSUM – SYKE – LEMKE, übernimmt die 53 (NL) PzGrenBrig und schützt mit den deutschen Sicherungskompanien die WESER-Übergänge zwischen ARSTEN (MD 9176) und VERDEN (ND 1662).

Die (konventionelle) Korpsartillerie unterstützt mit der 101 Feldartilleriegruppe die 1 (NL) Div mit 5 FArtBtl, mit der 102 Feldartilleriegruppe die 4 (NL) Div mit ebenfalls 5 FArtBtl.

Die 103 Feldartilleriegruppe verstärkt die Feuerkraft der 102 Feldartilleriegruppe mit 4 FArtBtl.

Die (nukleare) Komponente der Korpsartillerie unterstützt mit 2 RakArtBtl (Honest John) und 1 FArtBtl (203mm Feldhaubitzen).

Die 101 (NL) FlaGruppe verteidigt die WESER-Übergänge mit mindestens 1 FlaBtl mit Priorität GROSS-HUTBERGEN/VERDEN (ND 1164/1564), UESEN (ND 0371) und ARSTEN (MD 9176-9275). Das 25 (NL) FlaBtl verteidigt die Übergänge über den ESK und die ILMENAU zwischen UELZEN und BAD BEVENSEN, während vom 15 (NL) FlaBtl das Gebiet VELGEN (ND 9383) – HANSTEDT (ND 9178) – GROSS-SÜSTEDT (ND 9470) geschützt wird, verstärkt auf Befehl die Luftverteidigung an der WESER und stellt sich dabei auf die Luftverteidigung von höchstens 3 Pontonbrücken ein. Deutsche Fla-Kräfte werden längs der BAB A 7 zwischen SOLTAU und FALLING-BOSTEL eingesetzt.

Die 101 (NL) Pioniergruppe und die ADM-Detachements unterstützen die 4 (NL) Div mit Schwerpunkt am ESK.

Um den Ausbau der Linie OTTER zu unterstützen, transportiert die 107 (NL) Kippauto-Kompanie Minen von OUDE MOLEN über WALSRODE in das Operationsgebiet. Ferner wird die 4 (NL) Div noch durch die 298 (NL) HFlgStff sowie von Luftstreitkräften der TWOATAF unterstützt.

Die 4 (NL) Div nimmt an, dass der Feind entweder nördlich von UELZEN auf der Achse BAD BEVENSEN – SEEDORF – HOHENBÜNSTORF – EMMENDORF oder südlich von UELZEN einbrechen könnte.

Im ersten Fall wäre die Abriegelung durch einen Gegenangriff möglich, im zweiten Fall könnte eine Abriegelung erst westlich der B 4 in der allgemeinen Linie HANSEN (ND 9968) – BOHLSEN (ND 9769) – HOLTHUSEN II (ND 9668) – BARGFELD (ND 9368) – BAHNSEN (ND 9564) – SUDERBURG (ND 9761) erfolgen.

Die 11 (NL) PzGrenBrig verteidigt ihren Gefechtsstreifen mit Schwerpunkt zwischen BAD BEVENSEN (PD 0682) und EMMENDORF (PD 0576).

Die 13 (NL) PzGrenBrig verteidigt mit Schwerpunkt zwischen UELZEN und KLEIN-BOLLENSEN (PD 0862).

Die 41 (NL) PzBrig behauptet das Gebiet THIELITZ (PD 1957) – SOLTENDIECK (PD 1859) – FLINTEN (PD 1557).

Die 43 (NL) PzBrig verlegt 2 Verbände in Bataillonsgröße in die Umgebung von HANSTEDT I (ND 9178) und VELGEN (ND 9383).

Das 102 (NL) PzAufklBtl sichert nach Aufmarsch das rückwärtige Divisionsgebiet insbesondere gegen feindliche Luftlandungen; dabei liegt der Schwerpunkt an der BAB A7.

Die Divisionsreserve besteht, nachdem die 3. (GE) PzDiv abgelöst ist, aus der 43 (NL) PzBrig und dem 102 (NL) PzAufklBtl.

Der BGS wird bei Reinforced Alert oder einem Überraschungsangriff von der 4 (NL) und 1 (NL) oder auch der 3. (GE) PzDiv abgelöst und verlegt in den Sammelraum WESEL (LC 32) – DORSTEN (LC 62) – DINSLAKEN (LC 41).

Anzumerken ist, dass die PzBtl teilweise noch mit CENTURION und die PzGrenBtl mit Y-408 und AMX-VTT ausgestattet sind.

Die 4 (NL) Div ist auch beauftragt, 2 Gegenangriffsoperationen vorzubereiten, die sich gegen einen im Verteidigungsstreifen der 11 (NL) PzGrenBrig bzw. der 13 (NL) PzGrenBrig durchgebrochenen Feind richten.

Das 1 (NL) Korps bereitet ferner den Gegenangriff STORMWALS für den Fall vor, dass der Feind in den nördlichen Teil des Gefechtsstreifens der 4 (NL) Div eingedrungen ist. Mit der Ausführung sind die 41 (NL) und 51 (NL) PzBrig unter dem Befehl der 5 (NL) Div beauftragt. Dabei hat die 4. (NL) Div den Feind in der Linie CHARLIE (BIENENBÜTTEL – BORNSEN – WESSENSTEDT – EMMENDORF) abzuriegeln und das Gebiet BIENENBÜTTEL – STADTFORST UELZEN – UELZEN und das Gebiet westlich der B 4/191 zu behaupten.

Nach dem Operationsplan 1 ALPHA der 4 (NL) Div vom 30.06.1976 verteidigt die Division mit 3 Brigaden nebeneinander und 1 gemischten Btl sowie dem 102 (NL) PzAufklBtl als Reserve in der Linie KIRCHGELLERSEN (ND 8599) – DRÖGENNINDORF (ND 8690) – DIERSBÜTTEL (ND 8484) – ELLERNDORF (ND 8770). Die Gefechtsstreifen der Brigaden sind: 11(NL) PzGrenBrig DRÖGENNINDORF – WETTENBOSTEL (ND 8682), 13 (NL) PzGrenBrig HOLTHUSEN I (ND 8679) – BRAMBOSTEL (ND8468), 43 (NL) PzBrig KIRCHGELLERSEN – DRÖGENNINDORF.

Hinter der 11 (NL) PzGrenBrig sichert das 15 (NL) PzGrenBtl zwischen BISPINGEN (ND 6681) und BERINGEN (ND 6485) gegen feindliche Luftlandeoperationen. Das 102 (NL) PzAufklBtl sichert die Gebiete um HARBER (ND 6072), um ND 6378 und um WIETZENDORF (ND 6663) ebenfalls gegen Luftlandeoperationen. Ein Einsatz von ADM ist auf gesonderten Befehl mit Priorität ostwärts der B 3 vorgesehen.

Das 1 (NL) Korps bereitet den Gegenangriff STORMWIND für den Fall vor, dass der Gefechtsstreifen der 4. (NL) Div südlich von BIENENBÜTTEL durchbrochen wurde und der Feind binnen kurzem die Linie DELTA erreicht. Falls von SACEUR freigegeben, würden auch Nuklearwaffen eingesetzt.

Der Operationsplan der 11. (NL) PzGrenBrig vom 22.01.1979[164] soll zum 01.09.1979 in Kraft treten. Er enthält folgende Ausführungen:

---

[164] OpPlan der 11 (NL) PzGrenBrig, in Kraft ab 1.9.79 (nr. S3/3815/GEH/79, der sich im Besitz des Verfassers befindet.

Die 1. (NL) Div beabsichtigt den VRV mit 3 PzGrenBrig nebeneinander und 1 PzBrig als Reserve zu verteidigen. Sie hält auf jeden Fall BIENENBÜTTEL sowie UELZEN und den STADTFORST UELZEN, um – falls nötig – einen Gegenangriff des 1 (NL) Korps zu ermöglichen.

Die zwischen IdG und VRV eingesetzten Kräfte (3. (GE) PzDiv, 41 (NL) PzBrig, 103 (NL) PzAufklBtl und 41 (NL) Pionierbataillon) verzögern mindestens 24 Stunden. Falls die 5 (NL) Div mit 13 und 41 (NL) PzBrig, 52 (NL) PzGrenBrig, 102 und 103 (NL) PzAufklBtl rechtzeitig aufmarschieren und die 3. (GE) PzDiv ablösen kann, hat diese entsprechend zu verzögern.

Die 43 (NL) PzGrenBrig ist nördlich der 11 (NL) PzGrenBrig eingesetzt, der südliche Nachbar ist die 11. (GE) PzGrenDiv. Die 13. (NL) PzBrig ist Reserve der 1 (NL) Div und hat sich auf mehrere Gegenangriffe der Div vorzubereiten. Das 102. (NL) PzAufklBtl sichert das rückwärtige Divisionsgebiet.

Die 101. (NL) Feldartilleriegruppe unterstützt die 1. (NL) Div mit 2 Feldartilleriebataillonen und kann Feuerverstärkung von der 103. (NL) Feldartilleriegruppe (3 Feldartilleriebataillone) anfordern. Die 299. (NL) Heeresfliegerstaffel unterstützt die 11. (NL) PzGrenBrig

Die 11. (NL) PzGrenBrig sichert in ihrem Bereich die Übergänge von ESK und ILMENAU, verteidigt ihren Gefechtsstreifen und in dessen Tiefe bis zur Bahnlinie UELZEN – UNTERLÜSS, zieht sich bei einem feindlichen Durchbruch südlich von UELZEN, der mit eigenen Mitteln nicht gestoppt werden kann, aus dem VRV zurück und setzt die Verteidigung ostwärts der Bahnlinie UELZEN – UNTERLÜSS fort; dabei sind UELZEN und der UELZENER STADTFORST in eigener Hand zu behalten. Ferner hat sie sich auf 3 verschiedene Operationen vorzubereiten.

Die 11. (NL) PzGrenBrig setzt am VRV im Norden ein verstärktes PzGrenBtl (= 48. PzGrenBtl verstärkt mit 1 PzAbwZg sowie 1 PzPiKp) und im Süden ein verstärktes, gemischtes PzGrenBtl (= 12. PzGrenBtl) unter Abgabe von 1 PzGrenKp und Unterstellung von 2 PzKp des 101. PzBtl) ein. Die zunächst als Sicherungskräfte eingesetzten Truppenteile (gemischtes, vermindertes PzBtl und die PzAufklKp) bilden die Reserve. Diese hat sich auf die Bekämpfung von luftgelandeten Feindkräften, insbesondere im Gebiet BAHNSEN – BÖDDENSTEDT – LINDEN (ND 9271) – GERDAU einzustellen.

Der Schwerpunkt der Panzerabwehr liegt im Süden an den Achsen WRESTEDT – HOLDENSTEDT – KLEIN-SÜSTEDT bzw. UELZEN – BOHLSEN – GERDAU.

Feuerunterstützung geben das 11. (NL) PzArtBtl und Feuerverstärkung kommt vom 144. (NL) FArtBtl.

Die 11. (NL) FlaBttr schützt gegen Luftangriffe.

Der Gegenangriff SÜD geht davon aus, dass der Feind die Linie VEERSSEN – HOLDENSTEDT – HOLXEN im Verteidigungsstreifen der 11. (NL) PzGrenBrig durchbrochen hat. Um ihn zu stoppen, führt die 1. (NL) Div mit der 13. (NL) PzBrig einen Gegenangriff durch mit dem Ziel, die Verteidigung längs des Flusses HARDAU fortsetzen zu können. Der Gegenangriff wird durch starke (konventionelle) Artilleriekräfte unterstützt.

Aufgabe der 11. (NL) PzGrenBrig ist neben der Abriegelung in der Linie LERCHENBERG (ND 9366) – BARGFELD – HOLTHUSEN II – BOHLSEN – HANSEN die Verteidigung von UELZEN. Die Versorgung der 11. (NL) PzGrenBrig stützt sich auf das Versorgungsgebiet Ost (=ELLERNDORF – EIMKE – WICHTENBECK – DREILINGEN – BAHNSEN – LERCHENBERG – NIEBECK).

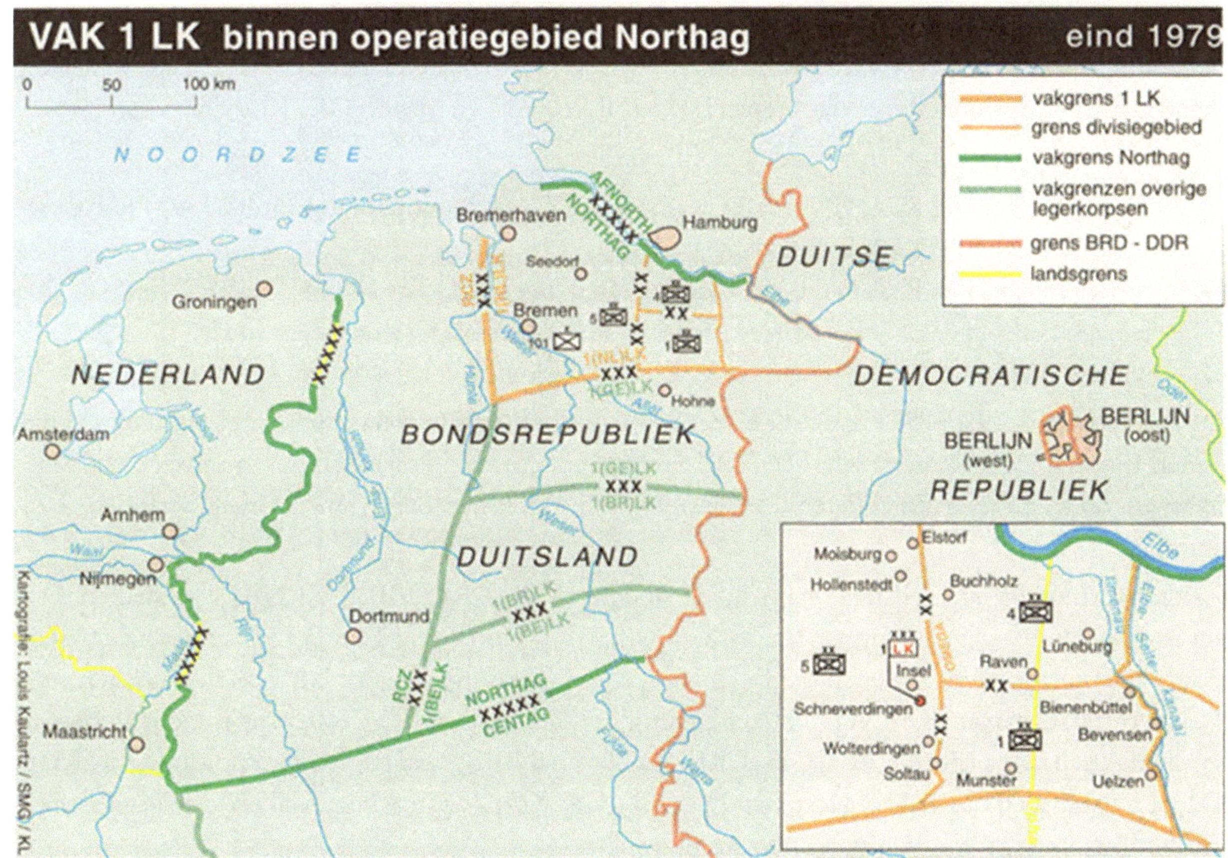

Abb. 19, Quelle: Hoffenaar/Schoenmaker, Mit de blik naar het Oosten, S. 357

Die zwischenzeitlich mechanisierte 5. (NL) Div nimmt seit 1979 als Korpsreserve am Verzögerungsgefecht teil.

Die 4. Div wird jetzt im Norden und die 1. Div im Süden eingesetzt. Der Schwerpunkt des Angriffs wurde bei der 1. Div angenommen, weshalb dieser zusätzliche Artilleriekräfte (3 Feldartilleriegruppen mit bis zu 14 FArtBtl) unterstellt sind; die 4. (NL) Div bekam 1 FArtGrp mit bis zu 6 FArtBtl.

Das Verzögerungsgefecht führten die 52. PzInfBrig und die 13. sowie 41. PzBrig. Falls diese nicht rechtzeitig ihre Positionen erreichen, hat deren Aufgabe die 3. (GE) PzDiv zu übernehmen. Die Pz(L)Brig 9 bildete mit einem NL-AufklBtl den Verzögerungsverband, um den Aufmarsch des 1 (NL) Korps zu decken.

Nach den neuen Plänen sollen 5 (statt bisher 3) PzInfBrig am vorderen Rand des Verteidigungsraumes das Verteidigungsgefecht führen und zwar bereits ostwärts der Linie „Alpha" (ab ELBE – westlich LÜNEBURG – RAVEN – ostwärts MUNSTER). Bei Durchbrüchen haben die 41. und 51. PzBrig unter dem Kommando der 5. Div Gegenangriffe zu führen. Das erschien ohne Einsatz von Nuklearwaffen nicht machbar[165].

Aus dem NORTHAG-GDP, der dem **GDP des 1 (NL) Korps von 1979** zugrunde liegt, ergibt sich der COP „CRAGGY FORTRESS"[166], der einen Einsatz des III (US) Korps für den Fall vorsieht, dass der Feind die Linie ALPHA (etwa von der Einmündung der ILMENAU in die ELBE über RAVEN bis ostwärts MUNSTER) durchbrochen hat und nun die Linie OMEGA bedroht. Aufgabe des III (US) Korps wäre es, durch einen Gegenangriff wieder die Linie ALPHA zu gewinnen.

---

[165] Hoffenaar/Schoenmaker, Met de blik naar het Oosten, S. 355 und Skizze S. 356.
[166] Vgl. OpPlan Nr. 1 des 1 (NL) Korps vom 1.9.1979, Beilage U, Kopie im Besitz des Verfassers.

Falls die taktische Lage einen Gegenangriff nicht zulässt und das 1 (NL) Korps den Feind nicht stoppen kann, soll das III (US) Korps in der Linie OMEGA verteidigen.Denkbar ist auch eine Verlegung des III. (US) Korps quer durch das Gebiet des 1 (NL) Korps, um das I. (GE) Korps zu unterstützen.

Der Einsatz des III. (US) Korps beinhaltet 4 Phasen:

- Verlegung aus der STAGING AREA (in der RCZ) (= Sammelraum) in die TACTICAL ASSEMBLY AREA (TAA) in der FCZ),
- Verlegung aus der TAA in die Verteidigungsstellungen,
- je nach Auftrag des 1 (NL) Korps offensive oder defensive Operationen, sowie
- weitere Aufgaben.

Da der Einsatz des III (US) Korps stark von den Lageentwicklung abhängig ist, werden die verschiedenen Einsatzmöglichkeiten nicht detailliert ausgeplant. Vorbereitet werden nur grundsätzliche Maßnahmen. So sind die beabsichtigten Operationen immer mit den betroffenen Großverbänden abzustimmen.

Zeitliche Abfolgen und sonstige Maßnahmen sind im COP „CREDIBLE GENIUS" enthalten. Dieser ist von den beteiligten Korps (III (US) Korps, I. (GE) Korps und 1 (NL) LK in nationale Operationspläne umzusetzen, in denen die Befehlswege und die Aufgaben der Divisionen enthalten sind. Nach Auffassung von COMNORTHAG beginnt der Einsatz des III (US) Korps mit der Verlegung in die TAA. Damit tritt die im COP „CREDIBLE GENIUS" festgelegte Raumordnung in Kraft. Dabei müssen sich das 1 (NL) Korps und das III. (US) Korps abstimmen, weil im Gebiet niederländische Versorgungsverbände stationiert werden sollen

Die 41. (NL) PzBrig ist 1982 Covering Force zwischen innerdeutscher Grenze und ELBE-SEITEN-KANAL (ESK). Ihr 41. (NL) PzBtl ist im SALZWEDELER BOGEN eingesetzt. Seine A-Eskadron hat einen 6 km breiten und 28 km tiefen Streifen zwischen BERGEN (DUMME) und dem ESK in Höhe UELZEN zugewiesen bekommen. Durch das Gebiet läuft die B 71. Die A-Eskadron hat einen Vormarsch über die B 71 für mindestens 24 Stunden zu verhindern. Nach Überschreiten der „Aufnahmelinie" (= ESK bei Uelzen) wird die 41. (NL) PzBrig Korpsreserve. 41. und 51. (NL) PzBrig haben dann als Korpsreserve Angriffe gegen etwaige feindliche Brückenköpfe am Westufer des ESK zu führen[167].

Der Gefechtsstreifen hat 1983 einen Frontverlauf von ca.100 km Breite und eine Tiefe (= Luftlinie) von etwa 170 km.

Die Covering Force besteht nun aus 103. (NL) und 3. (GE) PzAufklBtl, der 41. (NL) PzBrig und der 2nd (US) Armored Div (Fwd) unter Befehl der 3. (GE) PzDiv[168].

Der neue **Operationsplan von 1985** geht von einer Vorwarnzeit von 48 Stunden aus. Die 5. (NL) Div (mob) war nicht mehr in der Verzögerung eingesetzt. Deren Aufgabe übernahm die 3. (GE) PzDiv, der die 41. (NL) PzBrig, die 2nd (US) Armored Division (Fwd) und das 103. (NL) sowie das (GE) PzAufklBtl 3 unterstellt waren. Diese Verbände hatten ostwärts des ELBE-SEITEN-KANALS (=VRV) mindestens 24 Stunden das Verzögerungsgefecht zu führen. Die 1. (NL) Div führte das Verteidigungsgefecht im südlichen, die 4. (NL) Division im nördlichen Teil. Die 5. (NL) Division war Korpsreserve. 4 Brigaden waren in vorderster Linie eingesetzt.

---

[167] Westerhuis, Een tankeskadron tijdens de Koude Oorlog", S. 13/14.
[168] http://www.orbat85.nl/order-of-battle/royal-army/1nl-Korps/41-PzBrig.html#covering-force (letzter Abruf: 3.11.2020).

Sie hatten das taktisch wichtige Gebiet westlich der Linie LÜNEBURG – UELZEN zu halten. Die auf allen Ebenen gebildeten Reserven, insbesondere die PzBrig sollten Gegenangriffe führen. Waren diese Aufgaben nicht durchführbar, war die Verteidigung in der Tiefe – eventuell auch unter Einsatz von taktischen Kernwaffen – fortzusetzen[169].

Im DANNENBERGER ZIPFEL verzögerten 1988 auf ca. 40 km Breite die 41. (NL) PzBrig (= SEEDORF) und die (GE) PzGrenBrig 7 (=HAMBURG-FISCHBEK), verstärkt durch (NL) PzAufklBtl 103 (=SEEDORF) und (GE) PzAufklBtl 3 (=LÜNEBURG). Die Vzö-Kräfte sollten mindestens 24 Stunden standhalten, um dem 1 (NL) Korps die Herstellung der Verteidigungsbereitschaft am ELBE-SEITEN-KANAL (= VRV) zu ermöglichen.

Auf jeden Fall ist das Gelände zwischen der A 7 und der B 3 (in Abbildung 23 schraffiert dargestellt) zu halten, um einen vorbereiteten Gegenangriff in die linke Flanke des Gegners führen zu können[170].

Die 2nd (US) ArmdDiv (Fwd) gehört nicht mehr zur Covering Force[171].

Im **GDP 88** verlief die Grenze zwischen der 4. (NL) und der südlich davon eingesetzten 1. (NL) Div etwa von WESTE – entlang der L 252 südlich um HÖVER – weiter entlang der L 252 durch RÖB-BEL – weiter entlang der L 252 bis zur Überführung über den ESK (am Südrand von BAD BEVEN-SEN) – weiter über SEEDORF – entlang der K 44 südlich um NATENDORF – weiter nach Westen zwischen GLÜSINGEN und TELLMER – südlich an OLDENDORF vorbei – nördlich SODERS-TORF auf die BAB A 7 nördlich EVENDORF. Der RRV der 1. (NL) Div folgte etwa dem Verlauf der BAB A 7.

Am VRV (= ESK) wird die 12. (NL) PzGrenBrig (NUNSPEET/NL) links zwischen der Überführung der Straße von RÖMSTEDT nach BAD BEVENSEN bis zur Kreuzung der Bahnlinie OETZEN – UELZEN eingesetzt. Der RRV der 12. (NL) PzGrenBrig verläuft etwa von BETZENDORF (= au-ßerhalb des Brigadegebietes) über DIERSBÜTTEL – WULFSODE – zum Bahnhof von BROCK-HÖFE. Rechts davon besetzt die 11. (NL) PzGrenBrig (SCHAARSBERGEN/NL) ihren Gefechts-streifen. Hinter beiden Brigaden hatte die 13. (NL) PzBrig (OIRSCHOT/NL) ihr Einsatzgebiet.

Auftrag der 12. (NL) PzGrenBrig (verstärkt durch (NL) PzBtl 11) war es im Zuge der Aufnahmelinie (verlief etwa von RÖMSTEDT (=V-Raum der 4. (NL) Div) über HÖVER – OETZENDORF – MASENDORF – RIESTEDT auf RÄTZLINGEN zu) Kräfte der (GE) PzBrig 8 aufzunehmen und den Verteidigungsraum zu behaupten.

Auftrag des 103 (NL) PzAufklBtl (unterstellt der 3. (GE) PzDiv) war die Überwachung der ELBE zwischen LAUENBURG und TIESSAU; ferner war schwächeren Feindkräften der Übergang über die ELBE zu verwehren. Auf Befehl wird die Überwachung abgebrochen. Das 103 (NL) PzAufklBtl kann bereits ostwärts des ESK dem 1 (NL) Korps „rückunterstellt" werden.

Das 1 (NL) Korps marschiert, voraussichtlich bei Auslösung der Alarmmaßnahme SOD, mit den in den NL stationierten Truppenteilen auf. Es ist dabei auf die Benutzung von Straßen angewiesen, die auch für Truppenteile der 11. (GE) PzGrenDiv vorgesehen sind. Für den Aufmarsch hat das 1 (NL) Korps auf diesen Straßen Vorrang.

---

[169] OpPlan Nr. 1 des 1(NL) Korps vom 1.7.85, befindet sich im Besitz des Verfassers; ferner Hoffenaar/Schoenmaker, Met de blik naar het Oosten, S. 384-385.

[170] Hammerich, Die Operationsplanungen der NATO, S. 300-302.

[171] http://www.orbat85.nl/order-of-battle/royal-army/1nl-Korps/41-PzBrig.html#coveringforce (letzter Abruf: 23.11.2020).

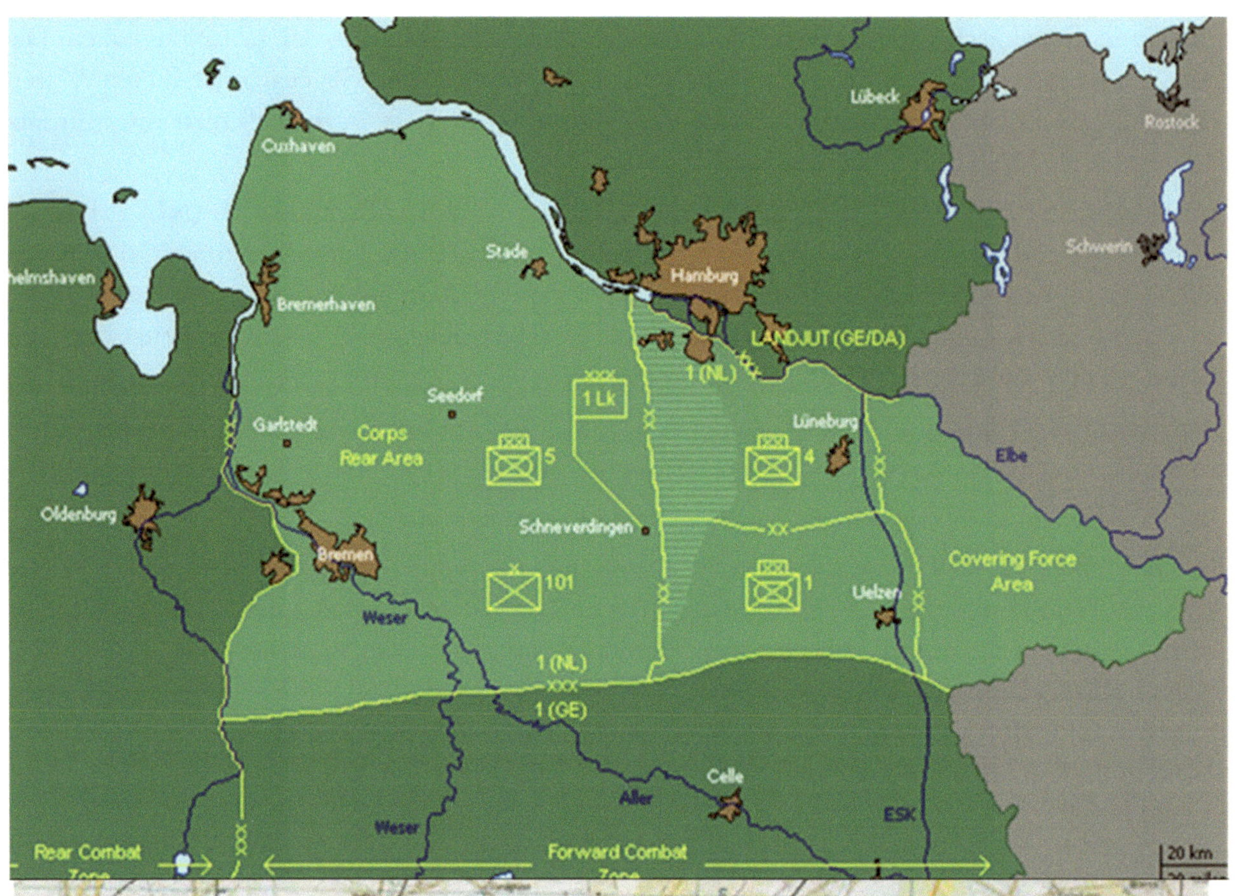

Abb. 20: 1 (NL) Corps Sector in West Germany, 1979-1989. In: https://www.orbat85.nl/order -of-battle/Royal-army/1-nl-corps/1-lk.html (22.12.2022)

Die 1. (NL) Div hat als rechten Nachbarn die 11. (GE) PzGrenDiv. Die 1. (NL) Div nimmt nach Aufmarsch und Herstellen der Verteidigungsbereitschaft Kräfte der 3. (GE) PzDiv am VRV auf, soweit diese nicht bereits durch das 1 (NL) Korps abgelöst wurden. Die 1. (NL) Div verteidigt im befohlenen Gefechtsstreifen mit 3 Brigaden (dabei ist die 11. (NL) PzGrenBrig rechts eingesetzt, 1 PzBrig Reserve unter Führungsvorbehalt des 1 (NL) Korps) mit Schwerpunkt zunächst links so, dass die Räume um NATENDORF (ND 9882) – BARUM (PD 0279) – BOHLSEN (ND 9771) – KLEIN-SÜDSTEDT (PD 0066) gehalten werden und ein Durchbruch in den Raum um WRIEDEL (ND 8777) verhindert wird.

Es ist beabsichtigt, mit der Divisionsreserve vorn eingesetzte Brigaden durch 1 verstärktes Bataillon zu verstärken (1. Priorität im Süden), Gegenangriffe zu führen (1. Priorität in der Mitte) und die Flanken aus Stellungen zu schützen. Die 1. (NL) Div stellt sich ferner darauf ein, auf Befehl zur Verzögerung auf die Linie AMELINGHAUSEN – WRIEDEL – WICHTENBECK überzugehen[172].

Der Operationsplan Nr. 11A (GDP 89) der 5 (NL) Div vom 1.7.89[173] beinhaltet den Gegenangriffsplan „NORDWEST" des 1 (NL) Korps und trifft folgende Aussagen:

Der 5. (NL) Div sind zur Erfüllung ihrer Aufgaben unterstellt: 41., 51. PzBrig, 52. PzGrenBrig, 103., 223. PiBtl, und 103. PzAufklBtl.

---

[172] BArch, BH 8-11/119.

[173] OpPlan Nr. 11 A der 5. (NL) Div, befindet sich im Besitz des Verfassers.

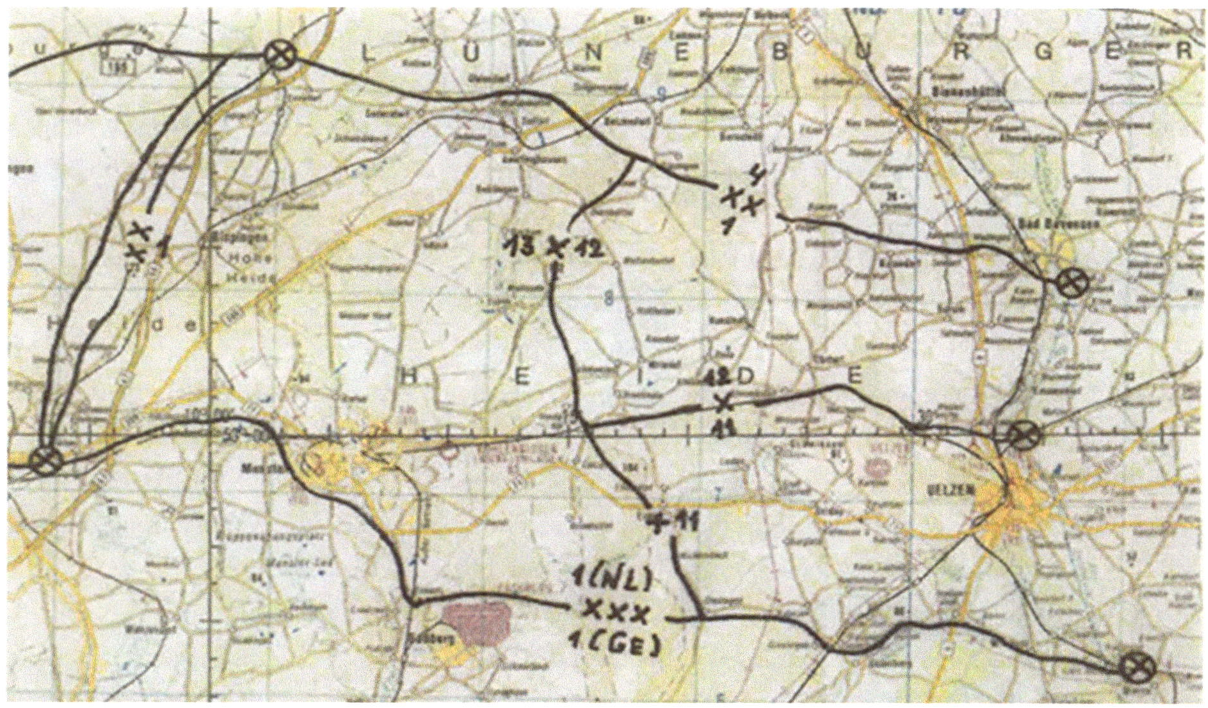

Abb. 21: Militärhistorische Exkursion 2016, Verteidigungsstreifen der 1. (NL) Division, 1988

Das Gebiet für den Gegenangriff wird begrenzt durch LÜNEBURG – ESK – BODENTEICH – SUDERBURG – WRIEDEL – AMELINGHAUSEN – LÜNEBURG.

Als Gegner wird die 2. (SU) GardePzArmee (F-StO FÜRSTENBERG mit 3 motSchtzDiv und 1 PzDiv) angenommen, die allerdings nicht im Schwerpunkt der WESTFRONT operiert. Die 1.taktische Staffel wird aus 2 motSchtzDiv gebildet, die von den Deckungskräften und den vorn eingesetzten (NL) Brigaden vernichtet werden sollen. Als 2. taktische Staffel soll die „vebliebene" motSchtzDiv antreten und einen Durchbruch erzielen. Diese will man mit der Divisionsreserve vernichten und damit den VRV wiederherstellen. Die PzDiv wird 60 bis 72 Stunden nach Angriffsbeginn eingeführt und soll ebenfalls einen Durchbruch erzielen. Ein etwaiger Durchbruch soll in der Linie BIENEN-BÜTTEL – HANSTEDT – WRIEDEL – GERDAU – SUDERBURG durch die vorne eingesetzte 1 (NL) und 4. (NL) Div aufgefangen und abgeriegelt werden.

Die 3 (SU) selbständigen PzRgter der 2. (SU) GardePzArmee (138. und 221. selbständiges PzRgt mit F-StO GÜSTROW und LUDWIGSLUST mit je 147 T-64[174]) könnten eingesetzt werden wie folgt:

- zur Unterstützung des Angriffs aus dem SALZWEDEL BOGEN,
- als nördlicher oder südlicher Flankenschutz der Armee,
- zusammen mit der PzDiv versuchen, den Waldgürtel zwischen A 7 und B 3 zu durchbrechen.

Das 1 (NL) Korps verteidigt ihren Gefechtsstreifen mit der 4. (NL) Div (= 42., 43. und 53. PzGrenBrig) im Norden und der 1 (NL) Div (= 11., 12. PzGrenBrig und 13. PzBrig) im Süden. Die 5. (NL) Div ist Korpsreserve und soll im Gegenangriff die 2. taktische Staffel der 1. operativen Staffel im Gebiet BIENENBÜTTEL – EBSTORF – UELZEN vernichten.

Die 1 (NL) Div verteidigt im Raum AMELINGHAUSEN – WRIEDEL – MUNSTER, wahrt den Zusammenhalt mit der 4. (NL) Div und dem I. (GE) Korps und behauptet das Gebiet zwischen WRIEDEL und EIMKE.

---

[174] Hoffmann/ Stoof, Sowjetische Truppen in Deutschland, S. 216; die niederländische Quelle geht von 3 selbständigen PzRgt aus, andere Quellen von 2.

Die 4. (NL) Div verteidigt den Raum AMELINGHAUSEN – BIENENBÜTTEL – LÜNEBURG und behauptet das Gebiet zwischen JELMSTORF und VELGEN.

Die 5. (NL) Div wird mit mindestens 2 PzArtBtl unterstützt. Sie greift den Feind aus Nordwesten an und vernichtet die Spitzenregimenter der 2. taktischen Staffel im Gebiet JELMSTORF – EBSTORF – UELZEN.

Der **Operationsplan Nr. 11C (GDP 89)** der 5 (NL) Div vom 1.7.89[175] betrifft den Gegenangriffsplan „SÜDWEST" des 1 (NL) Korps. Er trifft folgende Aussagen

Den Gegenangriff „SÜDWEST" führt die verstärkte 41 (NL) PzBrig mit dem Ziel, den Feind im Gebiet SON[176] zu vernichten, wobei sie durch einen Nebenangriff unterstützt wird, den die 52 (NL) PzGrenBrig, die 51 (NL) PzBrig sowie das 103 PzAufklBtl durchführen.

In der Phase 2 soll die Verteidigung von den (NL) Brig 41 (BAD BEVENSEN – KIRCHWEYHE) und 52 (UELZEN – SUDERBURG) in ihren Gefechtsstreifen fortgesetzt werden, während die verstärkte 51 (NL) PzBrig die restlichen Feindkräfte im Gebiet DAVID[177] vernichtet.

Der **Operationsplan Nr. 12** (GDP 89) der 5 (NL) Div vom 1.7.89[178] befasst sich mit dem Verteidigungsgefecht MIKE (= zwischen DOEHLE und SOLTAU). Er trifft folgende Aussagen:

Das 1 (NL) Korps befindet sich im Schwerpunkt des Angriffs der feindlichen WESTFRONT. Ziel des Feindes wird es sein, möglichst schnell die WESER-Übergänge zwischen ACHIM und VERDEN zu erreichen.

Die 4. (NL) Div verteidigt den nördlichen, die 1. (NL) Div den südlichen Teil des Korpsgefechtsstreifens. Korpsreserve ist die 5. (NL) Div. Die 1. (NL) Div kann sich hartnäckig kämpfend notfalls auf die Linie MIKE zurückfallen lassen. Gleiches gilt für die 4. (NL) Div die zwischen MECKELFELD und DOEHLE das Verteidigungsgefecht fortzuführen hat. Ziel dieser Operationen ist es, einen Gegenangriff mit einer oder mehreren Div der operativen Reserve von NORTHAG zu ermöglichen.

Dazu führt die 5. (NL) Div das Verteidigungsgefecht im Gebiet DOEHLE – BERINGEN – SOLTAU mit der 51. (NL) PzBrig (nördlich eingesetzt) und der verstärkten 52. (NL) PzGrenBrig im Schwerpunkt sowie der 41. (NL) PzBrig als Reserve. Aufgabe ist es, mit Feuerunterstützung durch die 103. (NL) FArtGruppe einen Einbruch in das Gebiet SCHNEVERDINGEN – SOLTAU zu verhindern.

Schlüsselgelände von NORTHAG ist das Gebiet zwischen der A 7 und der B 3, das auf jeden Fall in eigener Hand bleiben muss, weil es als Ausgangspunkt für Gegenangriffe durch die Reserven des COMNORTHAG, möglicherweise auch für das III (US) Korps dient. Für das 1 (NL) Korps sind die Gebiete zwischen SOLTAU und SCHNEVERDINGEN sowie westlich von BUCHHOLZ taktisch von Bedeutung.

Die 5. (NL) Div hat 2 Linien, den VRV (= Linie MIKE) und die Linie JULIETT. Die Verteidigung ist aus Stützpunkten heraus zu führen. In der Linie JULIETT wird das Gelände zwischen SCHNEVERDINGEN und NEUENKIRCHEN (= J1) von der Divisionsreserve (41. (NL) PzBrig) vorbereitet und besetzt.

---

[175] OpPlan Nr. 11 C der 5. (NL) Div, befindet sich im Besitz des Verfassers.
[176] Das Gebiet SON liegt westlich des ELBE-SEITEN-KANALS zwischen UELZEN und BAD BEVENSEN
[177] Das Gebiet DAVID liegt westlich des Gebietes SON.
[178] OpPlan Nr. 12 der 5. (NL) Div, befindet sich im Besitz des Verfassers.

Die Stellung J2 (WESSELOH – SCHNEVERDINGEN) wird im Notfall von der 51. (NL) PzBrig und die Stellung J3 (NEUENKIRCHEN – FRIELINGEN) von der 52. (NL) PzGrenBrig verteidigt.

Der **Operationsplan Nr. 13** (GDP 89) der 5 (NL) Div vom 1. Juli 1989 (GRENDEL GAMMA) kommt unter folgenden Voraussetzungen zur Ausführung[179]:

Im Verteidigungsstreifen von LANDJUT ist der Feind weiter westlich vorgedrungen als im Streifen des 1 (NL) Korps, weshalb eine feindliche Überquerung der ELBE in der Umgebung von HAMBURG droht.

Aufgabe der 5. (NL) Div ist die Verhinderung von Übersetzversuchen. Dazu werden die Abschnitte GAMMA WEST, GAMMA CENTRAAL und GAMMA OOST gebildet und zunächst mit 1 Brigade besetzt. Der 5. (NL) Div sind die 52. (NL) PzGrenBrig und die 41. (NL) sowie 51. (NL) PzBrig unterstellt, ferner das 223. (NL) PiBtl, das 142. (NL) PzGrenBtl und die 51. (NL) MP-Kompanie.

Die Begrenzung des Gebietes ist WEDEL – BERGEDORF – SALZHAUSEN – TOSTEDT. Mit Rücksicht auf die schwierigen Geländeverhältnisse müsste der Feind für einen ELBE-Übergang in erheblichem Umfang sowohl luftmobile Kräfte als auch Artillerie, Pioniere, Kampfhubschrauber und taktische Luftstreitkräfte einsetzen.

An der ELBE sind der ELBTUNNEL (NE 6133), an der NORDERELBE 3 Brücken (NE 7029) und an der SUEDERELBE 4 Straßen- und 1 Eisenbahnbrücke gefährdet. Mit Amphibienfahrzeugen kann die ELBE an 2 Stellen überquert werden und zwar nordostwärts von STELLE (NE 7314) und in der Umgebung von BLANKENESE (NE 5334).

BRIGADETRUPPEN	Rad	Kette	Bemerkungen
205 · 40 (6 M 113 CR) · 203 (2 BrLPz BIBER, 12 MTW, 2 PiPz) · 12 PARS TOW/YPR 765	40 5 20	6 7 16 12	StKp PzAufklZg PzPiKp PzJgKp (Auflösung 1987 geplant)
	65	41	
800 = 180 (3 SPz, 3 MTW San, 6 MTW Fü/Fu, 3 BgPz YPR) · 150 (je 12 SPz, 2 MTW Fü/Fu, 6 PARS DRAGON) · 170 (9 Mrs 120mm, 2 MTW Fü/Fu, 12 PARS TOW/YPR 765)		15 14 14 14 23	1. / – SpähZg: 3 SPz mit GefF Radar 2. / – 3. / – } je 3 Züge à 4 Gruppen 4. / – 5. / – 3 MrsZüge, 3 PzJgZüge
	86	79	PzGrenBtl YPR 765 25mm
550 = (1 KPz, 6 MTW, 4 BgPz) · (je 17 KPz, 1 MTW) · (je 13 KPz, 1 MTW)		12 18 18 14 14	1. / – 2. / – 3. / – 4. / – 5. / –
	134	76	PzBtl LEO 1 o. 2
520 = (2 MTW Fü/Fu, 1 BgPz) · (je 6 PzH 155mm M 109 A 2, 1 MTW Fü/Fu)		3 7 7 7	
	120	24	
250 (1 BgPz) · 230 · 190			
	200	1	
Gesamtstärke : ca. 4 000 Soldaten			

Abb. 22 Gliederung einer PzGrenBrig des 1. (NL) Korps. Quelle: Übungsgliederung Grün – Stand 1987.

---

[179] OpPlan Nr. 13 der 5. NL) Div „GRENDEL GAMMA", befindet sich im Besitz des Verfassers.

2.   Das I. Deutsche Korps (I. (GE) Korps)

Das I. deutsche (GE) Korps bestand zu Friedenszeiten aus bis zu 5 Divisionen (1. PzDiv, 3. PzDiv, 6. PzGrenDiv, 7. PzDiv (zeitweilig) und 11. PzGrenDiv). Im Verteidigungsfall hätten ihr aber nur drei davon (1., 3. und 11.) sowie später die Luftlandebrigade 27 unterstanden. Die 6. PzGrenDiv war dem Kommandobereich AFNORTH bzw. deren binationalem Korps LANDJUT zugeordnet und die 7. PzGrenDiv unterstand ab den 1960er Jahren der NORTHAG als Reserve. Es war allerdings geplant, dass die 7. PzGrenDivision ab Herbst 1965 Korpsreserve des I. (GE) Korps werden soll.[180]

Die NATO Order of Battle führt im April 1958 für das I. (GE) Korps 2 Divisionen mit je 2 Kampfgruppen auf[181]. Von links nach rechts wurden in den 1960er Jahren nebeneinander eingesetzt: 3., 11. und 1. Division[182].

Die 3. PzDiv hatte 1963 westlich der WESER einen Abschnitt zwischen VERDEN und nördlich NIENBURG zu verteidigen. Eine PzBrig führte ab südlich MUNSTER das Verzögerungsgefecht.

Die 11. PzGrenDiv hatte 1963 westlich der WESER einen Abschnitt zwischen nördlich NIENBURG und ca. STOLZENAU besonders hartnäckig zu verteidigen. Eine PzBrig führte ab etwa BERGEN das Verzögerungsgefecht.

Die 1. PzGrenDiv hatte 1963 westlich der WESER einen Abschnitt zwischen STOLZENAU und MINDEN zu verteidigen. Eine PzGrenBrig führte ab CELLE und BURGDORF das Verzögerungsgefecht.

Als Reserven konnten 1963 eingesetzt werden: eine PzBrig im Raum DIEPHOLZ als Korpsreserve und die 7. (GE) PzGrenDiv im Raum WILDESHAUSEN als NORTHAG-Reserve.

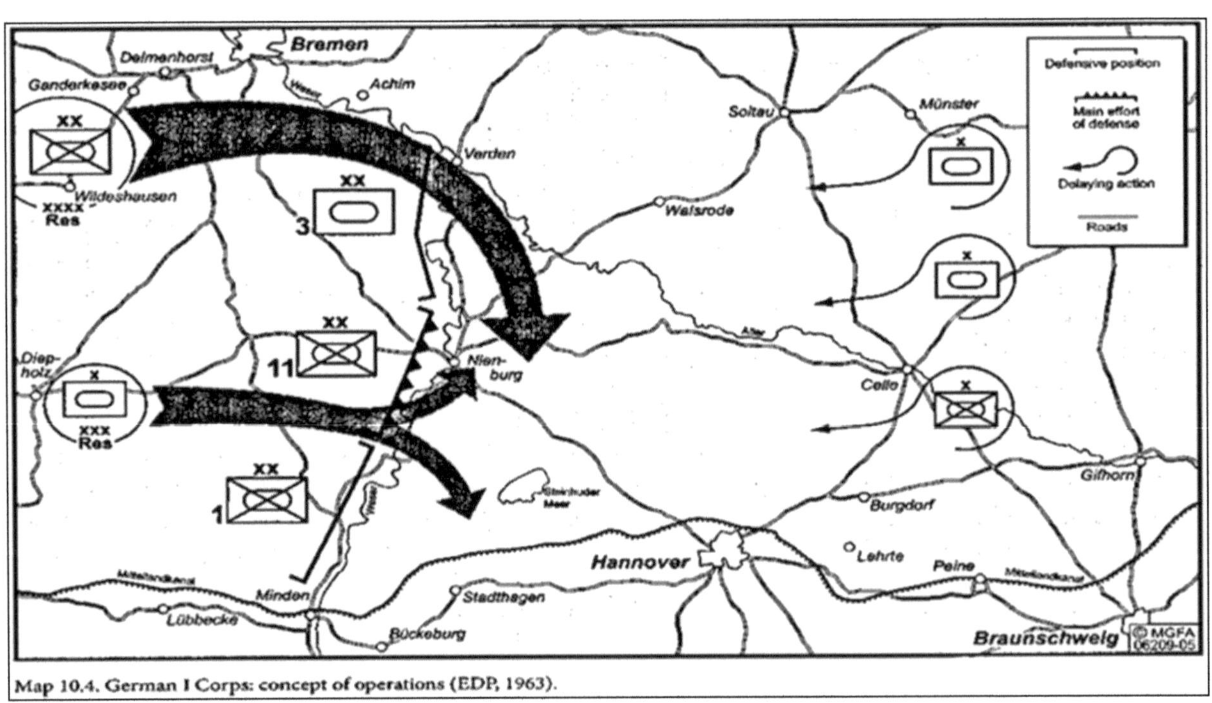

Map 10.4. German I Corps: concept of operations (EDP, 1963).

Abb. 23: Hoffenaar/Krüger, Blueprints for Battle, S. 167 (EDP 1963 I. (GE) Korps)

---

[180] Hammerich, Fighting in the Hearts of Germany, S. 174 Fn.33 unter Hinweis auf BArch, BH 2/1247.

[181] Hammerich in e-mail vom 8.1.2013. Es handelt sich um die 1. GrenDiv (HANNOVER) mit KpfGrp A1 und B1 sowie die 3. PzDiv (HAMBURG, später BUXTEHUDE) mit PzKpfGrp A3 und B3.

[182] Hammerich, Fighting for the Heart of Germany, S. 96.

Nach dem Entwurf eines Operationsbefehls Nr. 15 der 4 (NL) Div vom 1.07.1963[183] sind 7 Punkte durch das I. (GE) Korps auf dem Gebiet der Bundesrepublik (LUHDORF, MOORBURG, WALMSWORTH, NEU SÜLBECK, BARSKAMP, NEU DARCHAU und DAHLENBURG für den Einsatz von ADM zumindest erkundet.

Der Gefechtsstreifen des I. (GE) Korps reichte bis 1967 von etwa UELZEN bis ca. HELMSTEDT. Die 7. (GE) PzDiv ist ab 1968 Reserve von NORTHAG[184]. Die PzBrig 21 hatte 1968 bis 1970 Gegenangriff auf den SALZGITTER-ZWEIGKANAL zwischen HILDESHEIM und BRAUN-SCHWEIG zu führen[185]. Von links nach rechts wurden 1970 eingesetzt: 11. Pz-Gren- und 1. PzGren-Div, die 3. PzDiv war Reserve. Am 1.4.70 wird die in Aufstellung befindliche LLBrig 27 dem I. (GE) Korps für den Einsatz unterstellt. Die PzGrenBrig 31 ist 1974 bis 1977 in der Vorneverteidigung eingeplant[186].

Grenze zwischen I. (GE) und 1. (BR) Korps ist seit 1975 der MITTELLANDKANAL[187].

Der Gefechtsstreifen der PzBrig 33 wurde ab 1977 bis etwa 1983 links durch die Korpsgrenze zwischen 1 (NL)/I. (GE) Korps gebildet und rechts durch die B 244 (WITTINGEN – HANKENS-BÜTTEL[188]. Links von PzBrig 33 waren die 41. (NL) PzBrig, rechts davon die Brig 31 und 32 eingesetzt. Eine Divisionsreserve wurde von der 11. (GE) PzGrenDiv aus Abgaben der Brigaden gebildet.

Die Grenze des I. (GE) zum 1 (NL) Korps verlief am Nordrand der WIERENER BERGE[189].

Die 1. (GE) PzDiv[190] verzögerte ab 01.01.1981 einen Feindangriff mit verstärkter PzBrig 2 und vorgeplanter Luftwaffenunterstützung zwischen IdG und VRV über mindestens 24 Stunden. Die Verzögerungskräfte werden hart ostwärts des VRV aufgenommen. Verteidigt wird mit der PzGrenBrig 1 links und der PzBrig 3 rechts unter Ausnützung der Hinderniswirkung der Kanäle so, dass der Feind im linken vorderen Teil des Gefechtsstreifens noch ostwärts GIFHORN und rechts am Südteil von ESK und am MLK zerschlagen wird. Die PzBrig 2 wird nach Abschluss der Verzögerung Divisionsreserve der 1. (GE) PzDiv.

Die 1. (GE) PzDiv stellt sich darauf ein, den Feind unter Ausnutzung der OKER noch vor dem Schlüsselgelände BRÖCKEL – PLOCKHORST – EDEMISSEN – WENDESSE - SIEVERSHAU-SEN – KRAUSENBURG zu zerschlagen, um ein Vordringen in den Raum CELLE – HANNOVER zu verwehren.

Die PzGrenBrig 1 verteidigt als linker Nachbar der PzBrig 3 unter Ausnutzung des ESK so, dass der Feind ostwärts der Linie ISE – Ostrand GIFHORN – ISENBÜTTEL – WASBÜTTEL – Abzweig ESK/MLK zerschlagen wird. Dazu sind auch Überflutungen zur Geländeverstärkung im vorderen Brigadegebiet auszunutzen. Das PzAufklBtl 1 überwacht nach Aufnahme auf Befehl der Division die rechte Flanke zwischen Abzweig SALZGITTER-KANAL und Abzweig HILDESHEIM-KANAL.

Die 3. (GE) PzDiv stellt sich als Korpsreserve darauf ein, einen eingedrungenen Feind durch den Gegenangriff BÜFFEL im Raum PAPENTEICH zu zerschlagen. Nach Unterstellung unter die 1. (GE) PzDiv wird die LLBrig 27 (Korpsreserve) zum Schutz der rechten Flanke mit Stellungen

---

183 Das Dokument befindet sich im Besitz des Verfassers.
184 Hammerich, Fighting for the Heart of Germany, Skizze auf S. 167.
185 Scriba, Mitteilung am 23.4.2013.
186 General a. D. Helge Hansen, Mitteilung vom 17.1.2015.
187 Scriba, Mitteilungen vom 23.4. und 26.4.2013.
188 Knögel in e-mail v. 13.07.2015.
189 Knögel in e-mail v. 13.07.2015.
190 Operationsbefehl für PzBrig 3 (Tgb.Nr. 53/81) vom 1.10.1981 auf der Grundlage des GDP 81 in: BArch, BH 9-3/22.

zwischen OKER (NC 999969) und PEINE eingesetztDie PzBrig 3 zerstört nach Aufnahme der Verzögerungskräfte MLK-Brücken vor Feindangriff (BAB-Brücke nur auf Befehl der Div) und verteidigt vorn mit PzBtl 34 (links – hier Schwerpunkt), PzBtl 33 in der Mitte und PzGrenBtl 32 rechts sowie PzBtl 31 als Brigadereserve so, dass der Angriff am VRV zerschlagen wird. In den Verteidigungsraum eingedrungener Feind wird im Zusammenwirken aller Kräfte zerschlagen und spätestens entlang der Linie ADENBÜTTEL – GROSS SCHWÜLPER – WENDEBURG aufgefangen, um einen Gegenangriff der Divisionsreserve zu ermöglichen. Schlüsselgelände der PzBrig 3 ist der Westteil PAPENTEICH (NEUBRÜCK – ADENBÜTTEL – LAGESBÜTTEL – ROTHEMÜHLE).

Die ABCAbwKp 1 hat einen Hauptentstrahlungsplaz (HEP) in DOLLBERGEN (ND 8106) vorzubereiten. Die 11. (GE) PzGrenDiv erwartete 1982 den Hauptstoß des Feindes entlang der B 244 in Richtung CELLE. Dort lag der Schwerpunkt der Verteidigung. Feindangriffe sollten spätestens am Ostrand des SCHMARLOH zerschlagen und der SCHMARLOH als Schlüsselgelände behauptet werden, um einen Durchbruch auf CELLE zu verhindern. Dazu hatten das PzAufklLehrBtl 11 (F-StO MUNSTER) und Teile der PzBrig 33 vorwärts des ESK zu verzögern. Am ESK verteidigte die PzGrenBrig 32 (- 1 PzGrenBtl) zwischen linker Divisionsgrenze und LÜDER, wobei dem PzAukl-LehrBtl 11 der Schutz der linken Flanke oblag. Zwischen LÜDER und rechter Divisionsgrenze (etwa südlich WESTERBECK) verteidigte die PzBrig 33 (+ 1 PzGrenBtl) mit Schwerpunkt beiderseits der B 244. Divisionsreserve war die PzGrenBrig 31 im Verfügungsraum ostwärts CELLE; sie hatte einen durchgebrochenen Feind aufzufangen sowie gegebenenfalls einen Gegenangriff in den Raum nördlich von HANKENSBÜTTEL zu führen.

Der Aufmarsch der 11. (GE) PzGrenDiv war auf 2 Marschstraßen durchzuführen:

-   PzGrenBrig 32 von SCHWANEWEDE – ROTENBURG/WÜMME – TrÜbPl BERGEN nach UNTERLÜSS,
-   PzGrenBrig 31, ArtRgt 11, Divisionstruppen von LEER – OLDENBURG – WILDESHAUSEN – HOYA – SCHWARMSTEDT nach CELLE.

Der **GDP 84** brachte insoweit Veränderungen, als einem Feindangriff links durch zeitlich begrenzte Verteidigung aus vorgeschobenen Stellungen ostwärts des ESK, rechts mit dem Verzögerungsverband (=PzAufklLehrBtl 11) begegnet werden sollte.

Anschließend wird mit 3 Brigaden nebeneinander (von links: PzGrenBrig 32, PzBrig 33, PzGrenBrig 31) verteidigt. Schwerpunkt nach wie vor die B 244. Die PzGrenBrig 31 ist in der Tiefe zu staffeln. Ein verstärktes PzBtl der PzBrig 33 steht ostwärts CELLE als Reserve bereit. Das PiBtl 140 (F-StO EMMERICH) wurde der Division für den Sperreinsatz unterstellt und erhielt einen Verfügungsraum am Südostrand des FlgH FASSBERG[191].

Linker Nachbar der 1. (GE) PzDiv ist die PzGrenBrig 31, rechter Nachbar das 1. (BR) Korps.[192]

Die PzGrenBrig 1 war vorne links am VRV im Verlauf des ELBE-SEITEN-KANAL (ESK) eingesetzt, angelehnt an das schwierige Gelände des BARNBRUCH. Sie hatte auf Befehl des I. (GE) Korps während des Aufmarsches das BAB AD HANNOVER-SÜD, den Flughafen LANGENHAGEN sowie die Brücken über den MLK zu sichern. Linker Nachbar am VRV war die LLBrig 27 (ab 1986, vorher die PzGrenBrig 31), rechter Nachbar die PzBrig 3. Die durch das PzAufklBtl 1 verstärkte

---

[191] Knögel in e-mail v. 9.7.2015.
[192] Knögel in e-mail v. 13.1.2017.

PzBrig 2 hatte zu verzögern und wäre nach Beendigung ihres Einsatzes als Divisionsreserve eingesetzt worden. Die linke Grenze der 1. (GE) PzDiv zur 11. (GE) PzGrenDiv verlief grob von der L 28 über WESTERBECK – südlich GAMSEN – südlich WILSCHE – Verlauf der ALLER bis WIENHAUSEN – südlich CELLE nach LINDWEDEL.

Der VRV der 1. (GE) PzDiv erstreckte sich in etwa vom ESK bei WESTERBECK über den MLK bis zur Einmündung des SALZGITTER Zweigkanals[193].

1985 lag das PzBtl 14 mit einer Frontbreite von ca. 5 km am ESK (= VRV). Gefechtsstand war in ISENBÜTTEL. Den RRV bildete die B 4. Der MLK war ab Einmündung des Zweigkanal SALZGITTER die Grenze zwischen der 1. (GE) PzDiv und dem 1. (BR) Korps. Ostwärts des ESK waren das PzAufklBtl 1 in der Verzögerung eingesetzt, ferner auch Feldposten, gestellt von der 4./PzBtl 14. Ein Feldposten mit 2 KPz LEOPARD 1 befand sich ostwärts des VW-Werkes an der B 188.

Der ESK wurde im Verteidigungsstreifen von der Bahnlinie WOLFSBURG – HANNOVER unterquert, die erst in Höhe ISENBÜTTEL wieder an die Oberfläche kam. Linke Grenze des Verteidigungsstreifens war das Südufer des TANKUM SEE, den daran anschließenden Streifen verteidigte das PzGrenBtl 13[194].

Die PzBrig 3 hat sich im Juli 1986 darauf einzustellen, dass die 47. (SU) GdPzDiv im Schwerpunkt der 3. (SU) Stoßarmee voraussichtlich aus Bereitstellungsräumen ostwärts OEBISFELDE und nordostwärts HELMSTEDT entlang der Angriffsachse FLECHTDORF – MEINE und entlang der BAB A2 angreift. Mit abgesessenen motSchtz ist – vor allem bei Nacht – in den Abschnitten WEDESBÜTTEL, BECHTSBÜTTEL – WENDEN und bei WATENBÜTTEL zu rechnen. Ferner sind Kriegsbrückenschläge bei Gut MARTINSBÜTTEL, im Abschnitt Hafen THUNE bis Hafen BRAUNSCHWEIG und 600 m nordostwärts Hafen THUNE denkbar.

Die 1. (GE) PzDiv – im Schwerpunkt des Korps eingesetzt –

- verzögert zwischen IDG und VRV so, dass der Anschluss insbesondere zum rechten Nachbarn gewahrt bleibt.
- verteidigt den Raum GIFHORN – PAPENTEICH – BARSINGHAUSEN – LUTTMERSEN so lange wie möglich am VRV,
- fängt eingebrochenen Feind spätestens am FUHSE-Abschnitt auf,
- hält ALLER-Übergänge zwischen GIFHORN und MÜDEN nach Süden offen, um einen Angriff in den Raum PAPENTEICH zu ermöglichen,
- stellt sich darauf ein, durch PzGrenBrig 31 (Korpsreserve) verstärkt zu werden,
- sichert MLK-Brücken bei WASSEL und HÖVER und sprengt diese nach Genehmigung durch das Korps.

Die verstärkte PzBrig 2

- verzögert Feindangriff zwischen IdG und VRV mindestens bis zum Herstellen der Verteidigungsbereitschaft,
- sichert MLK-Übergänge bis zum Eintreffen der PzBrig 3,
- wird nach Aufnahme durch PzBrig 3 Divisionsreserve.

Die PzGrenBrig 1

- verzögert mit Teilen im BARNBRUCH,

---

[193] Vorl. Operationsplan (GDP 85) für PzBrig 3 (Tgb.Nr. 77/85) vom 2.12.1985, in: BArch, BH 9-3/21.
[194] Hans-Joachim Schick (†) in e-Mails vom 5.10. und 8.10.2016.

- verteidigt unter Ausnützung des Hinderniswertes des ESK so, dass der Feind ostwärts der B 4 zerschlagen wird, fängt Feindangriffe so auf, dass Übergänge über die ALLER zwischen GIF-HORN und MÜDEN sowie die OKER-Übergänge zwischen MÜDEN und HILLERSEN für Gegenangriffe der Korps-/Divisionsreserven offengehalten werden, hält panzerstarke Reserve in Btl-Stärke so bereit, dass Unterstützung der PzBrig 3 durch Gegenangriff in den PAPENTEICH möglich ist.Tgb.Nr. 102/86 trifft für den Einsatz der PzBrig 2 im V-Fall (GDP 85) folgende Festlegungen:

PzBrig 2

- wird nach Abschluss der Vzö DivReserve im VfgR „FUHSE",
- erhält zeitweise begrenzt die PzPiKp 10, 30, 210 (ganz oder teilweise) unterstellt, ferner 2 MiWfTrp des PiBtl 1 und den BohrZg des PiBtl 110,
- schützt objektnah MLK-/ESK Übergänge bis zum Eintreffen von Sicherungskräften der Stellungsbrigaden,
- nimmt das verstärkte PzAufklBtl 1 in der Linie VORSFELDE – EMMERSTEDT auf,
- verzögert Angriff ab der Linie VORSFELDE – VOLKMANNSDORF – RENNAU – SÜPPLINGEN,
- unterstützt VzöKräfte des linken Nachbarn, ggf. durch Aufnahme,
- wahrt Anschluss zum rechten Nachbarn, besonders zwischen ELM und BRAUNSCHWEIG,
- erhält nach Aufnahme PzAufklBtl 1 die Spähzüge der Brig unterstellt,
- bereitet Stellung in der Tiefe des FUHSE-Abschnitt zwischen UETZE und VÖHRUM, ggf. PEINE vor (wenn JgBtl 16 nicht zeitgerecht verfügbar ist) und stellt sich darauf ein,
- einen eingebrochenen Feind im Raum PAPENTEICH zu vernichten,
- den FUHSE-Abschnitt (ggf. mit unterstelltem JgBtl 16) zu verteidigen,
- die tiefe rechte Flanke der Division im Zuge des MLK zwischen PEINE und SEHNDE zu schützen,
- insbesondere zum rechten Nachbarn an den Brücken FRANK 2 und 3 Verbindung aufzunehmen.

Die Gefechtsstände der PzBrig 2 sind:

- o vGefStd ALMKE (PD 265013)
- o GefStd H1 ESSENRODE (PD 115039)
- o GefStd H2 WENDHAUSEN (PC 115982)
- o GefStd R SORGENSEN (ND 698132)

	KPzLeopard 2	SPz Marder	RakJagdpanzer	PzH M 109/Mrs
PzBtl 31	28 Kampfpanzer	11 Schützenpanzer		
PzGrenBtl 32		35 Schützenpanzer		6 Panzermörser
PzBtl 33	41 Kampfpanzer			
PzBtl 34	41 Kampfpanzer			
PzJgKp 30			12 RakJagdPz	
PzArtBtl 35				18 PzH M-109

Abb. 24: Kampfkrafttabelle für (GE) PzBrig 3 (Stand: 1985)

Der BrigPiFhr PzBrig 2 führt und koordiniert den Einsatz der Pionierkräfte in der VzöZone mit den Schwerpunkten:

- vorbereiteter Sperreinsatz in der VzöZone und ab GENERAL ALERT feldmäßiger Sperreinsatz- mit folgenden Dringlichkeiten:
- Bereithalten von Minenwerfern zum lageorientierten Sperreinsatz,
- Unterstützung beim Bau von Feldbefestigungen,
- Sicherstellen von Bewegungen über die SCHUNTER bei Ausfall ständiger Brücken,
- Einsatz des Bohrzuges vom PiBtl 110 zum Herstellen von geplanten Sprengschächten.

Dabei werden auf Zusammenarbeit angewiesen:

- PzPiKp 10 mit PzGrenBtl 13,
- PzPiKp 210 mit PzBtl 24 zur Sperrung der MLK-Brücke in VORSFELDE, Sperren an den Verzögerungslinien (VZL) LUCHS, WIESEL/MARDER und BÄR,
- PzPiKp 30 mit PzBtl 23 legt Sperren an den VZL LUCHS, MARDER und BAER an und setzt 2 MiWfTrp für lageorientierten Sperreinsatz an den VZL LUCHS, WIESEL und/oder MARDER ein,
- PzPiKp 20 mit PzGrenBtl 22 legt Sperren an den VZL WIESEL und MARDER sowie am Nordrand ELM, setzt ab GENERAL ALERT 2 MiWfTrp zum Schutz der rechten Flanke ein, übernimmt nach Abschluss der Vzö Sperren im FUHSE-Abschnitt, baut in diesem Abschnitt Feldsperren und stellt die Bewegungen über FUHSE – ERSE – OKER im Zuge von Gegenangriffen sicher,
- der Bohrzug PiBtl 110 stellt geplante Sprengschächte in folgender Priorität her: BAB HELMSTEDT – BERLIN, Nordteil des ELM, Eisenbahnlinie FALLERSLEBEN – LEHRE (nördlich von BRAUNSCHWEIG an der SCHUNTER).

Die Minensperren sind grundsätzlich einzuzäunen und zu markieren[195].

Mit Alarmmaßnahme SON sind in der Zone A (IdG bis rückw. Brigadegebiet) und in der Zone B (rückw. Divisionsgebiet) die Zündbereitschaft herzustellen.

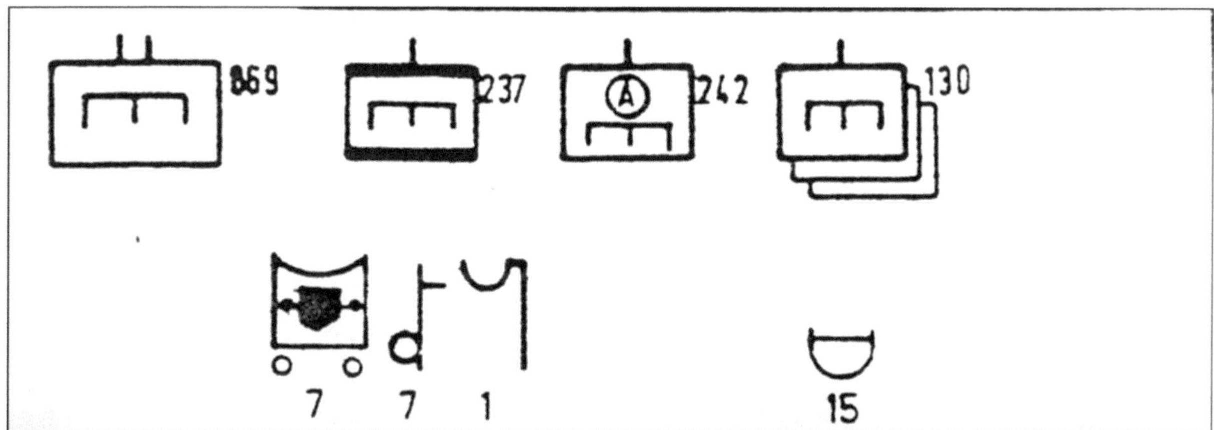

Abb. 25 Gliederung des PiBtl 110 (Korpstruppe). Dieses verfügt über 7 Schwenklader, 7 Bohrgerätesätze zum Herstellen von ADM-Schächten, 9 ADM-Kommandos und 15 Schlauchboote mit Außenbordmotor für je 8-10 Mann (Stand: 1986)

---

[195] Operationsplan (GDP 85) für PzBrig 2 (Tgb.Nr. 102/86), in: BArch, BH 9-2/146.

Nationale Einschränkungen für die Sperrvorbereitungen sind zu beachten. So dürfen vor GENERAL ALERT Sprengladungen nicht gezündet werden und keine Panzerabwehrwurfminen verlegt werden.

Dies gilt in der Zone A dann nicht, wenn die eben beschriebenen Maßnahmen zur Abwehr eines feindlichen Angriffs zwingend erforderlich sind.

Auch nach GENERAL ALERT werden die Sperren nicht automatisch ausgelöst. Die BrigKdr haben den Schutz der Bevölkerung zu berücksichtigen.

In der Zone B darf Zündbereitschaft 2 (entsichert) nur nach Eingang einer besonderen Genehmigung des BMVg hergestellt werden[196].

Die 1. PzDiv ist für folgende Sprengvorbereitungen zuständig: MLK Brücken von IdG bis Straßenbrücke WENDEBURG, Straßenbrücke SEHNDE bis BAB-Brücke 5000 ostwärts WUNSTORF (darin enthalten FRANK 4 bei WASSEL und FRANK 5 bei HOEVER). Für die Straßenbrücken bei WENDEBURG bis einschließlich SEHNDE ist das 1. (BR) Korps verantwortlich.[197]

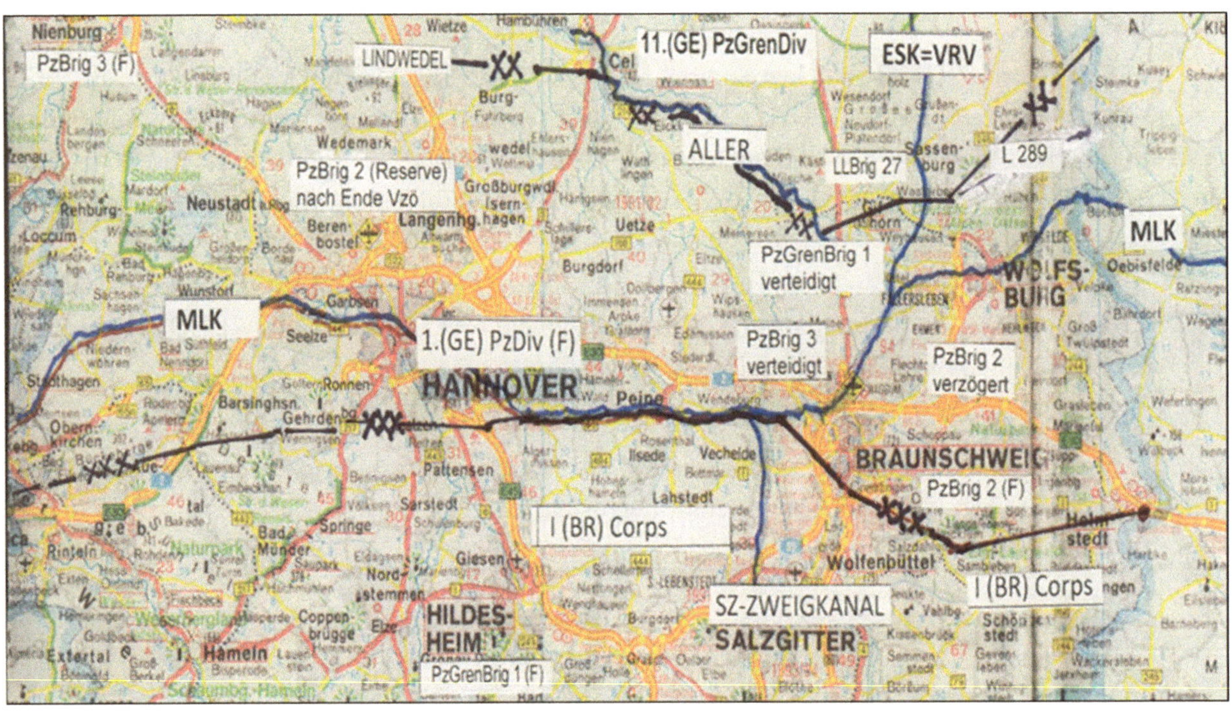

Abb. 26: GDP 86 der 1. (GE) PzDiv, erstellt vom Verfasser. Erläuterungen = unten Fußnote 197

Linker Nachbar der 1. (GE) PzDiv ist 1986 die LLBrig 27, rechter Nachbar das 1. (BR) Korps.

1985 war das Vorhaben von NORTHAG gebilligt worden, eine Reserve in Stärke eines Korps zu bilden. Dieses sollte aus der 3. (BR) PzDiv, der 7. (GE) und – nach Erfüllung des Auftrags im NL-Gefechtsstreifen – der 3. (GE) PzDiv bestehen.

---

[196] Die Zonen beziehen sich auf das Central Region Barrier Agreement (CRBA).

[197] Wilhelm Knögel in e-mail v. 28.01.2017: (F) = Friedensgarnison – MLK = MITTELLANDKANAL – SZ-ZWEIG-KANAL = SALZGITTER-ZWEIGKANAL – ESK = ELBE-SEITEN-KANAL – VRV = Vorderer Rand der Verteidigung. Die Grenze zwischen der 1. (GE) PzDiv und der 11. (GE) PzGrenDiv verlief im Abstand von rund 2 km entlang der L 289 (BROME – EHRA-LESSIEN – WESTERBECK – GIFHORN) Die Zuständigkeit für diesen Streifen wechselte mehrfach. Manchmal war er der 1. (GE) PzDiv, manchmal der 11. (GE) PzGrenDiv zugewiesen.

Dem I. (GE) Korps hätte dann nur noch die LLBrig 27 als Reserve zur Verfügung gestanden. Das Korps wollte aber eine mechBrig als Reserve. So wurde die PzGrenBrig 31 ausgewählt, die ab Einnehmen der GDP-Gliederung dem I. (GE) Korps als Reserve unterstand. Im Gegenzug wurde die LLBrig 27 der 11. PzGrenDiv unterstellt.

Der Divisionsbefehl zum **GDP 86 der 11. PzGrenDiv** glich dem von 1984 mit der Ergänzung, dass dem PzAufklLehrBtl 11 eine FschJgKp zum Jagdkampf unterstellt und statt der PzGrenBrig 31 die um das PzAufklLehrBtl 11 verstärkte LLBrig 27 rechts in der Tiefe gestaffelt wurde. Unmittelbare Feuerunterstützung erhielt die LLBrig 27 von den beiden 155mm FH-Bttr des FArtBtl 111[198].

Der **Operationsbefehl Nr. 1** des I. (GE) Korps für die Operationsführung im Verteidigungsfall vom 31.03.1988 (Tgb.Nr. 88/88)[199], der den **GDP 88** umsetzt und zum 1.7.1989 in Kraft gesetzt wird, trifft folgende Aussagen:

Die volle Verteidigungsbereitschaft des I. (GE) Korps ist erst nach dem Aufwachsen der personellen und materiellen Mobilmachungsergänzung hergestellt. Dazu sind bis zu 5 Tage erforderlich.

Auftrag des I. (GE) Korps ist nach Aufmarsch und Herstellung der Verteidigungsbereitschaft die Verzögerung ab der IdG so, dass Aufmarsch und Verteidigungsbereitschaft der Hauptkräfte gewährleistet ist; danach sind die Hauptstoßrichtungen festzustellen und dem Feind – unter Wahrung der eigenen Kampfkraft – hohe Verluste zuzufügen. Verzögerungskräfte waren bei der 11. PzGrenDiv die PzGrenBrig 31 und bei der 1. PzDiv die PzBrig 2. Nach Beendigung der Verzögerung waren diese beiden Brigaden als Divisionsreserven eingeplant[200].

Der Raum WIERENER BERGE – BRAUNSCHWEIG – BÜNDE – BARNSTORF mit VRV am ELBE-SEITENKANAL und dem MITTELLANDKANAL ist in engem Zusammenwirken mit 1 (NL) und 1. (BR) Korps so zu verteidigen, dass der Feind mit konventionellen Mitteln möglichst weit ostwärts zum Stehen gebracht und zerschlagen werden kann.

Nach Ablösung der im Gefechtsstreifen des 1 (NL) Korps eingesetzten deutschen Kräfte wird so früh als möglich 1 Division im Raum MUNSTER – BERGEN – VERDEN unter Führungsvorbehalt von COMNORTHAG als Reserve bereitgehalten, die auch in den Gefechtsstreifen der Nachbarkorps eingesetzt werden kann.

Das Korps beabsichtigt – je nach Lageentwicklung und Entscheidung von NORTHAG – mit dieser Division oder einer anderen unterstellten Division (7. (GE) PzDiv, 3. (BR) Div) oder im Zusammenwirken mehrerer Divisionen einen eingebrochenen Feind südlich der ALLER im Gegenangriff zwischen ESK/MLK und FUHSE zu zerschlagen, in der Enge CELLE-HANNOVER (Schlüsselgelände) aufzufangen, nördlich der ALLER im SCHMARLOH und im Raum HANKENSBÜTTEL im Gegenangriff zu zerschlagen, um so den Zusammenhang der Operationsführung zu wahren und die Verteidigung soweit ostwärts wie möglich fortsetzen zu können.

Das Schlüsselgelände nordostwärts HANNOVER ist zu halten und bei feindlichem Durchbruch mit bis zu 2 Divisionen ein Gegenangriff in die tiefen Flanken des Feindes zu führen.

Ferner sind die Nord- und Südostausgänge des FORST LÜSS zu verteidigen, um ein Einsickern von Feindkräften zu verhindern und Bewegungen der Reserven von NORTHAG durch den FORST LÜSS in das UELZENER BECKEN sicherzustellen. Zu sichern sind die MITTELLANDKANAL-

---

[198] Knögel in e-mail v. 13.7.2015.
[199] GDP 1988 des I. (GE) Korps, in: BArch, BH 8-3/437.
[200] Nach Hammerich, Halten am VRV, S.95, war die PzGrenBrig 32 als Verzögerungsverband eingeplant.

Brücken (FRANK Brücken) WASSEL und HÖVER, deren Sprengung vorzubereiten und nach Genehmigung durch den COMNORTHAG durchzuführen ist.

Weiter hat sich das Korps darauf einzustellen, für Folgeoperationen neue Reserven zu bilden und NORTHAG zur Verfügung zu stellen.

Um den Auftrag, durchzuführen verzögert und verteidigt das I. (GE) Korps mit 2 Divisionen nebeneinander (11. (GE) PzGrenDiv links und 1. (GE) PzDiv mit Schwerpunkt im PAPENTEICH rechts), und hält bis zur Verfügbarkeit der 3. (GE) PzDiv als Korpsreserve zunächst die PzLehrBrig 9 sowie die LLBrig 27 als Korpsreserve bereit.

Die Verzögerung ist mindestens so lange zu führen, bis die Stellungsdivisionen die Verteidigungsbereitschaft hergestellt haben Das Korps verteidigt den Raum WIERENER BERGE – BRAUNSCHWEIG – BÜNDE – BARNSTORF so, dass der Feind noch ostwärts der Linie FASSBERG – CELLE – LEHRTE abgewehrt und ggf. auch angriffsweise vernichtet werden kann. Ist dies nicht möglich, kommt es unter Einsatz aller verfügbaren Kräfte darauf an die Nord- und Südostausgänge des FORST LÜSS westlich der B4 und die ALLER Übergänge zwischen GIFHORN und LANGLINGEN (ND 8724) zu behaupten und einen Vorstoß in das Schlüsselgelände des Korps (= Enge CELLE-HANNOVER) zu verhindern.

Abb. 27: Operationsplanung der Korpsreserve GDP 88; Quelle: BArch BH 7-1/1678

Der Auftrag der 3. PzDiv bei Einsatz im Gefechtsstreifen des 1 (NL) Korps lautete:

- bis zum Herstellen der Einsatzbereitschaft im VfgR WALSRODE ist eine PzBrig als Korpsreserve abzugeben,

- wird zunächst auf Zusammenarbeit mit dem 1 (NL) Korps angewiesen und mit Auslösung von SOC für die Führung des Verzögerungsgefechtes mit OPCON unterstellt. Für den Aufmarsch verbleibt es bei der Führung des I. (GE) Korps.
- Verzögerung zwischen IdG und VRV in engem Zusammenwirken mit dem rechten Nachbarn, bis 1 (NL) Korps die Verteidigungsbereitschaft am VRV hergestellt hat,
- Aufnahme durch NL-Kräfte ostwärts des ESK,
- Vorbereitung der ELBE-Brücken in LAUENBURG und GEESTHACHT zur Sprengung,
- Beziehen des VfgR MUNSTER – BERGEN – VERDEN nach Aufnahme durch NL-Kräfte,
- falls NL-Verteidigungskräfte nicht zeitgerecht am VRV eintreffen, ist die Verzögerung auch westlich des ESK fortzuführen, wofür ggf. die PzLBrig 9 unterstellt wird.

Zur Durchführung des Auftrages ist:

- mit einsatznah stationierter (GE) PzBrig 8 zunächst der Raum beiderseits des ESK mit Schwerpunkt rechts zu sichern und die ESK- und ILMENAU-Übergänge bis zur Ablösung durch NL-Kräfte offen zu halten,
- nach Aufmarsch an der IdG zu sichern,
- Verzögerung über mindestens 24 Stunden – unter Überwachung der linken Flanke – mit (GE) PzGrenBrig 7 in der Mitte und verstärkter NL-PzBrig 41 rechts (hier Schwerpunkt) zwischen JEETZE und ESK, um dem 1 (NL) Korps zu ermöglichen, die Verteidigungsbereitschaft am VRV herzustellen.

Dabei hat die (GE) PzBrig 8 neben dem Schutz der ELBE- und ILMENAU-Übergänge die ELBE-Brücken bei LAUENBURG und GEESTHACHT zu sichern und zur Sprengung vorzubereiten.

Nach Ablösung durch NL-Kräfte sind die Verfügungsräume REPPENSTEDT und REHLINGEN zu beziehen, um als Divisionsreserve 2 westlich und ostwärts des ESK, vorrangig bei 41 (NL) PzBrig und 103. (NL) PzAufklBtl eingesetzt zu werden bzw. auf Befehl in den Verfügungsraum WALSRODE zu verlegen.

Das (GE) PzAufklBtl 3 hatte den ostwärtigen Teil des DANNENBERGER ZIPFEL zu überwachen.

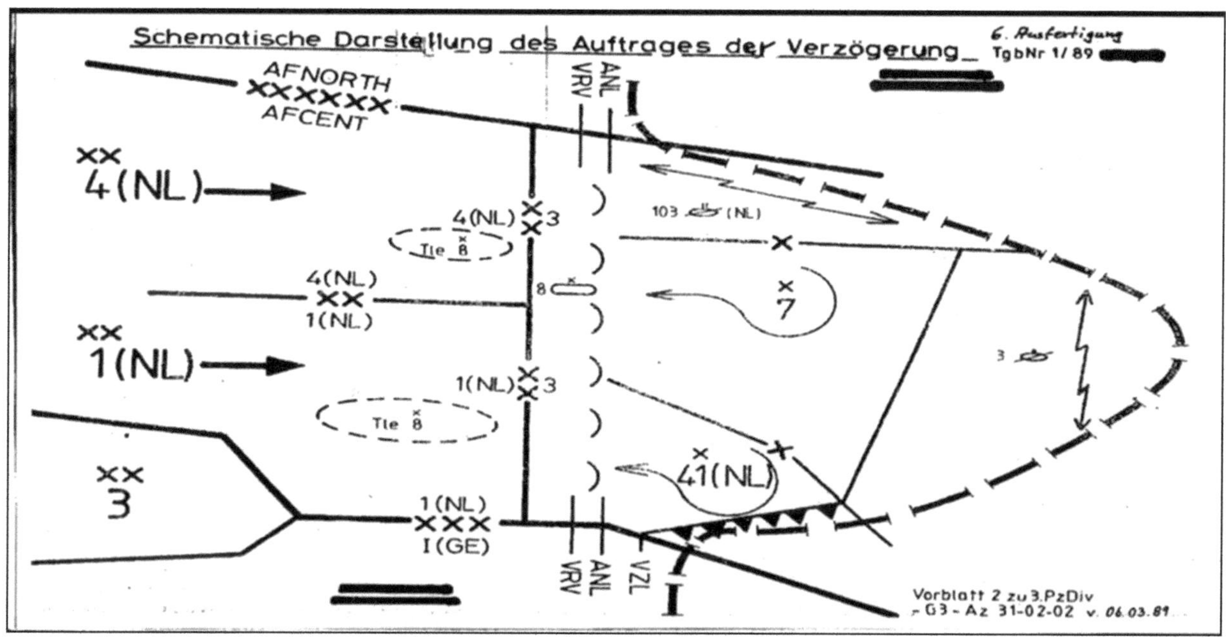

Abb. 28: Verzögerung im Dannenberger Zipfel. Quelle: BArch, BH 8-3/437 – GDP 88 3. (GE) PzDiv

Rückwärtige Grenze war der Verlauf der JEETZE. Westlich davon führte die (GE) PzGrenBrig 7 das Verzögerungsgefecht mit (von NORD nach SÜD) PzBtl 74, PzGrenBtl 73, 71 (Teile) und 72.

Die (GE) PzBrig 8 verteidigte den ESK und setzte dazu von NORD nach SÜD PzGrenBtl 82, PzBtl 81, 83 und 84 ein. Die Grenze von PzGrenBtl 82 zu PzBtl 81 war am ESK bei WENDISCH-EVERN (Kreuzung der von OSTEN kommenden Bahnlinie mit dem ESK)[201].

Die 3. PzDiv als Korpsreserve hatte unter der Bezeichnung „THOR" einen südlich der ALLER eingebrochenen Feind zwischen ESK, MLK und FUHSE durch Gegenangriffe zu zerschlagen.

Unter dem Decknamen „ODIN" sollte ein eingebrochener Feind in der Enge CELLE-HANNOVER aufgefangen und das Schlüsselgelände gehalten werden. Die dritte Priorität hatte „WOTAN". Hier sollte der Feind nördlich der ALLER im SCHMARLOH und dem Raum HANKENSBÜTTEL-WITTINGEN vernichtet werden. Bei Bedarf und Verfügbarkeit hätte die 3. PzDiv auch noch Feindkräfte in den Gefechtsstreifen der benachbarten Korps angreifen sollen.

Das I. (GE) Korps hätte die Unterstellung der 7. PzDiv (= NORTHAG-Reserve) beantragen können, wenn andernfalls ein Durchbruch über die Linie ALPHA (=FASSBERG – HERMANNSBURG – Westrand CELLE) nicht verhindert werden konnte.

Darüber hinaus wären unter bestimmten Umständen auch Teile der AFCENT-Reserve (= III. (US) Korps) im Gefechtsstreifen des I. (GE) Korps eingesetzt worden.

Der **GDP 88 der 3. (GE) PzDiv** enthält in Teil I den Befehl für den Aufmarsch vom 10.02.1989 – in Kraft ab 01.07.1989 – mit späteren Ergänzungen[202].

Dabei weist das Korps die für den Einsatz bei der 3. PzDiv vorgesehenen Truppenteile im Befehl für den Aufmarsch auf Zusammenarbeit an und unterstellt sie ab Alarmmaßnahme SOC. Der Aufmarsch der in den Niederlanden stationierten Truppenteilen wird auf 5 Marschstraßen geplant und im Eisenbahntransport. Der Aufmarsch beginnt vermutlich bei Alarmmaßnahme SOD.

Die PzLehrBrigade 9 verlegt in den Verfügungsraum WALSRODE und wird Korpsreserve 1 des I. (GE) Korps.

Der Aufmarsch der 3. (GE) PzDiv wird – ja nach Lage – im Stufen- oder Eilaufmarsch durchgeführt.

Im Stufenaufmarsch verlegt die 3. PzDiv bei MILITARY VIGILANCE (MV) im Rahmen von Vorlaufbewegungen Pionierkräfte zu den Munitionslagerorten und von dort in Bundesliegenschaften nahe den Einsatzräumen.

Bei SIMPLE ALERT (SA) werden Fernmelde- und Logistikkräfte in die Einsatzräume und 2 PzAufklBtl an die IdG verlegt. Kampftruppen und Flugabwehrkräfte verlegen in besonders gefährdete Abschnitte der Aufmarschstraßen, Verzögerungskräfte in die Verzögerungszone. Ferner marschieren Pioniertruppenteile mit Sperrmaterial auf, um in den Einsatzräumen ihre Aufgaben nach dem CRBA zu erfüllen.

Bei REINFORCED ALERT verlegen im Nachaufmarsch die Truppenteile, die bei Beginn des Hauptaufmarsches nicht marschbereit sind.

---

[201] Militärhistorische Exkursion Lüneburg, 2016.
[202] BArch, BH 8-3/434.

Im Rahmen des COUNTER SURPRISE SYSTEMS beziehen alle Truppenteile vor dem Aufmarsch Auflockerungsräume und stellen sich auf einen Eilaufmarsch ein. Beim Aufmarsch bzw. nach dem Aufmarsch ist in die Einsatzräume zu verlegen und Gefechtsbereitschaft herzustellen.

Ab SLC ist Instandsetzungsunterstützung FlakPz GEPARD aus FInstPkt InstKdo 1AA in DELMENHORST zu leisten. Sanitätsdienst in Form der Erstversorgung wird durch den Truppensanitätsdienst und für die Brigaden durch je 1 SanKp des SanBtl 3 durchgeführt.

Der **Befehl Nr. 1 der 3. (GE) PzDiv für die Verzögerung (GDP 88 Teil II)** datiert vom 06.03.1989 und tritt ebenfalls am 01.07.1989 in Kraft.

Er trifft folgende Feststellungen:

Voraussichtlich werden 2 Armeen in 1. operativer Staffel die Gefechtsstreifen des 1 (NL) und des I. (GE) Korps angreifen. Dabei wird die 3. Stoßarmee im Hauptstoß beiderseits der BAB HELMSTDT – HANNOVER und HAMELN mit dem Angriffsziel BIELEFELD und DETMOLD angreifen. Die 2. Gardearmee versucht im nördlichen Nebenstoß zwischen BOITZENBURG und WITTINGEN über die WESER zwischen BREMEN und MINDEN vermutlich in den Raum SYKE – NIENBURG – LOCCUM – SULINGEN zu gelangen.

Die 2. Gardearmee hat für ihre Anfangsoperationen 2 Möglichkeiten:

- Angriff mit 16. GardePzDiv – links im Schwerpunkt – aus dem SALZWEDELER BOGEN über BERGEN a. d. Dumme (PD 3262) – ROSCHE (PD 1873) – EBSTORF (ND 9577) ins vermutliche Angriffsziel, die BAB A7 zwischen BISPINGEN (ND 6684) und SOLTAU (ND5772). Die 21. motSchtzDiv – rechts im Nebenstoß – könnte über LÜCHOW (PD 4571) – BIENENBÜTTEL (ND 9989) – WETZEN (ND 8393) das vermutliche Angriffsziel, die BAB A 7 beiderseits EGESTORF (ND 7195) erreichen.
- Angriff mit 16. GardePzDiv – links im Schwerpunkt – aus dem SALZWEDELER BOGEN über BERGEN a. d. Dumme – UELZEN – WIETZENDORF (ND 6664) in den Gefechtsstreifen des rechten Nachbarn ins vermutliche Angriffsziel BAB A7 zwischen DORFMARK (ND 5262) und KRELINGEN (ND 4451). Die 21. motSchtzDiv – rechts im Nebenstoß – dürfte über LÜCHOW (PD 4571) – BIENENBÜTTEL (ND 9989) – AMELINGHAUSEN zum vermutlichen Angriffsziel BAB A7 zwischen BISPINGEN und SOLTAU vorstoßen.

Den beiden Optionen ist gemeinsam, dass die 94. (SU) GdmotSchtzDiv und 1 oder 2 (SU) selbständige PzRgt als 2. taktische Staffel im Raum um LUDWIGSLUST (PE 6712) verfügbar gehalten werden. Möglich ist auch, dass die selbständigen PzRgt als Reserve dienen, um Anfangserfolge nach ersten Übergängen über den ELBE-SEITEN-KANAL (ESK) zum Stoß in die Tiefe auszuweiten. Zur Unterstützung des Angriffs ist mit taktischen Luftlandungen auf Übergänge des ESK beiderseits UELZEN und operativen Luftlandungen zwischen HOYA (ND 0951) und PETERSHAGEN (ND 9803) zu rechnen.

Die größere Wahrscheinlichkeit liegt in der Möglichkeit 2, da das Gelände südlich UELZEN insgesamt panzergünstig ist und den kürzesten Weg zum Angriffsziel bietet.

Das I. (GE) Korps verzögert und verteidigt mit 2 Divisionen nebeneinander – Schwerpunkt im PAPENTEICH – und hält bis zur Verfügbarkeit der 3. PzDiv als Korpsreserve zunächst die PzLBrig 9 sowie die LLBrig 27 als Reserve bereit. Nach Ablösung der GE-Kräfte im NL-Gefechtsstreifen ist so früh als möglich eine Reserve in Divisionsstärke im Raum MUNSTER (ND 7372) – BERGEN (ND

6552) – VERDEN (ND 1664) (Verfügungsraum WALSRODE) unter Führungsvorbehalt COM-NORTHAG bereitzuhalten

Das 1 (NL) Korps übernimmt so früh als möglich die Führungsverantwortung im eigenen Gefechtsstreifen, schließt den Aufmarsch der in den NIEDERLANDEN stationierten Kräfte ab und verzögert mit 3. PzDiv (ohne PzLBrig 9) und niederländischen Kräften auf gesamter Korpsbreite mindestens 24 Stunden, nimmt die 3. PzDiv nach Abschluss der Verzögerung auf, verteidigt mit 4 (NL) Div links und 1. (NL) Div rechts – hier Schwerpunkt – sowie der 5. (NL) Div als Korpsreserve westlich des ESK.

Linker Nachbar ist die 6. (GE) PzGrenDiv (LANDJUT), die am VRV ELBE-LÜBECK-KANAL ein feindliches Vordringen über die BAB LÜBECK – HAMBURG zu verhindern hat.

Die 11. (GE) PzGrenDiv verzögert als rechter Nachbar zwischen IdG und VRV so, dass der Zusammenhang der Verteidigung gewahrt bleibt; danach verteidigt sie den Raum WIERENER BER-GE – Nordteil GIFHORN (PD 0615) – HELSTORF (ND 4026) – SCHWARMSTEDT (NC 4237) und FASSBERG (ND 7962) mit dem Gefechtsverband 11[203] links, der verstärkten PzBrig 33 in der Mitte, einer PzGrenBrig rechts und einer PzGrenBrig als Reserve.

Die PzLBrig 9 stellt sich darauf ein, bis zur Verfügbarkeit der 3. PzDiv die 1. PzDiv oder die 11. PzGrenDiv in der Verteidigung zu verstärken oder zur Fortsetzung der Verzögerung zwischen VRV und Linie ALPHA im NL-Gefechtsstreifen der 3. PzDiv unterstellt zu werden.

Das WBK II unterstützt Aufmarsch und Bewegungen in der Forward Combat Zone (FCZ) bei Ausfall ständiger Gewässerübergänge, schützt nach Mobilmachung Rückwärtige Gebiete, insbesondere WESER-Übergänge zwischen VERDEN und NIENBURG, koordiniert den Schutz der WESER-Übergänge im Gefechtsstreifen 1 (NL)/I. (GE) Korps und hält für das I. (GE) Korps mindestens eine Hauptversorgungsstraße und eine Eisenbahntransportlinie (ETL) offen.

Die 3. PzDiv rechnet mit 48 Stunden Warnzeit. Innerhalb dieser Frist ist die personelle und materielle Mobilmachung der Geräteeinheiten nicht abgeschlossen. Auf Befehl des I. (GE) Korps wird sie mit dem 1 (NL) Korps auf Zusammenarbeit angewiesen und ab Alarmmaßnahme SOC mit OPCON für das Verzögerungsgefecht unterstellt. Für den Aufmarsch untersteht die 3. PzDiv dem I. (GE) Korps.

Die 3. PzDiv verzögert zwischen IdG und VRV, bis das 1 (NL) Korps am VRV verteidigungsbereit ist. Sie wird ostwärts des ESK durch NL-Kräfte aufgenommen. Eine weitere Aufgabe ist es, die ELBE-Brücken bei LAUENBURG (PE 0414) und GEESTHACHT (NE 8920) zur Sprengung vorzubereiten und sicherzustellen, dass sie nicht unzerstört in die Hände des Feindes fallen. Nach Aufnahme durch die NL-Kräfte wird der Verfügungsraum WALSRODE bezogen. Die 3. PzDiv stellt sich darauf ein, die Verzögerung auch westlich des ESK fortzuführen und hierzu die PzLBrig 9 unterstellt zu bekommen, falls die NL-Kräfte nicht rechtzeitig am VRV eintreffen.

Bei Unterstellung unter 1 (NL) Korps schützt die 3. PzDiv mit einsatznah stationierter PzBrig zunächst den Raum beiderseits des ESK – Schwerpunkt rechts – und hält ESK- und ILMENAU-Übergänge bis zur Ablösung durch NL-Kräfte offen, sichert nach Aufmarsch an der IdG, verzögert über mindestens 24 Stunden – unter Überwachung der linken Flanke – mit PzGrenBrig in der Mitte und verstärkter NL-PzBrig rechts – hier Schwerpunkt – zwischen (Fluss) JEETZE und ESK und ermöglicht so dem 1 (NL) Korps die Verteidigungsbereitschaft am VRV herzustellen.

---

[203] Zur Gliederung des Gefechtsverbandes 11, vgl. unten S. 106.

Nach Ablösung und Aufnahme sowie Rückunterstellung unter I. (GE) Korps bezieht die 3. PzDiv den Verfügungsraum WALSRODE und stellt sich darauf ein, als Korpsreserve unter Führungsvorbehalt COMNORTHAG vier Gegenangriffsoptionen und eine Auffangoperation vorzubereiten.

Die 41. (NL) PzBrig sichert an der IdG, verzögert im Schwerpunkt der Division an VZL TANNE und verteidigt hieraus zeitlich begrenzt, weicht auf Befehl kämpfend auf VZL AHORN aus, wird durch 1 (NL) Korps aufgenommen und bezieht dann einen Verfügungsraum im Verteidigungsraum des 1 (NL) Korps; sie stellt sich allerdings auch darauf ein, bereits ostwärts des ESK dem 1 (NL) Korps unterstellt zu werden.

Die PzGrenBrig 7 sichert westlich der JEETZE an der IdG, stellt Feuerunterstützung für PzAufklBtl 3 aus Feuerstellungsraum hart westlich der JEETZE sicher, nimmt in der Verzögerungslinie ERLE PzAufklBtl 3 auf und verzögert im Zuge von ERLE, weicht auf Befehl kämpfend auf VZL TANNE aus und verteidigt zeitlich begrenzt, geht auf Befehl auf Verzögerungslinie AHORN zurück und verteidigt dort erneut zeitlich begrenzt. Danach weicht die Brigade auf Befehl kämpfend auf Aufnahmelinie aus und wird durch Kräfte des 1 (NL) Korps aufgenommen. Danach wird der Verfügungsraum WALSRODE bezogen. Die PzGrenBrig stellt sich auch darauf ein, bereits ostwärts des ESK von NL-Kräften abgelöst zu werden.

Die PzBrig 8 schützt bis zur Ablösung durch NL-Kräfte Übergänge über ILMENAU und ESK und sichert gleichzeitig die ELBE-Brücken bei LAUENBURG und GEESTHACHT und bereitet sie zur Sprengung vor. Gesprengt werden darf nur auf Befehl der Division oder bei Gefahr des feindlichen Zugriffs. Nach Ablösung werden die Verfügungsräume REPPENSTEDT (NE 9001) und REHLINGEN (ND 8285) bezogen. Als Divisionsreserve 2 stellt sich die PzBrig 8 darauf ein, westlich, mit Teilen auch ostwärts des ESK vorrangig bei der 41. (NL) PzBrig und dem 103. (NL) PzAufklBtl eingesetzt zu werden. Auf Befehl wird der Verfügungsraum WALSRODE bezogen.

Das PzAufklBtl 3 verzögert bei überraschendem Feindangriff ab VZL ERLE/TANNE bis Aufnahme durch PzGrenBrig 7, überwacht bei planmäßigem Aufmarsch den Raum ostwärts der JEETZE und sichert dabei Fernmeldeeinrichtung THURAU (PD 5270) bis Rückführung des Personals und Lähmung des Objekts. Das PzAufklBtl 3 weist Aufklärung sowie schwächere Feindkräfte ab, bezieht nach Aufnahme den Verfügungsraum WESTE (PD 1480) und wird Divisionsreserve 1.

Dabei stellt sich die PzBrig 8 darauf ein, ostwärts des ESK luftgelandeten Feind zu zerschlagen, die PzGrenBrig 7 oder die 41. (NL) PzBrig zu verstärken, den Feind aus Stellungen 1, 2 oder 3 aufzufangen und feindliche Übersetzversuche über die ELBE zwischen TIESSAU (PD 3395) und HOHNSTORF (PE 0414) mit 103. (NL) PzAufklBtl zu zerschlagen. Auf Befehl ist der Verfügungsraum WALSRODE zu beziehen.

Das 103. (NL) PzAufklBtl überwacht ELBE zwischen LAUENBURG und TIESSAU, weist Übersetzversuche von feindlicher Aufklärung/schwächere Feindkräfte ab, bricht auf Befehl die Überwachung ab und wird durch 1 (NL) Korps aufgenommen, stellt sich darauf ein, bereits ostwärts des ESK dem 1 (NL) Korps unterstellt zu werden und führt letztlich Folgeaufträge gem. Befehl des 1 (NL) Korps aus.

Der DivArtFü 3 überwacht linke Flanke entlang der ELBE zwischen LAUENBURG und TIESSAU mit dem 103. (NL) PzAufklBtl, unterstützt dieses bei der Abwehr von Übersetzversuchen über die ELBE zwischen BLECKEDE (PE 1606) und TIESSAU.

Bei den Pionieren haben Dringlichkeit die Sperrvorbereitungen an den ELBE-Brücken LAUENBURG und GEESTHACHT sowie die Sperren in den VZL ERLE und TANNE. An 2. Stelle stehen die Sperren in der VZL AHORN und am südlichen ELBE-Ufer zwischen BLECKEDE und TIESSAU. Der Divisionspionierführer hält Kriegsbrückengerät (Faltschwimmbrücke – FSB) im Raum KIRCHGELLERSEN (ND 8699) für beweglichen Einsatz an ESK und ILMENAU bereit.

Das FlaRgt 3[-] mit unterstellter 41. (NL) PzFlakBttr schützt Kampf- und Kampfunterstützungstruppen der verzögernden Brigaden sowie die Übergänge im Zuge des ESK bis Abschluss der Aufnahme und die PzBrig 8 als Divisionsreserve 2.

Die Heeresflieger halten 2 Schwärme Panzerabwehrhubschrauber (PAH) des HFlgRgt 16 im vorgeschobenen Verfügungsraum TELLMER (ND 8785) bereit, um 41. (NL) PzBrig und/oder PzGrenBrig 7 bzw. DivRes 1 zu schützen. Die HFlgStff 3 bezieht – wie das HFlgRgt 10 – den Verfügungsraum um BETZENDORF (ND 8888) und stellt Verbindungshubschrauber. Das HFlgRgt 10 hält 4 UH-1D für den Verwundetentransport und weitere 4 UH-1D als Luftspähtrupps zur Überwachung des Verfügungsraumes WALSRODE bereit.

Die FmKp 3 klärt bevorstehenden Feindangriff im Verantwortungsbereich der 3. PzDiv auf, vorrangig Gefechtsgliederung, Regiments-/Divisionsgefechtsstände und atomare Einsatzmittel im Schwerpunkt SALZWEDELER BOGEN.

Die ABCAbwKp 3 bereitet im Verfügungsraum BARNSTEDT (ND 9289) einen HEP vor, weitere HEP an anderen Orten.Sie betreibt bewegliche ABC-Aufklärung mit Schwerpunkt im ESK/ILMENAU Abschnitt und richtet eine ABC Meß- und Beobachtungsstelle im Raum um den BUTTERBERG (ND 9388) ein. Die A- und C-Kampfmitteluntersuchungsstelle des I. (GE) Korps befindet sich in STEINBRINK (MD 7816).

Die 5./FJgBtl 720 regelt den Verkehr im Zuge der Übergänge ESK und ILMENAU sowie in den Städten LÜNEBURG, UELZEN, BAD BEVENSEN und stellt sich darauf ein, zusammen mit der Polizei zur Lenkung von Bevölkerungsbewegungen eingesetzt zu werden.

Der Frontnachrichtenzug 3 (FNZg 3) richtet eine Zelle im DivGefStd (H2) ein und stellt Befragungstrupps zu den Brig ab.

Die Korpsdepots 165 (LOEVERSCHEN bei WALSRODE) und 151 (HODENHAGEN) werden ab SLC von der 3. PzDiv übernommen.

Das SanBtl 3 gibt an jede (GE) Brig 1SanKp ab, richtet in DORFMARK (ND 5161) einen Hauptverbandsplatz und den Divisionsversorgungspunkt Sanitätsmaterial ein.

Einsatzräume der FErsBtl 31 und 32 – gleichzeitig Versprengtensammelstellen – befinden sich in KLEINHARL (ND 4665) und FUHRENKAMP (ND 4461).

Kriegsgefangenensammelstellen werden durch NschBtl 3 bis zur Einsatzbereitschaft des FErsBtl 32 in KLEINHARL und ab Einsatzbereitschaft in FUHRENKAMP betrieben. Das NschBtl 3 übernimmt den Transport der Kriegsgefangenen zu Korpseinrichtungen.

Die Feindlagebeurteilung der 3. PzDiv vom 6.3.1989 wiederholt Gesichtspunkte, die bereits oben wiedergegeben sind. Daher werden nachfolgend nur Ergänzungen hierzu aufgeführt.

Die GSTD und die NVA sind so disloziert, dass die 1. operative Staffel weitgehend aus den Friedensstandorten innerhalb von 24 Stunden zum Angriff antreten kann. Die restlichen Divisionen der Kategorie A im westlichen Vorfeld können innerhalb von 4 Tagen im Verfügungsraum aufmarschiert sein. Die Divisionen der Kat. B und C im westlichen Vorfeld und den 3 westlichen Militärbezirken benötigen zum Aufmarsch zwischen 3 und 10 Tagen. Bei der angenommenen Warnzeit von 48 Stunden bleiben für die notwendigen militärischen Verteidigungsvorbereitungen mindestens 36 Stunden

(Ausnahme: nuklearer Überraschungsangriff). Im Gefechtsstreifen der NORTHAG werden vermutlich 3 Armeen in 1. operativer Staffel, eine Armee als Reserve und 2 Armeen in 2. operativer Staffel (je 1 Armee im Raum nördlich und südlich BERLIN) mit dem Ziel, angreifen den Raum WESEL – NEUSS – AACHEN westlich des RHEINS zu nehmen. Die 3. (NVA) Armee dürfte im südlichen Nebenstoß vor dem 1. (BR) Korps zwischen HARZ (einschl.) und KASSEL auf WESER-Übergänge zwischen BODENWERDER (NC 3659) und MÜNDEN (NB 4696) in den Raum EGGEGEBIRGE zwischen STEINHEIM (NC 0747) und WARBURG (NC 1004) zielen.

Als Reserve würde die 20. (SU) Gardearmee im Raum HAVELBERG (UU 0358) – POTSDAM (UU 6808) – MAGDEBURG (PC 8078) bereitgehalten, vermutlich um einen sich abzeichnenden Durchbruch der 1. operativen Staffel auszuweiten und zu vollenden.

Als Feindkräfte im Gefechtsstreifen der 3. (GE) PzDiv/1 (NL) Korps werden die 2. (SU) GdA angenommen, die über die 16. (SU) GdPzDiv (NEUSTRELITZ), 21. (SU) motSchtzDiv (PERLEBERG), 94. (SU) GdmotSchtzDiv (SCHWERIN), 207. (SU) motSchtzDiv STENDAL) und die (SU) 138. (GÜSTROW), 145. (GARDELEGEN) und 221. (LUDWIGSLUST) selbständige PzRgt der Armee verfügt. Die nördliche Grenze dürfte im Zuge der ELBE liegen, die südliche Grenze von ZASEN-BECK (PD 2638) über CELLE (einschließlich) nach NEUSTADT AM RÜBENBERGE (ausschließlich) reichen.

Im Gefechtsstreifen der 3. PzDiv ist mit dem Einsatz von 1300 Kampfpanzern, 1200 Schützenpanzern, 600 Geschützen/Mörsern – im Schwerpunkt des Angriffs der Armee – mit bis zu 120 Rohren je km Angriffsbreite zu rechnen. Die 2. (SU) GdA Armee kann mit eigenen Pioniermitteln 2 – 3 Brücken über die ELBE schlagen.

Ohne die 207. motSchtzDiv verfügt die 2. GdA über insgesamt 387 Flugabwehrsysteme (FlaK und FlaRak), um einen wirksamen Fla-Schutz sicherzustellen. Etwa 30 Prozent der Fernmeldekräfte der 2. GdA stehen für den funkelektronischen Kampf zur Verfügung.

Die 3. PzDiv hat täglich mit bis zu 200 Jagdbomber- und 300 Kampfhubschraubereinsätzen zu rechnen. Die Jagdbomber benötigen 4-5 km Sicht und eine ca. 800 m betragende Wolkenuntergrenze.

30-40 Gruppen (je 4-12 Soldaten) der Truppen besonderer Bestimmung dürften im Bereich des 1 (NL) Korps eingesetzt werden.

Im Rückwärtigen Divisionsgebiet der 3. PzDiv sind folgende Räume durch Feindkräfte besonders bedroht: ALLER zwischen VERDEN (ND 1663) und HODENHAGEN (ND 3946), Autobahndreieck WALSRODE (ND 4549) und der Raum um HODENHAGEN (ND 449405).

Für den Pioniereinsatz gilt u.a.:

11. und 41. (NL) PiBtl stehen bis Übernahme der Führungsverantwortung durch 1 (NL) Korps unter OPCON der 3. (GE) PzDiv. Die NL-Pioniere führen die Sperraufträge gem. Auftrag der 1. (NL) und 4. (NL) Div durch.

Für alle Sperrkräfte gilt mit Auslösung von SON[204]:

- Zone A (automatisch): Zündbereitschaft 2 (entsichert) bei Sprengobjekten und Verlegen scharfer Minensperren.

---

[204] BArch, BH 8-3/434; Begriffsbestimmungen: Zündbereitschaft 1(gesichert) bedeutet, dass die Sprengladungen am Objekt angebracht und gesichert sind; die Zündleitungen sind verlegt, aber nicht an die Sprengladung angeschlossen. Sprengkapseln sind nicht eingesetzt. Zündbereitschaft 2 (entsichert) bedeutet, dass das Sprengobjekt für eine sofortige Sprengung fertig ist. Bei scharfen Minen sind die Sprengkapseln bzw. Zünder eingesetzt und die Minen entsichert.

- Zone B (automatisch): Zündbereitschaft 1 (gesichert) bei Sprengobjekten. Nach besonderer Genehmigung durch BMVg bei Sprengobjekten Zündbereitschaft 2 (entsichert) und Verlegen scharfer Minensperren
- Zone C (automatisch): Zündbereitschaft 1 (gesichert); Minen dürfen erst nach Auslösung von RON oder REINFORCED ALERT (RA) verlegt werden.

Für alle 3 Zonen des CRBA gilt, dass Sperren, deren Wirkung nicht auf Sprengmitteln beruht (z.B. Trägerstecksperren) vorbereitet werden können; dies darf aber die Zivilbevölkerung nicht behindern.

Nationale Einschränkungen für die Sperrvorbereitungen sind zu beachten. So dürfen vor GENERAL ALERT (GA) Sprengladungen nicht gezündet werden. „Erlaubte" Minensperren dürfen mit Verlegemitteln (z.B. Hubschrauber) nur angelegt werden, wenn sie in den genehmigten Sperrlisten enthalten sind und ihre anschließende Bewachung, Einzäunung und Kennzeichnung sichergestellt ist.

Das Verschießen von Minen und Sperrmunition mit Artillerie ist vor GA ebenso wenig erlaubt wie das Verlegen derartiger Mittel, die nach Ablauf einer bestimmten Wirkzeit selbständig detonieren. Bis Auslösung von GA sind Minensperren gem. STANAG 2036 einzuzäunen und zu kennzeichnen. Nach Auslösung von GA werden diese Erfordernisse aufgehoben, wenn die Lageentwicklung es erfordert. Minensperren, welche die Zivilbevölkerung besonders gefährden können, sind zu bewachen. Die Bestimmungen gelten in Zone A des AFCENT-Bereiches dann nicht, wenn die Abwehr einesAngriffs zwingend erforderlich wird.

Bei Ablösung oder Aufnahme der 3. (GE) PzDiv durch das 1 (NL) Korps werden die Pioniere der 3. PzDiv so lange vom DivPiFhr geführt (TACON), bis alle vorbereiteten Sperren gem. Sperrplan 3. PzDiv an NL-Pioniere – einschließlich der Sperren GEESTHACHT und LAUENBURG – übergeben, ausgelöst oder abgebaut sind.

Die Gefechtsstände werden eingerichtet:

1 (NL) Korps in SCHNEVERDINGEN, 1. (NL) Div in BROCKHÖFE (ND 8675), 4. (NL) Div in TOPPENSTEDT (NE 7402), 11. PzGrenDiv in SCHARNHORST (ND 8542), 3. PzDiv in HOLTHUSEN I (= ND 8679 – H1) und CORDINGEN (= ND 4161 – R1), PzGrenBrig 7 (H1 und R1) in GUELDEN (PD 2680) und WESTE (PD 1480), PzBrig 8 (H NORD, H SÜD und R1 in BARDOWICK (NE 9407), TAETENDORF/EPPENSEN (PD 0379) und LÜNEBURG (NE 9702), 41. (NL) PzBrig in MOLBATH (PD 1460), PzAufklBtl 3 in LUEBELN (PD 4172), ArtRgt 3 in WETTENBOSTEL (ND 8182), FlaRgt 3 in WRIEDEL (ND 8382), 103 (NL) PzAuklBtl in THOMASBURG (PD 1099), 41. (NL) PiBtl in der Kaserne HAINBERG (PD 0073)[205].

Das **Agreement** zwischen 1 (NL) Korps und 3. (GE) PzDiv vom 08.06.1989, in Kraft ab 1.7.1989 trifft u.a. folgende Regelungen: Prinzipiell ist die 3. PzDiv ostwärts des ESK, das 1 (NL) Korps westl. und für den ESK zuständig. Für den Aufmarsch der in GE stationierten NL-Kräfte, die unter OPCON oder TACON stehen, ist die 3. PzDiv verantwortlich. Bis zur Ablösung durch NL-Kräfte sichert die 3. PzDiv folgende ESK-Übergänge NE 995085, NE 992014, ND 998982, PD 048893, PD 072883, PD 074809, PD 066699 und PD 084645.

Die 2 niederländischen FArtGruppen halten Verbindung zum (GE) ArtRgt 3.

---

[205] Knögel in e-mail v. 20.4.2021. Es handelt sich um die BGS-Unterkunft in HAINBERG, nordwestlich von UELZEN.

Der Befehl Nr. 1 zum Schutz des Verfügungsraumes WALSRODE verlangt von der 3. PzDiv die Überwachung von festgelegten Objekten und die frühzeitige Ablösung der LLBrig 27 an den Straßenbrücken RETHEM (ND 261487) und AHLDEN (ND 385461) sowie dem Tanklager HODENHAGEN (ND 449405).

Während des Einsatzes der 3. PzDiv im NL-Gefechtsstreifen wird der Verfügungsraum WALSRODE durch JgBtl 36 und 37 sowie SichBtl 38 in 3 Abschnitten geschützt, wobei die Raumnutzer Unterstützung leisten. SichBtl 38 hat baldmöglichst FschJgBtl 271 in RETHEM, AHLDEN und HODENHAGEN abzulösen.

Der Befehl Nr. 1 für die Verteidigung aus der Auffangstellung **ODIN** (GDP 88, Teil III – (vgl. oben Abb. 27)) geht von folgenden Voraussetzungen aus[206]:

Dem Feind ist ein tiefer Einbruch gelungen. Er will vermutlich die Enge zwischen CELLE und HANNOVER durchbrechen, um zügig an die WESER-Übergänge zu gelangen.

Die 7. (GE) PzDiv befindet sich nicht mehr im Verfügungsraum STEINHUDER MEER und die 1. (GE) PzDiv verteidigt in enger Anlehnung an die 1. (BR) Div nach Einsatz aller Reserven zeitlich begrenzt im ERSE/OKER-Abschnitt.

Die 3. (GE) PzDiv verteidigt die Linie CELLE – SEHNDE (NC 6696) mit PzGrenBrig 7 links, PzLBrig 9 Mitte – hier Schwerpunkt – und PzBrig 8 rechts, hält eine zentrale Divisionsreserve bereit, nimmt die 1. (GE) PzDiv auf, hält das Schlüsselgelände des I. (GE) Korps und verhindert den Durchbruch zwischen CELLE und HANNOVER und schafft so die Voraussetzungen für einen erfolgreichen Gegenangriff von Korps- bzw. Heeresgruppenreserven in den PAPENTEICH.

- Die PzGrenBrig 7 verteidigt in der Linie Südrand CELLE – OBERSHAGEN (ND 7117) und gibt 1 PzGrenBtl zur Divisionsreserve ab,
- die PzLBrig 9 verteidigt im Schwerpunkt zwischen HÄNIGSEN (ND 7216) und ALIGSE (ND 6706),
- die PzBrig 8 verteidigt zwischen LEHRTE (ND 6704) und SEHNDE (ND 6696) und gibt 1 PzGrenBtl zur Divisionsreserve ab,
- die Divisionsreserve stellt sich darauf ein, vorne eingesetzte Brigaden frühzeitig zu verstärken, im Schwerpunkt eingebrochenen Feind aufzufangen, eingedrungenen Feind im Raum nordw. BURGDORF angriffsweise zu zerschlagen und die linke Flanke der Div zu schützen,
- PzAufklBtl 3 überwacht – je nach Lage – mit leichten Teilen Grenzen zu 11. (GE) PzGrenDiv und 1. (BR) Korps.
- Für den Nachschub werden in ELZE (ND 5026) und RESSE (ND 4217) vorgeschobene DVP MVG eingerichtet
- Vorgeschobene FeldInstPkt werden in BRELINGEN (ND 4623) und im Raum VESBEK (ND 4229) – ABBENSEN (ND 4225) – ELSTORF (ND 4027) betrieben.

Der Befehl Nr. 1 für den **Gegenangriff THOR** (GDP 88, Teil III – vgl. auch oben Abb. 27) geht von Folgendem aus:

- Ein Feindeinbruch bei der 1. (GE) PzDiv im Raum LEIFERDE (ND 9811) – BRAUNSCHWEIG – PEINE.
- Die 11. (GE) PzGrenDiv hält die Linie HANKENSBÜTTEL (ND 0843) – GIFHORN (PD 0617) bzw. HOHNE (ND 9328) – GIFHORN.

---

[206] Vgl. BArch. BH 8-3/434; darin sind (teils unleserliche) handschriftliche Anmerkungen angebracht, welche statt der (normalen) Brigadennummerierung die Bezeichnungen Brig A, B oder C verwenden.

- Die 1. (GE) PzDiv hält ALLER (einschl. Übergänge) sowie den OKER/ERSE-Abschnitt.
- Die 3. (GE) PzDiv greift – unter Schutz der linken Flanke – mit PzGrenBrig 7 links – im Schwerpunkt – und PzBrig 8 rechts ostwärts OKER und westlich ERSE an, nimmt OKER-Übergänge, schließt Feind vor 1. PzDiv ein, vernichtet ihn, setzt danach Angriff mit PzLBrig 9 fort, nimmt das Angriffsziel PAPENTEICH und verteidigt danach im Zuge von ESK/MLK.

Der Befehl Nr. 1 für den **Gegenangriff WOTAN** (GDP 88, Teil III – vgl. auch oben Abb. 27) beinhaltet folgende Voraussetzungen:

- Der Feind ist in den Verteidigungsraum der 11. (GE) PzGrenDiv im Raum HANKENSBÜTTEL (PD 0843) – WESENDORF (PD 0428) – HOHNE (ND 9227) eingedrungen.
- Die 11. PzGrenDiv hält in Linie RÖHRSEN (PD 1052) – STEINHORST (ND 9538) – HELMERKAMP (ND 9028) und die 1. (GE) PzDiv hält die ALLER-Übergänge zwischen GIFHORN und LANGLINGEN (ND 8724) sowie den OKER/ERSE-Abschnitt.
- Die 3. PzDiv greift – in engem Zusammenwirken mit 11. PzGrenDiv im Raum um HANKENSBÜTTEL – SCHMARLOH mit Aufklärung auf gesamter Breite voraus mit PzGrenBrig 7 – links im Schwerpunkt –, PzBrig 8 rechts im Raum WAHRENHOLZ (PD 0830) – WESENDORF (PD 0428) – ROSENBERG (PD 0635) und PzLBrig 9 als Reserve rechts folgend an, zerschlägt den Feind und verteidigt anschließend zwischen HANKENSBÜTTEL und GROSSES MOOR (PD 0622). Das PzAufklBtl 3 klärt vor 3. PzDiv in gesamter Breite auf, Schwerpunkt vor PzGrenBrig 7.
- Offensive Luftunterstützung wird u.a. gegen Ziele im Angriffsschwerpunkt durch Combat Air Support (CAS), zunächst im Raum HANKENSBÜTTEL gewährt.

Der Befehl zum Aufmarsch der **11. (GE) PzGrenDiv (GDP 88)** besagt[207]:

Das BMVg befiehlt den Aufmarsch durch das Auslösen von Alarmmaßnahmen, Gruppen oder Stufen/Alarmstufen des Alarmplanes, um in einem Zuge die Abwehrbereitschaft nach GDP unverzüglich herzustellen (EILAUFMARSCH) oder stufenweise für festgelegte Truppenteile gegenüber einer wachsenden Bedrohung die eigene militärische Handlungsfähigkeit zu wahren und damit der politischen Führung die Fähigkeit der Krisenbeherrschung zu erhalten (STUFENWEISER AUFMARSCH).

Das I. (GE) Korps wird – je nach Auslösung der Alarmmaßnahmen – entweder den EILAUFMARSCH oder einen STUFENWEISEN AUFMARSCH durchführen. Aus letzterem kann in den EILAUFMARSCH übergegangen werden.

Nach dem SICHERUNGSAUFMARSCH schützt das Korps Brücken im Zuge der Aufmarschstraßen über WESER, ALLER und LEINE mit Kräften der 7. (GE) PzDiv/PiKdo 1. FlaSchutz in der WESER-Zone gewährleistet das FlaKdo 1. Die 11. (GE) PzGrenDiv stellt den Schutz ihrer Aufmarschstraßen sicher, sichert im Divisionsgebiet Räume und Objekte und stellt bei Erreichen der Einsatzräume unverzüglich volle Gefechtsbereitschaft her.

Bei EILAUFMARSCH werden die einsatzbereiten Truppenteile geschlossen in die Einsatzräume geführt, wenn

- ROD oder RA bzw. GA ausgelöst wurden und noch keine TEILAUFMÄRSCHE des STUFENWEISEN AUFMARSCHES durchgeführt wurden oder der SICHERUNGSAUFMARSCH noch

---

[207] BArch, BH 8-11/119.

nicht länger als 4 Stunden zurückliegt und DECKUNGS- und HAUPTAUFMARSCH noch nicht ausgelöst wurden. Wird nur der EILAUFMARSCH ausgelöst, entfallen die Vorlaufbewegungen.

Bei STUFENWEISEM AUFMARSCH ist zu unterscheiden:

- MILITARY VIGILANCE (Grouping MV3) führt zu Vorlaufbewegungen marschtechnisch ungünstig gelegener Truppenteile (YVOT, YVON),
- SIMPLE ALERT (Groupings SA 1, 2, 4, 5) führt zur Verlegung von Fernmeldekräften und Vorkommandos von Gefechtsständen, Logistikkräften, FlaKräften mit Teilen der Kampftruppen in die Einsatzräume. Verlegt werden auch Truppenteile mit Querbewegungen von mehr als 50 km durch einen Nachbar-Korps-Gefechtsstreifen sowie Verzögerungskräfte in die Verzögerungszone.
- REINFORCED ALERT (Grouping RA 5) führt zur Verlegung der Hauptkräfte in die Einsatzräume sowie zur Nachführung von Truppenteilen, die bei Beginn des HAUPTAUFMARSCHES nicht marschbereit waren.
- Bei Auslösung von STATE ORANGE oder STATE SCARLET werden Schutzmaßnahmen getroffen; die Division stellt sich darauf ein, den EILAUFMARSCH in die Einsatzräume durchzuführen. Das I. (GE) Korps kann aber auch den STUFENWEISEN AUFMARSCH in geänderter Reihenfolge befehlen.

Die PzBrig 33 marschiert bei Auslösung „FALL GELB" selbständig mit allen Truppenteilen in den Einsatzraum.

Das FlaRgt 11 schützt nach SICHERUNGSAUFMARSCH die Aufmarschstraßen über ALLER/LEINE und BAB A7 im Raum BAB-Dreieck WALSRODE – MARKLENDORF – NORDREBBER – AHLDEN sowie am ESK mit je 1 FlaKampfVerband bis Abschluss HAUPTAUFMARSCH.

Mit Beginn der ersten Marschbewegungen sind die taktischen Zeichen auf den Kfz dauerhaft unkenntlich zu machen und durch gleichseitige Dreiecke in verschiedenen Farben zu ersetzen.

Für den Fall, dass der Aufmarsch nicht planmäßig erfolgen kann, plant die Division unter dem Stichwort „FALL GELB" den Ansatz der im Einsatzraum verfügbaren Kräfte. Nach Eilaufmarsch dieser Kräfte wird auf gesamter Divisionsbreite so weit ostwärts wie möglich so verzögert, dass dem Feind ein rascher Vorstoß in der Achse WITTINGEN – HANKENSBÜTTEL verwehrt wird. Damit soll der Masse der Division Zeit und Raum für den Aufmarsch und zum Herstellen der Verteidigungsbereitschaft verschafft werden. Die PzBrig 33 erhält mit Eintreffen im Einsatzraum das PzAufklLehrBtl 11, die PzSpZg der Brigaden sowie PAH und verfügbare Kampfunterstützungs-, Logistik- und Sanitätstruppen unterstellt[208].

Die Anlage A zum GDP 88 der 11. PzGrenDiv befasst sich mit dem Militärischen Nachrichtenwesen. Sie wird nur insoweit wiedergegeben, als nicht schon anderweitig die Erkenntnisse eingearbeitet sind.

Grenznah stationierte Divisionen (z.B. 207. motSchtzDiv in STENDAL) können innerhalb von 24 Std. zum Angriff antreten. Divisionen der Kategorie A im westlichen Vorfeld der Sowjetunion sind innerhalb von 4 Tagen in ihren Bereitstellungsräumen verfügbar. Div der Kategorien B und C in diesem Gebiet und den westlichen Militärbezirken benötigen etwa 4 bis 10 Tage bis zur Verfügbarkeit in den Bereitstellungsräumen. Mindestens 5 Tage sind nötig, um eine ausreichende Stoßkraft zu haben.

---

[208] BArch, BH 8-11/119.

Der 11. PzGrenDiv dürfte eine Warnzeit von 48 Std. zur Verfügung stehen.

Vor Angriffsbeginn würde der Feind voraussichtlich funkelektronische Aufklärung betreiben und Kräfte zur operativen und taktischen Tiefenaufklärung sowie Truppen besonderer Bestimmung (TrbesBest) einsetzen. Im Bereich der 11.PzGrenDiv ist der Einsatz von TrbesBest im Verlauf des ESK nicht auszuschließen.

Aus dem Raum OEBISFELDE – SALZWEDEL – SEEHAUSEN/ALTMARK – STENDAL ist es möglich 2 Div der 1. Armeestaffel auf 2-4 Marschstraßen je Div an die IdG vorzuführen, sie hart ostwärts der Grenze zu entfalten und aus der Bewegung in den geplanten Streifen vorzustoßen. Artillerie und FlaKräfte werden wenige Stunden vor Angriffsbeginn, vor Erdsicht durch FALSCHHEITS-BERG (PD 2154) – SCHWABENBERG (PD 2247) – WOLFSBERG (PD 2941) – HILGENBERG (PD 3327) sowie die Wälder hart ostwärts der IdG geschützt, aufmarschieren. Der Raum westl. der ELBE, insbes. der TrÜbPl LETZLINGER HEIDE, eignet sich für die verdeckte Bereitstellung von 2 weiteren Divisionen der 2. Armeestaffeln.

Im Gefechtsstreifen der 11. PzGrenDiv ist ostwärts des VRV Raum für den Angriff von bis zu 3 Div nebeneinander.

Im rückwärtigen Divisionsgebiet sind die Korpsdepots 173 THÖREN (ND 4937), 171 WALLE (ND 6340), 168 SCHARNHORST (ND 8540) und das Pipeline-Tanklager HODENHAGEN durch Feindangriffe oder Gewaltaktionen besonders gefährdet.

Im Gefechtsstreifen der 11. PzGrenDiv ist täglich mit bis zu 150 JaBo- und bis zu 450 Kampfhubschraubereinsätzen zu rechnen.

Aufgelistet wird ein Kräftevergleich.

Die Anlage G zum GDP 88 der 11. (GE) PzGrenDiv enthält eine Geländebeurteilung. Danach wird der Gefechtsstreifen im Norden begrenzt durch B 71 (SALZWEDEL – UELZEN – MUNSTER), im Osten durch die IdG, im Süden durch die ALLER und im Westen durch die OERTZE. Das Gelände wird im Norden durch den ausgedehnten FORST LÜSS und die angrenzenden Waldgebiete, in der Mitte durch den verhältnismäßig offenen, aber schmalen Raum der Achse WITTINGEN – HANKENSBÜTTEL – GROSS-OESINGEN und den SCHMARLOH sowie den ESK, im Süden durch das GROSSE MOOR mit der ISE und dem nach Osten vorgelagerten ausgedehnten MALLOH sowie den Wald- und Sumpfgürtel längs der ALLER gebildet. In der Tiefe prägen die in Nord-Südrichtung verlaufenden Bäche von LACHTE, LUTTER und ASCHAU und der Verkehrsknoten CELLE das Gelände.

Der Geländestreifen der Division umfasst zu etwa 2/3 bewegungshemmende Wälder, Sümpfe und Moore und nur zu etwa 1/3 bewegungsgünstiges Gelände.

Das Gelände zwischen IdG und ESK begünstigt in seiner nördlichen Hälfte den Einsatz mechanisierter Kräfte. Der Raum liegt in Reichweite der feindlichen Aufklärung und seiner Artillerie. Daher ist – auch wegen der geringen Tiefe des Raumes – hier keine Verzögerung möglich, sondern muss durch gepanzerte Kräfte mit starker Feuerunterstützung aus nachhaltig durch Sperren verstärkten vorgeschobenen Stellungen zeitlich begrenzt verteidigt werden.

Die südliche Hälfte der Verzögerungszone finden mechanisierte Feindkräfte (nur) im Südteil geeignetes Gelände vor. Der MALLOH erlaubt den Einsatz eigener weitreichender Panzerabwehrwaffen lediglich aus Randstellungen.

Panzergrenadiere können allenfalls im Zuge von Wegen und Schneisen verzögern. Jagdkampfkräfte können deren Einsatz unterstützen. Der MALLOH ist jedenfalls zu überwachen. Im Süden sind starke, gepanzerte Kräfte einzusetzen, wenn nachhaltig verzögert werden soll.

Der ESK ist im Gefechtsstreifen der 11. PzGrenDiv 53 m breit und 4,15 – 4,65 m tief. Das Kanalbett ist 16 cm dick bituminiert. Die Wasserscheide liegt etwa auf Höhe LÜDER. Er wird von 18 Straßen und 2 Eisenbahnlinien zwischen Schleuse UELZEN und Sperrtor OSLOSS überquert, deren Sicherung und Sperrung erhebliche eigene Kräfte binden.

Übergänge liegen in Reichweite feindlicher Artillerie und Luftstreitkräften. Mit ketten- und allradgetriebenen Fahrzeugen ist der ESK grundsätzlich ohne größere Vorbereitungen überwindbar. Gleichwohl stellt der Kanal im gefüllten Zustand ein Hindernis für einen schnellen Vorstoß dar. Der Feind wird daher versuchen, den Kanal spätestens im Rahmen eines Angriffs gezielt auslaufen zu lassen. Dem gilt es durch Absenken des Wasserspiegels bzw. Dammbau entgegen zu wirken. Andererseits ist die Hinderniswirkung des gefüllten Kanals durch Sperrmaßnahmen, eine bewegliche Verteidigung und Zerschlagung der Feindkräfte vor und am ESK vorausschauend zu verstärken.

Auch für die eigenen Kräfte stellt der ESK bei normalem Wasserstand ein Hindernis dar, das zum Vorführen bzw. Verstärken, Versorgen und Rückführen nur über die vorhandenen bzw. zu schaffenden Übergänge zu überwinden ist.

Die Division darf daher das Gefecht vorwärts des ESK nur mit den zwingend erforderlichen kampfstarken Kräften führen. Brückengerät für den schnellen Einsatz von Kriegsbrücken ist bereitzuhalten, Ausweichmöglichkeiten über Nachbarn sind vorzusehen.

Das Gelände zwischen ESK und B4 besteht im Norden aus den dicht bewaldeten und leicht entflammbaren WIERENER BERGEN, wobei die Feuer auch eigene Truppen gefährdet. Die WIERENER BERGE sind daher nur zu überwachen. Panzerabwehrraketensysteme (PARS) sind nur aus wenigen günstigen Randstellungen einsetzbar. Bewegungen des Feindes werden auf die Engen LÜDER und STADENSEN kanalisiert. Sie sind durch Sperren und infanteriestarke Kräfte abzuwehren.

Das offene, flachwellige Gelände in der Mitte im Zuge der Achse WITTINGEN – HANKENSBÜTTEL – GROSS-OESINGEN wird von zahlreichen kleinen Wäldchen und Ortschaften unterbrochen, was den Verteidiger begünstigt. Obwohl verhältnismäßig schmal ist dies das einzige Gelände unmittelbar westlich des ESK, welches für gepanzerte und mechanisierte Kräfte gut geeignet ist.

Die Division erwartet daher hier den Hauptstoß. Hier und am Ostrand des angrenzenden SCHMARLOH muss daher mit Schwerpunkt die eigene Verteidigung mit gepanzerten Kräften geführt werden, um möglichst starke Feindkräfte zu vernichten und einen Durchbruch über den SCHMARLOH auf CELLE zu verhindern.

Das bewegungsgünstige Gelände im Zuge der Straße KNESEBECK – SCHÖNEWORDE – WAHRENHOLZ – HOHNE begünstigt zwar den Einsatz mechanisierter Truppen in Richtung auf den SCHMARLOH, erlaubt aber wegen seiner geringen Breite in der Enge VORHOP nur einen tief gestaffelten Ansatz stärkerer Kräfte, ist leicht zu sperren und unter Nutzung vorgelagerter Ortschaften leicht zu verteidigen.

Das GROSSE MOOR ist – je nach Jahreszeit und Witterung – ein Hemmnis oder Hindernis, das sich wegen der wenigen Durchlässe leicht sperren lässt. In Verbindung mit dem im Osten vorgelagerten MALLOH und der im Westen verlaufenden ISE ist es für größere, beweglich geführte Operationen gepanzerter Kräfte insgesamt ungeeignet.

Bewegungen im GROSSEN MOOR sind an die wenigenbefestigten Straßen/Wege gebunden, der Bau von Feldbefestigungen wegen des hohen Grundwasserspiegels nicht möglich und es ist wenig Deckung gegen Luftsicht gegeben.

Ein Einsatz von mechanisierten Kräften – sowohl im Angriff als auch in der Verteidigung – kann nur im Verlauf der Zugänge zum GROSSEN MOOR bei SCHÖNEWÖHRDE im Norden und WEST-ERBECK/GIFHORN im Süden sowie westlich der ISE erfolgen. Das GROSSE MOOR selbst ist durch leichte, bewegliche Kräfte zu sichern, zu sperren und zu überwachen.

Insgesamt erlaubt das Gelände zwischen ESK und B 4 im Norden und Süden auch mit mechanisierten Truppen nur eine Verteidigung bei geringer Tiefe und in der Mitte den Einsatz beweglich geführter gepanzerter Kräfte unter Nutzung des Raumes.

Das Gelände zwischen B 4 und ÖRTZE weist im Norden den ausgedehnten, bewegungshemmenden FORST LÜSS auf, der Feindkräfte auf die wenigen Straßen, Wege und Schneisen bindet. Die Brand-gefahr ist zu jeder Jahreszeit hoch. Der FORST LÜSS ist nur durch eine Verteidigung ostwärts der B 4 zu halten. Dabei müssen die gepanzerten Kräfte durch Infanterie verstärkt sein, die aus Stellungen kämpfen muss, da sie im Bereich von feindlicher Aufklärung und Artillerie liegt. Der FORST LÜSS selbst ist zu überwachen. An seinem Ost- und Nordrand bieten sich vereinzelt Möglichkeiten für den Einsatz von Panzerabwehrraketensystemen (PARS) und gepanzerten Kräften, ausnahmsweise bis Verbandsgröße, an. Scheitert eine Verteidigung des FORST LÜSS kann erst wieder westlich der ÖRTZE verteidigt werden. Beiderseits FASSBERG bietet sich für einen, im Nachbargefechtsstreifen eingebrochenen Feind die Möglichkeit für flankierende Angriffe bis zu Regimentsstärke in Richtung auf BERGEN. Der SCHMARLOH ist das Schlüsselgelände der Division, da er verhältnismäßig offen und bewegungsgünstig ist und sich daher für den Hauptstoß eignet.

Der **GDP 88 der 11. (GE) PzGrenDiv** beinhaltet den Divisionsbefehl Nr. 1 für die Operationsfüh-rung im Verteidigungsfall vom 28.09.1988, der am 01.07.1989 in Kraft tritt[209].

Die Feindlage wird dargestellt wie folgt:

Im Gefechtsstreifen der 11. PzGrenDiv ist folgender Kräfteansatz der 1. takt. Staffeln der 2. (SU) GdA und der 3. (SU) Stoßarmee zu erwarten:

- die verstärkte 16. (SU) GdPzDiv wird im Hauptstoß im Gefechtsstreifen des 1 (NL) Korps an-greifen. Die nächste Aufgabe dürfte der Raum westl. UELZEN, die Tagesaufgabe der Raum südwestlich SOLTAU sein. Südlich BODENTEICH muss mit einem Nebenstoß von Teilen der 16. (SU) GdPzDiv in den eigenen Gefechtsstreifen gerechnet werden;
- die 207. (SU) motSchtzDiv wird im südlich Nebenstoß der 2. (SU) GdA im Zuge der Achse WITTINGEN – HANKENSBÜTTEL angreifen. Nächste Aufgabe ist die B4 zwischen SPRA-KENSEHL und GROSS OESINGEN. Die Tagesaufgabe liegt im Raum nordwestl. CELLE. Mit einem Nebenstoß von Teilen der 207. (SU) motSchtzDiv durch die Enge VORHOP muss ge-rechnet werden;
- die 10. (SU) GdPzDiv wird zunächst im Hauptstoß der 3. Stoßarmee über ESK und ALLER auf engstem Raum südlich am GROSSEN MOOR vorbei in Richtung GIFHORN angreifen. Die Division wird dann im Nebenstoß der Armee den Angriff im Gefechtsstreifen der 1. (GE) PzDiv fortsetzen. Die nächste Aufgabe ist der Raum um UETZE, die Tagesaufgabe der Raum nordost-wärts HANNOVER.

---

[209] BArch, BH 8-11/119.

Der Feind wird versuchen, nach kurzer Vorbereitung den Gefechtsstreifen der 11. PzGrenDiv in der Tiefe rasch und zügig zu durchstoßen und zwar möglichst zu einem Zeitpunkt, in dem die Verteidigungsvorbereitungen noch nicht abgeschlossen sind. Der Angriff wird mit starker Kampfunterstützung und ohne Rücksicht auf offene Flanken und/oder liegen gebliebene Teile erfolgen. Der Hauptstoß dürfte auf der Achse WITTINGEN – HANKENSBÜTTEL – SCHMARLOH liegen. Eine Verlagerung des Schwerpunktes auf Nebenstöße würde wohl erst bei einem Scheitern des Angriffs in der Hauptstoßrichtung erfolgen.

Der ESK ist ein begrenztes Hindernis. Absicht des Feindes dürfte sein, den ESK planmäßig auslaufen zu lassen, damit der Angriff in den Hauptstoßrichtungen nicht behindert wird.

Die 11. PzGrenDiv rechnet damit, dass mindestens 36 Stunden zur Verfügung stehen, um die Verteidigungsbereitschaft herzustellen. Um die Gefechtsbereitschaft in der Verzögerungszone herzustellen müssen bereits vor Beginn der Warnzeit umfangreiche Maßnahmen zur Erhöhung der Einsatzbereitschaft getroffen werden. Wegen der notwendigen personellen und materiellen Mobilmachungsergänzung sind bis zu 5 Tage notwendig, um voll verteidigungsbereit zu sein.

Die 1. (GE) PzDiv ist als rechter Nachbar im Schwerpunkt des Korps eingesetzt. Sie verzögert mit verstärkter PzBrig 2 mindestens bis zum Herstellen der Verteidigungsbereitschaft der Stellungsbrigaden und hält insbes. Anschluss zum rechten Nachbarn. Sie verteidigt mit PzGrenBrig 1 links und PzBrig 3 rechts – hier Schwerpunkt – so, dass Feindeinbrüche in den PAPENTEICH verhindert werden, vernichtet mit eigener – oder unterstellter Korpsreserve eingebrochenen Feind im PAPENTEICH, fängt tiefe Einbrüche spätestens im FUHSE-Abschnitt auf, hält ALLER-Übergänge zwischen GIFHORN und LANGLINGEN offen, um den Gegenangriff von Reserven in den eigenen Gefechtsstreifen zu ermöglichen und stellt sich auf den Schutz der rechten Korpsflanke ein.

Die 7. (GE) PzDiv ist NORTHAG-Reserve. Sie stellt nach Sicherungsaufmarsch Kräfte zum Schutz der WESER-Übergänge – hier Schwerpunkt – und Übergänge über den MLK. Im Aufmarsch erreicht sie den Raum um NEUSTADT AM RÜBENBERGE – BAD NENNDORF – BÜNDE – NIENBURG.

Die 11. (GE) PzGrenDiv hat folgende Aufgaben:

- Aufmarsch und Verzögerung im Zusammenwirken mit den Nachbarn im Norden und in der Mitte – hier Schwerpunkt – durch zeitlich begrenzte Verteidigung aus vorgeschobenen Stellungen;
- Enges Zusammenwirken mit dem rechten Nachbarn zur Verhinderung eines raschen Vorstoßes mechanisierter Kräfte auf GIFHORN;
- Verteidigung unter gleichzeitiger Überwachung bewegungsungünstiger Geländeteile mit Gefechtsverband 11 links, verstärkte PzBrig 33 in der Mitte – hier Schwerpunkt – PzGrenBrig 32 rechts sowie PzGrenBrig 31 als Divisionsreserve;
- Auffangen und Zerschlagen noch ostwärts des Schlüsselgeländes in der Linie Ostrand FORST LÜSS – B 4 – Ostrand SCHMARLOH;
- Halten des Raumes nördlich der ALLER mit rechtem Nachbarn spätestens in der Linie UMMERN – GAMSEN;
- Halten der Nordausgänge des FORST LÜSS westl. der B 4;
- Verhinderung des Durchbruchs auf CELLE durch Einsatz aller Kräfte einschl. zusätzlich unterstellter Reserven, um Bedrohung der Flanken auszuschalten, Feindkräfte in der Mitte durch bewegliche Gefechtsführung zu vernichten, den Einsatz von Reserven – auch über Grenzen hinweg – zu gewährleisten.

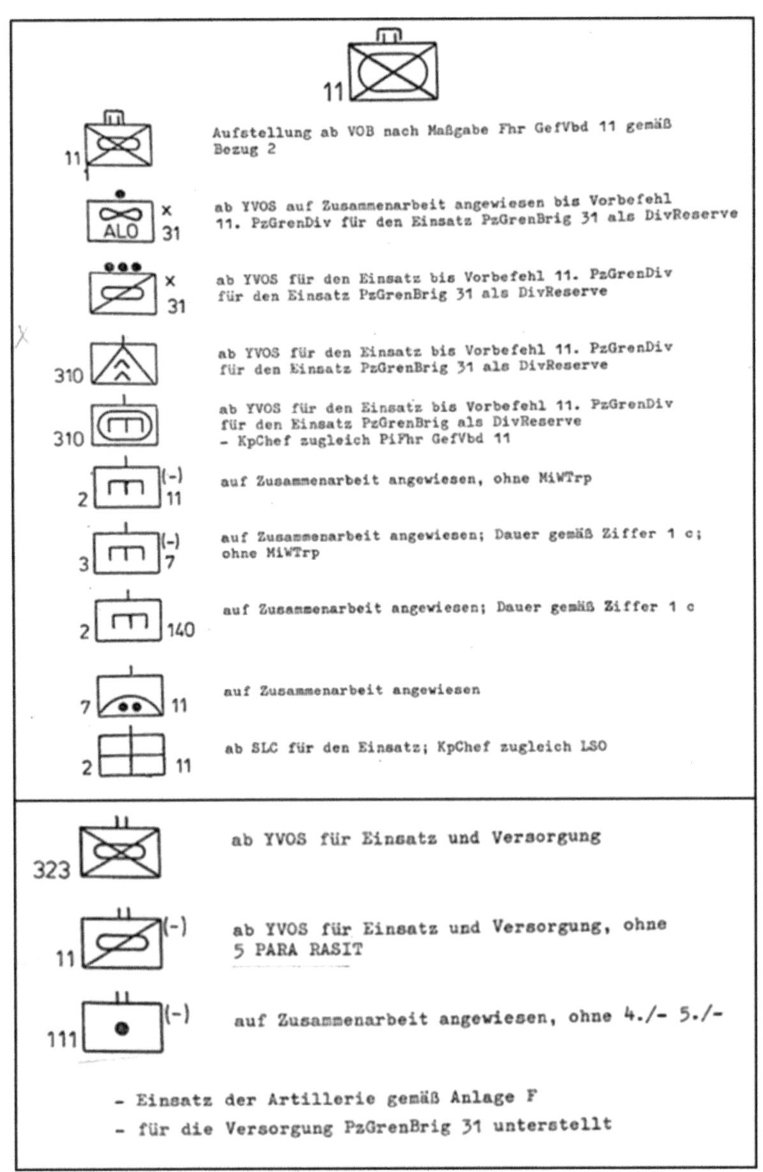

Abb. 30: Gefechtsverband 11; Quelle: BArch, BH 8-11/119

Der Gefechtsverband 11 verteidigt zunächst zeitlich begrenzt aus vorgeschobenen Stellungen, verteidigt danach den Raum WIERENER BERGE – LÜDER – Ostrand UNTERLÜSS – GRAULINGEN unter Überwachung bewegungsungünstiger Geländeteile und starker Nutzung von Sperrmitteln, fängt Einbrüche spätestens am Ostrand FORST LÜSS auf und stellt sich darauf ein, mit Kräften in der Stellung DONAR zum Schutz der linken Flanke der Division zusammen zu wirken.

Die verstärkte PzBrig 33 verteidigt zunächst zeitlich begrenzt aus vorgeschobenen Stellungen, verteidigt danach den Raum LÜDERBRUCH – EMMERHOLZ – HÖFER – WINDLOH unter Ausnutzung ihrer Beweglichkeit so, dass ein Erfolg im vermuteten Hauptstoß verhindert wird. Ein eingebrochener Feind ist spätestens ostwärts des SCHMARLOH im Zuge der Linie WOHLDBERG (PD 0547) – MASEL (PD 0246) – B4 – ZAHRENHOLZ (ND 9734) aufzufangen und dadurch der weitere Vorstoß auf CELLE und/oder BERGEN zu verhindern und Gegenangriffe durch Reserven aus dem FORST LÜSS zu ermöglichen. Ferner stellt sich die PzBrig 33 darauf ein, die Gegenangriffe KRANICH und MARABU zu unterstützen.

Die PzGrenBrig 32 verhindert mit dem rechten Nachbarn einen raschen Vorstoß mechanisierter Kräfte auf GIFHORN im bewegungsgünstigen Gelände um WESTERBECK, verteidigt danach den Raum EMMERLEU (PD 1037) – Nordostteil GIFHORN – Ostrand CELLE – ROHMOOR (ND 8146) unter Überwachung bewegungsungünstiger Geländeteile, fängt eingebrochenen Feind spätestens in der Linie UMMERN – GAMSEN auf, hält den Raum nördlich der ALLER als Voraussetzung für Gegenangriffe von Reserven über die Divisionsgrenze hinweg und stellt sich darauf ein, den Gegenangriff MARABU zu unterstützen.

Die PzGrenBrig 31 (Divisionsreserve) bezieht Verfügungsraum um UNTERLÜSS, zerschlägt auf Befehl eingebrochenen Feind im Gegenangriff KRANICH im Raum HANKENSBÜTTEL, im Gegenangriff MARABU im Raum GROSS OESINGEN (ND 9934) – WAHRENHOLZ (PD 0830) – WESENDORF (PD 0428) und nimmt Stellungen am VRV.

Sie stellt sich darauf ein, linke Flanke der Division zwischen FASSBERG und B4 zu schützen (Fall DONAR) und hält dazu Verbindung mit Gefechtsverband 11.

Die LLBrig 27 stellt sich darauf ein, nach Unterstellung unter 11. PzGrenDiv linke Flanke der Division zwischen FASSBERG und B4 zu schützen (Fall DONAR) sowie einen tiefen Einbruch im ASCHAU-Abschnitt aufzufangen (Fall LOKI).

Die PzLBrig 9 stellt sich darauf ein, nach Unterstellung unter 11. PzGrenDiv Gegenangriffe KRA-NICH oder MARABU der Divisionsreserve zu begleiten oder zu führen sowie die linke Flanke der Division zwischen FASSBERG und B 4 zu schützen (Fall DONAR).

Die 11. PzGrenDiv stützt sich auf PzAufklKräfte der Brig/GefVbd ab; hierzu werden PzAufkl-Radargeräte RASIT unterstellt. Nach „Überrolleinsatz" ist Aufklärung in die Tiefe des Feindes vorzusehen.

Der DivArtFhr 11 führt den Feuerkampf in Verzögerung und Verteidigung mit Schwerpunkt vor PzBrig 33, stellt unmittelbare Feuerunterstützung für GefVbd 11 sicher, fordert an und koordiniert mit 1. (GE) PzDiv Drohnenaufklärung und – nach Unterstellung ArtRgt 3 unter 1. PzDiv – Feindartilleriebekämpfung vor PzGrenBrig 32, überwacht und klärt frühestmöglich in den SALZWEDELER BOGEN auf, mit Schwerpunkt vor GefVbd 11 und PzBrig 33, zerschlägt unverzüglich nach Border Cross Authority (BCA) Feindartillerie jenseits der IdG im Zusammenwirken mit Luftstreitkräften, riegelt Feindangriffe beiderseits WITTINGEN ab, zerschlägt auf Befehl I. (GE) Korps WP-Frühwarnsystem bei JÜBAR, überwacht linke Divisionsgrenze und koordiniert gegenseitige Feuerverstärkung mit 3. (GE) PzDiv/1 NL) Div, stellt sich ferner drauf ein, einen Feuerschwerpunkt zur Unterstützung der Gegenangriffe KRANICH und MARABU zu bilden, je nach Lage den Feuerschwerpunkt schnell in die tiefe linke oder rechte Flanke zu verlegen und nach Unterstellung unter 11. PzGrenDiv die LLBrig 27unmittelbar oder die PzLBrig 9 durch Feuerverstärkung zu unterstützen. Letztlich sind Vorbereitungen für den schnellen Übergang für einem atomaren Einsatz zu treffen.

Der Divisionspionierführer 11 führt den Sperreinsatz gem. Sperrplan mit Schwerpunkt bei der PzBrig 33 durch. Dringlichkeit 1 haben die Bataillonsverteidigungsräume zwischen IdG und ihren rückwärtigen Grenzen. Dringlichkeit 2 hat der feldmäßige Sperreinsatz (Sperrverdichtung) nach Auslösung von GENERAL ALERT im selben Raum wie Dringlichkeit 1. In Dringlichkeit 3 wird der Sperreinsatz westlich der Bataillonsverteidigungsräume eingestuft. Der Stellungsbau ist mit Dringlichkeit 1 und 2 bei der Artillerie und der Kampftruppe zu unterstützen. Eine Sperrreserve mit 4 Minenwerfern ist zu bilden zum Schutz der linken Flanke zwischen FASSBERG und B 4, zum Verstärken der Stellungen in der Linie UMMERN – GAMSEN (PD 0419) und zum Anlegen von Sperren mit begrenzter Wirkzeit im Zuge der geplanten Gegenangriffe.

Der DivPiFhr 11 stellt sich ferner darauf ein, Sperreinsatz zur Verstärkung der Nord- und Südostausgänge des FORST LÜSS durchzuführen, auf Befehl I. (GE) Korps den ESK an 3 Stellen durch Dammbauten zu segmentieren, auf Befehl der 11. PzGrenDiv Lähmungsmaßnahmen für den Flugplatz FASSBERG durchzuführen und zusätzliche Übergänge über die ALLER zwischen CELLE und ESSEL (ND 4438) zu schaffen.

Das FlaRgt 11schützt zunächst GefVbd 11 und PzBrig 33 – hier Schwerpunkt – während der zeitlich begrenzten Verteidigung aus vorgeschobenen Stellungen und PzGrenBrig 32 während der Verzögerung, schützt danach GefVbd 11 und Brigaden in der Verteidigung mit Schwerpunkt PzBrig 33 und stellt sich darauf ein, PzGrenBrig 31 im Einsatz zu schützen.

Die Heeresfliegerstaffel 11 hält im Verfügungsraum 8 VBH abrufbereit.

Teile des Heeresfliegerregiment 16 unterstützen PzBrig 33 mit 1 Schwarm PAH durch Panzerabwehr aus der Luft (freigegeben 42 LFK HOT), halten 1 Schwarm PAH mit 42 LFK HOT im vorgeschobenen Verfügungsraum bereit und stellen sich darauf ein, GefVbd 11/ Brigaden in Verzögerung und Verteidigung und Divisionsreserve im Einsatz zu unterstützen.

Die Luftstreitkräfte leisten offensive Luftunterstützung mit Schwerpunkt Battlefield Air Interdiction (BAI), Tactical Air Reconnaissance, Option ZULU, Programme X-RAY und YANKEE. Die integrierte Luftverteidigung schützt mit FlaRak HAWK zunächst aus Stellungen beiderseits, ab Alarmmaßnahme SOD mit Masse der Kräfte aus Stellungen ostwärts der WESER.

Die ABCAbwKp 11 bereitet einen Hauptentstrahlungsplatz (HEP) im Verfügungsraum STEDDEN (ND 6335) vor, betreibt ABC- und Wetterbeobachtung mit ABC-Messstelle bei HUSTEDT (ND 710395) mit Hauptbeobachtungsrichtung OST.

Die AC-Kampfmitteluntersuchungsstelle des I. (GE) Korps befindet sich in STEINBRINK (MD 7816).

Die 4./FJgBtl 720 wird nach Abschluss des Aufmarsches der 11. PzGrenDiv unterstellt. Sie regelt und überwacht den Versorgungsverkehr und – in enger Zusammenarbeit mit der Polizei – die Lenkung der Bevölkerungsbewegungen. Ferner werden die Truppenteile beim Sammeln von Versprengten und beim Transport von Kriegsgefangenen unterstützt.

Die 3./FJgBtl 720 führt auf Befehl des WBK 11 im gesamten Korpsgebiet die territorialen Feldjägeraufgaben durch.

Die PzGrenBrig 32 sichert auf Befehl der Div, spätestens nach dem SICHERUNGSAUFMARSCH den FmElo/AufklTurm BARWEDEL (PD 202209) bis Räumung oder Lähmung des Objekts.

Die ABCAbwKp 11 sichert bis Ablösung durch SichBtl 118 die Geräteumschlagstelle BERGEN.

Das SichBtl 118 schützt Objekte im Rückwärtigen Divisionsgebiet und überwacht die Versorgungsstraßen in diesem Gebiet.

Die FErsBtl 111 und 112 schützen Objekte in ihren Verfügungsräumen.

Rund 5 Tage nach Beginn der Mobilmachung dürfte das logistische und sanitätsdienstliche System aufgebaut sein. Bis dahin stützt sich die Division auf die bei den Truppenteilen vorhandene Grundbeladung sowie die Vorräte in 3, ab SLC ausgabebereiten Korpsdepots (KDp 168 SCHARNHORST, KDp 171 WALLE und KDp 173 THÖREN) sowie das NATO-Pipelinetanklager HODENHAGEN (ND 4440) und zivile sanitätsdienstliche Einrichtungen ab.

Der DivHVPl wird in CELLE, der KorpsHVpl in SCHWARMSTEDT eingerichtet (beide voraussichtlich 8 Stunden nach Abschluss des Nachaufmarsches aufnahme-/arbeitsbereit).

Verwundete werden von den Wagehalteplätzen der Brigaden mit zunächst 1 Schwarm UH-1D in rückwärtige Sanitätseinrichtungen verbracht.

Lufttransport mit CH-53G ist im 4-Stunden Rhythmus ab CELLE geplant. Krankentransportzüge (Schiene) stehen frühestens ab YRAS + 1 Tag in CELLE und SCHWARMSTEDT bereit.

Die Versorgung mit Sanitätsmaterial erfolgt über DVP SanMat in CELLE, der ab SLC + 12 Stunden ausgabebereit ist.

Ab YSMH 1 wird der Div in begrenztem Umfang kampfentscheidendes Großgerät aus dem Bestand der Schulen zugewiesen, das von der Div lageentsprechend verteilt wird.

Die DVP MVG A und B werden in MEISSENDORF (ND 5741) und HAMBÜHREN (ND 6632) eingerichtet. Ausgabebereitschaft voraussichtlich 12 Stunden nach Abschluss des Hauptaufmarsches.

Als Instandsetzungseinrichtungen sind geplant VFInstPkt (Elo/allg. Wehrmaterial) in BLICKWEDEL (ND 9747), FInstPkt Elo in EVERSEN (ND 7146) und eine Zivilvergabestelle in SÜLZE (ND 7047).

Versprengtensammelstelle und Kriegsgefangenensammelpunkte werden durch die FErsBtl 111 und 112 in BUCHHOLZ (ND 4636) und OEGENBOSTEL (ND 4626) eingerichtet.

Divisionsgefechtsstände befinden sich (H1 und H2) in SCHARNHORST (ND 8642) und ELDIN-GEN (ND 9038), sowie in WINSEN (R). PzGrenBrig 31 hat die Gefechtsstände H1 und H2 sowie R in LUTTERLOH (ND 8251), HERMANNSBURG (ND747538 und ND 7454), PzGrenBrig 32 in UMMERN (ND 9728, HAHNENHORN (ND 9523) und GOCKENHOLZ (ND 8233), die PzBrig 33 in DEDELSTORF (PD 0140), AUERMÜHLE (ND 9844) und MARWEDE (ND 9044), der Ge-fechtsverband 11 (H1 und H2) in REINSTORF (PD 0954) und BOKEL (PD 0452).

Die Anlage I zum GDP 88 der 11. PzGrenDiv enthält Einzelheiten zur Luftunterstützung

Dem I. (GE) Korps werden OPERATIONAL AIR SUPPORT (OAS) Kräfte zugewiesen, wobei de-ren Einsatz grundsätzlich auf Korpsebene geplant wird. OAS-Einsätze werden durchgeführt als TAC-TICAL AIR RECONNAISSANCE (TAR), BATTLEFIELD AIR INTERDICTION (BAI) und CLOSE AIR SUPPORT (CAS).

Für das RESPONSIVE OFFENSIVE AIR SUPPORT (ROAST) – Konzept ist der Gefechtsstreifen von NORTHAG/TWOATAF in ROAST AREAS gegliedert. Mit Hilfe der ROAST AREAS können mögliche Zielgebiete für OAS-Einsätze frühzeitig festgelegt, in die eigene Operationsführung inte-griert und entsprechend angefordert werden. Nach Vorliegen eines entsprechenden Einsatzauftrages kann jedes Ziel innerhalb einer „freigegebenen" ROAST AREA bekämpft werden. Westlich der IdG stimmen die ROAST AREAS mit der von COMAAFCE SUPPLAN M festgelegte HIGH DENSITY AIR CONTROL ZONE (HIDACZ) überein. Ostwärts der IdG wird der Verantwortungsbereich des Korps/der Divisionen in eine TARGET AREA OF INTEREST (TAI) – Matrix gegliedert. Briga-den/Division legen im Einsatz aus den vorgegebenen ROAST AREAS solche fest, in denen Feind-kräfte erkannt oder vermutet werden bzw. CAS-Schwerpunkte zu bilden sind. Die Division meldet diese frühestmöglich an ASOC I. (GE) Korps.

Das AIR SUPPORT COORDINATION CENTER (ASOC) leitet die Planung nach Koordinie-rung/Entscheidung durch das I. (GE) Korps an das ALLIED TACTICAL OPERATION CENTER (ATOC) weiter.

TACTICAL AIR RECONNAISSANCE (TAR) besteht aus vorgeplanten Programmen

- RECPROM I: Hier erfolgt der Einsatz automatisch ab SIMPLE ALERT in einem sechs Stunden-Rhythmus, um vor Ausbruch von Kampfhandlungen Erkenntnisse über den Feind zu gewinnen. Einsatzmittel sind SIDE LOOKING AIRBORNE RADAR (SLAR), einschließlich der MO-HAWK des III (US) Korps, TACTICAL ELECTRONIC RECONNAISSANCE (TEREC), TA-CTICAL RECONNAISANCE SQUADRON (TRS), Foto/Visuell von AIRBALTAP (auf An-forderung)
- RECPROM II: Aufklärung nach Anforderung für die OPTION ZULU und das X-RAY- Pro-gramm westlich der IdG nach Ausbruch von Kampfhandlungen aber vor BORDER CROSSING AUTHORITY (BCA). Einsatzmittel sind Augen, Kameras, Infrarot-Geräte, TEREC und SLAR/III US) Korps. Ostwärts der IdG sind vom I. (GE) Korps 18 LINE SEARCH (Tag) und 10 STRIP SEARCH (Nacht)-Einsätze vorgeplant. Einsätze werden aber erst nach BCA geflogen.
- RECPROM III: Einsätze nach Anforderung zur Gewinnung eines Feindlagebildes nach BCA, insbesondere Bewegungen der 2. operativen Staffel.

BATTLEFIELD AIR INTERDICTION (BAI)

- BAI-Einsätze werden gegen feindliche Ziele geflogen, deren Bekämpfung einen direkten Einfluss auf die eigene Operationsführung erwarten lässt. Sie können beiderseits der FORWARD SUPPORT CONTROL LINE (FSCL) geflogen werden. Ostwärts der FSCL werden die Ein-sätze selbständig, jedoch in Übereinstimmung mit der Operationsplanung des Korps/der Divisionen, westlich der FSCL nur in enger Koordination mit Korps/Divisionen/Brigaden durchgeführt.

Vorgeplante Optionen/Programme

- Option ZULU: Grundlage ist der Einsatzplan COMTWOATAF COP 32120 (CLOSED HEDGE) der im Fall unzureichender Warnzeit für Aufmarsch und Vorbereitung von Verzöge-rung/Verteidigung gilt. Ziel der OPTION ZULU ist die frühestmögliche Erkennung und Be-kämpfung feindlicher Kräfte in vorgeplanten Zielgebieten unmittelbar westlich der IdG. Die Ziel-gebiete sind fest zugewiesen und alle Einsätze detailliert vorbereitet. Sie werden nach Auslösung automatisch bis zur Erteilung eines zwischen NORTHAG/TWOATAF koordinierten Gegenbe-fehls wiederholt.
- Programme X-RAY: Ziel ist die Bekämpfung eingedrungener Feindkräfte westlich der IdG. Die Zielgebiete umfassen gelände- oder verkehrstechnisch bedingte Engstellen (CHOKE POINTS), vor denen Feindkräfte gestaut und bekämpft werden können (KILLING ZONES).
- Programme YANKEE: Ziel ist die Bekämpfung feindlicher Kräfte ostwärts der IdG nach BCA zur Unterstützung bei Verzögerung/Verteidigung. Die vom Korps festgelegten voraussichtlichen Zielgebiete werden vor Ausbruch der Kampfhandlungen mit allen verfügbaren Sensoren aufge-klärt. Zu bekämpfen ist in folgender Reihenfolge: Artillerie, Kräfte auf dem Marsch und in Ver-fügungsräumen sowie FlaKräfte, Feindkräfte vor Engstellen und Gefechtsstände sowie ELOKA-Einrichtungen.
- CLOSE AIR SUPPORT (CAS): CAS ist nur zur Schwerpunktbildung oder in Räumen anzufor-dern, wo Heereswaffen nicht ausreichend wirken können. Sie werden gegen feindliche Ziele ge-flogen, die sich in der Nähe eigener Truppen befinden, was einen hohen Koordinierungseinsatz erfordert. Grundsätzlich sind sie unter Leitung eines FORWARD AIR CONTROLLERs (FAC) durchzuführen. Ziele müssen sich in Sichtweite des FAC befinden und Funkkontakt zu den ein-gesetzten Flugzeugen bestehen.

Von der Anforderung eines Einsatzes durch Div/Brigade bis zur TIME OVER TARGET (TOT) vergehen bis zu 3 Stunden.

In der Anlage O finden sich die Forderungen, welche das I. (GE) Korps an das WBK II hinsichtlich für die Aufenthaltsregelung der Zivilbevölkerung gestellt hat. Danach sollen:

- im Landkreis (Lkr) UELZEN die Schlüsselgelände (SG) BODENTEICH und WRESTEDT,
- im Lkr GIFHORN die Ortschaften WITTINGEN, SASSENBURG und GIFHORN sowie die SG BROME, HANKENSBÜTTEL, WESENDORF und BOLDECKERLAND evakuiert werden.

Geplante Ausweichbewegungen sind im Lkr SOLTAU-FALLINGBOSTEL für MUNSTER, WIET-ZENDORF und SOLTAU und im Lkr CELLE für FASSBERG, UNTERLÜSS, HERMANNS-BURG, BERGEN, CELLE, HAMBÜHREN und WINSEN/ALLER sowie den Schlüsselgeländen ESCHEDE und WATHLINGEN vorgesehen.

Abb. 30: Dislozierung I. (GE) Korps 1982. Quelle: Titelbild von „25 Jahre I. Korps, 1956 – 1981", Geschichte und Chronik der Heeresverbände im nordwestdeutschen Raum, Osnabrück 1982 mit Änderungen durch den Verfasser

3.   Das 1. Britische Korps (1 (BR) Korps)

Operationsplanungen des 1. (BR) Korps und der CMBG

Ein Problem der Darstellung von Operationsplanungen des 1. (BR) Korps liegt darin, dass jedes Jahr ein neuer Plan erstellt und der überholte alte Plan aus Sicherheitsgründen vernichtet wurde. In den ersten Jahren nach Beendigung des 2.Weltkrieges war man der Meinung, dass aufgrund der unzureichenden Truppenstärke eine Verteidigungslinie erst westlich des RHEIN aufgebaut werden könne. Dies lag auch daran, dass die Lösung wirtschaftlicher Probleme und die Erfüllung von Aufgaben in den Kolonien wichtiger waren als eine Verteidigung Deutschlands. Zwischen 1949 und 1955 wurde der Verteidigungsbeitrag für die NATO erhöht, so dass British Army of the Rhine (BAOR) 1954 über 3 Panzerdivisionen, 1 Infanteriedivision und die Kanadische Brigade verfügte[210].

Im August 1945 wurde aus der 21st Army Group in BAD OEYNHAUSEN die BAOR aufgestellt. Bereits vorher waren am 15.7.1945 die British Air Forces of Occupation (BAFO) in BAD EILSEN geschaffen worden. Beide Organisationen waren auf die Besetzung und Verwaltung des ehemaligen deutschen Reiches ausgerichtet[211].

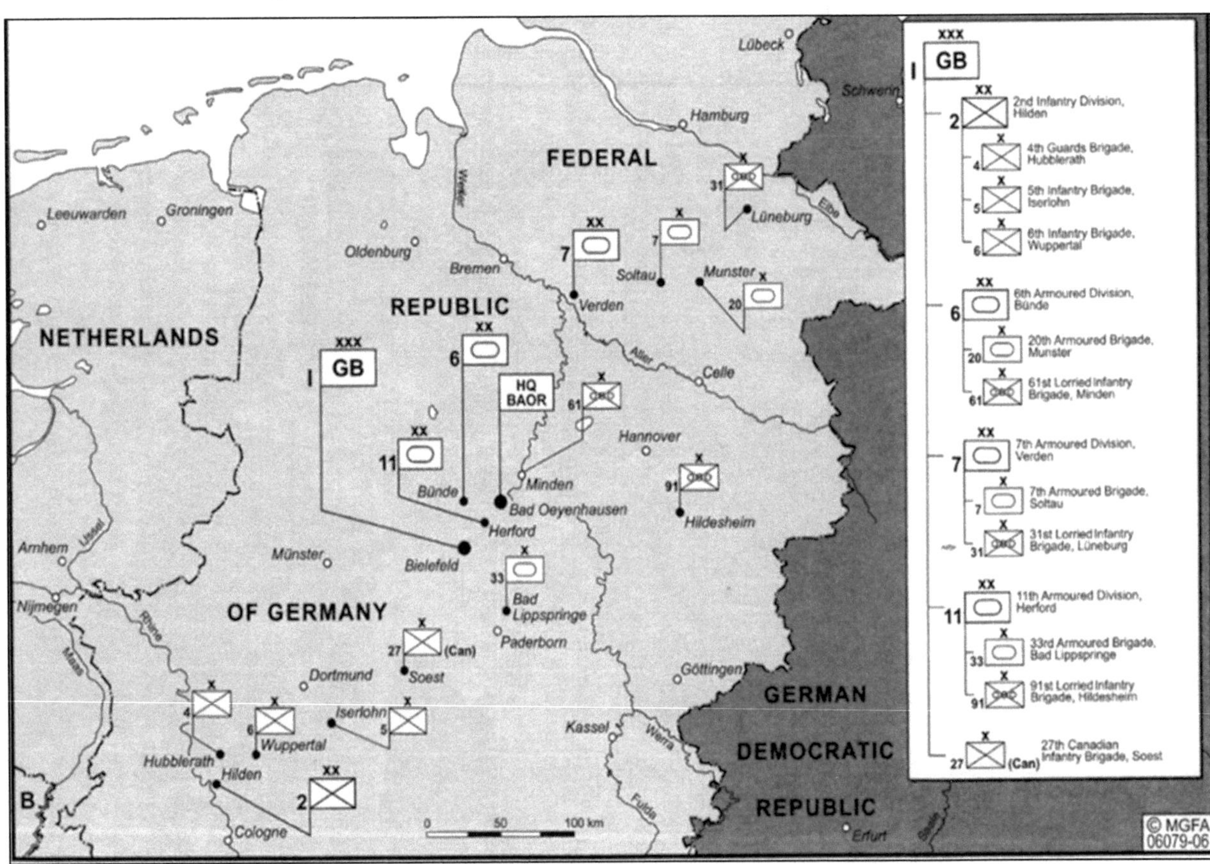

Abb. 31: Dislozierung des 1. (BR) Korps in Deutschland 1954. Quelle: Blueprints for Battle, S. 209 (Dislozierung 1954)

Die Northern Army Group (NORTHAG) wurde am 29. November 1952 aufgestellt; deren Befehlshaber ist der jeweilige Befehlshaber der BAOR. Eingesetzt waren zunächst (von Nord nach Süd das

---

[210] Evans, The British Army of the Rhine, S. 203-208. Jeschonnek weist in seiner Mail v. 17.7.2022 an den Verfasser darauf hin, dass Robert Evans bezüglich der Vernichtung von GDP-Planungen nur den von ihm betrachteten Zeitraum meint. Dies ergibt sich auch aus White, Never ready – Britain´s Armed Forces, in dem der GDP des 1 (BR) Korps von 1983 erläutert wird.

[211] Johnston, British Forces in Germany, S. 13/14.

1 (NL) Korps, das 1. (BR) Korps und das 1. (BE) Korps. Nach Aufstellung der Bundeswehr wurde das I. (GE) Korps zwischen dem 1. (NL) und dem 1. (BR) Korps „eingeschoben"[212].

1957 bestand das 1. (BR) Korps in BIELEFELD aus der 2. InfDiv in HILDEN und der 6., 7. und 11. ArmdDiv in BÜNDE, VERDEN und HERFORD sowie der 5th Artillery Group Royal Artillery in DELMEMHORST, der 11th Engineer Group in OSNABRÜCK und der 1st Canadian Infantry Brigade Group in MÖHNESEE[213].Ab 1957. wurde die Stärke der BAOR von 80.000 auf 64.000 Mann vermindert und schließlich zwischen 1958 und 1960 auf 55.000[214].

Während der Phase der „WESER-Verteidigung" (bis etwa 1963) verlief die Grenze zwischen 1. (BR) und I. (GE) Korps von NIENBURG auf einen Punkt mittig zwischen DIEPHOLZ und BARNSTORF zu. Zwischen LEINE und WESER waren als Covering Forces im Raum von NIENBURG bis HÖXTER ein PzAufklVerband und ein verstärktes InfBtl eingesetzt[215].

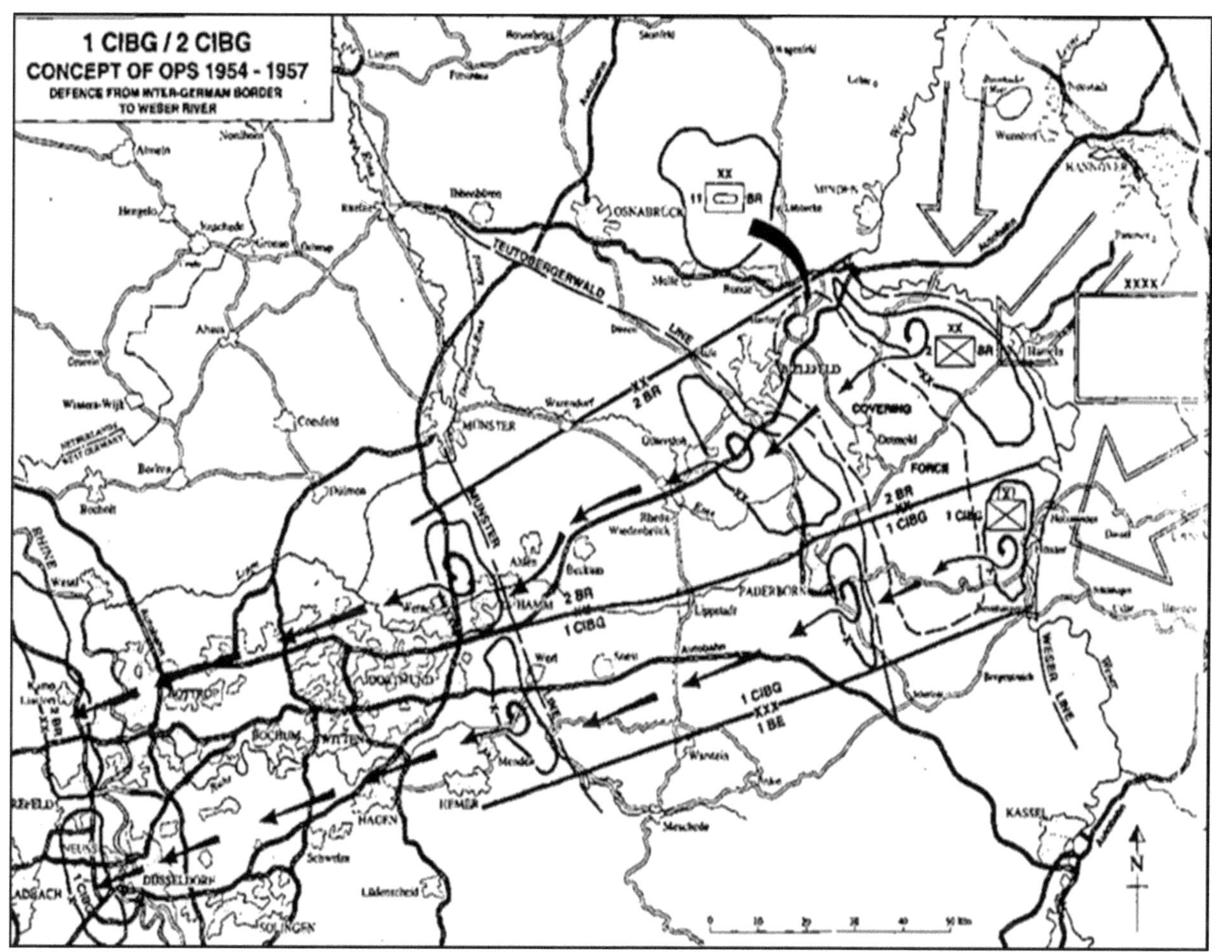

Abb. 32: Quelle: Maloney, War without battles, S. 84

1961 verlief die Grenze zwischen 2 (BR) und 4 (BR) Division von MINDEN nach OSNABRÜCK, die Grenze zwischen 4 (BR) Div und 4 (CA) CIBG etwa von BODENWERDER (an der WESER) nach BIELEFELD.

---

[212] Watson/Rinaldi, The British Army in Germany, S. 19/20.
[213] Johnston, British Forces in Germany, S. 182.
[214] Chrystal, British Army of the Rhine – The BAOR 1945-1993, S. 13.
[215] Maloney, War without Battles, Skizze. S. 138.

Ab 1963 hatten die Deckungskräfte zwischen IdG und WESER zu kämpfen. Dafür waren alle Kräfte eingebunden. Für die Verteidigung an der WESER standen keine eigenen Kräfte bereit.

Allerdings wird die 4 (BR) Div ab 1963 Korpsreserve beiderseits der WESER. Die 1. (BR) Div wird links zwischen LEINE und WESER südwestlich von HANNOVER disloziert, die 2. (BR) Div rechts daneben. Vorwärts der LEINE war die 11. (BR) InfBdeGp als Covering Force eingesetzt. Die 12. (BR) Inf-BdeGp bildete die Reserve der 2. (BR) Div.

Vor 1964 basierte der EDP auf der Verteidigung an der WESER, wobei starke Sperren vorgesehen waren. Danach war eine bewegliche Verteidigung ostwärts der WESER vorgesehen. Dieses Gelände ist relativ eben und weist als taktisches Hindernis lediglich die LEINE auf. Der HARZ kanalisiert die angreifenden Kräfte, die nahe den Städten BRAUNSCHWEIG und HANNOVER kämpfen müssen, um Übergänge an der WESER zu erreichen. Im Gegensatz zu früheren Planungen waren keine Kräfte verfügbar, um die Stellungen an der WESER zu verteidigen.

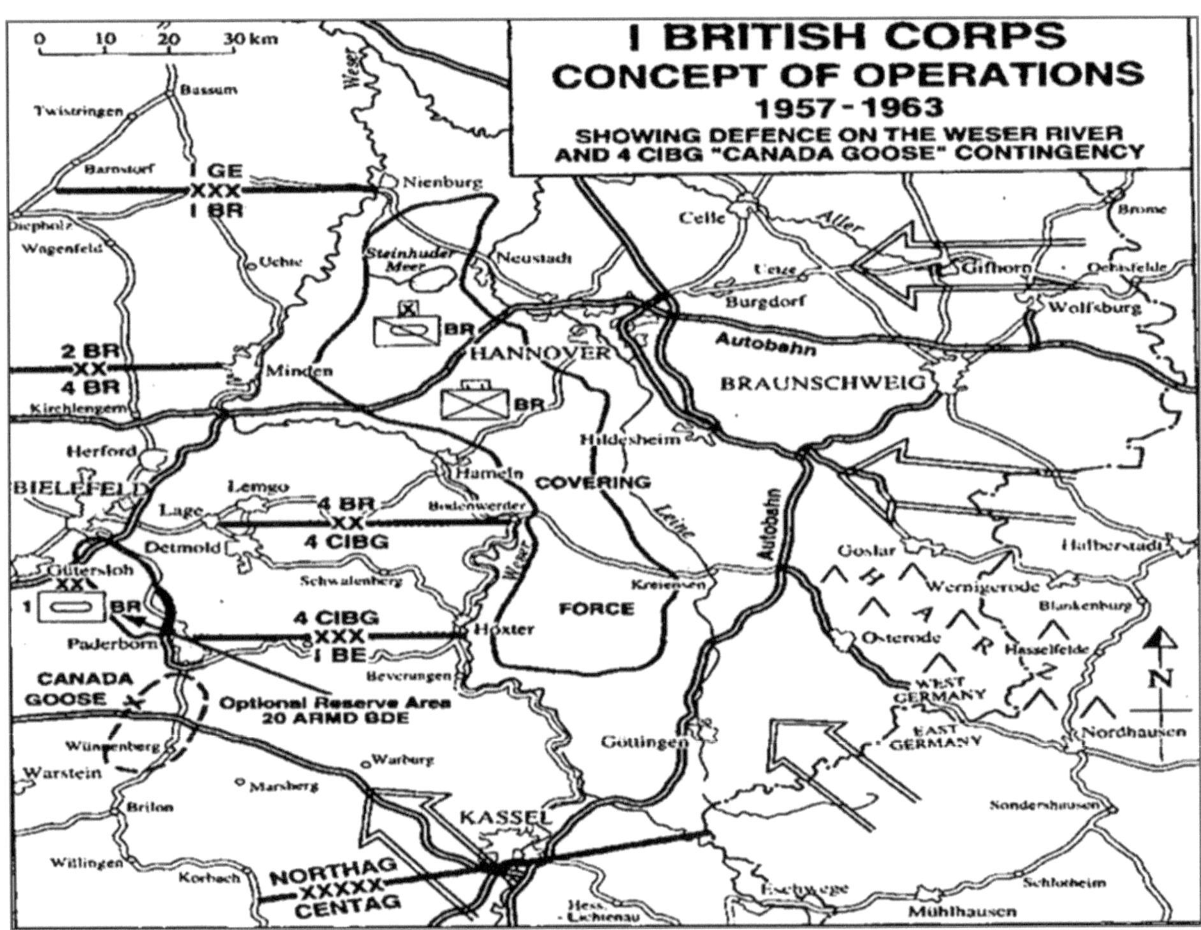

Abb. 33: Quelle: Maloney, War without Battles, S. 138

In dieser Zeit wurden die Atomic Demolition Munition (ADM) in die EDP-Planung des 1 (BR) Korps aufgenommen. Mit ihnen sollten wichtige Brücken oder Pässe zerstört werden, um dem Feind die Nutzung des westlich der Detonationspunkte gelegenen Geländes zu verwehren.

Der NORTHAG standen 12 ADM-Teams zur Verfügung, die nach entsprechender Freigabe die ADM per Hubschrauber zu den vorgesehenen Schächten gebracht und eingebaut hätten. Die ADM hatten eine Sprengkraft zwischen 1 und 15 kT. Daneben wurde auch der Einsatz von nuklearen

Sprengköpfen eingeplant, die von HONEST JOHN und M-110 Haubitzen verschossen werden konnten. Letztlich sollten die Luftstreitkräfte mit atomaren Mitteln die „follow on forces" bekämpfen, bevor diese in das Gefecht eingreifen können. Den konventionellen Streitkräften des 1. (BR) Korps kam die Aufgabe zu den Feind, falls er den ADM-Gürtel durchbrochen hat, aufzufangen. Falls die ADM nicht zeitgerecht ausgelöst worden wären, hätten die konventionellen Kräfte den Angriff verzögern müssen, um die nuklearen Mittel doch noch einsetzen zu können.

Die geschilderte, neue Aufgabenstellung bedeutete für das 1. (BR) Korps eine neue Dislozierung der Kräfte. Die 4 (BR) Div bildete beiderseits der WESER die Reserve. Die 1. (BR) Div übernahm einen Gefechtsstreifen zwischen LEINE und WESER. Der rechts davon eingesetzten 2. (BR) Div wurde die 4. CIBG unterstellt, welche die rechte Korpsflanke zu sichern hatte.

Die Aufklärung an der Grenze zwischen OEBISFELDE und GOSLAR übernahm eine PzAufklBrig. Die 11. (BR) InfBde wurde als Deckungsbrigade vorwärts der LEINE eingesetzt. Die 12. (BR) InfBdeGp war Reserve der 2. (BR) Div[216].

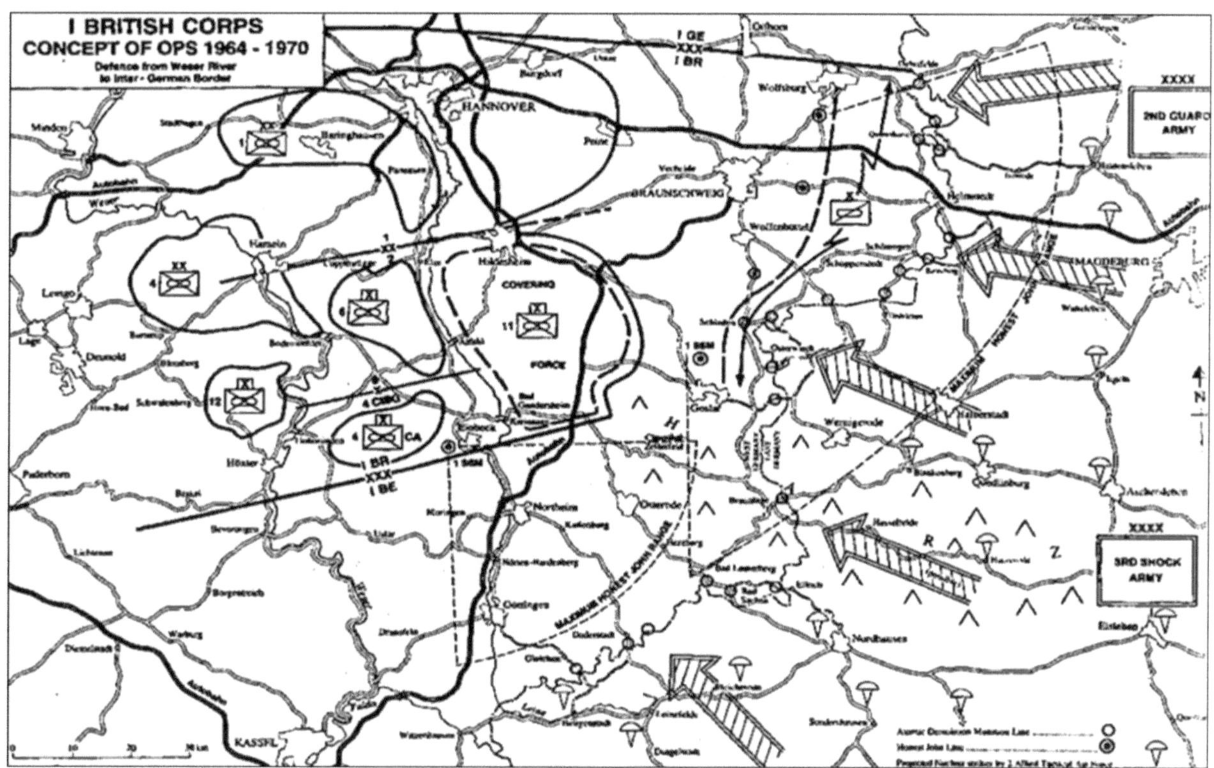

Abb. 34: Quelle: Maloney, War without Battles, S. 204

Der Gefechtsstreifen des Korps verläuft 1976 in Höhe HELMSTEDT bis ca. OSTERODE. Er ist etwa 60 km breit. Die 1. (BR) PzDiv kämpft nördlich, die 4. (BR) PzDiv südlich von HANNOVER.

Beim 1. (BR) Korps[217] bestanden im Bereich der FCZ soweit es den Wehrbereich III betrifft, 143 vorbereitete Sperren für die Sperrlinien WESER, MITTELLANDKANAL (soweit in der FCZ) und TEUTOBURGER WALD. Zwischen RHEINE und IBBENBÜREN sind sämtliche über den DORTMUND-EMS-KANAL führenden Brücken zur Sprengung vorbereitet. Geplant ist eine Verlängerung der Sperren bis MÜNSTER.

---

[216] EDP-63. Vgl. Maloney, War without Battles, S. 203-206.
[217] Grot, So war's, damals, S. 122.

In der Tiefe zwischen 6 und 40 km waren Überwachungs- und Deckungskräfte eingesetzt. 2 PzAufklRgter bildeten die Überwachungskräfte, 2 PzBrig der 1. und 4. PzDiv die Deckungsverbände. Westlich davon standen die Hauptverteidigungskräfte (links 1. PzDiv, rechts 4. PzDiv – die 3. PzDiv war Reserve von NORTHAG). Die aus UK heranzuführende 2. InfDiv hatte das rückwärtige Korpsgebiet zu sichern.

Der VRV des 1. (BR) Korps musste – entsprechend dem Verlauf der IdG – zwangsläufig nach Westen zurückgenommen werden. Im südlichen Teil hatte man den VRV zurück zu nehmen, damit eine Verteidigung am Vorderhang der Harzausläufer vermieden wird, die zum Teil der Feindsicht ausgesetzt waren[218].

Die Breite des Gefechtsstreifen ist beträgt in den 1980er Jahren 65 km[219].

Nach dem GDP 81 der (GE) PzBrig 3 verzögert als rechter Nachbar das 1. (BR) Korps mit der 4. (BR) Div und verteidigt mit der 1. (BR) Div vorne links. Die 4. (BR) Div überwacht zunächst den Raum nördlich des ELM zwischen IdG und KÖNIGSLUTTER mit Aufklärungskräften und verteidigt begrenzt für etwa 12 Stunden im Raum KÖNIGSLUTTER, bevor sie ständig kämpfend auf den VRV ausweicht. Das Stadtgebiet von BRAUNSCHWEIG soll dabei nicht in das Gefecht einbezogen werden. Die 22 (BR) ArmdBde der 1. (BR) Div verteidigt als rechter Nachbar westlich des ZWEIGKANAL (ZWEIGKANAL = VRV) mit einem PzGrenBtl (= Royal Anglian Rgt) am linken Flügel und fängt starke Feindangriffe über den ZWEIGKANAL zwischen ZWEIGKANAL und FUHSE auf[220].

Der Gefechtsstreifen reicht 1983 von etwa dem MITTELLANDKANAL bis zum nördlichen HARZ. Der SALZGITTER-ZWEIGKANAL liegt im Gefechtsstreifen. Die rechte Flanke verläuft entlang des WESER – LEINE – BERGLANDES. Die Grenze zum 1. (BE) Korps ist in etwa zwischen VOGLER und SOLLING. Die 1. (BR) PzDiv wird südostwärts von HANNOVER, die 4. (BR) PzDiv südlich daneben eingesetzt. Die 3. (BR) PzDiv steht rückwärts für Gegenangriffe bereit. Die 6. (BR) PzBrig bildet eine bewegliche, panzerabwehrstarke Reserve. Die 2. (BR) InfDiv hat das rückwärtige Korpsgebiet zu sichern[221].

Der GDP 83[222] des 1. (BR) Korps geht von der Annahme aus, dass NORTHAG nur 48 Stunden für die Verteidigungsvorbereitungen zur Verfügung stehen. Dies könnte allerdings nicht ausreichend sein, da erhebliche Teile des Korps erst aus Großbritannien herangeführt werden müssen, um eine ausreichende Verteidigungsstärke zu erreichen. Diese Befürchtung wurde bestätigt, als man 1984 im Rahmen der EXERCISE LIONHEART die Mobilisierung und Verlegung der (aktiven) 1. Infantry Brigade (=8.500 Mann) übte. Die Brigade wurde im Militärhafen MARCHWOOD (nahe SOUTHAMPTON) verladen und landete 36 Stunden später in ESBJERG/DA. Diese Zeit wurde benötigt, obwohl bei der Übung keinerlei Friktionen (feindlicher Beschuss, Sabotage, fehlendes Logistikpersonal, das von der Territorial Army zu stellen war) eingespielt wurden.

Das 1 (BR) Korps hatte im Rahmen von NORTHAG, zusammen mit TWOATAF, eine verbundene Land-/Luftschlacht möglichst nahe der IGB zu führen. Dabei verhinderte aus britischer Sicht die deutsche Auffassung zur Vorneverteidigung, nämlich das möglichst lange und zähe Festhalten an vorne gelegenen Verteidigungsstellungen, die notwendige Beweglichkeit für eine Abwehr.

---

[218] General a. D. Helge Hansen in e-mail v. 17.1.2015.
[219] UK-Weißbuch 1981, S. 37.
[220] BArch, BH 9-3/22.
[221] Faringdon, Strategic Geography, S. 364-371.
[222] Die folgenden Ausführungen zum GDP 83 lehnen sich eng an White, Never ready, S. 58 ff. an, dem die Original OpO 1/83 des 1 (BR) Korps vorlag.

Wegen der Zunahme der sowjetischen Stärke, auch durch die Aufstellung von Operativen Manövergruppen (OMG), meist in Divisionsstärke, begannen in den späten 1970er und frühen 1980er Jahren Überlegungen, wie man der „neuen" Bedrohung begegnen könne. General Sir Nigel Bagnall entwickelte eine Doktrin dahingehend, dass man von der früheren statischen, auf Abnutzung des Feindes gerichteten Kampfweise zu einer beweglichen Kampfführung übergehen müsse. Diese Art der Verteidigung wurde als „Counterstroke" bekannt. Sie rief allerdings beim damaligen CINCENT General von Senger und Etterlin Bedenken hervor.

Dieser erachtete die Kampfkraft des 1 (BR) Korps als nicht ausreichend für diese Kampfweise und befürchtete ein frühes Zurückweichen der britischen Kräfte, was zu einer Flankenbedrohung des links davon eingesetzten I. (GE) Korps führen könne und überdies dem Grundgedanken der Vorneverteidigung zuwider lief. Nachdem General Sir Nigel Bagnall zum COMNORTHAG ernannt wurde, übernahm man dessen Gedanken als „NORTHAG Konzept". Allerdings standen dem 1 (BR) Korps für dieses Konzept zu wenige Panzerabwehrhubschrauber (PAH) zur Verfügung. Nach einer Studie war mit dem Verlust von 50 % der PAH pro Einsatz zu rechnen. Bei 5 Einsätzen pro Tag wären von den vorhandenen 75 PAH nach dem 1. Kampftag nicht einmal mehr 5 PAH verblieben, da die PAH gegen Beschuss mit kleinkalibrigen Flugabwehrwaffen und tragbare Boden-Luft-Raketen kaum geschützt waren. Mit diesen Waffen waren die WP-Divisionen reichlich ausgestattet. So verfügte eine motSchtz-Div über 16 Systeme des Typs ZSU 23-4 „SHILKA" und 156 verschiedene Boden-Luft Raketen. Für den „Counterstroke" einer Brigade rechnete man mit dem Einsatz von 30 PAH. Zwar hatte die NATO die Anschaffung von weiteren 108 PAH gefordert. Dies blieb ein Wunsch, da 1989 erst 25 dieser zusätzlichen PAH bestellt waren. Überdies fehlte es auch an Munition für die Kampfpanzer (KPz). Für jeden KPz CHIEFTAIN standen nur 360 APDS/HESH zur Verfügung. Es wurde angenommen, dass „Counterstrokes" ab Tag 3 des Krieges ausgeführt würden; die Munitionsversorgung aus den Depots war jedoch erst ab Kriegstag 2 möglich, da dazu Reservisten benötigt wurden, die mobilisiert werden mussten. Gleiches galt für die Treibstoffversorgung. Mithin fehlte es den „Counterstroke"-Verbänden an einer ausreichenden Durchhaltefähigkeit. Darüber hinaus benötigten die Landstreitkräfte Unterstützung aus der Luft, welche die TWOATAF sicherstellen sollte. Allerdings verfügte der Warschauer Pakt im Gebiet der NORTHAG über etwa doppelt so viele Luftfahrzeuge als die TWOATAF.

Aufgabe des 1 (BR) Korps war es, den Feind in seinem Verteidigungsstreifen möglichst weit ostwärts zu zerschlagen. Dabei sollte der Kampf zunächst nur konventionell geführt werden. Nuklearwaffen konnten dann angefordert werden, wenn der Frontzusammenhang zu zerreißen drohte.

Geplant waren 3 Phasen, und zwar eine Verzögerungsschlacht, die Hauptverteidigungsschlacht und nachfolgende Operationen.

1. Die Hauptaufgabe der Deckungskräfte ist die *Verzögerung* der feindlichen Streitkräfte für mindestens 24 Stunden zwischen IGB und dem VRV von NORTHAG, sowie das Erkennen der Hauptangriffsrichtung. Dazu wurden beim 1 (BR) Korps vor den beiden Stellungsdivisionen (1 und 4 Armoured Div) je ein PzAufklRgt als „Aufklärungsschleier" eingesetzt. Dieser Verband sollte einem Gefecht ausweichen und lediglich den Kontakt zum Feind halten; feindliche Aufklärungskräfte waren zu vernichten, ohne die Verteidigungsstellungen der Deckungskräfte zu offenbaren. Die eigentlichen Verzögerungskräfte bestanden aus einer Panzerbrigade (der jeweiligen Stellungsdivision) mit 3 Kampfgruppen, bestehend aus einem Panzerverband, mechanisierter Infanterie und Artillerie.

Sie hatten den Feind auf große Entfernung aus vorbereiteten Stellungen zu bekämpfen. Daneben war eine Reserve zu bilden, welche Krisenlagen zu bereinigen hatte. Auf diese Weise sollte Zeit gewonnen werden, um das Hauptverteidigungsgebiet vorbereiten zu können. Ab Simple Alert hatten die, den Deckungskräften zugeordneten Pioniere, Brücken zu sprengen, Straßen zu sperren und Minenfallen zu legen.

2. In der *Hauptverteidigungsschlacht* sollte der Feind ostwärts der Linie ALPHA, möglicherweise in Zusammenarbeit mit den Reserven des 1 (BR) Korps, vernichtet werden. Der VRV des 1 (BR) Korps war der SALZGITTER-SEITENKANAL. Als Gebiet für die Hauptverteidigungsschlacht wurde von den GDP-Planern die Gegend um ILSEDE (südlich von PEINE) vorgesehen. Dieses wird von der FUHSE durchflossen, besteht aus Wäldern, sumpfigem Gelände und Ortschaften und liegt etwa 10 km westlich des VRV. Man erwartete heftige Angriffe gegen die vorbereiteten Verteidigungsstellungen, wobei erfolgreiche Durchbrüche möglichst schnell ausgeweitet werden sollten, bevor sich die Verteidigungskräfte reorganisieren können. Dem trug das 1 (BR) Korps dadurch Rechnung, dass die Verteidigungsstellungen in der Tiefe gestaffelt und mit künstlichen Hindernissen wie Minenfeldern und Stacheldrahtverhauen versehen wurden. Als ungünstig für das 1 (BR) Korps wurde die Luftlage eingeschätzt. Es fehlte insbesondere an Flugabwehrraketen, da die vorhandenen BLOWPIPE und RAPIER vorwiegend stationär für den Objektschutz eingesetzt wurden. Man behalf sich dadurch, dass alle Infanteriewaffen, hauptsächlich Maschinengewehre zur Fliegerabwehr eingesetzt wurden, wenn sie gerade nicht für den Landkampf benötigt wurden.

3. Bei den *Folgeoperationen* hatte man das Schlüsselgelände des Korps zu halten, den Zusammenhang der Verteidigungslinien und die Verbindung zu den benachbarten Korps zu wahren und bereit zu sein, Operationen des Korps oder von NORTHAG zu unterstützen. 1983 war die 7.(GE) PzDiv Reserve von NORTHAG, darüber hinaus hätte auch das III (US) Korps, das allerdings als Reserve für AFCENT vorgesehen war, angefordert werden können.

Nach dem vorläufigen GDP 85 für die (GE) PzBrig 3 verzögert die 1. (BR) Div als rechter Nachbar des I. (GE) Korps voraussichtlich mit einer Brigade zwischen IdG und VRV und verteidigt mit einer verstärkten Brigade am VRV (= SALZGITTER – ZWEIGKANAL) und zwei Brigaden in der Tiefe. Die aus der Vzö kommende Brig wird als Reserve bereitgehalten[223]. Für die Sprengung der Straßenbrücken bei WENDEBURG bis einschl. SEHNDE ist 1986 das I. (BR) Korps verantwortlich[224].

Das I. (BR) Korps sollte 1988 mit 2 PzBrig verzögern, wobei eine Brigade im nördlichen HARZ, an der Grenze zum 1. (BE) Korps, eingesetzt war[225].

Der Gefechtsstreifen des Korps hatte als linken Nachbarn das I. (GE) Korps wobei die Grenze grob auf der Linie HELMSTEDT – LELM – ERKERODE – VELTHEIM – CREMLINGEN – WEDDEL – BRAUNSCHWEIG-SCHAPEN – OKER-DÜKER – MITTELLANDKANAL (MLK) – MLK bis Einmündung Zweigkanal SALZGITTER – Verlauf MLK bis SEHNDE – MÜLLINGEN – Brücke über BAB A 7 – Verlauf BAB A 7 über AD HANNOVER-SÜD bis Unterführung der B 443 – Verlauf der B 443 – Nordrand GEHRDEN – FEGGENDORF - AS BAB A 2 LAUENAU –

---

223 BArch, BH 9-3/21.
224 BArch, BH 9-2/146.
225 Hammerich, Die Operationsplanungen der NATO, S. 301.

Verlauf BAB A 2 bis Brücke – HELSER (= MC 924847) – BAD OEYNHAUSEN – BAB A5 bis AK LÖHNE – A 30 bis südlich BRUCHMÜHLEN verlief.

Rechter Nachbar war das 1 (BE) Korps mit folgender, grober Grenze: ELBINGERODE (HARZ) – BRAUNLAGE – CLAUSTHAL-ZELLERFELD – BAD GANDERSHEIM – südlich EINBECK – HOLZMINDEN – BRAKEL – BAD DRIBURG – BÜREN – KÖRBECKE – FRÖNDEN-BERG/RUHR.

Die **Operation Order 1/89** (GDP) des 1 (BR) Korps vom **14.8.1989** trifft folgende Aussagen:[226]

Die Planung von NORTHAG beruht auf einem „worst case scenario" dahingehend, dass möglicherweise weniger als 48 Stunden für den Aufmarsch und die Verteidigungsvorbereitungen zur Verfügung stehen. NORTHAG will seinen Sektor in einer „joint" Land-Luft Schlacht möglichst weit im OSTEN verteidigen. Die Verteidigung ist in 2 Schlachten geplant, wobei jede aus defensiven und offensiven Teilen besteht.

- Die 1. Schlacht obliegt dem Korps, das seine Reserven einsetzen soll, um in der offensiven Phase zu gewinnen.

- Die 2. Schlacht liegt in der Verantwortung von NORTHAG, die mit ihren Verstärkungen die 2. Staffel des Feindes zu schlagen hat.

Nukleare Operationen sind – je nach Grad der Freigabe – für einzelne Abriegelungsmaßnahmen oder Vernichtung des Feindes im gesamten NORTHAG Sektor geplant.

Als Reserven stehen zur Verfügung: die 7. (GE) PzDiv (NORTHAG Reserve unter OPCOM ab SOC), die 5. (NL) MechDiv, 3. (GE) PzDiv und 3. (BR) Armoured Div als Reserven der jeweiligen Korps. Ferner die 24. (BR) Airmobile Bde als NORTHAG Reserve; diese wird ab SOC durch 1 (BR) Korps mit OPCON an die 2. (BR) InfDiv abgegeben.

Das III. (US) Korps ist AFCENT Reserve, kann aber NORTHAG mit OPCOM unterstellt werden. Falls notwendig, kann das 1 (BR) Korps über NORTHAG Unterstützung durch Territoriale Kräfte der Bundeswehr vom BMVg anfordern.

Aufgabe des Territorialheeres der Bundeswehr ist der militärische Schutz in der Rückwärtigen Kampfzone, die Koordination von Schutzmaßnahmen für empfindliche Punkte in der gesamten Kampfzone und der Schutz ziviler Einrichtungen von militärischem Interesse. Es ist die Operationsfreiheit der NATO-Streitkräfte sicher zu stellen und Unterstützung im Rahmen des Host Nation Support zu gewährleisten.

Der Bundesgrenzschutz (BGS) hat die Innerdeutsche Grenze so lange zu überwachen, bis der Rückzug durch deutsche Behörden befohlen wird.

Die TWOATAF gewährleistet für NORTHAG Luftverteidigung und -unterstützung.

---

[226] Das Dokument liegt dem Verfasser vor. Leider fehlen die Anlagen (z.B. Bedrohungsannahmen, Grundsätze für die Zusammenarbeit mit dem TerrKdo NORD der Bundeswehr, genaue Begrenzungen der Gefechtsstreifen, Kriegsgliederung des 1 (BR) Korps, Aufgabe der 33 (BR) ArmdBde im Gefechtsstreifen des 1 (BE) Korps, Sperrpläne, Aufmarschplanung). Die OpO 1/89 setzt die Vorgaben des NORTHAG GDP von 1988 um und ersetzt den vorausgegangenen GDP von 1984 bzw. 1985.Interessant sind auch die Ausführungen im Internet www.orbat85.nl/documents/BAOR-July-1989.pdf (Anhang E). Danach soll eine Fallschirmjäger-Regimentsgruppe der Territorialarmee mit 3 FschJgBtl HILDESHEIM verteidigen; in den früheren GDP war für diese Aufgabe nur 1 TA FschJgBtl vorgesehen.
Die 29 EngBde (V) wird in der Korps Rear Area, vorwiegend an der WESER eingesetzt. Dort sind auf der westlichen Seite Verteidigungsstellungen zu errichten und die WESER-Brücken zur Sprengung vorzubereiten.

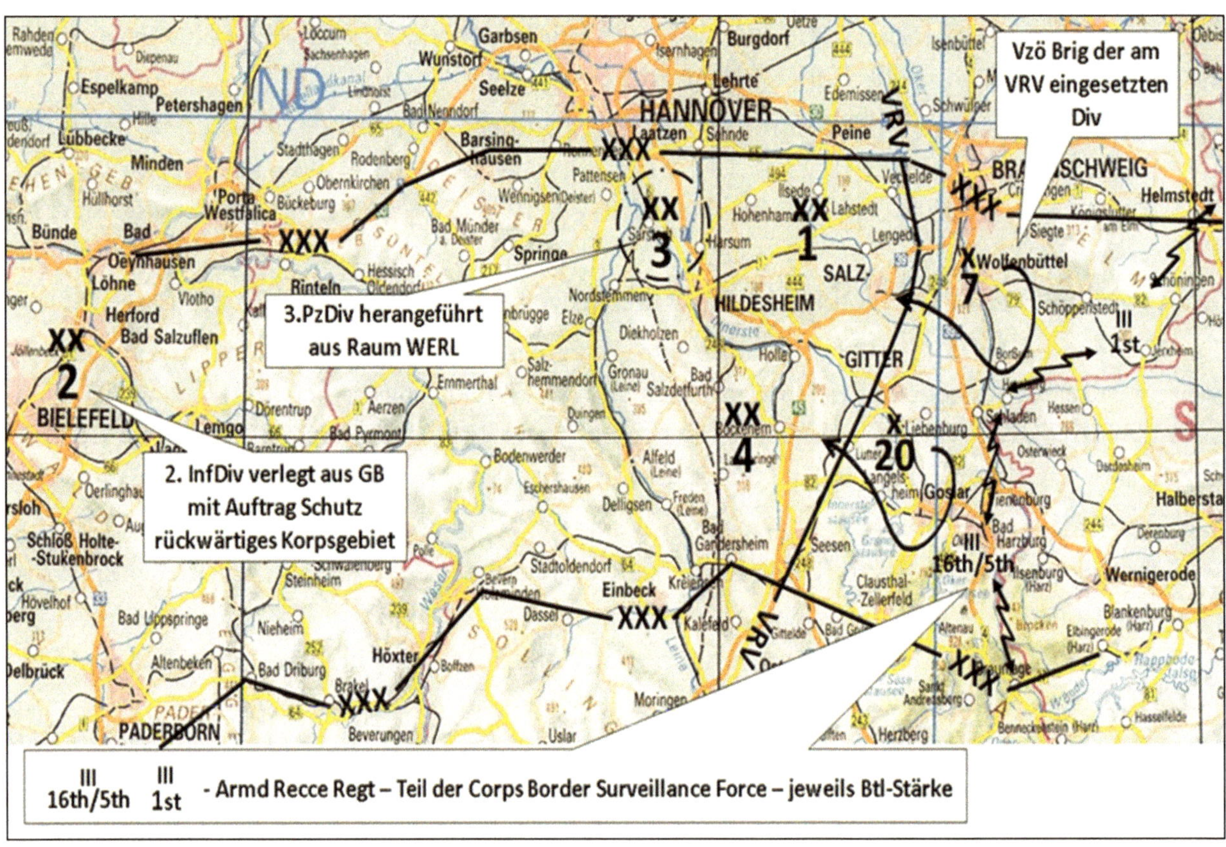

Abb. 35: Operationsplanung 1989 des I. (UK) Korps. Skizze erstellt von Oberst a. D. M. Buck.

Die Planung der Operationen sieht vor:

- das 1 (BR) Korps setzt links die 1. und rechts die 4. ArmdDiv in den GDP-Verteidigungs-stellungen ein und hält die 3. ArmdDiv als Reserve zurück. Mit Ankunft der 2. (BR) InfDiv aus Großbritannien ist diese für die Sicherheit im rückwärtigen Korpsgebiet (Korps Rear Area) verantwortlich. Weitere Reserveteile verstärken nach Eintreffen die vorn eingesetzten Divisionen, um die Verteidigung in der Tiefe zu verbessern und andere Truppenteile in die Reserve überführen zu können,

- die vorn eingesetzten Divisionen müssen vorbereitet sein, die Divisionen der feindlichen 1. taktischen Staffel mit eigenen Reserven zu vernichten. Nur in Zusammenarbeit mit den Nachbarkorps können durch Ausdünnung der vorn eingesetzten Divisionen Reserven gewonnen werden. Voraussetzung ist, dass die „Main Defensive Area" sobald als möglich vorbereitet wird. Die Korpsreserven sind nur für einen entscheidenden Schlag im Rahmen der Korps- oder NORTHAG-Operationen einzusetzen,

- die 2 (BR) InfDiv befehligt das Rückwärtige Korpsgebiet und hat dort die Sicherheit zu gewährleisten und Pionieraufgaben durchzuführen, damit die Versorgung und Verstärkung des 1 (BR) Korps gewährleistet sind,

- der GDP geht davon aus, dass der Feind auf breiter Front angreift und das 1 (BR) Korps in einer Hauptangriffsrichtung mit Schwerpunkt MITTELLANDKANAL liegt. Darauf hat sich das Korps in erster Linie einzustellen. Trifft diese Annahme nicht zu, kann die 3. (BR) ArmdDiv beliebig im NORTHAG-Sektor eingesetzt werden. Das Korps würde weiter am VRV kämpfen, eine Umfassung verhindern und die Flanken der benachbarten Korps schützen.

Das Konzept des 1 (BR) Korps geht von einer Vorbereitungsphase und nachfolgend 3 Phasen innerhalb der 1. Schlacht von NORTHAG aus,

- Bei verkürzter Vorwarnzeit kann die Vorbereitungsphase möglicherweise nicht beendet werden, bevor die 1. Phase beginnt. Alle Phasen können sich überlappen.

- Während der Spannungsperiode werden Grenzüberwachungskräfte (Corps Border Survey Forces – CBSF) an der Grenze entfaltet. Die CBSF[227] bestanden aus dem 1st The Queen's Dragoon Guards (ein in WOLFENBÜTTEL stationierten PzAufklBtl), das im Streifen der 1 (BR) ArmdDiv und dem 16th/5th „The Queen's Royal Lancers (PzAufklBtl, stationiert in HERFORD), das im Streifen der 4 (BR) ArmdDiv eingesetzt wurde; der CBSF waren ferner unterstellt 664 Sq Army Air Corps in MINDEN, weiter Versorgungsteile und das motorisierte 5th Volunteer Bn „The Royal Green Jackets" der TA, das im Frieden in Großbritannien stationiert war.

Mit dem Aufmarsch der Deckungstruppen werden die CBSF zurückgezogen und wieder in ihre Verbände eingegliedert.

Die Deckungskräfte:

- ihre erste Aufgabe ist der Schutz des Aufmarsches in die Hauptverteidigungsstellungen, um dort den Vormarsch zu verzögern und zu stoppen. Dabei sind alle verfügbaren Sperrmöglichkeiten zu nutzen,

- haben den Kampf so lange als möglich ostwärts des VRV (FEBA) fortzusetzen. Einen Rückzug oder eine Verringerung der Deckungskräfte kann nur das Korps befehlen.

Der Zusammenhalt mit den flankierenden Deckungskräften ist zu gewährleisten; nach Schwächung der Deckungskräfte haben diese weiterhin die Innerdeutsche Grenze zu überwachen und zu verhindern, dass die Feindkräfte den VRV in voller Kampfstärke erreichen.

- in Phase 2 haben die vorn eingesetzten Divisionen den Feind innerhalb ihres Gefechtsstreifens zu vernichten; in der Hauptangriffsrichtung haben diese Divisionen – unter Nutzung ihrer eigenen Reserven – den Kampf in der Tiefe fortzusetzen. COMNORTHAG wird die Korpsreserven nur freigeben, wenn ein entscheidender Schlag auf der operativen Ebene geführt werden kann.

- in Phase 3 können Korpsoperationen innerhalb und außerhalb des Korpsgefechtsstreifens stattfinden, die vom Korps zu planen und zu unterstützen sind.

Aufgabe der gepanzerten Kräfte bei langer Vorwarnzeit ist es, die CBSF mit einer Staffel des 1 (BR) Heeresfliegerregiments als Direktunterstützung zu übernehmen und aufzumarschieren. Bei kurzer Vorwarnzeit hat die 4 (BR) ArmdDiv ein mittleres Aufklärungsregiment und 1 Staffel des 4 (BR) Heeresfliegerregiments als Direktunterstützung zu übernehmen und im Gefechtsstreifen der 4 (BR) ArmdDiv als CBSF (SOUTH) aufzumarschieren. In beiden Fällen ist die Verbindung zum BGS aufzunehmen und die Verantwortung für die Überwachung der IdG zu übernehmen. Feindliche Aktivitäten sind zu beobachten und zu melden. Die Deckungskräfte sind nach Erfüllung ihrer Aufgaben unter dem Kommando der 4 (BR) ArmdDiv aufzufrischen und haben sich auf weitere Aufgaben einzustellen

Die 1 (BR) ArmdDiv ist am VRV links eingesetzt. Sie setzt die 12 ArmdBde rechts und die 22 Armd Bde links im Divisionsgefechtsstreifen ein. Die 7 ArmdBde ist Divisionsreserve; sie hat allerdings zunächst zu verzögern, damit die 1 (BR) ArmdDiv ihre Verteidigungspositionen einnehmen kann[228].

---

[227] Vgl. www.orbat85.nl/documents/BAOR-July-1989.pdf (Anhang E) (22.12.2022).
[228] Vgl. www.orbat85.nl/documents/BAOR-July-1989.pdf (Anhang E).

Danach soll die 7 ArmdBde im Bereich „WATER SANDWICH"[229] für etwa 30 Stunden aufgefrischt werden, um danach für Gegenangriffsoptionen zur Verfügung zu stehen.

Bei kurzer Vorwarnzeit hat sie ein Brigade HQ bereitzustellen, das ein mittleres Aufklärungsregiment mit 1 Staffel des 1. (BR) Heeresfliegerregiments zur direkten Unterstützung als CSBF (NORTH) im Gefechtsstreifen der 1. (BR) ArmdDiv befehligt.

In Phase 1 hat sie zunächst ihre Verteidigungsstellungen zu besetzen und Deckungskräfte in Brigadestärke zum Einsatz zu bringen sowie auf Befehl aus den Kräften der Deckungsbrigaden eine Divisionsreserve zu bilden. Sie hat sich darauf vorzubereiten, dass ein mittleres AufklRgt von CBSF unterstellt wird und die Division weiter die Grenzüberwachung wie befohlen durchzuführen hat. Die Brücken FRANK 2 und 3[230] sind zu sichern und (nur) auf Befehl des KorpsKdo zu zerstören.

In Phase 2 sind starke Verteidigungsstellungen nahe dem VRV zu schaffen, links angelehnt an das I. (GE) Korps und rechts an die 4 (BR) ArmdDiv, ferner ist das Schlüsselgelände zu überwachen.

Die Division muss vorbereitet sein, die Fallschirmjägerregimentsgruppe[231] für Operationen in HILDESHEIM unterstellt zu erhalten, ferner 1 InfBtl[(-)] der 6 ArmdBde für die Vorbereitung von Stellungen und Sperren in WATER SANDWICH, weiter die 24. (BR) AirmobBde[232] für Operationen in WATER SANDWICH.

Die 4 (BR) ArmdDiv ist am VRV rechts eingesetzt.

Ihr sind die 11 und 20 ArmdBde und die 19 InfBde unterstellt. Letztere ist im Frieden in Großbritannien stationiert. Sie soll etwa 48 Stunden nach Erhalt des Marschbefehls zur Verfügung stehen. Ihr Einsatzbereich ist die Gegend um BOCKENEM. Die 20 ArmdBde ist als Deckungstruppe eingesetzt, bevor sie Reserve der 4 ArmdDiv wird. Die 11 ArmdBde hat ihre Verteidigungsaufgaben in der Umgebung von EINBECK zu erfüllen[233]

In Phase 1 sind die Verteidigungsstellungen zu besetzen und Deckungskräfte in mindestens der Stärke einer gepanzerten Battle Group[234] nördlich des HARZ einzusetzen. Ferner ist die Zerstörung der feindlichen EW-Station auf dem BROCKEN zu unterstützen und ein feindlicher Vormarsch durch den HARZ mit Hindernissen und Sperren zu verzögern.

---

[229] Lt. www.orbat85.nl/documents/BAOR-July-1989.pdf (Anhang E) handelt es sich bei WATER SANDWICH um ein Gebiet, das von der LEINE im Westen, der INNERSTE im Süden, dem HILDESHEIM-ZWEIGKANAL im Osten und dem MLK im Norden begrenzt ist.

[230] Die mit „FRANK" bezeichneten Brücken sind Übergänge über den Mittellandkanal (MLK) und zwar (von OST nach WEST) FRANK 2 = MEHRUM, FRANK 3 = HAIMAR, FRANK 4 = WASSEL und FRANK 5 = HOEVER

[231] Vgl. www.orbat85.nl/documents/BAOR-July-1989.pdf (dort Anhang E). Aus finanziellen Gründen scheiterte die vorgesehene Aufstellung einer Brig aus TA-FschJgBtl. Die 3 TA FschJgBtl bildeten vielmehr „The Parachute Regiment Group" die dem Feind die Einnahme von HILDESHEIM verwehren sollte. HILDESHEIM war der zentrale Punkt im Schlüsselgelände des 1 (BR) Korps zwischen VORHOLZ (westlich von SALZGITTER) und dem WATER SANDWICH (vorgesehen als Auffrischungsraum für die 7 ArmdBde und als Ausgangspunkt für alle Gegenangriffsoperationen des 1 (BR) Korps bzw. der NORTHAG Reserven in Richtung HANNOVER). Die 3 TA FschJgBtl verfügten über eine starke Panzerabwehrkapazität, bestehend aus MILAN-Panzerabwehrraketensystemen.

[232] Die 24 (BR) AirmobBde in CATTERICK (UK) bestand aus Stab, FmSquadron in CATTERICK, 3 luftbeweglichen Infantry Bn in CATTERICK und BLACKPOOL, 1 leichtes ArtRgt in TOPCLIFFE, 1 Kampfhubschrauberregiment in DISHFORT und 1 lePiKp in CATTERICK.

[233] Vgl. Vieux-Bill, BAOR-Order of Battle July 1989., Überarbeitung von Mai 2021.

[234] Bei den britischen Streitkräften sind die Brigaden zwar in Bataillone gegliedert, die bevorzugte Kampfformation ist jedoch die „Battle Group". Dazu werden einem Bataillon, je nach Verwendungszweck weitere Kampf- und Unterstützungseinheiten unterstellt. Vgl. hierzu: The British Army Pocket Guide 1995/1996, S. 37.

Ferner hat sich die Division darauf einzustellen, dass ihr ein mittleres AufklRgt der CBSF unterstellt wird und sie weiterhin die Grenzüberwachung auf Befehl des Korps durchzuführen hat.

In Phase 2 sind starke Verteidigungsstellungen nahe dem VRV zu schaffen, links an die 1 (BR) ArmdDiv und rechts an die 16 (BE) Division angelehnt. Die rechte Flanke des Korps ist zu sichern und ein Vordringen zu dem FINGER TAL zu verhindern. Die Division hat sich darauf vorzubereiten, dass ihr die 24 Airmobile Bde mit OPCON unterstellt wird. Ferner hat die Division den Aufmarsch von Reservekräften in ihrem Gefechtsstreifen zu unterstützen.

Die 3 (BR) ArmdDiv mit 4, 6 und 33 ArmdBde ist die Korpsreserve.

Sie stellt ein Battle Group HQ und 2 InfKp zur Abwehr kleinerer Angriffe auf die Marschrouten und bereitet sich auf eine Kfz-Verlegung vor, wenn kein Flugwetter gegeben ist. Disloziert zunächst in WERL, danach in WATER SANDWICH/HILDESHEIM.

Eine Brigade ist kurzfristig für Operationen bei der 1(BR) oder 4(BR) ArmdDiv bereit zu halten. Weiterhin ist auf Befehl die Führung von Bewegungen des Korps innerhalb und außerhalb der Korpsgrenzen zu übernehmen. Die 33 (BR) ArmdBde ist ab SOC/STATE ORANGE unter OPCON des 1 (BE) Korps zu stellen. Ab SOD unterstellt die 3 (BR) Armd-Div der 2 (BR) InfDiv ein Battle Group HQ und 3 Nahaufklärungseinheiten für Operationen im WESER-Tal bis als Ablösung die erste Yeomanry Squadron eintrifft[235].

Ferner ist der 2. (BR) InfDiv ein mechInfBtl[-] mit OPCON zu unterstellen, das ab PD/VOK/SOD bis zur Ablösung Sicherungsaufgaben an Schlüsselpunkten übernimmt. Eine mech InfCoy hat den Instandsetzungstützpunkt WETTER (LB 881935) ab PD/VOK bis zur Ablösung zu bewachen. Eine weitere mech InfCoy hat unter OPCON des ArtKdo für die Sicherheit des Aufmarsches nuklearer Kampfmittel so lange zu sorgen, bis die Ablösung durch ein AtomwaffenbegleitBtl der TA oder durch Teile der 2 (BR) InfDiv erfolgt. Ein InfBtl[-] der 6 ArmdBde und eine PzPiKp[+] ist unter OPCON der 1 (BR) ArmdDiv von Beginn an bei WATER SANDWICH zu stationieren, um Korpsstellungen zu errichten. Letztlich ist das 3 Rgt Army Air Corps[-] als Korpsreserve bereit zu halten.

Die 2 (BR) InfDiv sichert mit 15 und 49 InfBde das rückwärtige Korpsgebiet

Ab Eintreffen der Division d.h. nach etwa 72 Stunden ist mit Vorrang das WESER-Tal zu sichern. Die Division hat sich darauf vorzubereiten ein Bataillon der 3 (BR) Armd-Div unter OPCON zur Sicherung von logistischen und Fernmeldeeinrichtungen (Schlüsselpunkte) unterstellt zu bekommen, bis dieses durch eigene Kräfte der 2 (BR) InfDiv abgelöst werden kann.

Diese Schlüsselpunkte sind[236]:

- Depot des Central European Pipeline System (CEPS) in HESSISCH-OLDENDORF ab SOD bis zur Ablösung durch Kräfte des (GE) TerrKdo NORD (vermutlich 3 Tage ab Simple Alert),
- EOP (Emergency Offtake Point = Notentnahmestelle LEMGO im CEPS) ab SOD bis Ablösung durch 2 (BR) InfDiv,
- EOP BIELEFELD ab SOD bis Ablösung durch 2 (BR) InfDiv,
- Betriebsstoffdepot WARENDORF von Alarmmaßnahmen PD/VOK bis SOD,

---

[235] „Yeomanry" ist eine Traditionsbezeichnung für Verbände der Territorial Army die u.a. Panzeraufklärungseinheiten bilden.

[236] OTL a. D. Wilhelm Knögel leistete 2021 wertvolle Hinweise zur Auflösung der Abkürzungen (EOP, CSS, DSS) sowie zu den Ortsbezeichnungen. Danach liegt die in der OpO 1/89 als DSS BERLEBECK bezeichnete Einrichtung in Wahrheit im Gebiet des Truppenübungsplatzes SENNE und zwar ca. 6 km von SCHLANGEN und 4 km südwestlich von BERLEBECK entfernt.

- CSS (Corps Supply Site) 90 (MC 812369) von Alarmmaßnahme PD/VOK bis Ablösung durch 2 (BR) InfDiv,
- CSS PÖMBSEN (= Teil von BAD DRIBURG) ab PD/VOK bis Ablösung durch 2 (BR) InfDiv
- Richtfunk Knoten-/Schaltstelle MÜNSTER von PD/VOK bis SOD; dann Ablösung durch eine Infanterieeinheit der RCZ (Rear Combat Zone).
- Richtfunkstelle EBBERG (MC 716590) (liegt südwestlich von BIELEFELD) ab PD/VOK bis Ablösung durch 2 (BR) InfDiv
- DSS (Divisional Supply Site) HAGENOHSEN (NC 286673) ab SOD bis Ablösung durch 2 (BR) InfDiv
- DSS BERLEBECK (MC 894464) (liegt im Truppenübungsplatz SENNE) ab PD/VOK bis Ablösung durch 2 (BR) InfDiv

Ab SOD muss die 2 (BR) InfDiv bereit sein unter OPCON ein Battle Group HQ[-] sowie 3 Nahaufklärungseinheiten der 3 (BR) ArmdDiv zu übernehmen, um die Sicherheit im WESER-Tal und der Brücken im Zuge bestimmter Militärstraßen zu gewährleisten; insoweit handelt es sich um die Brücken an der Umgehungsstraße von RINTELN (NC 065828), bei HAMELN NORD (NC 242731) und KEMNADE (NC 357596).

Der Eisenbahntunnel bei ALTENBEKEN (NC 973357 bis NC 988358) ist zu bewachen. Es sind Vorbereitungen zu treffen, um nach Eintreffen der ersten Yeomanry Squadron das Battle Group HQ(-) und die 3 Nahaufklärungseinheiten der 3 (BR) ArmdDiv aus dem WESER-Tal zurückziehen zu können.

Ab SOC ist die 24 (BR) Airmobile Bde der NORTHAG unter OPCOM zu unterstellen, wobei die 2 (BR) InfDiv OPCON behält. Sie hat dem Korps die Kampfbereitschaft der 24 AirmobBde zu melden. 1 Luftbewegliches Bataillon der 24 (BR) AirMobBde hat sich kurzfristig (d.h. abmarschbereit binnen 4 Stunden) für Operationen im rückwärtigen Korpsgebiet und zur Deckung des Aufmarsches bereit zu halten.

Die 24 (BR) AirMobBde hat als NORTHAG-/Korps-/Divisionsreserve 4 Stunden nach Alarmierung für die Bekämpfung feindlicher Luftlandungen oder als Verstärkung, gegebenenfalls Rückeroberung von Schlüsselpunkten bereit zu stehen.

Es sind Vorbereitungen zu treffen, die 24 AirMobBde unter OPCON der 1 (BR) ArmdDiv für Aufgaben in WATER SANDWICH oder der 4 (BR) ArmdDiv zur Vorbereitung der Korpsschlüsselstellung C zu unterstellen.

Ferner hat sich die 2 (BR) InfDiv darauf vorzubereiten, die Schlüsselstellung A1 des Korps mit der 24 (BR) AirMobBde vorzubereiten und zu besetzen.

Bis zum Eintreffen der TA NuklearbegleitBtl (4 QLR(V)/8 QF(V)) hat die 2 (BR) InfDiv die Begleitung der Nukleartransporte zu übernehmen. Das KorpsHQ ist – nach Eintreffen der TA-Kräfte – mit einem Bataillon zu sichern.

Eine brigadestarke Reserve ist aus mindestens 3 TA Bataillonen und einem mittleren AufklRgt[-] zu bilden, um das rückwärtige Korpsgebiet zu sichern, falls die 24 AirMobBde anderweitig eingesetzt ist.

Die Division hat sich ferner darauf vorzubereiten, eine HSchBrig der Bundeswehr mit OPCON zu „übernehmen" und die Korpsstellungen A2 und/oder B mit einer InfBde der TA und zusätzlichen MILAN anzulegen und zu besetzen.

Nach dem Aufmarsch des Korps übernimmt die 2 (BR) InfDiv das 4 Regt Royal Military Police[-] mit OPCON, um folgende Aufgaben zu erfüllen:

Sicherstellung des Korps Rear Area Traffic Control Plan sowie Unterstützung der logistischen Einrichtungen der 3. Linie. Ohne Zustimmung des Korps darf das Traffic Control Deployment nicht verändert werden.

Die Korpsfernspäheinheit (Corps Ptl Unit – CPU) dient der Nachrichtengewinnung und bei Angriffsoperationen. Die Kommandeure in den Einsatzräumen der CPU sind von deren Anwesenheit zu unterrichten und haben die Unterstützung zu leisten, die für deren Sicherheit notwendig ist.[237]

Der Artillerie fallen folgende Aufgaben zu:

Im Anfangsgefecht, das die Divisionen führen, sind deren Artilleriekräfte einzusetzen. Teile der Artillerie der 3 (BR) ArmdDiv haben aus vorgeschobenen Stellungen, die allerdings nicht ostwärts des VRV liegen dürfen, die Deckungskräfte und das Hauptverteidigungsgefecht zu unterstützen. In Krisensituationen sind weitere Verbände für die Artillerieunterstützung vorgesehen.

In der Tiefe setzt das Korps mit seinem Artilleriekommando 2 Gruppen Unterstützungsartillerie ein, wobei Luftunterstützung und Elektronische Kriegführung eingebunden sind. Der Abwehrkampf ist solange als möglich konventionell zu führen, allerdings muss das Korps jederzeit auf nukleare Einsätze vorbereitet sein.

Luftverteidigung / Flugabwehr:

Eine Teileinheit der Luftabwehrkräfte und zwar ein Fliegerleittrupp mit Befähigung zur Zielmarkierung) ist ab VOD oder STATE ORANGE an die Brücke von LAUENBURG (PE 040144)[238] unter OPCON des 1 (NL) Korps abzustellen, bis die Brücke zerstört ist.

Die Flugabwehr hat vordringlich zu verhindern, dass gegnerische Flugzeuge die Landoperationen stören.

Die Schlacht von NORTHAG wird durch HAWK/PATRIOT Flugabwehrraketen unterstützt, die im Korpsgebiet stationiert sind. Deren Verlegungen sind mit dem KorpsHQ zu koordinieren.

Hauptaufgabe der RAPIER (Luftabwehrrakete mit Reichweite bis 6,5 km) ist in erster Linie die Raumverteidigung, wobei die gezogene Version mehr statisch, die Kettenversion mobil nahe am VRV einzusetzen ist. JAVELIN/BLOWPIPE Luftabwehrraketen gewährleisten Objektluftverteidigung für bestimmte Einheiten und wichtige Einrichtungen. Die Fliegerabwehr aller Truppen sowie passive Fliegerabwehrmaßnahmen sind zu jeder Zeit durchzuführen.

Die präsenten Korpsflugabwehrmittel haben während der Aufmarschphase in der rückwärtigen Zone Munitionsdepots, das CENTRAL EUROPEAN PIPELINE SYSTEM (CEPS) und EOPs sowie CRG, Aufmarschstraßen, Deckungskräfte und die ArmdDivs zu schützen. Während des Kampfes der Deckungskräfte ist die Zuteilung der Korpsflugabwehrmittel von den vorhandenen Verstärkungen aus dem United Kingdom abhängig.

---

[237] Nach einer Mitteilung von Oberst a. D. Friedrich Jeschonnek wurde die CPU aus mobilgemachten Kräften des 21 Special Air Service (SAS) bzw. 23 SAS (V) und der Honorable Artillery Company zusammengestellt.

[238] Dieser Einsatz ist nicht ohne weiteres nachvollziehbar, da die Brücke von LAUENBURG im Gefechtsstreifen des I. (NL) Korps liegt. F. Jeschonnek teilte in einer mail vom 22.08.2022 an den Verfasser mit, dass diese Brücke eine große operative Bedeutung hatte und daher keinesfalls in Feindeshand fallen durfte. Im NORTHAG Bereich verfügten nur die Briten über Laser Target Marker, mit deren Hilfe eine Bombe punktgenau ins Ziel gesteuert werden konnte.

In erster Linie sind der Rückzug der Deckungskräfte, sodann die Korps- und Divisionsreserven zu schützen, weiter bestimmte WESER-Brücken und wichtige Versorgungseinrichtungen sowie die ArmdDivs und logistischen Einheiten.

In der Hauptverteidigungsschlacht ist der Flugabwehrschutz in folgender Reihenfolge zu gewährleisten:

- Schutz der Korps- und Divisionsreserven, Einrichtungen in der rückwärtigen Zone, Armoured Divisions und logistische Einheiten.
- Nachfolgende Aufgaben sind: Schutz des Aufmarsches und von Einrichtungen der rückwärtigen Zone, ArmdDivs sowie logistischen Einrichtungen, ferner Einweisung der Reserven.

Aufgaben der Pioniere sind Sprengungen und der Bau von Hindernissen.

Die Zerstörung grosser Wasserreservoirs als Teil der Sperrplanung ist nicht erlaubt. Flutungen, die nicht in der CRBA-Liste enthalten sind, dürfen nur mit Erlaubnis des Korpskommandos vorgenommen werden. Keine WESER-Brücke darf ohne vorherige Erlaubnis von NORTHAG zerstört werden. Priorität 1 haben die WESER Übergänge bei HAMELN (NC 242731) und KEMNADE (NC 358596). Das Engineer Div HQ NORTHAG und TWOATAF sind zu verständigen, wenn diese Brücken beschädigt, eingenommen oder zerstört sind.

Feindnachrichten zu sammeln ist Aufgabe des 14 (BR) Signal Regt (EW). Obwohl Störsender zur Unterstützung der Divisionen vorhanden sind, ist der Befehl zum Störeinsatz dem Korps vorbehalten.

Die Hauptaufgabe der Heeresflieger einer Division ist die Abwehr feindlicher Luftlandeoperationen. Alle Panzerabwehrstaffeln haben sich auf Verstärkung oder Unterstützung der benachbarten Divisionen oder Korps vorzubereiten.

Die Divisionen sind innerhalb ihrer Gefechtsstreifen verantwortlich für Hauptaufmarschstraßen, die zwischen NORTHAG und dem TerrKdo NORD vereinbart sind; das Korps-HQ behält die Kontrolle, bis der Aufmarsch der präsenten Kräfte abgeschlossen ist. Das militärische Straßennetz für die Versorgung wird mit Ermächtigung des COMNORTHAG eingerichtet. Danach delegiert das Korps die Kontrolle an die 1 (BR) und 4 (BR) ArmdDiv für deren jeweiligen Gefechtsstreifen.

Davon nicht betroffene Militärstraßen verbleiben unter der Kontrolle des Korps.

Die vorgeplanten Straßen für den Aufmarsch der 3 (BR) ArmdDiv in ihre Stellungen sind in den Anhängen geregelt. Die Hauptnachschubstraßen sind ununterbrochen offen zu halten.

Aufklärung oder Kampfhandlungen außerhalb des NATO-Gebietes sind erst zulässig, wenn SACEUR die entsprechenden Beschränkungen aufgehoben hat; dies gilt auch im Fall von GENERAL ALERT.

Das Korps ist verantwortlich für Planung, Koordination und Kontrolle für zugeteilte offensive Luftunterstützung innerhalb seines Gefechtsstreifens und von der FLOT (Forward Location Own Troops) bis zur RIPL (Recce, Interdiction and Planning Line). NORTHAG/TWOATAF planen gemeinsam jegliche Luftunterstützung jenseits der RIPL. Das Korps kann täglich Einsätze zur Gefechtsfeldabriegelung (BAI) und Luftnahunterstützung (CAS) anfordern.

Die Flotte der Transporthubschrauber ist ab Simple Alert mit OPCOM dem CINCENT unterstellt, der OPCON an COMNORTHAG delegiert; dieser setzt sie im Regelfall zur Direktunterstützung des Korps ein. Während der Spannungsphase werden die Transporthubschrauber vornehmlich für Transport- und Verstärkungsaufgaben eingesetzt. 6 PUMA haben binnen 30 Minuten der 3 (BR) ArmdDiv für luftbewegliche Soforteinsätze zur Verfügung zu stehen, um den Aufmarsch zu schützen.

Auf Befehl sind die PUMA mit den Soforteinsatzkräften zunächst in WERL, danach in HILDES-HEIM zu stationieren. Nach Ende des Aufmarsches unterstützen die Transporthubschrauber die 24 AirmobBde.

Bezüglich der ABC-Bedrohung wird in der ersten Verlegungsphase des Korps von einer niedrigen Stufe ausgegangen. Für Grenzsicherungs- und Verzögerungskräfte sowie den Hauptverteidigungs-raum gilt eine mittlere Stufe. Von dieser Stufe haben auch die heranzuführenden Verstärkungskräfte und die nuklearen Unterstützungskräfte bzw. Gefechtsstände nach Auslösung von GENERAL ALERT auszugehen.

Die Divisionen sind für die Abwehr von Luftlandungen innerhalb ihrer Gefechtsstreifen verantwort-lich. Sie haben einen luftbeweglichen Fliegerleitoffizier oder vorgeschobenen Beobachter einzusetzen zur Beobachtung und Meldung sowie Überwachung der Feuerunterstützung.

Der Korpsstab wird sobald als möglich über den Standort der vordersten eigenen Kräfte (FLOT) und die Feuerunterstützungs- und Koordinierungslinie (FSCL) informieren und – sofern verfügbar – Luft-nahunterstützung (CAS) für bedrohte Räume beantragen.

Die FRANK-Brücken über den MLK sowie bestimmte Brücken und Fähren über die WESER sind auf Befehl des Korpsstabes zur Sprengung vorzubereiten. Sie dürfen allerdings erst gesprengt werden, wenn die Befugnis zur Sprengung vom COMNORTHAG auf das 1 (BR) Korps übertragen wurde oder die Einnahme der Brücken durch den Feind droht.

Für die Aufnahme der Deckungskräfte sind die Divisionen verantwortlich.

Nach dem logistischen Konzept sind 4 x Korps DAER (Versorgungsraten) Munition, 14 Tage Treib-stoff und 12 Tage Verpflegung im Korpsgebiet einzulagern. Divisionen haben 3 x DAER Munition und für 8 Tage Treibstoff und Verpflegung zu bevorraten. Es ist ein Nachschubsystem auf der Grund-lage von 2 Korps Support Areas (CSA) westlich der WESER einzurichten.

Eine Anfangsversorgung mit Munition ist – wenn möglich vor GENERAL ALERT – für die Panzer-divisionen in den Depots der 4. Linie sortiert in Eisenbahnzügen bereitzustellen. Eine durchgehende Versorgungslinie von den Depots der 4. Linie zu den Panzerdivisionen ist so lange als möglich als Straßen- und Eisenbahntransport durchzuführen, wobei die CSA als Puffer zu verwenden sind.

Es ist darauf zu achten, dass ein Reservevorrat für Korpsoperationen zur Verfügung steht.

Ersatz von Kampfpanzern und anderen gepanzerten Fahrzeugen sowie von Artilleriegeschützen steht zur Verfügung und kann auf Anforderung frei gegeben werden.

Die Vorräte der 1. Linie sind in den Truppenteilen vorhanden, die der 2. Linie sind in den Divisions-gebieten eingelagert und die der 3. Linie in der Forward Combat Zone und der Rear Combat Zone.

Das Versorgungssystem zu Friedenszeiten ist solange als möglich zu betreiben, möglichst bis Beendi-gung des Aufmarsches. In Kriegszeiten ist das Versorgungssystem von Verstärkungen abhängig und wird für die Versorgung der Panzerdivisionen etwa 5 Tage nach einer bestimmten Alarmmaßnahme beginnen aber erst nach 2 weiteren Tagen voll wirksam sein.

Falls der Kommandierende General des Korps ausfällt, übernimmt der Kommandeur der 2 (BR) Inf-Div seine Aufgaben.

Canadian Infantry Battle Group (CIBG)

Die CIBG hat 1963 die rechte Flanke des 1. (BR) Korps zu decken. Sie hatte eine südostwärtige Ausrichtung, um Feindkräfte zu bekämpfen, die im GÖTTINGEN-Gap (= belgischer Abschnitt) durchbrechen[239].

Übungsgliederung

„ GRÜN "

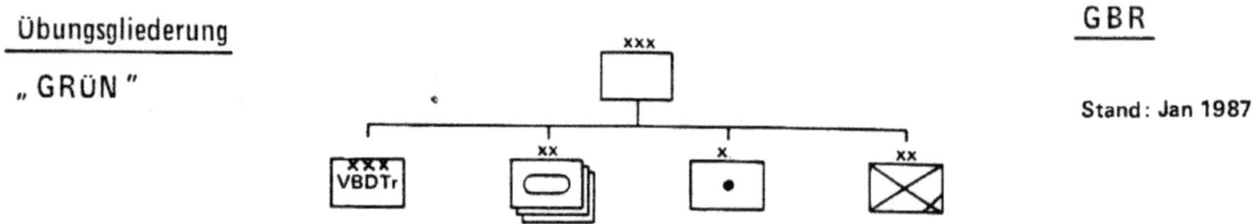

KORPSTRUPPEN					Rad	Kette	Bemerkungen
1750		530 =	130	je 100		48 16 16	PzAufklBtl : SCIMITAR STRIKER SPARTAN PzVersKp : Versorgung mit Reserve Panzern
			je 12 SCIMITAR = 3 Zg, 4 STRIKER = 1 Zg, 4 SPARTAN= 1 InfZg				
2860	714	603					
							TKTPTR = Tank Transport Regiment = Pz Transport Bataillon, T M = Transport and Movement = Verkehrsleitung und Nachschublenkung

Abb. 36 Teile der Korpstruppen des 1. (BR) Korps. Quelle: Übungsgliederung Grün 1987

					Rad	Kette	Bemerkungen
** 550	120	je 90	24			57 8	KPz, PzKp = 4 Zg : 3 KPz, SCORPION, je PzBtl CHALLENGER o. CHIEFTAIN
	1 KPz, 3 MTW Fü/Fu	je 14 KPz, 1 BPz, 1 MTW	8 SpPz SCORPION		60	96	
* ** 760	150	je 130	180			8 8 42 29 8	SCIMITAR = 1 Zg = 4 Grp, PzMrs FV 432 (81mm), MTW FV 432, MTW FV 432 Fü/Fu/Vers, SPARTAN (4 VB/4 PzJgRak)
	15 MTW	je 14 FV 432 (3 Zg a 4 MTW)	14 FV 432, 8 mPz Mrs, 24 MILAN, tragbar, 8 SCIMITAR, 8 SPARTAN		50	95	je InfBtl (mech) FV 432
Gesamtstärke der Panzerbrigade : ca. 2000 Soldaten							

* Alle in DEU stationierten Brigaden tragen die Bezeichnung „ armoured ", obwohl sie Pz- oder mech InfBrig sind.
** Pz– und mech Inf Btl werden im Einsatz durch Mischung Pz/mech Inf zu "battle groups" umgegliedert

Abb. 37 Gliederung der Panzerbrigade des 1. (BR) Korps. Quelle: Übungsgliederung Grün 1987

---

[239] EDP -63. Vgl. Maloney, War without Battles, S. 204(Skizze)/205.

4.   Das 1. Belgische Korps (1. (BE) Korps)

Die Überlieferung der belgischen Verteidigungsplanung ist bislang sehr lückenhaft. Auch auf Nachfragen erhielt der Verfasser keinerlei Antworten aus dem belgischen Militärarchiv in BRÜSSEL. Aus diesem Grunde wird die Planung im Gefechtsstreifen des 1. (BE) Korps entlang ersatzweise herangezogener deutscher Archivalien und der verfügbaren Literatur beschrieben.

Seine Aufgabe, den Zusammenhang der beiden Heeresgruppen NORTHAG und CENTAG zu wahren, konnte das an der Grenze eingesetzte 1. (BE) Korps nicht voll erfüllen. Grund hierfür waren sowohl die ungünstige Dislozierung der Truppenteile weit im Westen, meist in BELGIEN als auch die veraltete Ausstattung. Nur ein Aufklärungsverband, bestehend aus 3 Btl war etwas günstiger in LÜDENSCHEID, AROLSEN und ARNSBERG stationiert, d.h. zwischen 65 und 145 km von der Innerdeutschen Grenze entfernt[240]. Die 7. (GE) PzDiv (Heeresgruppenreserve von NORTHAG) musste mit der (GE) PzBrig 20 den Aufmarsch des 1. (BE) Korps decken[241]. Überdies konnte COM-NORTHAG dem 1. (BE) Korps notfalls auch die 33 (BR) ArmdBde zeitlich begrenzt unterstellen.

Das im Rahmen von REFORGER heranzuführende III (US) Korps, das als AFCENT-Reserve eingeplant war, sollte mit einer Eventualplanung sicherstellen, dass es aus einem Raum nördlich des RUHRGEBIETES kritische Lagen in der Aufmarschphase des 1. (BE) Korps bereinigen kann. Die unmittelbare Nachbardivision des 1. (BE) Korps (=2. (GE) PzGrenDiv) sah sich keiner unlösbaren Lage ausgesetzt, da das Gelände in ihrem Bereich für Angriffsoperationen des Feindes extrem ungünstig war.

Die Grenze des 1. (BE) Korps zur 1 CIBG verläuft 1954 bis 1957 etwa von BEVERUNGEN nach südlich HEMER.

Die Grenze des 1. (BE) Korps zur 4 CIBG verläuft 1957 bis 1963 etwa von HÖXTER nach PADERBORN.

Das 1. (BE) Korps verteidigte 1957 an WESER und FULDA einen Streifen zwischen HÖXTER und KASSEL. Falls die Verteidigungsstellungen nicht rechtzeitig erreicht würden, hatten sich die 4th (CA) CIBG und 20th (BR) ArmdBde zwischen PADERBORN und BIELEFELD zu sammeln, um einen Gegenangriff zu starten oder den weiteren Vormarsch zu blockieren[242].

Das 1. (BE) Korps hatte bis Ende 1957 eine erste Verteidigungslinie weit hinter den Linien YORK und RICHMOND geplant. Damit drohte ein Vorstoß der Feindkräfte entlang der Grenze NORTHAG/CENTAG in Richtung KOBLENZ[243].

Nach Kenntnis des III. (GE) Korps wird das 1. (BE) Korps dem Feind erst in der sog. WINTERBERG Linie stärkeren Widerstand entgegensetzen. Nach Aufgabe dieser Linie geht das 1. (BE) Korps auf den RHEIN zurück, wo es sich verteidigt[244]. Die WINTERBERG Linie hat keinen Anschluss an die Verteidigungslinien des III. (GE) Korps (YORK, RICHMOND).

Erst Ende 1958 übernahmen belgische Truppen unter dem Kdo eines Obersten einen Abschnitt am Eisernen Vorhang.

---

[240] General a D. Helge Hansen in der e-mail vom 14.2.2015.

[241] Nach BArch, BH 9-20/34 gab es einen Befehl vom 08.04.1981 für den Sperreinsatz der PzPiKp 200 im Bereich der 16. (BE) Division.

[242] Maloney, War without Battles, S. 139/140.

[243] Hammerich, Kommiss kommt von Kompromiss, S.137.

[244] BArch, BH 1/3.

In KASSEL wird ab 01.03.1960 das Kommando der Deckungsstreitkräfte aufgestellt, das aus mehreren Aufklärungsverbänden, einem Pionierbataillon und Unterstützungseinheiten besteht. Aufgabe ist die Überwachung der Grenze und die Deckung des Aufmarsches des 1. (BE) Korps[245].

Grenze zwischen 1. (BR) und 1. (BE) Korps verläuft 1961 von südlich HÖXTER nach PADERBORN[246].

Das 1. (BE) Korps sollte ab 1963 ostwärts der WESER verzögern und am VRA (= Verlauf der WESER) zur Abwehr übergehen[247].

Lt. Korpsbefehl des III. (GE) Korps vom 15.11.1967 hatte das 1. (BE) Korps das Vordringen des Feindes ostwärts der WESER zu verzögern und am VRA (=Verlauf der WESER) zur Verteidigung überzugehen[248].

Die Grenze zum 1. (BR) Korps verlief 1964 bis 1970 von GOSLAR – südlich EINBECK – südlich BRAKEL[249].

Das Kommando der Deckungsstreitkräfte wird 1969 aufgelöst und seine Aufgabe von einer Abteilung im Stab der 16. Division übernommen[250]

Laut GDP 1/75 des III. (GE) Korps klärt das 1. (BE) Korps mit 2 PzAufklBtl (4 Chasseurs a Cheval und 2 Jagers te Paard) entlang der IdG auf und weicht unter Fühlung mit dem Feind auf die Linie RED LULU (GITTELDE – MACKENRODE) aus. RED LULU ist der VRV. Zwischen RED LULU und BLACK LOLA (WENZEN – DASSEL – FREDESLOH – HARDEGSEN – ADELEBSEN – OSSENFELD) verteidigt die 16. Div mit den Brig 1, 4 und 7 beweglich mit dem Ziel, den Feindangriff spätestens in der Linie BLACK LOLA zum Stehen zu bringen.
Sodann statische Verteidigung im Schlüsselgelände SOLLING und dem Raum südlich von USLAR. Westlich der WESER werden die 1. Div und 12. InfBrig bereitgehalten. Die 1. Div hat auf Befehl des COMNORTHAG einen Gegenangriff (CANDID FOXTROTT 1) gegen einen Einbruch im Raum nördlich von KASSEL zu führen und mit der 2. (GE) JgDiv eine zusammenhängende Verteidigung beiderseits der Grenze NORTHAG/CENTAG an WESER und FULDA zu gewährleisten[251].

Aus einem Schreiben des KG des I. (GE) Korps vom 06.11.1975[252] lassen sich die Überlegungen für eine Unterstellung von Teilen der 7. (GE) PzGrenDiv unter das 1. (BE) Korps im GDP nachvollziehen. Grundlage ist die NORTHAG OpInstr No 1 vom 1. Mai 1972. Danach beabsichtigt COMNORTHAG im GDP 76 auf den EDP-VRV zu verzichten und den bisherigen GDP-VRV mit geringen Abweichungen als einzigen VRV von NORTHAG festzulegen, was deutschem Interesse entspricht. Das ist aber nur zu erreichen, wenn die rasch verfügbaren deutschen Kräfte in den Gefechtsstreifen des 1 (NL) und des 1. (BE) Korps zeitlich begrenzt „aushelfen". Dem hat das I. (GE) Korps im Grundsatz zugestimmt.

---

[245] Blume, Belgische Heeresstreitkräfte in Deutschland, S. 38.

[246] Maloney, War without Battles, Skizze S. 155.

[247] Hammerich, Der Fall MORGENGRUSS, S. 307.

[248] Korpsbefehl III. (GE) Korps in BArch, BH 7-3/242.

[249] Maloney, War without Battles, S. 204.

[250] Blume, Belgische Heeresstreitkräfte in Deutschland, S. 38.

[251] BArch, BH 7-3/735.

[252] BArch, BH 1/2513.

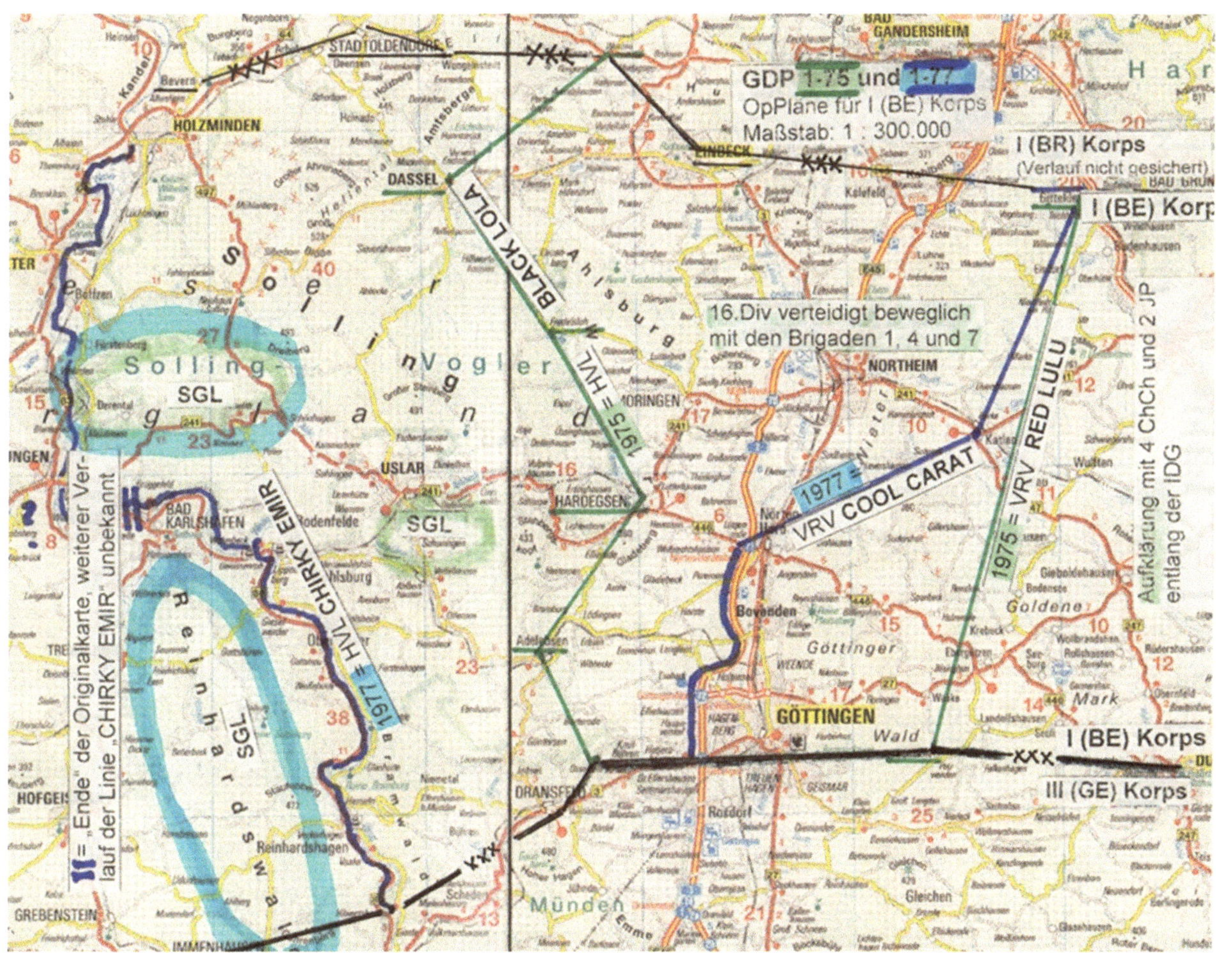

Abb. 38: GDP 1. (BE) Korps 1975 und 1977. Erstellt vom Verfasser

Das 1. (BE) Korps beabsichtigt, die (GE) PzBrig 20 als Reserve der 16. (BE) Div zu verwenden. Die Division soll mit VRV in der Linie IPPENSEN (NC 6744) – SALZDERHELDEN (NC 6340) – LEINE verteidigen, wenn die Verzögerungskräfte über den GDP-VRV zurückweichen mussten, bevor dem KG des 1. (BE) Korps 6 Brigaden zur Verfügung standen. Entgegen früherer Planung möchte das Korps mit dem (GE) PzAufklBtl 7 seine Verzögerungskräfte verstärken. Demgegenüber beantragt das I. (GE) Korps bei NORTHAG das PzAufklBtl 7 wie bisher mit dem Schutz der WESER-Übergänge im Bereich des 1. (BE) Korps zu beauftragen. Hintergrund ist der Wunsch, dass die 7. (GE) PzGrenDiv ihr PzAufklBtl ohne wesentliche Verluste zurückerhält, da es als Reserve im eigenen Bereich dringend benötigt wird. COMNORTHAG will die Teile der 7. PzGrenDiv solange dem 1. (BE) Korps unterstellt lassen, bis alle 6 belgischen Brigaden verfügbar sind, da sonst der rechte Flügel von NORTHAG zu sehr geschwächt wäre.

Dem genannten Dokument ist weiter zu entnehmen, dass die PzBrig 20 die LLBrig 27 ablösen sollte. Daher schlug die 7. (GE) PzGrenDiv vor, statt der PzBrig 20 die JgBrig 4 zu unterstellen, die ohnehin im Falle eines überraschenden Feindangriffs aus ihrer Garnison heraus (F-StO GÖTTINGEN) den Hauptzugangsweg in den belgischen Gefechtsstreifen decken musste.

Letztlich wurde aber entschieden, dass die PzBrig 20 dem 1. (BE) Korps unterstellt wird.

Im Bereich des 1. (BE) Korps bestehen – soweit es die FCZ betrifft – 206 vorbereitete Sperren in den Sperrlinien WESER – DIEMEL, EGGE- und ROTHAARGEBIRGE. HOLZMINDEN und HÖXTER liegen im V-Streifen des 1. (BE) Korps. Dieses hatte als Ansprechpartner die VBK 23 (HILDESHEIM), 34 (ARNSBERG), 35 (DETMOLD) und 44 (KASSEL)[253].

COMRECCE wird am 1.12.1976 aufgestellt und dem 1. (BE) Korps direkt unterstellt. Es besteht aus 3 PzAufklBtl, stationiert in AROLSEN, ARNSBERG und LÜDENSCHEID[254].

Es wird erwartet, dass der Feind in Richtung PADERBORNER BECKEN vorstößt, um den Zusammenhang zwischen NORTHAG und CENTAG zu zerreißen und zugleich die tiefe Flanke des III. (GE) Korps zu bedrohen.

Das 1. (BE) Korps klärt auf und verzögert den Feindangriff zwischen IdG und VRV für mindestens 24 Stunden mit 3 PzAufklBtl und 2 PzBtl, unterstützt durch 1 PiBtl und 2 ArtBtl.

Es verteidigt mit 2 Div nebeneinander beweglich mit VRV COOL CARAT und „stationär" in der Linie CHIRKY EMIR so, dass als Schlüsselgelände der SOLLING und der REINHARDSWALD gehalten werden und der Zusammenhang der Verteidigung entlang der Heeresgruppengrenze gewahrt bleibt[255].

Bei einem Feindangriff wird[256]:

- das 1. (BE) Korps zwischen IdG und VRV den Feind mit COMRECCE (= 3 PzAufklBtl und 2 PzBtl) mindestens 24 Std verzögern und
- mit der 16. (BE) Div im Schwerpunkt links und der 1 (BE) Div rechts so verteidigen, dass die AFCENT-Schlüsselgelände SOLLING und REINHARDSWALD gehalten werden und der Zusammenhalt der CENTAG/NORTHAG Grenze gewahrt bleibt.

Für den Fall, dass die 1. (BE) Division (= VERVIERS/BE) nicht rechtzeitig aufmarschiert, wird nach Zustimmung von COMNORTHAG die (GE) PzBrig 20 nördlich der CENTAG/NORTHAG Grenze zwischen VRV und WESER (NC 4401) verteidigen

COMRECCE verlegt im Mai 1978 nach AROLSEN[257].

Breite des Gefechtsstreifens ca. 40 km, weitgehend im HARZ[258].

1981 reicht die Breite des Gefechtsstreifens etwa von Höhe OSTERODE bis NB 6492[259].

Der Kompaniebefehl der (GE) PzPiKp 200 vom 08.04.1981 für den Sperreinsatz besagt[260]:

Die verstärkte (GE) PzBrig 20 ist z.Zt. Reserve der 16. (BE) Div im Raum nördlich AHLSBURG (= Höhenzug westlich von NORTHEIM) und stellt sich darauf ein, die 4. (BE) PzGrenBrig aufzunehmen, den Raum nördlich AHLSBURG zu verteidigen und über die LEINE angreifende Feindkräfte zu vernichten.

---

[253] Grot, So war's, damals, S. 123ff.
[254] Blume, Belgische Heeresstreitkräfte in Deutschland 1946-2002, S. 38.
[255] BArch, BH 7-3/735.
[256] BArch, BH 7-3/735.
[257] Blume, Belgische Heeresstreitkräfte in Deutschland 1946-2002, S. 39.
[258] Faringdon, Strategic Geography, S. 371.
[259] NB 6492 nach GDP V. (US) Korps - Operationsplan 33001: http://www.php.isn.ethz.ch/kms2.isn.ethz.ch/serviceengine/Files/PHP/17214/ipublicationdocument_singledocument/bc8f439f-fb45-4696-8039-f083d58b404c/de/us05.pdf. (23.11.2020).
[260] BArch, BH 9-20/34.

Es wird erwartet, dass der Feind mit 2 motSchtzDiv den Verteidigungsraum der 16. (BE) Div mit Schwerpunkt entlang der Achse HATTORF AM HARZ (NC 5634) – NORTHEIM – STADTOLDENDORF angreift. Vermutlich wird er versuchen, die LEINE auf breiter Front rasch zu überwinden – Schwerpunkt nördlich AHLSBURG – um danach an die WESER vorzustoßen. Die PzPiKp 200 unterstützt mit 1. Priorität Aufnahme und zeitlich begrenzte Verteidigung durch Vorbereitung der LEINE-Brücken zur Sprengung und sperrt in 2. Priorität die Durchlässe durch die AHLSBURG. Die vorbereiteten Sperren werden an PzGrenBtl 202 und PzBtl 203 übergeben. Sperren an den LEINE-Brücken löst der Kommandeur der 16. (BE) Div aus, nach Beendigung der Aufnahme der Kdr. PzBrig 20.

Die InstKp 200 richtet FInstPkt in OVENHAUSEN und vorgeschobenen FInstPkt in DEENSEN ein. Der BrigGefStd H der PzBrig 20 befindet sich in HUNNESRÜCK[261].

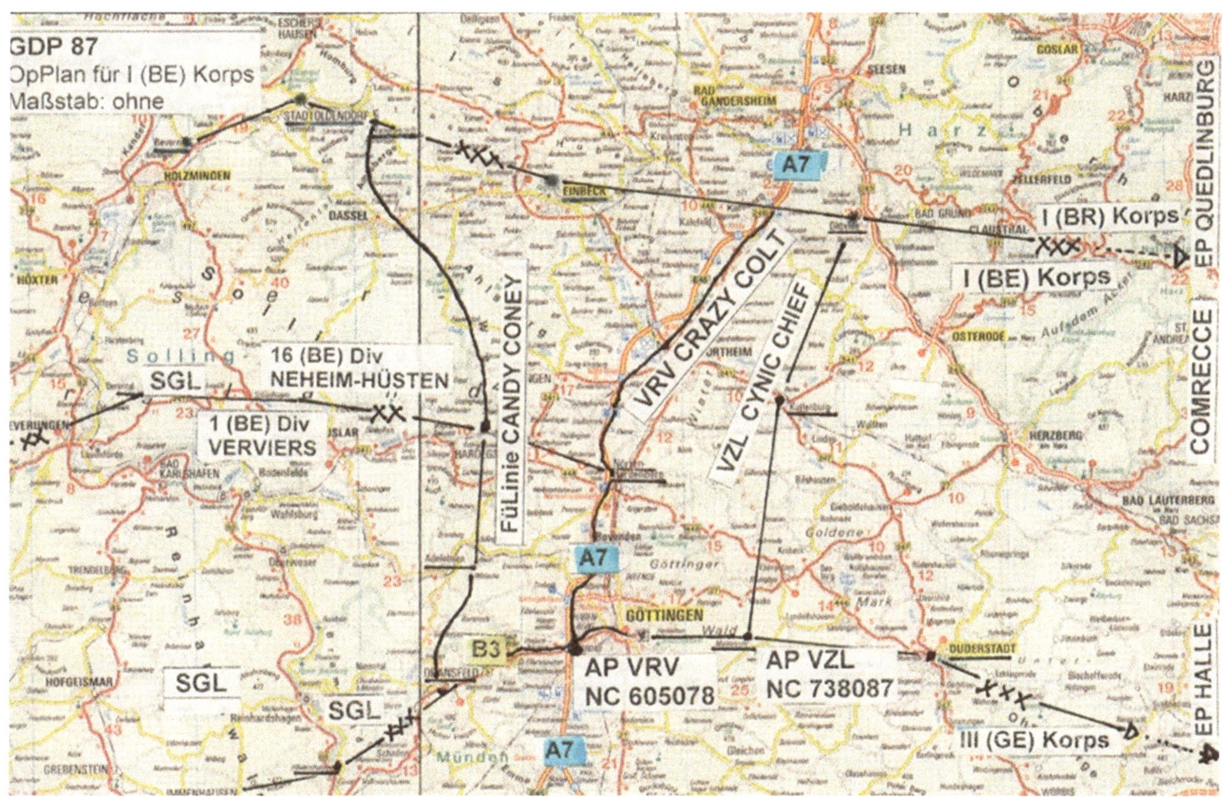

Abb. 39: 1. (BE) Corps, GDP 87, erstellt vom Verfasser

Die PzJgKp 200 führte eine Geländeerkundung im Großraum südlich von EINBECK durch. Dabei sollten Stellungsmöglichkeiten für Panzerabwehrraketensystem mit Wirkungsmöglichkeiten über 1.500 m gefunden werden. Grundsätzlich ist das erkundete Gelände für Panzerjägereinsätze besonders geeignet, da ein gepanzerter Feind frühzeitig aufgefasst werden kann und wenig Deckungsmöglichkeiten hat[262]. Die Grenze zum I. (BR) Korps verlief 1983 zwischen VOGLER und SOLLING[263]. COMRECCE umfasst 1986 2 PzAufklBtl und 2 PzBtl[264].

---

[261] BArch, BH 9-20/34.
[262] BArch, BH 9-20/34.
[263] Faringdon, Strategic Geography, S. 371.
[264] Blume, Belgische Heeresstreitkräfte in Deutschland 1946-2002, S. 39.

Die 1. (BE) Division verteidigt 1986 rechts mit der 7. und 12. PzGrenBrig, dahinter das ParaRgt mit Schwerpunkt vorwärts der WESER. Vorstöße durch den BRAMWALD und SOLLING sind zu verhindern. Aufgaben des 1. (BE) Korps im Jahre 1987:

- klärt auf und verzögert nachhaltig Feindangriff zwischen IdG und VRV durch COMRECCE mit 3 PzBtl und 2 PzAufklBtl,
- verteidigt mit 16. Div links im Schwerpunkt und 1. Div so, dass SOLLING, REINHARDS-WALD und BRAMWALD als Teile des NORTHAG- bzw. AFCENT Schlüsselgeländes gehalten werden und der Zusammenhang an der Heeresgruppengrenze gewahrt bleibt.

Können Mobilmachung und Aufmarsch der in BELGIEN stationierten Kräfte nicht zeitgerecht abgeschlossen werden, führt das 1. (BE) Korps die Verteidigungsoperationen zunächst mit den verfügbaren, präsenten Großverbänden (COMRECCE, PzBrig 17 und mechBrig 4). Diese können auf Befehl von COMNORTHAG durch Unterstellung der 33. (UK) Panzerbrigade (F-StO PADERBORN) verstärkt werden[265].

BE verzögert 1989 mit 2 Brigaden. (= 4. mechBrig SOEST und 17. PzBrig SIEGEN). Breite des Gefechtsstreifens beträgt zwischen 35 an der IdG und 90 km in der Tiefe. Verteidigt werden soll mit der 16. (BE) PzDiv (NEHEIM-HÜSTEN) und der 1. mechDiv (VERVIERS). In vorderster Front stand das PzAufklBtl (1c Jagcrs te Paard) in AROLSEN[266].

Nach dem Entwurf des GDP 1990 für die 2. (GE) PzGrenDiv war die Aufgabe der belgischen Kräfte[267]:

- Verzögerung durch BE PzAufklBrig (COMRECCE) für mindestens 24 Stunden zwischen IdG und VRV mit Schwerpunkt rechts, um so Zeit für die aus der Tiefe herangeführten belgischen Kräfte zu schaffen, damit diese ihre Verteidigungsvorbereitungen treffen können,
- Verteidigung mit 1. (BE) Div (= VERVIERS/BE), 7. und 1. PzGrenBrig (=MARCHE-EN-FA-MENNE/BE und LEOPOLDSBURG/BE) und dahinter das Pararegiment (=EVER-BERG/BE), mit Schwerpunkt vorwärts der WESER so, dass Feindvorstöße durch BRAM-WALD und SOLLING verhindert werden.

BRIGADETRUPPEN					Rad	Kette	Bemerkungen
190 7 MTW Fü/Fu	240 16 MTW 2 PiPz	200	240	200 14 LKW UNIMOG 7 LKW 6 Jeeps	90 30 50 55 30 255	7 20 – – – 27	StKp PzPiKp Trsp/QmKp InstKp SanKp (Kapazität : 200 Verwundete/Tag) ges.
je 750	6 JPz	3 SCIMITAR 2 SCORPION 2 SPARTAN	4 sMrs 107mm (4,2 INCH)	je 16 SPz 4 lMrs 60mm 8 PARS MILAN	je 50 6 6 6 68	je 14 19 19 19 71	PzGrenBtl werden z.Zt. auf AIFV (25 mm BK) und M113 als GefFz umgerüstet. (Kp "rein-rassig", Btl gemischt)
500	1 KPz LEO 1 2 BPz 14 MTW	2 SCORPION 3 SCIMITAR 2 SPARTAN	je 13 KPz LEO 1 1 MTW		48 6 6 6 66	20 15 15 15 65	PzKp = 3 Züge zu 4 KPz ges.

Abb. 40 Teile einer belgischen PzGrenBrig 1987. Quelle: Übungsgliederung Grün 1987

---

[265] Hammerich, Die Operationsplanungen der NATO, S. 301.
[266] Hammerich, Die Operationsplanungen der NATO, S. 301.
[267] BArch, BH 7-3/864a.

III b. Die Central Army Group (CENTAG)

CENTAG setzt 4 Korps nebeneinander ein mit Schwerpunkt links (von Nord nach SÜD): III. (GE), V. (US), VII. (US) und II. (GE) Korps.

Der CENTAG unterstanden im April 1956 2 (US) und 2 (FR) Korps mit 8 einsatzbereiten Div, dazu noch 4 Kampfgruppen[268].

Eine Besprechung am 9.4.1958 bei CENTAG betreffend die beabsichtigte Kampfführung des II. (GE) Korps gem. EDP 2/58 und im Jahr 1960/61 erbrachte folgende Ergebnisse[269]:

- der EDP 2/57 ist bis 30.06.58 gültig,
- die bisherige Grenze zwischen der 11th (US) LLDiv und 4. (GE) GrenDiv gilt als Korpsgrenze zwischen VII. (US) Korps und II. (GE) Korps,
- die operative Führung der 4. (GE) GrenDiv, 1. (GE) GebDiv, 11st (US) ACR und LL-Kampfgruppe A9 in diesem Abschnitt hat das – der 7. (US) Army unterstellte – II. (GE) Korps am 1.4.58 übernommen,
- das Feindvorgehen ist von CENTAG in mehreren Verteidigungsstellungen (TOULOUSE, LECH, ILLER – die beiden letzteren neu – unter Fortfall der bisherigen Stellung YORK) zu verzögern,
- in TORONTO ist der Feindvorstoß endgültig aufzufangen,
- die Aufgabe jeder Verteidigungsstellung (einschl. TOULOUSE) nur auf Befehl von CENTAG oder 7. (US) Army,
- als Grenze zwischen VII. (US) Korps und II. (GE) Korps wird festgelegt LANDAU – HEIL-BRONN – südlich AMBERG – FURTHER SENKE. Schwerpunkt der Abwehr ist das DO-NAU-Tal,
- Unterstützungsforderungen von II. (GE) Korps an 7. (US) Army betreffen Fernmeldeunterstützung (bis Anfang 1959), Verstärkungsartillerie und Versorgungshilfe ab 6. Kampftag (Sanitätswesen sofort),
- die 1. (FR) Armee hat den Auftrag, ab der LECH-Stellung in den Kampf einzugreifen (bisher ILLER). Der OB der 1. (FR) Armee will namhafte Teile der 1. (GE) GebDiv und 1 Btl des 11th (US) ACR unterstellt erhalten, was vom II. (GE) Korps abgelehnt wurde. In dieser Frage soll der COMCENTAG entscheiden,
- es entsteht der Eindruck, dass die Franzosen an einem ernsthaften Kampf erst in der RICH-MOND-Stellung interessiert sind und statt der zugesagten 3 AufklRgter (=Btl-Stärke) nur die in FREUDENSTADT und TÜBINGEN stationierten Aufklärungsbataillone einsetzen wollen,
- CENTAG bemängelt noch die taktisch völlig falsch dislozierten MunDp in BREITENGÜSS-BACH und SCHIERLING sowie des BstfDp in UNTERPFAFFENHOFEN als zu nahe an der Front liegend und fordert Abhilfe.

Ergänzend wurde festgelegt:

- TOULOUSE und LECH sind Verzögerungslinien,
- ILLER gilt als Verteidigungsstellung, um diese zu halten sind operative Reserven einzusetzen,
- bei übermächtigem Feinddruck auf gesamter Front ist auf TORONTO zurückzugehen,
- die Zwischenstellung RICHMOND kommt in Fortfall.

---

268 Tgb.Nr. 81/58 vom 11.4.1958 in BArch, BH 1/3.
269 Tgb.Nr. 81/58 vom 11.4.1958 in BArch, BH 1/3.

In der Order of Battle werden für die 7. (US) Armee das II. und III. (GE) Korps mit insgesamt 4 Divisionen und der LL-Kampfgruppe A 9 angegeben[270].

Die Verteidigungskonzeption vom 11.04.1958 bleibt weitgehend wie im EDP 2-58. Für das II. (GE) Korps werden als Großverbände angenommen:[271]

- 4. GrenDiv (REGENSBURG),
- 1. GebDiv (GARMISCH-PARTENKIRCHEN),
- 1. LLDiv (ESSLINGEN) (vorgesehen als LANDCENT-Reserve),
- 10. PzDiv (SIGMARINGEN),
- 12. PzDiv (TAUBERBISCHOFSHEIM) (Aufstellung beginnt erst am 1.1.1961),
- Korpstruppen.

Die 10. PzDiv sollte friedensmäßig tunlichst im Abschnitt des III. (GE) Korps untergebracht werden. Da dies nicht möglich war, muss sie in Spannungszeiten möglichst frühzeitig in den Abschnitt des III. (GE) Korps verlegt und diesem unterstellt werden, dabei Herauslösen der 1. (FR) PzDiv (TRIER) als CENTAG-Reserve oder Zuführung zur 1. (FR) Armee.

Das II. (GE) Korps wird der 1. (FR) Armee unterstellt und führt mit dem VII. (US) Korps den Kampf ab der Grenze. Es ist hinhaltend in OST-WEST Richtung zu kämpfen. Ab LECH/ILLER wird rechts das I (FR) Korps eingesetzt.

CENTAG hatte am 01.07.1958 auf der Linie RICHMOND (= ROTHAARGEBIRGE – NECKAR-BOGEN – SCHWARZWALD) die Verteidigung aufzunehmen und die Linie TOULOUSE (= VO-GELSBERG – NÜRNBERG – LANDSHUT – ROSENHEIM) mindestens 48 Stunden zu halten.[272]

CENTAG führt 4 nach Osten verschobene Verteidigungslinien ein, wobei die ostwärtigste folgenden Verlauf hatte: VOGELSBERG – SCHWEINFURT – NÜRNBERG – LANDSHUT – ROSEN-HEIM.[273]

Der CENTAG EDP 2-58[274] nennt für die Vorwärtsverteidigung 4 Linien ostwärts des RHEIN:

- FRITZLAR (= Grenze zu NORTHAG) – VOGELSBERG, von dort weiter als Linie
- ETHNOLOGIST: VOGELSBERG – ostwärts BAD KISSINGEN – SCHWEINFURT – BAMBERG – NÜRNBERG – ostwärts LANDSHUT – INN bis österreichische Grenze,
- RUMOR: VOGELSBERG – SCHLÜCHTERN – ostwärts WÜRZBURG – LECH bis österreichische Grenze,
- OINTMENT: VOGELSBERG – SCHLÜCHTERN – ULM. Diese Linie sollte 48 Stunden gehalten werden. Südlich von ULM übernahmen die französischen Kräfte die Verteidigung von WÜRTTEMBERG und SÜDWEST-BAYERN.

Eine Besprechung am 23.08.1958 zwischen II. (GE) Korps und der 1. (FR) Armee erbrachte folgende Ergebnisse[275]:

---

[270] Helmut Hammerich in e-mail vom 8.1.2013. Es handelt sich um die 4. GrenDiv REGENSBURG mit KpfGrp A4 in AMBERG und B4 in ELLWANGEN sowie die 1. GebDiv GARMISCH-PARTENKIRCHEN mit GebKpfGrp A8 und B8, je MITTENWALD. Ferner bei III. (GE) Korps die 2. GrenDiv in GIESSEN mit KpfGrp A2 MARBURG und B2 KASSEL sowie 5. PzDiv in KOBLENZ mit PzKpfGrp A5 KOBLENZ und B5 WETZLAR.

[271] Tgb.Nr. 81/58 vom 11.4.1958 in BArch, BH 1/3.

[272] Hammerich, Kommiss kommt von Kompromiss, S. 137 unter Hinweis auf BArch BW 2/2668 sowie Fn.97 betr. die Bezeichnungen der Linien.

[273] EDP 2-58 nach H. Hammerich, Die geplante Verteidigung der bayerischen Alpen, S. 250.

[274] Trauschweizer, Creating Deterrence for Limited War, S. 176.

[275] Tgb.Nr. 153/58 in BArch, BH 1/3.

- der EDP 2/58 liegt noch nicht vor, ist aber dem II. (GE) Korps in den Grundzügen bekannt,
- die Grenze zwischen dem II. (GE) Korps und der 1. (FR) Armee verläuft längs des LECH von den ALPEN bis südlich AUGSBURG, südlich ULM und südlich STUTTGART (Stadt und BAB für II. (GE) Korps),
- 1. (FR) Armee wird 3 Aufklärungsregimenter an den LECH vorschieben, wo sich dann die ersten Möglichkeiten einer gemeinsamen Kampfführung ergeben,
- 1 Btl des dem II. (GE) Korps unterstellten 11th (US) ACR wird aus dem Raum südlich MÜN-CHEN über LANDSBERG auf etwa MEMMINGEN zurückzuführen sein. Die 1. (FR) Armee wird in ihrem Abschnitt am LECH Brückenköpfe bilden, um dieses Btl aufzunehmen,
- die Artilleriekommandeure von 1. (FR) Armee und II. (GE) Korps werden zusammenarbeiten,
- bei Sperr- und Zerstörungsmaßnahmen zwischen ILLER und ISAR arbeiten die beiden Groß-verbände zusammen, wobei Deutschland darauf hinweist, dass sich die Sperrorganisation des TerrH erst im Aufbau befindet und die Pionierkräfte des II. (GE) Korps für die Verteidigung und den Einsatz an der Front in Linie A benötigt werden,
- die gemeinsame Luftunterstützung wird die 7. (US) Armee regeln,
- auf Vorschlag der 1. (FR) Armee sollen als Sicherheitsbesatzung Teile der 5. (FR) PzDiv zur Verhinderung eines Durchbruchs über HEIDENHEIM auf URACH für den Zeitraum einge-setzt werden, wo die Verbände des II. (GE) Korps in ostwärts gelegenen Stellungen kämpfen. Hierzu soll die 7. (US) Armee entscheiden,
- Verbindungsstäbe sind auszutauschen,
- die 1. (GE) GebDiv stellt im Kriegsfall mit Beziehen der Linie B ein Verbindungskommando zur 3. (FR) InfDiv ab.

Die Breite des Gefechtsstreifens von CENTAG beträgt in der 1960er Jahren ca. 590 km[276], ferner wird die Grenze des V. (US) zu III. (GE) nach Norden verschoben.

Am 15.10.1962 verläuft die Grenze III. (GE) Korps zu V. (US) Korps auf der Linie GERS-TUNGEN – RICHELSDORF – RONSHAUSEN – TANN – BIEDEBACH (NB 4641) – MÜHLBACH – SASSEN (NB 3491) – SCHRECKSBACH – KIRTORF – HOMBERG/OHM – RÜDDINGHAU-SEN – GROSSEN-BUSECK – HAUSEN – LANGGÖNS – EMMERSHAUSEN – KETTEN-BACH – MÜNCHENROTH – DORSCHEID[277].

Grenze III. (GE) Korps zu V. (US) Korps verläuft am 06.12.1962 auf der Linie SCHRECKSBACH – KIRTORF – HOMBERG/OHM – RÜDDINGHAUSEN – GROSSEN-BUSECK – HAUSEN – LANGGÖNS – EMMERSHAUSEN – HUPPERT – BACHARACH – BURG – Nordufer der MOSEL bis EHRANG[278].

1963 umfasst der Abwehrraum ZULU: FULDA – BAMBERG – REGENSBURG – STRAUBING – MÜHLDORF – Verlauf des INN.

Abwehrraum SWITCH = wie ZULU jedoch von MÜHLDORF nach TITTMONING und dann entlang der SALZACH[279].

1963 beginnt die Verteidigung bei CENTAG an der Linie „A" = KASSEL – FULDA – BAMERG – REGENSBURG – STRAUBING – SALZBURG.

---

[276] Hammerich, Die geplante Verteidigung der bayerischen Alpen, S. 244, mit Hinweis, dass die praktisch ungedeckte Flanke zu Österreich weitere 170 km betrug.

[277] BArch, BH 7-3/239.

[278] BArch, BH 7-3/238.

[279] Hammerich, Der Kampf ums Edelweiß, S. 65.

1971 erreichte USAREUR einen Tiefpunkt. Seine beiden Korps hatten nur noch etwa 88 Prozent ihrer Sollstärke, wobei etwa 1/3 der Verbände weniger als 75 Prozent der Planstärke aufwiesen. Die Korps waren nicht mehr in der Lage ihre vorgesehenen Gefechtsstreifen (bei V Korps = 82 km) und bei VII Korps (= 192 km) in voller Breite zu verteidigen. General Polk ging daher zu beweglicher Verteidigung über und fasste die PzBtl zu einer Reserve zusammen, während die „Frontlinie" dünn mit mechBtl und PzAufkl besetzt wurde, die allerdings über eine hohe Panzerabwehrkapazität verfügten (12 TOW je mech Btl).[280]

Am 20.12.1974 verläuft die Grenze zwischen III. (GE) und V. (US) Korps[281]:

NB 8351 entlang IdG bis NB 7252 – BLANKENBACH – NENTERSHAUSEN – ASSMUS-HAU-SEN – NB 534517 – NB 488519 – NB 465523 – NB 405510 – RENGSHAUSEN – ALLMUTHS-HAUSEN – SEIGERTHAUSEN – ZELLA – entlang der ANTREFF bis BERNSBURG – WAH-LEN – RUEDIGHEIM – SICHERTSHAUSEN – entlang der LAHN bis DUTEN-HOFEN – KLEINRECHTENBACH – OBERWETZ – WOLFENHAUSEN – DAUBORN – HERINGEN.

Rückwärtige Korpsgrenze DAUERSBERG – DICKENDORF – KIRBURG – BACH – REN-NEROD – WALDMÜHLEN – NEUNKIRCHEN – NIEDERWEYER – STEEDEN – ARFURT – AUMENAU – MÜNSTER (MA 4780)

CENTAG wehrt Feindangriffe mit 4 grenznah eingesetzten Korps ab und hält 12. (GE) PzDiv und 4. CMBG sowie 1. (US) InfDiv (bis Abschluss von REFORGER nur mit Teilen verfügbar) als Reserven bereit.

Die Grenze zwischen V. (US) und VII. (US) Korps wird etwa 1977 verschoben[282].

1978 wird CENTAG – unterstützt von der FOURATAF – mit 4 Korps

- so nah als möglich an der IdG verteidigen, um einen Durchbruch zum RHEIN zu verhindern;
- eine starke Verteidigung für die AFCENT-Schlüsselgelände KAUFUNGER WALD und KNÜLL-GEBIRGE aufbauen und in enger Koordination mit NORTHAG den Zusammenhalt der Verteidigung wahren[283].

Im CENTAG-Bereich wurde in den 1980er Jahren ein Angriff aus Richtung CHEB, über die B 14 Richtung NÜRNBERG und in der FURTHER-Senke befürchtet. Daher hatte die 4 CMBG mit Priorität das VII. (US) Korps zu unterstützen.

Das gebirgige und bewaldete Gelände des BAYERISCHEN WALDES und der FRÄNKISCHEN ALB, sowie die vielen kleineren Wasserhindernisse begünstigten die Verteidigung. Man rechnete mit einer 1. operativen Staffel von 2 Div (möglicherweise 2. (CS) motSchtzDiv und 9. (CS) PzDiv, gefolgt von 3 weiteren Divisionen in der 2. operativen Staffel. Dem konnte CENTAG 8 Brigaden (inkl. 4. CMBG) entgegenstellen, um die 3 denkbaren Angriffsrichtungen „abzudecken"[284].

Verteidigungsraum CENTAG reicht von NB 6492 bis VQ 1305 (DREISESSELBERG).

Bei entsprechender Freigabe wird II (FR) Korps im Bereich von CENTAG eingesetzt. Geplant ist (auch) ein Einsatz im Streifen des V. (US) Korps[285].

---

[280] Trauschweizer, Creating Deterrence for Limited War, S. 342/343.
[281] GDP 1-76 für III. (GE) Korps – Korpsbefehl 1975, Tgb.Nr. 500/74 in BArch, BH 7-3/735.
[282] BArch, BH 28-4/172.
[283] BArch, BH 7-3/769; McCaffrey, The Battle on the German Frontier, S. 62-70.
[284] Maloney, War without Battles, S. 481-482.
[285] Vgl. unten Abb. 61 (S. 237).

Es bestanden ferner Planungen für einen Einsatz des II. (FR) Korps im Gefechtsstreifen des I. (GE) Korps

Bis 1981 war die Grenze VII. (US) zu II. (GE) Korps die B 14 (B 14 selbst bei II. (GE) Korps). Ab 1981 Verschiebung etwas nach Norden auf die Linie nördlich GEORGENBERG – WEI-DEN (ausschließlich) - FREIHUNG – VILSECK – ERLANGEN.

Ab Simple Alert erfolgt der Rückzug von BGS, Bayerischer Grenzpolizei und Zoll von der Grenze. CINCUSAREUR gewährleistet ab SIMPLE ALERT die militärische Grenzsicherung im gesamten CENTAG-Bereich.

Gegen die CENTAG können im Rahmen der Fronten der 1. Staffel der Südflügel der WEST-FRONT und die SÜDWESTFRONT zum Einsatz kommen. Dabei handelt es sich vermutlich um 2 sowjetische und 2 tschechische Armeen. Als 2. operative Staffel können 3 weitere Armeen folgen. Insgesamt ist mit 27 motSchtz-/PzDiv. zu rechnen. Darüber hinaus sind noch 3 Armeen (11 motSchtz-/PzDiv) des MB KARPATEN zu berücksichtigen[286]. Der Einsatz von 2 sowjetischen LLDiv und je 1 sowjetischen und tschechischen LLBrig ist möglich. Die Bedrohung durch starke Luftstreitkräfte muss bedacht werden. In erster Staffel werden nördlich des ERZGEBIRGE vermutlich die 1. (SU) GardePzArmee (= F-StO DRESDEN) und die 8. (SU) GardeArmee (= F-StO WEIMAR-NOHRA) angreifen. Als 2. Staffel können Kräfte des MB SCHLESIEN (= WROCLAW) folgen. Der Schwerpunkt der Operationen liegt vermutlich im Raum MEININGEN. Südlich des ERZGEBIRGE könnten die 1. und 4. (CVA) Armee (= PRIBRAM und PISEK) zum Einsatz kommen. ZGT (= MILO-VICE) und MB OST der CVA (= TRENCIN) dürften als 2. operative Staffel ihre Schwerpunkte im Raum CHEB und/oder entlang der B 14 wählen[287].

In den späten 1980er gab es Überlegungen dahingehend, das III. (GE) Korps mit der 5. PzDiv aus der Vorneverteidigung heraus zu lösen. Am VRV sollte die 2. PzGrenDiv, die dem V. (US) Korps unterstellt worden wäre, allein verteidigen. Die 5. PzDiv hätte einen Flankenangriff in den Gefechtsstreifen des V. (US) Korps führen können. Eine konkrete Umsetzung in die GDP-Planungen dürfte nicht mehr erfolgt sein[288].

Nach dem Entwurf für einen GDP 90 würde der Feindangriff als großangelegte Aggression mit einem frühzeitigen Einsatz von Chemiewaffen erfolgen. Wahrscheinlich geht dem eine kurze Vorbereitungszeit von 6–8 Tagen nach Beginn der Mobilmachung voraus. Mit örtlichen Vorausangriffen zur Behinderung des Aufmarsches ist zu rechnen. Aus dem Südraum der DDR sind – unter Führung der WESTFRONT – folgende Kräfte zu erwarten:

- 3. (NVA) Armee, wahrscheinlich mit bis zu 3 Mob-Divisionen verstärkt,

- 8. (SU) Gardearmee und

- 1. (SU) GardePzArmee,

- 28. (BEMD) Armee[289],

- Unterstützungstruppen und Fliegerkräfte der Westfront,

- Grenztruppen der DDR.

---

[286] vgl. Urban, Order of the Red Banner Carpathian Military District, S. 53-57.

[287] BArch, BH 7-2/843 -Tgb.Nr. 81/84.

[288] General a. D. Helge Hansen in e-mail v. 14.2.2015; ferner ders, Die strategischen und operativen Überlegungen der NATO, S. 83.

[289] Ich danke Herrn Peter Schlüter für den Hinweis, dass es sich bei der 28. (BEMD) Armee um eine Armee aus dem Bjelorussischen Militärbezirk handelte. Diese wäre wohl in der 2. Frontstaffel eingesetzt worden.

Der Hauptstoß der WESTFRONT wird nördlich des HARZES erwartet, ein Nebenstoß könnte aus dem THÜRINGER BECKEN in den Interessenbereich des III. (GE) Korps erfolgen. Das THÜRINGER BECKEN erlaubt nach WESTEN nur den gleichzeitigen Ansatz von 2 Armeen.Operative Absicht dürfte sein, mit Schwerpunkt in Richtung RHEIN-MAIN-DREIECK anzugreifen, um die Bundesrepublik zweizuteilen und gleichzeitig entweder durch einen Angriff über den Raum GÖTTINGEN auf das PADERBORNER BECKEN den Hauptstoß nördlich des HARZES oder durch einen Angriff über das FULDA-WERRA-BERGLAND in das BORKENER BECKEN nachhaltig zu unterstützen.

CENTAG beabsichtigt in engem Zusammenwirken mit FOURATAF den Feind so grenznah wie möglich zu schlagen. Dazu verteidigt sie mit 4 Korps vorn – Schwerpunkt nördlich RHÖN-SPESSART – um Einbrüche in den HESSISCHEN KORRIDOR, sowie im Zuge der feindlichen Stoßrichtung EISENACH – FULDA und in den Raum NÜRNBERG zu verhindern, um so den Zusammenhang mit der Operationsführung von NORTHAG zu wahren. Der feindliche Angriffsschwung soll durch eine nachhaltige Verzögerung gebrochen und die 1. operative Staffel mit konventionellen Mitteln soweit ostwärts wie möglich zerschlagen werden. Dazu werden die Operationen der Korps aufeinander abgestimmt, Kräfte zugewiesen und gegenseitige Unterstützung geregelt. Folgekräfte sollen durch Einsatz von Luftstreitkräften bekämpft und konventionell oder – sofern erforderlich – mit Atomsprengkörpern nach deren Freigabe zerschlagen werden[290].

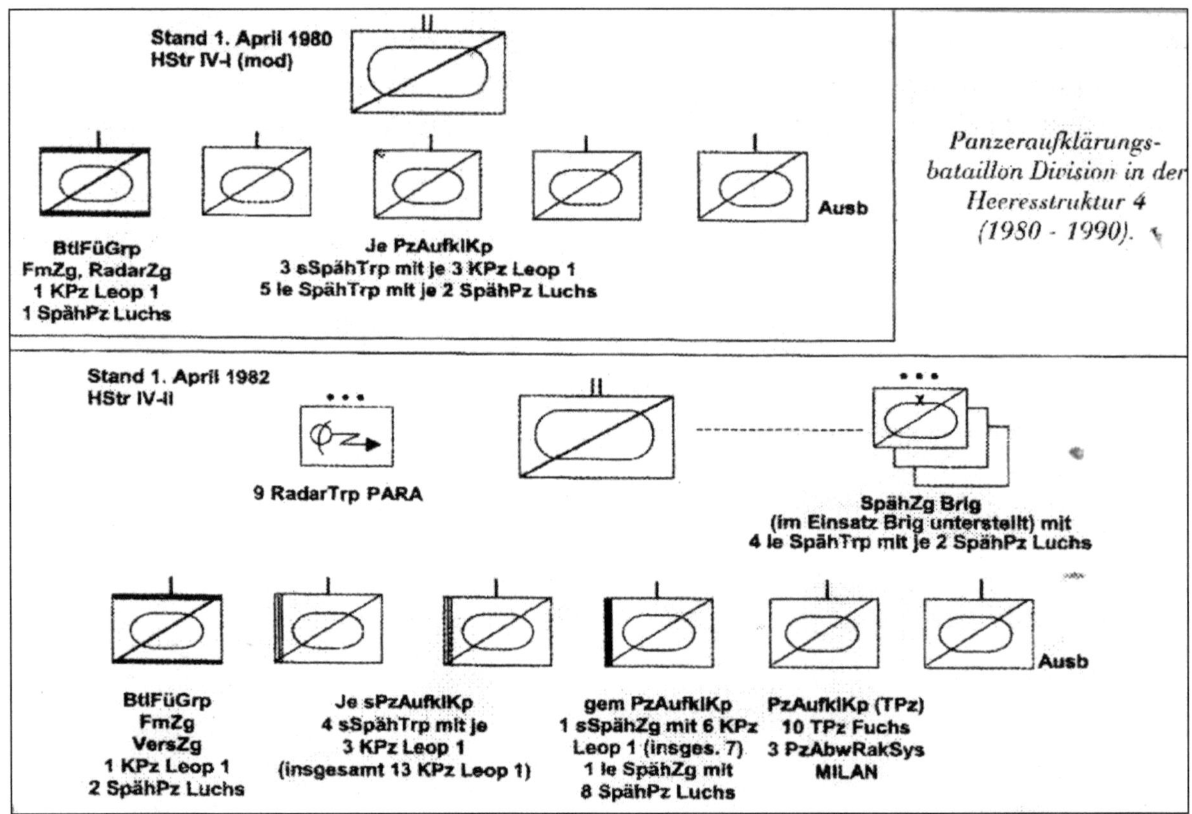

Abb. 41: Panzeraufklärungsbataillon der Bundeswehr in der HStr 4. Quelle: „…und die Aufklärer sind immer dabei…", Hrsg. v. Cord Schwier, 2. Auflage, Munster 2005

---

[290] BArch, BH 7-3/864a.

1. Die 7. US Armee

Die 7 (US) Armee wurde im Dezember 1950 aufgestellt. Im Mai 1951 erfolgt die Verlegung der 4th (US) Infantry Division (ID) nach HESSEN. Im Juli 1951 verlegt die 2nd (US) Armored Division nach BAD KREUZNACH. Einen Monat später werden das V (US) Korps in FRANKFURT AM MAIN und im November 1951 das VII (US) Korps in STUTTGART aufgestellt. Im November 1951 verlegen die 43rd (US) Infantry Division nach AUGSBURG und die 28th (US) Infantry Division nach GÖPPINGEN.

1952 gliedern sich das V (US) Korps in 2nd Armored Cavalry Regiment (ACR) in NÜRNBERG und das 14th ACR in FULDA, die 1st (US) InfDiv in WÜRZBURG, die 4th InfDiv in FRANKFURT AM MAIN sowie die 2nd Armored Division in BAD KREUZNACH. Der Gefechtsstreifen reicht im Norden etwa von BEBRA bis WETZLAR und im Süden von BAYREUTH bis WORMS.

Das VII (US) Korps umfasst das 6th ACR in STRAUBING, die 28th ID in GÖPPINGEN und die 43rd ID in AUGSBURG, wobei es einen Gefechtsstreifen von BAYREUTH bis etwa PASSAU zugewiesen bekommt.[291]

Die Operationsplanung der 7. (US) Armee

Im Jahre 1956 hat die 7 (US) Armee 3 Verteidigungslinien definiert und zwar[292]

- TOULOUSE = von der Grenze NORTHAG/CENTAG ostwärts an NÜRNBERG ebenso vorbei wie an MÜNCHEN
- YORK = von der Grenze NORTHAG/CENTAG zunächst wie TOULOUSE, dann westlich an NÜRNBERG vorbei bis zur DONAU
- RICHMOND = von der Grenze NORTHAG/CENTAG ostwärts an FRANKFURT/MAIN vorbei, entlang des NECKAR bis südlich STUTTGART.

Reserve war die 8 (US) InfDiv, welche das Rückwärtige Gebiet und die RHEIN-Brücken zu schützen hatte sowie das V. (US) oder das VII. (US) Korps unterstützen sollte.

Der OpPlan 1-57 der 7. (US) Armee tritt am 1.10.57 in Kraft. Eine grundlegende Änderung gegenüber dem OpPlan 1-56 liegt darin, dass die Linie LIVERPOOL entfällt. Im Bereich des III. (GE) Korps sind ostwärts des RHEIN nur noch die Linien YORK und RICHMOND vorgesehen. Ab der Linie YORK ist zu verzögern und notfalls verzögernd auf die Linie RICHMOND auszuweichen. Dort ist dann beweglich zu verteidigen. YORK darf erst auf Befehl der Armee geräumt werden.[293]

Im Jahres 1963 erfolgt eine Neufestlegung der Grenzen zwischen V (US) und VII (US) Korps. Das V (US) Korps ist nunmehr für den Raum Fulda bis zur hessisch-bayerischen Landesgrenze in der Rhön und das VII (US) Korps für Unterfranken, Oberfranken und die nördliche Oberpfalz verantwortlich[294].

---

[291] Die Ausführungen lehnen sich eng an das nicht veröffentlichte Manuskript von Jörg Wurdack, V und VII (US) Korps in der Bundesrepublik Deutschland ab 1951, an.

[292] Carter, Forging the Shield, S. 286. Die Quellen nennen unterschiedliche Verläufe der Linien:
- RICHMOND: nw GIESSEN – südostwärts HANAU – entlang des MAIN nach Süden – HEILBRONN – STUTTGART – entlang des NECKAR auf SCHWEIZER GRENZE (Carter);
- sog. neue RICHMOND: ROTHAAR-GEBIRGE – NECKARBOGEN – SCHWARZWALD bzw. OLDENBURG – OSNABRÜCK – ROTHAARGEBIRGE – Verlauf des NECKAR – SCHWARZWALD,
- TOULOUSE: VOGELSBERG – NÜRNBERG – LANDSHUT – ROSENHEIM bzw. KASSEL – südlich FULDA – südw. BAMBERG – westl. NÜRNBERG – ostwärts AUGSBURG und MÜNCHEN – entlang des INN zur österreichischen Grenze (Carter),
- YORK: 35 km westlich BAD HERSFELD – WÜRZBURG – ULM – ILLER.

[293] BArch, BH 1/3.

[294] Vgl. Jörg Wurdack, V und VII (US) Korps in der Bundesrepublik Deutschland ab 1951.

Lt. Korpsbefehl 1/67 des III. (GE) Korps wehrt die 7. (US) Armee mit 3 Korps nebeneinander und mit Schwerpunkt auf der Achse EISENACH – FRANKFURT/MAIN die Feindangriffe ab. Die Armee hält als Reserven die 12. (GE) PzDiv (VEITSHÖCHHEIM), die 24th (US) InfDiv (AUGSBURG) und das 3rd (US) ACR bereit. Die 12. (GE) PzDiv ist im Raum BÜFFEL (nördlich von WETZLAR) versammelt und vorrangig beim III. (GE) Korps einzusetzen. Das 3rd (US) ACR steht nach Eintreffen in EUROPA und Herstellung seiner Einsatzbereitschaft bei BABENHAUSEN für Aufgaben im Bereich des V. (US) Korps und in 2. Priorität für das III. (GE) Korps zur Verfügung. ArtRgt 12 und PiBtl 12 sind ab Eintreffen im Raum BÜFFEL dem III. (GE) Korps unterstellt, müssen jedoch binnen 6 Stunden wieder der 12. (GE) PzDiv zugeführt werden, falls diese bei einem anderen Korps eingesetzt wird[295].Die Grenze zwischen V und VII. (US) Korps wird am 01.07.1977 verändert.[296]

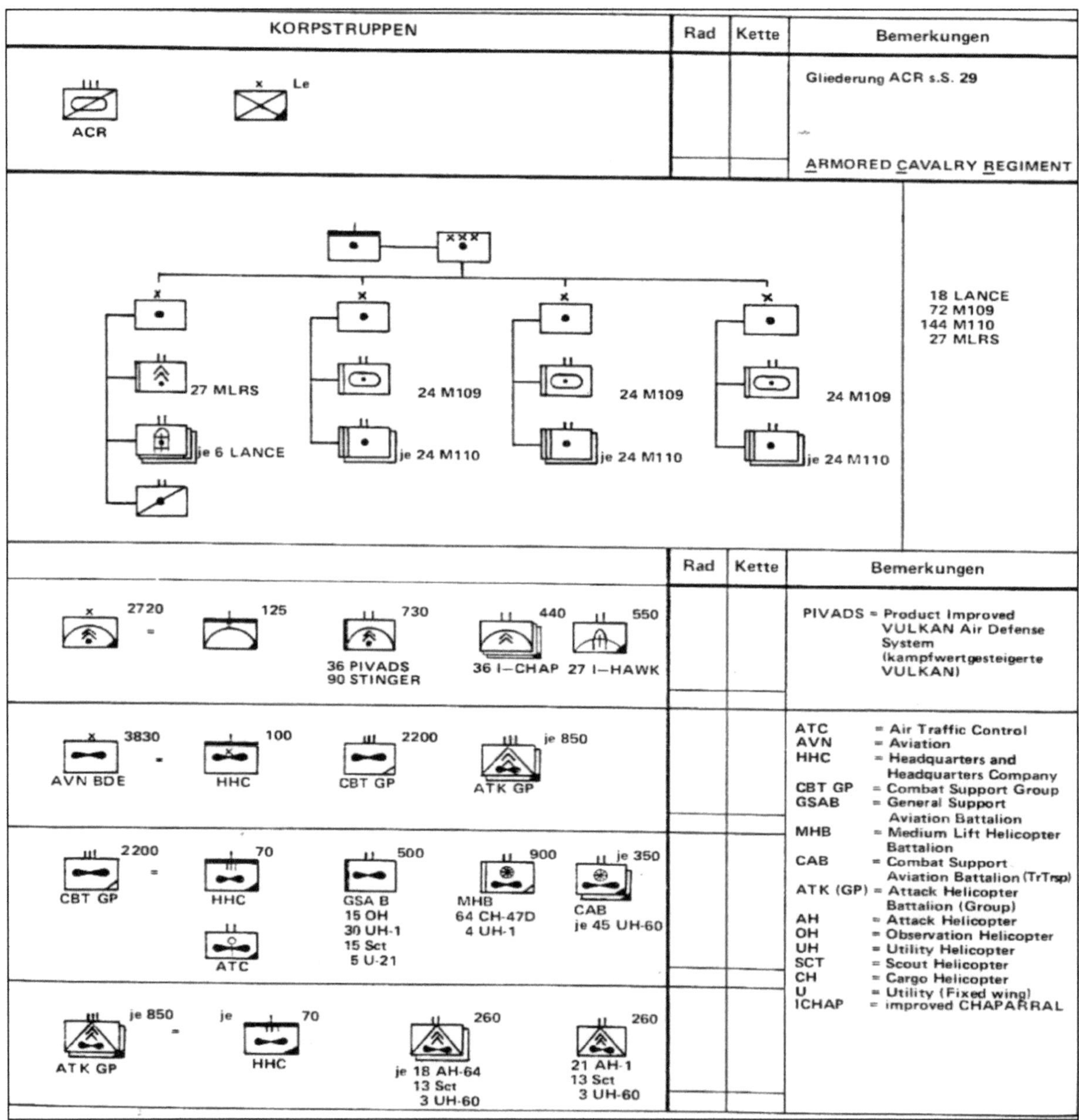

Abb. 42 Teile der Korpstruppen eines US-Korps. Quelle: Übungsgliederung Grün 1987.

---

295 Vgl. Korpsbefehl Nr. 1/67 für „Verzögerung und Abwehr beiderseits der FULDA" vom 15.11.1967 zu EDP III.Korps - Tgb.Nr. 200/67, in: BArch, BH 7-3/242.

296 BArch, BH 28-4/172.

2. Das III. Deutsche Korps (III. (GE) Korps)

Operationsplanung des III. (GE) Korps

Das III. (GE) Korps hatte einen verhältnismäßig schmalen Gefechtsstreifen, da es insbesondere darauf eingestellt sein musste, dass die nördlich im Bereich der NORTHAG eingesetzten belgischen Kräfte nicht rechtzeitig ihre Verteidigungspositionen erreichen. Im Fall eines verzögerten Aufmarsches (vor allem zu Zeiten des US-Präsidenten Jimmy Carter) galt dies auch für das V. (US) Korps. Das III. (GE) Korps hatte mit einem Angriff von Kräften der 8. (SU) Gardearmee (= WEIMAR-NOHRA) als 1. operative Staffel zu rechnen[297].

NATO-Planungen gehen dahin, dass die Bundeswehr das Gebiet des II. (FR) Korps im Raum KOBLENZ – GIESSEN übernimmt[298].

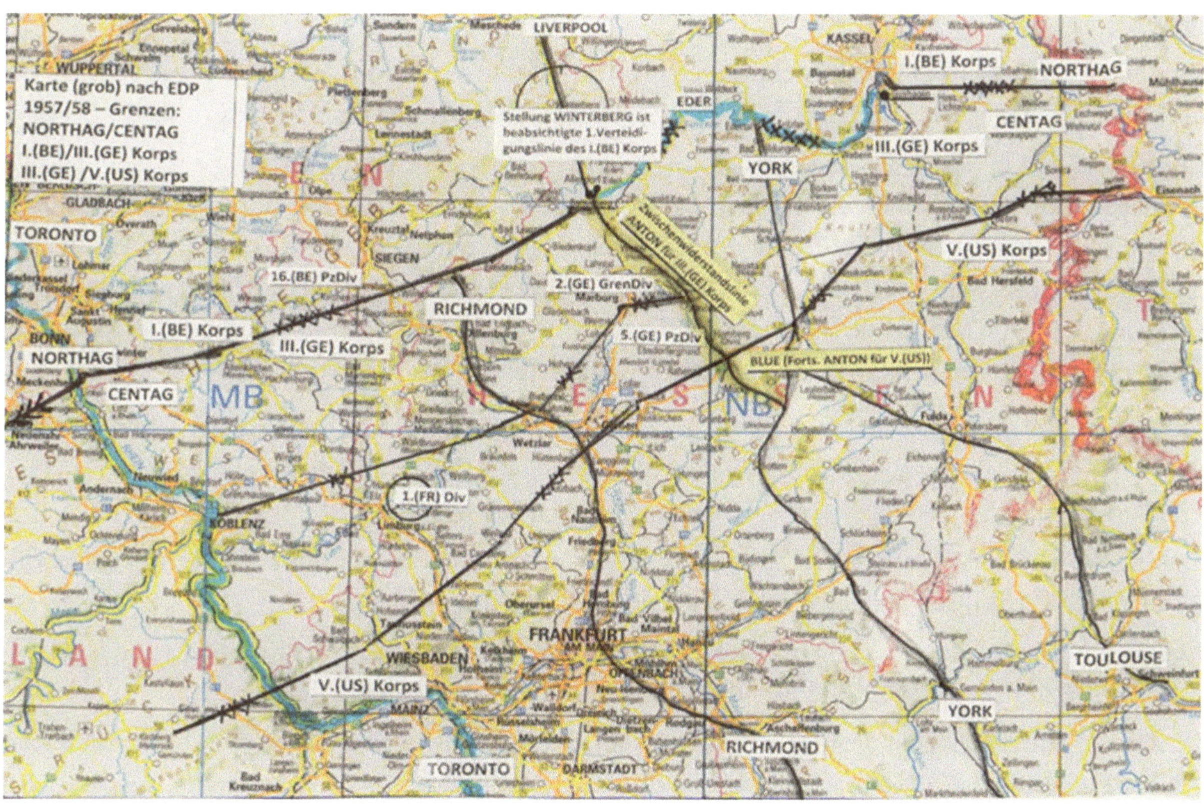

Abb. 43: Korpsgefechtsstreifen des III. (GE) Korps 1958, erstellt durch den Verfasser

Das III. (GE) Korps wird am 1.8.1957 der 7. (US) Armee für den Einsatz unterstellt und übernimmt die operative Verantwortung über den Abschnitt des II. (FR) Korps am linken Flügel der 7. (US) Armee. Die 2. (GE) GrenDiv untersteht ab 1.8.1957 dem III. (GE) Korps. Bis zu diesem Zeitpunkt war sie dem II (FR) Korps unterstellt gewesen[299]. Das III. (GE) Korps bezieht den Gefechtsstreifen, den vorher die Franzosen zu verteidigen hatten.[300].

---

[297] So Generalmajor a. D. Jürgen Reichardt am 21.8.2014.

[298] AFCENT-History 1956, S. 20.

[299] BArch, BH 1/3.

[300] Carter, Forging the Shield, S. 285.

Das III. (GE) Korps[301] beabsichtigt bei der Planung vom 05.11.1957 mit der 2. (GE) GrenDiv, der 5. (GE) PzDiv und der 1. (FR) PzDiv von der IdG über die Linie YORK bis zur Linie RICHMOND hinhaltend zu verzögern und das Überschreiten der Linie RICHMOND mit allen verfügbaren Kräften zu verhindern. Die Linie YORK darf erst auf Befehl der 7. (US) Armee aufgegeben werden.

Die 2. (GE) GrenDiv hat in der Linie YORK eine Abschnittsbreite von 45 km zu halten. Zwischen YORK und RICHMOND ist die Linie ANTON als Zwischenwiderstandslinie vorgesehen. Auftrag ist es, den Durchbruch des Feindes aus der Linie KASSEL – ALSFELD über LIMBURG zu vereiteln. Dabei ist die Verbindung sowohl zum rechten (= V. (US) Korps) als auch zum linken Nachbarn (= 1. (BE) Korps) aufrecht zu erhalten. In der Verzögerung ist ein weitreichender Einsatz von (amerikanischer) Atomartillerie (= 2 Bttr mit 280mm Geschützen) und die Ausnutzung der vorbereiteten Sperren vorzusehen.

Zwischen IdG und RICHMOND führt die 2. (GE) GrenDiv, verstärkt durch Tle der 5. (GE) PzDiv und dem ArtBtl der ArtS für begrenzte Zeit den Kampf ostwärts der Linie YORK.

Die 5. (GE) PzDiv wird im Raum ostwärts und südostwärts zur Verfügung des Korps so bereitgestellt, dass sie mit Teilen den Abwehrkampf der 2. (GE) GrenDiv unterstützen und den Angriff eines durchgebrochenen Feindes in die Südflanke des III. (GE) Korps verhindern kann. Die 1. (FR) PzDiv wird im Raum nördlich von LIMBURG zur Verfügung des Korps bereitgehalten. Die Verteidigung in der Linie RICHMOND führt die 2. (GE) GrenDiv links mit einer Abschnittsbreite von 30 km, die 5. (GE) PzDiv rechts mit einer Abschnittsbreite von 20 km.

Die 1. (FR) PzDiv richtet sich in der Linie RICHMOND zur Aufnahme der zurückgehenden Div ein und hält sich bereit, deren Kampf durch Angriffe mit begrenzten Zielen zu unterstützen.

Die 7. (GE) Division wird am 01.12.1958 dem III. (GE) Korps unterstellt.

Das III. (GE) Korps[302] ist am 21.12.1959 nur für 20 km an der IdG verantwortlich. Die PzGrenBrig 4 (GÖTTINGEN) wird zunächst im Bereich des 1. (BE) Korps eingesetzt.

Das Korps hat in den 1960er Jahren den KAUFUNGER WALD (= ostwärts KASSEL) und KNÜLLGEBIRGE zu halten[303]. Die 2. PzGrenDiv kämpft im Norden, die 5.PzDiv im Süden[304].

In seinen Jahresberichten gegenüber den vorgesetzten Dienststellen bezeichnet sich das Korps 1961/62 als bedingt und ab 1962/63 als voll einsatzbereit.

---

[301] Hammerich, Kommiss kommt von Kompromiss, S. 133 und 135 unter Hinweis auf BArch BW 2/2668. Zur Linie RICHMOND vgl. oben bei AFCENT. Ferner BArch, BH 1/3, dort insbesondere Protokoll über einen Lagevortrag am 5.11.1957.

Die 2. (GE) GrenDiv (GIESSEN) verfügt über die Kampfgruppen A2 (MARBURG) und B2 (KASSEL), das FArtRgt 2 (GIESSEN) mit dem I./FArtRgt 2 (NIEDERLAHNSTEIN), das teilaufgestellte PzAufklBtl 2 (KASSEL), das FmBtl 2 (GIESSEN), das PzBtl 2 (HEMER), das PzJgBtl 2 (MARBURG), das PiBtl 2 (HOLZMINDEN), das FlAArtBtl 2 (UNNA), die GrenBtl 2 (MARBURG), 12 (HÖXTER), 22 (FRITZLAR), 32 (WOLFENBÜTTEL) und 42 (KASSEL). Die 5. (GE) PzDiv (KOBLENZ) verfügt über die Pz-KpfGrp A5 (KOBLENZ), B5 (WETZLAR), C5 (gekadert in KOBLENZ), das PzArtRgt 5 in NIEDERLAHNSTEIN mit dem I./PzArtRgt 5 (NIEDERLAHNSTEIN) und dem III./PzArtRgt 5 (WETZLAR), das PzFmBtl 5 (KOBLENZ), das PzAufklBtl 5 (FRITZLAR), das PzJgBtl 5 (WETZLAR), das PzPiBtl 5 (HANN.-MÜNDEN, das PzFlaBtl 5 in KOBLENZ, die PzBtl 5 (KOBLENZ), 15 WETZLAR, 25 (gekadert in KOBLENZ) und die PzGrenBtl 5 (KOBLENZ), 15 (WETZLAR), 25 (gekadert in KOBLENZ).

[302] Vgl. BArch, BH 1/3.

[303] Hammerich, Halten am VRV oder Verteidigung in der Tiefe, S. 105.

[304] Hammerich, Der Fall MORGENGRUSS, S. 308 (Skizze).

Nach dem OpPlan 1-61 für das III. Korps (Tgb.Nr. 412/184/62)[305] war im Abwehrraum BRAVO zu verzögern. Im neuen Abwehrraum mit dem VRA RED sollte der Durchbruch zum RHEIN verhindert werden. Dazu waren u.a. die Flussenge der LORELEY zu sichern, das Übersetzen über den RHEIN zu verhindern sowie die Abwehr im Raum CHARLIE vorzubereiten. In Anlehnung an die Linie X-RAY war etwa 12 Stunden lang zu verteidigen, um der 5. PzDiv den Übergang über die LAHN zu ermöglichen. Die 2. PzGrenDiv hatte dabei ca. 12 Stunden nordostwärts und ostwärts von MARBURG zu verteidigen und danach das Vorgehen des Feindes unter Ausnützung des günstigen Geländes mit Schwerpunkt an der B 255 zu verzögern. Die 5. PzDiv hatte ebenfalls nördlich der LAHN in enger Verbindung mit der 2. PzGrenDiv zu verzögern und dann südlich der LAHN – möglichst in einem Zug – auf das Höhengelände südlich WETZLAR auszuweichen. Im Abwehrraum RED sollten die Angriffe auf LIMBURG und MONTABAUR beiderseits der B 255 und der B 49 zerschlagen werden.

Der KArtKdr 3 hatte den Verzögerungskampf der Div – soweit veranlasst – durch Unterstellung von Teilen der Korpsartillerie zu unterstützen und die Vernichtung des Feindes durch Feuerfelder in vermutlichen Schwerpunkten an LAHN und DILL vorzubereiten.

Ferner war die gegenseitige Feuerunterstützung in Absprache mit den Artillerieführern der Nachbarkorps zu koordinieren und Feuerunterstützung durch Atomartillerie des V. (US) Korps oder der 7. (US) Armee für den Gefechtsstreifen des III. (GE) Korps anzufordern, soweit dieser außerhalb der Reichweite der eigenen Atomartillerie liegt.

Der KPiKdr 3 erkundet Sperren zwischen BRAVO und RED mit Schwerpunkt vor RED, koordiniert mit dem WBK IV den Einsatz aller verfügbaren Übersetzmittel über den RHEIN, bereitet die Sprengung der RHEIN-Brücken vor, plant und errichtet Sperren im Abwehrraum CHARLIE, erkundet und baut Sperren in den Riegeln an der AHR, beiderseits des LAACHER SEE und nördlich von MAYEN.

Der KFlaKdr 3 schützt die Atomartillerie und Atomwaffendepots, erstellt für die 32nd (US) ArtBrig (Air Defense) – ausgerüstet mit NIKE- und HAWK-Flugabwehrraketen – eine Vorrangliste von Schutzobjekten im Gefechtsstreifen des III. (GE) Korps, bereitet sich auf den Einsatz von Teilen der 32nd (US) ArtBrig vor und koordiniert den Schutz der RHEIN-Übergänge.

Im Abwehrraum BRAVO war links die 2. PzGrenDiv eingesetzt, mit der PzGrenBrig 4 links und PzGrenBrig 5 rechts. Die PzBrig 6 war Divisionsreserve. Die 5. PzDiv rechts setzte die PzBrig 14 im vorderen Teil des Abwehrraumes ein. Die PzGrenBrig 13 bildete nach Aufnahme im Abwehrraum die Divisionsreserve. Die PzBrig 15 war im rückwärtigen Korpsbereich Eingreifreserve und verlegte in den Raum RENNEROD – DRIEDORF – HOLZHAUSEN – STOCKHAUSEN – MERENBERG – WALDMÜHLEN. Ihre Aufgabe war es, je nach Lage, die 5. PzDiv aus dem Raum AMÖNEBURG – DECKENBACH – DAUBRINGEN – RONSHAUSEN zu unterstützen.

Die 1. LLDiv war zunächst Armeereserve.

---

305 BArch, BH 7-3/238.

Nach Tgb.Nr. 700/4/61 des III. (GE) Korps[306] verlief die Grenze zwischen der 2. (GE) PzGrenDiv (links) und der 5. (GE) PzDiv (rechts) auf der Linie NB 4758 – KONNEFELD – RENGSHAUSEN – REMSFELD – FRIELENDORF – ALLENDORF – FLORSHAIN – WOLFERODE – ENZEN-FAHR – KAPPEL – ALNA.

Rückwärtige Divisionsgrenzen: WALLAU – BREIDENSTEIN – SILBERG – HOMMERTSHAU-SEN (MB 6633) – HERZHAUSEN – FRIEBERTSHAUSEN – WILLERS-HAUSEN – KEHNA – OBERWALGERN – KROFDORF – KLEIN-LINDEN – LANG-GÖNS.

Rückwärtige Korpsgrenze: Verlauf der B 8 bis ELZ – Verlauf der BAB A 3 bis MA 4574.

Nach Tgb.Nr. 412/184/62 des III. (GE) Korps[307] verlief die Grenze zwischen der 2. (GE) PzGrenDiv (links) und der 5. (GE) PzDiv (rechts) auf der Linie SCHRÖCK – ALLNA – MUDERSBACH DORNDORF – MEUDT – 1 km nördlich NEUHÄUSEL (MA 0984) – URBAR – METTERNICH – RUITSCH.

Rückwärtige Divisionsgrenzen: Verlauf BAB A3 von linker Korpsgrenze bis MONTABAUR – HOR-BACH – SINGHOFEN – B 260 bis rechte Korpsgrenze.

Rückwärtige Korpsgrenze: KALENBORN – BRÜCK/AHR – MÜNK – MÜLLENBACH – ENDERTBACH-Tal bis COCHEM – Nordufer der MOSEL bis BURG.

Der Korpsgefechtsstreifen wird 1963 verändert.

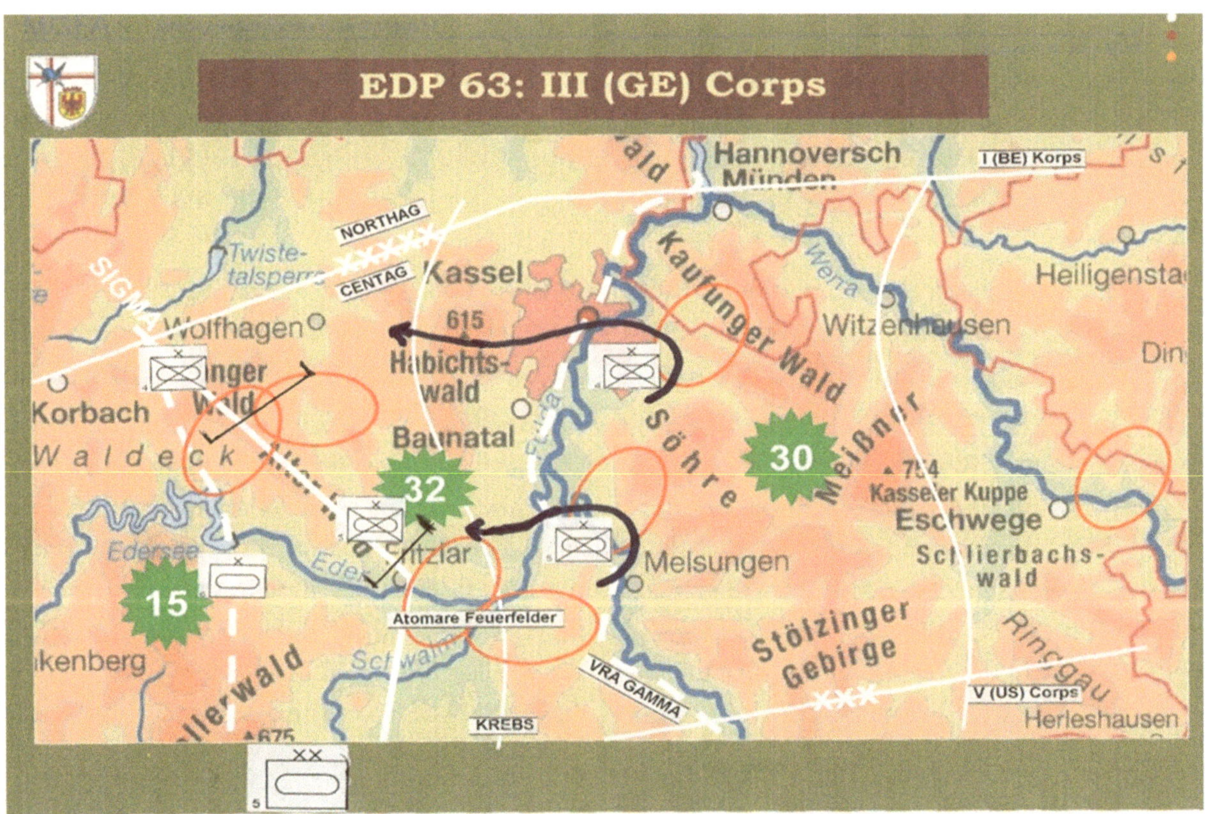

Abb. 44: GDP 63 – Atomwaffeneinsatz. Quelle: Hammerich „Der Fall Morgengruss", S. 308 mit Änderungen durch den Verfasser

[306] BArch, BH 7-3/239.
[307] BArch, BH 7-3/238.

Der Operationsplan des III. (GE) Korps[308] (EDP 1-63, gültig ab 1.9.63) sieht vor, Teile der in GÖT-TINGEN stationierten Truppen (St/StKp, PzGrenBtl 41 und 43) für den Einsatz dem 1. (BE) Korps zu unterstellen. NORTHAG beabsichtigt im Gegenzug, die in KASSEL stationierten belgischen Truppenteile (1 gepanzertes Btl und 1 PiBtl) dem III. (GE) Korps zu unterstellen. Dem III. (GE) Korps wird ferner das PiBtl 10 unterstellt, während die 10. (GE) PzGrenDiv Armeereserve der 7. (US) Army und für die Unterstellung unter das III. (GE) Korps vorgesehen ist.

Die GSA III/4 (ESCHWEGE) wird der 2. (GE) bzw. 5. (GE) Div unterstellt und auf Zusammenarbeit mit den PzAufklBtl 2 und 5 angewiesen.

ADM Einsätze sind vorgesehen, die atomare Zielliste weist Zielpunkte mit den Nummern 8000 bis 8121 aus. Die Special Atomic Supply Points (SASP) 931 und 932 sind zu sichern.

Die Grenze von der 2. PzGrenDiv zur 5. PzDiv verläuft grob: BAD SOODEN/ALLENDORF – geradlinig nach WESTEN – südlich HELSA – nördlich VOLLMARSHAUSEN – KASSEL-WIL-HELMSHÖHE – „Knick" nach Süden auf den Fluss OHM – nördlich von WELLEN auf HUNDS-DORF – entlang der B 253 nördlich an FRANKENBERG vorbei.

Für den EDP 1-63 des III. (GE) Korps gab es unter Tgb.Nr. 810/63 auch einen Einsatzplan für ADM (Atomic Demolition Munition). Auf einfachen Alarm oder auf Befehl wurde dem KPiKdr 3 ein ADM-Zug der 11th (US) EngGp unterstellt. Dem III. (GE) Korps waren 8 ADM MK 30 EBONY (0,5 KT) und 4 ADM MK 45 (AMBER) (2,5 KT) zugeteilt. Der ADM-Einsatz ist beweglich, mit Schwerpunkt an den Flanken und den Hauptannäherungsstraßen vorgesehen. Dazu sind 30 ADM-Punkte zwischen SKORPION und VRA GAMMA, 32 ADM-Punkte zwischen VRA GAMMA und RRA GAMMA sowie 15 ADM-Punkte westlich des RRA GAMMA erkundet. Der Einsatz der ADM erfolgt nach Antrag der Div auf Befehl des Korps. Der KPiKdr 3 hatte das Abholen des ADM-Zuges und der zugeteilten ADM vom SASP (= Special Ammunition Supply Point) zu regeln und die ADM-Trupps mit je 1 ADM beim Gefechtsstand des sPiBtl 310 bereit zu halten. Mit einer Zuweisung weiterer ADM konnte zunächst nicht gerechnet werden. Den Ablauf des ADM-Einsatzes regelte ein eigener Befehl.

Im Falle eines Überraschungsangriffs[309] verzögert die PzGrenBrig 4 ab dem Raum KASSEL, die PzGrenBrig 5 ab dem Raum MELSUNGEN.

Die PzBrig 6 hatte mit den gepanzerten Teilen der PzGrenBrig das Abwehrgefecht der 2. PzGrenDiv zu führen. Atomare Feuerfelder waren u.a. südostwärts von KASSEL, nördlich von MELSUNGEN, nordostwärts von FRITZLAR, südlich von WOLFHAGEN und im ALTER WALD vorgesehen. Im Gefechtsstreifen der 2. PzGrenDiv waren insgesamt 77 ADM-Punkte erkundet.

Im Bereich des III. (GE) Korps sind 1966 bei 315 Objekten die Sperrvorbereitungen baulich abge-schlossen[310]

Der Korpsbefehl Nr. 1/67 für die Verzögerung und Abwehr beiderseits der FULDA vom 15.11.1967 ging davon aus, dass der Feind versuchen wird, den Raum um ESCHWEGE und den RINGGAU zu nehmen, um sich am Hauptstoß nach SW in Richtung MARBURG und GIESSEN zu beteiligen.

---

[308] BArch, BH 7-3/239.

[309] Hammerich, Der Fall MORGENGRUSS, S. 307-311.

[310] Nach Grot, So war's, damals, S. 122, waren zum 1.1.76 im Gefechtsstreife des III. (GE) Korps, soweit dieser im Gebiet des WBK III verlief, 23 vorbereitete Sperren in der FCZ vorhanden.

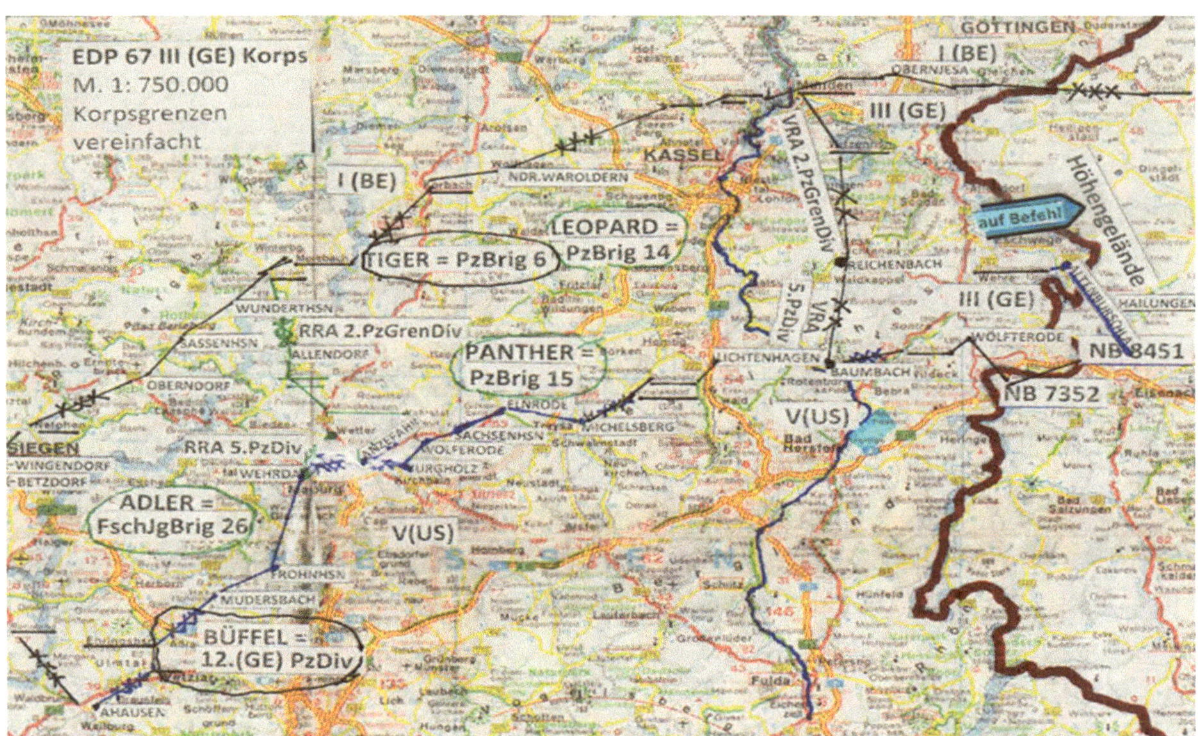

Abb. 45: Korpsgefechtsstreifen des III. (GE) Korps 1967. Erstellt durch den Verfasser.

Die FOURATAF führt die Luftverteidigung im CENTAG-Bereich durch und gewährt Luftunterstützung durch Luftaufklärung sowie atomare und konventionelle Luftangriffe gegen Erdziele. Allerdings haben die Durchführung der nuklearen Strike-Pläne und die Erringung der Luftherrschaft Vorrang.

Artillerie- und Pionierunterstützung können von der 7. (US) Armee erwartet werden.

Das III. (GE) Korps verhindert durch Abwehr am linken Flügel Durchbrüche des Feindes besonders über KASSEL nach MARBURG und hält sich bereit, ggf. nach Verstärkung durch die 12. (GE) PzDiv und/oder das 3rd (US) ACR, Gegenangriffe in die Abwehrräume der Nachbarkorps zu führen sowie auf Befehl das Höhengelände 10 km ostwärts der IdG zwischen HEILIGENSTADT und HAILUNGEN (NB 9466) zu nehmen und zu halten.

Die Durchführung eines Angriffs über die IdG nach OSTEN hängt von Faktoren ab, die sich nicht vorherbestimmen lassen. Die Operation wird daher nicht ausgeplant.

Das III. (GE) Korps verzögert mit starken Teilen das Vordringen des Feindes und geht mit VRA ostwärts KAUFUNGERWALD und KATZENSTIRN (= Landschaft nahe MORSCHEN) mit Schwerpunkt an den Flügeln zur Abwehr über.

Die 2. (GE) PzGrenDiv

- verzögert mit starken Teilen das Vordringen auf MÜNDEN und HESSISCH-LICHTENAU,
- wehrt den Feind mit VRA in der allgemeinen Linie MÜNDEN – WITZENHAUSEN – REICHENBACH ab und verhindert durch Behaupten des Höhengeländes zwischen VRA und FULDA mit der Masse ihrer Kräfte das Vordringen des Feindes über die FULDA in enger Anlehnung an die 5. (GE) PzDiv rechts,

148

- richtet sich darauf ein, ggf. nach Unterstellung der (GE) PzBrig 14, Angriffe gepanzerter Kräfte in den Raum nördlich von KASSEL oder in die WARBURGER BÖRDE zu führen, übernimmt bei einem feindlichen Überraschungsangriff OPCON über belgische Truppenteile im Raum KASSEL, um sie schnellstmöglich herauszulösen und dem 1. (BE) Korps zuzuführen.

Verbindung zum 1. (BE) Korps ist zunächst bei OBERNJESA (NC 6301) aufzunehmen und zu halten.

Die (GE) PzBrig 6 ist im Verfügungsraum TIGER um WOLFHAGEN für Angriffsaufgaben bereitzuhalten. Einsatz der Brigade nur mit Genehmigung des KorpsKdo.

Die Kampfgruppe GÖTTINGEN ist nach Ablösung durch Kräfte des 1. (BE) Korps in unmittelbarer Absprache mit der 1. (BE) Div in das eigene Divisionsgebiet zurückzuführen.

Die 5. (GE) PzDiv

- verzögert mit starken Teilen das Vordringen aus dem RINGGAU nach WESTEN und SÜD-WESTEN,
- wehrt Feind mit VRA auf der allgemeinen Linie REICHENBACH (NB 5468) – BAUMBACH (NB 4753) so ab, dass ein Durchbruch über die FULDA verhindert wird,
- schützt die Südflanke des Korps westlich der FULDA,
- richtet sich darauf ein, nach Süden in Richtung auf ALSFELD anzugreifen.

Die PzBrig 14 und 15 sind in den Verfügungsräumen LEOPARD und PANTHER beiderseits FRITZLAR – vorbehaltlich Genehmigung durch KorpsKdo – für Angriffsaufgaben bereitzuhalten.

Die FschJgBrig 26, zur Verfügung des Korps im Verfügungsraum ADLER südlich FRANKEN-BERG/EDER hält sich bereit, auf Befehl die tiefen Flanken des Korps aus Riegelstellungen beiderseits KORBACH oder beiderseits MÖNCHWALD zu schützen, im rückwärtigen Korpsgebiet luftgelandeten Feind anzugreifen und zu vernichten sowie als luftbewegliche Eingreifreserve an den Brennpunkten der Schlacht im Abwehrraum eingesetzt zu werden.

Die Kampfgruppe GÖTTINGEN, am 15.11.1967 bestehend aus PzGrenBtl 43[(-)], 1 PzKp von PzBtl 44, Spähzug PzGrenBrig 4 wird nach Auslösen von MILITARY VIGILANCE in GÖTTINGEN gebildet und hat bis Ablösung durch belgische Kräfte Kampfaufgaben im Rahmen des 1. (BE) Korps zu übernehmen. Nach Auslösen einer höheren Alarmstufe hat sie an und vorwärts der LEINE Absicht, Stärke und Richtung des Feindes festzustellen, ohne sich auf größere Kampfhandlungen einzulassen. Besonders ist der Feind, der aus der GOLDENEN AUE und dem UNTEREICHSFELD vordringt, aufzuklären und zu verzögern.

Die Artillerie hatte durch nichtatomares und – soweit freigegeben – atomares Feuer mit Schwerpunkt im Süden die Verzögerung und die Abwehr unterstützen. Atomares Feuer ist sowohl ostwärts der IdG als auch in der Verzögerungszone und den Abwehrräumen zur Abriegelung der tiefen Korpsflanken so vorzubereiten, dass es nach Freigabe kurzfristig ausgelöst werden kann. Für die 2. (GE) PzGrenDiv waren 35 Atomzielpunkte, für die 5. (GE) PzDiv 46 Atomzielpunkte und das III. (GE) Korps 100 Atomzielpunkte festgelegt. Das RakArtBtl 350 hatte 2 SERGEANT-Werfer bereitzuhalten, um Anforderungen der NORTHAG auf atomares Feuer erfüllen zu können. Mit dem unterstellten ArtRgt 12 hatte der KArtKdr 3 atomares Feuer zum Schutz der tiefen Korpsflanken vorzubereiten.

Für die Luftverteidigung standen 1 BE und 4 US HAWK-Bttr zur Verfügung. Die Fla-Verbände der Div sind (ohne 5. Bttr) vornehmlich zum Schutz der FULDA-Übergänge einzusetzen.

Das Feindgebiet ist bis zu einer Tiefe von 80 km zu überwachen.

Am 1.4.70 wird die LLBrig 26 dem III. (GE) Korps für den Einsatz unterstellt[311].

Am 20.12.1974 verläuft die Grenze zwischen der 2. (GE) JgDiv und der 5. (GE) PzDiv wie folgt:

ERSHAUSEN – VOLKERODE – NB 735795 – ORFERODE – UENGSTERODE - EPTERODE – NB 5277 – ESCHENSTRUTH – WATTENBACH – WAGENFURT – GREBENAU (bei GUXHAGEN) – ALTENBRUNSLAR – NEUENBRUNSLAR – OBERVORSCHÜTZ – WERKEL – FRITZLAR – Straße von NB 203660 bis GEISMAR – entlang der EDER bis UNGEDANKEN – MANDERN – HUNDSDORF – RÖMERSHAUSEN – RODA – MÜNCHHAUSEN – SIMTSHAUSEN.

Der VRV verläuft entlang der Linie VARMISSEN – JÜHNDE – BAB-Unterführung (NB 5999) – GERTENBACH – WITZENHAUSEN – HILGERSHAUSEN – Straßengabel bei NB 629786 – GERMERODE – WALDKAPPEL – GEHAU – KÖNIGSWALD – SCHWARZENHASEL

Der Rückwärtige Rand des Verteidigungsraumes (RRV) der Divisionen:

HALLENBERG – BATTENBERG – WOLLMAR – WETTER – GÖTTINGEN (MB 8336) – CÖLBE – entlang der LAHN bis SICHERTSHAUSEN.

Abb. 46: Korpsgefechtsstreifen des III. (GE) Korps 1974, mit Führungslinien, erstellt vom Verfasser

---

[311] Die Unterstellung erfolgte im Zuge der Heeresstruktur 3, vgl. Hammerich, Die geplante Verteidigung der bayerischen Alpen, S. 254.

Im Norden des Gefechtsstreifens des III. (GE) Korps[312] könnten die Feindkräfte versuchen, nördlich KASSEL durchzustoßen, um den Zusammenhang von NORTHAG/CENTAG zu unterbrechen und dann mit Schwerpunkt in Richtung PADERBORNER BECKEN gegen das 1. (BE) Korps vorgehen. Im Süden des Gefechtsstreifens ist mit Angriffen vor allem aus dem Raum ESCHWEGE und dem RINGGAU zu rechnen, um nach Öffnen der Engen ostwärts der FULDA und deren Überwinden den Zugang zum BORKENER BECKEN zu erzwingen. Danach könnte der Angriff in Richtung ALSFELD und/oder MARBURG und die WETTERAU fortgesetzt werden. Ostwärts von FULDA ist mit taktischen Luftlandeverbänden zu rechnen.

Dem III. (GE) Korps wird die LLBrig 26 in jeder Hinsicht unterstellt und OPCON über 1 ADM-Zug sowie die 557. (US) ArtyGroup und – nach Zuführung aus den USA – die 2-18 Arty (203mm) übertragen.

Das III. (GE) Korps verteidigt 1974 ostwärts von WESER und FULDA mit VRV VARMISSEN – WITZENHAUSEN – Ostrand HOHER MEISSNER – WALDKAPPEL – GEHAU – SCHWAR-ZENHASEL und verhindert ein Vordringen an und über WESER und FULDA, hält als Schlüsselge-lände den KAUFUNGER WALD und verhindert Feinddurchbrüche insbesondere südlich KASSEL über die FULDA in den HESSISCHEN KORRIDOR. Es hält sich bereit, nach Unterstellung einer Div der Heeresgruppenreserve Gegenangriffe vor allem in den Bereich des 1. (BE) Korps zu führen. Letztlich stellt es sich auf den Einsatz von Teilen des II. (FR) Korps in seinem Korpsgebiet ein.

Die PzAufklBtl 2 und 5 klären zunächst im grenznahen Raum auf und nehmen nach Auslösung von REINFORCED ALERT den BGS auf.

Die 2. (GE) JgDiv klärt ebenfalls zunächst auf und verzögert dann zwischen VZL KAKTUS und VRV im engen Zusammenwirken mit den Teilen der 16. (BE) Div, die zwischen den Linien CAFE HAG und CRAZY COLT eine bewegliche Verteidigung führen. Mit VRV VARMISSEN – JÜHNDE – BAB-Unterführung (NB 5999) – GERTENBACH – HILGERSHAUSEN - Straßengabel (NB 629786) verteidigt die 2. (GE) JgDiv, hält als Schlüsselgelände den KAUFUNGER WALD und ver-hindert ein Vordringen über WESER und FULDA.

Die PzBrig 6 – zunächst unter Führungsvorbehalt KG III. (GE) Korps – wird im Raum westlich KASSEL (KRÄHE) verfügbar gehalten, um einen Gegenangriff im eigenen Gefechtsstreifen zu füh-ren, wobei ggf. noch die PzBrig 14 unterstellt wird. Schließlich sichert sie mit Teilen die EDER-Stau-mauer bis zur Ablösung durch ABCAbwBtl 310.

Die 5. (GE) PzDiv verlegt bei den ersten Alarmmaßnahmen die PzBrig 15 und das FlaBtl 5 auf den TrÜbPl SCHWARZENBORN, verzögert den Vormarsch vor allem über ESCHWEGE und durch den RINGGAU nach Westen, verteidigt mit VRV an der Straßengabel (NB 629786) – WALDKAP-PEL – GEHAU – KÖNIGSWALD – SCHWARZENHASEL, verhindert ein Vordringen an und über die FULDA und behauptet als Schlüsselgelände den HOMBERGER HÖHENBLOCK.

Die LLBrig 26 steht zunächst unter Führungsvorbehalt von COMCENTAG im Verfügungsraum UHU bei BAD KREUZNACH für einen Einsatz in der Rückwärtigen Kampfzone bereit. Insoweit hat sie den Schutz von BAB-Brücken über RHEIN und MAIN zu übernehmen und die Bewegungen der aufmarschierenden US-Verbände sicherzustellen.

---

[312] GDP 1-76 für III. (GE) Korps - Korpsbefehl 1975, Tgb.Nr. 500/74, in: BArch, BH 7-3/735.

Ferner sind schwächerer luftgelandeter Feind und/oder Banden im Raum MAINZ – FRANKFURT – WEINHEIM – FRANKENTHAL – ALZEY zu vernichten. Nach Freigabe bezieht sie den Verfügungsraum SCHWALBE (hart ostwärts ROSENTHAL (MB 9147)) und hält ein verstärktes FschJgBtl für Soforteinsätze verfügbar.

Die Vorlagenotiz von FüH III 1[313] vom 22.01.1976 befasst sich mit den CENTAG-Plänen CANTERBURY GOTHIC und CARNIVAL GIRL. Beide Pläne haben ihren Ursprung in einer Überlegung von CINCENT, seine Flexibilität im Mittelabschnitt zu erhöhen.

Dazu war angedacht seine Reserven, die 2nd und die 4th (US) Div anstelle des III. (GE) Korps vorne einzusetzen und das III. (GE) Korps als neue Heeresgruppenreserve im NORTHAG oder CENTAG-Abschnitt zur Verfügung zu haben. Dabei wäre bei CANTERBURY GOTHIC das III. (GE) Korps vor, bei CARNIVAL GIRL nach dem Aufmarsch herausgelöst worden. Ausgangspunkt für die Planung ist der gegenwärtige CENTAG GDP. Danach stehen die beiden genannten US-Divisionen einsatzbereit in ihren Räumen (OCHSE im TAUNUS und BÜFFEL bei WETZLAR) zur Verfügung. REFORGER ist abgeschlossen:

- bei CANTERBURY GOTHIC würden die 2 US-Divisionen dem V. (US) Korps unterstellt, von diesem in den Gefechtsstreifen des III. (GE) Korps geführt, der voll verantwortlich übernommen würde. Das III. (GE) Korps würde aus seinen Friedensgarnisonen in den Verfügungsraum CALCUTTA GARRISON (WIESBADEN/TAUNUS) marschieren und sich auf (noch nicht geplante) Einsätze bei NORTHAG oder CENTAG einstellen,

- bei CARNIVAL GIRL würden die beiden US-Divisionen dem III. (GE) Korps unterstellt, wobei die Ablöseoperationen aus den GDP- oder GDP-nahen Räumen erfolgen würden. Nach erfolgter Ablösung sind die US-Divisionen mit OPCOM dem V. (US) Korps zu unterstellen, wobei dieses den Gefechtsstreifen des III. (GE) Korps zusätzlich übernimmt und den GDP-Auftrag des III. (GE) Korps, einschließlich der Gegenangriffspläne in den Bereich des 1. (BE) Korps auszuführen hat.

- Die 12. (GE) PzDiv bleibt weiterhin CENTAG-Reserve und bereitet sich auf einen Einsatz entweder bei CENTAG oder bei NORTHAG (hier aus Verfügungsraum BÜFFEL) vor.

- Die LLBrig 26 bezieht einen Verfügungsraum um BAD KREUZNACH und stellt sich auf einen Einsatz im rückwärtigen Kampfgebiet unter Befehl des TerrKdo Süd ein.

Wegen der Bedenken, die gegen diese Planungen geäußert wurden, traten weder CANTERBURY GOTHIC noch CARNIVAL GIRL als COP-Pläne in Kraft, sondern wurden als Studien behandelt.

Der Befehl vom 30.06.1977 für Aufmarsch und Verteidigung[314] ostwärts WESER/FULDA nimmt eine Warnzeit von nicht weniger als 48 Stunden an, die allerdings dem III. Korps nicht reichen, um die Verteidigungsbereitschaft in vollem Umfang herzustellen.

Der Angriff wird zwischen HARZ und THÜRINGER WALD erwartet, wobei im Gefechtsstreifen des III. Korps 3-4 WP-Div zum Einsatz kommen dürften.

Die 12. (GE) PzDiv wird bei der ersten Alarmmaßnahme dem VII. (US) Korps mit (OPCOM) unterstellt.

---

[313] BArch, BH 1/30250.
[314] Operationsplan 33001 für III. (GE) Korps, Tgb.Nr. 97/35/77, in: BArch, BH 7-3/735.

Die 2. (GE) JgDiv sichert die EDER-Staumauer bis zur Ablösung durch ABCAbwBtl 310, nimmt den BGS auf und unterstützt dessen Rückführung in den Sammelraum KING, verzögert mit einer Brigade in engem Zusammenwirken mit den Vzö-Kräften des 1. (BE) Korps und der 5. (GE) PzDiv und lenkt dabei die Feindkräfte in für das Gefecht günstige Geländeabschnitte. Dabei sind die Feindkräfte zu schwächen, um dadurch die Voraussetzungen für die erfolgreiche Aufnahme des Kampfes aus dem Verteidigungsraum zu schaffen. Gegenangriffe, auch über die Divisionsgrenzen hinweg, sind vorzubereiten.

Die 5. (GE) PzDiv klärt grenznah auf und verzögert mit einer Brigade in gleicher Art wie die 2. (GE) JgDiv. Gleiches gilt für die vorzubereitenden Gegenangriffe.

Die LLBrig 26 verlegt zunächst in den Verfügungsraum HAMLET (= ostwärts des BURGWALD) und stellt sich auf folgende Einsätze ein:

-   Verstärkung oder Herauslösung von eigenen Kräften ostwärts der FULDA,
-   Schutz der tiefen linken Korpsflanke zwischen KORBACH und WOLFHAGEN,
-   Aufnahme von Kräften der 5. PzDiv an der FULDA und Abwehr eines Vorstoßes über die FULDA in das BORKENER BECKEN,
-   Abriegeln eines Einbruchs bei der 5. PzDiv zwischen FRITZLAR und WALTERSBRÜCK,
-   Schutz der tiefen rechten Korpsflanke im Verlauf der Nordausläufer des KNÜLLGEBIRGES,
-   Zerschlagen von luftgelandetem Feind und/oder Kommandotrupps im Rückwärtigen Korpsgebiet.

Tgb.Nr. 600/78 beinhaltet den Korpsbefehl Nr. 1[315] für Aufmarsch, Verzögerung und Verteidigung ostwärts der WESER/FULDA in englischer Sprache.Es wird eine Mindestwarnzeit von 48 Stunden angenommen. Für einen Angriff zwischen HARZ und RHÖN stehen mehrere Armeen in 2 Staffeln zur Verfügung, die vermutlich entweder durch das PADERBORN Becken in das RUHRGEBIET vorstoßen oder über BAD HERSFELD und/oder FULDA in das Gebiet von FRANK-FURT/MAIN. Beide Möglichkeiten bedrohen die tiefen Flanken des III. (GE) Korps.

Das III. (GE) Korps hat in seinem Sektor mit dem Angriff von 3-4 Divisionen zu rechnen, wobei 2-3 Divisionen in 1. Staffel angreifen, um als Zwischenziel das BORKENER BECKEN zu nehmen. Dadurch kann die weitere Operation gegen FRANKFURT unterstützt werden. Der feindliche Schwerpunkt wird südlich des KAUFUNGER WALD liegen. Um frühzeitig Schlüsselpositionen zu besetzen, ist mit taktischen Luftlande- und Kampfhubschraubereinsätzen zu rechnen.

Die FOURATAF

-   übernimmt die Luftverteidigungsoperationen im CENTAG-Bereich.
    Im Bereich des III. (GE) Korps steht 1 (US) Btl HAWK (2-2 ADA)[316] zur Verfügung, das im nördlichen Korpsbereich von Teilen des 62 (BE) Btl HAWK (ESSENTHO – KORBACH) der TWOATAF ergänzt wird.
-   stellt Tactical Air Support.

Das III. (GE) Korps verteidigt mit seinen Deckungskräften zwischen IdG und VRV so lange als möglich, mindestens jedoch 24 Std., wobei es etwa 1/3 seiner Kampfkraft einsetzt.

---

[315] BArch, BH 7-3/769; zu beachten ist, dass zum damaligen Zeitpunkt die 2. JägerDiv noch nicht in 2. PzGrenDiv umbenannt war; die Umbenennung erfolgte erst zum 1.10.1980.

[316] 2-2 Air Defense Artillery (ADA) war mit Stab und A Bty in GIESSEN stationiert. Die B Bty lag in BAD HERSFELD, die C Bty in BUTZBACH und die D Bty in KASSEL.

Mit Vorrang ist der HESSISCHE KORRIDOR (WESTHESSISCHE SENKE – NB 26, 25 und 14) zu verteidigen und der Zusammenhang der CENTAG/NORTHAG Grenze zu wahren sowie das AFCENT Schlüsselgelände KAUFUNGER WALD so lange als gefordert zu verteidigen. Letztlich hat man sich auch auf die Unterstützung der 1. (FR) Armee einzustellen.

Dazu setzt es die 2. PzGrenDiv links und die 5. PzDiv im Schwerpunkt rechts ein. Die LLBrig 26 ist zunächst Korpsreserve. Unter Ausnützung des verteidigungsgünstigen Geländes ostwärts von WE-SER und FULDA ist dem Feind der Zugang zum HESSISCHEN KORRIDOR, besonders auch die Einnahme des HOMBERGER HÖHENBLOCK und des BORKENER BECKEN, zu verwehren.

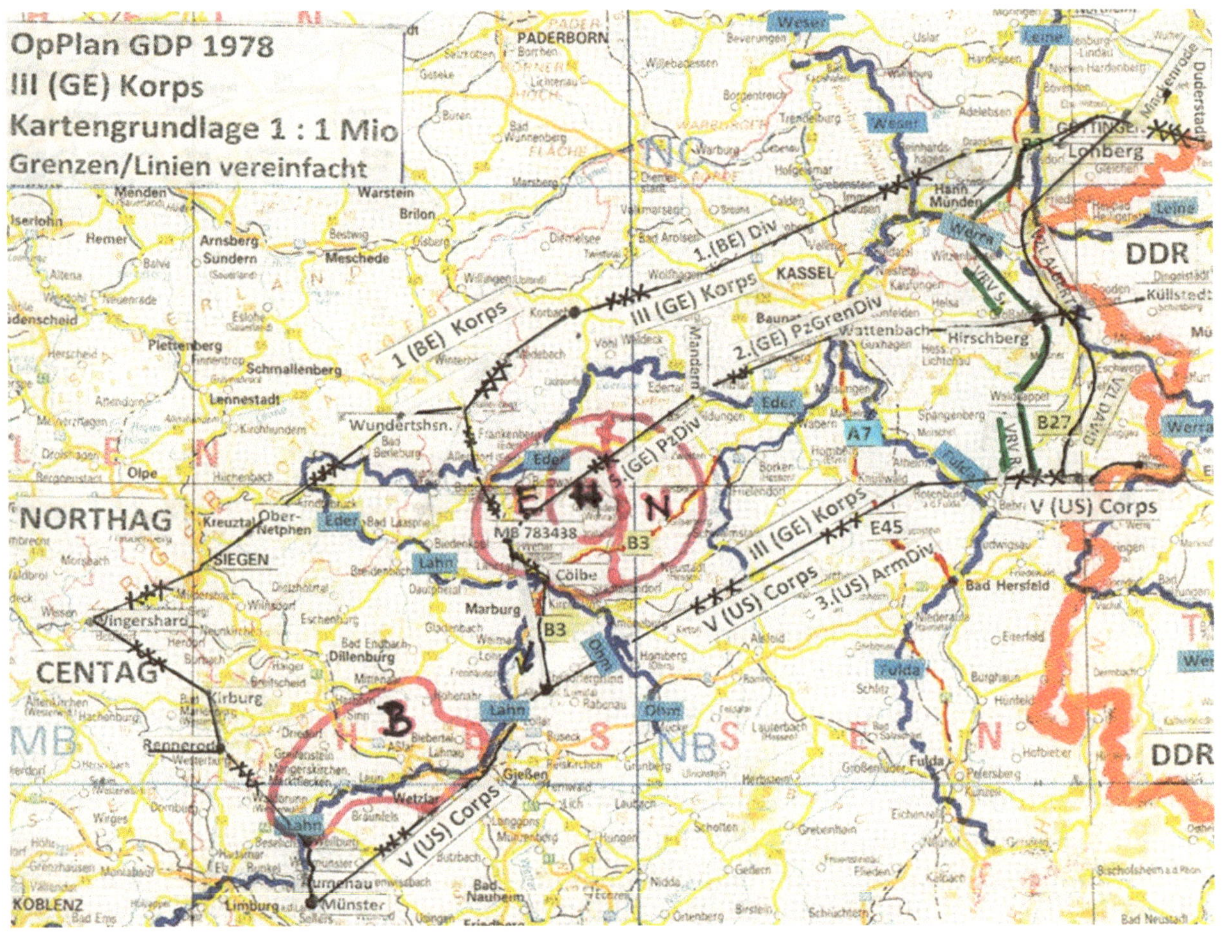

Abb. 47: Korpsgefechtsstreifen des III. (GE) Korps 1978, mit Führungslinien und Räumen, erstellt vom Verfasser. Erläu-terungen: E = FAA EGMONT – H = FAA HAMLET (Teil von EGMONT) – N = FAA NELSON (Teil von EGMONT) – B = TAA BUFFALO

Die 2. PzGrenDiv

- verzögert in Brigadestärke mindestens 24 Std., um günstige Bedingungen für die Verteidigungsoperationen am VRV zu schaffen,

- verhindert den Feindzugang an und über WESER und FULDA,

- hält den KAUFUNGER WALD so lange als gefordert,

- bereitet sich auf Gegenangriffe über die CENTAG/NORTHAG Grenze zwischen GÖTTINGEN und REINHARDSWALD in Zusammenarbeit mit der benachbarten BE-Division vor und in Zusammenarbeit mit der 5. PzDiv über die DivGrenze zwischen MEISSNER und HESS.-LICHTENAU,

- stellt sich auf einen Einsatz von FR Kräften im Bereich des linken Nachbarn ein und einen Einsatz des III (US) Korps ein.

Die 5. PzDiv

- verzögert in Brigadestärke mindestens 24 Std., um günstige Bedingungen für die Verteidigungsoperationen am VRV zu schaffen,
- verhindert den Zu- und Übergang über die FULDA,
- hält die Assembly Area EGMONT frei,ist bereit, den Aufmarsch von FR-Kräften im Sektor des rechten Nachbarn zu unterstützen

Die LLBrig 26

- bereitet sich entweder auf eine Verlegung mit Hubschraubern aus den Friedensgarnisonen (SAAR-LOUIS, LEBACH, MERZIG, KOBLENZ) in den Verfügungsraum HAMLET oder den Einsatz in bestimmten Gebieten vor,
- verlegt aus dem Verfügungsraum HAMLET (MB 9746) auf Befehl unter dem „Vorwand" einer Übung in den Verfügungsraum EGMONT (MB 94),
- bereitet sich auf die Durchführung von Einsätzen zur Unterstützung der vorne eingesetzten Divisionen durch Verstärkung von deren Panzerabwehrfähigkeiten – vorzugsweise bei der 5. (GE) PzDiv vor,
- verstärkt die Hauptverteidigungskräfte beiderseits der Divisionsgrenzen ostwärts der FULDA,
- besetzt auf Befehl rückwärtige Positionen entlang der FULDA im Bereich der 5. PzDiv, unterstützt deren Rückzug einzelner Truppenteile und verwehrt dem Feind den Flussübergang, um in das BORKENER BECKEN (NB 25) vorzustoßen,
- schützt die linke Korpsflanke zwischen WOLFHAGEN (NB 1287) und EHERSTEN (NB 2493),
- blockiert feindlichen Durchbruch in der Tiefe des V-Raumes der 5. PzDiv zwischen FRITZLAR und WALTERSBRÜCK (NB 1549),
- schützt die rechte Korpsflanke entlang der nördlichen Ausläufer des KNÜLL-GEBIRGES und
- vernichtet Feindkräfte im rückwärtigen Korpsgebiet.

Die Pioniere haben

- Sperren im Gebiet der Deckungskräfte und entlang des VRV zu errichten,
- das Gebiet ostwärts und entlang der Flüsse WESER, WERRA und FULDA zu sperren,
- Sperren zu errichten in den Verteidigungssektoren westlich der Flüsse WESER und FULDA,
- ADM-Schächte vorzubereiten, falls sowohl das BMVg als auch III. (GE) Korps das genehmigen, vorzugsweise ostwärts der Flüsse WESER und FULDA.

Die Sprengung von operativ wichtigen Autobahnbrücken bedarf der Genehmigung des Kommandierenden Generals des III. (GE) Korps.

Das PiKdo 3 hat

- die kontrollierte Absenkung des EDER-STAUSEES zu veranlassen,
- mit allen verfügbaren Kräften die Sperrmaßnahmen der 5. PzDiv zu unterstützen, bis die Zone A des CRBA ausgebaut ist,
- je 3 ADM-Teams für die 2. PzGren- und die 5. PzDiv abzustellen, vor allem zum Schutz der tiefen Korpsflanken,
- Brückenmaterial und Personal für Brückenschläge vorzugsweise im Gebiet der 2. PzGrenDiv bereit zu halten,

- Planung, Vorbereitung und – nach entsprechendem Befehl – Zerstörung von Flugfeldern in Zusammenarbeit mit HFlgKdo 3,
- hat eine Einheit in Kompaniegröße als mobile „Sperrreserve" bereitzuhalten,
- hat sich bereitzuhalten, auf Befehl Sperren im Raum FALCON zu errichten,
- Einsatz des ABCAbwBtl 310 zum Schutz des EDERSEE-Damms und der Brücken über EDER und LAHN, die Einrichtung von Dekontaminierungsstellen und ABC-Aufklärung,
- Einsatz von Nebelwänden an Flussübergängen.

Das FlaKdo 3 hat

- die Aufmarschstraßen westl. der FULDA im Streifen der 5. PzDiv ebenso zu schützen wie die BAB Brücke bei BERGSHAUSEN (NB 348791) und später zusätzlich den FlaSchutz der Flussübergänge über EDER und FULDA im Bereich der 5. PzDiv zu gewährleisten,
- für das gesamte Korpsgebiet die Luftraumüberwachung sicherzustellen.

Das HFlgKdo 3 hat

- den Lufttransport der LLBrig 26 aus den Friedensgarnisonen in den Verfügungsraum HAMLET (MB 9746) vorzubereiten,
- den Kampf der Deckungskräfte mit je 1 PAH-Stff zu unterstützen,
- für die Verteidigungsschlacht PAH für die vorne eingesetzten Divisionen – vorzugsweise die 5. PzDiv – bereit zu stellen; ferner auch für Kräfte, welche die Flankenbedrohung ausschalten sollen und solche, die tiefe Einbrüche zu blockieren haben,
- in Zusammenarbeit mit der LLBrig 26 den Einsatz von luftbeweglichen Operationen ostwärts von FULDA, entlang des Flusses FULDA zwischen KÖRLE (NB 3669) und BAUMBACH (NB 4852), WOLFHAGEN (NB 1287), EHRSTEN (NB 2483) und BURGHASUNGEN (NB 1986), FRITZLAR, WALTERSBRÜCK (NB 1549) und ZWESTEN (NB 1256), sowie die nördlichen Ausläufer des KNÜLLGEBIRGE vorzubereiten,
- sich auf den Abtransport von Verwundeten aus Brigade- bzw. Divisionshauptverbandsplätzen vorzubereiten,
- logistische Lufttransporte zu übernehmen, vorzugsweise aus rückwärtigen Depots, Luftverlegungen von CINCENT/COMCENTAG-Reserven in das Korpsgebiet und benachbarte Sektoren durchzuführen.

Das ABCAbwBtl 310 hat

- die Masse der aktiven Elemente in dem Verfügungsraum BUHLEN (NB 0671) und die mobilisierten Teile im Verfügungsraum ARGENSTEIN (MB 8222) zu dislozieren,
- bis zur Ablösung durch Teile der 2. PzGrenDiv den EDERSEE-Staudamm zu sichern, ferner den Schutz der EDER-Brücken nahe AFFOLDERN und MEHLEN ebenso sicher zu stellen wie den der Brücken über die LAHN zwischen ARGENSTEIN und BELLNHAUSEN,
- auf Befehl vorgeplante Dekontaminationsstellen einzurichten und zu betreiben und die ABC-Aufklärung in den rückwärtigen Gebieten durchzuführen,
- sich auf die Vernebelung von Flussübergangsstellen an der FULDA zwischen BERGSHAUSEN und GUXHAGEN, an der EDER zwischen FRITZLAR und GENSUNGEN sowie an der LAHN zwischen CÖLBE und KLEIN-LINDEN vorzubereiten.

Die Befehlsstellen des III. (GE) Korps sind REINHARDSHAUSEN (NB 056626) bzw. als Reserve GEISMAR (NB 175655) und die rückwärtige Befehlsstelle in AMÖNAU (MB 7840).

Der Gefechtsstreifen des III. (GE) Korps reicht 1981 von NB 6492 bis NB 725517. Die 2. PzGrenDiv wird im Norden, die 5. PzDiv im Süden des Gefechtsstreifens eingesetzt; sie hat den KAUFUNGER WALD zu halten[317].

1987 ist im Gefechtsstreifen des III. (GE) Korps[318] mit dem Angriff von 2-3 Divisionen der 3. Armee/NVA und Teilen von 1 Division der 8. (SU) Gardearmee (im Raum zwischen HERLESHAUSEN und BERKA) in 1. taktischer Staffel zu rechnen.

Absicht der Feindkräfte ist es, das III. (GE) Korps auf ganzer Breite anzugreifen und dauerhaft zu binden. Dabei sollen die Feindkräfte in den Raum südlich KASSEL – HOMBERG/EFZE – BORKENER BECKEN (möglicherweise nach vorangegangenen LL-Operationen) einbrechen, den bewegungsgünstigen HESSISCHEN KORRIDOR nehmen und ihn für die Unterstützung der Angriffe nutzen sowie beim rechten Nachbarn als Schwerpunktoperation des Südbereichs der Front rasch im Zuge der BAB A 48 in allgemein südwestlicher Richtung vorstoßen. Das III. (GE) Korps will die Entscheidung ostwärts der WESER und FULDA suchen.

Dazu wird mit 2 Divisionen nebeneinander mit Schwerpunkt rechts verteidigt und die PzBrig 34 von Anfang an sowie die PzBrig 6 nach Abschluss der Verzögerung als Reserve bereitgehalten. Im Gefechtsstreifen der links eingesetzten 2. PzGrenDiv wird mit 5 Kampfregimentern aus 3 Divisionen in 1. taktischer Staffel und mit 1-3 Kampfregimentern in 2. taktischer Staffel gerechnet.

Der Feind soll vor KAUFUNGER WALD und HOHER MEISSNER zum Stehen gebracht werden. Dabei sind der KAUFUNGER WALD solange als möglich zu halten, Feindvorstöße durch das HESSISCH-LICHTENAUER BECKEN zu verwehren sowie der HOMBERGER HÖHENBLOCK, das BORKENER BECKEN und das KNÜLLGEBIRGE in eigener Hand zu halten, um den HESSISCHEN KORRIDOR offenzuhalten.

FOURATAF

- führt die integrierte Luftverteidigung im CENTAG-Abschnitt durch,

- gewährt „Offensive Air Support".

Das III. (GE) Korps

- verzögert nachhaltig zwischen IdG und VRV mit u.a. der PzBrig 6, die nach Abschluss der Verzögerungsoperationen weitere Korpsreserve wird,
- verteidigt unter besonderer Berücksichtigung von KAUFUNGER WALD und dem Großraum KASSEL als Teil des AFCENT-Schlüsselgeländes mit 2. PzGrenDiv links und 5. PzDiv rechts im Schwerpunkt sowie PzBrig 34 als Korpsreserve so, dass der Feind ostwärts von WESER und FULDA zerschlagen wird,
- verhindert Feinddurchbruch in den HESSISCHEN KORRIDOR,
- hält eine starke Korpsreserve bis zu 1 Division bereit,
- stellt sich darauf ein, CENTAG-Reserven aufzunehmen, einzusetzen und zu unterstützen sowie die Nachbarkorps sowie französische Kräfte nach Notwendigkeit zu unterstützen und nach Freigabe Atomsprengkörper einzusetzen.

---

[317] GDP V. (US) Korps - Operationsplan 33001 - http://www.php.isn.ethz.ch/kms2.isn.ethz.ch/serviceengine/Files/PHP/17214/ipublicationdocument_singledocument/bc8f439f-fb45-4696-8039-f083d58b404c/de/us05.pdf (letzter Abruf: 23.11.2020).

[318] BArch, BH 7-3/859a, 860a und 864a.

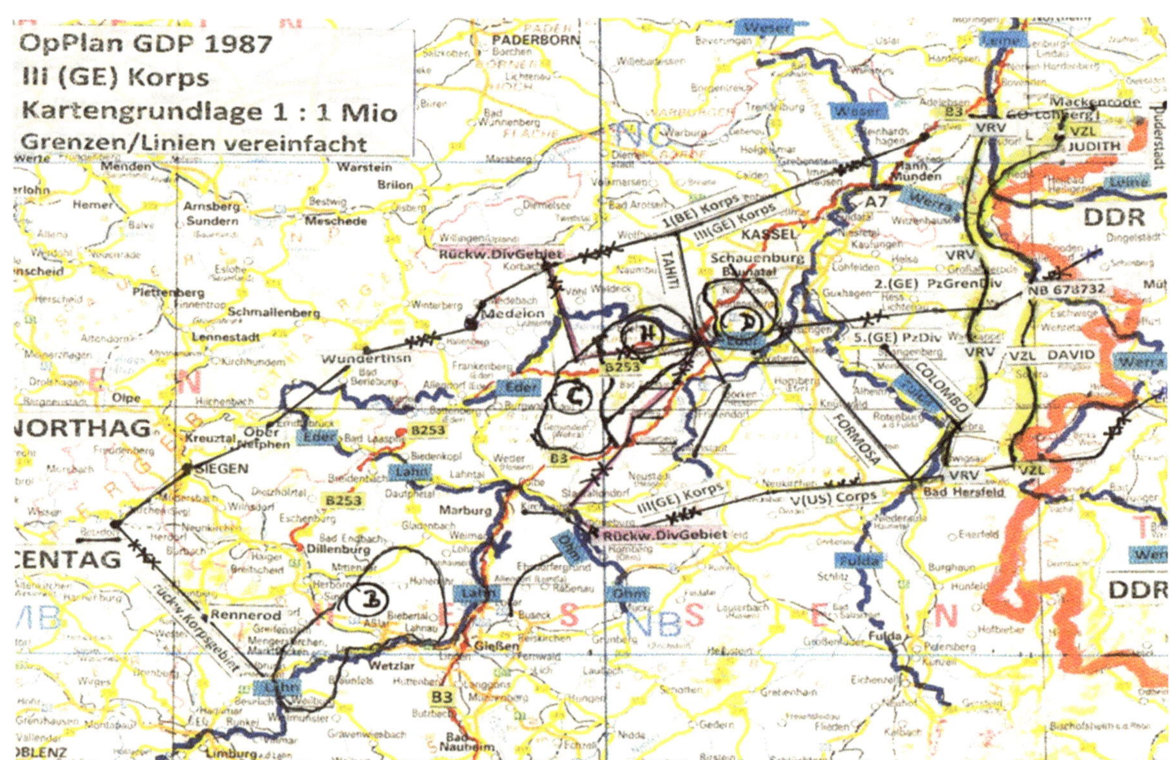

Abb. 48: Korpsgefechtsstreifen des III. (GE) Korps 1987, mit Führungslinien und Räumen; erstellt vom Verfasser. Erläuterungen: B=TAA BUFFALO – C=VfgR CATO z.b.V. – D=VfgR DOHLE – H=VfgR HAM-LET

Kampfkrafttabelle SU-PzDiv (Stand 1989)

	KPz T72/80	SPz BMP 1/2	PzArt	RakArt BM-21	FlaKan	FlaRak
2x PzRgt						
2x motSchtzRgt		370				
PzArtRgt			168	18		
FlaRgt					24	50

Abb. 49: Werte sind dem TRUPPENDIENST TASCHENBUCH – Die Streitkräfte der Warschauer Pakt Staaten, 8. Auflage 1990, Band 2 A entnommen.

Bei überraschendem Feindangriff und noch nicht abgeschlossenen Aufmarsch beabsichtigt das III. (GE) Korps den VRV zu gewinnen und ostwärts von WESER und FULDA zu verteidigen.

Die vorsorglich festgelegten Führungslinien COLOMBO, FORMOSA und TAHITI dienen der Koordinierung von Aufmarsch und Verteidigungsoperationen.

Die 2. PzGrenDiv

- schützt FmEloAufklStelle HOHER MEISSNER,

- nimmt BGS und Teile des 11 (US) ACR auf und unterstützt deren Rückführung,

- klärt mit allen verfügbaren Mitteln vordringlich die feindliche 1. taktische Stff auf,

- verteidigt so, dass Feind vor KAUFUNGER WALD und HOHER MEISSNER zum Stehen gebracht wird wobei der KAUFUNGER WALD solange wie möglich zu halten ist,

- verwehrt Feindvorstöße in das HESSISCH-LICHTENAUER BECKEN in engem Zusammenwirken mit der 5. PzDiv,

- verhindert das Vordringen an und über WESER und FULDA,
- gibt PzBrig 6 nach Abschluss der Verzögerung als Korpsreserve ab,
- schützt Verfügungsräume DOHLE, CATO und HANNIBAL (die beiden letzteren nördlich der B 253), solange sie kein anderer Verband auf Befehl des Korps bezogen hat,
- stellt sich darauf ein, Gegenangriffe mit unterstellter Korpsreserve über die CENTAG/ NORTHAG Grenze zu führen,
- den Einsatz von (FR) Kräften bei linkem Nachbarn zu unterstützen.

Die 5. PzDiv

- nimmt BGS und Teile des 11th (US) ACR auf und unterstützt deren Rückführung,
- klärt mit allen verfügbaren Mitteln vordringlich die feindliche 1.taktische Stff auf,
- verteidigt so, dass FULDA-Abschnitt in eigener Hand bleibt und Feindvorstöße in das HES-SISCH-LICHTENAUER BECKEN in engem Zusammenwirken mit der 2. PzGrenDiv verwehrt werden,
- hält das KNÜLLGEBIRGE solange als möglich,
- schützt Verfügungsräume CATO und HANNIBAL (südlich der B 253), solange sie kein anderer Verband auf Befehl des Korps bezogen hat,
- stellt sich darauf ein, die rechte Korpsflanke mit eigenen Kräften ostwärts des KNÜLLGE-BIRGE, insbesondere den Zugang zum FULDA-Tal zu schützen,
- stellt sich darauf ein, Gegenangriffe mit unterstellter Korpsreserve über die Korpsgrenze (nach rechts) zu führen,
- unterstützt den Einsatz von (FR) Kräften bei rechtem Nachbarn.

Die PzBrig 34 (Korpsreserve von Anfang an)

- schützt EDER-Staumauer bis nach Absenken des Wasserstandes,

stellt sich darauf ein,

- Feindkräfte auf dem HOMBERGER HÖHENBLOCK zu zerschlagen,
- die rechte Korpsflanke zwischen SCHWARZENBORN und STADT ALLENDORF zu schüt-zen,
- Kräfte der 2. PzGrenDiv und der 5. PzDiv an der FULDA zwischen LOBENHAUSEN (NC 3668) und ROTENBURG a.d.F. aufzunehmen und einen Feindvorstoß in das BORKENER BECKEN abzuwehren,
- im Verteidigungsraum der 5. PzDiv deren Kräfte zu verstärken oder Gegenangriffe zu führen sowie Gegenangriffe mit der PzBrig 6 unter Führung von 2. PzGrenDiv oder 5. PzDiv in den Gefechtsstreifen des 1. (BE) bzw. des V. (US) Korps zu führen,
- einen durchgebrochenen Feind zwischen FRITZLAR und SCHWALMSTADT aufzufangen und luftgelandeten Feind im Rückwärtigen Korpsgebiet zu zerschlagen.

Die PzBrig 6 (nach Abschluss der Verzögerung)

- stellt nach Abschluss der Verzögerung im Verfügungsraum DOHLE ihre Einsatzbereitschaft wieder her, wobei der Raum um NB 2373 entweder schon durch RakArtBtl 350 belegt ist oder geräumt werden muss,
- stellt sich auf die Verstärkung der 2. PzGrenDiv oder Gegenangriffe ein, um ggf. den VRV im Zuge der der A 7 südlich GÖTTINGEN wiederzugewinnen oder eingebrochenen Feind im HESS.-LICHTENAUER BECKEN zu zerschlagen,

- nimmt Kräfte der 2. PzGrenDiv im Zuge der BAB A7/Westausgänge KAUFUNGER WALD zwischen STAUFENBERG (NB 4388) und GUXHAGEN auf, schützt die linke Korpsflanke zwischen IMMENHAUSEN und WOLFHAGEN oder ZIERENBERG (NB 2191 und KORBACH, fängt durchgebrochenen Feind in der Linie TAHITI zwischen WOLFHAGEN und FRITZLAR auf, führt Gegenangriffe mit PzBrig 34 unter Führung der 2. PzGrenDiv oder 5. PzDiv in den Gefechtsstreifen des 1. (BE) bzw. V. (US) Korps durch,
- bereitet sich darauf vor mit Teilen gegen luftgelandeten Feind in den rückwärtigen Divisionsgebieten eingesetzt zu werden.

Das PiKdo 3 senkt den Wasserstand im EDERSTAUSEE kontrolliert ab, unterstützt zunächst den Sperreinsatz bei der 5. PzDiv durch Unterstellung des PiBtl 310, hält Brückengerät mit Schwerpunkt bei 2. PzGrenDiv bereit, beseitigt Schäden im Rückwärtigen Korpsgebiet und stellt Bewegungen auf den Versorgungsstraßen sicher, hält bewegliche Sperrreserve in Kompaniegrösse bereit, stellt sich darauf ein, die Divisionen beim Anlegen von Sperren im Raum FALKE zu unterstützen und setzt das ABCAbwBtl 310 ein. Die PiBtl 340 und 350 werden mit Teilen zur Schadensbeseitigung im rückwärtigen Korpsgebiet bereitgehalten.

Das FlugabwehrKdo 3 unterstellt den Divisionen für Aufmarsch und Einsatz sowie für die Verteidigung Flugabwehrkräfte, schützt danach mit den restlichen Teilen Truppen beim Aufmarsch im rückwärtigen Korpsgebiet und übernimmt Schutz der atomaren Artillerie.

Das Heeresfliegerkommando 3 löst den AMF (L) Anteil heraus und stellt sich darauf ein, die LLBrig 26 auf besonderen Befehl im Lufttransport zu verlegen, unterstellt den Divisionen bis Abschluss des Verzögerungsgefechtes je 2 Schwärme Panzerabwehrhubschrauber für den Einsatz, klärt auf und/oder bekämpft luftgelandeten Feind im rückwärtigen Divisions-/Korpsgebiet und stellt sich auf Lufttransportaufgaben einschließlich Verwundetentransport ein.

Das ABCAbwBtl 310 bezieht 3 Verfügungsräume im Korpsgefechtsstreifen und sichert – in Anlehnung an Verfügungsräume – zunächst EDER Brücken bei AFFOLDERN (NB 0668) und MEHLEN (NB 0667), LAHN Brücken zwischen ARGENSTEIN (MB 8222) und BELLNHAUSEN (MB 8017) und stellt sich u.a. auf die Tarnvernebelung von Übergangsstellen an FULDA, EDER und LAHN ein.

Feldjägeraufgaben sind vordringlich als militärischer Verkehrsdienst an den Aufmarschstraßen zu erfüllen, danach sind die Divisionen zu unterstützen und der militärische Verkehrsdienst an den Versorgungsstraßen aufzunehmen.

Bis zum Aufwuchs der Sanitätstruppe hat sich der Sanitätsdienst auf die Bundeswehrkrankenhäuser KOBLENZ und GIESSEN und die zivilen Krankenhäuser sowie den Truppensanitätsdienst abzustützen. Einzurichten sind Hauptverbandsplätze (HVPl) in VIERMÜNDEN (MB 8862), WAHLBACH-BURBACH (MB 3423) und LAASPHE.

Logistisch unterstützt das Korps ab Aufbau der Feldversorgung die Divisionen durch Unterstellung der Korpsdepots (KDp) 359 WIRMIGHAUSEN für 2. PzGrenDiv und KDp 364 DORHEIM sowie 360 STADTALLENDORF für 5. PzDiv und KDp 370 OBERSFELD für 12. PzDiv), nutzt die verfügbaren Straßentransportmittel mit Schwerpunkt für die Munitionsversorgung, setzt verfügbare Lufttransportmittel für logistische und sanitätsdienstliche Zwecke ein. Korpstruppen werden für den Nachschub angewiesen auf KTrVP (MVG) A im Raum ROSENTHAL (MB 9147), KTrVP (Mat 1 und Mat 2) OBERASPHE und DILLENBURG, die PzBrig 34 (Korpsreserve) auf KDp 351 und KTrVP 1 (Mat), beide in OBERASPHE.

Feldinstandsetzungspunkte werden eingerichtet in ALBSHAUSEN (MB 9340) durch InstBtl 320, in SCHÖNSTADT (MB 8837) durch InstBtl 310, in HOLZHAUSEN (MB 6729) durch InstBtl 330.

Korpsgefechtsstände werden eingerichtet als HAUPT, HAUPT RESERVE, RÜCK und RÜCK RESERVE in FRANKENBERG (MB 850542), FRANKENAU (MB 960609), GÖNNERN (MB 613305) und MANDERBACH (MB 481246).

Das TerrKdo SÜD führt im Rahmen der Eisenbahnanfangsbewegungen Munition bis in die Brigadegebiete zu.

Die 2. PzGrenDiv verzögert mit der PzBrig 6 im Raum GÖTTINGEN – DUDERSTADT – WITZENHAUSEN mindestens 24 Stunden und schwächt den Feind nach Heraustreten aus den Engen KLEIN-LENGDEN und FRIEDLAND so, dass dieser die 2.Stff der Divisionen noch vor Erreichen des VRV einführen muss. Die PzBrig 6 hält ferner den JÄGERBERG (NC 6202) und den GIESEBERG (NC 6096) in eigener Hand. Danach wird die PzBrig 6 nach Aufnahme durch die PzGrenBrig 4 Korpsreserve (vorläufig ohne PzArtBtl 65) und bezieht den Verfügungsraum DOHLE.

Die Division verteidigt mit 2 Brigaden nebeneinander, Schwerpunkt links sowie als Reserve mit Teilen des PzAufklBtl 2 und später auch mit einem PzGrenBtl der PzGrenBrig 5, das spätestens nach Einsatz der Jägerbataillone im KAUFUNGER WALD freigemacht wird. Ziel ist es, auch bei überraschendem Feindangriff Vorstöße an und über die WESER und FULDA zu verhindern und hierzu die Möglichkeit für Gegenangriffe über WESER und WERRA und in das HESS.-LICHTENAUER BECKEN offen zu halten.

Die PzGrenBrig 4 wird im Schwerpunkt der Verteidigung eingesetzt und sichert WESER-/FULDA Brücken HANN.-MÜNDEN und WERRA-Brücken im Raum LAUBACH ab Beginn Aufmarsch in Zusammenarbeit mit Kräften des FlaRgt 2. Sie hält den Verteidigungsraum ostwärts WESER und FULDA in enger Verbindung zum linken Nachbarn und stellt sich auf Gegenangriffe der Divisionsreserve über die WERRA in den Raum JÜHNDE sowie der Korpsreserve zum linken Nachbarn ein.

Die PzGrenBrig 5 (mit unterstellten JgBtl 26 und 27) verzögert ein schnelles Vordringen aus dem ARNSTEINER TRICHTER, zerschlägt Feind zwischen WERRA und Kammlinie KAUFUNGER WALD – HOHER MEISSNER und bringt ihn spätestens in der Kammlinie KAUFUNGER WALD – Westrand des HESSISCH-LICHTENAUER BECKEN zum Stehen. Das herausgelöste PzGrenBtl wird zur Verstärkung der Divisionsreserve abgegeben. Letztlich hat die PzGrenBrig 5 in engem Zusammenwirken mit dem rechten Nachbarn Feindvorstöße durch das HESSISCH-LICHTENAUER BECKEN zu verhindern.

Divisionsreserve sind Teile des PzAufklBtl 2 als Gefechtsverband, später verstärkt durch 1 PzGrenBtl der PzGrenBrig 5. Sie hält sich im Verfügungsraum ADLER bereit und sichert dort die FULDA-Brücken WILHELMSHAUSEN und IHRINGSHAUSEN, stellt sich auf Gegenangriffe in den Raum JÜHNDE und HESSISCH-LICHTENAU ein sowie das Auffangen des Feindes im Raum LOHFELDEN – VOLLMARSHAUSEN.

Der Divisionsartillerieführer führt den Drohneneinsatz und stellt sicher, dass Auffangminensperren und Nebelwände bei Aufnahme des Verzögerungsgefechtes unverzüglich ausgelöst werden können. Er stellt ferner sicher, dass die Masse der Artillerie des ArtRgt die Aufnahme vor PzGrenBrig 4 unterstützen kann, weiter stellt er nach Aufnahme der Sondermunition die Ausgabebereitschaft der DVPSdMun sicher.

Die Pionierkräfte haben

- mit Priorität 1 u.a. Reserven für Bewegungen über die LEINE südlich GÖTTINGEN bereitzustellen, Bewegungen über die WERRA im Raum WITZENHAUSEN, über WESER und FULDA sowie nördlich von KASSEL sicherzustellen und den Bau von Feldbefestigungen vorrangig bei der Feldartillerie und den JgBtl 26 sowie 27 zu unterstützen.
- Mit Priorität 2 ist eine Sperrverdichtung im Zuge der Aufnahmelinie und im Verlauf des VRV mit Schwerpunkt bei PzGrenBrig 4 vorzunehmen.

Das FlaRgt 2 schützt den Aufmarsch mit einem gemischten FlaKpfVbd unter Einbeziehung der BAB-Brücken LAUBACH, BERGSHAUSEN und GUXHAGEN sowie die WESER-Brücke HANN.-MÜNDEN und der EDER-Brücke GRIFTE, ferner schützt es die PzBrig 6 auf dem Rückmarsch und im Verfügungsraum DOHLE bis Eintreffen des FlaKpfVbd 320.

Die 2./Fliegende Abteilung 361 stellt Panzerabwehrhubschrauber u.a. zum Einsatz nach Absprache mit PzGrenBrig 5 ostwärts HOHER MEISSNER und beiderseits WITZENHAUSEN.

Das Sicherungsbataillon 28 sichert schnellstmöglich im Zusammenwirken mit Kräften des FlaRgt 2 die BAB-Brücke BERGSHAUSEN und verstärkt zeitweise die 4./RakArtBtl 22 mit 2 Zügen.

Die FErsBtl 21 und 22 sichern mit Teilen Gefechtsstände und logistische Einrichtungen im Rückwärtigen Divisionsgebiet.

Die Luftstreitkräfte unterstützen sowohl durch offensive Luftunterstützung als auch im Rahmen der integrierten Luftverteidigung.

Die ABCAbwKp 2 sichert mit ihren 20mm-Feldkanonen die EDER-Brücke bei GRIFTE sowie die BAB-Brücke GUXHAGEN im Zusammenwirken mit FlaRgt 2, ferner bereitet sie im rückwärtigen Divisionsgebiet einen erkundeten Hauptentstrahlungsplatz (HEP) vor.

Die sanitätsdienstliche Versorgung hat als Schwerpunkt den lebensrettenden Verwundeten-transport, u.a. mit Lufttransportmitteln. Sanitätseinrichtungen sind: DivHVPl 2C = VELLMAR (NB 3190), 2D = SACHSENHAUSEN (NB 0077) und 2E = KASSEL. Der DVP SanMat befindet sich in SACHSENHAUSEN.

An Versorgungseinrichtungen für den Nachschub sind geplant DVP (Mat) = WOLFHAGEN, DVP (MVG 2A) = KDp WIRMIGHAUSEN, DVP (MVG 2B) = LOHNE und DivTrVP = HOOF (NB 2482) darüber hinaus KTrVP (MVG) = Raum RÖMERSHAUSEN (MB 9354) mit ArtMun für Raketenwerfer 110mm und die 203mm Feldhaubitzen.

Instandsetzungspunkte werden im Einsatzraum BRÜNDERSEN eingerichtet.

Die 5. PzDiv verzögert mit PzBrig 14 links und Teilen PzGrenBrig 13 rechts und verteidigt dann mit PzBrig 15 links, PzGrenBrig 13 rechts mit Schwerpunkt HEYERODER HÖHEN-Gelände und hält PzBrig 14 sowie Masse des PzAufklBtl 5 in Reserve.

Die verstärkte PzBrig 14 klärt in der Verzögerung mit PzAufklBtl 5 grenznah auf und überwacht IdG im Zusammenwirken mit BGS und Teilen 11th (US) ACR, sichert die Sperrvorbereitungen, übernimmt Sperren in der Verzögerungszone gem. Sperrplan und verzögert zwischen VZL JUDITH und Aufnahmelinie unter zeitlich begrenzter Verteidigung im Zuge der VZL JUDITH und DAVID. In der Verteidigung hält sie sich in Stellung 5G (zugleich Verfügungsraum) als Divisionsreserve bereit, schützt das FULDA-Tal in der Breite des Gefechtsstreifens der PzBrig 15 durch Offenhalten der FULDA-Übergänge MELSUNGEN und MORSCHEN sowie Zerschlagen von luftgelandetem Feind.

162

Ferner stellt sie sich darauf ein, PzGrenBrig 13 und/oder PzBrig 15 in der Verteidigung zu unterstützen im HEYERODER HÖHEN-Gelände eingebrochenen Feind durch Gegenangriff HAMMER zu zerschlagen und eingebrochene Feindkräfte in Stellungen 5A, 5B, 5G aufzufangen.

Die verstärkte PzBrig 15 hält während des Aufmarsches der Division die FULDA-Übergänge MELSUNGEN und MORSCHEN offen, nimmt verstärkte PzBrig 14 auf, verteidigt mit Schwerpunkt rechts, hält Raum um ELTMANNSEE (NB 5861) als Voraussetzung für den Gegenangriff HAMMER, verhindert Feindvorstoß durch das WEHRETAL in das HESSISCH-LICHTENAUER BECKEN.

Die verstärkte PzGrenBrig 13 hält FULDA-Übergänge ROTENBURG a.d.F. und BREITENBACH während des Aufmarsches der Division offen, verzögert zwischen IdG und Aufnahmelinie und verteidigt mit Schwerpunkt links. Sie hält enge Verbindung zum rechten Nachbarn und wahrt den Zusammenhang der Operationsführung an der rechten Korpsgrenze ostwärts der FULDA.

Das PzAufklBtl 5 (zunächst der PzBrig 14 unterstellt) erreicht mit Masse nach Rückunterstellung den Verfügungsraum ERSRODE (NB 4147) und stellt sich darauf ein, die tiefe rechte Korpsgrenze westlich der FULDA zu überwachen, feindliche Angriffe in die rechte Flanke der Division aus den Stellungen 5C, 5E, 5F aufzufangen und die PzBrig 14 für deren Einsatz als Divisionsreserve zu unterstützen.

Die Artillerie setzt ihren Feuer- und Aufklärungsschwerpunkt in der Verzögerung und der Verteidigung zunächst in den Raum ostwärts des RINGGAU und dann in den RINGGAU. Der DivArtFhr stellt sich darauf ein, bei noch nicht abgeschlossenem Aufmarsch den Feind westlich der FULDA zu bekämpfen und klärt mit Drohnen das Gebiet westlich der IdG auf; nur mit Genehmigung des DivKdr dürfen das MÜHLHAUSENER BECKEN, die Enge GOTHA – EISENACH und die WERRA-Übergänge aufgeklärt werden. Ferner überwacht er die rechte Korpsgrenze (ggf. im Zusammenwirken mit PzAufklBtl 5 und HFlgStff 5) und bereitet den atomaren Feuerkampf so vor, dass die Auslösung kurzfristig möglich ist.

Das verstärkte FlaRgt 2 schützt – auf Zusammenarbeit angewiesen – während des Aufmarsches mit den FlaKpfVbd 51, 52 und 320 die PzBrig 14, 15 und Teile der DivArt sowie die FULDA-Übergänge MELSUNGEN und MORSCHEN sowie ROTENBURG a.d.F. und BREITENBACH, ferner mit 1 PzFlaRakBttr die PzGrenBrig 13. In der der Verzögerung bleiben die Aufgaben für die FlaKpfVbd 51 und 52 gleich, der FlaKpfVbd 320 schützt die PzGrenBrig 13 und eine PzFlaRakBttr die FULDA-Übergänge MELSUNGEN und MORSCHEN.

Während der Verteidigung werden die PzGrenBrig 13 durch Fla-KpfVbd 51, die PzBrig 15 durch FlaKpfVbd 52, Teile der DivArt durch eine PzFlakBttr und die PzBrig 14 in Stellung 5G ebenfalls durch eine PzFlakBttr geschützt. Ferner ist der Gegenangriff HAMMER mit einem FlaKpfVbd zu schützen.

Teile des FlaRgt 300 schützt mit 2 PzFlakBttr im Zuge der Aufmarschstraßen die westlich der BAB A 4 aufmarschierenden Truppenteile des III. (GE) Korps. Der FlaKpfVbd 310 schützt – nach Unterstellung – WESTHESSISCHE SENKE und Verfügungsraum HANNIBAL mit je einer PzFlak- und PzFlaRakBttr.

Die Pioniere unterstützen vorrangig durch Anlegen von Sperren (Sperrschwerpunkt in der Verteidigung rechts) und Bau von Feuerstellungen für die DivArt. Sie stellen Bewegungen – mit Schwerpunkt bei der PzGrenBrig 13 – über die FULDA sicher.

Die 1./FlgAbt 361 unterstützt die PzGrenBrig 13 und die PzBrig 14 in der Verzögerung mit je 1 Schwarm Panzerabwehrhubschrauber.

Die ABCAbwKp 5 löst Kräfte der PzBrig 5 am FULDA-Übergang MORSCHEN ab, errichtet auf Befehl einen Hauptentstrahlungsplatz (HEP) und stellt sich auf Tarnvernebelung der FULDA-Übergänge ein.

Das SichBtl 28 überwacht die Verfügungsräume CATO und HANNIBAL südlich der B 253, solange HANNIBAL nicht belegt ist. Die FErsBtl 51 und 52 überwachen die tiefe rechte Divisionsflanke.

Die 5./FJgBtl 740 führt den militärischen Verkehrsdienst durch und hält während Aufmarsch und Verzögerung Marschstraßen von Bevölkerungsbewegungen frei.

Der 5. PzDiv werden ab SOD 3 LTH zum Verwundetentransport, und ab SLC die KorpsDp DORHEIM und STADTALLENDORF (mit festgelegten Vorräten MVG) unterstellt.

Als Sanitätseinrichtungen sind vorgesehen:

- HVPl 5A = KIRCHHAIN,
- HVPl 5B = PFIEFFE,
- HVPl 5C = ROTENBURG a.d.F. und
- HVPl 5D = SCHWALMSTADT.

Im Rahmen der Eisenbahnanfangsbewegungen werden je 1 VR Mun zugeführt der 5. PzDiv nach SCHLIERBACH (NB 1545), für PzGrenBrig 13 nach WERNSWIG (NB 2549), für PzBrig 14 nach HOMBERG/EFZE (NB 2853) und PzBrig 15 nach BORKEN (NB 2056).

Versorgungseinrichtungen sind geplant in FRIELENDORF=NB 225474 (DivTrVP), in GILSA =NB 136515 (DVP MVG 5A), MENGSBERG=NB 071390 (DVP MVG 5B) und GIESSEN (DVP Mat).

Feldinstandsetzungseinrichtungen sollen als FInstStPkt 2/5 in SCHLIERBACH (NB 1446), FInstStPkt 3/5 in ROMMERS-/DITTERSHAUSEN (NB 1343), EloInstPkt in ALLENDORF (NB 1544) und vorgeschobener InstStPkt (einschl. Abschubkapazität) in OBERELLENBACH (NB 448531) eingerichtet werden.

Als Kriegsgefangenensammelpunkt sind ASCHERODE (NB 1539) und als Versprengtensammelstelle ZIEGENHAIN (NB 1740) vorgesehen. Die Brigaden haben eigene Sammelstellen für Versprengte und Kriegsgefangene einzurichten.

Die 5. PzDiv erstellte einen Contingency Plan für Maßnahmen bei nicht abgeschlossenem eigenem Aufmarsch. Danach soll die Division den VRV gewinnen und noch ostwärts der FULDA verteidigen. Je nach Lage ist die Führung der örtlich nächsten Verbände zu übernehmen. Dabei bildet die PzBrig 14 auf das Stichwort „BLITZ" einen Verzögerungsverband, der in der gesamten Breite des Divisionsgefechtsstreifens die Verzögerung soweit ostwärts wie möglich aufnimmt und zeitlich begrenzt in der VZL DAVID verteidigt, um die Voraussetzungen für den Einsatz der verstärkten PzBrig 14 ostwärts der FULDA zu schaffen. Zur Koordinierung werden vorsorglich die Führungslinien COLOMBO, FORMOSA und TAHITI festgelegt, die je nach Lageentwicklung aktiviert werden.

Im Befehl zum Schutz des rückwärtigen Korpsgebietes (= Anlage N zum GDP 1/87) des III. (GE) Korps werden folgende Feststellungen getroffen:

- Absicht des Feindes wird es sein, möglichst starke Kräfte auf gesamter Breite zu binden und so dem III. (GE) Korps die operative Handlungsfreiheit dauerhaft zu nehmen und zwar auch für Einsätze beim linken oder rechten Nachbarn,
- mit Teilen der 3. (NVA) Armee im NORDEN durch Angriff auf die WARBURGER BÖRDE/das PADERBORNER BECKEN die Flanke des operativen Hauptstoßes der WESTFRONT nördlich des HARZ zu decken,

- mit Teilen der 8. (SU) Gardearmee im Süden/an der Grenze zum rechten Nachbarn den operativen Nebenstoß auf das RHEIN-MAIN-DREIECK zu führen,
- abhängig vom Erfolg des Feindes beim linken und vor allem beim rechten Nachbarn kann sich für den Feind die Notwendigkeit ergeben, eigene Kräfte entweder zum Schutz seiner Flanke gegen die in der Tiefe bereitgehaltenen Reserven einzusetzen oder zum frühzeitigen Zerschlagen von aus der Tiefe durch das rückwärtige Korpsgebiet herangeführten Kräfte die eigenen Kräfte anzusetzen. Dies wäre allerdings eine von den Ergebnissen der bisherigen Lagebeurteilung so gravierend abweichende Lage mit einer erheblichen Gefährdung des rückwärtigen Korpsgebietes.

Eine gepanzerte Aufklärung durch eingesickerte Kräfte ist zwar möglich aber wenig wahrscheinlich, da der Feind seine Aufklärungskräfte vornehmlich in den Hauptrichtungen seines Angriffs einsetzen wird, das rückwärtige Korpsgebiet jedoch außerhalb dieser gelegen ist.

Mit durchgebrochenen Feindkräften ist frühestens dann zu rechnen, wenn die Verteidigung des III. (GE) Korps ihren Zusammenhang verloren hat[319]. Aber selbst dann ist ihr Erscheinen im rückwärtigen Korpsgebiet wegen des dadurch notwendigen Abweichens von den angenommenen Angriffsrichtungen wenig wahrscheinlich.

Mit dem Feuer der feindlichen Raketenartillerie ist auch im Rückwärtigen Korpsgebiet zu rechnen. Es würde sich gegen das RakArtBtl 350 (LANCE), die KVP Sonderwaffen, die Korpsgefechtsstände H (in FRANKENBERG, Burgwald-Kaserne) und R (in GÖNNERN – MB 613315), die EloKaZentrale des Korps, Reserven und Lufttransportmittel richten

Mit feindlichen Luftangriffen auf Punkt- oder Flächenziele ist im gesamten rückwärtigen Korpsbereich zu rechnen.

Luftlandungen im rückwärtigen Korpsbereich sind eher unwahrscheinlich.

Die Anlage Q befasst sich mit den Evakuierungen[320]. Grundsätzlich soll die Zivilbevölkerung „zu Hause bleiben" (Stay-Put). Den rechtlichen Rahmen gibt § 12 des „Katastrophenschutzgesetzes", wonach die Bevölkerung zur Einhaltung der stay-put-policy verpflichtet werden kann. Als Ausnahme sind besonders gefährdete Räume zu evakuieren. Bei der Evakuierung unterscheidet man (vgl. Richtlinien des BMI zu § 12 KatSG - AufenthaltsRL):

- Evakuierungen aus den Bereichen der grenznahen Vorneverteidigung,
- Evakuierungen aus der unmittelbaren Umgebung besonders bedrohter Anlagen,
- Ausweichbewegungen, die bei akuten außergewöhnlichen Gefahrenlagen im Zusammenhang mit Erdkampfhandlungen kurzfristig erforderlich werden als
  - o geplante Ausweichbewegungen in Bereichen grenznaher Vorneverteidigung oder
  - o ungeplante Ausweichbewegungen in rückwärtigen Gebieten, für die keine Evakuierungsplanungen bestehen.

Mit Fluchtbewegungen (auch ausländischer Arbeitnehmer) ist zu rechnen. Diese müssen – falls sie die Operationsfreiheit gefährden – von militärisch genutzten Straßen auf vorgeplante „Evakuierungsstraßen", im Notfall auf die Versorgungsstraße WEISS umgelenkt werden. Zur Auflösung der Fluchtbewegungen sind im Korpsgebiet geeignete Auffanglinien festzulegen.

Für die Auflösung ostwärts des RHEIN oder die Weiterleitung über den RHEIN ist die BAB A3 FRANKFURT-KÖLN als Auffanglinie in der RCZ vorgeplant.

---

[319] BArch, BH 7-3/831.
[320] vgl. oben bei I. Vorbemerkungen Ziffer 5, ferner BArch, BH 7-3/874.

Im Gefechtsstreifen des III. (GE) Korps ist bisher die Evakuierung von ca. 400.000 Personen vor Beginn der Kampfhandlungen aus Bereichen der grenznahen Vorneverteidigung geplant. Ca. 70% sollen mit eigenen Pkw auf festgelegten Straßen (teilweise durch die Gefechtsstreifen des 1 (BE) und V (US) Korps und 30% im Eisenbahntransport verlegt werden.

Die Vorschläge des Korps für die Evakuierung aus der Umgebung besonders bedrohter Anlagen liegen den zuständigen WBK/Ländern vor. Als besonders bedroht werden angesehen: BAB-Brücken LAUBACH und BERGSHAUSEN, DVP Mat 2. (GE) PzGrenDiv in der Kaserne WOLFHAGEN, Korpsdepots 360 (ALLENDORF – NB 032307) und 364 (DORHEIM – NB 160485).

Der GDP 87 wurde im Stab des III. Korps in den Jahren nach 1988/89 weiter aktualisiert und überarbeitet. Infolge der Außerkraftsetzung des GDP im Kommandobereich des SACEUR am 2.10.1990 wurden die Arbeiten jedoch nicht weiterverfolgt. Wozu hätte das Korps an der Innerdeutschen Grenze eine Verteidigung planen sollen, wenn auf der anderen Seite der Grenze ebenfalls die Bundesrepublik Deutschland war.

Ungeachtet dessen sollen diese Planungen im Folgenden vorgestellt werden:

Die **Entwürfe zum GDP 90** treffen in weiten Bereichen für das III. (GE) Korps sowie die 2. PzGren- und die 5. PzDiv die gleichen Festlegungen wie der GDP 87. Nachfolgend werden daher nur die Unterschiede herausgearbeitet.

Im Entwurf für den Korpsbefehl Nr. 1 des III. (GE) Korps für den Aufmarsch, die Verzögerung und Verteidigung in NORDHESSEN[321] geht man von einer großangelegten Aggression in Mitteleuropa aus, wobei mit dem frühzeitigen Einsatz chemischer Kampfstoffe zu rechnen ist. Ein Angriff ist innerhalb von 6 – 8 Tagen nach Mobilmachung möglich. Die angreifenden Truppen werden durch die WESTFRONT geführt und vermutlich den Hauptstoß nördlich des HARZ unternehmen. Ein Nebenstoß wird aus dem THÜRINGER BECKEN erwartet und träfe damit den Interessenbereich des III. (GE) Korps. Operative Absicht ist vermutlich, mit Schwerpunkt das RHEIN-MAIN-DREIECK anzugreifen, um die Bundesrepublik zweizuteilen.

Zur nachhaltigen Unterstützung kann gleichzeitig entweder ein Angriff über den Raum GÖTTINGEN auf das PADERBORNER BECKEN oder über das FULDA-WERRA-BERGLAND in das BORKENER BECKEN durchgeführt werden. Absicht des Feindes wird es sein, das III. (GE) Korps angriffsweise auf ganzer Breite zu binden und entweder in den Raum südlich KASSEL – HOMBERG/EFZE – BORKENER BECKEN einzudringen oder über den Raum nördlich KASSEL in die WARBURGER BÖRDE anzugreifen, um den bewegungsgünstigen HESSISCHEN KORRIDOR zu nutzen.

Das III. (GE) Korps hat im Nordteil des Gefechtsstreifens mit bis zu zwei NVA-Divisionen in 1. operativer Staffel zu rechnen und im Südteil mit einer Division der 8. (SU) Gardearmee. Der Einsatz der 2. operativen Staffel ist frühestens vier Tage nach Angriffsbeginn anzunehmen. Maßnahmen des verdeckten Kampfes können bereits vor Angriffsbeginn ausgelöst wer-den. Die Angreifer werden durch starke Frontfliegerkräfte unterstützt. taktische Luftlandungen sind erst mit Einsatz der 2. operativen Staffel zu erwarten.

FOURATAF

- übernimmt die Luftverteidigungsoperationen im CENTAG-Bereich und
- stellt Tactical Air Support.

---

[321] BArch, BH 7-3/864a.

Die PzBrig 6 ist jetzt von Anfang an Korpsreserve des III. (GE) Korps. Sie war in den früheren GDP zunächst als Verzögerungsverband eingesetzt und wurde erst nach Abschluss dieser Aufgabe Korpsreserve.

Das III. (GE) Korps verteidigt mit 2. PzGrenDiv links und 5. PzDiv rechts – hier Schwerpunkt – und mit Luftunterstützung so, dass die Kräfte der 1. operativen Staffel noch ostwärts des HESSISCHEN KORRIDOR zerschlagen werden (1. Schlacht). Dabei ist der Hinderniswert des KAUFUNGER WALD zu nutzen und der Zusammenhang der Operationsführung mit beiden Nachbarn zu wahren. Ein Einsatz der Korpsreserven (PzBrig 34 und PzBrig 6) gegen die 1. operative Staffel ist nur zur Verhinderung eines Einbruchs in den HESSISCHEN KORRIDOR oder zur Unterstützung der benachbarten Korps vorgesehen.

Das III. (GE) Korps will seine Operationen gegen die 2. operative Staffel (2. Schlacht) wie folgt führen:

- bei Angriff mit Schwerpunkt vor III. (GE) Korps wird der Feind mit Luftunterstützung und unterstellten Korpsreserven noch ostwärts des HESSISCHEN KORRIDORS verzögert und abgenutzt und im HESSISCHEN KORRIDOR zerschlagen. Das Korps stellt sich darauf ein, den Einsatz von Heeresgruppenreserven im HESSISCHEN KORRIDOR zu unterstützen,
- greift der Feind mit Schwerpunkt beim linken oder rechten Nachbarn an, wird das Korps seine Reserven auf Befehl von COMCENTAG unter Führung einer Division im jeweiligen Nachbargefechtsstreifen einsetzen. Der weiter verteidigenden Division wird dann die jeweilige Nachbarbrigade unterstellt.

Die 2. PzGrenDiv

- nimmt die Verteidigung mit Hauptkräften aus Stellungen außerhalb der Anfangsreichweite feindlicher Artillerie auf,
- verteidigt unter Nutzung des KAUFUNGER WALDES so, dass die 1. operative Staffel spätestens vor der Linie IMMENHAUSEN – SCHÄFERSBERG (NB 3193) – IHRINGHAUSEN – Verlauf der FULDA nach Süden zerschlagen wird,
- verteidigt auf Befehl III. (GE) Korps gegen starke Kräfte der 2. operativen Staffel am West-rand des HESSISCHEN KORRIDORS im Zuge der Linie BOSTON,
- fängt auf Befehl Feindkräfte im Raum GREBENSTEIN – FULDATAL in engem Zusammenwirken mit der 1. (BE) Division auf,
- führt auf Befehl Gegenangriffe mit unterstellter Korpsreserve über die Heeresgruppengrenze im Zusammenwirken mit linkem Nachbarn durch; hierbei wird die in der Verteidigung vorn rechts eingesetzte Brigade der 5. PzDiv unterstellt,
- unterstützt auf Befehl den Einsatz von Kräften der 1. (FR) Armee beim linken Nachbarn.

Die 5. PzDiv

- nimmt die Verteidigung mit Hauptkräften aus Stellungen außerhalb der Anfangsreichweite feindlicher Artillerie auf,
- verteidigt so, dass Feindkräfte der 1. operativen Staffel spätestens vor der Linie MELSUNGEN – KNÜLLWALD – OBERAULA zerschlagen werden,
- verteidigt auf Befehl III. (GE) Korps gegen starke Kräfte der 2. operativen Staffel am Westrand des HESSISCHEN KORRIDOR im Zuge der Linie BOSTON,
- schützt auf Befehl die rechte Korpsflanke ostwärts der SCHWALM,
- sichert Verfügungsraum CATO bis Eintreffen der PzBrig 34 im Verfügungsraum HANNIBAL,

- führt auf Befehl Gegenangriffe mit unterstellter Korpsreserve über die Korpsgrenze im Zusammenwirken mit rechtem Nachbarn durch; hierbei wird die in der Verteidigung vorn links eingesetzte Brigade der 2. PzGrenDiv unterstellt
- unterstützt auf Befehl den Einsatz von Kräften der 1. (FR) Armee beim rechten Nachbarn (= V US) Korps).

Die PzBrig 34

- stellt mit Eintreffen im Verfügungsraum – unter Führung der Operationszentrale – die schießenden Batterien des PzArtBtl 345 sowie die notwendigen Führungs- und Logistikanteile zur Feuerverstärkung bei der 5. PzDiv ab; Rückunterstellung nur auf Befehl des Korps,
- übernimmt Sicherung des Verfügungsraum CATO von 5. PzDiv nach Eintreffen im Verfügungsraum HANNIBAL.

Die PzBrig 6

- stellt mit Eintreffen im Verfügungsraum – unter Führung der Operationszentrale – die schießenden Batterien des PzArtBtl 65 sowie die notwendigen Führungs- und Logistikanteile zur Feuerverstärkung bei der 2. PzGrenDiv ab; Rückunterstellung nur auf Befehl des Korps,
- schützt EDER-Staumauer bis nach Absenken des Wasserstandes,
- schützt die linke Korpsflanke zwischen IMMENHAUSEN und WOLFHAGEN oder ZIERENBERG (NB 2191) und KORBACH,
- fängt durchgebrochenen Feind zwischen WOLFHAGEN und FRITZLAR auf,
- zerschlägt durchgebrochenen bzw. luftgelandeten Feind auf dem HOMBERGER HÖ-HEN-BLOCK,
- führt unter Führung der 2. PzGren- oder der 5. PzDiv Gegenangriffe in die Nachbargefechtsstreifen durch.

Das Artilleriekommando 3

- hält atomare Einsatzmittel zunächst im rückwärtigen Korpsgebiet so bereit, dass nach politischer Freigabe Einsatzaufträge – auch über die Heeresgruppengrenze – kurzfristig durchgeführt werden können und klärt (entsprechend Verfügbarkeit) mit Drohne CL 289 auf.

Luftstreitkräfte

Im Rahmen der Zuteilung von Luftunterstützungseinsätzen durch CENTAG/ATAF legt das Korps die Einsätze zur taktischen Luftaufklärung und Gefechtsfeldabriegelung fest und weist den Divisionen Einsätze zur Luftnahunterstützung zu. Mit Schwerpunkt richtet sich die taktische Luftaufklärung und Gefechtsfeldabriegelung gegen die in 2. Staffel angreifenden Divisionen und Armeen. Vorrangig ist zunächst die 5. PzDiv zu unterstützen. Für die vorgenannten Aufgaben sind die Pläne vorbereitet.

Die Pioniere setzen die Minen der 1. Generation mit Vorrang in der Verzögerung und westlich des HESSISCHEN KORRIDOR ein. Die Minen der 2. Generation werden beweglich in den Verteidigungsräumen der Divisionen und bei den Korpsreserven verwendet.

Die Bewegungen über die WESER (hier Schwerpunkt), FULDA und WERRA sind sicherzustellen. Die PzPiKp 60 und 340 werden bis zum Abschluss des Verzögerungsgefechtes den Divisionen für den Sperreinsatz unterstellt. Das Auslösen von Sprengsperren vor GENERAL ALERT ist in der CRBA-Zone A nur auf Befehl KG III. (GE) Korps und bei unmittelbarem Feindangriff auf ein Objekt auf Befehl des zuständigen Divisions- oder Brigadekommandeurs zulässig.

Zerstörungen von BAB-Brücken von übergeordneter Bedeutung dürfen nur auf Befehl des KG III. (GE) Korps erfolgen.

Das Pionierkommando 3

- unterstützt mit PiBtl 340 (mobStP STEGSKOPF) und 350 (mobStP STADTALLENDORF) sowie Teilen SchwBrBtl 360 (KOBLENZ) nach deren Aufwuchs den Sperreinsatz in den Divisionsgefechtsstreifen,
- hält Kriegsbrückengerät mit Schwerpunkt bei 2. PzGrenDiv bereit,
- hält nach Herstellen der Einsatzbereitschaft der Geräteeinheiten eine PiKp als luftbewegliche Sperrreserve bereit,
- hält FErsBtl 320 (mobStP BUCH) bereit, um auf Befehl Sperren in den rückwärtigen Divisions-/Brigadegebieten zu übernehmen und so Sperrpioniere für weitere Sperreinsätze in der Tiefe freizumachen,
- unterstützt 4-43 (US) Air Defense Artillery Battalion (PATRIOT) (F-StO = GIESSEN) beim Bau von Feuerstellungen und Feldlagerorten.

Das Flugabwehrkommando 3

- erhält von der 2. PzGrenDiv für den Einsatz 1 PzFlakBttr mit Eintreffen der PzBrig 6 im Verfügungsraum,
- die 5. PzDiv unterstellt der PzBrig 34 für den Einsatz 1 PzFlakBttr.

Das Heeresfliegerkommando 3

- stellt sich darauf ein, jederzeit – auch vor Anwenden des Alarmsystems – den AMF-Teil (L) herauszulösen,
- die LLBrig 26 auf besonderen Befehl im Lufttransport zu verlegen,
- bei Maßnahmen zur Lähmung von Flugplätzen mitzuwirken,
- unterstellt den beiden Divisionen bis zum Abschluss des Verzögerungsgefechts je 3 Schwärme PAH für den Einsatz; Freigabe von zunächst 2 Kampfbeladungen LFK-HOT
- hält bis Abschluss der Verzögerung die übrigen PAH bereit und danach in der Verteidigung beide PAH-Staffeln im Verfügungsraum des HFlgRgt 36 als Korpsreserve.

Das ABCAbwBtl 310 unterstützt die PzBrig 6 und 34 mit je einer ABC-Aufklärungsgruppe und stellt sich auf Tarnvernebelung von Gewässerübergängen an WESER, FULDA, EDER und LAHN ein.

Der TopZg 300 besetzt und betreibt das Korpskartenlager in WÖLFERLINGEN (=KDp 368). Der GeoPhysMessZg 300 bezieht nach Herstellen der Einsatzbereitschaft den Einsatzraum GUDENSBERG (NB 269700).

Vor der 2. PzGrenDiv greifen in 1. Staffel vermutlich je 1 motSchtzDiv (mit 3-5 Regimentern) nördlich und südlich von KASSEL an. Der Schwerpunkt des Angriffs wird im Raum südlich GÖTTINGEN erwartet. Die Division verzögert und verteidigt zwischen IdG und WESER/FULDA unter Nutzung dieses Raumes als operative Einheit.

Die PzGrenBrig 4 verzögert und verteidigt – links im Schwerpunkt eingesetzt – vorwärts des Gewässerdreiecks HANN.-MÜNDEN, zerschlägt starke Feindkräfte im Raum JÜHNDE ggf. mit hierzu unterstellter Divisionsreserve und verhindert das Überschreiten von WESER und FULDA.

Die PzGrenBrig 5 (mit unterstellten JägerBtl 26 und 27) nutzt Hinderniswert des KAUFUNGER WALDES für die Verteidigung, zerschlägt starke Feindkräfte im HESS.-LICHTENAUER BECKEN ggf. mit hierzu unterstellter Divisionsreserve, verhindert das Überschreiten der FULDA und stellt sich darauf ein, – nach Zurücknahme der Kräfte vorwärts des KAUFUNGER WALDES – auf Befehl 1 PzGrenBtl an die Divisionsreserve abzugeben.

Die PzBrig 6 ist von Anfang an Korpsreserve und „tauscht" mit der PzGrenBrig 4 ein PzBtl LEO II gegen eines mit LEO 1A5, unterstellt ein PzBtl LEO II der PzGrenBrig 4 für die Verzögerung und gibt das PzArtBtl 65 für die Verzögerung und zeitlich begrenzt für die Verteidigung sowie die PzPiKp 60$^{(-)}$ für die Verzögerung ab.

Die Divisionsreserve besteht aus den PzAufklBtl 2 (ohne leichte Spähtrupps) und PzAufklBtl 5$^{(-)}$ als Gefechtsverband, später verstärkt durch ein PzGrenBtl der PzGrenBrig 5. Sie stellt sich darauf ein, – unter Führung der jeweiligen Brigade – Gegenangriffe entweder in den Raum JÜHNDE oder HES-SISCH-LICHTENAU zu führen bzw. den Feind, je nach Angriffsrichtung, in den Linien LUTTER-BERGER HÖHE (NB 4393) – USCHLAG (NB 4387) – NIESTE (NB 4785) oder NIESTE – OBERKAUFUNGEN (NB 4482) – VOLLMARSHAUSEN (NB 3979) aufzufangen.

Der Divisionsartillerieführer koordiniert den Einsatz des PzArtBtl 65 zur Feuerverstärkung in der Verzögerung vor PzGrenBrig 4 und in der Verteidigung für PzGrenBrig 4 und 5. Er führt den Feuerkampf der Artillerie so, dass Feindkräfte der 1. operativen Staffel noch ostwärts der FULDA aufgestaut und zerschlagen werden können. Er stellt sich darauf ein, mit Teilen vor dem linken Nachbarn zu wirken.

Das AmphPiBtl 330 stellt sich im Verfügungsraum ANNATAL darauf ein, Bewegungen über die FULDA mit Schwerpunkt südlich KASSEL bei Ausfall ständiger Brücken zu ermöglichen.

Das FlaRgt 2 schützt den Aufmarsch unter Einbeziehung der BAB-Brücken LAUBACH, BERGS-HAUSEN und GUXHAGEN sowie die EDER-Brücke GRIFTE, stellt den Schutz der Divisionsreserve im Verfügungsraum ADLER (NB 8632) sowie der Divisionsartillerie sicher und gibt eine PzFlakBttr nach Abschluss des Aufmarsches zum Schutz der Korpsreserve (PzBrig 6) ab.

Die HFlgStff 2 hält 1 Verbindungshubschrauber für ArtRgt 2 zur Luftbeobachtung und Transportüberwachung der Sondermunition abrufbereit und setzt 3 leichte Transporthubschrauber für den Verwundetentransport ein.

Die 2./Fliegende Abteilung 361 stellt 3 Schwärme PAH. Dabei wird 1 Schwarm ab Beginn Verzögerung auf Zusammenarbeit mit der PzGrenBrig 4 angewiesen, der 2. Schwarm – zunächst im vorgeschobenen Verfügungsraum – trifft Absprachen mit der PzGrenBrig 5 für einen Einsatz von PAH ostwärts HOHER MEISSNER und beiderseits WITZENHAUSEN während der 3. Schwarm sich im vorgeschobenen Verfügungsraum unter Vorbehalt der Division auf einen Einsatz im Schwerpunkt einstellt.

Die Luftstreitkräfte unterstützen durch offensive Luftunterstützung und im Rahmen der integrierten Luftverteidigung. Dabei liegen die Schwerpunkte für das Korps in der Luftaufklärung und Gefechtsabriegelung aus der Luft betreffend die 2. Staffeln der Angreifer und für die 2. PzGrenDiv in der Luftnahunterstützung während der Verzögerung vor der Enge FRIEDLAND und während der Verteidigung westlich JÜHNDE.

Die FmKp 2 (EloKa) richtet ein und betreibt eine EloKaZentrale auf dem Berg HOHES GRAS (südlich KASSEL) sowie Fm/EloAufklärungsbasen auf der Linie BRAMWALD – KAUFUNGER WALD. Sie unterstützt auf Befehl Verzögerung und Verteidigung durch Elektronische Gegenmaßnahmen gegen Führungs- und Feuerleitverbindungen mit Schwerpunkt vor PzGrenBrig 4.

170

Die ABCAbwKp 2 betreibt ABC-Mess- und Beobachtungsstelle LOTTERBERG (bei GUDENS-BERG).

Divisionsgefechtsstände sind vorgesehen in KAUFUNGEN (H1), HEILIGENRODE (H2) =NB 404849 und NAUMBURG (nördlich von WALDECK) (R1) =NB 115775.

Im Gefechtstreifen der 5. PzDiv ist mit der 57. (SU) motSchtzDiv (F-StO NAUMBURG/ DDR) in 1. taktischer Staffel, ferner mit einem Regiment der 4. (NVA) motSchtzDiv zu rechnen; letzteres dürfte im Raum ESCHWEGE – HESSISCH-LICHTENAU wirksam werden. Absicht des Feindes wird es sein, die 5. PzDiv auf gesamter Breite angriffsweise zu binden, in den Raum FRITZLAR – HOMBERG/EFZE – BORKENER BECKEN (möglicherweise nach vorausgegangener Luftlande-operation) einzubrechen, den bewegungsgünstigen HESSISCHEN KORRIDOR zu nehmen und beim rechten Nachbarn rasch im Zuge der BAB A 4/48 nach SÜDWESTEN in das RHEIN-MAIN-Gebiet vorzudringen.

Die 5. PzDiv verteidigt so, dass die 1. Taktische Staffel spätestens vor der Linie MELSUNGEN – KNÜLLWALD – OBERAULA zerschlagen wird.

Sie hält von Anfang an die PzBrig 15 als Divisionsreserve zurück und gewinnt, auch bei überraschen-dem Feindangriff, mit den vorne dislozierten/aufmarschierten Kräften den VRV und verteidigt noch ostwärts bzw. an der FULDA. Sie verteidigt mit 2 Brigaden nebeneinander, hält das Höhengelände um ALHEIM (=Schlüsselgelände der Division) als Eckpfeiler der Verteidigung und lenkt die 2. takti-sche Staffel in den Raum HEYERODER HÖHENGELÄNDE – SOLZ – IBA und zerschlägt sie im Gegenangriff der Divisionsreserve. Danach stellt sich die 5. PzDiv darauf ein, starke Kräfte der 2. operativen Staffel am Westrand des HESSISCHEN KORRIDORS im Zuge der Linie BOSTON mit unterstellter Korpsreserve angriffsweise zu zerschlagen. Ferner schützt sie mit PzGrenBrig 13 und/oder PzBrig 15 die rechte Korpsflanke ostwärts der SCHWALM.

Die verstärkte PzBrig 14 verzögert im Schwerpunkt der Division so, dass die Verteidigungs-bereit-schaft auf gesamter Divisionsbreite hergestellt werden kann und verteidigt so, dass der Feind noch ostwärts der FULDA zerschlagen wird; hierzu kann sie ggf. durch Teile der Divisionsreserve verstärkt werden. Folgestaffeln sind in den Raum HEYERODER HÖHENGELÄNDE und südlich davon zu lenken und das Höhengelände ALHEIM zu halten; ferner sind die FULDA-Brücken MELSUNGEN und MORSCHEN offen zu halten.

Die verstärkte PzGrenBrig 13 stellt sich darauf ein, bei verspätetem Aufmarsch der ABCAbw-Kp 5 den FULDA-Übergang BAUMBACH offen zu halten, verzögert trotz geringer Tiefe so nachhaltig, dass die Verteidigungsbereitschaft auf gesamter Divisionsbreite hergestellt werden kann, überwacht bzw. schließt die mögliche Lücke an der rechten Korpsgrenze ostwärts der FULDA, (ggf. durch Teile des PzAuklBtl 5 verstärkt), hält die FULDA-Brücken ROTENBURG a.d.F. und BREITENBACH offen und überwacht die rechte Divisionsgrenze bis NEUENSTEIN (NB 4140).

Die PzBrig 15 hält FULDA-Übergänge MELSUNGEN und MORSCHEN bis zum Abschluss des Aufmarsches der PzBrig 14 offen, hält sich im Raum GENSUNGEN – ALLMUTHSHAUSEN – FRIELENDORF – BORKEN – WABERN als Divisionsreserve bereit und stellt sich darauf ein, PzGrenBrig 13 und/oder PzBrig 14 in der Verteidigung zu verstärken, den Feind im Raum SONTRA – SOLZ – IBA – DIEMERODE im Zusammenwirken mit der PzGrenBrig 13 und der PzBrig 14 zu zerschlagen, einen durchgebrochenen Feind spätestens an der BAB A 4 aus den Stellungen 5A oder 5B aufzufangen und im Zusammenwirken mit den Stellungsbrigaden zu zerschlagen; letztlich ist noch die tiefe rechte Flanke der Division aus der Stellung 5C zu schützen.

Das PzAufklBtl 5 überwacht mit den unterstellten Brigadespähzügen 13, 14 und 15 die Landesgrenze, zunächst im Zusammenwirken mit dem BGS und Teilen des 11th (US) ACR, rückunterstellt die Späh-Züge nach Herstellen der Führungsfähigkeit der Stellungsbrigaden und auf Befehl der Division, dabei gibt sie die Masse des Radarzuges an die Stellungsbrigaden ab. Danach erreicht das PzAufklBtl 5 mit Masse den Verfügungsraum REMSFELD (NB 3350) und stellt sich darauf ein, eine möglicherweise bei der PzGrenBrig 13 entstandene Lücke an der rechten Korpsgrenze ostwärts der FULDA zu über-wachen bzw. zu schließen und die rechte Divisionsgrenze aus der Stellung 5C zu überwachen. Auf-klärungsschwerpunkt ist der Raum THÜRINGER WALD – HAINICH – RINGGAU.

Feuer- und Aufklärungsschwerpunkt des DivArtFhr ist in der Verzögerung links, in der Verteidigung rechts.

Die Luftstreitkräfte gewähren offensive Luftunterstützung durch taktische Luftaufklärung, Luftnah-unterstützung, Abriegelung aus der Luft sowie integrierte Luftverteidigung.

Das verstärkte Flugabwehrregiment 5 schützt im Aufmarsch mit je 1 PzFlakBttr aus Stellungen um SPANGENBERG Teile der PzBrig 14, weiter mit Flugabwehrkampfverbänden die Brigaden 13 und 14 und die FULDA-Übergänge zwischen MELSUNGEN und BREITENBACH. Der Flugabwehr-schutz wird in Verzögerung und Verteidigung allen Brigaden und Teilen der Divisionsartillerie gewährt.

Die Pioniere unterstützen durch Anlagen von Sperren mit Minen der 1. Generation vorrangig in der Verzögerungszone und westlich des HESSISCHER KORRIDOR, mit Minen der 2. Generation in den Stellungsräumen der Brigaden. Sie halten Minenwerfer zur schnellen Verlegung mit Schwerpunkt in den sperrfreien Räumen und zur Unterstützung von Gegenangriffen bereit. Sie stellen Bewegungen über die FULDA mit Schwerpunkt zunächst bei PzGrenBrig 13, nach im linken Teil des Divisions-gefechtsstreifens sicher und unterstützen mit Vorrang die Divisionsartillerie durch Bau von Feuerstel-lungen. Vor General Alert dürfen Sprengsperren in CRBA-Zone A nur auf Befehl des KG III. (GE) Korps und bei unmittelbaren Feindangriff auf ein Objekt durch den zuständigen Divisions- bzw. Bri-gadekommandeur ausgelöst werden.

Die 1./FlgAbt 361 (PAH) wird der 5. PzDiv mit 3 Schwärmen für das Verzögerungsgefecht unterstellt.

Die ABCAbwKp 5 hält FULDA-Übergang BAUMBACH (NB 478534) offen, bezieht Einsatzraum BAUMBACH (NB 4753) – BRAACH (NB 4950), bereitet dort Dekontaminationsplätze vor und stellt sich auf eine Tarnvernebelung der FULDA-Übergänge ein.

Das SichBtl 28 überwacht das rückwärtige Divisionsgebiet, die FErsBtl 51 und 52 die tiefe rechte Divisionsgrenze.

Die 5./FJgBtl 740 führt militärischen Verkehrsdienst durch und hält während des Aufmarsches der Verzögerungs- und Verteidigungskräfte die Marschstraßen von Bevölkerungsbewegungen frei.

Sanitätseinrichtungen sind geplant:

- HVPl 5A = KIRCHHAIN,
- HVPl 5B = SPANGENBERG/ELBERSDORF (NB 4663),
- HVPl 5C = STERKELSHAUSEN (NB 4551),
- HVPl 5D = SCHWALMSTADT,
- HVPl 5E = HOLZHAUSEN (NB 3053),
- HVPl = ZWESTEN (NB 1256).

Im Rahmen der Eisenbahnanfangsbewegungen wird der PzBrig 6 eine VRMun nach MALSFELD (NB 3860) zugeführt.

Versorgungseinrichtungen sind geplant in MICHELSBERG=NB 1746 (DivTrVP), in MENGS-BERG=NB 0739 (DVP MVG A) und NIEDERKLEIN=NB 0027 (DVP MVG B).

Vorgeschobene Instandsetzungspunkte sollen in OBERELLENBACH (NB 4453) und GILSA (NB 1351) eingerichtet werden. Für die FInstPkt 2/5, 3/5 und EloInstPkt sind noch keine Orte bestimmt.

Der DivGefStd H1 soll in NIEDERBEISHEIM (NB 3754), H2 in FALKENBERG (NB 2858) und R1 in JESBERG (NB 1049) eingerichtet werden.

In der Anlage V wird die Frage von Folgeoperationen mit operativen Reserven behandelt. Das III. (GE) Korps geht dabei davon aus, dass sich wegen der Geländestruktur ostwärts des HESSISCHEN KORRIDOR ein geschlossener Einsatz über Brigadestärke verbietet.

Das Korps und der nachgeordnete Bereich haben sich daher auf folgende Einsätze operativer Reserven einzustellen:

- auf Befehl Gegenangriffe in die Gefechtsstreifen der Nachbarn zu führen, oder dafür von COMCENTAG unterstellte Kräfte aufzunehmen, zu unterstützen und einzusetzen,
- nach Verlegung der Korpsgrenze mit eigenen Kräften die Verantwortung für Teile eines Nachbargefechtsstreifens zeitlich begrenzt zu übernehmen,
- frühzeitig eigene Kräfte den Nachbarn für deren Operationen zuzuführen und zu unterstellen,
- den Einsatz französischer Kräfte bei den Nachbarn zu unterstützen,
- bei Gegenangriff des III (US) Korps in den Gefechtsstreifen des III. (GE) Korps zeitlich begrenzt der NORTHAG unterstellt zu werden (COP CREOLE CRIBBAGE).

Das Korps hat auch damit zu rechnen, bei der 2. Schlacht als Heeresgruppenreserve weit außerhalb seines Gefechtsstreifens eingesetzt zu werden. In diesem Fall ist der bisherige Korpsgefechtsstreifen auf gesamter Breite mit einer Division weiter zu verteidigen. Die im ursprünglichen Korpsstreifen verbleibenden Kräfte sind dem V. (US) Korps zu unterstellen.

In Beilage 1 zur Anlage V (siehe nachstehende Tabelle) wird eine Übersicht über die Eventualpläne gegeben:

In der Anlage V wird die Frage von Folgeoperationen mit operativen Reserven behandelt. Das III. (GE) Korps geht dabei davon aus, dass sich wegen der Geländestruktur ostwärts des HESSISCHEN KORRIDOR ein geschlossener Einsatz über Brigadestärke verbietet.

Das Korps und der nachgeordnete Bereich haben sich daher auf folgende Einsätze operativer Reserven einzustellen:

- auf Befehl Gegenangriffe in die Gefechtsstreifen der Nachbarn zu führen, oder dafür von COMCENTAG unterstellte Kräfte aufzunehmen, zu unterstützen und einzusetzen
- nach Verlegung der Korpsgrenze mit eigenen Kräften die Verantwortung für Teile eines Nachbargefechtsstreifens zeitlich begrenzt zu übernehmen
- frühzeitig eigene Kräfte den Nachbarn für deren Operationen zuzuführen und zu unterstellen
- den Einsatz französischer Kräfte bei den Nachbarn zu unterstützen
- bei Gegenangriff des III (US) Corps in den Gefechtsstreifen des III. (GE) Korps zeitlich begrenzt der NORTHAG unterstellt zu werden (COP CREOLE CRIBBAGE)

Das Korps hat auch damit zu rechnen, bei der 2. Schlacht als Heeresgruppenreserve weit außerhalb seines Gefechtsstreifens eingesetzt zu werden. In diesem Fall ist der bisherige Korpsgefechtsstreifen auf gesamter Breite mit einer Division weiter zu verteidigen. Die im ursprünglichen Korpsstreifen verbleibenden Kräfte sind dem V (US) Corps zu unterstellen.

In Beilage 1 zur Anlage V wird eine Übersicht über die Eventualpläne gegeben:

Bezeichnung	Art und Umfang der Kräfte	Ziel der Operation	Forderungen an III. (GE) Korps *Angriffsziel*
NORTHAG COP „CREOLE CRIBBAGE" (Entwurf 15.06.84	III (US) Corps (2-3 Divisionen)	Wiederherstellung des Zusammenhanges der Verteidigung im Zuge der IABG und des VRV III. (GE) Korps; dabei Zerschlagung des eingeschlossenen Feindes ostwärts WERRA/FULDA	→Unterstützung des Gegenangriffs →Zerschlagen des eingeschlossenen Feindes in einer gemeinsamen Operation von III (US) – 1 (BE) und III. (GE) Korps *Raum ostwärts KASSEL*
CENTAG COP „CRYSTAL BALL" (Entwurf 23.01.1985)	III. (GE) Korps (1 Division⁺)	Wiederherstellen des VRV des 1 (BE) Korps und des Zusammenhanges der Verteidigung im Zuge der IAGB ostwärts der WESER	→Planung und Durchführung des Gegenangriffs →Zerschlagen starker Feindteile *Raum NORTHEIM*
CENTAG COP „CHARMING GORILLA" v. 15.02.1980 (in Überarbeitung)	1 (FR) Armee	Wiederherstellung des VRV und des Zusammenhangs der Verteidigung im Gefechtsstreifen des V (US) Corps	Unterstützung des Aufmarsches und des Gegenangriffs *Raum BEBRA – FULDA – HAMMELBURG*
AFCENT COP „CHANGING JULIET" v. 09.09.1981 NORTHAG COP „CHANGING JULIET) Entwurf v. 12.09.88	1 (FR) Armee	Wiederherstellung des Zusammenhanges der Verteidigung im Zuge der Linie EGGEGEBIRGE – WARBURG – HABICHTSWALD	Unterstützung des Aufmarsches und des Gegenangriffs *WARBURGER BÖRDE*
Abb. 50: Übersicht über die Eventualplanungen des III. (GE) Korps			

In den weiteren Anlagen finden sich Operationspläne für die Reservebrigaden:

- Operationsplan PzBrig 6 zum Schutz der linken Korpsflanke zwischen IMMENHAUSEN und WOLFHAGEN,
- Operationsplan PzBrig 6 zum Schutz der linken Korpsflanke zwischen ZIERENBERG und KORBACH,
- Operationsplan PzBrig 6 für das Gefecht in der Auffangstellung WOLFHAGEN – FRITZLAR,
- Operationsplan PzBrig 6 für Angriff gegen den Feind auf dem HOMBERGER HÖHENBLOCK,
- Befehl für PzBrig 6 zum Schutz der EDER-Staumauer bis nach Absenkung der Füllhöhe auf 100 Millionen Kubikmeter,
- 1. Entwurf zum Befehl Nr. 1 für den Einsatz der PzBrig 6 als Korpsreserve,
- Befehl für PzBrig 34 für den Einsatz als Korpsreserve III. (GE) Korps. Ein Einsatz gegen die 1. operative Staffel wird nur ausnahmsweise durchgeführt. Die PzBrig 34 ist – ebenso wie die PzBrig 6 – für einen Einsatz gegen die 2. operative Staffel vorgesehen.

Die PzBrig 34 hat die rechte Korpsflanke zwischen SCHWARZENBORN und STADTALLENDORF zu schützen und einen durchgebrochenen Feind zwischen FRITZLAR und SCHWALMSTADT aufzufangen.

Befehl Nr. 1 für PzBrig 34 betreffend den Verfügungsraum HANNIBAL und vorläufiger Befehl für die PzBrig 34 betreffend die Verteidigung an der SCHWALM (FOXTROTT).

3.   Das V. (US) Korps

Operationsplanung des V. (US) Korps

Nach dem EDP für das III. (GE) Korps von Oktober 1962 verlief die Grenze zum V. (US) Korps grob auf der Linie GERSTUNGEN – RICHELSDORF – RONSHAUSEN – SCHRECKSBACH – KIRTORF – HOMBERG/OHM – RÜDDINGHAUSEN – GR.-BUSECK – HAUSEN – LANG-GÖNS – EMMERSHAUSEN – KETTENBACH – MÜNCHENROTH – DORSCHEID[322].

Das Korps hatte 1963 feindliche Kräfte bis zum VRA bzw. der Linie GAMMA (beide folgten etwa dem Verlauf der FULDA) zu verzögern und im dortigen Abwehrraum mit Schwerpunkt auf der Achse EISENACH-FRANKFURT das Verteidigungsgefecht zu führen[323].

Lt. Korpsbefehl 1/67 des III. (GE) Korps verzögert das V. (US) Korps ab IdG und geht mit VRA (Fluss) FULDA zur Abwehr über. Nach Unterstellung von Armeereserven hätte das V. (US) Korps Angriffe – auch in den Raum des III. (GE) Korps – durchführen sollen[324].

12. (GE) PzDiv ist von 1968 bis 1974 dem V. (US) Korps unterstellt[325].

Die Breite des Gefechtsstreifens des V. (US) Korps beträgt 1971 etwa 82 km.

Das V. (US) Korps klärt 1976 mit verstärktem 11th (US) ACR (4 PzAufklBtl) entlang der IdG auf, verzögert den Feindangriff bis zum VRV und verteidigt mit 3rd (US) PzDiv links und 8th (US) InfDiv rechts am VRV (= Ostrand BAD HERSFELD und Ostrand FULDA (NB 4801)) und hält als Schlüsselgelände KNÜLLGEBIRGE, VOGELSBERG und LANDRÜCKEN (= Landschaft nördlich von SCHLÜCHTERN). Nach Erfüllung des Auftrages wird 11th (US) ACR Reserve im Raum um ALTENBUSECK. Ferner ist das V. (US) Korps auf die Erfüllung atomarer Einsätze vorbereitet[326].

Im Gefechtsstreifen des V. (US) Korps wird der Feind 1977 vermutlich mit seinen Hauptkräften in die WETTERAU (FULDA – Approach) vorstoßen, um das lebenswichtige RHEIN – MAIN – DREIECK zu erreichen und zu halten. Zum Schutz dieser Operation wird er vermutlich den HOMBERGER HÖHENBLOCK in direktem Angriff sowohl durch den Gefechtsstreifen des III. (GE) Korps als auch aus dem Gefechtsstreifen des V. (US) Korps heraus in Besitz nehmen. Das V. (US) Korps klärt auf und verzögert mit verstärktem 11th (US) ACR zwischen IdG und VRV, verteidigt aktiv mit 2 Div nebeneinander und stellt sich auf den Einsatz der 1. (FR) Armee in seinem Gefechtsstreifen ein[327].

Ab 1978 soll das V (US) Korps

- zwischen IdG und VRV mit dem verstärkten 11th ACR (= 8 Task-Forces je in Btl Größe) verzögern,
- mit der 3 (US) PzDiv im Schwerpunkt links, der 8th (US) MechInfDiv rechts und 1 mechInf Brig zwischen ALSFELD und LAUTERBACH das AFCENT-Schlüsselgelände KNÜLLGEBIRGE verteidigen und den Zusammenhalt der CENTAG/NORTHAG Grenze gewährleisten; ferner hat es die feindliche 1. Staffel ostwärts der Linie VOGELSBERG – SCHLÜCHTERN zu vernichten,
- sich für die Aufnahme der 1 (FR) Armee oder des II (FR) Korps im eigenen Sektor vorbereiten.

---

[322] Anlage C zu EDP III. (GE) Korps in BArch, BH 7-3/239.

[323] Hammerich, Der Fall MORGENGRUSS, S. 307-308.

[324] BArch, BH 7-3/242.

[325] Wurdack in e-mail v. 23.2.2013.

[326] Vgl. EDP 1-65 für III. (GE) Korps, in: BArch, BH 7-3/242.

[327] BArch, BH 7-3/769.

Ab 1976 hatte sich unter Donn A. Starry, Kommandierender General des V. (US) Korps von 1976 bis 1977, die Kampfweise der US-Armee in Richtung „aktive Verteidigung" verändert[328]. Dazu wurden die Deckungskräfte massiv verstärkt und die Planungen für das V. (US) Korps. und das 11th (US) Armored Cavalry Regiment (ACR) signifikant verändert.

Damit traten folgende Änderungen ein:

- die Deckungskräfte wurden in erster Linie Kampfkräfte,
- die Divisionen verteidigten aktiver als ursprünglich geplant war,
- der Kampf in der Tiefe des Raumes galt als wesentliche Voraussetzung, um die nukleare Schwelle der NATO-Verteidigung anzuheben.

Das neue Modell beruhte darauf, die fehlende Tiefe des eigenen Raumes dadurch zu kompensieren, dass die Tiefe im Rücken des Feindes benutzt wird. Starry wollte den Feind beim Eindringen in den eigenen Sektor zerschlagen und dann seine reorganisierten Kräfte und Verstärkungen nutzen, um den Kampf nach Osten zu tragen und dort die zweite Staffel der gegnerischen Divisionen zum Halten zu bringen. Die amerikanischen Reserven der NATO und die europäischen Landstreitkräfte sollten dann die nachfolgenden Kräfte bekämpfen, während die alliierten Luftstreitkräfte die Staffeln bekämpfen, die der Gegner aus der Tiefe des Raumes auf das Schlachtfeld nachführt.

Die schweren Deckungskräfte des V. (US) Korps bestanden aus acht Bataillonen oder Kampfgruppen in Bataillonsstärke. Sie setzte sich aus den eigentlichen drei Bataillonen des 11th ACR sowie den Aufklärungskräften der 3rd Panzerdivision (= 3-12 Cav in F-StO BÜDINGEN) und der 8th (mech) Infanteriedivision (= 3-8 Cav in F-StO MANNHEIM) zusammen. Zusätzlich wurden drei Kampfgruppen (Task Forces) aus den Divisionen des V. (US) Korps zusammengestellt.

Bei Alarm bildeten die drei Bataillone des 11th ACR die Deckungskräfte mit dem dritten Bataillon im Norden, dem ersten Bataillon im Zentrum und dem zweiten Bataillon im Süden. Diese sollten den Aufmarsch des V Korps schützen und das Gerüst für die gesamten Deckungskräfte unter dem Kommando des 11th ACR bilden.

Mögliche Einfallstore aus dem Osten bildeten[329]:

Der HESSISCHE KORRIDOR (WETTERAU): er umfasst die nördliche Grenze des V. (US) Korps. und die südliche des III. (GE) Korps. Er verläuft von KASSEL südlich in den Sektor des V Korps westlich an BAD HERSFELD vorbei, folgt der BAB A 48 durch GIESSEN und zwischen TAUNUS, dem VOGELSBERG und den Bergen des SPESSART direkt nach FRANKFURT/MAIN. Am VOGELSBERG war die Flanke von NORTHAG verankert.

Das KINZIGTAL in der FULDA-Senke bildet einen Korridor zwischen dem VOGELSBERG GEBIRGE im Norden und dem RHÖN-SPESSART-Gebirge im Süden und ist die kürzeste OST-WEST-Verbindung nach FRANKFURT.

Einen wichtigen Zugang bot auch die B 84 die von GEISA durch RASDORF nach ALSFELD führte und mit einem Abzweig über die B 27 nach Fulda ebenfalls mit dem Fulda Gap verbunden war. An der innerdeutschen Grenze hatte das Fulda Gap seinen ostwärtigsten Punkt in der TANN-TASCHE. Im Norden war es begrenzt von FULDA und verlief durch die RHÖN, vorbei am SPESSART durch GELNHAUSEN nach HANAU und weiter über den MAIN nach FRANKFURT an den RHEIN.

---

[328] Cirillo, Die Verteidigung der Bundesstraße 84, S. 137.
[329] Cirillo, Die Verteidigung der Bundesstraße 84, S. 140/141.

Der Einsatzraum von 1/11th ACR reichte von Norden nahe GRÜSSELBACH bis in den Süden über HOFASCHENBACH bis zur TANN-TASCHE im Nordosten von FULDA. Die 3/11th ACR lag nördlich davon und überwachte das FULDA GAP von HERSFELD-ALSFELD aus, während die südlich eingesetzte 2/11th ACR von WILDFLECKEN aus operieren würde.

1/11th ACR sollte seine grenznahen Positionen so lange halten, bis eine Ablösung durch Verbände der 8th InfDiv (mech) und der 3rd ArmdDiv erfolgt wäre. Observation Point ALPHA hätte mit minimaler Besatzung weiter beobachtet. 1/11th ACR hätte ein ArtBtl der 3rd ArmdDiv als direkte Verstärkung erhalten.

Darüber hinaus war auch ein Einsatz der Korpsartillerie zur Verstärkung vorgesehen. Pioniersperren hatten Teile des 58th PiBtl (= u.U. 58th EngCo in FULDA, welche dem 11th ACR unterstand) und Pioniertruppen des V Korps zu errichten.

Sprengungen musste 1/11th ACR selbst durchführen. Zur Verteidigung der Engstelle in der gegnerischen Operationsrichtung GEISA – RASDORF – HÜNFELD – ALSFELD soll 1/11th ACR beiderseits der B 84 die erste Welle des angreifenden Regiments zerschlagen und dann auf Befehl über die 3rd Bde/3rd ArmdDiv auf Stellungen nahe SCHLITZ ausweichen und sich dort zur Verteidigung ihrer Gefechtspositionen vorbereiten. Auf Befehl und unter dem Kommando der 3rd Bde/3rd ArmdDiv verteidigt 1/11th ACR die Stellungen nahe SCHLOTZAU – HECHELMANNSKIRCHEN – GROSSENMOOR westlich der BAB 7 und ostwärts der FULDA.

Das V. (US) Korps benötigt 48 Std., um die Verteidigungsstellungen zu beziehen, die 3rd ArmdDiv 24 Std. und die 8th ID (Mech) weniger als 48 Std.

Ab den 80er Jahren galt für die US-Army die Airland Battle Doctrine. Der GDP des V Korps fußte auf den Auswertungen des „Yom Kippur"-Krieges. Der neue Operationsplan unterstellt alle Reserven dem Korps.

Der Operationsplan 33001 für das V. (US) Korps wird zum 1.1.1981 in Kraft gesetzt[330].

Gerechnet wird mit 7 Divisionen der 1. operativen Staffel des WP, die im Raum ostwärts des VOGELSBERG vernichtet werden sollen.

Der Gefechtsstreifen des V. (US) Korps verlief von Nord nach Süd = NB 725517 bis NA 928944 (= ca. 80 km Luftlinie).

Es wird mit 48 Std. Vorwarnzeit gerechnet. Die Verteidigungsstreifen sind ab Simple Alert (Alarmmaßnahme SOC), bei STATE ORANGE des Counter Surprise System oder auf Befehl von CINCUSAREUR zu besetzen. Gleichzeitig haben die pioniertechnischen Vorbereitungen des Verteidigungsraumes zu beginnen.

Den Einsatzraum haben die Deckungskräfte binnen 18 Std. und die Hauptkräfte binnen 30 Std. zu beziehen. Deckungstruppe des Korps ist das 11th ACR (FULDA) mit 3 Squadrons, dem 5 Task Forces (= Btl-Äquivalente) unterstellt werden. Artilleristische Unterstützung stellen 8 Artilleriebataillone sicher. Die Deckungstruppen werden im Sicherungsstreifen vorwärts der Führungslinie CONCORD eingesetzt und haben ihre Stellungen mindestens 24 Std. zu halten. Die Führungslinie CONCORD ist der VRV.

---

[330] GDP V. (US) Korps - Operationsplan 33001 - http://www.php.isn.ethz.ch/kms2.isn.ethz.ch/serviceengine/Files/PHP/17214/ipublicationdocument_singledocument/bc8f439f-fb45-4696-8039-f083d58b404c/de/us05.pdf (letzter Abruf am 23.11.2020).

Am VRV werden eingesetzt: 1. Staffel = 8th ID mit 1st und 3rd Brig und 4th Bde/4th ID sowie 3rd ArmdDiv. 2. Staffel = 2nd Bde/8th ID, die unter Führungsvorbehalt des V. (US) Korps steht. Die allgemeine Reserve bildet die TF 5-68 Armor.

Kernwaffeneinsatzmittel werden nicht vor der Linie BRADFORD stationiert. LANCE-Einheiten sind grundsätzlich zwischen den Linien DENVER und CHICAGO zu dislozieren. Die 1./333 FA (LANCE) hat Stellungen zu beziehen, aus denen nukleare Feuerunterstützung bis zur Linie NB 9053 – PB 3020 gewährleistet ist.

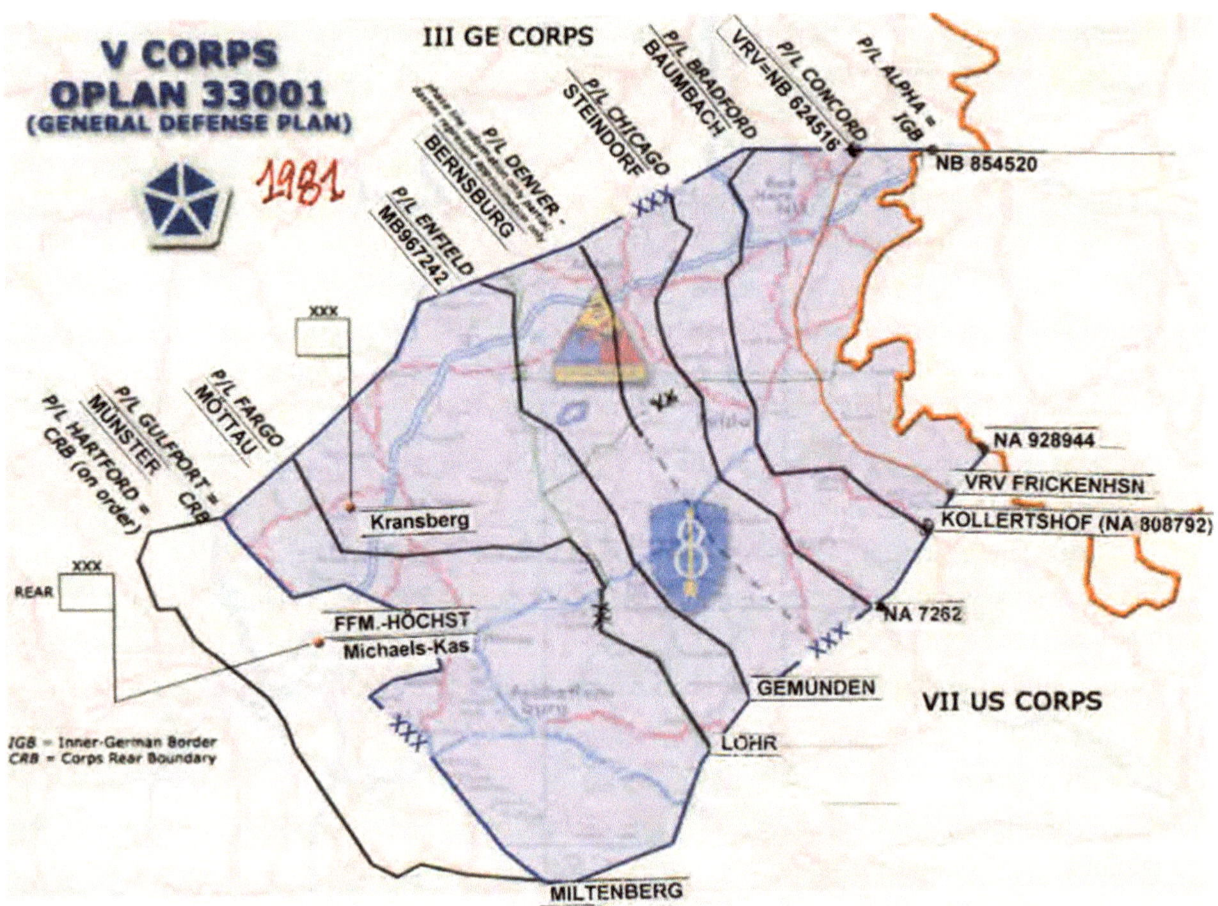

Abb.51: Gefechtsstreifen und Führungslinien des V. (US) Corps, 1981. Quelle: http://www.usarmygermany.com/Units/Korps/V%20Korps%20Sector%201980s.jpg – letzter Abruf am 31.07.2019 – Ergänzungen durch Verfasser

Als feindliche Hauptkräfte werden 6-8 Div in 1. Stff und 3-4 Div in 2. Stff angenommen, die Hauptschläge auf den Linien EISENACH – BAD HERSFELD – ALSFELD und EISENACH – HÜNFELD – SCHLITZ führen. Die Zerschlagung der Hauptkräfte der 1. Stff ist ostwärts des VOGELSBERG geplant.

ADM-Einsätze sind sowohl in Grenznähe als auch in der Tiefe des Korpsgebietes vorzusehen. Die 130th (US) EngBde hat bereit zu sein, die operative Führung über 20 (GE) Einsatztrupps zu übernehmen, die für Vorbereitung und Beschickung von ADM-Schächten bestimmt sind. Für das Einbringen der Bohrungen noch nicht vorbereiteter Schächte sind 24 - 48 Stunden je Schacht zu veranschlagen[331].

---

[331] Ebd.

Eingesetzt werden von Nord nach Süd: 3rd PzDiv, 8th InfDiv. Die 8th InfDiv hat auch OPCON über die 4th Brig/4th InfDiv in Wiesbaden[332].

Grenze 3rd (US) ArmdDiv zu 8th (US) InfDiv bei NB 622100[333].

3rd (US) ArmdDiv hat die Linie EISENACH – HÜNFELD zu verteidigen und das KNÜLL-Gebirge (=NB 3041) zu halten[334].

Zum Operationsplan 33001 „gehören" auch die Operationspläne 4243 und 4244, die sich mit der Unterstützung des Bereichs LANDJUT (OpPlan 4243) und des 1 (NL) Korps im Bereich von NORTHAG (OpPlan 4244) mit ADM und dazugehörigen Verlegeeinheiten befassen[335]. Die beiden Pläne wurden am 15.10.82 in Kraft gesetzt. Die ADM werden im Zusammenwirken mit der 567th EngCo/130th EngBde/V. (US) Korps von der 59th Ordnance Brigade gelagert und gewartet.

Auf Befehl hat die 59th OrdnBde die operative Führung über einen ADM-Verlegezug (= Führungstrupp mit 4 Verlegetrupps) zu übernehmen, nachdem dieser beim 13th US Army Field Artillery Detachment (= KELLINGHUSEN/GE) der 294th US Army Artillery Group (=FLENSBURG/GE) disloziert ist. Mit Auslösung der Alarmmaßnahme RNA der Alarmstufe REINFORCED ALERT übernimmt COMLANDJUT die operative Führung.

Es wird davon ausgegangen, dass HOST NATION SUPPORT erfüllt, die Verlegung insgesamt im Lufttransport durchgeführt wird und die vorgesehenen Kernladungen (PNL) auf den NATO-Basen planmäßig durchgeführt werden können.

Zwei Varianten sind vorgesehen:

- Personal und Ausrüstung werden mit den ADM und den Kernladungen (SADM PNL) im Lufttransport mit Flugzeugen der USAFE von DARMSTADT nach HOHN (Ausweichplatz (FLENSBURG) verlegtDer Verlegezug marschiert mit eigenem Fahrzeugbestand von HANAU zum Flugplatz DARMSTADT. Dort werden vom 72nd OrdnBn die SADM und PNL zugeführt. Ab Eintreffen im Bereich LANDJUT übernimmt die 59th OrdnBde die operative Führung. Den Weitertransport gewährleistet COMLANDJUT. Stehen keine Flugzeuge der USAFE zur Verfügung, erfolgt die Verlegung mit CH-47 direkt nach KELLINGHUSEN oder eine vorgeschobene Basis.
- Getrennte Verlegung von ADM und Personal. 130th EngBde gewährleistet Verlegung des Verlegezuges direkt zum 13th USFAD durch die 12th Aviation Group.Falls keine entsprechenden Luftfahrzeuge verfügbar sind, ist das Ziel im Landmarsch zu erreichen. Die Verlegung der SADM hat die 59th OrdnBde zu gewährleiten. Innerhalb des Dislozierungsraumes des V. (US) Korps hat das 709th MPBn den Transport der ADM zu sichern.

Der OpPlan 4244 trifft die gleichen Bestimmungen wie OpPlan 4243. Allerdings ist der Verlegezug für den Bereich NORTHAG im Einsatzraum des 23rd USFAD (= t HARDE (NL)/552nd US Army Artillery Group (= SÖGEL (GE)) zu dislozieren.

Das 11th (US) ACR[336]

- überwacht und sichert die IdG zwischen NB 6492 und PA 1377 bzw. im Bereich des III. (GE) Korps bis NB 6643 (= Anschlusspunkt III. (GE) zu V. (US) Korps),

---

[332] Ebd.

[333] Ebd.

[334] Ebd.

[335] www.php.isn.ethz/lory1.ethz.ch/collections/colltopic6699html?lng=en&id=1743&nav-info=15296.

[336] BArch, BH 7-3/859d.

- erhöht auf Befehl CINCUSAREUR den Einsatz in der Grenzsicherung entsprechend den befohlenen Stufen I - V,
- führt nach Ablösung durch die Vzö-Kräfte seinen GDP-Auftrag durch.

Das V. (US) Korps[337]

- verzögert mit Kräften der Stellungsdivisionen den Feindangriff zwischen IdG und VRV,
- verteidigt mit 3rd (US) ArmdDiv links im Schwerpunkt und der 8th (US) MechInfDiv so, dass die 1. operative Staffel vorwärts der Linie ALSFELD – VOGELSBERG – BÜDINGERWALD zerschlagen wird
- stellt sich auf einen Einsatz der 1. (FR) Armee in seinem Gefechtsstreifen ein

1990 ist die Aufgabe des V. (US) Korps die gleiche wie am 1.1.1987.Eine Änderung gibt es bei der 3rd (US) PzDiv. Sie wird im Schwerpunkt des V. (US) Korps eingesetzt und verteidigt zunächst mit 2 Brigaden nebeneinander (Schwerpunkt rechts), um den Feind noch ostwärts der FULDA zum Stehen und bringen und zerschlägt die 1. operative Staffel vorwärts der Linie ALSFELD – VOGELSBERG – BÜDINGERWALD[338].

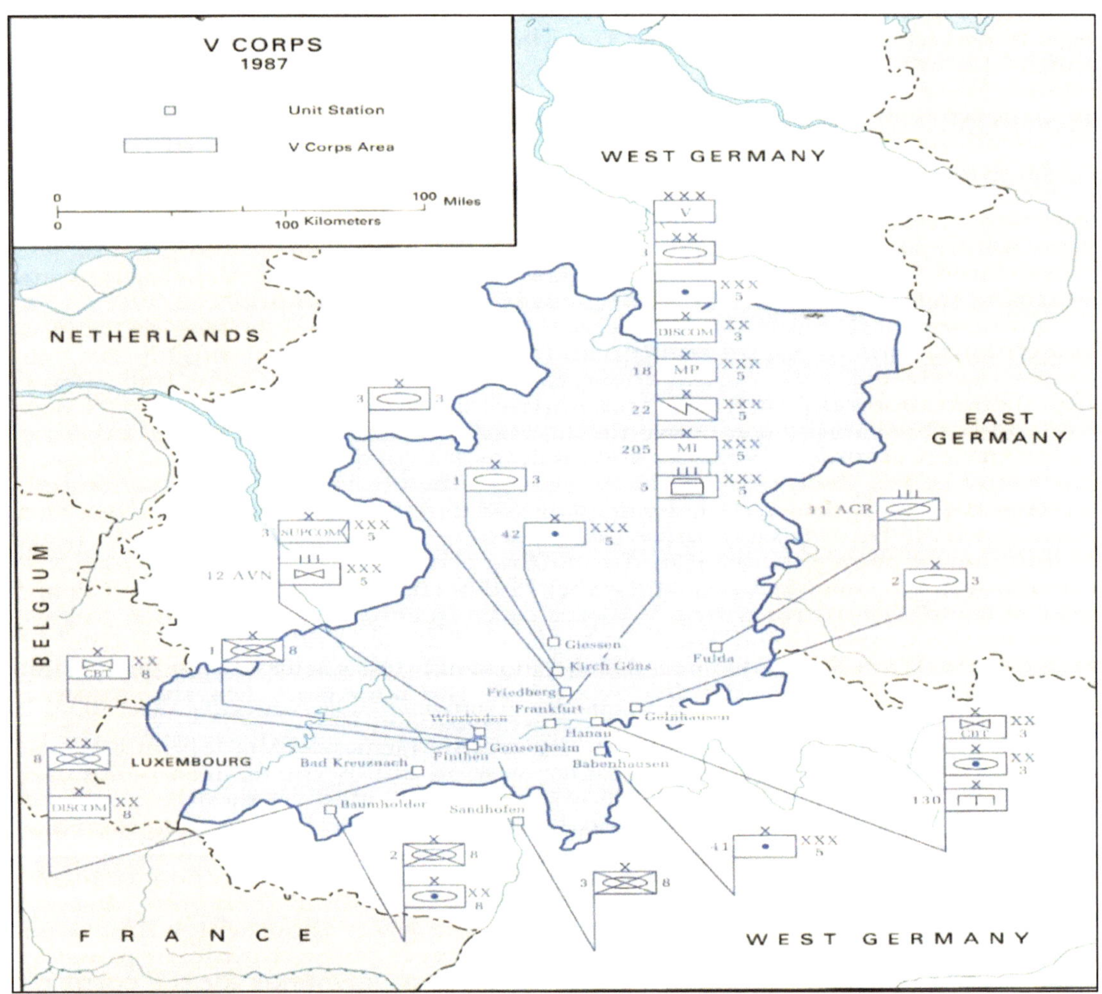

Abb. 52 Gliederung und Dislozierung des V. (US) Korps 1987 – Quelle Charles E. Kirkpatrick „RUCK IT UP" S. 21

---

[337] BArch, BH 7-3/874.
[338] BArch, BH 7-3/864a: Entwurf GDP 90 für 5. (GE) PzDiv, Tgb.Nr. 110/90.

4.   Das VII. (US) Korps

CENTAG hatte 1956 für das VII. (US) Korps 2 Verteidigungslinien definiert[339]:

- GANDER von GEMÜNDEN am MAIN – OCHSENFURT – LIPPRICHHAUSEN – NEU-STETT – ROTHENBURG o.d.T., sowie
- TURKEY vom MAIN nach MILTENBERG.

Das VII. (US) Korps hätte im Juli 1957 erst ab der Linie ILLER – ULM – AALEN – SCHWÄBISCH-HALL ernsthaft verteidigt. Ostwärts dieser Linie war nur der Einsatz der beiden ACR (= 3rd und 11th in NÜRNBERG bzw. STRAUBING) vorgesehen[340]. Aufgabe der 3rd (US) InfDiv war es von 1958 bis 1961, sich auf die Westseite des RHEIN zurückzuziehen. Während des auf mehrere Wochen veranschlagten Rückzuges sollte der Vormarsch des WP verzögert werden.

An der Grenze zu II. (GE) Korps (= B 14) stand in den 1970er Jahren die 1st (US) Armored Div[341].

Breite des Gefechtsstreifens des VII (US) Korps beträgt 1971 etwa 192 km.

Ab 1975 ist die 12. (GE) PzDiv dem VII. (US) Korps unterstellt[342].

1975 betrug die Breite des Gefechtsstreifens bei der 1st (US) ArmdDiv 60 km[343].

Dem VII. (US) Korps unterstand ab Mitte der 1970er Jahre für den V-Fall die 12. (GE) PzDiv, die mit der 3rd (US) InfDiv und der 5. (FR) PzDiv (= LANDAU) das Verteidigungsgefecht führen sollte. Dies wurde mit einem trinationalen Einsatzbefehl geregelt[344]. Ende der 1970er Jahre wurde ein Angriff aus der PLAUENER PFORTE über die Lücke zwischen FRANKENWALD und FICHTELGEBIRGE über HOF, entlang des MAIN in Richtung FRANKFURT erwartet. Im Raum HOF war der VRV unter Ausnutzung natürlicher Hindernisse entweder EBERN – LICHTENFELS – KULMBACH – GEFREES - WEISSENSTADT – Richtung SELB oder ab KULMBACH – BAYREUTH – WEIDENBERG – TIRSCHENREUTH vorgesehen. Bei gleichzeitigem Angriff aus Richtung EGER wäre der VRV etwa auf Linie KULMBACH – WEIDENBERG – entlang FICHTELNAAB – WIESAU verlaufen[345].

Bis 1980 verlief die Grenze zwischen 3rd (US) ID und 1st (US) ArmdDiv hart westlich der BAB A 9[346].

Im Januar 1981 verläuft der Gefechtsstreifen des VII (US) Korps in Nord-/Südrichtung von NA 928944 bis etwa FLOSSENBÜRG[347].

Es werden von Nord nach Süd eingesetzt: 12. (GE) PzDiv, 3rd (US) InfDv, 1st (US) ArmdDiv.

Aufgabe des PzAufklBtl 12 war die Verzögerung vom ITZ-Grund bis zu den HASSBERGEN sowie die Verhinderung des Übergangs über den MAIN. Zwischen GRABFELD und RHÖN verzögerten Teile der PzGrenBrig 35. Schwerpunkt der Vzö waren die HASSBERGE, wo vorbereitete Sperren ein Vorwärtskommen des Gegners hindern sollten. Neuralgischer Punkt ist die Senke ostwärts HOFHEIM bei MANAU.

---

[339] Trauschweizer, Creating Deterrence, S. 162.

[340] Hammerich, Kommiss kommt von Kompromiss, S. 134, unter Hinweis auf BArch, BW 2/2667.

[341] Maloney, War without Battles, S. 296.

[342] Wurdack in e-mail vom 23.2.2013.

[343] Trauschweizer, Creating Deterrence, S. 360.

[344] http://www.12pzdiv.de (letzter Abruf am 31.3.2015, die Seite ist heute nicht mehr im Netz).

[345] Wurdack, Der Raum Hof, S. 426ff.

[346] Wurdack, e-mail am 23.3.2013.

[347] Militärhistorische Weiterbildung bei der PzBrig 12 im Mai 2019.

Die eingesetzten Kräfte wurden durch die PzArtBtl, die PzPi- und PzJgKpen der Brig 35 und 36 verstärkt; sowie durch Teile des RakArtBtl 122 und Kampfhubschrauber des VII. (US) Korps. Ferner konnte das VII. (US) Korps ein PiBtl des III. (GE) Korps anfordern[348]. Die 1st (US) ArmdDiv hat in den 1982er Jahren ab der NAAB Feindkräfte zu bekämpfen, die über die CHEB-Lücke eingedrungen sind. Nördlich davon war die 3rd (US) InfDiv eingesetzt[349].

Die 3rd (US) InfDiv verteidigt 1984 den HOF-KORRIDOR (Bereich zwischen FRANKENWALD und FICHTELGEBIRGE)[350].

Am **1.9.1987** ist die 12. (GE) PzDiv ist VII. (US) Korps unterstellt und wird an der Grenze zum V. (US) Korps eingesetzt, allerdings ohne die PzBrig 34, die an das III. (GE) Korps als Korpsreserve abgegeben wurde. Der Divisionsbefehl Nr. 1/87 betrifft den Aufmarsch, die Verzögerung und die Verteidigung zwischen Innerdeutscher Grenze und MAIN (OPLAN 33001). Er tritt am 1.9.1987 in Kraft[351].

Die 12. PzDiv rechnet mit Feindkräften der 8. (SU) Gardearmee, der 1. (SU) Gardepanzerarmee oder der 3. (NVA) Armee. Ein Angriff wird im Zuge der Linie SCHWEINFURT – WÜRZBURG – NECKARELZ auf den Raum MANNHEIM – KARLSRUHE erwartet.

Die angenommene Bereitstellung im THÜRINGER WALD bietet Raum für 3 Divisionen, wobei zunächst 2 Divisionen in 1. Staffel antreten dürften. Der Angriff könnte auf 3 Achsen erfolgen. B19 links – HÖCHHEIM – GROSSBARDORFER ENGE in der Mitte (vermutlicher Hauptstoß) und ERMERSHAUSEN – MANAUER ENGE rechts.

Das VII. (US) Korps verteidigt grenznah mit 12. (GE) PzDiv links, 2nd (US) Armored Cavalry Regiment in der Mitte und der 1st (US) Armored Division rechts. Der Schwerpunkt liegt zunächst bei der 1st (US) ArmdDiv. Durch nachhaltige Verzögerung sollen starke Feinkräfte zerschlagen und deren Schwerpunkt erkannt werden. Ein feindliches Überschreiten von PEGNITZ und MAIN ist zu verhindern. Die 3rd (US) Infantry Division (ID) ist zunächst Korpsreserve, würde aber frühzeitig eingesetzt, um Kräfte der 1. operativen Staffel zu zerschlagen. Hierzu bereitet die 3rd (US) ID einen Gegenangriff in den Gefechtsstreifen der 12. (GE) PzDiv vor. Als Voraussetzung hierfür sind die HASSBERGE zu halten. Kräfte der 2. Staffel werden durch das Korps bekämpft.

Die 8th (US) ID des V (US) Korps ist linker Nachbar und verzögert mit Teilen der 1st Brigade links und Teilen 2nd Squadron/11th (US) ACR rechts, verteidigt zwischen FULDA und FRICKENHAUSEN mit 1st Brigade links (hier Schwerpunkt) und 2nd Squadron/11th (US) ACR rechts. Dahinter liegen die 2nd Brig links und die 3rd Brig als Reserve, wobei die 3rd Brig unter Führungsvorbehalt des V. (US) Korps steht.

Der rechte Nachbar (2nd (US) ACR) verteidigt zwischen FITZENDORF (PA 1586) und SCHWARZENBACH (PA 8774) mit 4 Gefechtsverbänden vorn – Schwerpunkt beiderseits der B 4 (COBURG – BAMBERG)[352].

Mit OPCON sind u.a. unterstellt die 1st (US) Div (Fwd), 9th (US) EngBn, amphPiBtl 330 und 6./FJgBtl 760.

---

[348] Mitteilung von Major a. D. Wurdack am 10.3.2013.
[349] Maloney, War without Battles, S. 383, der die 4. InfDiv nennt.
[350] Faringdon, Strategic Geography, S. 380.
[351] BArch, Bh 8-12/158 (= Pionierbefehl Nr. 1 zum Divisionsbefehl 1/87
[352] Vgl. unten Abb. 56

Aufgaben der 12. (GE) PzDiv sind:

- Sicherung der MAIN-Übergänge im Gefechtsstreifen bis zur Ablösung durch das Territorialheer,
- Verteidigung zwischen FRICKENHAUSEN (NA 8785) und FITZENDORF (PA 1586) so, dass dem Feind ein Überschreiten der Linie BAD KISSINGEN – SCHWEINFURT – HASSFURT verwehrt wird. Einsatz der 1st (US) InfDiv Fwd links, PzGrenBrig 35 in der Mitte – hier Schwerpunkt – und einem Gefechtsverband rechts,
- Halten der HASSBERGE, um von dort Gegenangriff der Korpsreserve zu unterstützen,
- Einsatz weiterer Verstärkungskräfte,
- Unterstützung benachbarter Großverbände durch Feuer oder Gegenangriffe in deren Gefechtsstreifen,
- Ausübung von OPCON über 1st (US) InfDiv Fwd ab SOC oder STATE ORANGE/SCARLET,
- Nehmen und Halten von Stellungen am VRV bei Überraschungsangriff und zwar mit PzBrig 36 links, PzGrenBrig 35 in der Mitte und PzAufklBtl 12 rechts,
- Bereithalten der PzBrig 36 als Divisionsreserve im Raum nördlich SCHWEINFURT, um den Feind vorwärts der LAUER im Gegenangriff zu zerschlagen und durchgebrochene Feindkräfte an der LAUER und in der HASSFURTER SENKE aufzufangen.

Die 1st (US) InfDiv Fwd erreicht bei SOD ihren Verfügungsraum HAMMELBURG. Sie verwehrt unter allen Umständen einen feindlichen Zugriff auf die Enge RANNUNGEN und sichert die linke Flanke der Division bis zur BAB A 70. Ihr obliegt der Schutz der MAIN-Brücke GEMÜNDEN.

Die PzGrenBrig 35 löst Grenzsicherungskräfte ab, verteidigt im Schwerpunkt der Division so, dass dem Feind ein Durchstoßen der Enge GROSSBARDORF (NA 9769) verwehrt, die HASSBERGE gehalten sowie ein Vorstoß über die Flüsse LAUER und GEISSLER verhindert wird.

Sie stellt sich auf einen Gegenangriff der Divisionsreserve gegen feindliche Kräfte südlich GROSS-BARDORF ein sowie das Auffangen von frühzeitig bei PzAuklBtl 12 durchgebrochenen Feindkräften aus Stellungen im Raum HOFHEIM.

Die PzBrig 36 stellt sich darauf ein, den Feind südlich von GROSSBARDORF angriffsweise aus den Räumen MÜNNERSTADT und AIDHAUSEN zu zerschlagen.

Das PzAufklBtl 12 löst Grenzsicherungskräfte ab, verzögert zwischen IdG und VRV, hält Enge MANAU (PA 1257) und stellt sich darauf ein, im Gefechtsstreifen des rechten Nachbarn aufzuklären und auf Befehl der PzGrenBrig 35 unterstellt zu werden.

Das JgBtl 126 stellt im MobStP WALLDÜRN Einsatzbereitschaft her, wird danach der PzGrenBrig 35 unterstellt, um die MAIN-Brücken ostwärts SCHWEINFURT zu verteidigen. Das JgBtl 127 (HAMMELBURG) wird nach Herstellung der Einsatzbereitschaft mit Masse der PzGrenBrig 35 unterstellt. Das SichBtl 128 (TAUBERBISCHOFSHEIM) verlegt nach Herstellung der Einsatzbereitschaft auf Befehl in die Einsatzräume KARLSTADT (NA 5434) und ZELL (NA 6318) und schützt MAIN-Brücken.

Die Divisionsartillerie hat in der Verzögerung Feuerschwerpunkte in den Räumen BEHRUNGEN (PA 0085), MILZ (PA 0982), HERBSTADT (PA 0776), GOLLMUTHHAUSEN (PA 0179) und Aufklärungsschwerpunkte in den Räumen NORDHEIM (NA 9990), RÖMHILD, TRAPPSTADT, GABOLSHAUSEN und HENDUNGEN zu bilden. In der Verteidigung liegen die Feuerschwerpunkte in den Räumen AUBSTADT (PA 0776), ALTHAUSEN (PA 0569), GROSSBARDORF (NA 9769), SAAL (NA 9674).

Die Aufklärungsschwerpunkte befinden sich in den Räumen HENDUNGEN (NA 9683), ROT-HAUSEN (PA 8202), IRMELSHAUSEN (PA 0480), EYERSHAUSEN (PA 0874) und GABOLS-HAUSEN (PA 0770).

Die Pioniere bilden einen Sperrschwerpunkt bei PzGrenBrig 35 und stellen sich auf die Unterstützung mit Kriegsbrücken durch die 7th (US) EngBde ein. Das FlaRgt 12 schützt während Aufmarsch und Einsatz die PzGrenBrig 35, die 1st (US) InfDiv Fwd, das PzAufklBtl 12 sowie eine MAIN-Brücke je nach Entwicklung der Lage mit folgender Priorität: THERES (PA 028415), WEYER (NA 952423), OBERNDORF (NA 871421) oder ZELL (NA 633173). Teile der 69th (US) Air Defense Artillery Brigade (ADA) ergänzen den Flugabwehrschutz bis zum VRV aus Stellungen westl. SCHWEIN-FURT und ostwärts HASSFURT.

Das NschBtl 12 betreibt mit Unterstützung des FErsBtl 121 einen Kriegsgefangenensammelpunkt und stellt die Weiterleitung der Kriegsgefangenen zum Territorialkommando SÜD sicher.

Die 1st (US) ArmdDiv verteidigt im November 1987 am rechten Flügel des VII. (US) Korps mit Schwerpunkt zwischen MARKTREDWITZ und TIRSCHENREUTH, fängt Feind in beweglich geführter Verteidigung spätestens im KEMNATHER BECKEN auf, zerschlägt ihn durch Angriffe mit der als Divisionsreserve zurückgehaltenen 1st (US) Bde im Zusammenwirken mit der AviationBde, hält an der Korpsgrenze Verbindung zur 4. PzGrenDiv und beteiligt sich an der Verteidigung entlang der Korpsgrenze durch das GE-US-Joint Combat Team.

Der Gefechtsstreifen des VII. (US) Korps erstreckt sich von westlich der B19 (MEININGEN – MELLRICHSTADT) bis etwa Höhe GEORGENBERG. Das Korps setzt von links nach rechts ein: 12. (GE) PzDiv (ohne PzBrig 34, die dem III. (GE) Korps unterstellt ist) - (Gefechtsstreifen bis etwa SCHWEICKERSHAUSEN) – 2nd (US) ACR mit 2nd Squadron, Task Force 1-30, 3rd Squadron, 1st Squadron. Der Gefechtsstreifen des 2nd ACR reicht bis etwa Höhe HRANICE. Rechts folgt der Gefechtsstreifen der 1st (US) ArmdDiv mit der 3rd und der 2nd Brigade. Die 1st Brigade ist Reserve.

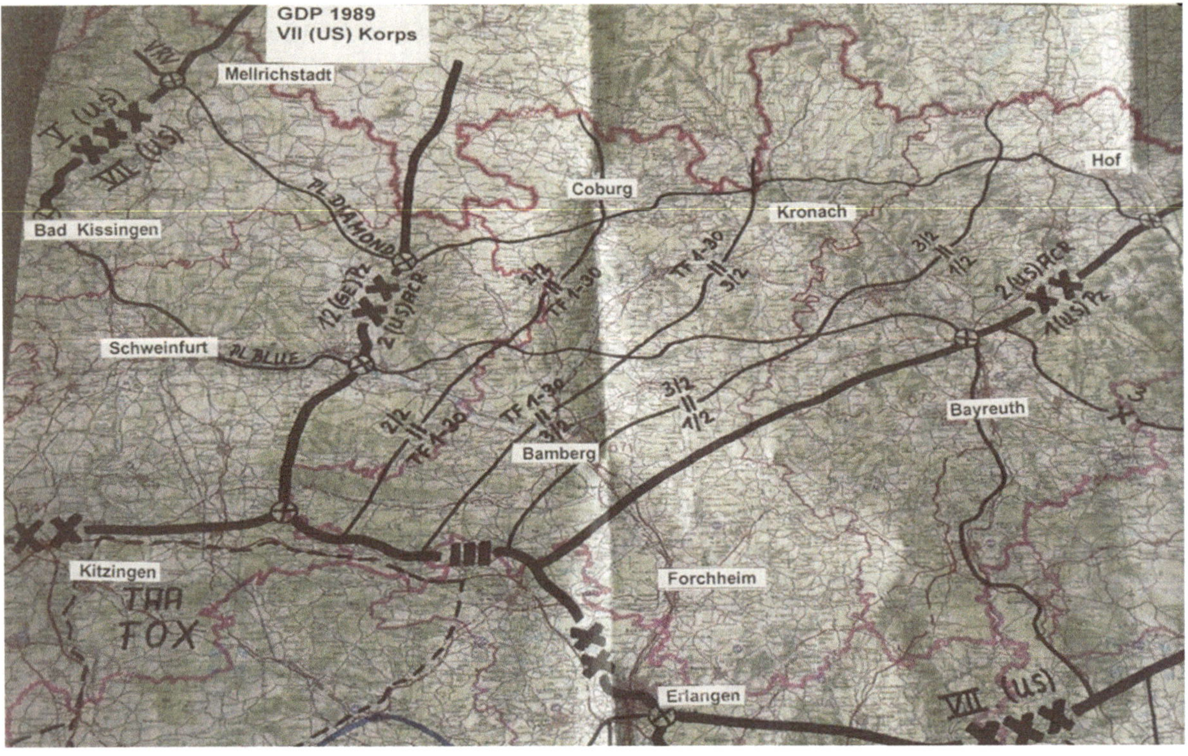

Abb. 53: Gefechtsstreifen des VII. (US) Korps im GDP 89. Quelle: BArch BH 30/854

5. Das II. Deutsche Korps (II. (GE) Korps)

Ein grundsätzliches Problem des II. (GE) Korps bestand immer darin, dass es auf die offene Flanke gegenüber ÖSTERREICH Rücksicht nehmen musste. Insoweit gab es in den EDP/GDP eine Alternativplanung für den sog. „Fall SÜD"[353], manchmal auch Fall „Ö" genannt.

II. (GE) Korps wird am 01.07.1957 der 7th (US) Army unterstellt[354].

Nach **EDP 2-58** stellt die 1. (GE) GebDiv mit Beziehen der Linie B (=Fluss LECH) ein Verbindungskommando zur 5. (FR) InfDiv ab.

Die Breite des Gefechtsstreifens des II. (GE) Korps beträgt ca. 160 km und verlängert sich bei einer Verletzung der österreichischen Neutralität auf etwa 300 km[355].

Einer Stellungnahme des II. (GE) Korps vom 29.12.1959 (TgbNr. 268/59), betreffend den Ausweichplan von CENTAG lassen sich folgende Überlegungen entnehmen[356]:

Im Falle einer Neutralität der CSSR bei einem Angriff des Warschauer Paktes ist ein Gegenangriff des II. (GE) Korps in das Gebiet der SBZ aus politischen und militärischen Gründen zweckmäßig. Allerdings ist das Korps zurzeit (bis 1963) wegen der noch laufenden Aufstellung, der ungenügenden materiellen Ausstattung, Korpsversorgung und der mangelnden Depotorganisation noch nicht für einen Gegenangriff in großem Rahmen mit weitgestecktem Ziel befähigt. Gleichwohl werden Überlegungen zur Durchführung angestellt. Als Voraussetzungen sind genannt:

- bei Einsatz des Korps in der Linie X muss die 7 (US) Armee zumindest ihren rechten Flügel in der Linie A verteidigen[357],
- eine Verteidigung in Süddeutschland ist so weit ostwärts wie möglich notwendig und zwar wegen der politischen Wirkung auf die NATO-Länder und die Neutralen, insbesondere auch die CSSR, der Erhaltung des Raumes für die eigene entscheidende Operationsmöglichkeit gegen den feindlichen Schwerpunktangriff auf der Achse EISENACH – FRANKFURT a.M. und in die Tiefe des Raumes der SBZ, ferner wegen der Gunst des Geländes im Gebirge an oder in der Nähe der tschechischen Grenze, zu Vermeidung von großen Flüchtlingsbewegungen und zur Erhaltung des Wirtschafts- und Wehrpotenials der BRD.
- Voraussetzung für eine Verteidigung in der Linie A ist, dass es gelingt diese Linie vor dem Angreifer zu gewinnen (also bei einer Vorwarnzeit von mindestens 20 Stunden).
- Eine geringere Vorwarnzeit könnte ausreichend sein, wenn der Feind in 1. Welle nur seine in Grenznähe dislozierten Divisionen einsetzt. Es sollte möglich sein, den Feind mit den schnell vorwärts und in der Linie A verfügbaren Kräften, vor allem nach Aufstellung der 12. PzGrenDiv, so lange aufzuhalten, bis die Masse der 7 (US) Armee in Linie A aufmarschiert und einsatzbereit ist. Gegebenenfalls müsste gegenüber dem THÜRINGER BALKON von der Linie A auf die Linie B ausgewichen werden[358]. Im Raum nordwestlich von NÜRNBERG müsste der Anschluss an das II. (GE) Korps in Linie A hergestellt werden. Entscheidend für die Führung des Gegenangriffs ist es, dass das Höhengelände zwischen STEIGERWALD und FRÄNKISCHER ALB im eigenen Besitz bleibt.

---

[353] Vgl. z.B. Hammerich, Süddeutschland als Eckpfeiler der Verteidigung, S. 34 und 38.
[354] Bierl, II. Korps 1956-2005, S. 32.
[355] Hammerich, Die geplante Verteidigung der bayerischen Alpen, S. 254.
[356] Vgl. BArch, BH 1/3.
[357] In dem Dokument ist der Verlauf der Linien X und A nicht enthalten. Linie X dürfte die DONAU sein.
[358] Der Verlauf der Linie B ergibt sich aus dem Dokument nicht.

- Das Korps beabsichtigt, die Sicherung gegen die CSSR mit der 4. (GE) PzGrenDiv (ohne PzBrig) durchzuführen. Es wird vorgeschlagen die Verteidigungslinie X nicht an die DONAU, sondern in den BAYERISCHEN WALD zu verlegen, da hier ein wesentlich günstigeres und damit kräftesparendes Gelände vorhanden ist, was den Verteidigungsverbänden nützt.

Die Masse des Korps sollte im Raum südlich und südwestlich NÜRNBERG in tiefer Gliederung und Staffelung für die von CENTAG vorgesehenen Aufgaben bereitgehalten werden. Um den Aufmarschraum des Korps nördlich der DONAU nicht allzu sehr einzuengen, müsste die Grenze zum VII (US) Korps teilweise geändert werden.

Das 11th (US) ACR sollte nach Ablösung im BAYERISCHEN WALD zur Verfügung des Korps für Sicherungsaufgaben an der österreichischen Grenze bereitgehalten werden.

Letztlich wird vorgeschlagen, das II. (GE) Korps der 7 (US) Armee zu unterstellen, falls es allein zum Gegenangriff in nördlicher Richtung eingesetzt wird. Eine Unterstellung unter die 1 (FR) Armee wäre angezeigt, wenn beide Verbände zu einem gemeinsamen Gegenangriff eingesetzt werden.

Das II. (GE) Korps ist der 1. (FR) Armee unterstellt[359].

Das II. (GE) Korps hatte mit seinen 2 Divisionen einen Gefechtsstreifen von ca. 160 km Breite (Luftlinie) zu verteidigen. Eigene Reserven hatte das Korps nicht. Vielmehr standen die Reserven der Divisionen unter Führungsvorbehalt des Korps.

Nach dem **EDP 1-63 des II. (GE) Korps**[360] verteidigte dieses südlich der B14 mit der links eingesetzten PzGrenBrig 10 und der PzGrenBrig 11 rechts daneben. Die PzBrig 12 war der Verzögerungsverband, der nach Abschluss der Verzögerung einen Raum zwischen NÜRNBERG und INGOLSTADT bezog, um einen Gegenangriff in die linke Flanke des Gegners zu führen. Diese drei Verbände unterstanden der 4. (GE) PzGrenDiv. Die 4. PzGrenDiv sollte mit der Masse ihrer Kräfte an der NAAB kämpfen.

Rechts anschließend verteidigte die 1. (GE) Gebirgsdivision, welche die GebJgBrig 22 als Verzögerungsverband einsetzte und die PzBrig 24 links sowie die GebJgBrig 23 rechts. Nach Erfüllung des Verzögerungsauftrages hätte die GebJgBrig 22 in einen Raum südlich der DONAU verlegt, um einen durchgebrochenen Feind in der linken Flanke anzugreifen. Die 1. GebDiv sollte das CHAMER BECKEN und die Zugänge zum BAYERISCHEN WALD behaupten.

Für die Überwachung bis zur österreichischen Grenze stand nur ein Deckungsverband (FREYUNG), bestehend aus einem verstärkten PzAufklBtl, zur Verfügung[361].Die 10. PzGrenDiv mit 3 Brigaden[362] war Heeresgruppenreserve der CENTAG und hätte aus dem Bereitstellungsraum zwischen AUGSBURG und MÜNCHEN in Richtung DONAU vorstoßen sollen, um einen DONAU-Übergang der Feindkräfte zu verhindern.

---

[359] EDP 1-63. Vorher unterstand das II. (GE) Korps der 7. (US) Armee.

[360] Die Ausführungen zur Verteidigung des Süddeutschen Raumes durch das II. (GE) Korps und den zugrundeliegenden EDP 1-63 lehnen sich eng an die Ausführungen von Hammerich, Die geplante Verteidigung der bayerischen Alpen, S. 252 bis 260 an. Zu den dort auf S. 255 und 259 wiedergegebenen informativen Skizzen ist allerdings zu „bemängeln", dass die Verbände der 4. PzGrenDiv zu keinem Zeitpunkt nördlich von Nürnberg eingesetzt waren und Regensburg bekanntlich von der DONAU durchflossen wird.

[361] In den in Fußnote 363 zitierten Skizzen, wird der Verband als „Deckungsverband FREYUNG" und als PzAufklBtl bezeichnet. Das PzAufklBtl 4 hatte zu diesem Zeitpunkt den Standort RODING. Das GebPzBtl 8 wurde erst im Zuge der Heeresstruktur 3 im Jahre 1970 aufgestellt. Ab März 1960 war in FREYUNG das PzGrenBtl 111 stationiert, das im Juni 1966 in PzGrenBtl 243 und zum 1.4.1970 in GebPzAufklBtl 8 umgegliedert und umbenannt wurde.

[362] In der Skizze auf S. 255 (vgl. oben Fn. 8) wird die 10. Division als PzDiv dargestellt. Dies ist falsch, da es sich 1963 um die 10. PzGrenDiv handelte, die erst zum 1.4.70 in 10. PzDiv umgegliedert und umbenannt wurde.

Der Korpsartillerie-Kommandeur 2 hätte – nach entsprechender politischer Freigabe – mit atomaren Mitteln Ziele sowohl auf bundesdeutschem als auch auf dem Gebiet der CSSR bekämpft. Ihm oblag es auch, die nichtatomare Artillerie der Divisionen für den Feuerkampf kurzfristig zusammenzufassen. Die Korpsartillerie hatte Feuerfelder auszulösen, die aus mehreren atomaren Zielpunkten bestanden. Daneben gab es auch vorgeplante atomare Einzelzielpunkte. Durch entsprechend vorgezogene Stellungen sollten die feindlichen Kräfte der 2. Staffel atomar im Feindgebiet vernichtet werden.

Die Pioniere hatten in der ersten Phase den Schwerpunkt mit über 100 vorbereiteten Sperren an der NAAB. Im weiteren Verlauf wäre der Sperrschwerpunkt im CHAMER BECKEN gewesen, da hier der Feind im Zusammenwirken von Sperren, Feuer und Gegenangriffen zum Stehen gebracht werden sollte. Für die Sperren standen auch ADM zur Verfügung, die in erster Linie in Straßen und Straßenkreuzungen zur Wirkung gebracht werden sollten.

Den Einsatz beantragten die Divisionen beim Korps, das entweder zustimmte oder einen Einsatz verweigerte.

Zur Unterstützung sollten Kampfflugzeuge der FOURATAF eingesetzt werden, die durch bewaffnete Aufklärung entlang der Anmarschstraßen des Feindes und durch Luftnahunterstützung (CAS) mit nichtatomaren Mitteln eingreifen. Nach Freigabe wären die automatischen Zielpläne der CENTAG wie der „Nuclear Strike Plan" und das „Armed Strike Recce"-Programm realisiert und Ziele in der Tiefe vernichtet worden.

Der Auftrag der französischen Streitkräfte war eine grenznahe Verteidigung[363]. Das II. (GE) Korps, dem auch französische Verbände unterstellt waren, unterstand der 1. (FR) Armee. Die Masse der französischen Kräfte war allerdings für eine Verteidigung entlang der ILLER oder zur Verstärkung der deutschen Truppen eingeplant.

Wie bereits oben erwähnt, hatte sich das II. (GE) Korps auch auf den „Fall SÜD" einzustellen. Dieser war gegeben, wenn der Warschauer Pakt die Neutralität Österreichs verletzt und über dessen Staatsgebiet angreift. Dadurch hätte sich die Breite des Gefechtsstreifens des II. (GE) Korps fast verdoppelt.

Dabei waren 2 Fälle zu unterscheiden:

- die „kleine Lösung". Dabei wurde angenommen, dass 2 PzDiv der CSSR des Militärbezirks OST (TRENCIN) aus dem Raum BUDWEIS über LINZ nach WESTEN angreifen,
- die „große Lösung". Hier hätten starke Kräfte des MB KARPATEN über WIEN nach WESTEN angegriffen, was allerdings umfangreiche Mobilmachungsmaßnahmen erfordert hätte, die nicht unbemerkt geblieben wären.

Der „Fall SÜD" wirkte sich in der Kräfteverteilung des II. (GE) Korps wie folgt aus

- der Kräfteeinsatz der 4. PzGrenDiv blieb unverändert,
- bei der 1. GebDiv verzögerte nach wie vor die GebJgBrig 22. Nach Erfüllung ihres Verzögerungsauftrages wurde sie rechts neben der GebJgBrig 23 eingesetzt,
- der Deckungsverband „FREYUNG" wurde weiter nach Süden verlegt,
- die 10. PzGrenDiv sollte ostwärts von MÜNCHEN eine Auffangstellung bilden und Feindmassierungen im Gegenangriff zerschlagen.

---

[363] Hammerich, Die geplante Verteidigung der bayerischen Alpen, S. 257.

Letztlich verlangte der „Fall SÜD" auch eine frühzeitige Abstimmung mit dem südlich der CENTAG eingesetzten IV (IT) Korps (BOZEN) betreffend die Festlegung von Anschlusspunkten entlang der SALZACH, gemeinsam zu nutzenden Versorgungseinrichtungen sowie eine mögliche Verstärkung der italienischen Truppen durch deutsche Fallschirmjäger. Das italienische gepanzerte Regiment „Savoia Cavalleria" (F-StO MERAN), das dem IV (IT) Korps unterstand, sollte das INNTAL sichern und die auf ITALIEN angesetzten Angriffskräfte verzögern.

Bei einem Angriff über Österreich hätte das II. (GE) Korps die Verteidigung südlich der DONAU geführt, um den Feind noch südlich der ISAR zu zerschlagen.

Es wird am 15.11.1963 die Anweisung für den **Einsatz von Atomwaffen** im Bereich des II. (GE) Korps erlassen[364]. Sie geht von folgenden Annahmen aus:

- ein Atomwaffeneinsatz durch den Warschauer Pakt ist grundsätzlich möglich,
- hierauf wird die NATO mit Einsatz ihrer eigenen Atomwaffen antworten,
- es ist aber auch – je nach Lage – möglich, dass die NATO als erste Atomwaffen einsetzen muss,
- SACEUR hat sich persönlich vorbehalten, in jedem Fall den erstmaligen Einsatz von Atomwaffen freizugeben. Diese Freigabe erfolgt durch Erklärung der „R"-Stunde (Release Hour), die mit allen zur Verfügung stehenden Mitteln bekannt zu geben ist.

Durch Erklärung der „Selective Hour" (im Dokument handschriftlich in „Selective Release Procedure" ausgebessert) gibt SACEUR für einen bestimmten Zweck in einem bestimmten Raum den Atomwaffeneinsatz mit nach Zahl und Wert genau festgelegten Waffen frei. Der Antrag an SACEUR muss mindestens von einem Oberbefehlshaber der Heeresgruppenebene stammen. Nach Erklärung der „R"-Stunde delegiert SACEUR die Verantwortung und Entscheidung für den Einsatz der Atomwaffen auf die „freigebenden" Kommandeure. Diese können Atomwaffen mit unbegrenzt hohen Detonationswerten auf dem Gebiet der Sowjetunion oder deren Satellitenstaaten einsetzen. Atomwaffen bis zu 10 KT können auch auf westdeutschem oder neutralem Gebiet eingesetzt werden. Ein Einsatz ist allerdings nur möglich, wenn das Territorium durch Streitkräfte des Sowjetblocks angegriffen wird und militärische Notwendigkeiten für den Einsatz bestehen. Höhere Detonationswerte in diesen Gebieten bedürfen der besonderen Genehmigung von SACEUR. Der Einsatz von Detonationswerten von weniger als 1 KT kann nach Erklärung der „R"-Stunde auch Brigadekommandeuren und Kampfgruppenkommandeuren der verbündeten Streitkräfte übertragen werden. Der Schutz der Zivilbevölkerung ist zu beachten.

Vorgeplant sind

- SACEUR SCHEDULED PROGRAM für Atomwaffeneinsätze gegen wichtige militärische Ziele in der Tiefe des feindlichen Gebietes und das REGIONAL PRIORITY PROGRAM für Atomeinsätze gegen wichtige Ziele im näheren Feindgebiet,
- Atomwaffeneinsätze von geringerer Wichtigkeit für die Gesamtkriegsführung sind im „Regionalen Programm" zusammengefasst, bestehend aus LANDBATTLE-, INTERDICTION- und COUNTER NUCLEAR PROGRAM. Ferner wird mit atomar bewaffneten Flugzeugen Aufklärung (ARMED STRIKE RECONNAISSANCE – ASR) geflogen mit dem Auftrag „atomwürdige" Ziele kurzfristig anzugreifen. Die Breite des Gefechtsstreifens des II. (GE) Korps erstreckt sich in den 1970er Jahren von PASSAU bis MARKTREDWITZ[365].

---

364 BArch, BH 2/1247 (Vol. I), Tgb.Nr. 40/63.
365 Thilo, Die Tschechenkrise 1968, S. 184.

Die Grenze II. (GE)/VII. (US) Korps verläuft etwa entlang der B 14 von WAIDHAUS nach NÜRN-
BERG. Grenze zwischen 4. JgDiv und 1. GebDiv verläuft grob von KLEINER OSSER – zwischen
KÖTZTING und VIECHTACH nach NEUTRAUBLING. Die 4. CMBG hat die TAA OTTER
beidseits der BAB A3 in der Gegend von PARSBERG, ferner Blockierungsabschnitte (z.B. NAS-
HORN, westlich NABBURG und GRIZZLY, westlich SCHWARZENFELD).Die 4. JgDiv setzt
vorne die JgBrig 10 und 11 ein. Deren Grenze liegt etwa auf der Linie WALDMÜNCHEN –
SCHWANDORF.

Als Reserve fungiert die PzBrig 12, die nordwestlich der HOHENFELS-Training-Area liegt. Die
nördlich von DONAUWÖRTH dislozierte 10. PzDiv hat Einsatzoptionen in Richtung BERCHING
bzw. NEUBURG/DONAU. Die FschJgBrig 25 könnte im Fall eines Angriffs über den INN um
LANDAU, um LANDSHUT oder MÜHLDORF / ALTÖTTING eingesetzt werden[366].

Nach der **operativen Planung der 1970er Jahre** sollten zunächst die INN- und SALZACH-Brücken
gesprengt werden; danach hätten die Fallschirmjägerbataillone und die wenigen gepanzerten Truppenteile des HSchKdo zeitlich begrenzt verzögert[367].

Am 1.4.70 wird die LLBrig 25 dem II. (GE) Korps für den Einsatz unterstellt[368].

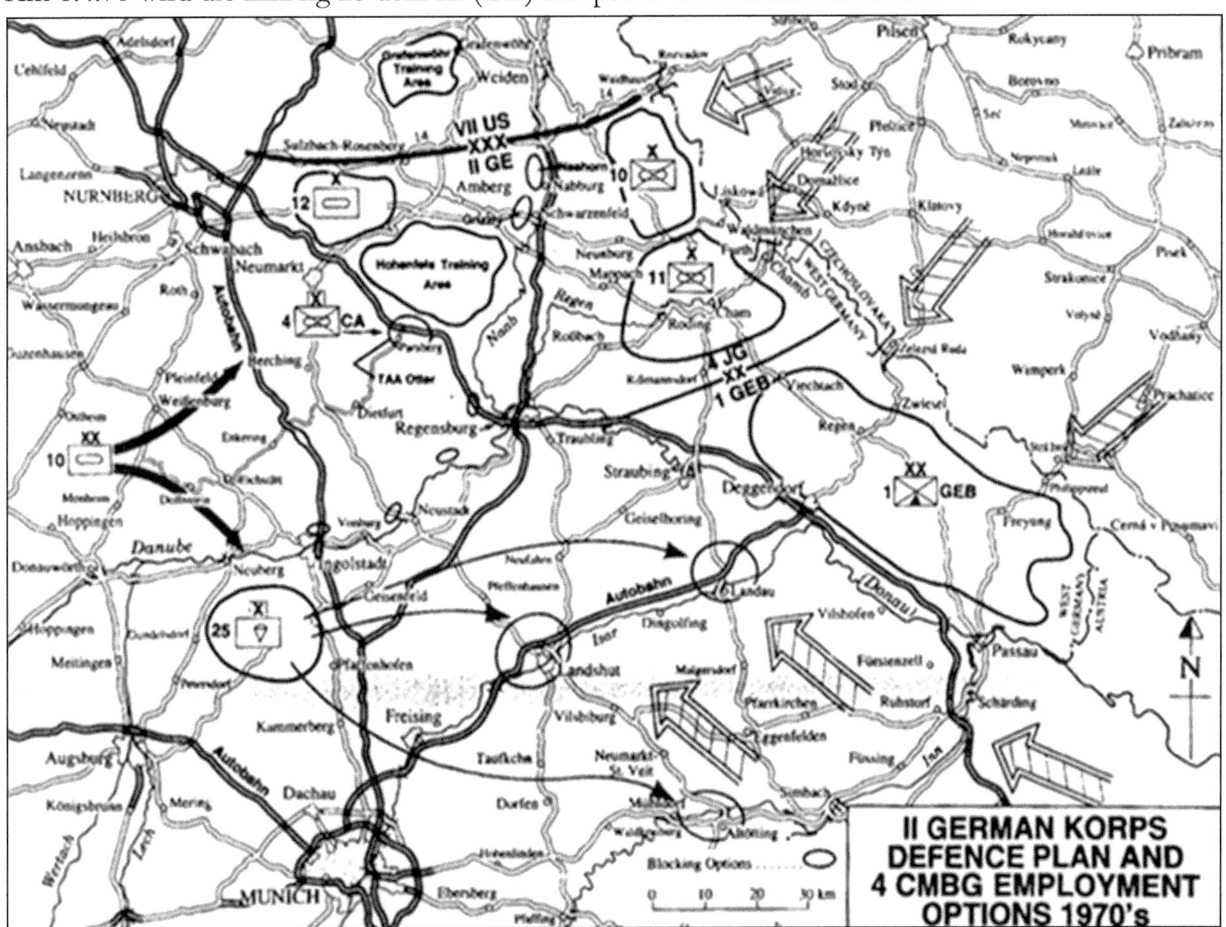

Abb. 54: Quelle: Maloney, War without Battles, S. 290

---

[366] Folgerungen aus Maloney, War without Battles, Skizze S. 290. 4. JgDiv von 1.10.70 -1.4.81, danach 4. PzGrenDiv.
FschJgBrig 25 (CALW) bis 9/1971, danach LLBrig 25.

[367] Wurdack, 1. LLDiv.

[368] Die Unterstellung erfolgte im Zuge der Heeresstruktur 3, vgl. Hammerich, Die geplante Verteidigung der bayerischen
Alpen, S. 254.

Die Anweisung für die Zusammenarbeit vom 05.01.1972 zwischen II. (GE) Korps und Grenzschutzkommando SÜD trifft folgende Festlegungen[369]: Bei der Grenzschutzabteilung (GSA) II/1 NABBURG verläuft die Grenze zur GSA I/2 in der Linie PREX – SCHWARZENBACH a.d.S. – GEFREES und zur GSA III/1 SCHWANDORF in der Linie NEUDORF (UR 150100) – WALDTHURN (UR 073056) – ROTHENSTADT (TR 934015).

Bei GSA III/1 SCHWANDORF verläuft die Grenze zur GSA I/1 DEGGENDORF in der Linie WARZENRIED – CHAMERAU – FALKENSTEIN. Rechte Grenze des GSK SÜD (=zugleich rechte Grenze GSA I/1 verläuft in der Linie VP 1412 – WALDKIRCHEN – VILSHOFEN.

In Spannungszeiten bzw. bei MILITARY VIGILANCE (MV) führt der BGS die Grenzüberwachung in Form eines verstärkten Streifendienstes aus den Standorten durch. Ab MV werden Verbindungskommandos von der 4. JgDiv zur GSA III/1 und der 1. GebDiv zur GSA I/1 abgestellt.

Mit Auslösung von SIMPLE ALERT verlässt der BGS die Standorte, lockert auf und versieht einen Beobachtungs- und Nachfragedienst in den Grenzabschnitten. Nach Übernahme von OPERATIONAL COMMAND setzt der BGS die Grenzüberwachung mit Schwerpunkt „militärische Aufklärung" fort.

Mit Auslösung von REINFORCED ALERT ist die Ablösung des BGS durchzuführen. Bei Auslösung von COUNTER SURPRISE sind – sofern noch nicht geschehen – die Verbindungskommandos sofort zum BGS in Marsch zu setzen.

Die 1. LLDiv erstellt 1974/75 Gewässerübersichten für SAALACH, SALZACH, ALZ, ALZ-KANAL und TIROLER ACHE[370].

Der Gefechtsstreifen des PzGrenBtl 242 liegt 1977 im Bereich des HOHER BOGEN zwischen (rechts) PzGrenBtl 243 und (links) PzBtl 244. Linker Nachbar der PzGrenBrig 24 – mit Grenze westlich der B 20 – ist die JgBrig 11, rechter Nachbar eine GebJgBrig. Grenze ist die B 11. Als Brigadereserve der PzGrenBrig 24 sind 2 gep. Kp und die PzJgKp 240 vorgesehen. PzAufklBtl 4 überwachte zunächst den Gefechtsstreifen der 1. GebDiv. Diese Aufgabe übernahm nach einem Angriff der Vzö-Verband 24, bis die weiteren Kräfte aufmarschiert waren. Die Abwehr war beweglich zu führen und auf Befehl auf rückwärtige Vzö-Linien auszuweichen, bis die DONAU erreicht war. Dort erfolgte Aufnahme durch 10. PzDiv. Ab diesem Zeitpunkt kämpften das II. (GE) Korps südlich, das VII. (US) Korps nördlich der DONAU[371].

Das Einsatzgebiet der LLBrig 25 lag 1977 bis 1979 an der österreichischen Grenze[372].

Der Divisionsbefehl Nr. 1 der 10. (GE) PzDiv für die Verteidigung in der HERSBRUCKER ALB[373] vom 09.10.1979 setzt voraus, dass dem Feind ein tiefer Einbruch in den linken Teil des Verteidigungsraumes des II. (GE) Korps gelungen ist, der durch das Heranführen frischer Kräfte im Zuge der B 14, der E 12 und B 299 rasch ausgeweitet wird; der Zusammenhang der Verteidigung ist durch das Ausweichen der 4. (GE) JgDiv nicht mehr sichergestellt und ein Einbruch in den Raum südlich NÜRNBERG kann nicht ausgeschlossen werden. Aufgabe der 10. PzDiv ist es, den Feind spätestens an der HERSBRUCKER ALB aufzufangen.

---

[369] BArch, BH 7-2/467, Tgb.Nr. 12/72.

[370] BArch, BH 8-9/533 und 534.

[371] Information von Generalmajor a. D. Jürgen Reichardt.

[372] Wurdack, 1. LLDiv.

[373] BArch, BH 8-10/198.

Dazu werden ausweichende Teile der 4. JgDiv an der Aufnahme-/Sicherungslinie (ANL/SL) ACHTEL (PV 8794) – WEIGENDORF (PV 8686) – AS ALFELD an der A 6 (PV 8476) – LAUTERHOFEN (PV 8972) – DIETLDORF (QV 1454) aufgenommen.

Mit Schwerpunkt in der Mitte wird der VRV 1000m nordostwärts VORRA (PV 8092) (dort Anschluss an VII. (US) Korps) – DIPPERSRICHT (PV 7977) – LITZLOHE (PV 8270) – Höhe 634 (nordostwärts VELBURG – PV 957581) – HAID (QV 0053) – ROHRBACH (QV 1452) – KALLMÜNZ (QV 1549) (dort Anschluss an 4. JgDiv) verteidigt. Alternativ ist eine Verteidigung mit VRV VORRA – HAID – BERATZHAUSEN (QV 0542) – LAABER (QV 1139) – ETTERZHAUSEN (QV 1835) (dort Anschluss an 1. GebDiv) vorgesehen. Ein Feinddurchbruch ist spätestens in der Linie NEUNKIRCHEN (PV 6788) – BURGTHANN (PV 6869) – BUCHBERG (PV 7657) – DEINING (PV 8556) – Verlauf WEISSE LAABER bis DIETFURT a.d. Altmühl (PV 8934) – Verlauf der ALTMÜHL bis KELHEIM (QV 1022) (dort Anschluss an 1. GebDiv) zu stoppen. Das Schlüsselgelände um NEUMARKT i.d.O. (PV 7961) ist zu halten, um Angriffe im Zuge der B 299, der B 8 und/oder über BERNGAU (PV 7458) in das offene Gelände um FREYSTADT (PV 6952) zu verhindern.

Dazu im Einzelnen:

- Die 4. CMBG – der 10. PzDiv unterstellt – übergibt ihre Stellungen südlich und südostwärts von ALTDORF an PzBrig 29, nimmt ausweichende Teile der 4. JgDiv an der Aufnahmelinie/Sicherungslinie ACHTEL (PV 8794) – WEIGENDORF (PV 8686) – AS ALFELD (PV 8476) auf, verteidigt zwischen VORRA (PV 8092) und HÄUSELSTEIN (PV 7875), hält spätestens in der Linie NEUNKIRCHEN (PV 6788) – BURGTHANN (PV 6869) und stellt eine Reserve im Raum um ENTENBERG (PV 7180) bereit.

- Die PzBrig 29 hält – im Schwerpunkt der Division eingesetzt – das Schlüsselgelände um NEUMARKT i.d.O. und verhindert auf jeden Fall Durchbruch über die Linie BURGTHANN – BUCHBERG – DEINING – Talhänge der WEISSE LAABER.

- Die PzBrig 28 nimmt ausweichende Teile der 4. JgDiv an der ANL/SL auf und zwar in Linie Dorfstelle PIELENHOFEN (PV 9663) – WÜSTUNG WILLERSHEIM (QV 0358) – DIETLDORF (QV 1454, mit Anschluss an 4. JgDiv) oder in Linie Dorfstelle PIELENHOFEN – WÜSTUNG WILLERSHEIM – OBERPFRAUNDORF (QV 0847) – DUGGENDORF (QV 1444)(mit Anschluss an 1. GebDiv), verteidigt mit VRV WOLFERSBERG (PV 9361) – HAID (QV 0053) – ROHRBACH (QV 1452) – KALLMÜNZ (QV 1549, hier Anschluss an 4. JgDiv oder mit VRV WOLFERSBERG – HAID – BERATZHAUSEN (QV 0542) – LAABER (QV 1139) – ETTERZHAUSEN (QV 1835)(hier Anschluss an 1. GebDiv)

- PzBrig 30 (Divisionsreserve) im Verfügungsraum PYRAS (PV 6146) – GREDING (PV 7235) – BIBURG (PV 5934) bereitet Gegenangriffe ADLER auf Höhengelände nordwestlich NEUMARKT i.d.O. bzw. BUSSARD in den Raum DIETKIRCHEN (PV 8763) vor und verhindert einen Durchbruch aus vorbereiteten Stellungen zwischen HILPOLTSTEIN (PV 5951) und GRUBMÜHLE (PV 7844) bzw. zwischen ERASBACH (PV 7646) und BAD ANHAUSEN (PV 7832).

- Der DivArtFhr 10 überwacht, mit der Artillerie der Div voraus aufmarschierend, das Einrichten zur Verteidigung, überwacht Ausweichen und Aufnahme der 4. JgDiv und zerschlägt/riegelt ab nachstoßende Feindkräfte, zerschlägt Feind mit Schwerpunkt im Zuge der B 14 zwischen SULZBACH-ROSENBERG und HERSBRUCK, der BAB AMBERG – NÜRNBERG, der B 299 zwischen AMBERG und NEUMARKT i.d.O.; ferner stellt er den Übergang zum Gefecht unter atomaren Bedingungen sicher.

- Der DivPiFhr 10 unterstützt die Verteidigung durch Anlegen von Sperren am VRV und im vorderen Teil des Verteidigungsraumes durch Brig- und DivPi mit Schwerpunkt bei der PzBrig 29, Sicherstellen weiterer Sperrmaßnahmen in der Tiefe des Verteidigungsraumes durch Div- und KorpsPi in den geländebedingten feindlichen Hauptstoßrichtungen.
- Das FlaRgt 10 schützt mit seinen PzFlakBttr die Truppenteile bei Aufmarsch, im Verfügungsraum und im Einsatz. 1 PzFlakBttr marschiert der Masse der Division voraus und schützt Truppenbewegungen und Versorgungsverkehr durch NEUMARKT i.d.O.
- Die ABCAbwKp 10 bezieht den Verfügungsraum GÖGGELSBUCH (PV 6155) und betreibt ABC-Beobachtungs- und Messstelle 500m nordwestl. RECKENSTETTEN (PV 668571)
- Das SichBtl 10 sichert bei BEILNGRIES (PV 8034) Brücken über ALTMÜHL und LUDWIG-DONAU-MAIN-KANAL, Talengen der B 8 sowie der Straße KINDING (PV 7430) – BEILN-GRIES – DIETFURT a.d.A. (PV 8935) und hält Engen und Brücken offen. Die Divisionsgefechtsstände H und R befinden sich in BURGGRIESBACH (PV 7244) und WINTERSHOF (PV 5819).

Dem **Divisionsbefehl Nr. 1 vom 05.11.1979 der 10. (GE) PzDiv**[374] für den Angriff in die Oberpfalz liegt die Annahme zugrunde, dass kein Angriff aus ÖSTERREICH droht und der Feind in die OBER-PFALZ eingedrungen ist. Diese Kräfte hat die Division ggf. mit unterstellter 4. CMBG zu zerschlagen. Dazu soll die Division mit der PzBrig 29 links – hier Schwerpunkt – und der PzBrig 28 rechts angreifen, den Feind zerschlagen, das Ausweichen von Feindkräften aus dem Raum westl. der B 299 ebenso verhindern wie das Nachführen feindlicher Reserven über die NAAB.

Die 10. PzDiv beabsichtigt, mit zunächst im Abschnitt südlich WERNBERG (TQ 9503) eingesetzten Kräften nach Ablösung durch 4. (GE) JgDiv eine Reserve zu bilden. Sie stellt sich darauf ein, verbliebene Feindkräfte im eigenen Gefechtsstreifen oder westl. der B 299 – dann in Zusammenarbeit mit 4. JgDiv – zu zerschlagen. Ferner sollen die Brigaden nacheinander in den Verfügungsraum TIGER (=nördlich und westl. um AMBERG) einrücken. Die Artillerie schießt Feuervorbereitung in den Phasen Annäherung und Einbruch des Feindes. Sie schaltet die Bedrohung der rechten Flanke, vor allem bei SCHWARZACH (TQ 9876), ostwärts NABBURG (TQ 9581), nordostwärts PFREIMD (TQ 9686) und ostwärts WERNBERG-KÖBLITZ (TQ 9491) aus.

Ferner hat sie sich darauf einzustellen die feindliche Beobachtungsmöglichkeiten im Zuge der Höhenrücken nördlich ETSDORF (TQ 8381), STULIN (TQ 9278) und in der Linie STEININGLOH (QV 0887) – PFREIMD (TQ 9686) auszuschalten und feindliche Panzerabwehrkräfte in den Engen bei INNENSTETTEN (QV 0886), nördlich PURSBRUCK (QV 1386) und GÖTZENDORF (TQ 8886) zu zerschlagen, Gegenangriffe im Zuge der Straßen von Osten auf PFREIMD und WERNBERG-KÖBLITZ abzuriegeln und den Übergang zum Gefecht unter atomaren Bedingungen sicherzustellen.

Das PiBtl 10 unterstützt den Angriff der 10. PzDiv durch Öffnen der Sperren in den Hauptangriffsrichtungen der PzBrig 28 und 29 vor allem ostwärts und nordostwärts AMBERG sowie an der NAAB, durch Überwinden der NAAB voraussichtlich zwischen OBERWILDENAU (TQ 9298) und NAB-BURG (TQ 9581) und hält Straßen und Brücken über die VILS offen.

Hierzu werden die BrigPzPiKp weit vorn eingegliedert und das Kriegsbrückengerät für das Überwinden der NAAB hinter der PzBrig 28 nachgeführt.

Das FlaRgt 10 schützt mit seinen PzFlakBttr die Truppenteile bei Aufmarsch, im Verfügungsraum und im Einsatz.

---

[374] BArch, BH 8-10/195.

Die ABCAbwKp 10 bezieht Verfügungsraum OBERLEINSTEDL (QV 026765), betreibt ABC-Beobachtungs- und Messstelle WALDHAUS (QV 073736) und sichert die Marschstraße R im Bereich der AS AMBERG-KASTL (QV 0776).

Die Gefechtsstände befinden sich in GARSDORF (QV 0572) und WOFFENBACH (PV 7761) (=Div H und R), KÜMMERSBRUCK (QV 088798) (=PzBrig 29), PITTERSBERG (TQ 8472 und DAUCHING (TQ 829702) (=PzBrig 28 H und R) sowie LANGENWIES (QV 169717) (=ArtRgt 10).

Der **Divisionsbefehl Nr. 1 der 10. (GE) PzDiv**[375] für die Verteidigung am INN vom 13.11.1979 geht davon aus, dass die 4. (CVA) Armee durch ÖSTERREICH über den INN angreift. Aufgabe der 10. (GE) PzDiv ist es, ihren Verteidigungsraum am INN über 4 Marschstraßen zu beziehen und Teile der 1. (GE) LLDiv in den Stellungen abzulösen, wobei zur Sprengung vorbereitete Brücken, Sperren und Geländeverstärkungen zu übernehmen sind. Die Verteidigungsoperationen werden mit der PzBrig 28 – links im Schwerpunkt – und der PzBrig 29 rechts geführt. Die PzBrig 30 ist Reserve. Hauptziel dieser Operationen ist es, Feindangriffe über den INN schon im Ansatz durch Feuer zu zerschlagen, das Bilden von Brückenköpfen und Festsetzen am Nordwestufer des INN durch Gegenangriffe ebenso zu verhindern wie Einbrüche in das Schlüsselgelände im Verlauf des ROTT-Tales nach Westen.

Ein durchgebrochener Feind ist – notfalls unter Einsatz letzter Reserven – spätestens in der Linie JÄGERNDORF (UP 3578) – EGGENFELDEN (UP 3463) – NEUÖTTING (UP 2846) aufzufangen.

- Die PzBrig 28 verteidigt am VRV zwischen PASSAU (ausschließlich) und RIEDENBURG (UP 7456), hält das Schlüsselgelände westlich POCKING (UP 7462) und überwacht den NEUBURGER WALD am linken Flügel in Absprache mit dem PzAufklBtl 10.

- Die PzBrig 29 verteidigt am VRV zwischen RIEDENBURG und der SALZACH-Mündung, überwacht die rechte Flanke im Verlauf des INN und verhindert – ggf. im Zusammenwirken mit PzBrig 30 – Feindangriffe entlang B 20 und/oder B 299 nach Nordwesten.

- Die PzBrig 30 (Divisionsreserve) erkundet und bereitet vor:
  o Gegenangriff A im Verlauf des ROTT-Tales bis POCKING und ab dort in den Raum nördlich RUHSTORF (UP 7766) oder weiter nach Osten bis an den INN im Raum um REDING (UP 8164) oder weiter nach Südosten bis an den INN im Raum EGGLFING (UP 7554 oder weiter in den Raum von ROTTHALMÜNSTER (UP 6657),
  o Gegenangriff B aus dem Raum EGGENFELDEN (UP 3463) über WALBURGS-KIRCHEN (UP 4459) auf das Höhengelände nördlich SIMBACH (UP 5348) in den Raum HOFSTETTEN (UP 5452) – PETTENAU (UP 595) – SIMBACH. Ferner stellt sich die PzBrig 30 darauf ein, auf Befehl einen Gegenangriff in den Gefechtsstreifen der 1. (GE) GebDiv über die VILS in den Raum OSTERHOFEN (UP 5496) zu führen.

- Das PzAufklBtl 10 erreicht nach Rückunterstellung unter die 10. PzDiv seinen Verfügungsraum um HAARBACH (UP 6373) und stellt sich darauf ein, auf Befehl die Ausgänge aus PASSAU zwischen DONAU und linker Grenze sowie die Zugänge in den NEUBURGER WALD zu sperren. Weiter hat es die tiefe Flanke der Division von PASSAU (ausschließlich) bis AMSHAM (UP 5775) zu überwachen und ein rasches Vorstoßen des Feindes über die Divisionsgrenze nach Süden zu verhindern.

---

[375] BArch, BH 8-10/197.

- Der DivArtFhr 10 stellt Feuerzusammenfassungen auf feindliche Übersetzversuche über den INN zwischen VORNBACH (UP 8471) und ERING (UP 6251) sicher und stört auf Befehl der 10. PzDiv Feindannäherung in den Räumen südlich SCHÄRDING (UP 8468), um ANTIESEN-HOFEN (UP 8155), südwestlich OBERNBERG (UP 7653) und ostwärts BRAUNAU (UP 5446). Ferner hat er sich darauf einzustellen, Einbrüche bei der 1. (GE) GebDiv im Raum PASSAU abzuriegeln und den Übergang zum Gefecht unter atomaren Bedingungen sicherzustellen.

- Der DivPiFhr bereitet alle festen Übergänge über den INN zur Sprengung/Sperrung im Gefechts-streifen der PzBrig 28 und 29 vor, stellt Sprengkommandos/Zündtrupps an vorbereiteten Sperren bis zur Auslösung, verstärkt das Schlüsselgelände der Division durch Verlegen von Auffangmi-nensperren, legt vorbereitete und feldmäßige Sperren an. Ferner stellt er durch PiBtl 10 während des Aufmarsches das Überwinden von DONAU, ISAR und VILS sowie über die ROTT während des Gefechts sicher.

- Das FlaRgt 10 schützt mit seinen PzFlakBttr die Truppenteile bei Aufmarsch, im Verfügungsraum und im Einsatz.

- Die ABCAbwKp 10 bezieht ihren Verfügungsraum ALTERSHAM (UP 4864), betreibt eine ABC-Beobachtungs- und Messstelle 500 Meter nordwestlich HOLZLEIEN (UP 4963), sichert Über-gang über die ROTT bei PFARRKIRCHEN (UP 4765) und 2 Übergänge über den GRASEN-SEEBACH südlich und ostwärts ALTERSHAM.

- Das SichBtl 10 sichert mit Masse die Übergänge über die ROTT ostwärts BROMBACH (UP 5467) und den ALTBACH in ANZENKIRCHEN (UP 5366).

- Das InstBtl 10 unterstützt aus dem Raum MASSING (UP 2362)

Die Gefechtsstände der 10. PzDiv sind in SCHÖNAU (UP 4173) (=H) und NEUMARKT- ST. VEIT (UP 1559) (=R), die der Brigaden in BUCHET (UP 621705) und KIRCHBERG (UP 572708) (=PzBrig 28 H und R), ULBERING (UP 5357) und BIBERG (UP 4355) (=PzBrig 29 H und R), NÖHAM (UP 4472) und FURTH (UP 4474) (=PzBrig 30 H und R).

Nach dem Verteidigungsdispositiv des II. (GE) Korps vom 10.12.1979[376] war die Grenze zu ÖSTER-REICH von der 1. (GE) LLDiv zu sichern. Für den Fall des Bruchs der Neutralität ÖSTERREICHS hatte die 1. (GE) LLDiv den linken Teil ihres Gefechtsstreifens an die 10. (GE) PzDiv zu übergeben und den SALZACH/SAALACH-Abschnitt mit dem HSchKdo 18 links und der LLBrig 25 rechts (hier Schwerpunkt) zu verteidigen, um einen feindlichen Durchbruch zum und über den INN nach Nordwesten und Westen zu verhindern. Es wurde angenommen, dass ein Angriff von mindestens 2 motSchtzDiv in 1. Staffel mit vermutlichem Schwerpunkt nördlich FREILASSING erfolgt. Dabei sind feindliche Luftlandeoperationen zur Inbesitznahme der Brücken über die deutsch-österreichi-schen Grenzflüsse sowie die INN- und ALZ-Übergänge nicht auszuschließen.

Der **Operationsbefehl des HSchKdo 18** für die Verteidigung an der SALZACH vom 10.12.1979 trifft daher folgende Festlegungen:

- der Verteidigungsraum westlich der SALZACH ist möglichst rasch zu erreichen, wobei es schon während des Aufmarsches nötig werden kann, die Wegnehme intakter Übergänge – besonders bei BURGHAUSEN und TITTMONING – zu verhindern. Hierzu sind kampfkräftige Teile voraus-zuwerfen, die Brücken im Zusammenwirken mit den Sprengsicherungskommandos zu sichern, die vorbereiteten Sperren zu übernehmen und auf Befehl auszulösen,

---

[376] BArch, BH 33/34, beinhaltet insbesondere auch den Operationsbefehl des HSchKdo 18.

194

- Verteidigung und Verzögerung führt das HSchKdo 18 im rechten Teil des Gefechtsstreifens unter Einsatz der beiden Jägerregimenter dicht am Fluss, wobei die Brücken bei BURGHAUSEN und TITTMONING sofort mit ausreichend starken Kräften zu sichern sind. Die für den Übergang stärkerer Feindkräfte geeigneten Flussabschnitte sind unter voller Ausnutzung der Sperrwirkung der SALZACH zu verteidigen und Übersetzversuche bereits am Fluss zu zerschlagen. Im weiteren Verlauf der Verzögerung ist einem auf das Westufer vorgedrungenen Feind unter Einsatz des JgBtl 541 und der Mörserkompanie 530 der rasche Vorstoß auf die Höhenschwelle entlang des VRV zu verwehren und – möglichst angriffsweise – feindliche Brückenköpfe zu zerschlagen. Eine PzJg-starke Reserve wird im Raum WALD a.d.ALZ (UP2134) – KALTENSTADL (UP 2230) – FEICHTEN (UP 2128) bereitgehalten, um die Kräfte zu verstärken, welche die Höhenschwelle verteidigen, wobei der Schwerpunkt rechts liegt; ferner sind Gegenangriffe gegen einen aus Südosten in den Gefechtsstreifen eingedrungenen Feind zu führen sowie die Überwachung gegen LL-Unternehmen zu verstärken.
- Die Verbindung zur links eingesetzten 10. (GE) PzDiv und die Überwachung der dortigen INN-Übergänge obliegt dem JgRgt 53. Österreichisches Hoheitsgebiet darf nicht betreten werden; die vorn eingesetzten Truppenteile stellen sich jedoch darauf ein, auf Befehl Aufklärung über den INN bis zur (österreichischen) Straße 156 anzusetzen.
- Das JgRgt 53 hält Verbindung zu den Kräften der 10. (GE) PzDiv bei MARKTL (UP 4046) und STAMMHAM (UP 4346). Es hält eine Reserve (= 2./JgBtl 532) im Raum um EMMERTING (UP 3441) bereit, um die Waldgebiete beiderseits der ALZ zu überwachen, die ALZ-Übergänge und den INN-Übergang bei MARKTL zu sichern.
- Das JgRgt 54 verzögert im rechten Teil des Gefechtsstreifens unmittelbar am Fluss ab Sicherungslinie (SL) so, dass ein Vordringen über die SALZACH und die Höhenschwelle entlang des VRV möglichst lange verwehrt wird. Die zur Sprengung vorbereitete Brücke bei TITTMONING und andere vorbereitete Sperren sind zu übernehmen und auf Befehl des zuständigen Btl-Kdr auszulösen. Das JgRgt 54 hält mit dem rechts eingesetzten JgBtl 541 Verbindung zur LLBrig 25 und überwacht die Flanke des HSchKdo 18 ostwärts und westlich FRIDOLFING (UP 3718). Mit dem JgBtl 542 wird die Brücke bei TITTMONING gesichert und der Flussabschnitt verteidigt um einen feindlichen Brückenkopf im Raum TITTMONING sowie das Vordringen stärkerer Feindkräfte in den Raum westlich der B 20 zu verhindern.
- Die Mörserkompanie 530 (unterstellt dem JgRgt 54) stellt sich u.a. darauf ein, Angriffe in die rechte Flanke des HSchKdo 18 zwischen FRIDOLFING und Nordrand TACHINGER SEE mit Feuer abzuriegeln.
- Das lePiBtl 18 unterstützt Verzögerung und Verteidigung der beiden JgRgt durch Anlegen von Sperren, mit Vorrang zur Verstärkung des Westufers der SALZACH sowie der Durchgänge aus der Flussniederung auf die Höhenschwelle (Schwerpunkt BURGHAUSEN und TITTMONING). Ferner sind die JgBtl beim Bau von Feldbefestigungen zu unterstützen und ggf. eigene Aufklärungskräfte mit leichten Übergangsmitteln auf der SALZACH überzusetzen.

Ein Panzerbrückenzug ist im Raum der HSchKdo-Reserve für die Sicherstellung der Bewegungen über ALZ/ALZ-Kanal nach Norden bereitzuhalten. Des Weiteren sind Kräfte zum beweglichen Sperreinsatz gegen Feindvorstöße in die rechte Flanke (Raum nördlich TACHINGER SEE) vorzuhalten. Nach Durchführung des Sperreinsatzes gemäß Sperrplan ist aus dem Raum nordwestlich GENDORF (UP 3237) die Offenhaltung der Übergänge über die ALZ und/oder deren Sprengung vorzubereiten und Wegebau im Einsatzraum durchzuführen.

- Die HSchKdo-Reserve (PzJgKp 540 und 541) halten sich im Verfügungsraum nördlich FEICH-TEN (UP 2188) bereit, um die flussnahe Verteidigung der JgRgt – insbesondere beim Halten der Höhenschwelle südlich TITTMONING – zu verstärken und feindliche Vorstöße zwischen FRIDOLFING und TACHINGER SEE aufzufangen. Bei feindlichen Einbrüchen sind Gegen-angriffe vor allem im Zuge der Straßen KLEINWEIDACH (UP 2428) und HOCHÖSTERBERG (UP 3233) sowie TYRLACHING und KAY (UP3223) zu führen, durchgebrochene Feindkräfte ostwärts der ALZ aufzufangen und gegen feindliche Luftlandungen in der Tiefe des Raumes vor-zugehen.
- Die Divisionsreserve der 1. (GE) LLDiv bilden die PzJgKp 542 und 1 JgKp des JgBtl 542. Diese beziehen nach Abschluss der Verzögerung einen Verfügungsraum südlich TROSTBERG und stellen sich darauf ein, die vorn eingesetzten Großverbände zu unterstützen, eingebrochenen Feind aus den vorbereiteten Stellungen A, B und C aufzufangen, im ALZ-Abschnitt beiderseits ALTENMARKT (UP 1720) gegen tief eingedrungenen Feind zu verteidigen und das Schlüsselge-lände zu halten. Örtliche Gegenangriffe, vor allem im Zuge der Straßen TROSTBERG – PAL-LING (UP 2419) – WIESMÜHL ((UP 3222) – B 304 – TRAUNSTEIN (UP 2303) sind zu führen und der dort angreifende Feind zu zerschlagen.
- Das FErsBtl 18 hält sich im Verfügungsraum um TACHERTING auf, bildet aus und stellt Siche-rungskräfte für die Gefechtsstände H und R des HSchKdo, überwacht den zugewiesenen Raum und bereitet die Sicherung der ALZ-Übergänge vor.
- Logistische Einrichtungen befinden sich in PFAFFING (UP 3237) und OBERBUCH (UP 2425) (= Wagenhalteplätze und Schadmaterialsammelpunkte), Schule TACHERTING (UP 1928) (= HVPl HSchKdo 18) und HAAG in OBB. (TP 9138) (= HVPl Div), der VersPkt liegt in EMERTS-HAM (UP 0233).

Gefechtsstände des HSchKdo 18 befinden sich in HALSBACH (UP 271330) (=V), ENGELSBERG (UP 171324) (=H) und WALDHAUSEN (UP 071315) (=R). Die Gefechtsstände der JgRgt 53 und 54 sind in KASTL (UP 290406 und FEICHTEN (UP 210282). Die 1. LLDiv hat die Gefechtsstände in PITTENHART (UP 053172) (=H) und ALBACHING (TP 850329) (=R).

Der Sperrplan zu dem OpPlan des HSchKdo 18 listet 36 vorbereitete Sperren auf[377].

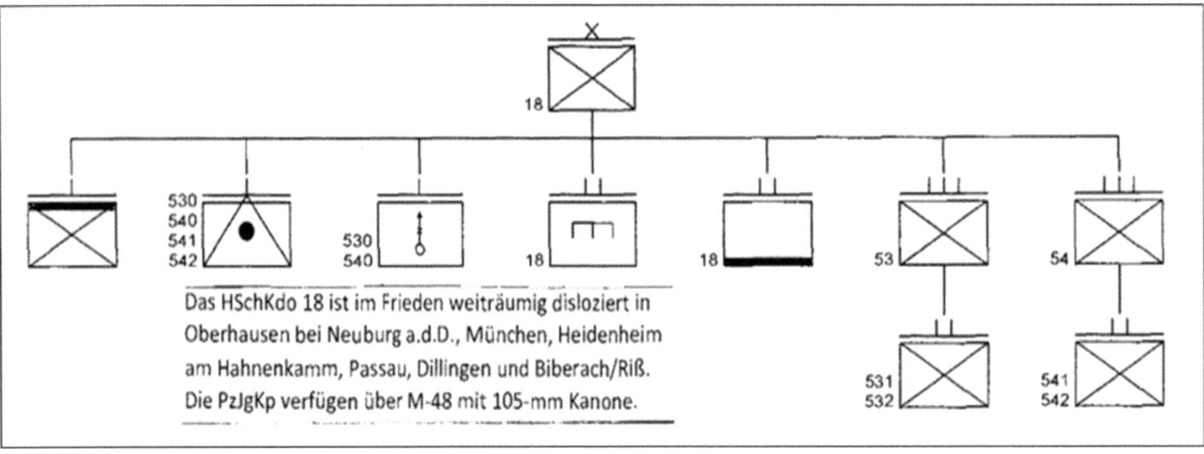

Abb. 55: Das Heimatschutzkommando 18 in seiner Kriegsgliederung (1979). Erstellt vom Verfasser.

---

[377] BArch, BH 33/33.

In der Heeresstruktur 4 sollten in den 1980er Jahren das PzAufklBtl 10 und das PiBtl 240 nach Sprengung der INN- und SALZACH-Brücken die DEUTSCH-ÖSTERREICHISCHE Grenze in SÜDOSTBAYERN unter Führung der 1. (GE) LLDiv überwachen. Im Fall „SÜD" hatte die LLBrig 25 die Sperrwirkung von INN und ALZ zu nutzen und zeitlich begrenzt zu verteidigen. Im Raum der Flüsse ROTT und VILS wäre die LLBrig 25 durch das GebPzBtl 8 (aufgestellt am 1.10.1981) und Panzerabwehrhubschrauber verstärkt worden. Die 1. (GE) LLDiv sollte zusammen mit der 10. (GE) PzDiv den Raum südlich der DONAU verteidigen[378].

Westliche Grenze der RCZ könnte 1979 bis 1982 der Verlauf des LECH gewesen sein[379].

Die LLBrig 25 war 1979 bis 1982 südlich der DONAU eingesetzt und sollte über ÖSTERREICH angreifende Kräfte binden, bis die 10. (GE) PzDiv eingesetzt werden kann.

Der VRV des II. (GE) Korps verlief bis 1980 etwa im Zuge der B 22, ab CHAM im Zuge der B 85. Bei einem drohenden Angriff aus Österreich war der VRV ab westlich REGEN etwa der Verlauf der B 11.

1980 reicht der Gefechtsstreifen des II. (GE) Korps vom DREISESSELBERG bis WAIDHAUS. Die Grenze zum VII. (US) Korps war der Verlauf der B14[380].

Anfang der 1980er Jahre war das Korps durch Unterstellung der 1. LLDiv und der 10. PzDiv verstärkt worden und konnte nun Kräfte nördlich der DONAU gegen einen Angriff aus der CSSR konzentrieren.

Ab September 1980 ist die 1. GebDiv nur noch für den Raum nördlich der DONAU verantwortlich, im Raum zwischen DONAU, INN, SALZACH und ISAR wurden Teile der 1. LLDiv eingesetzt[381].

Der **Divisionsbefehl der 1. GebDiv** für Verteidigung im BAYERISCHEN WALD vom 09.09.1980 **(GDP 80)**[382] trifft folgende Annahmen und Festlegungen:

Im eigenen Gefechtsstreifen ist mit 2-3 Divisionen der 4. (CVA) Armee in 1. Staffel und mit 1-2 Divisionen dieser Armee in 2. Staffel zu rechnen. Die Angriffskräfte werden durch Kampfhubschrauber und Jagdbomber der CVA und der ZGT sowie Teilen der 57. (SU) Frontluftarmee unterstützt. Mit starken Artilleriekräften und Luftlandungen ist zu rechnen. Angriffsziele sind die B 20 und die B 12, wobei als Zwischenziel der Divisionen die B 85 und der Armee der DONAU-Abschnitt anzunehmen ist. Angriffsziel der Armee dürfte die BAB beiderseits MÜNCHEN sein.

Im Fall der Neutralitätsverletzung von ÖSTERREICH sind 2 Möglichkeiten denkbar

- Die kleine Lösung ist der Angriff von 2 PzDiv des Militärbezirk OST (MB OST) aus dem Raum BUDWEIS über LINZ nach WESTEN,
- die große Lösung beinhaltet einen Angriff von Kräften des MB KARPATEN über den Raum WIEN nach WESTEN. Dies würde allerdings eine umfangreiche Mobilmachung voraussetzen.

Das II. (GE) Korps:

- verzögert mit Teilen ostwärts des VRV,
- verteidigt links angelehnt an VII. (US) Korps mit verstärkter 4. JgDiv links – hier zunächst Schwerpunkt – und 1. GebDiv rechts,

---

[378] Csoboth, Gespräch am 3.6.2014.

[379] Csoboth, Gespräch am 2.6.2014.

[380] Csoboth, Gespräch am 2.6.2014.

[381] Nach Benkel in e-mail am 1.7.2013 waren 1981 bis 1983 die LLBrig 25 und 26 im Gefechtsstreifen des II. (GE) Korps eingeplant.

[382] Hammerich, Die geplante Verteidigung der bayerischen Alpen, S. 257 unter Hinweis auf BArch, BH 8-8/207.

- überwacht mit PzAufklBtl 10 und lePiBtl 240 unter Führung der 1. LLDiv die deutsch-österreichische Landesgrenze,
- hält 10. PzDiv im Verfügungsraum TIGER und LLBrig 25 im Verfügungsraum um LANDSHUT als Korpsreserve bereit,
- stellt sich darauf ein, im Fall des Angriffs durch ÖSTERREICH mit 10. PzDiv und 1. LLDiv südlich der DONAU zu verteidigen.

Die 4. Jägerdivision:

- verteidigt mit Teilen zunächst zeitlich begrenzt mit Schwerpunkt B 14 in Grenznähe,
- verzögert sodann ostwärts des VRV,
- verteidigt danach mit 3 Brigaden nebeneinander – Schwerpunkt links,
- behauptet Schlüsselgelände FRÄNKISCHE ALB.

Die 1. LLDiv:

- verlegt LLBrig 25 in den Verfügungsraum LANDSHUT,
- sichert mit PzAufklBtl 10 und lePiBtl 240 an der deutsch-österreichischen Landesgrenze zwischen PASSAU und BERCHTESGADEN mit Schwerpunkt am INN zwischen NEUBURG (UP 8574) und SIMBACH (UP 5348) und bereitet alle Übergänge über INN, SALZACH und SAALACH zur Sperrung vor,
- bereitet sich darauf vor die LLBrig 25 der 4. JgDiv oder der 1. LLDiv zum Verstärken oder Auffangen zu unterstellen,
- stellt sich darauf ein, im Fall „ÖSTERREICH" den linken Teil des Gefechtsstreifens an die 10. PzDiv zu übergeben.

Die 10. PzDiv stellt sich darauf ein, aus dem Verfügungsraum TIGER

- feindliche Brückenköpfe über der DONAU zwischen REGENSBURG und PASSAU im Gegenangriff zu zerschlagen,
- durchgebrochenen Feind spätestens auf der Linie REGENSBURG – LANDSHUT oder LANDSHUT – MÜHLDORF aufzufangen,
- gegenüber frühzeitig erkanntem Feindangriff aus ÖSTERREICH am INN zu verteidigen, überraschend durch ÖSTERREICH über den INN vorgedrungenen Feind im Gegenangriff südlich der ISAR zu zerschlagen und danach am INN oder soweit ostwärts wie möglich zu verteidigen.

Die VBK 62 und 66 haben die gleichen Aufgaben, wie unten (auf S. 203) beschrieben.

Die 1. GebDiv[383]

- nimmt Gefecht grenznah auf und verzögert ostwärts des VRV,
- verteidigt befohlenen Raum mit drei Brigaden vorn – Schwerpunkt links – in enger Verbindung zum linken Nachbarn so, dass das Schlüsselgelände REGENSBURG – RODING – STRAUBING in eigenem Besitz bleibt und dem Feind im gesamten Verteidigungsraum ein Durchbruch zur DONAU verwehrt wird,
- sichert an der deutsch-österreichischen Grenze zwischen DREISESSELBERG und PASSAU und bereitet in diesem Abschnitt mit PiKdo 2 die Sperrung der DONAU- und INN-Übergänge vor,
- stellt sich darauf ein, die LLBrig 25 einzusetzen und bei einem Angriff durch ÖSTERREICH den rechten Flügel auf die Linie SANKT OSWALD – PASSAU zurückzunehmen,

---

[383] BArch, BH 8-8/207.

- hält HSchBrig 56 als Divisionsreserve I im Verfügungsraum HAIBACH bereit, um vor allem Feindangriffe aus Stellungen südlich CHAM, VIECHTACH und REGEN aufzufangen,
- hält GebPzAufklBtl 8 als Divisionsreserve II nach Beendigung des Aufmarsches ostwärts DEGGENDORF bereit, um den rechten Teil des Verteidigungsstreifens zu verstärken oder den Feind in der Mitte des Verteidigungsstreifens aufzufangen,
- beabsichtigt im Fall „Ö" im rechten Teil des Gefechtsstreifens verzögernd auf den VRV „Ö" auszuweichen, dem Feind die Wegnahme von Flussübergängen im Raum PASSAU zu verwehren und den Raum SCHÖLLNACH (UQ 6601), TITTLING (UP 8098) und RATHMANNSDORF (UP 7191) zu halten,
- beabsichtigt bei Feindangriff während des Aufmarsches so zu verzögern, dass mit der Masse der eigenen Kräfte die Verteidigung noch nördlich der DONAU aufgenommen werden kann.

Die PzGrenBrig 24:

- sichert mit Teilen auf Befehl den Aufmarsch der Hauptkräfte,
- stellt Verbindung zu BGS und 2nd (US) ACR sicher und bereitet Ablösung der Grenzsicherungskräfte vor,
- verteidigt zeitlich begrenzt aus vorgeschobenen Stellungen nahe der Landesgrenze,
- nimmt PzAufklBtl 4 auf,
- verteidigt befohlenen Raum mit Schwerpunkt B 20 und hält Schlüsselgelände RODING, HARRLING (UQ 3345), SATTELBOGEN (UQ 2642) und MICHELSNEUKIRCHEN,
- stellt sich darauf ein, bei starkem Feindangriff vor Aufmarschende das Verzögerungsgefecht so zu führen, dass die Verteidigung noch im Höhengelände nördlich der DONAU aufgenommen werden kann.

Die GebJgBrig 22

- stellt Verbindung zu BGS und 2nd (US) ACR sicher und bereitet Ablösung der Grenzsicherungskräfte vor,
- verteidigt zeitlich begrenzt aus vorgeschobenen Stellungen nahe der Landesgrenze, verteidigt sodann befohlenen Raum mit Schwerpunkt B 11 und hält Schlüsselgelände PATERSDORF (UQ 5231), SCHWEINHÜTT (UQ 6627) und OBERNEUMAIS (UQ 6023) und stellt sich darauf ein, bei starkem Feindangriff vor Aufmarschende das Verzögerungsgefecht so zu führen, dass die Verteidigung noch im Höhengelände nördlich der DONAU aufgenommen werden kann.

Die GebJgBrig 23

- stellt Verbindung zu BGS und 2nd (US) ACR sicher und bereitet Ablösung der Grenzsicherungskräfte vor,
- löst so rasch wie möglich GebPzAufklBtl 8 ab,
- verteidigt zeitlich begrenzt aus vorgeschobenen Stellungen nahe der Landesgrenze und sichert an der Landesgrenze zu ÖSTERREICH,
- verteidigt sodann befohlenen Raum mit Schwerpunkt B 12 und hält Schlüsselgelände GRAFENAU (UQ 8213), FREYUNG (UQ 9307) und PERLESREUTH (UQ 8504),
- stellt sich darauf ein, bei starkem Feindangriff vor Aufmarschende das Verzögerungsgefecht so zu führen, dass die Verteidigung noch im Höhengelände nördlich der DONAU aufgenommen werden kann,

- stellt sich im „Fall SÜD" darauf ein, den VRV rechts im Verlauf der ILZ auf PASSAU zurückzunehmen, zwischen Landesgrenzen und VRV zu verzögern, das Schlüsselgelände SCHÖLLNACH (UQ 6602), TITTLING (UP 8098) und RATHMANNSDORF (UQ 7191) zu halten und mit unterstelltem GebPzAufklBtl 8 in engem Zusammenwirken mit dem rechten Nachbarn die Wegnahme der Flussübergänge im Raum PASSAU zu verhindern.

Die HSchBrig 56[384] stellt sich als Divisionsreserve I darauf ein,

- aus Stellungen LÖWE, BÄR, HYÄNE, SCHAKAL oder WOLF durchgebrochenen Feind aufzufangen,
- die GebJgBrig 22 zu verstärken.

Das GebPzAufklBtl 8

- sichert den Aufmarsch der GebJgBrig 23,
- hält sich danach als Divisionsreserve II im Verfügungsraum ostwärts DEGGENDORF bereit,
- stellt sich darauf ein, die GebJgBrig 23 zu verstärken und aus Stellungen SCHAKAL oder WOLF durchgebrochenen Feind aufzufangen.

Das PzAufklBtl 4

- sichert den Aufmarsch der PzGrenBrig 24 und verteidigt zeitlich begrenzt,
- wird nach Aufnahme am VRV unverzüglich der 4. JgDiv rückunterstellt.

Verb/Einh	Rad	Kette	Ges.
Stab/StKp	61	23	84
PzJgKp	18	15	33
PzPiKp	35	10	45
InstKp	68	4	72
NachKp	101	—	101
SanKp	57	—	57
BrigEinh	350	52	402
StVersKp	56	9	65
2. Kp	3	11	14
3. Kp	2	11	14
4. Kp	3	10	13
5. Kp	8	11	19
PzGrenBtl	73	52	125
StVersKp	50	9	59
2. Kp	2	13	15
3. Kp	2	13	15
4. Kp	2	13	15
PzBtl	56	48	104
StVersBttr	84	3	87
2. Bttr	5	13	18
3. Bttr	5	13	18
4. Bttr	5	13	18
PzArtBtl	99	42	141
HSchBrig	707	294	1001

Abb. 56: Gliederung der Heimatschutzbrigade 56 (Stand März 1981).

---

[384] BArch, BH 8-8/207.

Der DivArtFhr

- stellt auf Befehl die artilleristische Feuerunterstützung der Sicherungskräfte – vor allem vor PzGrenBrig 24 und linkem Teil des Gefechtsstreifens der GebJgBrig 22 – ebenso sicher wie die Beobachtungs- und Wirkungsmöglichkeiten,
- zerschlägt Feind mit Schwerpunkt vor PzGrenBrig 24,
- stellt sich darauf ein, die Divisionsreserve beim Auffangen in der Tiefe der Verteidigungsräume und die GebJgBrig 23 im Fall „Ö" zu unterstützen,
- stellt den Übergang zum atomaren Feuerkampf mit Beginn der Kampfhandlungen sicher; ihm ist 1-36 (US) Arty unterstellt (203mm Haubitzen, stationiert in AUGSBURG).

Der DivPiFhr

- schlägt und bereitet den Einsatz von ADMStff/ADMKdos vor und leitet deren Einsatz,
- bereitet Fährstellen für den Aufmarsch und die Folgebewegungen vor bei PFATTER (UQ 068304), BOGEN (UQ 313187) und LOH-ARBING (UQ 596975),
- stellt sich darauf ein, die DONAU-Brücken im rückwärtigen Divisionsgebiet auf Befehl der Division zur Sprengung vorzubereiten,
- das GebPiBtl 8 unterstützt PzGrenBrig 24 und GebJgBrig 22 durch Anlegen von Sperren,
- das PiLBtl 210 unterstützt GebJgBrig 23 durch Anlegen von Sperren, ebenso wie die 2./lePiBtl 240.

Das GebFlaRgt 8

- schützt auf Befehl den Aufmarsch der 1. GebDiv an den DONAU-Übergängen PFATTER, STRAUBING, DEGGENDORF, VILSHOFEN und PASSAU sowie deren An- und Abmarschwege,
- schützt Kampftruppen und Artillerie mit Schwerpunkt bei PzGrenBrig 24.

Die Panzerabwehrhubschrauberstaffeln (auf Befehl II. (GE) Korps)

- unterstützen PzGrenBrig 24 bei Aufmarsch und im Kampf vor und an dem VRV.

Die GebABCAbwLehrKp 8

- besetzt erkundete Messstelle im Raum nördlich ST. ENGLMAR und legt der Atommeldezentrale (AMZ) Wettermeldungen vor, überprüft erkundete Hauptentstrahlungsplätze (HEP) im Divisionsgebiet und meldet geeignete Dekontaminationsplätze.

Der DivFJgFhr

- unterstützt den Aufmarsch im Verkehrsleitnetz Anfangsbewegungen,
- bereitet den Einsatz von 2 Lautsprechergruppen an den DONAU-Übergängen PFATTER und STRAUBING vor.

Der Gebirgsfrontnachrichtenzug 8

- richtet zunächst Kriegsgefangenenbefragungsstellen bei den Kriegsgefangenensammelstellen ein.

Die GebFErsBtl I/8 und II/8

- stellen personellen Ersatz für GebArtRgt 8 und Divisionstruppen bereit,
- werden in 2. Priorität im rückwärtigen Divisionsgebiet zu Sicherungsaufträgen und Arbeitseinsätzen auf Befehl des DivGefStd (R) – OpZ eingesetzt.

Das FmKdo 2 klärt den Feind mit EloKa-Mitteln auf. Die Aufklärungskräfte der Kampftruppen können bis zur Übernahme von OPERATIONAL COMMAND auf Befehl bis 1 km zur Landesgrenze aufklären, nach Übernahme von OPERATIONAL COMMAND oder Auslösung bestimmter Alarmmaßnahmen bis zur Landesgrenze und auf Befehl der Division über die Landesgrenze hinaus.

Ein Überschreiten der Grenzen zu Österreich und der CSSR zu Lande, zu Wasser oder in der Luft ist nur mit Genehmigung des SACEUR zulässig. Dies gilt auch nach Auslösung von GENERAL ALERT.

Zur Logistik der 1. (GE) GebDiv werden folgende Aussagen getroffen:

Für die weitere Bevorratung steht der Division eine Verfügungsquote von 3 VR im MunDp SCHIERLING zur Verfügung.

Der DVP (Mat) in MITTENWALD ist ab MILITARY VIGILANCE ständig ausgabebereit.

Logistische Einrichtungen sollen in OTTERING (UP 1898 – DVP MVG 1), SCHIERLING (TQ 9013 – DVP MVG 2), ABENSBERG (QV 0911 – DVP Mat) und EITTING (UQ 0411 – DivTrVP) betrieben werden.

Feldinstandsetzungspunkte sind vorgesehen in REISSING (UQ 2703 durch 2./GebInstBtl 8), SENGKOFEN (UQ 0222 durch 3./GebInstBtl 8) und TAIMERING (UQ 0322 durch 4./GebInstBtl 8).

Sanitätseinrichtungen sind aufzubauen in PFEFFENHAUSEN (QU 1995 – FLaz 211), MALLERSDORF-PFAFFENBERG (TQ 9806 – Krankensammelstelle sowie DivHVPl 1 mit DVP SanMat).

Versorgungsstraßen sind:
- FELDADLER I = BABA AUGSBURG/DASING – B 300 bis GEISENFELD – AIGLSBACH – BABA ELSENDORF (QU 0599) – STRAUBING.
- FELDADLER II = MINTRACHING – FREISING – LANDSHUT – LANDAU a.d.Isar
- ASTER = REGENSBURG – B 16 bis ABENSBERG – B 299 bis LANDSHUT – B 15 bis ROSENHEIM,
- NELKE = REGENSBURG – B 15 bis NEUFAHRN – ERGOLDING,
- STEINADLER I = SCHIERLING – AUFHAUSEN – TAIMERING (UQ 0322) – RIEKOFEN (UQ 0521) – Brücke PFATTER – WIESENT (UQ 0831) – WÖRTH a.D. – FALKENSTEIN (UQ 1641),
- STEINADLER II = STRAUBING – PARKSTETTEN – WOLFERSZELL – B 20 bis AUHOF

Der **Divisionsbefehl Nr. 1 der 10. (GE) PzDiv** für den Gegenangriff in den Raum beiderseits STRAUBING[385] vom 11.09.1980 geht davon aus, dass der Feind im Raum STRAUBING einen Brückenkopf am Südufer der DONAU bilden konnte. Es wird ihm darauf ankommen, unter Sicherung seiner rechten Flanke und Bindung der PzGrenBrig 22 und GebJgBrig 23 den Brückenkopf auszudehnen, mindestens aber zu halten. Die 10. PzDiv als Korpsreserve zerschlägt mit 2 Brigaden nebeneinander (Schwerpunkt rechts) durch einen Gegenangriff den Brückenkopf noch vorwärts der Bahnlinie REGENSBURG – PLATTLING, verhindert so einen Durchbruch in den Raum nördlich München und stellt den Zusammenhang der Verteidigung des II. (GE) Korps wieder her. Für diese Operation ist zunächst das Höhengelände ALTEN-EGLOFSHEIM (TQ 9522) – GEISELHÖRING (UQ 0911) – WALLERSDORF (UQ 3400) – LABERWEINTING (UQ 0308) zu gewinnen.

---

[385] BArch, BH 8-10/196.

Danach geht die Division (ohne PzBrig 30 und PzAufklBtl 10) zwischen GEISLING (UQ 0427) und OBERPÖRING (UP 4097) zur zeitlich begrenzten Verteidigung über, nimmt Teile der 1. GebDiv an der DONAU auf und stellt sich darauf ein, durch die 1. GebDiv in der Verteidigung an der DONAU abgelöst zu werden.

- Die PzBrig 28 (mit unterstelltem JgBtl 106) nimmt das Höhengelände westlich STRAUBING und zerschlägt den dortigen Brückenkopf. Danach geht die Brigade zur Verteidigung über und stellt sich darauf ein, rasch eine starke Reserve zu bilden und diese unter Führungsvorbehalt der Division zu stellen.
- Die PzBrig 29 (mit unterstelltem JgBtl 107) ist im Schwerpunkt eingesetzt und nimmt zuerst den Raum ALTENBUCH (UQ 3506) – WALLERSDORF (UQ 3400) – REISSING (UQ 2603) und zerschlägt danach den Brückenkopf südlich und südostwärts von STRAUBING noch vor der Bahnlinie REGENSBURG – PLATTLING.
- Das ArtRgt 10 folgt den Brigaden und hält die feindlichen PzAbwehr- und Artilleriekräfte nieder und zerschlägt vor allen Dingen Feindartillerie im Brückenkopf.
- Das PiBtl 10 unterstützt den Angriff vornehmlich durch Fördern der eigenen Bewegungen der Angriffskräfte. Ggf. ist der Übergang der PzBrig 28, der Masse der Divisionstruppen und Teilen der Logistiktruppen über die DONAU durch Einsatz von Kriegsbrückengerät sicherzustellen.

Nach erfolgreichem Gegenangriff sind alle Pionierkräfte zum schnellen Verlegen von Auffangminensperren und Verstärkung des Geländes für die Verteidigung der Division bereitzuhalten.

- Das FlaRgt 10 schützt mit seinen PzFlakBttr die Truppenteile bei Aufmarsch, im Verfügungsraum und im Einsatz.
- Das SichBtl 108 sichert DONAU- und ALTMÜHL-Übergänge und stellt sich darauf ein, auf Befehl der PzBrig 29 zur Überwachung der rechten Flanke an der ISAR eingesetzt zu werden.

Die Gefechtsstände befinden sich in IHRLERSTEIN (QV 0924) und WINTERSHOF (PV 5919) (=Div H und R), für die PzBrig 28 zunächst in WEIHLOHE (TQ 8822) dann in HARDT (UQ 0616) (=jeweils H) bzw. ALLKOFEN (TQ 9913) (=R). Die PzBrig 29 hat den Gefechtsstand H zunächst in MARTINSHAUN (TP 9594), dann in HANGKOFEN (UQ 2203) sowie MENGKOFEN (UP 1199) (=R)

Die 4. PzGrenDiv kämpft links an der NAAB, 1. GebDiv behauptet CHAMER Becken und die Zugänge zum BAYERISCHEN WALD.

Rechte Grenze der 4. PzGrenDiv etwa WALDMÜNCHEN – RÖTZ – SCHWANDORF. Schwerpunkt ist die Verteidigung an der B 14. Die rechte Grenze der 1. GebDiv ist die DONAU. Deren Schwerpunkt ist die Verteidigung der FURTHER-SENKE (= Einschnitt zwischen OBERPFÄLZER – und BAYERISCHER WALD)[386].

Bis 1981 war die Grenze VII. (US) zu II. (GE) Korps die B 14. Ab 1981 Verschiebung nach NORDEN auf die Linie nördlich GEORGENBERG (bei FLOSS) – WEIDEN (ausschl.) – FREIHUNG – VILSECK – ERLANGEN[387].

Der Befehl Nr. 1 des II. (GE) Korps zur Verteidigung OSTBAYERN[388] vom 15.02.1982, der den **GDP 82** umsetzte, beinhaltete folgende Feststellungen und Annahmen:

---

[386] Wurdack in e-mail v. 23.2.2013.
[387] Wurdack in e-mail v. 23.2.2013; Csoboth, Gespräch am 3.6.2014; Maloney, War without Battles, S. 383.
[388] BArch, BH 7-2/843.

Die SÜDWEST-Front des WP mit 12 Divisionen der Kategorien A und B kann aus der Mobilmachungsphase heraus angreifen, wobei die Vorwarnzeit für die Verteidigung mindestens 48 Std. beträgt. Dabei wird sich der Angriff gegen verkehrskritische Punkte (Schlüsselpunkte) an DONAU, NAAB und INN sowie im OBERPFÄLZER- und BAYERISCHEN WALD richten, um den Aufmarsch des II. (GE) Korps zu hemmen oder zu verhindern. Mit konzentrierten Angriffen der Luftstreitkräfte und dem Einsatz luftgelandeter Kampftruppen ist zu rechnen.

Absicht des II. (GE) Korps ist es, den OBERPFÄLZER- und den BAYERISCHEN WALD zu behaupten und einen Durchbruch über NAAB, DONAU und ISAR zu verhindern.

- Die 4. (GE) PzGrenDiv fängt bei einem überraschenden Angriff überlegene Feindkräfte noch ostwärts der NAAB auf, greift unterlegene Feindkräfte an und gewinnt die geplanten Verteidigungsräume. Ferner schützt sie die am GROSSER KORNBERG und die im Divisionsgebiet dislozierten Kräfte der FmElo-Aufklärung (= Radartrupp auf dem AMEISENBERG und Tieffliegermeldezentrale in BURGLENGENFELD).

- Die 1. (GE) GebDiv fängt bei einem überraschenden Angriff überlegene Feindkräfte noch im BAYERISCHEN WALD auf, greift unterlegene Feindkräfte an und gewinnt die geplanten Verteidigungsräume. Ferner schützt sie die im Divisionsgebiet dislozierten Kräfte der FmElo-Aufklärung (= Radartrupps auf DACHSRIEGEL, ESCHENBERG, SULZBERG und GFÜHRET).

- Die 1. (GE) LLDiv stellt sich darauf ein, auf Befehl des Korps kampfkräftige Teile im Lufttransport vorauszuwerfen. Bei überraschendem Feindangriff bezieht sie einen Verfügungsraum nördlich MÜNCHEN. PiBtl 240 und 210 führen Sperrauftrag auf Befehl der 1. (GE) LLDiv durch.

- Die 10. (GE) PzDiv erreicht bei überraschendem Feindangriff einen Verfügungsraum INGOLSTADT – AUGSBURG – NÖRDLINGEN. Bei erkennbaren Vorbereitungen für einen Angriff durch ÖSTERREICH setzt sie – auf Befehl des Korps – den Marsch unverzüglich in den Raum südlich der ISAR fort.

- Das FlaKdo 2 schützt die DONAU-Übergänge bei INGOLSTADT, verstärkt den Schutz an den NAAB-Übergängen zwischen SCHWANDORF und NABBURG im Gefechtsstreifen der 4. (GE) PzGrenDiv und stellt sich darauf ein, nach Aufmarsch atomarer Einsatzmittel und der Einrichtung eines KVP Sondermunition deren Schutz zu übernehmen.

- Das HFlgKdo 2 stellt sich darauf ein, bei Ausfall der Lufttransportkapazität der Luftwaffe oder des III. (GE) Korps den Antransport der LLBrig 26 (Friedensstandorte: SAARLOUIS, LEBACH, MERZIG und KOBLENZ) ganz oder teilweise zu übernehmen.

- Das NschKdo 2 übergibt vorgesehene KorpsDp an Divisionen und übernimmt MunDp vom TerrKdo SÜD

Der **Divisionsbefehl der 1. (GE) GebDiv** für die Verteidigung des BAYERISCHEN WALDES **(GDP 82)** vom 22.03.1982[389] beinhaltet folgende Annahmen und Regelungen:

Es sind Angriffskräfte der CVA zu erwarten und zwar 2 - 3 Divisionen in 1. Staffel der 4. (CZ) Armee (PISEK) und 1 - 2 Divisionen in 2. Staffel. Absicht dieser Kräfte wird es sein, zunächst mit Schwerpunkt in der FURTH – CHAMER Senke und weiter im Zuge der B 20 anzugreifen, um als Zwischenziel der 1. Staffel die B 85 und die DONAU zu erreichen und als Angriffsziel den LECH-Abschnitt nördlich AUGSBURG zu nehmen.

Bei Verletzung der Neutralität von ÖSTERREICH wird der Angriff einer weiteren Armee südlich der DONAU erwartet.

---

[389] BArch, BH 8-8/207.

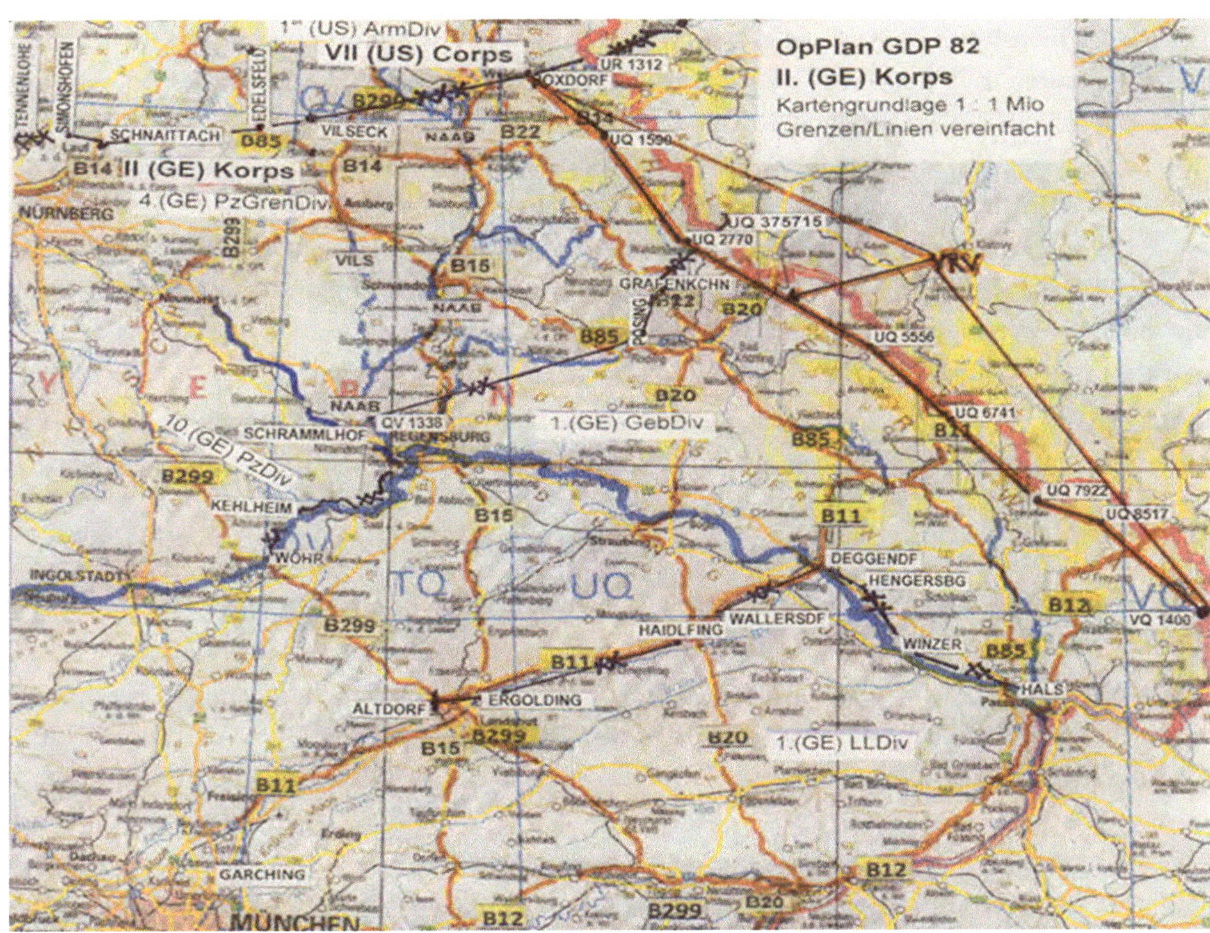

Abb. 57: Operationsplan des II. (GE) Korps, GDP 82, erstellt vom Verfasser.

Das II. (GE) Korps beabsichtigt grenznah mit 2 Divisionen vorn (Schwerpunkt zunächst links) so verteidigen, dass OBERPFÄLZER- und BAYERISCHER WALD behauptet werden. Der INN/SALZACH Abschnitt ist mit schwachen Kräften zu überwachen. Korpsreserven werden nördlich der DONAU bereitgehalten, um zwischen WEIDEN und CHAM angreifende Kräfte zu zerschlagen oder durch Verstärkung der Verteidigung vorn aufzufangen. Ein Feindangriff über INN/SALZACH ist mit der Korpsreserve unter Verlegung des Schwerpunktes auf den rechten Flügel noch südlich der ISAR abzuwehren. Insgesamt ist ein Durchbruch des Feindes über NAAB, DONAU und ISAR zu verhindern.

Die 4. **PzGrenDiv** nimmt das Gefecht mit starken Kräften grenznah auf und verzögert das Heraustreten des Feindes aus dem BÖHMERWALD. Sie verteidigt den OBERPFÄLZER WALD, verhindert einen Durchbruch über die NAAB und bereitet sich darauf vor, auf Befehl des Korps die Verteidigung mit 4. CMBG (F-StO LAHR) aus Stellungen in der Tiefe zum Schutz des Schlüsselgeländes aufzunehmen.

Die 1. **LLDiv** überwacht zunächst die Landesgrenze zwischen PASSAU und BAD REICHENHALL und bereitet Übergänge über die Grenzflüsse zur Sperrung vor. Sie hält die Masse der LLBrig 25 in einem Verfügungsraum zwischen ISAR und INN zur Verfügung des Korps und stellt sich darauf ein, bei Annäherung des Feindes durch ÖSTERREICH Verstärkungskräfte unterstellt zu bekommen. Nach entsprechender Verstärkung ist schwächerer Feind am Überschreiten von INN und SALZACH zu hindern. Gegen stärkeren Feind ist noch südlich der ISAR zu verteidigen, um das Heranführen von Korps- oder CENTAG-Reserven zu ermöglichen.

205

Die **10. PzDiv** hält sich im Verfügungsraum TIGER als Korpsreserve bereit, um auf Befehl des Korps den Feind durch frühzeitige Gegenangriffe allgemein vorwärts der B 85 zu zerschlagen oder die Verteidigung zwischen WEIDEN und CHAM zu verstärken oder über INN und SALZACH angreifenden Feind in engem Zusammenwirken mit der 1. LLDiv noch südlich der ISAR abzuwehren. Sie verstärkt mit FArtBtl 101 das Feuer der 4. PzGrenDiv und unterstellt BeobBtl 103 der 1. GebDiv bis zum „Fall SÜD". Ferner stellt sie sich darauf ein, mit dem RakArtBtl 102 und der Brigadeartillerie das Feuer der 4. PzGrenDiv zu verstärken und mit Divisionspionieren den Sperreinsatz im Gefechtsstreifen der 4. PzGrenDiv zu unterstützen.

Die LLBrig 25 bereitet mit den Divisionen und dem HFlgKdo 2 Einsätze in den Gefechts-streifen der 4. PzGrenDiv und der 1. GebDiv vor, um die Verteidigung zu verstärken und Schlüsselgelände zu behaupten. Sie stellt sich darauf ein, im „Fall SÜD" der 1. LLDiv für den Einsatz unterstellt zu werden.

Die 4. CMBG hat nach Freigabe durch CENTAG die 4. PzGrenDiv zu verstärken.

Das VBK 62 stellt nach Aufstellung der Geräteeinheiten den Objektschutz an den DONAU-Brücken KIEFENHOLZ und PFATTER sicher

Das VBK 66 unterstützt 1. GebDiv beim Anlegen vorbereiteter Sperren im gesamten Gefechtsstreifen, stellt nach Aufstellung der Geräteeinheiten den Objektschutz an den DONAU-Brücken DEG-GENDORF und WINZER sowie den ISAR-Brücken zwischen LANDSHUT und PLATTLING sicher.

Die **1. GebDiv** marschiert mit den ostwärts der Linie REGENSBURG – MÜNCHEN – LANDS-BERG – SONTHOFEN stationierten Truppenteilen selbständig, mit allen anderen Truppenteilen mit Marschkredit – wenn möglich im Eisenbahntransport – auf und bezieht zunächst mit Masse einsatznahe Verfügungsräume nördlich der DONAU, schützt die Kräfte der FmElo-Aufklärung, nimmt das Gefecht mit starken Kräften grenznah aus vorgeschobenen Stellungen zeitlich begrenzt für mindestens 24 Stunden auf, verteidigt den BAYERISCHEN WALD, verhindert einen Durchbruch zur DONAU und schafft so die Voraussetzung für eine mögliche Schwerpunktverlagerung und den Einsatz der Korpsreserve südlich der ISAR. Bei überraschendem Feindangriff fängt sie überlegene Feindkräfte noch im BAYERISCHEN WALD im Zuge der B 85 auf, greift unterlegene Feindkräfte an und gewinnt die geplanten Verteidigungsräume. Ferner stellt sie sich darauf ein, nach Abschluss des Aufmarsches bei Feindannäherung durch ÖSTERREICH das GebPzAufklBtl 8 an die 1. LLDiv abzugeben.

Die 1. GebDiv verteidigt mit PzGrenBrig 22 links im Schwerpunkt, der GebJgBrig 23 in der Mitte unter Überwachung starker Geländeabschnitte und der HSchBrig 56 rechts in enger Verbindung zum linken Nachbarn so, dass der BAYERISCHE WALD gehalten und ein Durchbruch zur DONAU im gesamten Verteidigungsraum verwehrt wird. Die offene rechte Flanke ist zu überwachen und die PzBrig 24 im Verfügungsraum MITTERFELS bereitzuhalten, um Angriffe aus Stellungen in den Räumen CHAM, VIECHTACH oder REGEN aufzufangen.

Nach Abschluss des Aufmarsches ist das GebPzAufklBtl 8 im Verfügungsraum TITTLING bereit zu halten, um die HSchBrig 56 zu verstärken, durchgebrochenen Feind im Gefechtsstreifen der GebJgBrig 23 aufzufangen oder bei Feindangriff durch ÖSTERREICH an die 1. LLDiv abgegeben zu werden. Ferner hat die 1. GebDiv mit der LLBrig 25 im Schwerpunkt durchgebrochenen Feind aufzufangen.

Die PzGrenBrig 22 hat auf Befehl Empfindliche Punkte zu sichern, den Aufmarsch der Hauptkräfte zu ermöglichen, neben dem Landmarsch den Lufttransport von VorKdos in die Verteidigungsräume vorzubereiten, mit unterstellten Pionierkräften Sperren anzulegen sowie die Verbindung zu BGS und 2nd(US) ACR herzustellen und deren Grenzsicherungskräfte abzulösen. Sie verteidigt zeitlich begrenzt mindestens 24 Stunden aus vorgeschobenen Stellungen nahe der Landesgrenze danach mit Schwerpunkt B 20, wobei sie das Schlüsselgelände PEMPFLING – RAINDORF – LEDERDORN – WETTERFELD hält.

Die GebJgBrig 23 hat zunächst die gleichen Aufgaben wie die PzGrenBrig 22, verteidigt mit mechanisierten Teilen die gangbaren Übergänge ostwärts HOHER BOGEN und nördlich von ZWIESEL, hält Schlüsselgelände PATERSDORF – SCHWEINHÜTT – OBERNEUMAIS und stellt sich auf eine Verstärkung durch Teile der PzBrig 24 ein.

Die HSchBrig 56 hat zunächst die gleichen Aufgaben wie die PzGrenBrig 22, hat danach das für die Sicherung des Aufmarsches unterstellte GebPzAufklBtl 8 unverzüglich abzulösen, die rechte Flanke der Division zwischen PLÖCKENSTEIN und PASSAU zu überwachen, mit Schwerpunkt B 12 zu verteidigen, das Schlüsselgelände FREYUNG – WALDKIRCHEN – PERLESREUTH zu halten und sich darauf einzustellen, durch das GebPzAufklBtl 8 verstärkt zu werden.

Die PzBrig 24 marschiert auf Befehl in den Verfügungsraum MAIBAUM, stellt sich darauf ein, den Feind in den Stellungen ROTHIRSCH oder STEINBOCK oder GÄMSE aufzufangen oder mit Teilen die GebJgBrig 23 zu verstärken.

Die LLBrig 25 stellt sich darauf ein, bei Unterstellung den Feind in Stellung ROTHIRSCH oder WIDDER aufzufangen.

Das GebPzAufklBtl 8 sichert den Aufmarsch der HSchBrig 56 und hält sich – nach Ablösung durch Teile der HSchBrig 56 – als Divisionsreserve II im Verfügungsraum TANNE bereit, stellt sich darauf ein, die HSchBrig 56 zu verstärken und entweder aus Stellung GÄMSE durchgebrochenen Feind aufzufangen oder im „Fall SÜD" der 1. LLDiv unterstellt zu werden.

Der Divisionsartillerieführer (unterstellt sind: GebFArtBtl 81, GebRakArtBtl 82, GebBeobBtl 83, FArtBtl 210, BeobBtl 103, PzArtBtl 225, 245 und 565) klärt mit ArtBeobRadar jenseits der Landesgrenzen bereits vor Angriffsbeginn auf, unterstützt den Kampf aus vorgeschobenen Stellungen und die Verteidigung mit Schwerpunkt zwischen linker Divisionsgrenze und RITTSTEIG, bereitet Sperrmöglichkeiten beiderseits der B 20 nördlich FURTH und in den Engen beiderseits HOHER BOGEN vor, überwacht die linke Flanke der Division nördlich GEIGANT und bei GRAFENKIRCHEN, zerschlägt Feindartillerie vor dem Schwerpunkt der Division und vor HSchBrig 56 und stellt sich auf eine Unterstützung der Divisionsreserve I und der LLBrig 25 beim Auffangen ein. Letztlich stellt er den Übergang zum atomaren Gefecht sicher.

Der Divisionspionierführer bereitet vor und leitet den Einsatz der ADMStff/ADMKdo, bereitet die Einrichtung von Fährstellen über die DONAU für Aufmarsch und Folgebewegungen bei PFATTER, BOGEN, IRLBACH, LOH-ARBING, WINDBACH und SANDBACH vor und stellt sich darauf ein, die DONAU-Brücken im rückwärtigen Divisionsgebiet auf Befehl des DivKdo mit vorne herausgelösten Kräften zur Sprengung vorzubereiten und an Sicherungskräfte zu übergeben.

Das GebPiBtl 8 unterstützt zunächst GebJgBrig 23 durch Vorbereiten und Anlegen von Sperren, stellt sich darauf ein, Sperren in STEINBOCK und GÄMSE vorzubereiten und anzulegen (ersatzweise für PzPiKp 240).

Das PiBtl 220 (Lehr) unterstützt die HSchBrig 56 durch Vorbereiten und Anlegen von Sperren.

Die PzPiKp 240 unterstützt die PzGrenBrig 22 durch Vorbereiten und Anlegen von Sperren am VRV und in den Bataillonsverteidigungsräumen. Sie bereitet nach Rückunterstellung Sperren in den Auffangstellungen der Divisionsreserve (1. Priorität ROTHIRSCH) vor und legt auf Befehl Sperren in diesen Stellungen an.

Das GebFlaRgt 8 schützt auf Befehl den Aufmarsch der 1. GebDiv an den DONAU-Übergängen sowie deren An- und Abmarschwegen. Es schützt nach Abschluss des Aufmarsches Kampftruppen und Artillerie bei PzGrenBrig 22 (hier zunächst Schwerpunkt), HSchBrig 56 sowie PzBrig 24.

Die Luftwaffe unterstützt im Überraschungsfall durch BATTLEFIELD AIR INTERDICTION (BAI) auf vorgeplante Ziele diesseits der Landesgrenze, nach Abschluss des Aufmarsches vor BORDER CROSS AUTHORITY (BCA) durch COMBAT AIR SUPPORT (CAS) gegen Ziele diesseits und nach BORDER CROSS AUTHORITY durch BAI vor allem gegen feindliche Artillerie.

Die GebHFlgStff 8 stellt nach Auslösung erster Alarmmaßnahmen Verbindungshubschrauber an Divisionskommando (2) und Brigaden (je 1) ab.

Das HFlgRgt 26 unterstützt auf Korpsbefehl zwischen linker Divisionsgrenze und LAM mit PzAbw-Hschr bei der Sicherung des Aufmarsches und in der Verteidigung. Es stellt sich ferner darauf ein, die DivRes in Auffangstellungen zu verstärken.

Die GebABCAbwLehrKp 8 besetzt erkundete Messstelle nördlich ST. ENGLMAR und legt der AMZ Wettermeldungen vor, überprüft erkundete HEP und meldet geeignete Dekontaminationsplätze.

Der Divisionsfeldjägerführer unterstützt Aufmarsch im Verkehrsleitnetz Anfangsbewegungen, bereitet Einsatz von 2 PSV-Lautsprechergruppen insbesondere an den DONAU-Übergängen PFATTER und STRAUBING vor. Die 5./FJgBtl 760 führt den Feldjägerdienst im Divisionsgebiet durch.

Die GebInstBtl 8, GebNschBtl 8 und GebSanBtl 8 errichten und betreiben die befohlenen Versorgungspunkte und -einrichtungen.

Der GebFnZg 8 hält sich nach Aufstellung bei DivGefStand (H/Res) bereit und richtet Kriegsgefangenenbefragungsstellen bei den Kriegsgefangenensammelstellen der Brig und der Div ein.

Die GebFErsBtl 81 und 82 erreichen nach Aufstellung ihre Verfügungsräume und bilden personellen Ersatz für GebArtRgt 8 und Divisionstruppen aus. Sie werden in 2. Priorität im rückwärtigen Divisionsgebiet gem. Befehl des Kdr im rückwärtigen Divisionsgebiet zu Sicherungsaufträgen und Arbeitseinsätzen herangezogen. Sie richten ferner einen Kriegsgefangenensammelpunkt ein.

Das GebSichBtl 88 erreicht nach Aufstellung seinen Verfügungsraum, sichert mit Teilen den DivGefStd R und hält sich für Sicherungsaufträge im rückwärtigen Divisionsgebiet bereit.

Das FmKdo 2 klärt mit EloKa-Mitteln den Feind vor dem Verteidigungsraum der 1. GebDiv auf.

Zur Deckung des Anfangsbedarfs an Mengenverbrauchsgütern stehen die KorpsDp 271 SCHILLERTSWIESEN, 273 FALKENFELS, 277 HUNDING und 280 HAADER zur Verfügung. Die HSchBrig 56 erhält die Anschlussversorgung über DVP MVG 2 GRAILSBERG (UQ 0103).

Der DVP (Mat) stellt ab MILITARY VIGILANCE ständige Ausgabebereitschaft in MITTENWALD sicher. DivTrVP wird in EITTING (UQ 0411) und der FInstPkt 2 in REISSING eingerichtet.

Die PzBrig 12 war 1982 bis 1985 Reserve der 4. PzGrenDiv. Die außerhalb des Verteidigungsstreifens der 4. PzGrenDiv in BAYREUTH (PzArtBtl 125) und EBERN (PzGrenBtl 101) stationierten Verbände wären im Rahmen der Alarmmaßnahmen in den Streifen der 4. PzGrenDiv verlegt worden[390].

---

[390] Brigadegeneral a. D. Hans Scriba in Telefonat v. 23.4.2013.

Die 4. PzGrenDiv kämpft 1983 nördlich WAIDHAUS, die 1. GebDiv verteidigt CHAMER SENKE (=REGENTAL zwischen FURTH i.W. und RODING). Grenze zwischen den Divisionen ist der REGEN. PzGrenBrig 11 kämpft bei WALDMÜNCHEN. 4. PzGrenDiv setzt von links nach rechts ein: PzBrig 12, PzGrenBrig 10 und 11.

Der Divisionsbefehl für den Aufmarsch der 10. (GE) PzDiv (**GDP 82**) beinhaltet folgende Feststellungen[391].

Die Warnzeit für die NATO beträgt 48 Stunden. Die SÜDWEST-Front wird vermutlich versuchen, den planmäßigen Aufmarsch des II. (GE) Korps bereits vor dem Angriff empfindlich zu stören. Nach Angriffsbeginn ist mit feindlichen Einsätzen gegen verkehrskritische Punkte (Schlüsselpunkte) an DONAU, NAAB und INN sowie im OBERPFÄLZER- und BAYERISCHEN WALD zu rechnen. Bevölkerungsbewegungen werden den Aufmarsch behindern. Die Unterstützung durch das Territorialheer wird sich nach dessen Mobilmachungsstand richten. Angestrebt wird, dass das II. (GE) Korps die befohlenen Einsatzräume noch vor Beginn des feindlichen Angriffs erreicht. Ist dies nicht der Fall, so sind die Einsatzräume mit Luftunterstützung angriffsweise zu nehmen. Hauptziel des Korps ist es, den OBERPFÄLZER- und den BAYERISCHEN WALD zu halten und einen Durchbruch über NAAB, DONAU und ISAR zu verhindern.

Der stufenweise Aufmarsch ist der Regelaufmarsch. Er erfolgt auf Grund von planmäßig und gestaffelten Aufrufen der Alarmmaßnahmen der Alarmstufen MV, SA und RA.

Die **10. PzDiv** ist als Reserve des II. (GE) Korps vorgesehen und verlegt in den Verfügungsraum PANTHER. Bei Auslösung des Eilaufmarsches oder bei überraschendem Feindangriff wird auf Befehl des Korps so aufmarschiert, dass entweder PANTHER erreicht wird oder Verfügungsräume entlang der Marschstraßen im Raum INGOLSTADT – AUGSBURG – NÖRDLINGEN bezogen werden. Bei erkennbaren Vorbereitungen für einen Angriff durch ÖSTERREICH ist auf Befehl des Korps unverzüglich in den Raum südlich der ISAR zu marschieren.

- Das FlaKdo 2 schützt Übergänge über die DONAU bei INGOLSTADT und ist bereit, den Schutz des KVP Sondermunition zu übernehmen.
- Das FlaRgt 10 schützt mit seinen PzFlakBttr den Aufmarsch der Brigaden und des ArtRgt 10.
- Der Schutz von Bewegungen auf Straßen und Eisenbahn durch Jagdfliegerkräfte (Army Support Combat Air Patrol - ASCAP) ist vorgeplant.

Nach dem Befehl für den Einsatz im Verfügungsraum PANTHER gilt für die 10. (GE) PzDiv:

- Die 10. PzDiv hält sich im Verfügungsraum bereit, um auf Befehl den Feind durch frühzeitige Gegenangriffe allgemein vorwärts der B 85 zu zerschlagen oder die Verteidigung mit Schwerpunkt zwischen WEIDEN und CHAM zu verstärken oder Feind, der über INN und SALZACH angreift, in engem Zusammenwirken mit der 1. (GE) LLDiv noch südlich der ISAR abzuwehren.
- Das RakArtBtl 102 und das BeobBtl 103 werden bis zum „Fall SÜD" der 4. PzGrenDiv (102) und der 1. GebDiv (103) unterstellt.
- Die 10. PzDiv stellt sich darauf ein, mit FArtBtl 101 und ihrer Brigadeartillerie das Feuer der 4. PzGrenDiv zu verstärken oder das FArtBtl 101 der 1. LLDiv zu unterstellen. Mit den Divisionspionieren ist der Sperreinsatz im Gefechtsstreifen der 4. PzGrenDiv zu unterstützen.
- Die PzBrig 28 sichert Übergänge über die ALTMÜHL zwischen BEILNGRIES und MEIHERN (PV 9431).

---

[391] BArch, BH 8-10/353.

- Die PzBrig 29 sichert – zusammen mit FlaKräften – Übergänge über die DONAU zwischen BAB-Brücke INGOLSTADT und VOHBURG a.d.D. (ausschließlich), zusätzlich bis Übernahme durch SichBtl 108 Übergänge zwischen VOHBURG a.d.D. und NEUSTADT a.d.D.
- Die PzGrenBrig 30 sichert Übergänge über LAUTERACH und VILS zwischen ALLERSBURG (QV 0265) und KALLMÜNZ (QV 1549).
- Das PzAufklBtl 10 sichert NAAB-Brücken bei ETTERZHAUSEN, DONAU-Brücken bei SIN-ZING (BAB A3) und POIKAM (TQ 813238).
- Das ArtRgt 10 überwacht Übergänge über die NAAB bei GRAIN am Berge (QV 1445) und PIELENHOFEN (QV 1640).
- Das PiBtl 10 erstellt nach Ausfall fester Brücken Übergänge über die DONAU zwischen IN-GOLSTADT und KELHEIM sowie über ALTMÜHL/LUDWIG-DONAU-MAIN-Kanal zwischen KOTTINGWÖRTH (QV 0025) und KELHEIM; ferner sichert es die Übergänge über die ALTMÜHL bei NUSSHAUSEN (QV 0025) und ESSING (QV 0424).
- Das FlaRgt 10 schützt den Verfügungsraum der 10. PzDiv mit 3 PzFlakBttr gegen Luftangriffe aus ost- und nordostwärtiger Richtung (einschließlich DONAU-Brücken in REGENSBURG) so-wie 3 PzFlakBttr rund um die DONAU-Brücken bei KELHEIM, NEUSTADT a.d.D. und PFÖRRING (PV 9708).
- Das FlaRgt 200 schützt Ausladebahnhöfe und die DONAU-Brücken in INGOLSTADT.
- Die ABCAbwKp 10 betreibt eine ABC-Beobachtungs- und Messstelle im Raum um den GOLD-BERG (QV 1223) und sichert DONAU-Brücke KELHEIM.
- Die FErsBtl 101 und 102 sichern im Verfügungsraum südlich und nördlich ALTMÜHL /LUD-WIG-DONAU-MAIN-Kanal und betreiben Kriegsgefangenensammelpunkte.
- Das SanBtl 10 stellt ab SLC Arbeitsbereitschaft für HVPl 2/10 und DVPSanMat in RIEDEN-BURG (PV 9727) her, unterstellt den Brigaden SanKp in deren Verfügungsräumen und hält 6./SanBtl 10 beweglich bereit.

Gefechtsstände der Division sind in IHRLERSTEIN (QV 0924) bzw. AICHKIRCHEN QV 0132) (=H/Vor und H), HEMAU (QV 0337) bzw. RIEDENBURG (PV 9627) (=R/Vor und R).

Den Grundgedanken zur Operationsplanung für den **GDP 82** ist zu entnehmen[392]:

Das II. (GE) Korps verteidigt grenznah mit 2 Divisionen vorn und mit Schwerpunkt zunächst links unter Inkaufnahme einer nur durch schwache Kräfte im INN/SALZACH-Abschnitt überwachten rechten Flanke. Die 10. PzDiv wird als Korpsreserve nördlich der DONAU bereitgehalten, um zwi-schen WEIDEN und CHAM angreifende Kräfte durch einen Gegenangriff zu zerschlagen oder durch Verstärkung der Verteidigung vorne aufzufangen. Im „Fall SÜD" wird der Schwerpunkt auf den rech-ten Flügel verlegt, um mit der 10. PzDiv den Feind noch südlich der ISAR abzuwehren.

Spätestens nach Verlegung des Schwerpunktes ist das Korps darauf angewiesen, die 4. CMBG für einen Einsatz im Gefechtsstreifen der 4. PzGrenDiv unterstellt zu erhalten.

Die Aufträge der Stellungsdivisionen lauten:

- Die 4. PzGrenDiv nimmt mit starken Kräften das Gefecht grenznah auf und verzögert das Her-austreten des Feindes aus dem BÖHMERWALD, sie verteidigt den OBERPFÄLZER WALD und verhindert einen Durchbruch über die NAAB und trifft Vorbereitungen, um auf Befehl des Korps mit der 4. CMBG die Verteidigung aus Stellungen in der Tiefe zum Schutz des Schlüssel-geländes aufnehmen zu können.

---

[392] BArch, BH 8-10/353.

- Die 1. GebDiv nimmt mit starken Kräften das Gefecht grenznah auf, verteidigt den BAYERI-SCHEN WALD, verhindert einen Durchbruch zur DONAU und ermöglicht so die Schwerpunkt-verlagerung und den Einsatz der Korpsreserve südlich der ISAR. Sie stellt sich darauf ein, das GebPzAufklBtl 8 an die 1. LLDiv abzugeben.
- Die 1. LLDiv überwacht die Landesgrenze zwischen PASSAU und BAD REICHENHALL, hält für das Korps die Masse der LLBrig in einem Verfügungsraum zwischen ISAR und INN bereit und stellt sich darauf im „Fall SÜD" Verstärkungskräfte unterstellt zu be-kommen. Nach Verstär-kung ist schwächerer Feind am Überschreiten von INN und SALZACH zu hindern, gegen stär-kere Kräfte ist noch südlich der ISAR zu verteidigen, um das Heranführen von Korps- oder CEN-TAG-Reserven zu ermöglichen.

Das II. (GE) Korps hat im Sommer 1984 vermutlich nördlich der DONAU mit der gesamten 1. (CVA) Armee (= PRIBRAM) mit 2 motSchtz- und 2 PzDiv sowie mindestens 1 Div der 4. (CVA) Armee (=PISEK) in 1. operativer Staffel zu rechnen. Bei einem Vorstoß durch OBERÖSTERREICH ermöglicht das Gelände dem Feind bis zu 5 Divisionen am INN-SALZACH-Abschnitt gegen die Südflanke des II. (GE) Korps einzusetzen.

Die linke Grenze de II. (GE) Korps verläuft 1985 auf Linie EGER – ERLANGEN. Die 4. PzGren-Div hat als rechte Grenze etwa die Linie SCHWANDORF – DONAUWÖRTH. Dahinter liegt die 4 CMBG als Reserve. Die B 14 war angenommene Angriffsachse. Rechts war die 1. GebDiv (inkl. HSchBrig 56) eingesetzt. Dahinter lag die 10. PzDiv als Korpsreserve. Im Raum nördlich MÜN-CHEN – DEGGENDORF lag die 1. LLDiv (nur LLBrig 25 ohne Unterstützungsteile).

PzGrenBrig 30 hat 1986 auf Befehl einen Verfügungsraum südlich von NÜRNBERG zu beziehen (Wälder zwischen RÖTTENBACH und HILPOLTSTEIN)[393].

Der **GDP 88 vom 03.11.1987** weist eine bemerkenswerte Neuerung auf. Erstmals ist nicht mehr die 1. (GE) GebDiv der rechte Nachbar der 4. (GE) PzGrenDiv, sondern die 1. (GE) LLDiv. Als weitere Besonderheit kann gelten, dass vielfach die 1 (CA) Division genannt wird, die allerdings nicht aufge-stellt wurde.

Der Operationsbefehl „B" Nr. 2 für die Verteidigung in OSTBAYERN vom 3.11.1987 (TgbNr. 43/87) – in Kraft ab 1.7.1988 – bezieht sich auf den OpBefehl „B" des II. (GE) Korps vom 23.07.1987 (TgbNr. 111/87) und trifft für die 4. PzGrenDiv folgende Aussagen[394]:

Die 4. PzGrenDiv trifft vermutlich keiner der Hauptstöße des Warschauer Paktes; wahrscheinlich ist ein Angriff der SÜDWEST-Front mit Kräften der CVA in 1. Staffel.

Zu rechnen ist mit bis zu 3 Divisionen (darunter wahrscheinlich 1 PzDiv) aus 1./4. (CZ) Armee. In der 2. Staffel sind 1 bis 2 Divisionen des MB Ost oder MobDiv der CVA möglich. Luftunterstützung durch Kampfhubschrauber und Kampfflugzeuge der 10. (CZ) Luftarmee ist wahrscheinlich, eine Ver-stärkung durch Teile der 57. (SU) Frontluftarmee erscheint denkbar. Schwerpunkt liegt im Zuge der B 14 bis zur NAAB, danach vermutlich zwischen WERNBERG und KÖBLITZ. Mit starken Artille-riekräften ist zu rechnen; vermutete Schwerpunkte sind die Räume um WAIDHAUS, ESLARN und WALDMÜNCHEN.

---

[393] Knögel in e-mail v. 17.7.2015.
[394] BArch, BH 8-4/240. Auffällig ist an dem Operationsbefehl „B", dass durchgehend die 4 CMBG durch 1. (CA) Div überschrieben ist. In den Anlagen ist dies nicht der Fall. Nähere Einzelheiten siehe unten S. 234.

Taktische Luftlandungen bis Bataillonsstärke sind im NAAB-Abschnitt frühzeitig nach Angriffsbeginn zu erwarten. Mögliche Geländeabschnitte für Brückenköpfe sind WERNBERG-KÖBLITZ und SCHWARZENFELD.

Die Kräfte für den funkelektronischen Kampf der CVA können alle HF-Funkkreise der Division, die überwiegende Zahl der VHF-Verbindungen, die wichtigsten Richtfunkstrecken und die Masse der betriebenen Radargeräte aufklären sowie alle HF-Kreise gleichzeitig und die Masse der wichtigsten Führungsverbindungen der Division nachhaltig stören, z.T. sogar unterbrechen.

Vermutete Feindabsicht ist ein Angriff zwischen EGER und PASSAU auf breiter Front. Im Gefechtsstreifen der 4. PzGrenDiv wird der Gegner rasch – Schwerpunkt im Zuge der B 14 – möglichst viele Übergänge über die NAAB unversehrt nehmen wollen, um über AMBERG, SULZBACH-ROSENBERG in den Großraum südlich NÜRNBERG vorzustoßen. Dabei sollen vermutlich alle Kräfte der 4. PzGrenDiv nachhaltig so gebunden werden, dass keine Reserven in Brigadestärke gewonnen werden können.

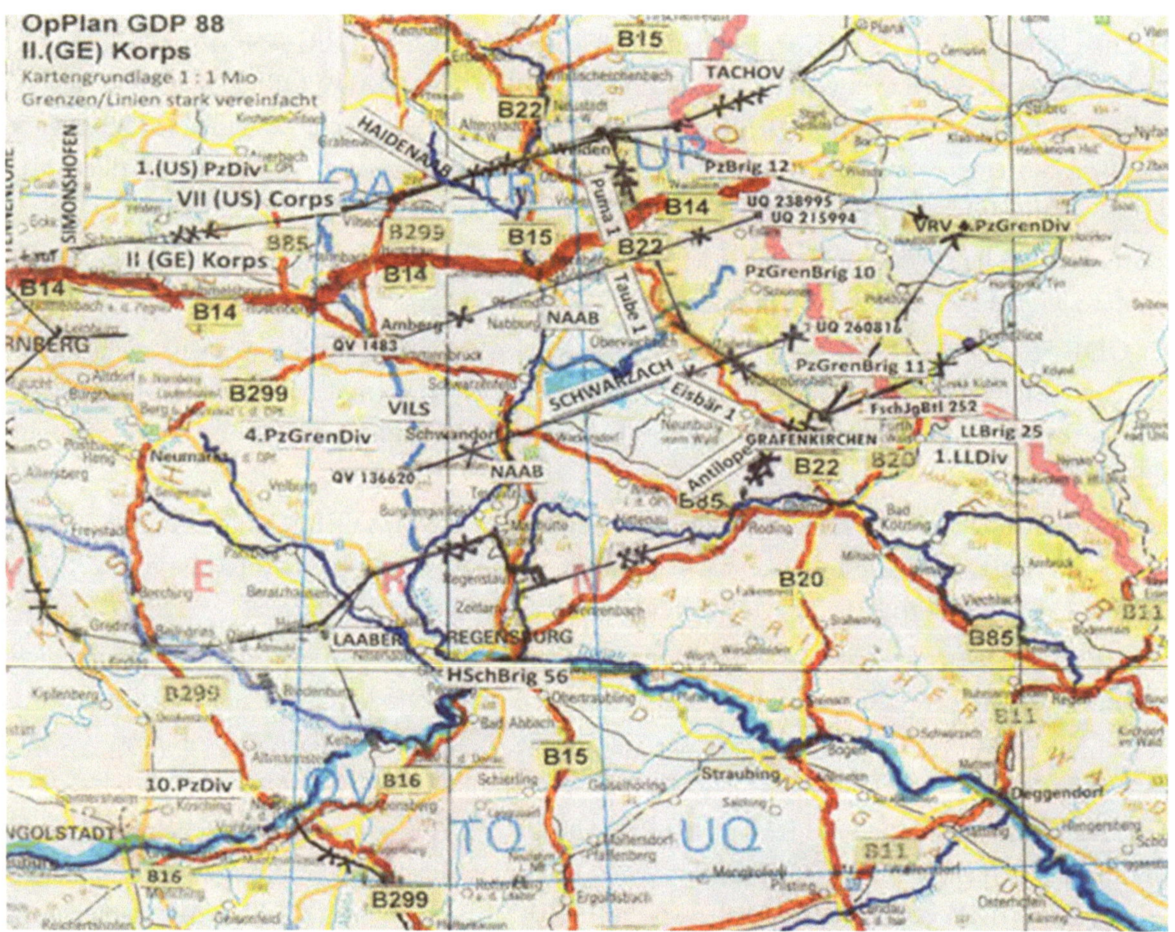

Abb. 58: Gefechtsstreifen der 4. PzGrenDiv, GDP 88, erstellt durch den Verfasser.

Das II. (GE) Korps[395] führt die Verteidigungsoperationen mit dem Ziel, in beweglicher Operationsführung die angreifenden Kräfte nacheinander zu stellen und zu vernichten. Das Korps konzentriert seine Planungen und den ersten Kräfteansatz auf den ungünstigsten Fall, den gleichzeitigen Angriff aus der CSSR und durch Österreich.

---

[395] BArch, BH 7-2/843 – TgbNr. 81/84.

Das Korps beabsichtigt:

Bei Angriff nur aus der CSSR an den Haupteinfallspforten durch den nördlichen BÖHMERWALD und OBERPFÄLZER WALD ist mit mechanisierten Kräften elastisch zu halten, der BAYERISCHE WALD infanteristisch zu behaupten, angreifender Feind grenznah aufzufangen und so abzunutzen, dass er zu weiteren Angriffsoperationen nicht mehr fähig ist.

Hinter dieser frontnahen Deckung soll eine bewegliche Operationsführung der Korpsreserven mit dem Ziel der Zerschlagung der 1. Staffel ermöglicht werden.

Bei Angriff aus CSSR und durch Österreich ist mit mechanisierten Kräften das Gefecht grenznah aufzunehmen, der Feind auf den ISAR-Abschnitt nordostwärts LANDSHUT hin zu verzögern, dort frontnah aufzufangen, um dann im Schwerpunkt des Korps mit starken gepanzerten Kräften den zwischen INN und ISAR eingebrochenen Feind in der Flanke anzugreifen und so durch Vernichtung der ersten Staffeln seine Angriffskraft an beiden Fronten zu brechen.

Dazu werden eingesetzt:

- an den Haupteinfallspforten des nördlichen BÖHMERWALDES die 4. PzGrenDiv mit PzGren-Brig 10 und 11 sowie PzBrig 12,
- im BAYERISCHEN WALD die 1. LLDiv mit LLBrig 25 und 26 sowie GebJgBrig 23,
- zur Verzögerung zwischen INN und ISAR sowie anschließender Verteidigung an der ISAR die 1. GebDiv mit PzGrenBrig 22 und PzBrig 24.

Als Korpsreserve B in der TAUFKIRCHEN-Stellung hat die 10. PzDiv mit PzBrig 28 und 29 sowie PzGrenBrig 30 den Auftrag, gestauten Feind vor 1. GebDiv angriffsweise zu zerschlagen oder im Gefechtsstreifen der 4. PzGrenDiv oder bei VII. (US) Korps eingesetzt zu werden.

Die Korpsreserve A besteht aus der HSchBrig 56 und hat den Auftrag, zunächst Aufmarsch und Verteidigungsvorbereitungen der 1. LLDiv zu decken und sich anschließend im Verfügungsraum RE-GENSBURG auf Einsätze bei der 1. LLDiv oder 4. PzGrenDiv einzustellen.

Die 1st (US) ArmdDiv verteidigt am rechten Flügel des VII. (US) Korps mit Schwerpunkt zwischen MARKTREDWITZ und TIRSCHENREUTH, fängt Feind in beweglich geführter Verteidigung spätestens im KEMNATHER BECKEN auf, zerschlägt ihn durch Angriffe der als Divisionsreserve zurückgehaltenen 1st (US) Bde im Zusammenwirken mit der AviationBde, hält an der Korpsgrenze Verbindung zur 4. PzGrenDiv und beteiligt sich zur Verteidigung entlang der Korpsgrenze am GE-US-Joint Combat Team.

Die 1. LLDiv deckt Aufmarsch und Verteidigungsvorbereitungen mit unterstellter HschBrig 56, verteidigt anschließend mit LLBrig 25 am linken Flügel im Zuge der B 22 – Nordostrand CHAM – BAYERISCHER WALD so, dass dem Feind ein Durchbruch zur DONAU verwehrt wird und hält mit dem links eingesetzten FschJgBtl 252 Verbindung zu 4. PzGrenDiv bei GRAFENKIRCHEN.

Die 1. (CA) „Div" wird als einzige unverzüglich verfügbare CENTAG-Reserve im Verfügungsraum SETTER bereitgehalten; sie stellt sich darauf ein, nach Unterstellung unter das II. (GE) Korps der 4. PzGrenDiv unterstellt zu werden.

Die 1. (FR) Armee und/oder das II (FR) Korps können nach politischer Freigabe als CENTAG-Reserve unterstellt und entsprechend den vorbereiteten Operationsplänen eingesetzt werden.

Die FOURATAF mit unterstellten alliierten taktischen Operationszentralen (ATOC) unterstützt nach Entscheidung COMCENTAG/II. (GE) Korps die 4. PzGrenDiv durch offensive Luftunterstützung (CAS).

Die 4. PzGrenDiv[396] nimmt das Gefecht an der Landesgrenze mit 3 Brigaden nebeneinander auf und verzögert nachhaltig. Sie verteidigt dann mit 3 Brigaden nebeneinander – Schwerpunkt links – und einer nur schwachen Divisionsreserve. Dabei ist der Feind in beweglicher Gefechtsführung unter Nutzung der Tiefe des Raumes in der Linie VILSECK – SCHWANDORF – NITTENAU aufzufangen und spätestens vor den Aufgängen der FRÄNKISCHEN ALB, in der VILS-Stellung zum Stehen zu bringen und so das Vordringen in den Raum NÜRNBERG zu verhindern.

Die Division stellt sich darauf ein, bei Verlegung der Korpsgrenze nach Norden mit erweitertem Gefechtsstreifen und dann unterstellter 1. (CA) „Div" weiter zu verteidigen. Bei einer Verlegung der Korpsgrenze nach Süden würden die PzBrig 12, ggf. auch Teile der PzGrenBrig 10 herausgelöst und die PzBrig 12 auf Befehl als neue Korpsreserve bereitgehalten.

Absicht der 4. PzGrenDiv ist es, das Gefecht in 4 Phasen zu führen:[397]

- grenznah geführte zeitlich begrenzte Verteidigung durch die Verzögerungskräfte der Brigaden mit anschließendem Verzögerungsgefecht unter geschickter Ausnutzung des Geländes,
- Verteidigung am VRV mit 3 Brigaden nebeneinander, Schwerpunkt links, in einem durch Sperren verstärkten Gelände,
- ausweichen auf Befehl und nachhaltige Verteidigung im NAAB-Abschnitt – Schwerpunkt in der Mitte – mit dem Ziel, die Kräfte der 1. taktischen Staffel so abzunutzen, dass sie den Angriff nicht fortsetzen können und zum Staffelwechsel gezwungen werden,
- kann der NAAB-Abschnitt nicht gehalten werden, ist auf Befehl auf die VILS-Stellung auszuweichen, wobei dem Feind der Zugriff zu den Aufgängen der FRÄNKISCHEN ALB zu verwehren ist.

Der Division kommt es darauf an, den Übergang von Verzögerung zur Verteidigung fließend zu halten und den Gegner in einem immer dichter werdenden Netz zu verzögern und ihm Verluste zuzufügen, wobei das Gefecht beweglich zu führen und die Tiefe des Raumes zu nutzen sind.

Der Gegner ist durch Gegenangriffe zu schwächen, weshalb auf Brigadeebene Reserven bereitzuhalten sind. Sperren sind in die Gefechtsführung so einzubeziehen, dass einerseits das Gelände verstärkt wird, andererseits genügend sperrfreie Räume für Gegenangriffe und schnelle Verschiebungen bleiben. In jedem Fall ist Verbindung zum linken und rechten Nachbarn zu halten.

Die PzBrig 12 ist in den Phasen 1 und 2 im Schwerpunkt der Division eingesetzt. Sie löst auf Befehl Grenzsicherungskräfte ab und sichert an der Landesgrenze, verteidigt zeitlich begrenzt WALDKIRCH (UR 1111) – LOHMA (UQ 1499), bricht auf Befehl der Division die zeitlich begrenzte Verteidigung ab und führt das Verzögerungsgefecht in enger Abstimmung mit den Nachbarn. Dabei verteidigt sie aus der Stellung PUMA 1 und verhindert Durchbruch im Zuge der B 14, weicht auf Befehl auf Stellung PUMA 2 aus, wo sie nachhaltig verteidigt und den Übergang über HAIDENAAB/NAAB verwehrt.

Ferner überwacht und schützt sie die linke Flanke der Division und hält in Verzögerung und Verteidigung den Anschluss an die 2nd Bde/1st (US) ArmdDiv.

Die PzBrig 12 stellt sich darauf ein,

- in Stellung PUMA 1 durch PzAufklBtl 4 verstärkt zu werden,
- in Stellung PUMA 2 durch 1. (CA) Div abgelöst oder durch 1. (CA) Div und/oder PzAufklBtl 4 verstärkt zu werden,

---

[396] BArch, BH 8-4/240.
[397] BArch 8-4/240 und Informationen aus der Militärhistorischen Weiterbildung der PzBrig 12 im Mai 2019.

- auf Befehl aus PUMA 2 auszuweichen und in PUMA 3 durch 1. (CA) Div aufgenommen zu werden,
- bei Verlegung der Korpsgrenze nach Süden herausgelöst und – nach Entscheidung des Korps – als Korpsreserve bereitgehalten zu werden.

Die PzBrig 12 löst nach Verfügbarkeit von JgBtl 46 Teile des PzAufklBtl 4 an der NAAB ab und hält eine bataillonsstarke Brigadereserve bereit.

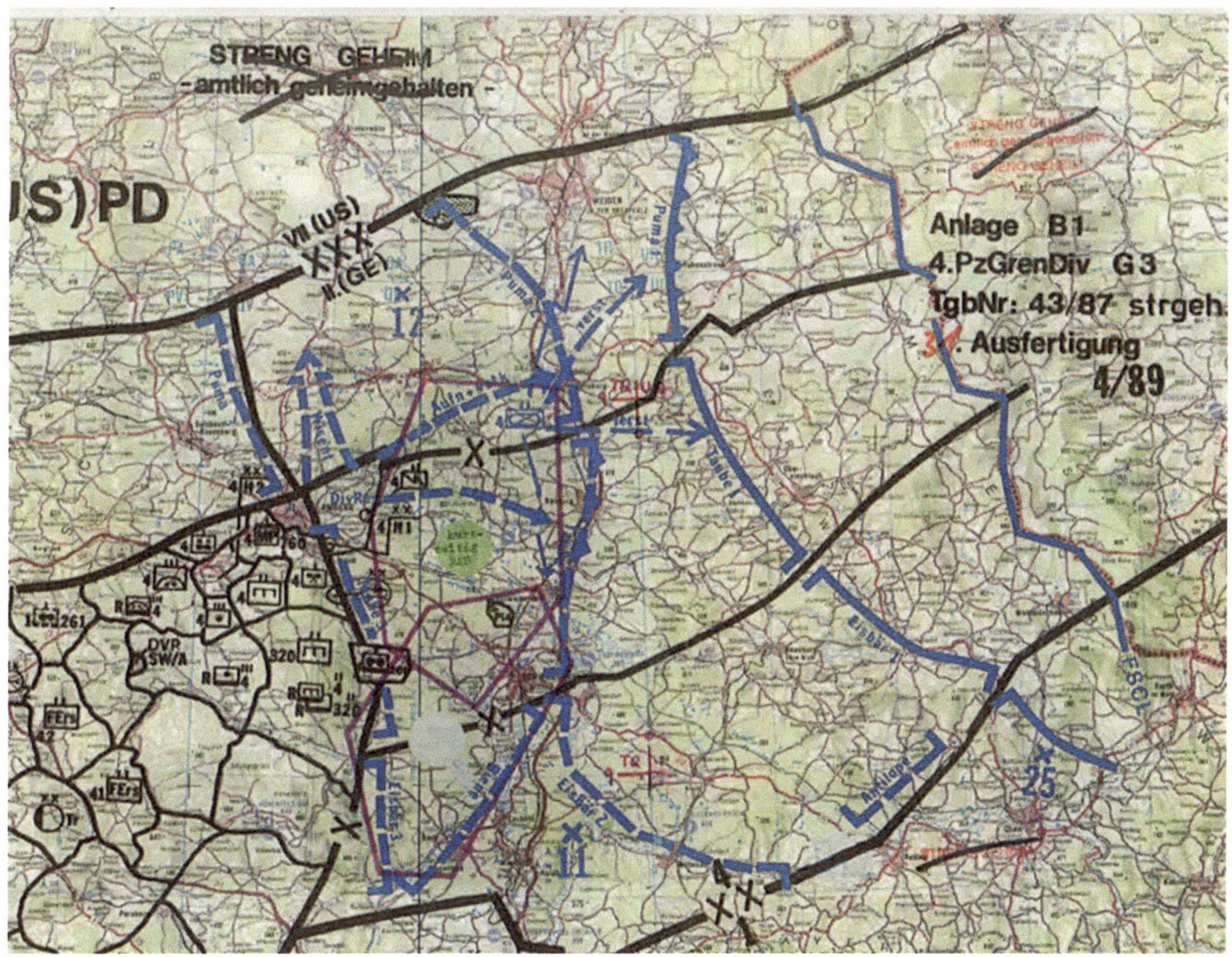

Abb. 59: GDP 87 der 4. (GE) PzGrenDiv. Quelle: BArch BH 8-4/240

Die PzGrenBrig 10 ist in Phasen 3 und 4 im Schwerpunkt der Division eingesetzt. Sie löst auf Befehl Grenzsicherungskräfte ab und sichert an der Landesgrenze, verteidigt zeitlich begrenzt ESLARNER BECKEN – SCHÖNSEE (UQ 2287) – WEIDING (UQ 2484), bricht auf Befehl der Division die zeitlich begrenzte Verteidigung ab und führt das Verzögerungsgefecht in enger Abstimmung mit den Nachbarn, verteidigt aus Stellung TAUBE 1 und verhindert Vorstoß auf NAAB-Abschnitt PFREIMD – NABBURG, stellt sich auf Verstärkung in TAUBE 1 durch PzAufklBtl 4 ein, setzt das PzBtl 104 in Phase 2 (Verteidigung am VRV) als Brigadereserve im Zuge der NAAB so ein, dass NAAB-Übergänge zwischen PFREIMD und SCHWARZENFELD geschützt werden wobei PzAufklBtl 4 von diesem Auftrag abgelöst wird. Auf Befehl ist auf Stellung TAUBE 2 auszuweichen und hier – im Schwerpunkt der Division nachhaltig zu verteidigen und ein Stoß über die NAAB auf AMBERG zu verwehren.

Die PzGrenBrig 10 stellt sich ferner darauf ein, in TAUBE 2 durch PzAuklBtl 4 aufgenommen oder verstärkt zu werden. Sie hat eine bataillonsstarke Brigadereserve bereit zu halten.

Die PzGrenBrig 11 löst auf Befehl Grenzsicherungskräfte ab und sichert an der Landesgrenze, verteidigt zeitlich begrenzt TIEFENBACH (UQ 2579) – TREFFELSTEIN (UQ 2777) – WALDMÜNCHEN (UQ 3372), bricht auf Befehl der Division die zeitlich begrenzte Verteidigung ab und führt das Verzögerungsgefecht in enger Abstimmung mit den Nachbarn, verteidigt aus Stellung EISBÄR 1, fängt Feind in der Linie THANSTEIN (UQ 1673) – RÖTZ (UQ 2069) auf und hält enge Verbindung zur LLBrig 25. Bei Gefährdung der rechten Divisionsflanke wird aus der Stellung ANTILOPE verteidigt.

Auf Befehl der Division weicht die PzGrenBrig 11 auf die Stellung EISBÄR 2 aus, wobei Anschluss an rechten Nachbarn (LLBrig 25) zu halten ist. Sie stellt sich darauf ein, ganz oder mit Teilen auf die Stellung BIENE, später EISBÄR 3 auszuweichen und hier zu verteidigen. Eine bataillonsstarke Brigadereserve ist bereit zu halten.

Verfügbare Verstärkungen:

- die 1. (CA) „Div" stellt sich nach Eintreffen im Verfügungsraum SETTER auf Einsätze bei VII. (US) Korps/1st (US) ArmdDiv oder II. (GE) Korps/4. PzGrenDiv ein,
- bereitet unmittelbar nach Eintreffen Verteidigung aus Stellung PUMA 3 zwischen SOLLNES (QV 0197) und Nordrand AMBERG, später auch im Zuge der HAIDENAAB vor,
- stellt sich nach Unterstellung unter 4. PzGrenDiv auf folgende Einsätze ein:
  o Aufnahme PzBrig 12 in Stellung PUMA 3 und Verteidigung aus der Stellung,
  o Ablösung PzBrig 12 in Stellung PUMA 2 an der NAAB,
  o Verstärkung vorn eingesetzter Kräfte,
  o Gegenangriffe westlich der NAAB.
- HschBrig 56 als Korpsreserve A stellt sich im Verfügungsraum REGENSBURG auf Verstärkung der 1. LLDiv (1. Priorität) oder 4. PzGrenDiv (2. Priorität) ein,
- stellt sich nach Unterstellung unter 4. PzGrenDiv auf folgende Einsätze ein:
  o Verteidigung aus Stellungen EISBÄR 2, EISBÄR 3 oder TAUBE 3 unter Aufnahme und Ablösung der in diesem Gefechtsstreifen eingesetzten Truppen,
  o Verteidigung – unter Aufnahme oder Ablösung der PzBrig 12 – aus Stellung PUMA 3, wenn 1. (CA) Div nicht der 4. PzGrenDiv unterstellt wird.
- 10. PzDiv als Korpsreserve B stellt sich bei einem ausschließlich aus der CSSR geführten Angriff darauf ein, entweder die 4. PzGrenDiv zu verstärken oder dort eingebrochenen Feind durch Gegenangriffe zu vernichten oder (über 4. PzGrenDiv hinweg) in den Gefechtsstreifen des VII. (US) Korps hinein anzugreifen.

Das PzAufklBtl 4 gibt kompaniestarke, gemischte Aufklärungskräfte an 1. LLDiv ab, schützt bis zur Ablösung durch JgBtl 46 und PzBtl 104 die NAAB-Übergänge zwischen WERNBERG-KÖBLITZ (TQ 9491) und SCHWARZENFELD (TQ 9374) und ist dazu mit PzBrig 12 und PzGrenBrig 10 auf Zusammenarbeit angewiesen, stellt sich in dieser Phase darauf ein, die Kräfte in PUMA 1 sowie TAUBE 1 zu verstärken und hält sich nach Ablösung durch JgBtl 46/PzBtl 104 im Verfügungsraum ostwärts AMBERG bereit.

Dort bereitet es sich darauf vor, nach Unterstellung unter PzBrig 12 oder PzGrenBrig 10 die Stellungen PUMA 2 oder TAUBE 2 zu verstärken, den Gegenangriff WISENT zu führen, um vor PUMA 3 gestauten Feind zu zerschlagen und die tiefe linke Flanke der Division zu schützen. Ferner unterstellt das PzAufklBtl 4 den Brigaden 12 und 11 je ein RASIT zur Verdichtung der Aufklärung.

Verbliebene leichte Spähtrupps sind von Beginn an im Raum WAIDHAUS und WALDMÜNCHEN so einzusetzen, dass nach Ausbruch der Feindseligkeiten die Bewegung von Folgekräften überwacht werden kann.

Die FmKp 4 (EloKa D) klärt zunächst im Fm-/EloAufklVerbund des Korps aus Aufklärungsbasis GRENZLAND auf, bereitet EloGM gegen Funkverbindungen der feindlichen Div/Rgt mit Schwerpunkt beiderseits B 14 vor. Ein Ausweichen auf die Basis NAAB ist nur in enger Absprache mit der Division möglich.

Der Frontnachrichtenzug 4 ist nach Aufwuchs schnellstmöglich dezentral einzusetzen, wobei jeder Brigade 1 FN-Trupp C unterstellt wird. Seine Aufgabe ist es, Gefangene, Überläufer und Flüchtlinge zu befragen sowie Beutedokumente auszuwerten mit dem Ziel, die Nationalität der Angriffstruppen einschließlich der Bereitstellungsräume zu erkennen und Erkenntnisse über die Gefechtsgliederung, Grenzen, Reserven, Schwerpunkte und Angriffsziele zu gewinnen.

Der Divisionsartillerieführer verstärkt das Feuer der Verzögerungskräfte, ortet und bekämpft feindliche Artillerie mit Schwerpunkt vor PzBrig 12, stellt Feuerverstärkung über die rechte Divisionsgrenze für die 1. LLDiv in die FURTH – CHAMER Senke (UQ 4364 – UQ 3055) sicher und riegelt Feindangriffe durch Wurfminensperren grenznah und in den Flanken nach Forderung der Brigaden ab.

Bei der Verteidigung am VRV verstärkt der DivArtFhr das Feuer der PzBrig 12, zerschlägt den Feind beiderseits der B 14, südlich davon und im ESLARNER BECKEN (UQ 2095), riegelt Feindangriffe in der linken Flanke im Raum FLOSS (UR 0311) und in der rechten Flanke im Raum FURTH-CHA-MER Senke (UQ 4364 – UQ 3055) ab.

Ferner stellt sich der DivArtFhr auf Feuerverstärkung durch Artillerie der 10. PzDiv (bei Angriff nur aus CSSR) und der HSchBrig 56 ein und verstärkt damit das Feuer der 1. LLDiv in der FURTH-CHAMER Senke. Er plant Feuerverstärkung für 1. (CA) Div und HSchBrig 56. Letztlich stellt er den Übergang zum atomaren Feuerkampf sicher.

Die Pioniere bilden bei der PzBrig 12 einen Schwerpunkt für den Sperreinsatz und verdichten die Sperren durch Wurfminen/Richtminen und Verlegeminen.

Der Kommandeur des PiBtl 4 ist Divisionspionierführer (DivPiFhr). Er koordiniert den Einsatz aller der Division unterstellten Pioniere. Er beordert 4 Minenwerfer zum PzAufklBtl 4, stellt mit 5./PiBtl 4 und 5./PiBtl 320 Übergänge über NAAB und VILS im Gefechtsstreifen der PzGrenBrig 10 sicher, führt der PzGrenBrig 11 zwei Panzerbrückenergänzungssätze zur Sicherstellung des Überganges über die SCHWARZACH zu, unterstützt den DivArtFhr beim Bau von Feuerstellungen für die Divisionsartillerie mit dem Pioniermaschinenzug und stellt danach die Bewegungsfreiheit in den Brigadegebieten und dem rückwärtigen Divisionsgebiet sicher.

Das Flugabwehrregiment 4 schützt zunächst den Aufmarsch der Division mit Schwerpunkt PzBrig 12 und NAAB-Übergänge, danach werden in Verzögerung und Verteidigung die gepanzerten Truppenteile der Brigaden und Teile der Artillerieverbände der Division sowie die NAAB-Übergänge geschützt.

Nach Zuweisung durch ASOC II. (GE) Korps und Entscheidung des Divisionskommandeurs unterstützen die Luftstreitkräfte durch Zerschlagen von Feindspitzen bei Grenzüberschreitung durch Close Air Support (CAS), solange Grenzüberflugerlaubnis noch nicht vorliegt, nach dessen Erteilung wird durch Battlefield Air Interdiction (BAI) das Heranführen der 2. operativen Staffel verzögert bzw. verhindert. Eigene Gegenangriffe werden durch Zerschlagen von Feindkräften und Abriegelung der 2. taktischen Staffel unterstützt. Schwerpunkt liegt an der B 14 bei der PzBrig 12.

Die Heeresflieger stellen sich darauf ein, das Verzögerungsgefecht der Brigaden ab Landesgrenze sowie die Verteidigung der Division ab VRV zu unterstützen. Die linke Flanke ist im Zuge der B 15 und die rechte Flanke gegen Angriffe aus der CHAM-FURTHER Senke abzuriegeln. Schwerpunkt des Einsatzes liegt bei der PzBrig 12.

Die HFlgStff 4 gibt 2 VBH an 1. LLDiv ab und stellt je 1 VBH für DivKdr, die 3 BrigadeKdr und den Kdr ArtRgt. Ferner stellt sie sich darauf ein, die Flanken der Division im Zusammenwirken mit den Aufklärungskräften der Division zu überwachen.

Drei UH-1D, der Division unterstellt, stehen im Verfügungsraum der HFlgStff 4 vorrangig für Verwundetentransporte abrufbereit.

Die ABCAbwLKp 4 verlegt in den Verfügungsraum HASELMÜHL (QV 0978), schützt VILS-Übergänge im Verfügungsraum, betreibt dort eine ABC Mess- und Beobachtungsstation, bereitet einen HEP in HASELMÜHL vor, stellt sich darauf ein, im Gefecht unter ABC-Bedrohung bewegliche ABC-Beobachtung entlang der B14 und entlang der NAAB zwischen ETZENRICHT (TR 9002) und SCHWANDORF (TQ 9068) durchzuführen und im Gefecht unter ABC-Bedingungen vor allem die Divisionsreserve durch Dekontamination und ABC-Aufklärung zu unterstützen sowie den Brigaden ABCAufklTrupps zu unterstellen.

Die 4./FJgBtl 760 wird nach Abschluss des Aufmarsches der 4. PzGrenDiv unterstellt. Sie unterstützt in der Verkehrslenkung durch Verkehrsregelung und -überwachung an NAAB bzw. VILS sowie Überwachung der Versorgungsstraßen. Ferner hält sie 1 FJgZg als Reserve im Verfügungsraum der Kp bereit und stellt sich darauf ein, die 1. (CA) Div in der Verkehrsführung zu unterstützen.

Das SichBtl 48 sichert Divisionsgefechtsstand R und gibt Sicherungskräfte an verschiedene Verbände ab.

Das SanBtl 4 betreibt Hauptverbandsplatz in ALTDORF (PV 7073), verstärkt das BwKrhs AMBERG mit 1 Kp und hält 2./SanBtl 220 in ALTDORF beweglich bereit.

Für den Verwundetentransport wird jeder Brigade mit Aufmarsch der Verzögerungskräfte 1 Krankenkraftwagenzug unterstellt. Für den Abtransport von Verwundeten verfügt die Division über 3 LTH, die 3./KrTrspBtl 230 in ALTDORF sowie je einen KrTrspZg Schiene in AMBERG und KELHEIM.

De Sanitätsmaterialversorgung wird durch die Sanitätsmaterialausgabestelle BwKrhs AMBERG und den DVP SanMat in ALTDORF sichergestellt.

Logistische Einrichtungen sind aufzubauen bzw. vorhanden (Korpsdepot 270):

- DVP SanMat in ALTDORF (PV 7073),
- DivTrVP in SIEGENHOFEN (PV 8457),
- DVP Mat in LANGLAU (PV 3642),
- DVP MVG 1 in PAVELSBACH (PV 7159),
- DVP MVG 1 in SENGENTHAL (PV 7956),
- Korpsdepot 270 in ADERTSHAUSEN (QV 0864),
- FeldInstPkt 1 in PILSACH (PV 8266),
- FeldInstPkt 2 in LAABER (PV 8665),
- FeldInstPkt Elo in LITZLOHE (PV 8270)
- vorgeschobener gemeinsamer FeldInstPkt Elo in THEUERN (QV 1175).

Ein Kriegsgefangenensammelpunkt ist in SULZBÜRG (PV 7651) einzurichten.

Der Divisionsgefechtsstand H1 befindet sich in GÄRMERSDORF (Kaserne), H2 in HOHENKEM-NATH (QV 0175) und R1 in WOFFENBACH (PV 7761).

Neben dem „eigentlichen" Operationsbefehl gibt es eine Reihe von Anlagen, die nachfolgend aus-zugsweise wiedergegeben werden:

- Anlage A (TgbNr. 43/87 - Stand 6/89): Beinhaltet die Truppeneinteilung mit Unterstellungen, Abgaben und Anweisungen auf Zusammenarbeit;
- Anlage B1 (TgbNr. 43/87 - Stand 4/89): Grafischer Operationsplan;
- Anlage B3 (TgbNr. 1/88 - Stand 12/89 bis 23.7.90 - unter Bezugnahme auf TgbNr. 43/87): Be-fehl für den Aufmarsch „B"
- Für den Ausbruch der Feindseligkeiten wird eine Warnzeit von mindestens 48 Stunden angenom-men. Ein feindlicher Angriff dürfte aus der Mobilmachung heraus erfolgen. Es ist unverzüglich aufzumarschieren und die Verteidigungsbereitschaft durch Auslösen der Alarmstufe RA herzu-stellen. Geplant ist ein stufenweiser Aufmarsch, abhängig vom Alarmzustand kann der Übergang zum Eilaufmarsch erfolgen.

Der Eilaufmarsch ist ein Gesamtaufmarsch aller Truppenteile, der mit der Alarmmaßnahme ROD mit dem Zusatz „Eilaufmarsch durchführen" ausgelöst wird und aus den Friedensstandorten oder den Auflockerungsräumen direkt in die Einsatzräume führt.

Der stufenweise Aufmarsch ist ein Aufmarsch, der einzeln in getrennten Stufen ausgelöst wird. Er kann ab Military Vigilance oder Alarmstufen durchgeführt werden und in einen Verfügungsraum oder bereits in den Einsatzraum führen.

Der stufenweise Aufmarsch gliedert sich in:

- Aufmarschvorlauf = friedensmäßige Verlegung bestimmter Truppenteile (MV3// YVCD1/YVON/YVOS/YVOT),
- Vorausaufmarsch = friedensmäßige Verlegung von Kräften, die zur Sicherstellung des Aufmar-sches benötigt werden (SA1/SA2//SCA/SOA/SLC/SLF),
- Sicherungsaufmarsch = Aufmarsch von Sicherungskräften zum Schutz nachfolgender Marschbe-wegungen (SA4//YSOK2/SNA),
- Deckungsaufmarsch = Aufmarsch Deckungskräfte an Landesgrenze zur Durchführung Aufklä-rungs- und Sicherungsaufgaben (SA5//SOD/SOF/SON),
- Hauptaufmarsch = Aufmarsch der Hauptkräfte der Division in die Einsatzräume, wo Einsatz- oder Arbeitsbereitschaft hergestellt wird (RA1/RA2/RA4/RA5//ROA/RLC/RNA/ROD),
- Nachaufmarsch = Aufmarsch aller mobilmachungsabhängigen Truppenteile, die nicht in den Hauptaufmarsch eingegliedert werden konnten.

Die Flugabwehr schützt Marschstraßen mit Schwerpunkt NAAB-Übergänge und auf Befehl Entlade-bahnhöfe.

Es folgen Tabellen über die Zuordnung der Truppenteile zu den Aufmarschstufen mit vorgegebenen Marschstraßen und Auflockerungsräumen (teilweise als Karten), ferner das Verkehrsleitnetz. Letztlich werden auch „Eisenbahntransportbefehle" wiedergegeben.

- Anlage C1 (TgbNr. 43/87 – Stand 11/87 und 4/89) Einschätzung des Feindes:

Ausgegangen wird von einer Warnzeit von 48 Stunden. Ein Eingreifen der ZGT (Zentrale Gruppe der Truppen der UdSSR in der CSSR) wird ausdrücklich nicht behandelt. Es folgt eine Beschreibung der denkbaren Feindkräfte, einschließlich der Luftstreitkräfte. Es bestehen für den Gegner 2 Möglichkeiten nämlich Angriff ohne Verletzung der Neutralität von ÖSTERREICH mit Angriffsziel der Armeen im Raum NÜRNBERG und der Front am RHEIN-Abschnitt zwischen SPEYER und KARLSRUHE. Bei Verletzung der Neutralität von ÖSTERREICH ist mit 3 Armeen nebeneinander, Schwerpunkt südlich der DONAU, bei nachhaltiger, frontaler Bindung des II. (GE) Korps zwischen WEIDEN und PASSAU zu rechnen. Der Hauptstoß würde voraussichtlich durch das LINZER BECKEN und NIEDERBAYERN über INGOLSTADT – STUTTGART/ HEILBRONN ebenfalls auf den RHEIN-Abschnitt zwischen SPEYER und KARLSRUHE führen. Mögliche Ausfallpforten im BÖH-MERWALD/OBERPFÄLZER WALD liegen bei GEORGENBERG, WAIDHAUS, ESLARN, SCHÖNSEE, WALDMÜNCHEN und FURTH i.W. Daneben können auch Durchgänge im Zuge von Forst- und Waldwegen genutzt werden.

Die B 299 aus MITTERTEICH und die B 15 aus TIRSCHENREUTH begünstigen rasche Bewegungen nach Südwesten. Bei Angriffserfolgen im Bereich der 1st (US) ArmdDiv kann die linke Flanke der Division sehr gefährdet sein.

Die CHAM-FURTHER Senke kann sowohl für einen Angriff auf die DONAU beiderseits STRAUBING als auch für einen Stoß in die rechte Flanke der Division in Richtung NEUNBURG v. W. genutzt werden.

Absicht der 1./4. Armee CVA wird vermutlich sein, in breiter Front den BÖHMERWALD zu über-winden und rasch die NAAB-Übergänge zwischen WEIDEN und SCHWANDORF zu nehmen. Schwerpunkt bis zur NAAB dürfte an B 14 liegen.

Im Abschnitt zwischen GEORGENBERG und TREFFELSTEIN können 2 Div nebeneinander an-greifen. Im Raum WALDMÜNCHEN – FURTH i.W. ist mit dem Angriff einer weiteren Div (ev. PzDiv) zu rechnen.

Die Räume WERNBERG-KÖBLITZ und SCHWARZENFELD sind durch taktische Luftlandungen, die Übergänge des MAIN-DONAU-KANALS durch operative Luftlandungen gefährdet.

Das gesamte Divisionsgebiet ist durch „Truppen besonderer Bestimmung" (Spetsnaz) bedroht.

Beilage sind Karten – TgbNr. 43/87, teils mit Stand 1/89 – , welche die vermuteten Angriffsrichtungen und Zwischenziele zeigen, ferner die Aufklärungseinrichtungen des Feindes.

- Anlage C2 (Stand 11/87) Aufklärung:

Hier werden der Nachrichtenbedarf nach Prioritäten aufgelistet und die Aufklärungskräfte und –mittel beschrieben. Ferner befasst sich die Anlage mit der Behandlung von Personen, Beutematerial und -dokumenten. Kriegsgefangenenlager für das II. (GE) Korps sollen durch FErsBtl 210 in SPALT (PV 5149) und durch FErsBtl 220 in SULZ (PU 4290) errichtet werden.

Beilage 1 ist eine Karte mit Aufklärungsbereichen und erwarteten Bewegungslinien und die Beilage 2 mit einer Auflistung der Aufklärungsschwerpunkte.

- Anlage D1 (TgbNr. 43/87) Pioniere:

Sperrlücken haben Vorrang vor Minengassen. Kampftruppen müssen geplante Sperren so schnell wie möglich übernehmen z.T. noch vor ihrem Aufmarsch. Übernommene Sperren sind bis zum Beginn der Kampfhandlungen durch die Kampftruppen zu bewachen. Eine Planung von Lähmungen soll nicht unterhalb der Brigadeebene stattfinden.

- Anlage D3 (TgbNr. 43/87 – Stand 09.05.1989) Flugabwehr und Ordnung des Luftraumes:

Aufgabe der feindlichen Luftstreitkräfte wird u.a. die Zerstörung der NAAB/REGEN-Übergänge und das Stören/Verhindern des Nachführens von Reserven sein.

- Anlage D4 (TgbNr. 43/87 – Stand 2/88) Luftunterstützung:

X-Ray Ziele befinden sich diesseits der Landesgrenze, die nach Anforderung durch die Stellungstruppe angegriffen werden können. Für die Vorbereitung derartiger Operationen sind die 4. PzGrenDiv mit dem JaboG 34 (F-StO MEMMINGEN) auf Zusammenarbeit angewiesen. Im Falle eines Überraschungsangriffs tritt der Notfallplan CLOSED ESTATE in Kraft. Dabei sind ZULU-Zielräume von eigenen Truppen freizuhalten. ZULU Zielräume sind vorgeplant. Auch an CHOKE POINTS ist der Feind im Zuge seiner Hauptbewegungsrichtungen abzuriegeln.

Die CHOKE Points werden auf Anforderung angegriffen, es gibt aber auch vorgeplante CHOKE POINTS. Sowohl ZULU-Zielräume als auch vorgeplante CHOKE POINTS sind in der Beilage 1 zur Anlage D4 enthalten.

- Anlage D5 (TgbNr. 43/87 – Stand 6/89) ABC-Abwehr:

Liste mit erkundeten HEP im Bereich der 4. PzGrenDiv.

- Anlage E (TgbNr. 1/89 vom 16.1.1989 – Bezugsdokumente sind u.a. 4. PzGrenDiv TgbNr. 1/88 vom 19.1.1988 und 4. PzGrenDiv TgbNr. 43/87 vom 3.11.1987). Besondere Anweisungen für das Fernmeldewesen zum Operationsplan BRAVO.

Es finden sich grafische Pläne (z.B. RiFuEinsatzplan II. (GE) Korps), das AUTOKO Teilnehmerverzeichnis, Fernsprechhauptanschlüsse in den Auflockerungsräumen, Erreichbarkeit in den Einsatzräumen:

- Anlage G (TgbNr. 43/87 – Stand 4/89) Schutz rückwärtiges Divisionsgebiet (RDG):

Nach einer Beschreibung der Bedrohung folgt die eigene Lage. Danach hat sich die Truppe während des Aufmarsches durch alle verfügbaren Kräfte selbst zu schützen. Im RDG stehen keine Kampftruppen zur Verfügung. Der Schutz muss durch Sicherungskräfte der im RDG befindlichen Truppenteile übernommen werden. Das VBK 62 nimmt im RDG Raum- und Objektschutzaufgaben wahr. Als Beilage ist eine Karte mit der Raumordnung beigegeben.

- Anlage H1 (TgbNr. 43/87 - Stand 5/89) Objektschutz, enthält eine Liste der zu schützenden Objekte.
- Anlage H2 (TgbNr. 43/87 - Stand 4/88) Lähmungen:

Im Bereich der 4. PzGrenDiv sind 11 Knotenvermittlungsstellen für Lähmungsmaßnahmen vorgesehen. Diese sind mit Ortsnamen und UTM-Koordinaten aufgelistet und in einer Karte dargestellt.

- Anlage I1 (TgbNr. 43/87 – Stand 2/90):

  Zunächst sind Grenzen/Führungslinien/Räume koordinatenmässig bezeichnet und zeichnerisch grob dargestellt. Es folgen Karten, u.a. zu Anlage H1.

- Anlage I2 (TgbNr. 43/87 – Stand 2/90) Fremde TrT/DSt/Einr im Divisionsgebiet:

  Aufgelistet werden u.a. TrTle des TMLD und HAWK-Bttr.

- Anlage I3 (TgbNr. 43/87 – Stand 4/89) Gefechtsstände der TrTle der 4. PzGrenDiv:

  Auflistung der Truppenteile mit Einsatzort und Auflockerung, je mit Ortsnamen und UTM-Koordinaten.

- Anlage I4 (TgbNr. 43/87 – Stand 4/89) Gefechtsstände anderer TrTle/DSt:

  Aufgelistet werden die Truppenteile nach Ort und UTM-Koordinaten.

- Anlage K1 (TgbNr. 43/87 – Stand 6/89) Zusammenarbeit mit Grenzsicherungskräften:

Im Gefechtsstreifen der 4. PzGrenDiv sind zur Grenzüberwachung im Frieden Kräfte des 2nd Armored Cavalry Regiment (ACR) eingesetzt. Sie sind durch Verzögerungskräfte der Brigaden abzulösen.

Folgende Verfahrensweisen sind vereinbart:

- ab VOA Abstellung von Verbindungskommandos durch ablösende Verzögerungskräfte. Intensivierte Nachrichtengewinnung durch 2nd ACR;
- ab SOF oder Auslösung von STATE SCARLET bzw. ORANGE:
  - Ablösung der US-Kräfte,
  - Übernahme der Grenzüberwachung durch Verzögerungskräfte unter Meldung an DivKdo,
  - Aufnahme des 2nd ACR durch Verzögerungskräfte,
  - Sammeln der Kräfte des 2nd ACR in Sammelräumen,
  - Marsch der Kräfte des 2nd ACR in ihren Einsatzraum bei der 1st (US) ArmdDiv;
- Zusammenarbeit und Verbindungsaufnahme zu BGS, Grenzpolizei und Zoll;
- Karten zu den vorherigen Bemerkungen;
- Anlage L (TgbNr. 43/87 - Stand 4/89) Evakuierungen:

Die Bundesrepublik hat sich zur „Stay Put"-Politik (auch als „Stay at home" bezeichnet) verpflichtet. In Ausnahmen können besonders gefährdete Räume evakuiert werden. Dies ist eine Aufgabe der zivilen Behörden. Die zu evakuierenden Ortsbereiche sind namenmäßig und nach UTM-Koordinaten bezeichnet. Letztlich ist die Truppe selbst verantwortlich, die Freihaltung von Marschstraßen mit angemessenen Mitteln sicherzustellen.

- Anlage M (TgbNr. 43/87 - Stand 6/89) Verbindungswesen, enthält eine grafische Darstellung der vorgesehenen Verbindungskommandos.
- Anlage N TgbNr. 43/87 – Stand 11/87 und 8/88 bzw. 8/89) Geheimschutz:
- Anlage N1 (TgbNr. 1/88 – Stand 4/89) Operationsplan CHESIRE CAT (Kurzfassung):

Mit Durchführung dieses Operationsplanes will CENTAG ein Zeichen für Solidarität und Wachsamkeit der NATO setzen, die militärische Grenzüberwachung und -sicherung erhöhen sowie den Aufmarsch der Deckungskräfte durch frühzeitige Aufklärung unterstützen. Dazu ist ein Kampftruppenbataillon (PzGrenBtl 103) in Sichtweite der Grenze ab Auslösung TOT einzusetzen. Auf Angriffe subversiver Kräfte, feindliches Feuer über die Grenze oder Angriffen von feindlichen Bodentruppen ist angemessen zu reagieren.

- Anlage Q (TgbNr. 43/87 – Stand 4/89) Psychologische Verteidigung (PSV):
  PSV-Maßnahmen/Gegenmaßnahmen werden von der NATO nicht vor GENERAL ALERT freigegeben. Im Bereich des II. (GE) Korps unterstützt auf Befehl bzw. auf Antrag das PSV-Btl 850.
- Anlage S (TgbNr. 43/87 – Stand 4/88) Ortsverzeichnis zu OpBefehl „B" mit Ortsnamen und UTM-Koordinaten
- Anlage T (TgbNr. 43/87 – Stand 4/89) Schadensbeseitigung

Der **Befehl für den Feuerkampf „B"** für die Verteidigung in OSTBAYERN vom 1.7.1988 (TgbNr. 35/88). Der Befehl tritt am 1.7.1988 in Kraft. Bezugnahme auf TgbNr. 43/87.

Zunächst werden die feindliche Bedrohung und die vermutete Feindabsicht geschildert, danach die eigene Lage und die Nachbarn sowie Reserven. Es folgen Unterstellungen und Abgaben ferner der Auftrag des DivArtFhr.

Während der Sicherungsphase hat der DivArtFhr mit Beobachtern und technischen Aufklärungsmitteln mit Schwerpunkt an den Grenzdurchlässen zu überwachen. Es ist die Drohnenaufklärung so vorzubereiten, dass nach Freigabe der Border Cross Authority (BCA) unverzüglich die Bildaufklärung in der Tiefe erfolgen kann.

Ferner sind vorgezogene Feuerstellungsräume zur Unterstützung der Verzögerung zu beziehen und Wurfminensperren nach örtlicher Absprache mit der Kampftruppe zur Abriegelung von Feindangriffen zu legen.

In der Verteidigung sind Feindangriffe beiderseits der B 14, südlich davon und im ESLARNER BE-CKEN zu zerschlagen, die linke und rechte Flanke ständig zu überwachen, besonders im Raum FLOSS (links bis UR 0311) und FURTH-CHAMER Senke (rechts). Letztlich sind alle Vorbereitungen für den atomaren Feuerkampf zu treffen.

Es folgen Aufträge an die unterstellten Verbände und Einheiten mit Zuweisung der Feuerstellungsräume für die verschiedenen Phasen.

Die Begleitbatterie 4 nimmt die ArtSpezZüge 4/I und 4/II auf, richtet DVP Sondermunition A ein, lagert PNL auf Befehl aus und bereitet den atomaren Feuerkampf vor. PzArtBtl 105, 115 und 125 stellen sich darauf ein, auf Befehl mit Teilen im atomaren Feuerkampf eingesetzt zu werden. PzArtBtl 125 hat mit 2-1 (US) Field Artillery (M 109A3) zusammen zu arbeiten. Zur Vorbereitung des atomaren Feuerkampfes hat das ArtRgt 4 auf Befehl der Division die Special Ammunition Site zu räumen und die Sondermunition in den DVPSdMun A auszulagern und dort die ArtSpezZge 4/I und 4/II bereitzuhalten. Beigegeben sind Auflistungen der Gefechtsstände, der Truppeneinteilung und Karten mit den Feuerstellungen, Ziel- und Aufklärungsräumen.

Der **Befehl für die Regelung der Logistik und des Sanitätsdienstes** für die Verteidigung OST-BAYERNS vom 20.06.1988 (TgbNr. 37/88) bezieht sich auf TgbNr. 43/87.

Der Schwerpunkt der Unterstützung liegt zunächst nördlich der DONAU. Zur Unterstützung der Verteidigung wird das Korpsdepot 270 ADERTSHAUSEN der 4. PzGrenDiv unterstellt. Die Einsatzversorgung der Division kann wegen der notwendigen Mobilmachungsmaßnahmen der Logistiktruppen frühestens 3 Tage nach Aufruf der Mobilmachungsergänzung einsatzbereit sein. Die logistische Reichweite der Division beträgt bei MVG etwa 7 Kampftage.

Für die Folgeversorgung ist das VersKdo 860 zuständig. Bei PzMun 120mm und ArtMun 155/203mm sind in der Folgeversorgung Engpässe zu erwarten.

Das SanBtl 4 ist frühestens nach 3 Tagen einsatzbereit. Die Division verfügt über 3 LTH für den Verwundetentransport und Sanitätsmaterial für etwa 5 Tage. Vom Korps werden die 2./SanBtl 220 und die 3./KrTrspBtl 230 sowie die Lazarettzüge (Schiene) 2004 und 2005 unterstellt.

Im Bereich des II. (GE) Korps können bis zu 3 USArtBtl eingesetzt werden, wobei die 4. PzGrenDiv mit Betriebsstoff, konventioneller Munition, Sanitätsdienst und Abschub unterstützt.

Das FlaRgt 4 erhält 80 Fliegerfäuste REDEYE, die Truppenteile aus den Eisenbahntransportzügen I bis VIII bestimmte Munitionskontingente.

Als Beilagen sind vorhanden:

Gefechtsstände und LogEinrichtungen, KdoBeh und Nachbarn. Ferner die Korpsversorgungsstraßen und die der 4. PzGrenDiv, die Befüllung des KorpsDp 270 ADERTSHAUSEN und die Munitionssortierung der Eisenbahntransporte I bis VIII.

Ferner wird die Feldpostversorgung (Stand 3/89) behandelt. Die Reservelazarettgruppen in den Wehrbereichen V und VI sind ebenso aufgelistet wie die Lazarette 200.

Der **Operationsbefehl „B" vom 01.10.1988 für den Einsatz des Heeresfliegerkommando 2**[398] zur Unterstützung der Verteidigung in OSTBAYERN durch das II. (GE) Korps (TgbNr. 39/88) bezieht sich u.a. auf II. (GE) Korps (TgbNr. 91/88 vom 7.7.88). Er gilt seit dem 1.7.1988. Der Entwurf des Befehls Nr. 2 vom 30.10.1987 (TgbNr. 33/87) ist zu vernichten.

Zunächst wird die Feindlage beschrieben, dann 4 Hypothesen für den Angriffsbeginn. Davon ist die Hypothese 3 als wahrscheinlichste anzusehen. Sie nimmt einen Angriff aus der Mobilmachung heraus an, nachdem ein optimales Gleichgewicht zwischen Überraschung und Schlagkraft erreicht ist. Die Vorwarnzeit beträgt mindestens 48 Stunden.

Als Reaktion marschieren die NATO-Streitkräfte stufenweise auf. Bei frühzeitiger Auslösung von REINFORCED ALERT erfolgt der Eilaufmarsch, um die Verteidigungsvorbereitungen soweit als möglich abzuschließen.

Das HFlgKdo 2 hat folgende Aufgaben:

- Unterstützung der Verzögerungs- und Grenzsicherungskräfte der Divisionen mit Panzerabwehrhubschraubern,
- Einsatz der gesamten Lufttransportkapazität des Korps beim Aufmarsch mit Schwerpunkt Transport der 1. LLDiv,
- legt in Zusammenarbeit mit der 1. LLDiv Lufttransportprioritäten fest und koordiniert in Zusammenarbeit mit dem III. (GE) Korps die Lufttransportunterstützung durch das Lufttransportkommando (= Luftwaffe) und/oder HFlgKdo 3,
- transportiert auf Befehl im Lufttransport EloKaKräfte, Fernspähtrupps, Fliegerfäuste der Div-FlaRgt und NVG/EVG der Divisionen,
- hält ab SOD bis Ende Aufmarsch je 1 LTH als Rettungshubschrauber auf den HFlPl ROTH, FELDKIRCHEN und LAUPHEIM bereit,
- unterstellt HFlgStff 9 der 1. LLDv und verlegt sie auf den HFlPl FELDKIRCHEN. Die HFlgPl LAUPHEIM (NU 6741) und NEUHAUSEN OB ECK (MU 9314) befinden sich in der RCZ. Grundsätzlich haben sich alle HFlPl mit ihren Feldkanonen 20mm zu schützen.

Zur Operationsführung werden folgende Aussagen getroffen:

Absicht des Korps ist es, nördlich der DONAU die HERSBRUCKER ALB und den BAYERISCHEN WALD zu behaupten, südlich der DONAU über INN und SALZACH angreifenden Feind im Zuge der ISAR aufzufangen, zu zerschlagen und somit die 1. Frontstaffel vorwärts von VILS, DONAU und ISAR zu vernichten. Dabei sieht der Operationsplan des Korps vor, den Feind bei einem Angriff aus der CSSR und ÖSTERREICH vorwärts des VRV aufzufangen oder im Fall eines überraschenden Angriffs vorgeplante Stellungen angriffsweise zu nehmen.

- Nördlich der DONAU ist mit 4. PzGrenDiv, 1. LLDiv und HSchBrig 56 als Korpsreserve A in der Linie VILSECK – AMBERG – SCHWANDORF – NITTENAU und im BAYERISCHEN WALD grenznah zu verteidigen,
- südlich der DONAU sind die Operationen mit 1. GebDiv und 10. PzDiv als Korpsreserve B in 3 Phasen zu führen,

---

[398] BArch, BH 7-4/243.

1. die 1. GebDiv verzögert das Vorgehen des Feindes auf den ISAR-Abschnitt nördlich LANDS-HUT, während 10. PzDiv eine starke Verteidigung von MÜNCHEN vortäuscht,

2. die 1. GebDiv fängt Feind frontal im Zuge der ISAR auf, während die Korpsreserve B ihn in der tiefen Flanke zwischen INN und ISAR angreift und zerschlägt,

3. nach Brechen der Angriffskraft der 1. operativen Staffel nimmt das Korps die Verteidigung erneut grenznah auf.

Sollte der Hauptstoß nicht gegen den ISAR-Abschnitt nördlich LANDSHUT, sondern nach WESTEN gerichtet sein, verteidigt die 10. PzDiv in der Stellung TAUFKIRCHEN und die 1. GebDiv zerschlägt den Feind durch einen Angriff in die Flanke.

Bei alleinigem Angriff aus der CSSR wird der Schwerpunkt in den nördlichen Teil des Gefechtsstreifens des II. (GE) Korps verlegt. Dazu stellt sich das Korps darauf ein:

- die linke Korpsgrenze um eine Divisionsbreite nach Norden zu verlegen,
- das VII. (US) Korps durch Gegenangriffe zu unterstützen,
- mit unterstellten US-Kräften und 4. CMBG den Großraum NÜRNBERG zu verteidigen,
- die Grenze zu ÖSTERREICH zu überwachen,
- bis zum Einsatz von US- oder FR-Verstärkungskräften die Linie VILS – REGENSBURG – LANDSHUT – ROSENHEIM zu halten.

Aufgaben des HFlgKdo 2 sind:

- der Verfügungsraum des HFlgRgt 26 südlich BEILNGRIES (PV 8334) liegt so zentral, dass die nördlich und südlich der DONAU liegenden Divisionen reaktionsschnell unterstützt werden können. 2 PAH-Schwärme werden zunächst der 4. PzGrenDiv und 1 PAH-Schwarm der 1. GebDiv für den Einsatz unterstellt. 5 PAH-Schwärme werden zur Schwerpunktbildung bei 1. GebDiv und/oder 10. PzDiv in Reserve gehalten,
- die Aufgabenverteilung betreffend Lufttransport/Luftlandeoperationen wird beschrieben,
- es folgen Bestimmungen über die Nutzung der Heeresfliegerflugplätze,
- das HFlgRgt 20 hält bis Abschluss des Aufmarsches 3 LTH als Rettungshubschrauber bereit,
- unterstellt den Divisionen je 3 LTH für den Lufttransport von Verwundeten,
- das HFlgRgt 25 führt mit seinen MTH entlastende Lufttransporte in die RCZ und COMMZ und auf Befehl Luftlandeoperationen für luftbewegliche Reserven der Divisionen durch.
- Das FErsBtl 210 betreibt einen Kriegsgefangenensammelpunkt bei SPALT (PV 4149).

Es folgt eine Auflistung der Gefechtsstände und Organigramme über Abgaben und Unterstellungen.

Das II. (GE) Korps verteidigt mit 4 Divisionen nördlich und südlich der DONAU. Dabei haben:

- die 4. PzGrenDiv die Durchlässe durch den OBERPFÄLZER WALD zwischen WEIDEN und CHAM zu halten,
- die verstärkte 1. LLDiv den BAYERISCHEN- und BÖHMERWALD zu behaupten,
- die 1. GebDiv und die 10. PzDiv südlich der DONAU so zu operieren, dass die 1. operative Staffel des Feindes im Raum ostwärts MÜNCHEN zerschlagen wird.

Die 1. LLDiv verzögert mit HSchBrig 56 links und GebJgBrig 23 rechts ab Landesgrenze zwischen WALDMÜNCHEN und RIEDL (VP 0675) in enger Abstimmung mit linkem Nachbarn (= 4. PzGrenDiv/PzGrenBrig 11). Nach Aufnahme von HSchBrig 56 und LLBrig 25 sowie 26 verteidigt sie mit den 3 Brigaden nebeneinander (verstärkte LLBrig 25 links im Schwerpunkt, LLBrig 26 in der Mitte und GebJgBrig 23 rechts).

Die HSchBrig 56 wird Korpsreserve A und kann von der 1. LLDiv zur Verstärkung der Stellungsbrigaden, zum Auffangen von Einbrüchen und zum Schutz der Flanken eingesetzt werden.

Die PzGrenBrig 11 verzögert mit verstärktem PzBtl 114 ab Landesgrenze, verteidigt danach mit 3 Btl nebeneinander (Schwerpunkt Mitte), hält enge Verbindung zur HSchBrig 56 in der Verzögerung und zur LLBrig 25 in der Verteidigung.

Die GebJgBrig 23 verzögert mit nur schwachen mechanisierten Kräften, verteidigt entlang der Durchlässe BÖHMERWALD auf Überbreite, Schwerpunkt rechts und hält enge Verbindung zu HSchBrig 56/LLBrig 26. LLBrig 25 nimmt Masse HSchBrig 56 vorwärts des REGEN auf, verteidigt dann mit unterstellten PzBtl 563 und PzArtBt 565 mit Schwerpunkt rechts und hält das Schlüsselgelände CHAM, auch nach Umfassung.

Die LLBrig 26 nimmt Teile der HSchBrig 56 auf, verteidigt auf Befehl 1. LLDiv, durch PzGrenBtl 112 verstärkt, mit Schwerpunkt links und hält Raum KÖTZTING links, ZWIESEL/REGEN rechts auch nach Umfassung.

Es folgt eine Übersicht über Unterstellungen und Abgaben.

Absicht des Kommandeurs der 4. (GE) PzGrenDiv ist es, das Gefecht an der Landesgrenze mit 3 Brigaden nebeneinander (von NORD nach SÜD PzBrig 12, PzGrenBrig 10, 11) aufzunehmen und nachhaltig zu verzögern. Verteidigung mit 3 Brigaden nebeneinander – Schwerpunkt links – und einer schwachen Divisionsreserve. Der Feind ist in beweglicher Gefechtsführung unter Nutzung der Tiefe des Raums aufzufangen und spätestens vor den Aufgängen zur FRÄNKISCHEN ALB in der VILS-Stellung zum Stehen zu bringen. Das Gefecht ist in 4 Phasen geplant:

- zeitlich begrenzte Verteidigung grenznah durch Verzögerungskräfte der Brigaden, anschließend Verzögerungsgefecht,
- Verteidigung am VRV mit 3 Brigaden nebeneinander – Schwerpunkt links – in einem mit Sperren verstärkten Gelände,
- Ausweichen auf Befehl und nachhaltige Verteidigung im NAAB-Abschnitt – Schwerpunkt jetzt in der Mitte – um Feindkräfte so abzunutzen, dass ein Staffelwechsel erzwungen wird,
- falls ein Halten der NAAB-Stellung nicht möglich ist, wird auf Befehl in die VILS-Stellung ausgewichen, um dem Feind den Zugriff zu den Aufgängen der FRÄNKISCHEN ALB durch Auffangen und Halten zu verwehren.

Absicht des Kommandeurs der PzBrig 12 ist es zunächst, mit 1 Btl vorn bis zur Linie WALDKIRCH – LOHMA zu verzögern und im Anschluss mit 2 Btl nebeneinander – Schwerpunkt rechts – die Linie WALDKIRCH – LOHMA zeitlich begrenzt zu verteidigen. Auf Befehl ist auszuweichen und aus den Stellungen PUMA 1 und PUMA 2 nachhaltig zu verteidigen, um Übergänge über NAAB und HAIDENAAB zu verwehren. Dazu ist das Gefecht in 5 Phasen zu führen:

- Ablösung der Grenzsicherungskräfte und Verzögerung durch PzBtl 124 bis zur Linie WALDKIRCH – LOHMA,
- zeitlich begrenzte Verteidigung mit PzGrenBtl 122 links und PzBtl 123 rechts,
- auf Befehl wird die zeitlich begrenzte Verteidigung abgebrochen und bis zur Linie PUMA 1 verzögert,
- aus der Stellung PUMA 1 wird in unveränderter Gefechtsgliederung verteidigt, um den Durchbruch im Bereich der B 14 zu verwehren. Auf Befehl ist mit dem im Raum südostwärts von WEIDEN in Reserve gehaltenen PzBtl 121 der Gegenangriff BLITZ in Richtung VOHENSTRAUSS zu führen,

- auf Befehl ist auf die Stellung PUMA 2 auszuweichen und mit 3 Btl nebeneinander (PzGrenBtl 122 links, JgBtl 46 Mitte, PzBtl 123 rechts – hier Schwerpunkt) nachhaltig zu verteidigen, um den Übergang über HAIDENAAB und NAAB zu verwehren. Auf Befehl ist der Gegenangriff DONNER mit dem nordwestlich von WERNBERG-KÖBLITZ in Reserve gehaltenen PzBtl 121 auszulösen, der in Richtung TRAUSNITZ führt.

Die PzBrig 12 hat ferner die linke Flanke der 4. (GE) PzGrenDiv zu überwachen und zu schützen sowie in Verzögerung und Verteidigung den Anschluss an die nördlich von ihr eingesetzte 2nd Bde/1st (US) ArmdDiv zu halten.

Sie hat sich darauf einzustellen, dass sie in der Stellung PUMA 1 durch das PzAufklBtl 4 verstärkt und in den Stellung PUMA 2 durch kanadische Kräfte abgelöst oder verstärkt wird. Auf Befehl hat die PzBrig 12 von PUMA 2 in PUMA 3 auszuweichen. Bei Verlegung der Korpsgrenze würde sie neue Korpsreserve werden. Weiterhin hat sie – falls verfügbar – mit dem JgBtl 46 Teile des PzAufklBtl 4 an der NAAB abzulösen und eine bataillonsstarke Reserve bereitzuhalten.

Nach dem **Operationsbefehl** vom 28.11.1988 für die Vzö (TgbNr. 92/88) ergeben sich für die **HSchBrig 56** – unter Bezugnahme auf II. (GE) Korps v. 7.7.88 TgbNr. 91/88 – folgende Aufgaben[399]:

Gerechnet wird mit einem Angriff der 9. (CZ) PzDiv (= TABOR) und/oder der 2. (CZ) motSchtzDiv (= SUSICE) mit Schwerpunkt beiderseits ESCHLKAM. Luftlandeoperationen sind zunächst im REGEN-Abschnitt beiderseits CHAM denkbar und im weiteren Verlauf im DONAU-Abschnitt zwischen REGENSBURG und STRAUBING sowie im NAAB-VILS-Abschnitt nördlich REGENSBURG.

Absicht ist es die CHAM-FURTH Senke rasch zu durchstoßen und als Zwischenziel der Divisionen die Übergänge über den REGEN zu nehmen, danach entweder nach NORDWESTEN auf den NAAB-VILS-Abschnitt oder nach SÜDWESTEN auf die DONAU einzudrehen, um die verteidigenden Divisionen in OSTBAYERN nördlich oder südlich zu umfassen und die gesamte Operationsführung des II. (GE) Korps auszuhebeln.

Die HSchBrig 56 sichert Aufmarsch und Verteidigungsvorbereitungen der LLBrig 25 und 26 grenznah an den Durchlässen des BAYERISCHEN WALD, löst Grenzsicherungskräfte (BGS und Teile 2nd (US) ACR) ab und nimmt Vzö grenznah auf. Auf Befehl der 1. LLDiv wird sie durch LLBrig 25 und 26 in deren Gefechtsstreifen aufgenommen und hält sich als Korpsreserve A im Verfügungsraum REGENSBURG auf, um die 1. LLDiv zu verstärken.

	SPz BMP	SPzOT-64	KPz T-55AM1	RohrArt	RakArt	FlaRak
3 x motSchtzRgt	181	334				
1 x PzRgt			214			
1 x ArtRgt				36 D-30, 6 VZ-77		
1 x RakArtAbt					4 FROG 7-	
1 x RakWfAbt					18 RM-70	
1 x FlaRakRgt						20 SA-6

Abb. 60: Kampfkrafttabelle 2. (CZ) motSchtzDiv. Die Werte sind dem TRUPPENDIENST TASCHENBUCH – Die Streikräfte der Warschauer Pakt Staaten, Bd. 2A entnommen (8. Aufl. 1990), S. 331

---

[399] BArch, BH 8-4/243.

Im Falle eines Überraschungsangriffs besetzt sie mit zusätzlich unterstellten Teilen (PzGrenBtl 113, 2 PzAufklKp) mindestens das Schlüsselgelände CHAM und hält dieses bis zur Ablösung durch die LLBrig. Ferner verzögert sie mit 2 Btl zwischen ALTHÜTTE (UQ 3767) und RITTSTEIG (UQ 5757), Schwerpunkt CHAM-FURTH Senke und überwacht mit 1 Btl die Durchlässe durch den BÖHMERWALD zwischen LAM (UQ 5851) und BUCHENAU (UQ 7732), sichert dabei besonders die linke Flanke und Durchlässe ostwärts/südlich von WALDMÜNCHEN.

Ferner führt sie mobilgemachte Teile des PzBtl 564 schnellstmöglich als Brigadereserve nach.

Letztlich soll sie mit allen verfügbaren Kräften die 1. Staffel im ARNSCHWANG Becken zerschlagen. Auf Befehl stellt sie den Feind in Anlehnung an das ZWIESELER Becken und verhindert dessen Durchbruch nach SÜDEN und WESTEN.

Nach Aufnahme durch die LLBrig halten sich die HSchBrig 56 (ohne PzBtl 563, PzArtBtl 565) und Teile der PzPiKp 560 als Korpsreserve A im Verfügungsraum REGENSBURG für die Einsätze im Gefechtsstreifen der 1. LLDiv (1. Priorität) oder im Gefechtsstreifen der 4. PzGrenDiv (2. Priorität) bereit.

Der HSchBrig 56 kommt es besonders darauf an, sich in raumdeckender Gliederung in gedeckter Aufstellung im Raum vorwärts ARNSCHWANG (UQ 4160) – HOHER BOGEN (UQ 4956) dem zu erwartenden feindlichen ersten Feuerschlag weitgehend zu entziehen, vorwärts des HOHEN BOGEN die feindlichen Spitzen zu verzögern, dabei den Feind zu stauen, um Flankierungen zu ermöglichen und nach diesen Anfangsoperationen vorwärts der ARNSCHWANG Schwelle – HOHER BOGEN bataillonsstarke Reserven (PzGrenBtl 561/PzBtl 564) einzusetzen, dass vor allem Gegenangriffe in der CHAM-FURTH Senke möglich sind..

Ziel jeglicher Operationsführung muss es sein, einen Durchbruch zur DONAU zu verwehren; dazu sind die Becken von CHAM und ZWIESEL zu behaupten und der 1.LLDv/LLBrig 25 und 26 den Aufbau einer standfesten Verteidigung zu ermöglichen.

Es folgen die Einzelaufträge an das PzBtl 563, 564 und die PzGrenBtl 561, 112, 113, FErsBtl 567 und den Gefechtsverband SIEBERS (Führer Chef PzJgKp 560), der u.a. die Panorama-Straße zwischen ULRICHSGRÜN (UQ 3471) und FURTH i.W. überwacht; weiter werden die Aufträge für die Aufklärung, die Artillerie, Pioniere, Flugabwehr, Luftunterstützung, ABC-Abwehr und Verkehrsregelung aufgelistet. Es folgen weiter Maßnahmen zur Koordinierung, Verbindungsaufnahmen, Anschlusspunkte, personelle und materielle Unterstützung, Führungs- und Fernmeldewesen, Elektronische Kampfführung und die Gefechtsstände (H1 = RUNDING (UQ 3753), H/Res = LEDERDORN (UQ 3951) und R = MITTERFELS (UQ 3027)).

Es folgen ein Organigramm mit Unterstellungen und Abgaben sowie die Anweisungen zur Zusammenarbeit und eine Vielzahl von Planpausen.

Der **Operationsbefehl der HSchBrig 56** für das Auffangen im Falle eines Überraschungsangriffs (TgbNr. 92/88) vom 28.11.1988 geht von folgenden Voraussetzungen aus:
- Feindangriff steht unmittelbar oder in den nächsten Stunden bevor, Alarmstufen sind ausgelöst,
- Verbände des II. (GE) Korps gewinnen im Eilaufmarsch die vorgeplanten Stellungen oder nehmen sie angriffsweise,
- 1. LLDiv gewinnt oder nimmt mit HSchBrig 56 und GebJgBrig 23 vorgeplante Stellungen, deckt Aufmarsch/Verteidigungsvorbereitungen der LLBrig 25 und 26 mit HSchBrig 56.

Auftrag der HSchBrig 56:

- HSchBrig 56 nimmt mit zusätzlich unterstelltem PzGrenBtl 113, Teilen der PzAufklBtl 4 und 10 sofort das Gefecht auf,

- nimmt angriffsweise vorgeplante Stellungen, mindestens aber Schlüsselgelände CHAM,

- verzögert/verteidigt bis Ablösung durch LLBrig 25 und 26 aus eingenommenen Stellungen.

- Zur Durchführung unternimmt HSchBrig 56 folgendes:

- fängt mit Verzögerungsverband den Feind möglichst in der VZL LÖWE oder ADLER auf und verteidigt zeitlich begrenzt,

- hält mit Verzögerungsverband mindestens die REGEN-Übergänge zwischen CHAM und KÖTZTING offen,

- wird dazu ggf. durch FschJgBtl 253 verstärkt,

- marschiert mit der Masse im Eilaufmarsch auf,

- verstärkt je nach Lage des Verzögerungsverbandes mit den eintreffenden Truppenteilen in der Stellung oder löst ihn in der Stellung, durch Aufnahme oder nach Verfügbarkeit der Masse der Brigade in einem einsatznahen Verfügungsraum südlich des REGEN, durch Angriff ab.

- Verzögerungsverband ist das PzGrenBtl 113, verstärkt durch je 1 verstärkte Kompanie der PzAufklBtl 4 und 10 mit folgenden Aufgaben:

  - fängt Feind nordostwärts CHAM, möglichst im Zuge der VZL LÖWE auf,

  - sichert dabei die Durchlässe ostwärts HOHER BOGEN,

  - hält Verbindung zu den VzöKräften des PzGrenBrig 11 (=verstärktes PzBtl 114) links und deckt linke Flanke,

  - verzögert im ARNSCHWANG Becken vorwärts CHAM und deckt den Aufmarsch bzw. Anmarsch der Brigade,

  - hält, wenn dies nicht möglich ist, mindestens die REGEN-Übergänge zwischen CHAM und KÖTZTING,

  - stellt sich darauf ein, durch PzJgKp 560, PzPiKp 560 und BrigSpähZg sowie FschJgBtl 253 zum Sichern der REGEN-Übergänge verstärkt, vermutlich durch PzBtl 563 und PzGrenBtl 561 abgelöst und danach Brigadereserve zu werden.

Das FschJgBtl 253:

- wird auf Befehl der LLBrig 25 unterstellt,

- marschiert im Lufttransport auf,

- sichert nach Luftlandung im Einsatzraum REGEN-Übergänge zwischen PÖSING (UQ 2155) und KÖTZTING und hält sie offen.

Das PzBtl 563:

- marschiert im Eilaufmarsch auf,

- verstärkt auf Befehl VzöVbd oder bezieht einsatznahen Verfügungsraum,

- stellt sich darauf ein, mit unterstellter 2./PzBtl 564 und gemeinsam mit PzGrenBtl 561 den VzöVbd in VZL LÖWE oder ADLER abzulösen, in VZL ADLER aufzunehmen oder durch Angriff abzulösen, denFeind dann zu werfen und Stellungen in VZL LÖWE zu nehmen.

Das PzGrenBtl 561:

- marschiert im Eilaufmarsch auf,

- verstärkt auf Befehl den Verzögerungsverband oder bezieht einsatznahen Verfügungsraum,

- stellt sich darauf ein, gemeinsam mit verstärktem PzBtl 563 den Verzögerungsverband

  • in VZL LÖWE oder ADLER abzulösen,

  • in VZL ADLER aufzunehmen oder

  • durch Angriff abzulösen, den Feind zu werfen und Stellungen im Zuge der VZL LÖWE zu nehmen.

Die PzJgKp 560:

- marschiert im Eilaufmarsch auf,
- wird sofort dem VzöVbd unterstellt,
- verstärkt nach Ablösung VzöVbd PzBtl 563 und unterstellt dem PzGrenBtl 561 einen PzJgZg.

Brigadeartillerieführer ist der Kommandeur des PzArtBtl 565. Ihm werden bis auf weiteres GebArtRakBtl 82 und BeobBtl 103 unterstellt. Seine Aufträge sind:

- Unterstützungsfeuer für den VzöVbd,
- Abriegeln feindlicher Angriffsspitzen,
- Sperren der Durchlässe ostwärts HOHER BOGEN, linke Flanke und vorwärts REGEN,
- Bekämpfen feindlicher Artillerie,
- Überwachen des Anmarsches der Brigade.

Die verstärkte PzPiKp 560:

- marschiert im Eilaufmarsch auf,
- wird bis auf weiteres dem Verzögerungsverband unterstellt,
- führt Sperreinsatz gemäß Weisung Kdr PzGrenBtl 113 durch.
- Der FlaKampfVerband 220:
- schützt zunächst Aufmarsch der HSchBrig 56 entlang der Marschstraßen und an DONAU- und REGEN-Übergängen,
- schützt danach die Operationen der Brigade in der CHAM-FURTH Senke mit Schwerpunkt PzBtl 563 und die Verteidigungsvorbereitungen der LLBrig 25.

Es folgen ein Organigramm mit Unterstellungen, Abgaben und Anweisungen zu Zusammenarbeit sowie Planpausen.

Für den Fall eines Angriffs von WP-Kräften aus dem österreichischen INNVIERTEL unterstellt CENTAG 1989 die unter ihrem Führungsvorbehalt stehende 10. (GE) PzDiv dem II. (GE) Korps zum Schutz der rechten Flanke[400]. Die 10. PzDiv hatte zwischen ISAR und INN zu verteidigen und einen Durchbruch über die Linie LANDSHUT – TAUFKIRCHEN AN DER VILS – WASSERBURG in den Großraum MÜNCHEN zu verhindern. Dazu sollte sie mit einer PzBrig vorwärts der Linie LANDAU AN DER ISAR – EGGENFELDEN – ALTÖTTING verzögern. Anschließend sollte eine PzBrig links im Schwerpunkt (zwischen DINGOLFING und GANGKOFEN) mit der PzGrenBrig 30 rechts (GANGKOFEN bis TÖGING) verteidigen und den Raum zwischen SALZACH und INN mit dem PzAufklBtl 10 überwachen. Die zunächst in der Verzögerung eingesetzte PzBrig würde Divisionsreserve.

---

[400] Knögel, e-mail vom 17.7.2015.

Abb. 61: erstellt von Oberstleutnant a. D. Wilhelm Knögel

Befehl für den Pioniereinsatz „B" vom 26. Juni 1989 (TgbNr. 34/89)[401].

Bezugsdokumente sind u.a. 4. PzGrenDiv TgbNr. 43/87 vom 3.11.1987 (OpBefehl „B") und PiKdo 2 TgbNr. 45/87 vom 28.10.1987 (OpB „B" – Pioniereinsatz)

Die der Division unterstellten Pioniere – koordiniert durch Kdr PiBtl 4 als DivPiFhr – unterstützen das Verzögerungs- und Verteidigungsgefecht gemäß Truppeneinteilung durch vorbereiteten und geplanten Sperreinsatz unter Beachtung des CRBA mit Schwerpunkt bei PzBrig 12, Sperrverdichtung bis Ausbruch von Kampfhandlungen, im laufenden Gefecht durch schnelle Sperrmittel vor allem gegen Panzer, Sicherstellung der Bewegung vor allem über NAAB und VILS, Ausbau von Feuerstellungen der Artillerie mit Schwerpunkt bei FArtBtl 41 und danach Sicherstellen der Bewegungsfreiheit im Brigadegebiet und rückwärtigem Divisionsgebiet.

Die Division beabsichtigt, Verzögerung und Verteidigung der Brigaden durch je 2 PiKp von PiBtl 4 und/oder PiBtl 320 vorrangig zum Anlegen von Sperren gegen Pz und motSchtz bis zu den rückwärtigen Btl-Grenzen zu unterstützen, Brückengerät an NAAB und VILS bereit zu stellen sowie alle verfügbaren Pioniermaschinen zum Bau von Stellungen einzusetzen und 4 Minenwerfer (je 2 aus 3./ und 4./PiBtl 4) als Reserve bereit zu halten, die sich auf einen schnellen Sperreinsatz mit Wurfminensperren am VRV oder an der NAAB einzustellen haben.

Bei PzBrig 12 ist der Sperrschwerpunkt.

Die der PzGrenBrig 10 unterstellten Pionierkräfte (PzPiKp 100, 2., 3. und 5./PiBtl 320 sowie 5./PiBtl 4) richten sich nach dem Ersteinsatz darauf ein, weitere Sperren im rückwärtigen Brigadegebiet ostwärts der NAAB anzulegen und die NAAB-Übergänge zur Sprengung vorzubereiten.

---

[401] BArch, BH 8-4/242.

Bei der PzGrenBrig 11 sind 2 Panzerergänzungsbrücken der 5./PiBtl 4 an der SCHWARZACH einzusetzen. Nach dem Ersteinsatz stellen sich die Pionierkräfte der PzGrenBrig 11 (PzPiKp 110, 3./PiBtl 4 und 4./PiBtl 320) auf Sperrverdichtung am VRV und das Anlegen von vorbereiteten und feldmäßigen Sperren ein.

Beim ArtRgt 4 ist der PiMaschZg der 5./PiBtl 4 zum Bau von Stellungen auf Zusammenarbeit angewiesen. Danach stellt sich der PiMaschZg darauf ein, die Vorbereitung von Zu- und Abfahrten an Übergangsstellen zu unterstützen und die Marschstraßen im Rückwärtigen Divisionsgebiet zu unterhalten, um die Bewegungsfreiheit sicherzustellen.

Die Anlagen geben die Truppeneinteilung der Pionierkräfte wieder sowie eine Karte mit dem „Plan für den Einsatz" und die Gefechtsstände mit Koordinaten. Weiter sind der Aufmarschplan und die Sperrplanung und eine Bestandsübersicht betreffend Verfügbarkeit der Pionierkampfmittel und deren Lagerorte und eine Karte der sperrfreien Räume wiedergegeben.

Der **GDP Operationsbefehl Nr. 2 für das Flugabwehrkommando 2** vom 1.10.1990 (TgbNr. 25/87)[402] bezieht sich u.a. auf II. (GE) Korps (TgbNr. 91/88) und geht von folgenden Annahmen aus:

Das II. (GE) Korps

- nimmt im Fall eines Überraschungsangriffs vorgeplante Verteidigungsstellungen ein,
- verzögert nachhaltig in engem Zusammenwirken mit Nachbarn,
- verteidigt so, dass der Zusammenhang mit dem VII. (US) Korps gewahrt wird,
- erhält sich die operative Handlungsfreiheit und stellt sich darauf ein, mit Schwerpunkt zu verteidigen entweder gegen Hauptstoß des Feindes südlich der DONAU mit Verschmälerung des Gefechtsstreifens am linken Flügel oder gegen einen Hauptstoß des Feindes auf den Großraum NÜRNBERG, ggf. mit Verbreiterung des Gefechtsstreifens nach Norden, wenn keine unmittelbare Bedrohung südlich der DONAU vorhanden ist,
- überwacht deutsch-österreichische Grenze und stellt sich darauf ein, auf Befehl einen Feindangriff durch das neutrale ÖSTERREICH in engem Zusammenwirken mit LANDSOUTH zu zerschlagen,
- hält eine divisionsstarke Korpsreserve,
- stellt sich darauf ein, die 4. CMBG nach OPCON-Unterstellung im nördlichen Teil des Gefechtsstreifens einzusetzen, den Einsatz französischer Streitkräfte im Gefechtsstreifen sicherzustellen, andere Verstärkungskräfte aufzunehmen oder das VII. (US) Korps zu unterstützen.

Es werden die Unterstellungen und Abgaben des FlaKdo 2 für den Aufmarsch aufgelistet und der Auftrag für diesen Fall geschildert. Danach sind der Aufmarsch durch PzFlak/FlaRakKräfte an Entladebahnhöfen und Gewässerübergängen im Raum STRAUBING, der im BAYERISCHEN WALD eingesetzten HSchBrig 56 und die Gewässerübergänge an der DONAU bei INGOLSTADT und DONAUWÖRTH sowie im NAAB – REGEN Abschnitt zu schützen. Stab/StBttr FlaKdo 2 nehmen auf und halten Verbindung zum CRC FREISING.

Das FlaRgt 200:

- nimmt 1 PzFlakBttr des GebFlaRgt 8 auf,
- schützt mit FlaKampfVerband 220 (1 PzFlak-/1 PzFlaRakBttr) die HSchBrig 56 im Raum CHAM,
- mit der FlaFüGrp 210 (2 PzFlaRakBttr), auf Zusammenarbeit mit der 1. LLDiv angewiesen, Entladungen sowie Gewässerübergänge im Raum STRAUBING,

---

[402] BArch, BH 8-4/243.

- mit 2 PzFlaRakBttr und Versorgungsteilen 210 – zunächst vom Rgt geführt – DONAU-Übergänge INGOLSTADT (PV 8005) und DONAUWÖRTH sowie die KGefStd H1 und H2,
- mit 1 PzFlaRakBttr – der 4. PzGrenDiv unterstellt – NAAB-REGEN-Übergänge (TQ 9582),
- stellt auch bei Folgeoperationen die Versorgung mit ROLAND-spezifischen Versorgungsgütern sicher.

Die Anlage B listet Verkehrsleitstellen und Verkehrsleitpunkte an den Aufmarschstraßen des FlaKdo 2 auf und in der Anlage D findet sich die „Zuordnung HFlaTr zu aufmarschauslösenden Maßnahmen" und Gefechtsstände.

Anlage E beinhaltet ein Organigramm mit Unterstellungen und Abgaben.

Anlage F nennt die Auflockerungsräume bei STATE ORANGE/SCARLET.

Damit endet der Teil A „Aufmarsch" und folgt der Teil B „Operationsführung"

Zunächst wird angenommen, dass 48 Stunden Warnzeit zur Verfügung stehen. Als wahrscheinlich wird ein Angriff aus der CSSR und durch ÖSTERREICH angenommen. Dabei wird der Schwerpunkt der SÜDWEST-Front vermutlich auf den linken Flügel verlagert wobei sowjetische Kräfte (ZGT oder Teile des MB KARPATEN) vermutlich südlich der DONAU über LINZ, den INN und die SALZACH auf den Raum INGOLSTADT vorstoßen, um das strategische Zwischenziel zwischen KARLSRUHE und SPEYER zu nehmen. Diesen Hauptstoß wird die 1. und 4. Armee CVA durch einen Nebenstoß entlang der B 14 und durch den OBERPFÄLZER-, BÖHMER- und BAYERISCHER WALD unterstützen.

Ziel der Operationen von CENTAG ist das frühe konventionelle Zerschlagen der WP-Streitkräfte so grenznah wie möglich. Dazu wird mit 4 Korps nebeneinander verteidigt, die durch starke Reserven die Initiative sicherstellen. Es soll ein tiefer Einbruch im Zuge der feindlichen Annäherungsmöglichkeiten im Raum EISENACH und NÜRNBERG verhindert und die eigene Handlungsfähigkeit gegen eine starke Bedrohung der CENTAG/NORTHAG-Grenze und südlich der DONAU erhalten bleiben. Dabei ist beabsichtigt – je nach Lageentwicklung – die Grenze zwischen VII. (US)/II. (GE) Korps zu verlegen. CENTAG hält als Reserve zunächst nur die 4. CMBG im Verfügungsraum SETTER bereit.

Als Anlage A folgen Organigramm mit Unterstellungen sowie Abgaben, ferner die Truppeneinteilung

Anlage E beinhaltet die zu beachtende Geheimhaltung. „Vorgänger" des OpBefehl „B" ist der GDP 82.

Anlage G nennt die erkundeten Hauptentstrahlungsplätze (HEP) im Bereich des II. (GE) Korps und der Divisionen sowie der 4. CMBG mit Ortsnamen und UTM-Koordinaten.

Als Anlage H folgen die Aufgaben der Luftstreitkräfte, die Stellungen des Tieffliegermelde- und Leitdienstes (TMLD) im Korpsgebiet mit Einheit/Ort/UTM-Koordinaten, die FlaRak-Stellungen HAWK einschließlich der Verteidigungsstellungen, die Aufgaben von Army Support Combat Air Patrol (ASCAP) mit Angabe der Schutzobjekte.

Die Anlage I befasst sich mit der Ordnung des Luftraumes.

Die Anlage L beinhaltet den Schutz von Räumen im rückwärtigen Korpsgebiet.

	Ket Kfz/Wa	Vbd/Einh / OSt/Einr	Kfz Rad	Ket	Ges
		Stab/StBttr	36	–	36
		Stab/StBttr	42	–	42
		2. Bttr	13	6	19
		3. Bttr	13	6	19
		4. Bttr	13	6	19
		5. Bttr	13	6	19
		6. Bttr	13	6	19
		7. Bttr	13	6	19
		8. Bttr	82	2	84
		PzFla-RakRgt	202	38	240
		St/Vers-Bttr	52	–	52
		2. Bttr	26	–	26
		3. Bttr	26	–	26
		4. Bttr	26	–	26
		5. Bttr	26	–	26
		FlaBtl	156	–	156
	siehe oben	FlaBtl	156	–	156
Stärke FlaKdo: 2.136		FlaKdo	550	38	588

Abb. 62: Gliederung des Flugabwehrkommandos eines (GE) Korps, 1986; Quelle: Übungsgliederung Blau, 1986

	Ket Kfz/Wa	Vbd/Einh / OSt/Einr	Kfz Rad	Ket	Ges
		Stab/StKp	23	–	23
		St/VersKp	69	–	69
		2. Kp	21	–	21
		3. Kp	21	–	21
		4. Kp	21	–	21
		5. Kp	21	–	21
		PiBtl	153		153
		St/VersKp	57	–	57
		2. Kp	21	–	21
		3. Kp	21	–	21
		4. Kp	21	–	21
		5. Kp	60	–	60
		PiBtl	180	–	180
	siehe oben	PiBtl	180	–	180
		St/VersKp	53	–	53
		2. Kp	21	–	21
		3. Kp	21	–	21
		4. Kp	21	–	21
		5. Kp	40	–	40
		PiBtl	156	–	156
		St/VersKp	62	–	62
		2. Kp	32	–	32
		3. Kp	32	–	32
		4. Kp	32	–	32
		5. Kp	32	–	32
		AmphPi-Btl	190	–	190
		St/VersKp	61	–	61
		2. Kp	97	–	97
		3. Kp	21	–	21
		4. Kp	21	–	21
		5. Kp	21	–	21
		SchwBr-Btl	221	–	221
	siehe oben	SchwBr-Btl	217	–	217
Stärke PiKdo: 5.139		PiKdo	1320		1320
– Unter Berücksichtigung der unabdingbaren Gerätereserven					

Abb. 63: Gliederung des Pionierkommandos eines (GE) Korps 1986, Quelle: Übungsgliederung Blau 1986

6.   Die 4. Kanadische Brigade (4. CMBG)

Die Einbindung der in Deutschland stationierten Kanadischen Streitkräfte ist bislang kaum erforscht oder beschrieben. Auch Quellen sind dazu bislang unbekannt. Aus diesem Grunde orientiert sich die nachfolgende Darstellung auf die bislang einschlägige, aber spärliche Literatur.

Die **Operationsplanung** der 4 Canadian Mechanized Battle Group (CMBG):

Eine Freigabe der CMBG für V-Operationen war (aus politischen Gründen) immer erst ab einem Angriff des WP vorgesehen. Bis dahin blieb die CMBG in ihrem Verfügungsraum; sie benötigte 40 Std., um ihre GDP-Positionen zu erreichen. Weitere Zeit war nötig, um die Stellungen „verteidigungsbereit" zu machen[403].Die 4. CMBG diente im August 1971 als Reserve entweder des VII. (US) oder des II. (GE) Korps. Priorität hat II. (GE) Korps[404].Es wird in den 1980er Jahren die 1. (CA) Div aufgestellt, deren „vorgeschobenen" Teil die 4. CMBG bildet, und die mit Masse in Lahr im Schwarzwald stationiert war[405]. Dabei handelte es sich um eine mechanisierte Brigade. Die 1. (CA) Div wäre ostwärts von NÜRNBERG zum Einsatz gekommen[406].

Die 4. CMBG hatte in den 1980er Jahren mit Priorität das VII. (US) Korps zu unterstützen und im Falle des Durchbruchs bei den Divisionen des VII. (US) Korps einen Gegenangriff zu führen[407].Die vorrangige Unterstützung des VII. (US) Korps führte zu einer Vergrößerung der TAA PUMA nach Norden bis zur neuen Korpsgrenze II. (GE)/VII. (US) Korps.

1984 wird die TAA SETTER bis zur VILS erweitert. Bei Unterstützung des VII. (US) Korps lag die 4. CMBG bei KEMNATH hinter einer Brigade der 1. (US) ArmdDiv, um dies zu unterstützen. Im Falle des Einsatzes beim II. (GE) Korps hatte die 4. CMBG bereit zu sein, die (GE) PzBrig 12 abzulösen, die ostwärts der 4. CMBG disloziert war[408].

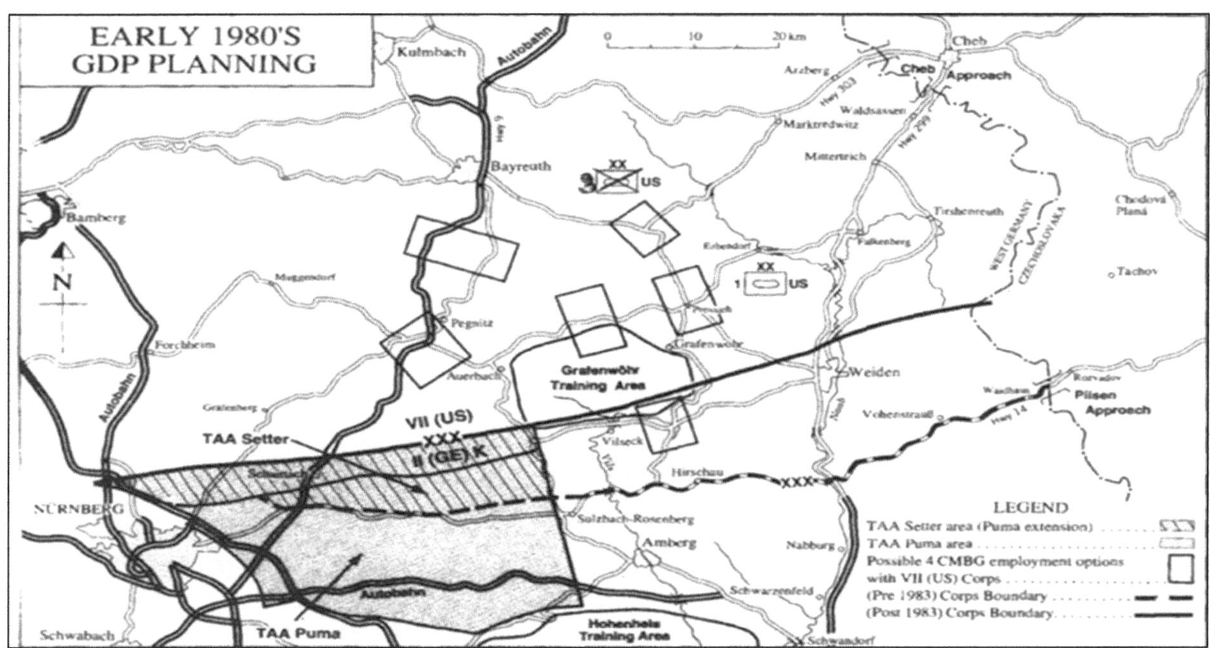

Abb.: 64: Gliederung Korpspionierkommando der Bundeswehr. Quelle: Übungsgliederung Blau 1986

---

403 Generalmajor a. D. Jürgen Reichardt per Mail am 10.3.2013; Maloney, War without Battles, S. 403.
404 Maloney, War without Battles, S. 291.
405 Harder, Militärgeschichtliches Handbuch Baden-Württemberg, S. 264-265.
406 Maloney, War without Battles, S. 373.
407 Maloney, War without Battles, S. 381-383; a.A. Benkel am 01.07.2013: 1. Option ist II. (GE) Korps.
408 Maloney, War without Battles, S. 382.

1985 wird die 4. CMBG Reserve von CENTAG. Sie soll die VILS hinter dem KEMNATH-Sack verteidigen.

General Lalonde entwirft 1986 den Plan BOXER. Aus der TAA SETTER können vorerkundete Stellungen sowohl im Bereich des VII. (US) als auch des II. (GE) Korps bezogen werden. Die Stellungen waren je für 1 verstärktes Btl vorgesehen. Möglich war auch die Besetzung benachbarter „Boxes". Die TAA SETTER, welche die „Boxes" A und B enthielt, wäre bei sich steigernden internationalen Spannungen bemannt worden.

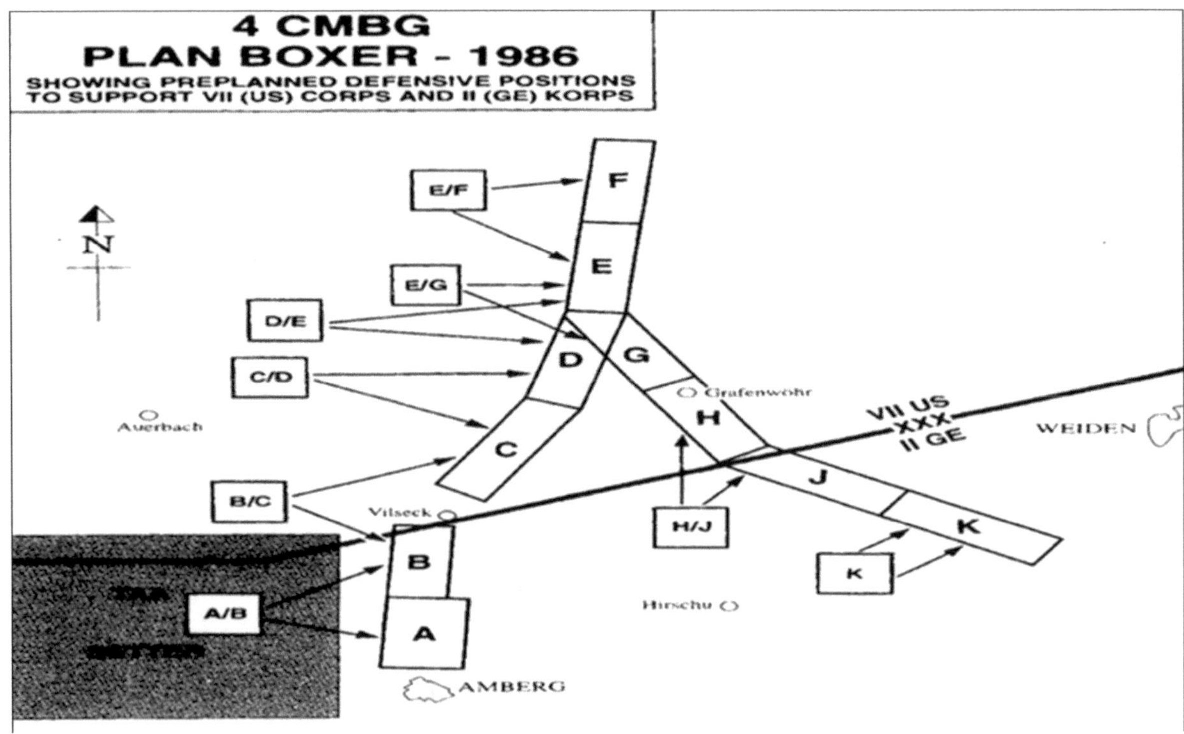

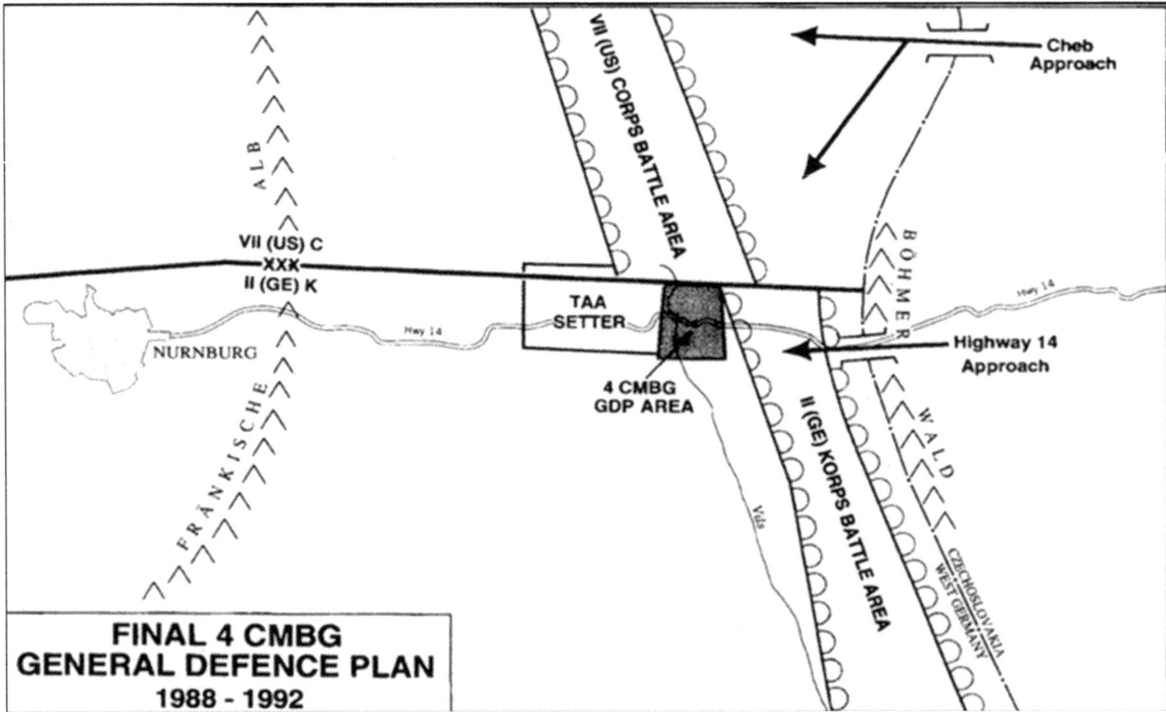

Abb. 65 und 66: Maloney, War without Battles, S. 407 und S. 409

Die „endgültigen" GDP-Positionen der 4 CMBG im Kalten Krieg liegen 1988 zwischen VILSECK und AMBERG. Dabei sind die mech InfBtl 3 RCR links und 1 R22eR rechts eingesetzt. Die Aufklärungskräfte operieren ostwärts von HIRSCHAU. Das (8 CH) bildet die Brigadereserve.

Die Kanadier verlauteten mit dem Weißbuch von 1987, dass die Canadian Air/Sea Transportable Brigade (CAST) aufgelöst und die 5e Groupement Brigade Mecanise AFCENT unterstellt wird, um mit der 4 CMBG die 1. (CA) Division zu bilden. Das Material der 5e Brigade sollte in Europa eingelagert werden. Angedacht war auch die Anschaffung neuer Panzer. 1989 wurde festgestellt, dass die Mittel für die Durchführung der geplanten Maßnahmen fehlen.

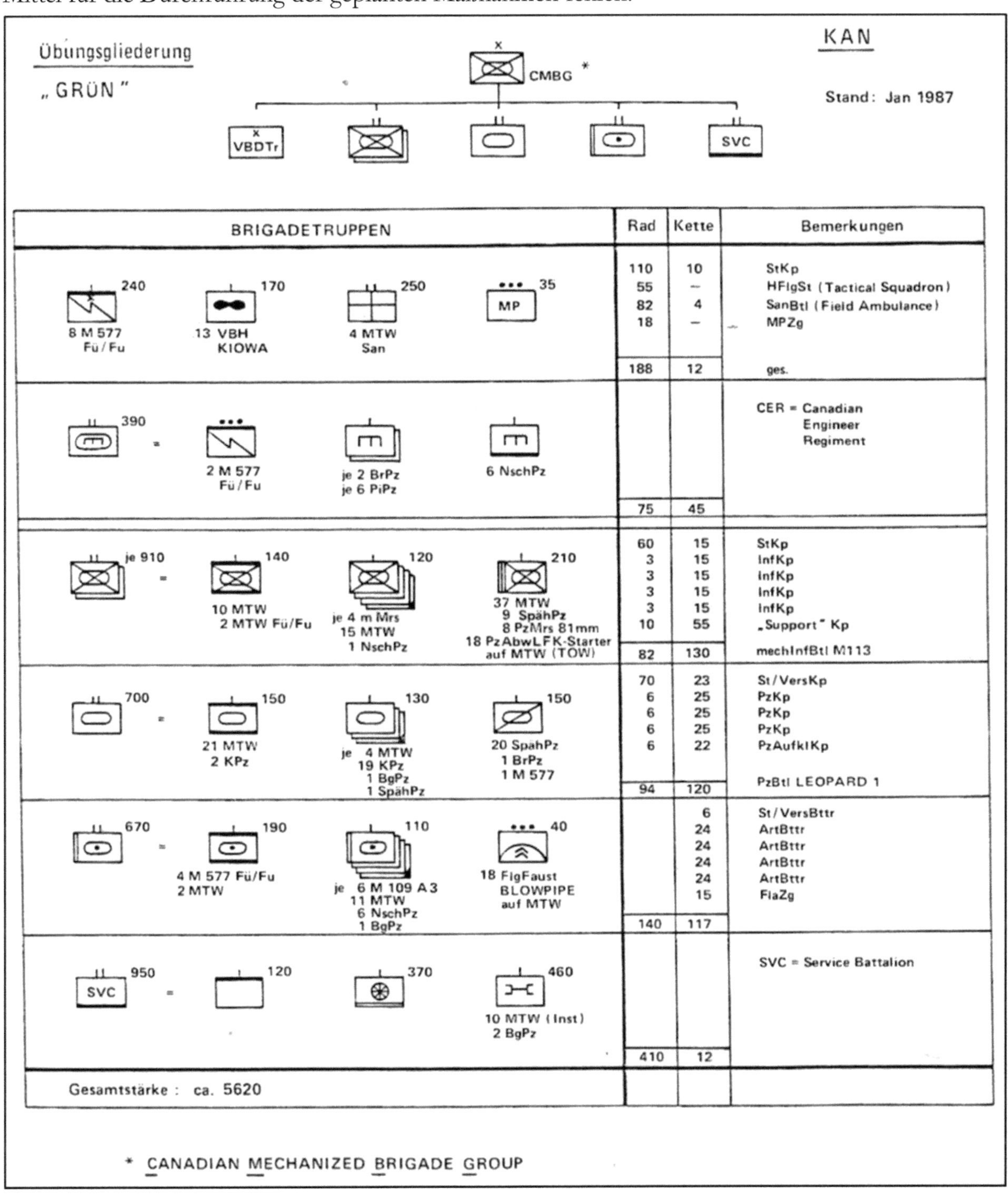

BRIGADETRUPPEN				Rad	Kette	Bemerkungen
240 (8 M 577 Fü/Fu)	170 (13 VBH KIOWA)	250 (4 MTW San)	35 (MP)	110	10	StKp
				55	–	HFlgSt (Tactical Squadron)
				82	4	SanBtl (Field Ambulance)
				18	–	MPZg
				188	12	ges.
390 (2 M 577 Fü/Fu)	je 2 BrPz je 6 PiPz	6 NschPz				CER = Canadian Engineer Regiment
				75	45	
je 910 (10 MTW / 2 MTW Fü/Fu)	140	120 (je 4 m Mrs / 15 MTW / 1 NschPz)	210 (37 MTW / 9 SpähPz / 8 PzMrs 81mm / 18 PzAbwLFK-Starter auf MTW (TOW))	60	15	StKp
				3	15	InfKp
				3	15	InfKp
				3	15	InfKp
				3	15	InfKp
				10	55	„Support" Kp
				82	130	mechInfBtl M113
700 (21 MTW / 2 KPz)	150	130 (je 4 MTW / 19 KPz / 1 BgPz / 1 SpähPz)	150 (20 SpähPz / 1 BrPz / 1 M 577)	70	23	St/VersKp
				6	25	PzKp
				6	25	PzKp
				6	22	PzAufklKp
				94	120	PzBtl LEOPARD 1
670 (4 M 577 Fü/Fu / 2 MTW)	190	110 (je 6 M 109 A3 / 11 MTW / 6 NschPz / 1 BgPz)	40 (18 FlgFaust BLOWPIPE auf MTW)		6	St/VersBttr
					24	ArtBttr
					24	ArtBttr
					24	ArtBttr
					24	ArtBttr
					15	FlaZg
				140	117	
950 (SVC)	120	370	460 (10 MTW (Inst) / 2 BgPz)			SVC = Service Battalion
				410	12	
Gesamtstärke : ca. 5620						

Abb. 67: Gliederung der 4. CMBG aus Übungsgliederung Grün der Bundeswehr, Stand 1987, hrsg. vom Amt für Nachrichtenwesen der Bundeswehr, Abt. III (Heer)

7.   Die 1. Französische Armee (1. (FR) Armee)

Die **Operationsplanung** der 1. Französischen Armee:

Nach ursprünglichen NATO-Planungen sollte eine Southern Army Group (SOUTHAG) aufgestellt und von FR befehligt werden. Ihr wäre die 1. (FR) Armee unterstellt worden, der u.a. das II. (GE) Korps unterstanden hätte. Mit dem „Auszug" von FR aus der militärischen Integration im Jahre 1966 erledigten sich diese Planungen. Die FR-Streitkräfte sollten das Gebiet zwischen MÜNCHEN und PASSAU verteidigen[409].

FR setzte 1957 an der ILLER nur 2 AufklBtl ein und wollte erst im SCHWARZWALD ernsthaft verteidigen[410].

Nach EDP 2-58 verläuft die Grenze zwischen 1. (FR) Armee und II. (GE) Korps von den Alpen entlang des LECH bis südlich AUGSBURG – südlich ULM – südlich STUTTGART.

FR will 3 AufklBtl am LECH einsetzen und in ihrem Abschnitt Brückenköpfe bilden, um 1 Btl des 11th (US) ACR aufzunehmen[411].

Der EDP 2-58 weist der 1. (FR) Armee im südlichen Deutschland einen größeren Verantwortungsbereich zu[412].

Nach dem CENTAG-EDP von 1960 hatten die französischen Streitkräfte den Auftrag, zwischen LECH und ILLER zu verzögern und entlang der ILLER zu verteidigen[413].

Im Rahmen der NATO-Verteidigungsplanung hatte die 1. (FR) Armee die Verantwortung für die Südflanke von CENTAG übernommen. Ab April 1961 gab es immer wieder Planungen, die bislang im Raum TRIER stationierte 3. (FR) PzDiv nach SÜDBAYERN zu verlegen. Angeboten wurden Kasernen in REGENSBURG, STRAUBING und LANDSHUT sowie im Raum PASSAU. Die (ergebnislosen) Planungen erledigten sich 1966[414].

Anfang der 60er Jahre standen der NATO nur 2 (FR) Div zur Verfügung. Der größte Teil der FR-Armee war in ALGERIEN eingesetzt.

Bis zum Ausscheiden von FR aus der militärischen Integration 1966 verliefen die NATO-Versorgungslinien ab den Atlantikhäfen St. Nazaire und La Rochelle[415].

Seit 1966/67 wollte FR in einen Konflikt nur eingreifen, wenn die Linie ROTTERDAM – DORTMUND – MÜNCHEN überschritten worden wäre.

In einem bilateralen Abkommen vereinbarten FR und GE die weitere Präsenz von französischen Streitkräften auf deutschem Boden. Über die Jahre war für den V-Fall der Einsatz französischer Truppen als Verstärkung in der OBERPFALZ bzw. NIEDERBAYERN vorgesehen. Denkbar war auch ein Einsatz in SÜDOSTBAYERN im Raum INN – SALZACH, da dort nach Abgabe der HSchBrig 56 an die 1. (GE) GebDiv kaum gepanzerte Kräfte der Bundeswehr verfügbar waren[416].

---

409 Benkel in e-mail v. 19.8.2013; von Raven, Fränkischer Schild, S. 649.
410 Hammerich, Kommiss kommt von Kompromiss, S. 134.
411 Hammerich, Kommiss kommt von Kompromiss, S. 139.
412 Trauschweizer, Creating Deterrence for Limited War, S. 175.
413 CENTAG EDP 1-60, nach: Hammerich, Die geplante Verteidigung der bayerischen Alpen im Kalten Krieg, S. 257.
414 Wurdack in e-mail v. 23.2.2013.
415 Zu den Folgen des Austritts von Frankreich aus der militärischen Integration vgl. Kraus, Militärische Integration im Bündnis, S. 16 ff.
416 Wurdack in e-mail v. 23.2.2013.

Das Ailleret/Lemnitzer-Abkommen vom 22.08.1967[417] betrifft nur die in Deutschland stationierten französischen Streitkräfte, d.h. das II. (FR) Korps mit seinen 2 Divisionen (= 1. PzDiv in TRIER und 3. InfDiv in FREIBURG). Es wird vereinbart, dass diese durch Gegenangriffe die von CENTAG in der Vorneverteidigung eingesetzten amerikanischen und deutschen Divisionen verstärken sollen.

Hierfür galten jedoch 4 Einschränkungen:

- Freigabe der Kräfte durch FRANKREICH,
- Keine Übernahme eines eigenen Streifens in der Vorneverteidigung,
- Verwendung nur für bestimmte Einsätze, die nach Kräfteansatz und Dauer genau bestimmt sein müssen,
- OPCOM verbleibt in jedem Fall bei FRANKREICH.

1970 billigte Frankreich den Operationsplan NANCY, der einen Gegenangriff des II (FR) Korps gegen WP-Kräfte vorsah, die sich auf der Achse EISENACH – FRANKFURT/MAIN bewegten.

Im Bereich von CENTAG wäre das rückwärtige Gebiet durch Gegenangriffe oder Blockierung an der DONAU zwischen DONAUWÖRTH und INGOLSTADT verteidigt worden[418].

Im Valentin/Ferber-Abkommen vom 3.7.1974 wird die Rolle der französischen Streitkräfte in Deutschland als Gegenangriffskräfte für den CINCENT auf die 1. (FR) Armee (STRASSBURG) ausgeweitet. FR behält sich weiterhin die Entscheidung über Art, Umstände und Zeitpunkt eines möglichen Eingreifens vor. Ferner gibt es eine Vereinbarung betreffend die Zusammenarbeit zwischen der (FR) FATAC und den ATAF[419].

Im Schreiben von Fü H III 1 vom 4. Juli 1975 wird die Planung für den Einsatz französischer Streitkräfte im Rahmen von NATO-Operationen zur Verteidigung der Bundesrepublik Deutschland geschildert[420]. Die Kernpunkte der bisherigen Abkommen sind:

- Teilnahme französischer Truppen an NATO-Operationen bedürfen einer Entscheidung der französischen Regierung,
- Aufmarsch und Einsatz erfolgen in Übereinstimmung nach mit der NATO abgestimmten Plänen unter französischem Oberbefehl,
- die französischen Landstreitkräfte haben den Status einer allgemeinen Reserve von AFCENT unter OPCON von CINCENT,
- je nach Einsatzraum kann OPCON an COMNORTHAG oder COMCENTAG übertragen werden; im Zuge der Heeresgruppengrenze kann die 1. (FR) Armee für die Dauer eines Einsatzes in einem eigenen Gefechtsstreifen eingesetzt werden,
- infolge von Schwierigkeiten bei Logistik und Luftunterstützung werden französische Kräfte nicht ostwärts der Linie ROTTERDAM – DORTMUND – MÜNCHEN eingesetzt.

Das II. (FR) Korps wird nach vorliegenden Plänen im CENTAG Gefechtsstreifen für Gegenangriffe eingesetzt. Dazu bestehen folgende, genehmigte Planungen:

- Plan „M" sieht die Versammlung des II. (FR) Korps im Verfügungsraum „M" vor, um von dort Gegenangriffe gegen Feindvorstöße entlang der Achsen EISENACH – FRANKFURT, NÜRNBERG – KARLSRUHE, PASSAU – STUTTGART zu führen,

---

417 Ruiz Palmer, Between the Rhine and the Elbe, S. 477 und dortige Fussnote 16.

418 Trauschweizer, Creating Deterrence for Limited War, S. 327, dort insbes. Fn. 125; Bozo/Emanuel, Two Strategies for Europe, S.211/212.

419 Ruiz Palmer, Between the Rhine and the Elbe, S. 478.

420 BArch, BH 1/30249.

- Plan „NANCY" sieht einen Gegenangriff im Gefechtsstreifen des VII. (US) Korps auf den MAIN zwischen SCHWEINFURT und BAMBERG vor,
- Plan „AMIENS B" befasst sich mit einem Gegenangriff im Gefechtsstreifen des V. (US) Korps in den Raum um FULDA,
- Ausgearbeitet und zur Prüfung bei SACEUR und dem OB der französischen Streitkräfte liegen vor:
  - Plan „AMIENS C" für einen Gegenangriff in den Raum um BAD HERSFELD,
  - Plan „MARSEILLE ROUGE" sah sowohl defensive als auch offensive Einsätze des II. (FR) Korps im Gefechtsstreifen des II. (GE) Korps vor. Diese Planung wurde eingestellt,
  - Plan „REIMS", der sich mit dem Raumschutz im Rückwärtigen Gebiet von CENTAG befasste, wurde zurückgestellt.

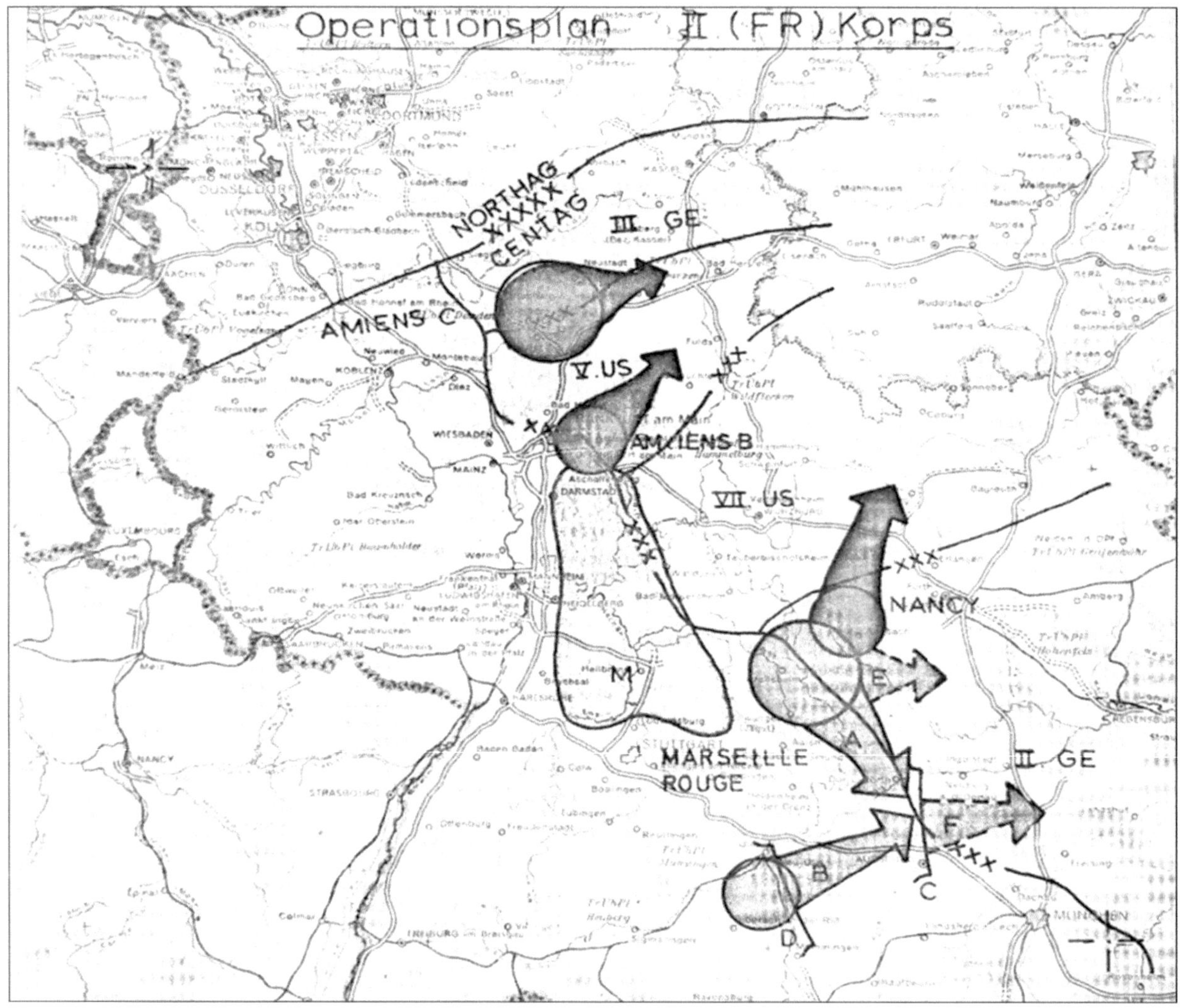

Abb. 68: Operationsplan II. (FR) Corps, aus BArch BH 1/30249

Zur Einsatzplanung der 1. (FR) Armee wird folgendes festgstellt:

Das Planungskonzept sieht vor, dass die 1. (FR) Armee nach Freigabe durch die französische Regierung in einem Verfügungsraum in Südwestdeutschland als allgemeine Reserve von AFCENT versammelt wird, um von dort defensive als auch offensive Operationen in 4 vereinbarten Einsatzräumen durchzuführen. Dabei befinden sich die Einsatzräume B1 im Bereich von NORTHAG, die Räume B2, C und D im CENTAG-Abschnitt. Die Planung für den Armeeverfügungsraum ist abgeschlossen.

240

Die Armee kann hier – einschließlich etwaiger Verstärkungen – binnen 54 Stunden versammelt werden.

Nach einem Schreiben von AFCENT vom 02.02.1976[421] wurde der Operationsplan „CASTLE HO-TEL" (CINCENT OpPlan 30016) zwischen AFCENT und dem Stab der 1. (FR) Armee erfolgreich abgeschlossen. Dieser Plan sieht die Verlegung der gesamten 1. (FR) Armee in den Verfügungsraum HUNSRÜCK – PFÄLZER WALD – SCHWARZWALD vor, um dort dem CINCENT als Reserve zur Verfügung zu stehen. Allerdings wird einschränkend festgestellt, dass die 1. (FR) Armee nicht automatisch mit dem Beziehen des Verfügungsraumes unter den Oberbefehl von CINCENT tritt, sondern dem endgültigen militärischen Einsatz eine Abstimmung vorauszugehen hat.

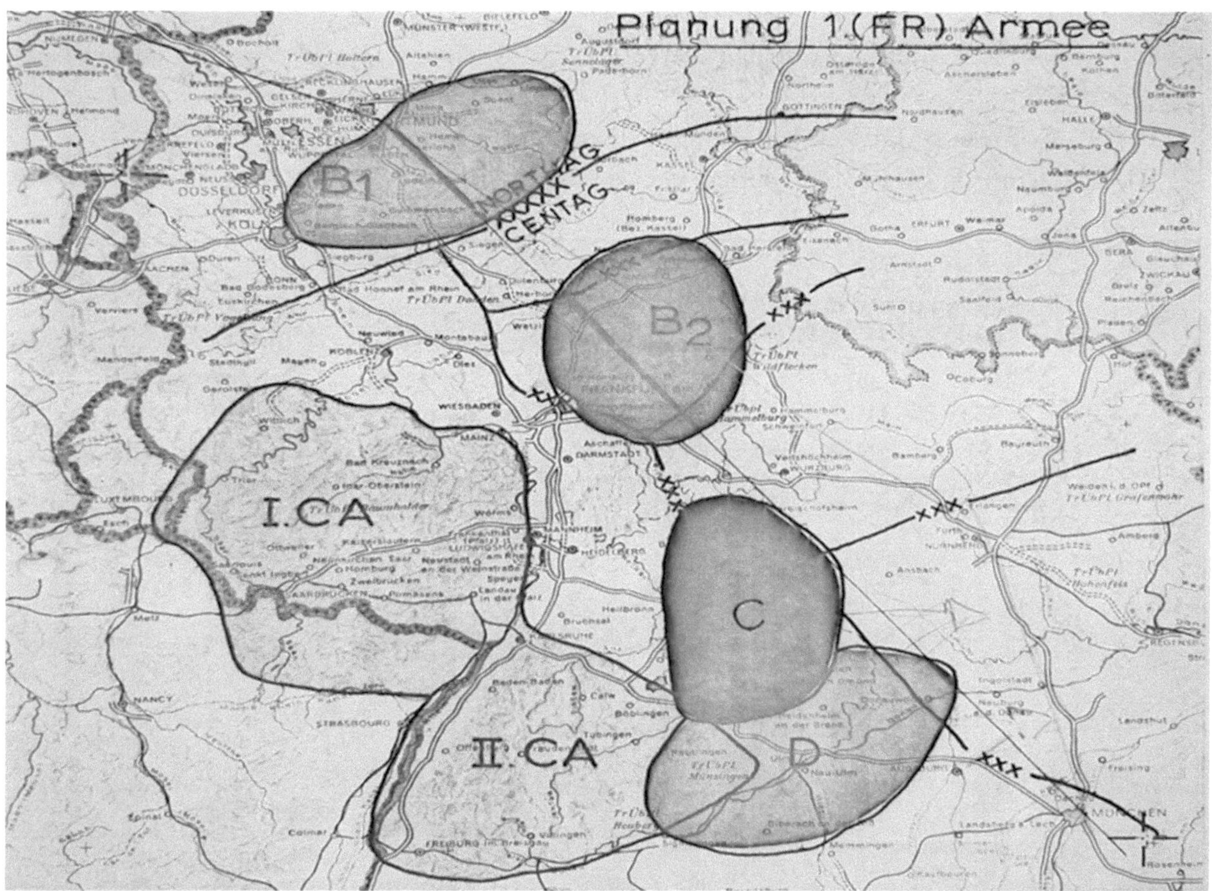

Abb. 69: Planung der 1. (FR) Armee etwa 1976 aus BArch BH 1/30249

Dem Schreiben von Fü S III 6[422] vom 24.01.1977, das als Vorbereitung für eine deutsch/französische Generalstabsbesprechung diente, lässt sich entnehmen:

- Die geschlossenen Abkommen dokumentieren zwar den Willen der französischen Regierung zur Zusammenarbeit mit der NATO, dürfen aber nicht als feste Zusagen für den Verteidigungsfall angesehen werden. Die Übernahme eines festen Gefechtsstreifens im Rahmen der Vorneverteidigung wird abgelehnt.

---

421 BArch, BH 1/30249.
422 BArch, BH 1/30249.

Dies verbietet ein Abstützen der Operationspläne auf die geplanten Einsätze der französischen Streitkräfte. Es ist daher erforderlich, eine Reserve aus assignierten Verbänden auf Kosten der vorne eingesetzten Großverbände zu schaffen.

- Die ostwärtige Begrenzung der möglichen Einsatzräume für die französischen Streitkräfte (Linie ROTTERDAM – DORTMUND – MÜNCHEN) führt dazu, dass zahlreichen Einsatzpläne (= B1 und D der 1. (FR) Armee) und alle Optionen von „MARSEILLE ROUGE" des II. (FR) Korps sich erst auswirken werden, wenn die Vorneverteidigung der NATO in diesen Abschnitten zusammengebrochen ist.

- Eindeutige Regelungen für den französischen Nukleareinsatz liegen im unverzichtbaren Sicherheitsinteresse der Bundesrepublik Deutschland.

Der 1. (FR) Armee in STRASSBURG unterstehen[423]:

- I. (FR) Korps in METZ (sollte als Reserve der 1. (FR) Armee Durchbrüche feindlicher Kräfte verhindern),

- II. (FR) Korps in BADEN-BADEN (hatte Unterstützungsaufgabe für CENTAG),

- III. (FR) Korps in LILLE (mit Auftrag zur Verstärkung von NORTHAG).

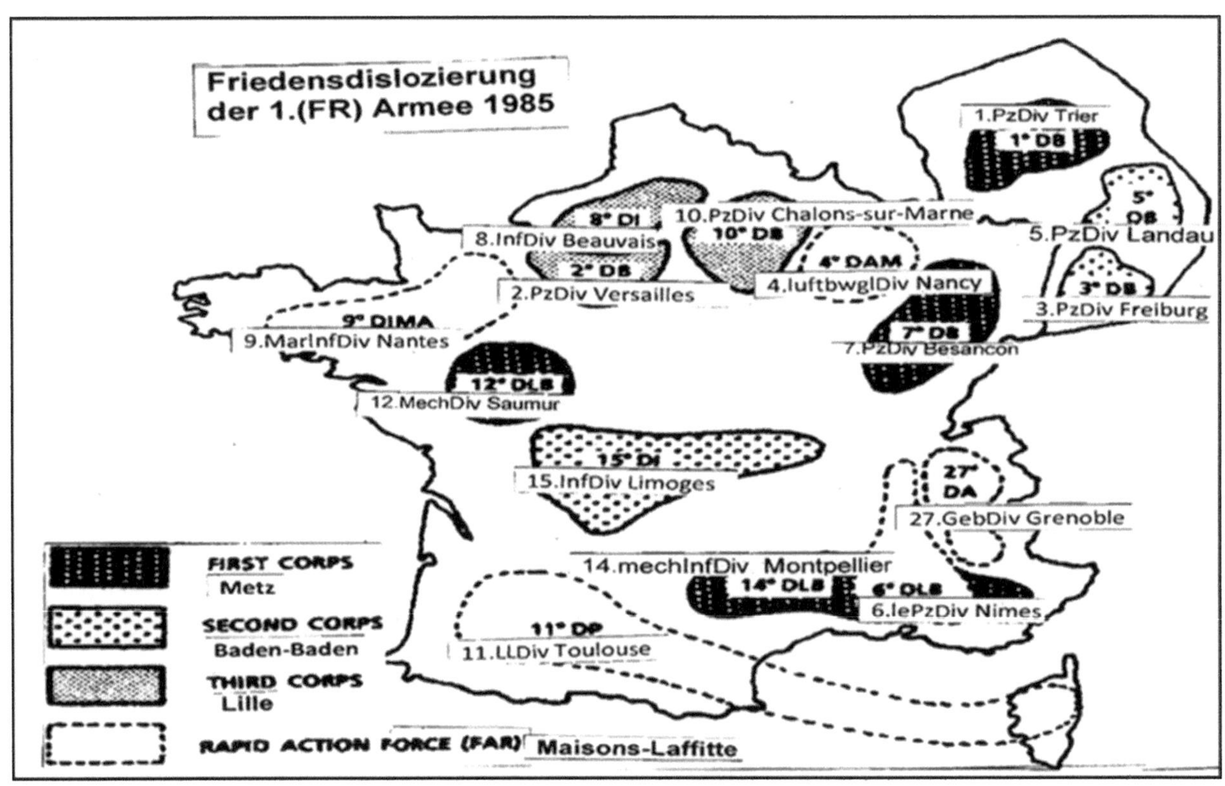

Abb. 70: Palmer, Between the Rhine and the Elbe, S.491

1984 wird die Force d'action rapide (F.A.R.) in MAISON-LAFITTE geschaffen, der letztlich die 4. luftbewegliche Division in NANCY, die 6. lePzDiv in NIMES, die 9. MarInfDiv in NANTES, die 11. FschJgDiv in TOULOUSE und die 27. GebDiv in GRENOBLE unterstehen[424].

---

[423] TRUPPENDIENST TASCHENBUCH, Die Armeen der NATO-Staaten, S. 145; Cesari, France and NATO, S. 95.

[424] Ruiz Palmer, Between the Rhine and the Elbe, S. 473, 486, 491. Teilweise wird auch ST. MALO als Standort der 9. MarInfDiv genannt.

1986 sichert der französische Staatspräsident Mitterand der Bundesrepublik zu, diese vor einem Einsatz taktischer französischer Nuklearwaffen auf deutschem Boden zu konsultieren[425].

Der GDP 1/87 des III. (GE) Korps nennt zwei Eventualplanungen[426] (COP = Contingency Operation Plan) für die 1 (FR) Armee und zwar

- CENTAG COP „CHARMING GORILLA" vom 15.2.1980 (in Überarbeitung) zum Wiederherstellen des VRV und des Zusammenhangs der Verteidigung im Gefechtsstreifen des V. (US) Korps. Angriffsziel ist der Raum BEBRA – FULDA – HAMMELBURG.
- -AFCENT COP „CHANGING JULIET" vom 9.9.1981 (Neufassung als NORTHAG COP geplant) zum Wiederherstellen des Zusammenhanges der Verteidigung im Zuge der Linie EGGE-GEBIRGE – WARBURG – HABICHTSWALD. Angriffsziel ist die WARBURGER BÖRDE.

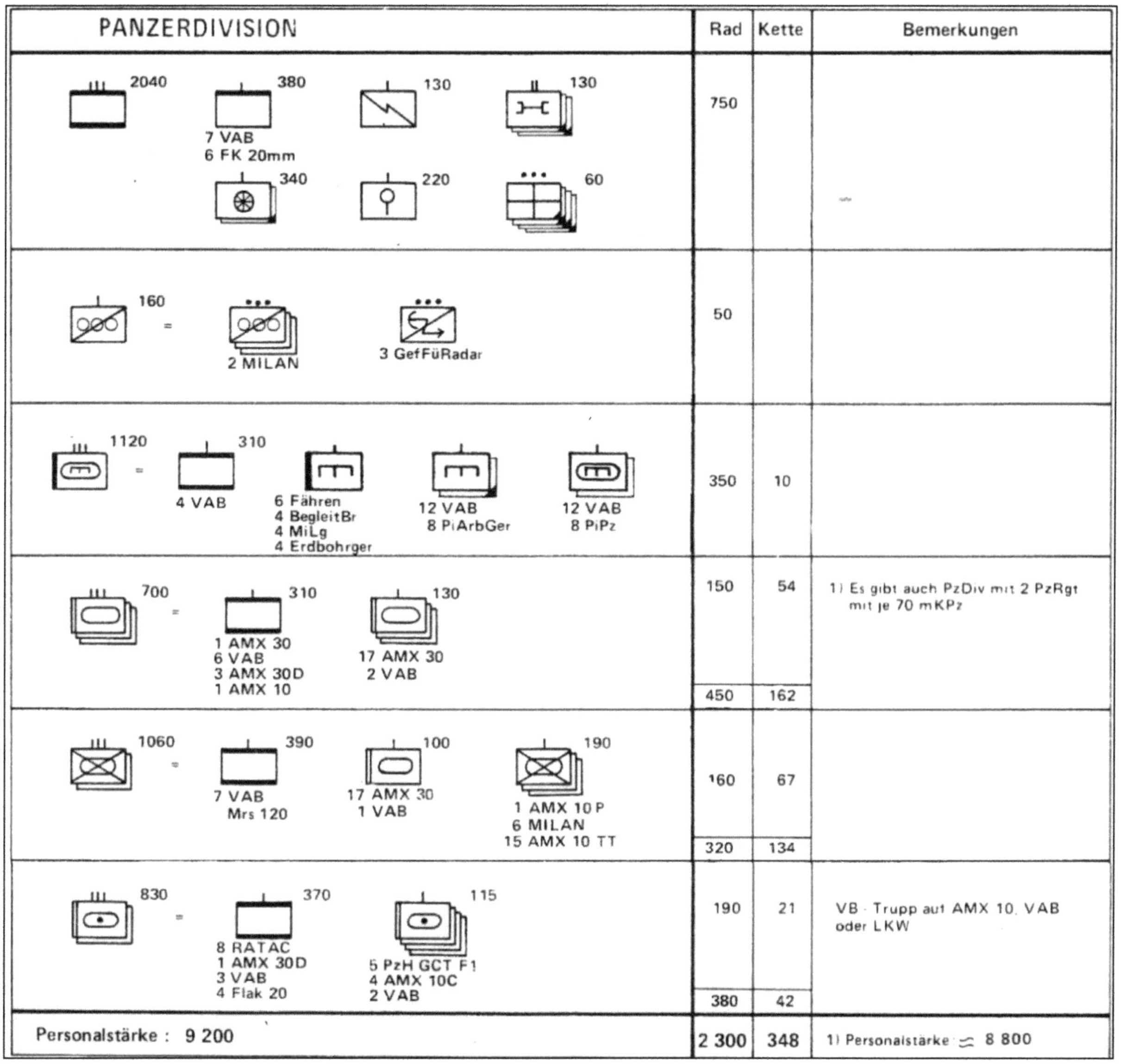

Abb. 71: Gliederung einer französischen Panzerdivision. Quelle: Übungsgliederung Grün 1991

---

[425] Ruiz Palmer, Between the Rhine and the Elbe, S. 473.
[426] BArch, BH 7-3/864a und BH 7-3/874; vgl. auch oben S. 172.

IV.   Anhänge

1.   Abkürzungsverzeichnis

(+)	verstärkt
(-)	vermindert
AAFCE	Allied Air Forces Central Europe
ABC	Atomar, Biologisch und Chemisch
ABRA	Artillerie-Beobachtungsradar
ACR	Armored Cavalry Regiment
AD	Autobahn Dreieck
ADA	Air Defense Artillery
ADM	Atomic Demolition Munition
APDS	Armour Piercing Discarding Sabot (= Wuchtgeschoß)
AFCENT	Allied Forces Central Europe
AFNORTH	Allied Forces Northern Europe
amphPiBtl	Amphibisches Pionierbataillon
AnwFE	Anweisung für Führung und Einsatz
AP	Anschlusspunkt
ArmdDiv	Armo(u)red Division (Panzerdivision)
AviationBde	(US) Heeresfliegerbrigade
BAB(A)	Bundesautobahn-(Auffahrt/Ausfahrt)
BAI	Battlefield Air Interdiction (Gefechtsfeldabriegelung)
BALTAP	Baltic Approaches (NATO-Kommando Ostseezugänge)
BAOR	British Army of the Rhine
BCA	Border Cross Authority
Bde	Brigade
BE	Belgien
BGS	Bundesgrenzschutz
BMVg	Bundesministerium der Verteidigung
Bn	Battalion
BR	Britisch
Brig	Brigade
BrigSpZg	Brigadespähzug
BrigVP	Brigadeversorgungspunkt
BRLog	Befehl zur Regelung der Logistik
Bstf	Betriebsstoff
CABde	Combat Aviation Brigade
CAS	Close Air Support (Luftnahunterstützung)
CAST	Canadian Air/Sea Transportable Brigade
CBSF	Corps Border Survey Force
CE-ASP	Central Europe – Atomic Strike Plan
CE-JEDP	Central Europe – Joint Emergency Defense Plan
CENTAG	Central Army Group
CEPS	Central European Pipeline System
CIBG	Canadian Infantry Battle Group
CINCENT	Commander in Chief Central Europe

CINCUSAREUR	Commander in Chief US Army Europa
CMBG	Canadian Mechanized Battle Group
Co	Company
COMBALTAP	Commander Baltic Approaches
COMLANDJUT	Commander Land Forces Jütland
COMRECCE	Commando Reconnaissance
COMSOC	Commander Sector Operation Center
COMTWOATAF	Commander 2. Alliierte Taktische Luftflotte
COMZ	Communication Zone
COP	Contingency Operation Plan
CRBA	Central Region Barrier Agreement
CRC	Control and Reporting Center
CRG	*Die Auflösung dieser Abkürzung ist mir nicht gelungen*
CSA	Corps Support Area
DA	Dänemark (Danmark)
DAER	Versorgungsrate (Daily Ammunition Expenditure Rate)
D-Day	Tag des Beginns der Kampfhandlungen
DVP	Divisionsversorgungspunkt
DivTrVP	Divisionstruppenversorgungspunkt
EDP	Emergency Defense Plan
EKW	Eisenbahnkesselwagen
ELK	Elbe-Lübeck-Kanal
Elo	Elektronisch
EloGM	Elektronische Gegenmaßnahmen
EloKa	Elektronische Kampfführung
EngBde	Engineer Brigade (Pioniere)
EOP	Emergency Offtake Point (Notentnahmestelle im CEPS)
ESK	Elbe-Seiten-Kanal
ETL	Eisenbahntransportlinie
EW	Electronic Warfare
FA	Field Artillery
FAR	Force d´Action Rapide
FATAC	Force Aerienne Tactique (Taktisches Luftwaffenkommando)
FAusbBtl	Feldausbildungsbataillon
FAusbRgt	Feldausbildungsregiment
FBG	Fernleitungsbetriebsgesellschaft (betreibt das NATO-Pipeline System)
FCZ	Forward Combat Zone
FEBA	Forward Edge of Battle Area (vgl. auch VRV)
FErs	Feldersatz
FInstPkt	Feldinstandsetzungspunkt
FJg(Btl)	Feldjäger(bataillon)
FJgDstKdo	Feldjägerdienstkommando
FJgFhr	Feldjägerführer
Fla	Flugabwehr
FlaFhr	Flugabwehrführer
Flak	Flugabwehrkanone
FlaKpfVerb	Flugabwehrkampfverband

FLaz	Feldlazarett
FlgAbt	Fliegende Abteilung
FLOT	Forward Line of own Troops
FmBtl	Fernmeldebataillon
FSB	Faltschwimmbrücke
F-StO	Friedensstandort
FüH	Führungsstab des Heeres
Fwd	Forward
GA	General Alert
Gd	Garde (Bezeichnung bei Truppen des Warschauer Paktes)
GDP	General Defense Plan
GE	Germany
GebDiv	Gebirgsdivision
GefStd	Gefechtsstand
gem	gemischt
GerUmschlSt	Geräteumschlagstelle
GSA	Grenzschutzabteilung (Bundesgrenzschutz)
GSK	Grenzschutzkommando Küste (Bundesgrenzschutz)
HBF	Hamburg Blocking Force (Sperrverband Hamburg)
HDv	Heeresdienstvorschrift der Bundeswehr
HEP	Hauptentstrahlungsplatz
HESH	High Explosive Squash Head (= Quetschkopfgeschoß)
HFlg	Heeresflieger
HFlPl	Heeresfliegerflugplatz
HIDACZ	High Density Air Control Zone
HNS	Host Nation Support
HSch	Heimatschutz-Brigade/Regiment oder Bataillon
HVL	Hauptverteidigungslinie
ID (mech)	Infantry Division (mechanisiert)
IdG	Innerdeutsche Grenze
IGB	Inner German Border
Inf	Infantry – Infanterie
InfBdeGp	Infanteriebrigadegruppe
InfBrig	Infanteriebrigade
InstKp (Btl)	Instandsetzungskompanie (-bataillon)
JgBrig	Jägerbrigade
JutBrig	Jütland Brigade (dänisch Jyske Brigade)
JutDiv	Jütland Division (dänisch Jyske Division)
KdoTruppen	Kommandotruppen
KDp	Korpsdepot
KG	Kommandierender General
Kp	Kompanie
KPz	Kampfpanzer
KTrVP	Korpstruppenversorgungspunkt
KVP	Korpsversorgungspunkt
LANDCENT	Allied Land Forces Central Europe
LANDJUT	Land Forces Jütland

LANDSOUTH	Allied Land Forces Southern Europe
LLBrig	Luftlandebrigade
MADM	Medium Atomic Demolition Munition
MB	Militärbezirk
MC	Military Commitee
M-Day	Tag des Beginns der Mobilisierung
MilGeo	Militärgeologie
MiWfTrp	Minenwerfertrupp
Mk	Maschinenkanone
MLC	Military Last Class
MLK	Mittelland-Kanal
MNC	Major NATO Command
mobDiv	mobilisierbare Division
motSchtzDiv	motorisierte Schützendivision
MP	Military Police
MSC	Major Subordinate Command
MV	Military Vigilance
MVG	Mengenverbrauchsgüter (z.B. Munition, Treibstoff)
NRBA	Northern Region Barrier Agreement
NEPS	Northern European Pipeline System
NL	Niederlande
NORTHAG	Northern Army Group
NschKp (Btl)	Nachschubkompanie (-bataillon)
n.v.	nicht veröffentlicht
NVA	Nationale Volksarmee
O	Oberst
OMG	Operative Manövergruppe
Op	Operation
Ordn	Ordnance (Feldzeugmaterial)
PAH	Panzerabwehrhubschrauber
PNL	Prediscribed Nuclear Load
PzBrig	Panzerbrigade
PzGrenBrig	Panzergrenadierbrigade (auch Panzerinfanteriebrigade)
PAMI	Panzerabwehrmine
PGB	Panzergrenadierbataillon
PiBtl	Pionierbataillon
PiMaschZg	Pioniermaschinenzug
PL	Polen
PNL	Nukleare Sprengköpfe
PSVBtl	Bataillon für psychologische Verteidigung
PzAbwlenkFK	Panzerabwehrlenkflugkörper
PzArtBtl	Panzerartilleriebataillon
PzAufkl(L)Btl	Panzeraufklärungs(lehr)bataillon
PzBrig	Panzerbrigade
PzDiv	Panzerdivision
PzFlakBttr	Panzerflugabwehrkanonenbatterie
PzFlaRakBttr	Panzerflugabwehrraketenbatterie

PzGrenBrig	Panzergrenadierbrigade
PzGrenDiv	Panzergrenadierdivision
PzInfBrig	Panzerinfanteriebrigade
PzLBrig	Panzerlehrbrigade
PzPiKp	Panzerpionierkompanie
RA	Reinforced Alert
RakArtBtl	Raketenartilleriebataillon
RakWf	Raketenwerfer
RCZ	Rear Combat Zone
RE	Royal Engineers
REFORGER	Return of Forces to Germany
RIPL	Recce, Interdiction and Planning Line
RRA	Rückwärtiger Rand der Abwehr
RRV	Rückwärtiger Rand der Verteidigung
SA	Simple Alert
SACEUR	Supreme Allied Commander Europe
SADM	Small Atomic Demolition Munition
SAS	Special Ammunition Site (Sonderwaffen-/Atomwaffenlager)
SBZ	Sowjetische Besatzungszone
SEAD	Suppression of Enemy Air Defences (Unterdrückung feindlicher Luftabwehr)
SG oder SGL	Schlüsselgelände
SichBtl	Sicherungsbataillon
SOUTHAG	Southern Army Group
SSW	Süd-Schleswig
STANAG	Standardization Agreement
Stff	Staffel
StOMunNdlg	Standortmunitionsniederlage
TA	Territorial Army
TAA	Tactical Assembly Area
TEP	Truppenentstrahlungsplatz
TerrKdo	Territorialkommando
TgbNr	Tagebuchnummer
Tle	Teile
TMLD	Tieffliegermelde- und Leitdienst
TrbesBest	Truppen besonderer Bestimmung
TrspBtl (Sw)	Transportbataillon (Sonderwaffen)
TrÜbPl	Truppenübungsplatz
UK	United Kingdom
UKMF	United Kingdom Mobile Force
UTM	Universal Transverse Mercator-System
(V)	Volunteer
VBK	Verteidigungsbezirkskommando
VEP	Vorgeschobener Entstrahlungsplatz
VerkK	Verkehrskommandantur
VfgR	Verfügungsraum
VfZ	Vierteljahreshefte für Zeitgeschichte
VKK	Verteidigungskreiskommando

V-Operationen	Verteidigungsoperationen
V-Positionen	Verteidigungspositionen
VR	Versorgungsrate
VRA	Vorderer Rand der Abwehr
VRV	Vorderer Rand der Verteidigung - (vgl. auch FEBA)
vFInstPkt	Vorgeschobener Feldinstandsetzungpunkt
vGefStd	Vorgeschobener Gefechtsstand
Vzö	Verzögerung
WehrLt/ErsBtl	Wehrleit- und Ersatzbataillon
WHNS	Wartime Host Nation Support
WHQ	War Headquarters
WLC	Western Land Command
WP	Warschauer Pakt (Warschauer Vertragsorganisation)
ZGT	Zentrale Gruppe der Truppen

2.   Einteilung des Kriegsschauplatzes

Abb. 72: Einteilung des Kriegsschauplatzes nach der HDv 100/100, Truppenführung, 1987

3. Verstärkungen

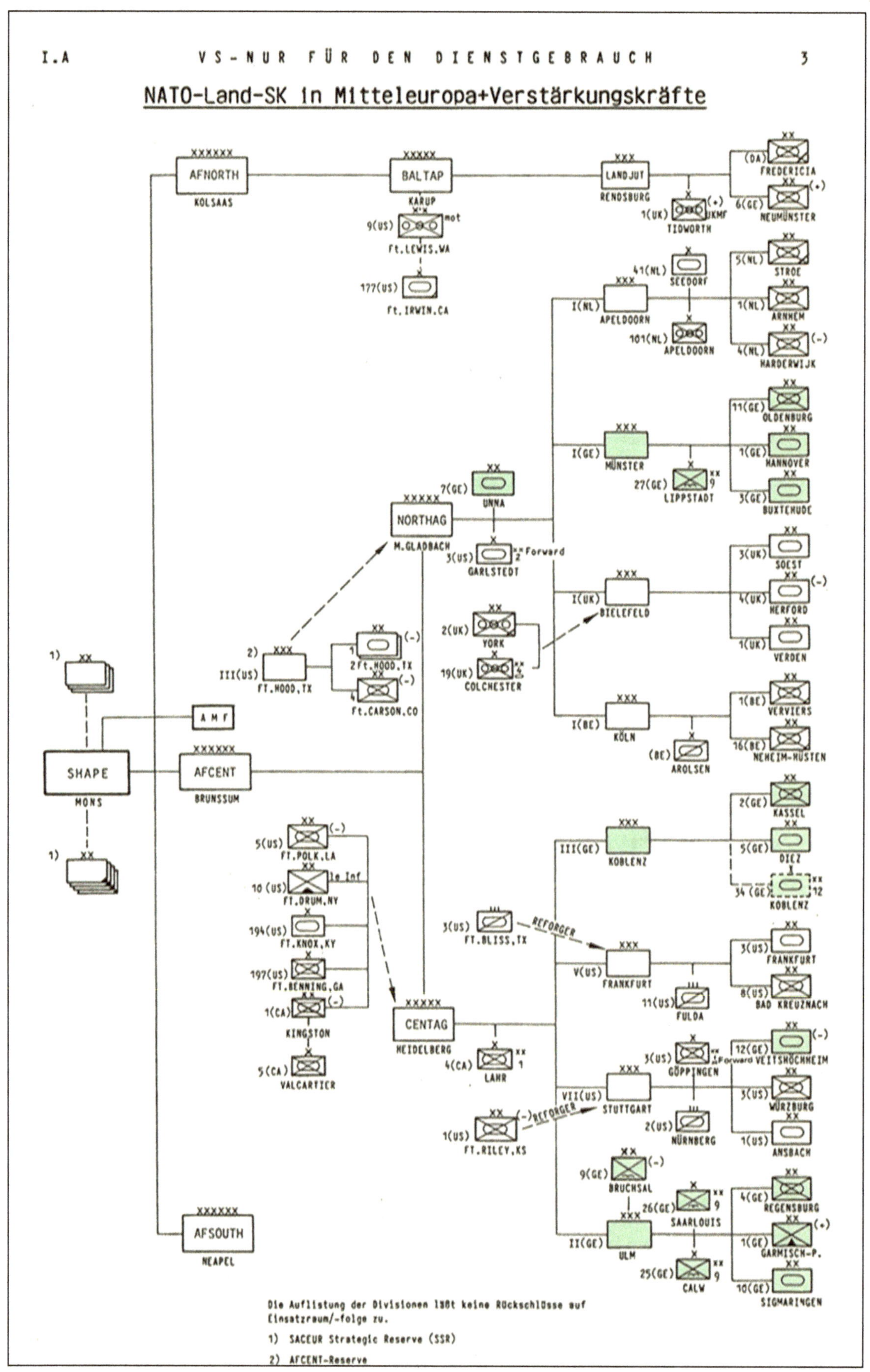

Abb. 73: Verstärkungskräfte der NATO, Stand etwa 1988

250

4. Verzeichnis der NATO-Alarmmaßnahmen (Auswahl)

Stufe	Grouping	Alarmmaßnahme	Erläuterung
RA		RAH	Aufmarsch zusätzlicher FmEinheiten
		RAP	Vorbereitung von Evakuierung aus Operationsräumen
		RAV	Vollständige Besetzung der NATO-HQ
		RCP	Aufwuchs von Kommunikationseinrichtungen
		RIK	Zusammenarbeit mit der Polizei oder Kontrolle von deren Arbeit durch Militärbehörden
	RA 5	RLC	Abschluss des Aufbaus der Einsatzversorgung
		RLK	Vorbereitung für nationale Kontrolle von Wasser und Lufttransport
		RLU	Aktivierung von logistischen Einrichtungen
		RMD	Mobilisierung und Unterstellung bestimmter „earmarked" Einheiten unter SACEUR
	RA 4	RNA	Übernahme OPCON der NATO über SAS/Custodial Einheiten
	RA 1	ROA	Volle Führungsbereitschaft aller Gefechtsstände in den Einsatzräumen bzw. Aufmarsch VorKdo Stäbe
		ROB	Übernahme von OpCom durch SACEUR und MSCs
	RA 5	ROD	Hauptaufmarsch (Aufmarsch von assignierten und „earmarked" Kräften sowie bestimmter Heimatverteidigungsverbände)
		ROH	Übernahme von OpCon durch NATO-Kommandeure über US-Kräfte in SAS-Sites
		ROK	Aufklärung von (in) Grenz- und Seegebieten
		RON	Minenverlegung in der CRBA-Zone C
		ROX	
SA	SA 1	SCA	Vorausaufmarsch der Führungs-/FmTruppen
	SA 1	SIA	Verlegung von Aufklärungskräften (Fernspäher, Fm-Aufklärer)
	SA 2	SLC	Aufbau der Einsatzversorgung/Vorausaufmarsch Logistiktruppen
	SA 2	SLF	Erhöhung der Einsatzbereitschaft des Sanitätsdienstes
	SA 4	SNA	Auslagerung von US-Kurzstrecken Nuklearwaffen
	SA 1	SOA	Volle Einsatzbereitschaft aller FüStäbe/Stäbe bzw. Verlegung von VorKdo der Gefechtsstände bzw. Vorausaufmarsch FmTruppen
	SA 5	SOD	Vorbereitung des Hauptaufmarsches bzw. Deckungsaufmarsch, der mehr als 50 km quer durch Nachbargefechtsstreifen führt
	SA 5	SOF	Deckungsaufmarsch der Verzögerungskräfte in die Vzö-Zone
	SA 5	SOG	Deckungsaufmarsch
	SA 4	SOK	Sicherungsaufmarsch YSOK1=Aufmarsch der Kräfte in der Vzö-Zone YSOK2=Sicherungsaufmarsch
	SA 5	SON	Weitere Vorbereitungen für bestimmte Sperren bzw. Aufmarsch PiKräfte zum Sperreinsatz in CRBA
		SOX	
		TOA	Unterstellung assignierter Kräfte nach Billigung durch die nationalen Regierungen

		TOF	Aufmarsch ausgewählter Kräfte
MV	MV 1	VIA	Verstärkte Nachrichtengewinnung, Aufmarsch Aufklärungskräfte
	MV 3	VOK	Verstärkung von Sicherungsvorkehrungen
		WOF	
		YSMH1	
		YSMR1	Personelle und materielle MobErgänzung bestimmter Truppenteile
	MV 1	YVCD1	Aufruf von Reservestromwegen
		YVLR	Aufnahme Grundbeladung Munition in StO-MunNdlg sowie Truppenbeladung Betriebsstoff
		YVLW	Befreiung von Beschränkungen des Manöverrechts (§ 83 BLG)
		YVMD	Einstellung der lehrgangsgebundenen Ausbildung im Heer
	MV 3	YVON	Erste Vorbereitungen für Sperren und Lähmungen/Vorlaufbewegungen von Pionierkräften bzw. Aufmarsch PiKräfte zum Sperreinsatz in CRBA
	MV 3	YVOS	Vorlaufbewegungen (Unterstellungsänderung von Truppenteilen)???
	MV 3	YVOT	Verlegung ungünstig dislozierter deutscher Heeresverbände
		YVYL	Einsatz der Kräfte für Fernmelde- und elektronische Aufklärung
		YWOM	Beginn des Kriegsmeldewesens
		TOT	
		WOF	

Anm.: Es ist nicht sicher, ob die Alarmmaßnahmen in allen Fällen den richtigen Groupings zugeordnet sind.

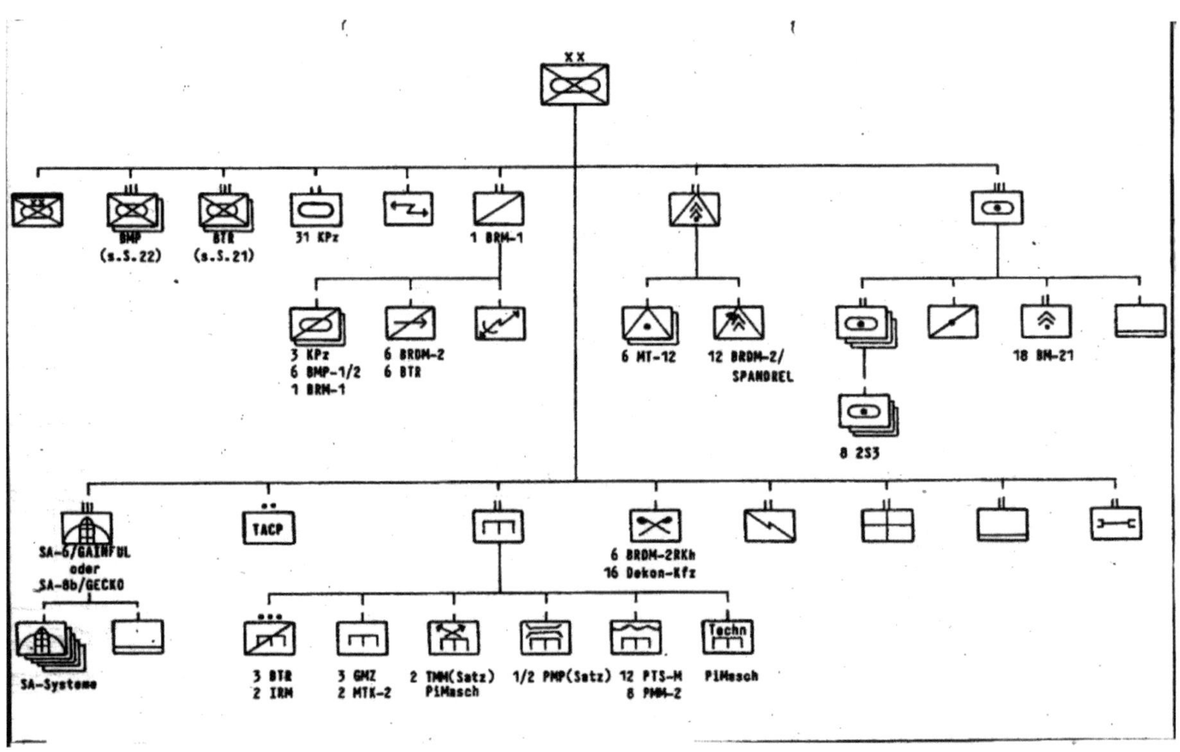

Abb. 74. Gliederung einer (SU) motSchtzDiv 1989. Quelle: Übungsgliederung Rot – Stand Oktober 1989

5. Heeresstrukturen 1 bis 4 der Bundeswehr (Divisionen und Brigaden)

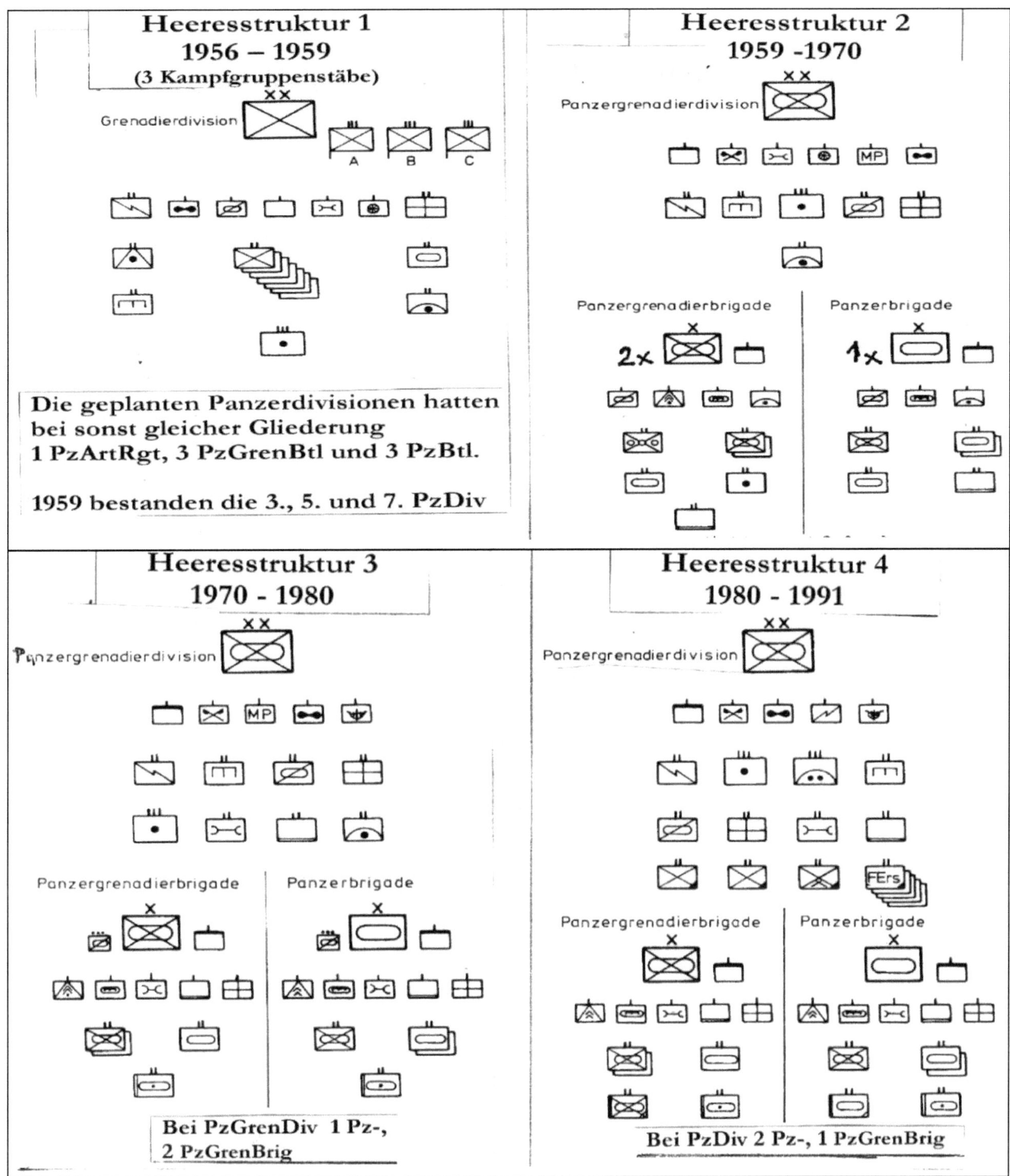

Abb. 75: erstellt vom Verfasser auf der Grundlage der Darstellung in: 25 Jahre I.Korps 1956-1981 – Geschichte und Chronik, ohne Seitenangabe

Führungsebene	Gliederung und Ausrüstung	Größte Schußentfernung Reichweite	Gebrauchsschußentferng.	Kadenz	Kampfbeladung
X	18 PzH 155 mm/ M 109 G	18 000 m	bis 14 000 m	6 Sch/Min	28
	9 BeobPz M 113 A 2	Laser: 500 – 9990 m	500 - 7000 m	-	-
	1 ArtBeobRadar-Gerät	wie BeobBtl der Division			
X	18 GebH 105 mm	10 500 m	bis 8000 m	6 Sch/Min	170 (ZugKfz)
X	18 FH 105 mm (L) (1 Btl: PzH 155/ M 109 G) wie Feldheer	14 000 m	bis 11000 m	10 Sch/Min	170 (MunKfz)
XX	18 FH 155-1	24 000 m	bis 18000 m	6 Sch/ 30 s	44 (ZugKfz)
	6 H 203 mm SF/ M 110 A 2	22 900 m	bis 17 000 m	1 Sch/Min	26 (MunKfz)
III	16 RakW 110 SF 2	14 000 m	ca. 9 000 - 14 000 m	36 Sch/ 18 s (Serie)	180 (MunKfz)
	1 Lichtmeßsystem	bis ca. 12 000 m (bei 4-5 Meßstellen)	-	-	-
	1 Schallmeßsystem	bis ca. 18 000 m (bei 6 Meßstellen)	-	-	-
	2 ArtBeobRadar-Gerät	Pers: bis 12 000 m Kfz: bis 20 000 m	-	-	-
	2 ArtRadarGeräte	bis ca. 16000 m	-	-	-
	12 Aufklärungsflugkörper Drohne CL 89	ca. 45 km Eindringtiefe (m. Zusatztank ca. 60 km)	-	-	-
XXX LJ	18 H 203 mm SF/ M 110 A 2	wie FArtBtl der Division			
	4 LRakW/LANCE	wie RakArtBtl der Korps			
XXX / X	je 18 H 203 mm SF/ M 110 A 2	wie FArtBtl der Division			
III zbV	6 LRakW/LANCE (1 Korps = 8)	120 km	-	-	-

Abb. 76 Leistungsparameter der Artillerie der Bundeswehr, 1984, AnwFE 700/108: Vorläufige Einsatzgrundsätze für die Truppengattungen des Hereres, 1984.

| Hubschr Muster | TrT und Anzahl WaSys | | | Bewaffnung | Einsatzdauer (Std) | Marsch Geschw (km/h) | Flugstrecke (km) | Standardlast [3] | | |
| | Korpstruppen | Divisionstruppen | | | | | | Material (kp) | Soldaten | Verwundete, liegend |
		ohne 6.PzGren und 1.LLDiv	6. PzGrenDiv							
PAH	56	–	21	6 PzAbw LFK HOT	01:30	200	–	–	–	–
MTH	32	–		–	01:40	215	360	5 500	36	24
LTH	48	–	24	–	02:10	145	310	900	8	6
VBH Bo-105	15	10 [1]	15	–	02:00	200	400	420	4	–
VBH Al-II	–	10 [2]	–	–	02:30	140	350	110	1	–

1) nur im Bereich II. (GE) Korps
2) im Bereich I. und III. (GE) Korps
3) Beladung alternativ

Abb. 77 Leistungsparameter der Heeresfliegertruppe der Bundeswehr 1984 nach AnwFE 700/108

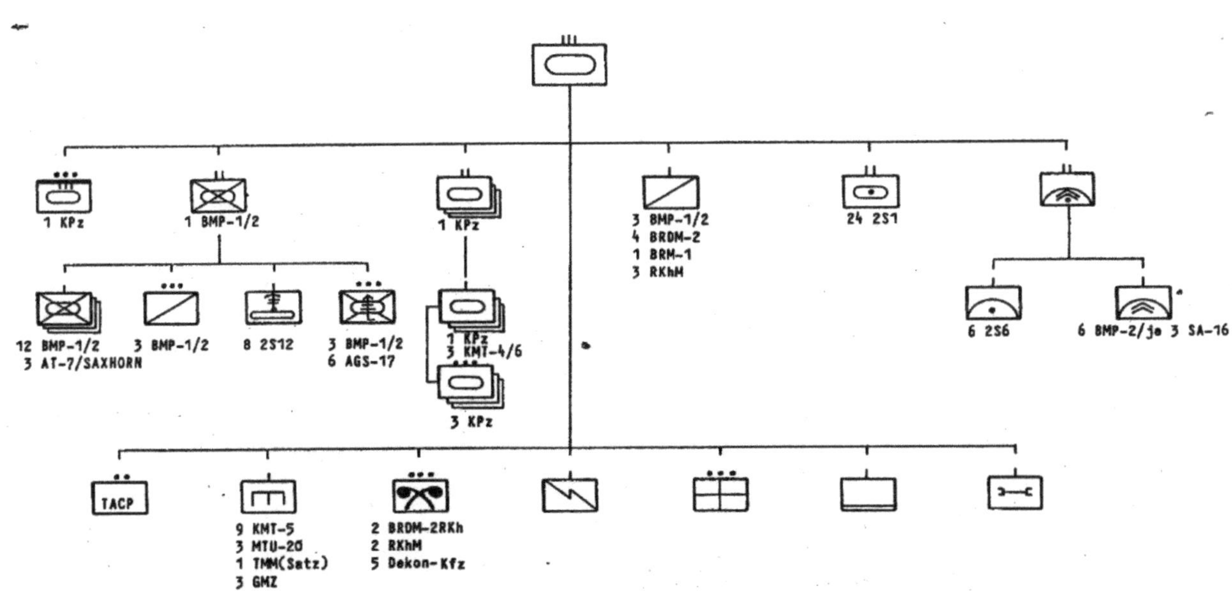

Abb. 78 Gliederung eines (SU) Panzerbataillons 1989. Quelle: Übungsgliederung Rot – Stand Oktober 1989

8.   Quellen- und Literaturverzeichnis

a)   Quellen

Bundesarchiv – Militärarchiv, Freiburg i. Br.,

BH 1   Führungsstab des Heeres

BH 2   Heeresamt

BH 7   Archivalien betreffend die Korps

BH 8   Archivalien betreffend die Divisionen

BH 9   Archivalien betreffend die Brigaden

BH 27   Archivalien betreffend TerrKdo Schleswig-Holstein DBv Bereich AFNORTH

BH 28   Archivalien betreffend die Wehrbereiche

BH 30   Archivalien betreffend die Verteidigungsbezirkskommandos

BH 32   Archivalien betreffend die Verteidigungskreiskommandos

BH 33   Archivalien betreffend die Heimatschutzkommandos und Heimatschutzbrigaden

BH 40   Archivalien betreffend die fusionierten WBK/Div

BL 1   Führungsstab der Luftwaffe

BL 7   Luftwaffendivisionen

BW 2   Generalinspekteur und Führungsstab der Streitkräfte

b)   Archiv des Verfassers

Stabsstudie des Staf BVT – 1 LK vom 30.10.88

Entwurf einer Studie für die Universität Rotterdam von P.B. Soldaat mit dem Titel „DE ROL VAN HET NEDERLANDSE LEGER TIJDENS DE MILITAIRE CONFRONTATIE TUSSEN DE NATO EN HET WARSCHAU-PAKT TIJDENS HET ENDE VAN DE KOUDE OORLOG 1984-1989.

Die vorläufige Operationsplanung „Weserdefensief" besteht aus mehreren Teilen (Aufmarsch, Logistische Unterstützung).

Operationspläne Nr. 1 (nr. 0016/4M/76) und Nr. 1 ALPHA (nr. 0016/5H/76/Geh der 4 (NL) Div,

OpPlan der 11 (NL) PzGrenBrig, in Kraft ab 1.9.79 (nr. S3/3815/GEH/79.

OpPlan Nr. 1 des 1 (NL) Korps vom 1.9.79, Beilage U,

OpPlan Nr. 11 A der 5. (NL) Div

OpPlan Nr. 11 C der 5. (NL) Div,

OpPlan Nr. 12 der 5. (NL) Div

OpPlan Nr. 13 der 5. NL) Div „GRENDEL GAMMA"

OpPlan Nr. 15 der 4 (NL) Div vom 01.07.1963

OpO 1/89 1 (BR) Korps

Übungsgliederungen der Bundeswehr BLAU, GRÜN, ROT, ORANGE. Verschiedene Jahrgänge.

Wurdack, Jörg, 1. Luftlandedivision (nicht veröffentlichtes Manuskript)

Wurdack, Jörg, GDP-Planungen in Bayern (nicht veröffentlichtes Manuskript)

Wurdack, Jörg, Alliierte Stationierungsstreitkräfte in Bayern nach 1945 (nicht veröffentlichtes Manuskript)

Wurdack, Jörg, Die Bundeswehr in Bayern (nicht veröffentlichtes Manuskript)

Wurdack, Jörg, V und VII (US) Korps in der Bundesrepublik Deutschland ab 1951 (nicht veröffentlichtes Manuskript).

c) Internet-Ressourcen

http://www.php.isn.ethz.ch/kms2.isn.ethz.ch/serviceengine/Files/PHP/17214/ipublicationdocument_singledocument/bc8f439f-fb45-4696-8039-f083d58b404c/de/us05.pdf (Operationsplan V (US) Korps)

https://nsarchive2gwu.edu/news/19980319

http://www.lagis-hessen.de/de/subjects/idrec/sn/edb//id/4507

http://www.usarmygermany.com/Sont.htm

https://www.bundestag.de/resource/blob/412840/2d4ad1e108ccf499692bad325c8c6d48/WD-2-052-15-pdf-data.pdf

https://www.geschichtsspuren.de/artikel/verkehrsgeschichte/verkehrsgeschichte/135-Sperrenwallmeister.html

https://pzgrendiv6.de

https://de.wikipedia.org/wiki/6._Panzergrenadierdivision_(Bundeswehr)

https://de.wikipedia.org/wiki/Hauptquartier_der_Alliierten_Landstreitkräfte_Schleswig-Holstein_und_Jütland

https://en.wikipedia.org/wiki/1st_Armoured_Infantry_Brigade_(United Kingdom)

https://www.nato.int//nato_static/assets/pdf/pdf_archiv (AFCENT-History 1956)

https://www.nato.int//nato_static/assets/pdf/pdf_archiv (AFCENT-History 1957)

https://www.nato.int//nato_static/assets/pdf/pdf_archiv (AFCENT-History 1958)

http://www.orbat85.nl/order-of-battle/nato-command-structure.html#northag

https://de.wikipedia.org/wiki/Elbe-Seitenkanal

http://www.orbat85.nl/order-of-battle/royal-army/1nl-Korps/1-lk.html

http://www.orbat85.nl /order-of-battle/royal-army/1nl-Korps/1-lk.html#maldeployment

https://reneschupp.jouwweb.nl/bronnen/map-jacques-bartels

http://www.orbat85.nl/order-of-battle/royal-army/1nl-Korps/41-PzBrig.html#covering-force

www.orbat85.nl/documents/BAOR-July-1989.pdf

www.php.isn.ethz/lory1.ethz.ch/collections/colltopic6699html?lng=en&id=1743&nav-info=15296

d) Literatur

1000 Stichworte zur Bundeswehr. Hamburg 1997

Aldrich, Richard J., Waiting to Be Kissed? NATO, NORTHAG, and Intelligence. In: Blueprints for Battle. Planning for War in Central Europe, 1948-1968. Hrsg. Jan Hoffenaar und Dieter Krüger. University Press of Kentucky 2012, S. 55-77

Anfänge westdeutscher Sicherheitspolitik 1945-1956, 4 Bde. Hrsg. vom Militärgeschichtlichen Forschungsamt, München 1982-1997

Autorenteam als Herausgeber von 25 Jahre I. Korps, 1956 – 1981, Geschichte und Chronik der Heeres-verbände im nordwestdeutschen Raum, 2. Auflage, Osnabrück 1982

Bagnall, Nigel, Concepts of LAND/AIR Operations in the Central Region. In: Journal of he Royal United Services Institut 1984, S. 59-62

Bald, Detlef, Politik der Verantwortung. Das Beispiel Helmut Schmidt, Berlin 2008

Bierl, Frank, II. Korps 1956-2005. Chronik, München 2005

Blume, Peter, Belgische Heeresstreitkräfte in Deutschland 1946-2002, Prittriching 2004

Bluth, Christoph, Britain, Germany and Western Nuclear Strategy, Baden-Baden 1995 (= Nuclear History Programm, Bd. 3/30)

Brand, Dieter, Politische, strategische und operative Rahmenbedingungen. In: 50 Jahre Panzertruppe der Bundeswehr 1956-2006. Uelzen 2006, S. 9-53

Buchbender, Ortwin/Bühl, Hartmut/Quaden, Heinrich, Sicherheit und Frieden. Handbuch der weltweiten sicherheitspolitischen Verflechtungen: Militärbündnisse, Rüstungen, Strategien, Analysen zu den globalen und regionalen Bedingungen unserer Sicherheit. Herford 1983

Buchbender, Ortwin/Bühl, Hartmut/Kujat, Harald/Schreiner, Karl H./Bruzek, Oliver, Wörterbuch zur Sicherheitspolitik mit Stichworten zur Bundeswehr. 4. Auflage, Hamburg 2000

Die Bundeswehr. Eine Gesamtdarstellung, Bd. 12: Heinz Berchtold und Georg Leppig, Zivil-Militärische Zusammenarbeit (ZMZ). Hrsg. Von Hubert Reinfried und Hubert F. Walitschek, Regensburg 1980

Carter, Donald A., Forging the Shield. The US Army in Europe 1951-1962, Washington 2016

Carter, Donald A., Wargames in Europe. In: Blueprints for Battle. Planning for War in Central Europe, 1948-1968. Hrsg. Jan Hoffenaar und Dieter Krüger. University Press of Kentucky 2012, S. 148/149

Cesari, Laurent, France and NATO from 1966 to 1976. In: Hrsg. Loth/Soutou The Making of Detente 1965-1975, Rotledge 2008

Cirillo, Roger, Die Verteidigung der Bundesstraße 84. Erinnerungen des Kompaniechefs der B-Kompanie des 11th Armored Cavalry Regiment 1978 -1980. In: Schlachtfeld Fulda Gap. Strategien und Operationspläne der Bündnisse im Kalten Krieg. Hrsg. von Dieter Krüger, Fulda 2014, S. 125-164

Chrystal, Paul „British Army of the Rhine. The BAOR 1945-1993. Barnsley 2018

Deim, Hans-Werner/Kampe, Hans Georg/Kampe, Joachim/Schubert, Wolfgang, Die militärische Sicherheit der DDR im Kalten Krieg. Inhalte, Strukturen, Verbunkerte Führungsstellen, Anlagen. Hoppegaten 2008

Deutscher Bundeswehrkalender - Grundwerk. Regensburg o.J.

Evans, Robert, The British Army of the Rhine and Defense Plans for Germany, 1945-1955. In: Blueprints for Battle. Hrsg. von Jan Hoffenaar und Dieter Krüger, University Press of Kentucky 2012, S. 203-215

Faringdon, Hugh, Strategic Geography. NATO, the Warsaw Pact and the Superpowers, 2. Auflage, London 1989

Fuhr, Eberhard, Die Heimatschutzbrigade. In: Jahrbuch des Heeres, Folge 9 (1982), München 1982, S. 124-129

Greiner, Christian/Meier Klaus A./Rebhan Heinz, Die NATO als Militärallianz. Strategie, Organisation und nukleare Kontrolle im Bündnis 1949 bis 1959. München 2003 (= Anfänge und Probleme des Atlantischen Bündnisses, Bd. 4)

Grenzen überwinden. Schleswig-Holstein, Dänemark & die DDR. Hrsg. Aaron Jessen, Elmar Moldenhauer, Karsten Biermann. Husum 2016

Grot, Klaus, So war's, damals. Dienstchronik eines Pionieroffiziers im Kalten Krieg 1954-1991, Berlin 2014

Guha, Anton-Andreas, Die Neutronenbombe oder Die Perversion menschlichen Denkens, Frankfurt am Main 1982

Hammerich, Helmut R., Dieter H. Kollmer, Martin Rink und Rudolf J. Schlaffer, Das Heer 1950 bis 1970. Konzeption, Organisation, Aufstellung. Unter Mitarbeit von Michel Poppe. München 2006 (= Sicherheitspolitik und Streitkräfte der Bundesrepublik Deutschland, Bd. 3)

Hammerich, Helmut R., Halten am VRV oder Verteidigung in der Tiefe? Die unterschiedliche Umsetzung der NATO-Operationsplanungen durch die Bündnispartner. In: Sonderfall Bundeswehr? Streitkräfte in nationalen Perspektiven und im internationalen Vergleich. Hrsg. von Heiner Möllers und Rudolf J. Schlaffer. München 2014 (= Sicherheitspolitik und Streitkräfte der Bundesrepublik Deutschland, Bd. 12), S. 81-112

Hammerich, Helmut R., Der Fall „MORGENGRUSS". Die 2. Panzergrenadier-Division und die Abwehr eines überraschenden Feindangriffs westlich der Fulda 1963. In: Die Bundeswehr 1955 bis 2005. Rückblenden, Einsichten, Perspektiven. Hrsg. Frank Nägler. München 2007 (= Sicherheitspolitik und Streitkräfte der Bundesrepublik Deutschland, Bd. 7), S. 297-312

Hammerich, Helmut R., Die geplante Verteidigung der bayerischen Alpen im Kalten Krieg. In: Die Alpen im Kalten Krieg. Historischer Raum, Strategie und Sicherheitspolitik. Hrsg. Dieter Krüger und Felix Schneider, München 2012, S. 239-262

Hammerich, Helmut R., Die Operationsplanungen der NATO zur Verteidigung der Norddeutschen Tiefebene in den Achtzigerjahren. In: Wege zur Wiedervereinigung. Die beiden deutschen Staaten in ihren Bündnissen 1970 bis 1990. Hrsg. Oliver Bange und Bernd Lemke, München 2013 (= Beiträge zur Militärgeschichte, Bd. 75), S. 287-310

Hammerich, Helmut R., Fighting for the Heart of Germany: German I Korps and NATO´s Plans for the Defense of the North German Plain in the 1960s. In: Blueprints for Battle. Planning for War in Central Europe, 1948-1968. Hrsg. von Jan Hoffenaar und Dieter Krüger. University Press of Kentucky 2012, S. 155-174

Hammerich, Helmut R., Fulda Gap: Ein Brennpunkt des Kalten Krieges zwischen Mythos und Wirklichkeit. In: Schlachtfeld Fulda Gap. Strategien und Operationspläne der Bündnisse im Kalten Krieg. Hrsg. von Dieter Krüger, Fulda 2014, S. 12-48

Hammerich, Helmut R., Der Kampf ums Edelweiss: Das II. (GE) Korps und die geplante Verteidigung der bayerischen Alpen während des Kalten Krieges. In: Die Planung der Abwehr in der Armee 61. Hrsg. Peter Braun und Herve de Weck, Bern 2009, S. 51-77

Hammerich, Helmut R., Süddeutschland als Eckpfeiler der Verteidigung Europas. In Military Power Revue, Nr. 2/2011, S. 34-45

Hansen, Die strategischen und operativen Überlegungen der NATO für Mitteleuropa in den späten 1970er Jahren" in Schlachtfeld Fulda Gap, herausgegeben von Dieter Krüger in der Schriftenreihe Point Alpha, Band 2, S. 83-86

Harder, Hans-Joachim, Militärgeschichtliches Handbuch Baden-Württemberg. Hrsg. vom Militärgeschichtlichen Forschungsamt, Stuttgart 1987

Hermann Robert, Die sowjetische Fähigkeit zu Überraschungsangriffen und mögliche Maßnahmen zur Verlängerung der Warnzeit. In: Hrsg. Uwe Nerlich unter Mitwirkung von Falk Bomsdorf, Die Einhegung sowjetischer Macht. Kontrolliertes militärisches Gleichgewicht als Bedingung europäischer Sicherheit. Baden-Baden 1982, S. 305-315

Heyman, Charles, The British Army – a pocket guide. 1995/1996, Barnsley 1995.

Hoffenaar, Jan/Schoenmaker Ben, Met de blik naar het Oosten. De Koninklijke Landmacht 1945-1990, The Hague 1994

Hoffenaar, Jan, Duits-Nederlandse militaire samenwerking in de Koude Oorlog. In: Militaire Spectator 2005, S. 543-552

Hoffenaar, Jan, The Dutch Contribution to the Defense of the Central Sector. In: Blueprints for Battle. Hrsg. Jan Hoffenaar und Dieter Krüger. University Press of Kentucky 2012, S. 155-174

Hoffmann Hans-Albert und Stoof Siegfried, Sowjetische Truppen in Deutschland und ihr Hauptquartier in Wünsdorf. Geschichte, Fakten Hintergründe. Berlin 2013

Johnston, Peter, British Forces in Germany – The Lived Experience. London 2019

Kaldrack, Gerd, Panzerjäger der Luft. In: Jahrbuch des Heeres, Folge 9 (1982), München 1982, S. 156-163

Kießling, Günter, Die Verteidigung Schleswig-Holsteins. In: HEERE international, 1983, S. 127-136

Kirkpatrick, Charles E., „RUCK IT UP!" The Post-Cold War, Transformation of V Corps, 1990 – 2001, Department oft he Army , Washington, D.C., 2006

Kraus, F. W., Militärische Integration im Bündnis – Entwicklung in der NATO und Folgen der französischen Initiative. In: Jahrbuch des Heeres, Folge 1 (1967), S. 16-21

Krüger, Dieter, Brennender Enzian. Die Operationsplanung der NATO für Österreich und Norditalien 1951 bis 1960, Freiburg i.Br. 2010 (= Einzelschriften zur Militärgeschichte, Bd. 46)

Krüger, Dieter, Schlachtfeld Bundesrepublik? Europa, die deutsche Luftwaffe und der Strategiewechsel der NATO 1958 bis 1968. In: Vierteljahreshefte für Zeitgeschichte, 56 (2008), S. 171-225

Kuijl, Wouter, Warmloopen voor de Koude Oorloog. In: Militaire Spectator, Heft 1/20, S. 28-39.

Lautsch, Siegfried, Kriegsschauplatz Deutschland. Erfahrungen und Erkenntnisse eines NVA-Offiziers. Hrsg. vom Zentrum für Militärgeschichte und Sozialwissenschaften der Bundeswehr, Potsdam 2013

Leitlinie für die operative Führung von Landstreitkräften in Mitteleuropa vom 20.8.1987. In: BArch, BH 7-3/935

Lutz, Ernst, Lexikon zur Sicherheitspolitik. München 1980

Magenheimer, Heinz, Die Verteidigung Westeuropas. Doktrin, Kräftestand, Einsatzplanung – Eine Bestandsaufnahme aus Sicht der NATO. Koblenz 1986

Maloney, Sean M., War without Battles. Canada's NATO-Brigade in Germany 1951-1993. Toronto 1997

McCaffrey, Barry R., The Battle on the German Frontier. In: Military Review, März 1982, S. 62-70

Mclnnes, Colin, Hot War, Cold War. The British Army's Way in Warfare, 1945-1995. London 1996

Miller, David, The Cold War. A Military History. London 2001

Naumann, Klaus, Hrsg. NVA Anspruch und Wirklichkeit – nach ausgewählten Dokumenten, Berlin 1993

de Maizière, Ulrich, Verteidigung in Europa-Mitte, München 1975

Palmer, Diego A. Ruiz, Countering Soviet encirclement operations. In: International Defense Revue 11/1988, S. 1415

Palmer, Diego A. Ruiz, Between the Rhine and the Elbe: France and the Conventional Defense of Central Europe. In: Comparative Strategy 1987, S. 477

Pommerin, Reiner, General Trettner und die Atom-Minen. In: Vierteljahrshefte für Zeitgeschichte, 39 (1991), S. 637 - 654

Raven, Wolfram von, Fränkischer Schild – Frankreichs Truppe trainiert die Vorneverteidigung Europas" in Europäische Wehrkunde" Heft 11/86, S. 647

Sanders, Daan, Tactische kernwapens in de Nederlandse landmacht 1953-1968. Vuursteun of afschrikking. In: Militaire Spectator Nr. 7-8/20. S. 344-359

Sanders, Daan, Pogingen flexibel te reageren. Tactische kernwapens in de Koninklijke landmacht 1969-1989. In: Militaire Spectator Nr. 5/22, S. 248-265

Schmidt, Hans-Jürgen, An der Grenze der Freiheit. Die US- & BGS-Verbände am Eisernen Vorhang 1945-1990. 4. Auflage, Bad Bocklet 2012

Schröter, Lothar, Die NATO im Kalten Krieg 1949-1991. Die Geschichte des Nordatlantikpaktes bis zur Auflösung des Warschauer Vertrages – Eine Chronik, 2 Bde, Berlin 2009

Speidel, Hans, Aus unserer Zeit. Erinnerungen, Berlin 1977

Stein, David J., The Development of NATO Tactical Air Doctrine 1970-1985. Rand Corporation, RR-3385-AF, 1987

Steinhoff, Johannes, Wohin treibt die NATO? Probleme der Verteidigung Westeuropas, Hamburg 1976

Steinkopff, Klaus-Christoph, Die geostrategische Bedeutung der Cimbrischen Halbinsel in der westlichen Verteidigungsplanung 1955-1967, Dissertation Universität Kiel 2003

Stratmann, K.-Peter, NATO-Strategie in der Krise? Militärische Optionen von NATO und Warschauer Pakt in Mitteleuropa. Hrsg. Internationale Politik und Sicherheit, Baden-Baden 1981

The British Army Pocket Guide 1995/1996. Hrsg. v. Charles Heyman, Barnsley, England, 1996.

Thilo, Karl Wilhelm, Die Tschechenkrise 1968, wie der Kommandierende General des II. Korps diese erlebt hat. In: Vom Kalten Krieg zur Deutschen Einheit. München 1995. S. 179-185

Thoß, Bruno, NATO-Strategie und nationale Verteidigungsplanung. Planung und Aufbau der Bundeswehr unter den Bedingungen einer massiven atomaren Vergeltungsstrategie 1951-1960. Hrsg. vom Militärgeschichtlichen Forschungsamt, München 2006 (= Sicherheitspolitik und Streitkräfte der Bundesrepublik Deutschland, Bd. 1)

Trauschweizer, Ingo Wolfgang, Creating Deterrence for Limited War: The U.S Army and the Defense of West Germany, 1953-1982, Dissertation University College Park/Maryland 2006

Truppendienst Taschenbuch, Fremde Heere, Die Streitkräfte der Warschauer-Pakt-Staaten. Teil A: Organisation, Militärdoktrin, Führungs- und Einsatzgrundsätze. Teil B: Waffen, Gerät, Uniformen. Je 8. Auflage, Wien 1990

Truppendienst Taschenbuch, Fremde Heere, Die Armeen der NATO-Staaten", 5. Aufl., Wien 1984

Tuschhoff, Christian,   Deutschland, Kernwaffen und die NATO 1949-1967. Zum Zusammenhalt von und friedlichem Wandel in Bündnissen, Baden-Baden 2003 (Nuclear History Program, Bd. 7/30)

UK-Weißbuch 1981, The National Archives, Catalogue Reference: CAB/129/211/11

Urban, Mark L, Order of the Red Banner Carpathian Military District. In: Armed Forces, 2/1983, S. 53-57

Verteidigung im Bündnis. Planung, Aufbau und Bewährung der Bundeswehr 1950-1972. Hrsg. vom Militärgeschichtlichen Forschungsamt München 1975

Vom Kalten Krieg zur deutschen Einheit. Analysen und Zeitzeugenberichte zur deutschen Militärgeschichte 1945 bis 1995. In Zusammenarbeit mit: Wolfgang Schmidt herausgegeben von Bruno Thoß, München 1994

Walther, Adolf, Das Territorialheer. Gliederung und Aufgabe einer großen Organisation. In: Jahrbuch des Heeres, Folge 3 (1971), Darmstadt 1971, S. 97-102

Watson, Graham E. und Rinaldi Richard A, The British Army in Germany (BAOR and After). An Organizational History 1947-2004. Tiger Lilly Publications LLC for ORBAT.COM, 1995

Weigl, Ludwig, Strategische Einsatzplanungen der NATO. Einflussfaktoren, Inhalte, Umsetzungsmaßnahmen. Dissertation Universität der Bundeswehr München 2005

Westerhuis, Ed, Een tankeskadron tijdens de Koude Oorlog. In: Medelingen Vereniging Officieren Cavalerie, Nr.4/2009, S. 9-14

Wie funktioniert das? Die Bundeswehr. Bearbeitet von Werner von Scheven, Hartmut Schmidt-Petri, Meyers Lexikonredaktion, Mannheim 1987

White, Kenton, Never ready – Britain´s Armed Forces and NATO´s Flexible Response Strategy 1967-1989, Warwick/UK 2021

Wurdack, Jörg, Der Raum Hof in den Planungen der NATO. In: Militärgeschichte der Stadt Hof, Hof 2002 (= Chronik der Stadt Hof, Bd. 10), S. 435 ff.

Über den Autor

Gerd Bolik wurde 1944 in Breslau geboren. Der Vater war als Berufssoldat noch vor seiner Geburt an der Ostfront gefallen. Anfang 1945 erlebte er die Flucht, die ihn schließlich in ein Flüchtlingslager in Mittelfranken führte. 1952 erfolgte der Umzug nach Nürnberg, später nach Schwabach. Dort absolvierte er das Abitur und studierte anschließend Jura in Erlangen und Würzburg.

Nach Ablegung der Staatsexamina, Referendarzeit und Promotion arbeitete der Autor zunächst als Verbandssyndikus, bevor er 1974 in den Bayerischen Staatsdienst eintrat und als Richter, Staatsanwalt und Vorsitzender Richter einer Kammer für Handelssachen tätig war.

1992 erfolgte die Abordnung an das Bezirksgericht Leipzig. Der Autor übernahm eine Aufgabe im Rehabilitierungssenat, der sich mit der Aufhebung von DDR-Unrechtsurteilen beschäftigte.

2008 trat er in den Ruhestand. Er ist verheiratet und hat eine Tochter sowie zwei Enkelsöhne.

Zur Entstehung des Buches

Das militärische Interesse des Autors war schon vor Aufbau der Bundeswehr erwacht und bezog sich hauptsächlich auf organisatorische Fragen der Wehrmacht. Nach Aufstellung der Bundeswehr wandte er sich auch hier diesem Aufgabenfeld zu. Darüber hinaus galt sein Interesse der Verteidigungsplanung.

Der Autor, der nach dem Abitur zunächst die Offizierslaufbahn einschlagen wollte, hat keinen Grundwehrdienst geleistet, da er als einziger Sohn des im Kriege gefallenen Vaters vom Wehrdienst befreit war.

Gleichwohl suchte er den Kontakt zur Bundeswehr und pflegte diesen intensiv. Er hielt häufig Vorträge bei der Bundeswehr und wurde schließlich zum Ehrenfeldjäger ernannt.

Ab den 1980er Jahren verfasste der Autor für die österreichische Zeitschrift TRUPPENDIENST zahlreiche Artikel und bearbeitete viele Länder in der (österreichischen) Taschenbuchreihe „Die Armeen der NATO-Staaten", „Der Warschauer Pakt", „Die Armeen der Neutralen und Blockfreien Staaten Europas" sowie „Die Streitkräfte der Staaten des Nahen Ostens und Nordafrikas".

Im Juli 2002 erfüllte sich insofern ein Traum, als die Teilnahme an einer Informationswehrübung für zivile Führungskräfte an der Kampftruppenschule Hammelburg möglich war.

Die Beschäftigung des Autors mit den Verteidigungsplanungen der NATO begann schon in den frühen 60er Jahren, wobei zunächst nur wenige Informationen zu erhalten waren. Was der Autor fand, pflegte er in eine Tabelle ein, die er nach und nach anreicherte. Daraus erklärt sich die zunächst etwas unorthodoxe Gestaltung dieses Buches, die in der 2. Auflage geändert wurde.

Ein Lichtblick in der Informationslandschaft war die 1975 veröffentlichte Studie von Gen. a.D. Ulrich de Maiziere, Verteidigung in Europa Mitte. Es folgten Arbeiten von Helmut Hammerich, Dieter Krüger, Jan Hoffenaar/B. Schoenmaker und weiteren Autoren.

Der Durchbruch kam, als im Bundesarchiv-Militärarchiv in Freiburg die ersten heruntergestuften „scharfen" Einsatzpläne eingesehen werden konnten. Nun war der Autor nicht mehr auf Vermutungen und Schlussfolgerungen angewiesen, sondern hatte die Möglichkeit, sich ein Bild von den realen Planungen zu machen, die er in diesem Buch einem interessierten Leserkreis zugänglich machen möchte.

Carola Hartmann Miles-Verlag

Sicherheitspolitik

Wolf Graf v. Baudissin, *Grundwert: Frieden in Politik – Strategie – Führung von Streitkräften, herausgegeben von Claus von Rosen,* Berlin 2014.

Oliver Schmidt, *Deutsche Außenpolitik und die Zukunft der nuklearen Teilhabe in der NATO,* Berlin 2017.

Dirk Freudenberg, *Theorie des Irregulären – Erscheinungen und Abgrenzungen von Partisanen, Guerillas und Terroristen im Modernen Kleinkrieg sowie Entwicklungstendenzen der Reaktion, (3 Bände),* Berlin 2017.

Markus Reisner, *Robotic Wars – Legitimatorische Grundlagen und Grenzen des Einsatzes von Military Unmanned Systems in modernen Konfliktszenarien,* Berlin 2018.

Helmut Fiedler, *Military Assistance – eine moderne Einsatzart zwischen Anspruch und Wirklichkeit,* Berlin 2019.

Pascal Riemer, *Von der russischen Kriegskunst. Eine Untersuchung der dialektischen Zusammenhänge von Staatsidee und Militärwesen am Beispiel der Sowjetunion und der Russischen Föderation,* Berlin 2021.

Georg Kunovjanek, *Cyber – Die Domäne der vernetzten Unsicherheit. Eine kritische interdisziplinäre Analyse des Krieges der Zukunft und seiner normativen Grundlagen,* Berlin 2021.

Joachim Weber (Hrsg.), *Konfliktraum Arktis. Die Großmächte und der Hohe Norden,* Berlin 2021.

Thomas Jäger, Ralph Thiele (Hrsg.), *Der Politische Islamismus als hybrider Akteur globaler Reichweite. Die liberale demokratische Ordnung muss ihre Resilienz stärken,* Berlin 2021.

Uwe Hartmann, *Die Nato. Mächte und Menschen in der transatlantischen Allianz,* Berlin 2021.

Dirk Freudenberg, *Wehrhaftigkeit der Medienordnung – Rechtliche und rechts-politische Probleme vor dem Hintergrund der Konzeption Zivile Verteidigung (KZV),* Berlin 2022.

Carsten Rechtien, *Trumps Amerika – Eine geopolitische Revolution? Tradition und Neuausrichtung der US-Außenpolitik in der beginnenden Ära Trump,* Berlin 2022.

Hans-Peter Weinheimer, *Bevölkerungsschutz 2030 – Anleitung zur Überwindung eines "bewährten" Systems,* Berlin 2022.

Militär und Gesellschaft

Hans-Christian Beck, Christian Singer (Hrsg.), *Entscheiden – Führen – Verantworten. Soldatsein im 21. Jahrhundert,* Berlin 2011.

Marcel Bohnert, Lukas J. Reitstetter (Hrsg.), *Armee im Aufbruch. Zur Gedankenwelt junger Offiziere in den Kampftruppen der Bundeswehr,* Berlin 2014.

Phil C. Langer, Gerhard Kümmel (Hrsg.), *„Wir sind Bundeswehr." Wie viel Vielfalt benötigen/vertragen die Streitkräfte?,* Berlin 2015.

Eberhard Birk, Peter Andreas Popp (Hrsg.), *Luftwaffenoffizier 21. Das Selbstverständnis des Luftwaffenoffiziers zu Beginn des 21. Jahrhunderts, (aus der Reihe Schriften zur Geschichte der Deutschen Luftwaffe, Band 5),* Berlin 2016.

Alois Bach, Walter Sauer (Hrsg.), *Schützen.Retten.Kämpfen. Dienen für Deutschland,* Berlin 2016.

Marcel Bohnert, Björn Schreiber (Hrsg.), *Die unsichtbaren Veteranen. Kriegsheimkehrer in der deutschen Gesellschaft,* Berlin 2016.

Angelika Dörfler-Dierken (Hrsg.), *Hinschauen! Geschlecht, Rechtspopulismus, Rituale: Systemische Probleme oder individuelles Fehlverhalten?,* Berlin 2019.

Standpunkte und Orientierungen

Daniel Giese, *Militärische Führung im Internetzeitalter – Die Bedeutung von Strategischer Kommunikation und Social Media für Entscheidungsprozesse, Organisationsstrukturen und Führerausbildung in der Bundeswehr,* Berlin 2014.

Dirk Freudenberg, *Auftragstaktik und Innere Führung. Feststellungen und Anmerkungen zur Frage nach Bedeutung und Verhältnis des inneren Gefüges und der Auftragstaktik unter den Bedingungen des Einsatzes der Deutschen Bundeswehr,* Berlin 2014.

Uwe Hartmann (Hrsg.), *Lernen von Afghanistan. Innovative Mittel und Wege für Auslandseinsätze,* Berlin 2015.

Fouzieh Melanie Alamir, *Vernetzte Sicherheit – Quo Vadis?,* Berlin 2015.

Klaus Beckmann, *Treue.Bürgermut.Ungehorsam. Anstöße zur Führungskultur und zum beruflichen Selbstverständnis in der Bundeswehr,* Berlin 2015.

Uwe Hartmann, *Hybrider Krieg als neue Bedrohung von Freiheit und Frieden. Zur Relevanz der Inneren Führung in Politik, Gesellschaft und Streitkräften,* Berlin 2015.

Hartwig von Schubert, *Integrative Militärethik. Ethische Urteilsbildung in der militärischen Führung,* Berlin 2015.

Florian Beerenkämper, Marcel Bohnert, Anja Buresch, Sandra Matuszewski, *Der innerafghanische Friedens- und Aussöhnungsprozess,* Berlin 2017.

Martin Sebaldt, *Nicht abwehrbereit. Die Kardinalprobleme der deutschen Streitkräfte, der Offenbarungseid des Weißbuchs und die Wege aus der Gefahr,* Berlin 2017.

Christian J. Grothaus, *Der „hybride Krieg" vor dem Hintergrund der kollektiven Gedächtnisse Estlands, Lettlands und Litauens,* Berlin 2017.

Uwe Hartmann, *Der gute Soldat. Politische Kultur und soldatisches Selbstverständnis heute,* Berlin 2018.

Christian Bauer, Marcel Bohnert, Jan Pahl, *Vitalis Innere Führung! Zum Status Quo der Führungskultur in den deutschen Streitkräften,* Berlin 2019.

Helmut Jermer, *Innere Führung kompakt. Eine Zusammenschau als Lehr- und Lernhilfe,* Berlin 2019.

Martin Sebaldt, *Das Elend der Strategen. Warum die deutsche Militärpolitik versagt,* Berlin 2020.

Hannes Wendroth, *Gute Führung – (k)ein Selbstgänger. Kleine Führungshilfe mit praktischen Hinweisen und persönlichen Anmerkungen,* Berlin 2022.

Hans-Christian Witthauer, Thomas Saller, *Führung und das 3 Alpha Prinzip. Militärisches Handwerkszeug für den zivilen Führungsalltag,* Berlin 2023.

Erinnerungen

Blue Braun, *Erinnerungen an die Marine 1956–1996,* Berlin 2012.

Klaus Grot, *So war's, damals. Dienstchronik eines Pionieroffiziers im Kalten Krieg 1954–1991,* Berlin 2014.

Gustav Lünenborg, *Bürger und Soldat. Innere Führung hautnah 1956–1993, 1993–2015,* Berlin 2015.

Adolf Brüggemann, *Als Offizier der Bundeswehr im Auswärtigen Dienst. Meine Erinnerungen als Militärattaché in Seoul (Republik Korea) 1978–83 und in Prag (Tschechoslowakei/Tschechien) 1988–1993,* Berlin 2015.

Rainer Buske, *Eine Reise ins Innere der Bundeswehr. Wundersame Geschichten aus einer anderen Welt,* Berlin 2016.

Heinz Laube, *Duell am Himmel,* Berlin 2016.

Viktor Toyka, *Dienst in Zeiten des Wandels. Erinnerungen aus 40 Jahren Dienst als Marineoffizier 1966-2000,* Berlin 2017.

Hans-Eckhard Tribess (Hrsg.), *Im Leben unterwegs – für den Frieden. Festschrift für Wolfgang Altenburg zum 90. Geburtstag am 22. Juni 2018,* Berlin 2019.

Kurt Graf v. Schweinitz, *Notizen im Transit von Krieg und Frieden,* Berlin 2020.

Karl-Otto Behrendt, *Der kurze Bericht über eine lange Zeit. Kriegsgefangenschaft 1945–1953, herausgegeben und kommentiert von Hans-Günter Behrendt,* Berlin 2021.

Hans Peter von Kirchbach, *Herz an der Angel,* Berlin 2021.

Dieter Wolf, *Erlebnisse eines MAD-Offiziers und Leistungssportlers,* Berlin 2022.

Klaus Beckmann, *Dienstweg – kein Durchgang? Als Pfarrer und Staatsbürger in der Bundeswehr,* Berlin 2022.

Militärgeschichte

Eberhard Kliem, Kathrin Orth, *"Wir wurden wie blödsinnig vom Feind beschossen". Menschen und Schiffe in der Skagerrakschlacht 1916,* Berlin 2016.

Hans Frank, Norbert Rath, *Kommodore Rudolf Petersen. Führer der Schnellboote 1942–1945. Ein Leben in Licht und Schatten unteilbarer Verantwortung,* Berlin 2016.

Eckhard Lisec, *Der Völkermord an den Armeniern im 1. Weltkrieg – Deutsche Offiziere beteiligt?,* Berlin 2017.

Ingo Pfeiffer, *Heinz Neukirchen. Marinekarriere an wechselnden Fronten,* Berlin 2017.

Joachim Welz, *Erfolgsstory oder Trauma – die Übernahme von Armeen. Lehren aus der Übernahme des österreichischen Bundesheeres in die Wehrmacht 1938 und der Reste der NVA in die Bundeswehr 1990,* Berlin 2018.

Joachim Hoppe, Manfred Wilde (Hrsg.), *Die Unteroffizierschule des Heeres, Die militärische Meisterschule,* Berlin 2016.

Georg Neuhaus, *Am Anfang war ein Speer. Eine Chronographie der Kriegs- und Militärtechnologien,* Berlin 2018.

Hans-Werner Ahrens, *Die Transportflieger der Luftwaffe 1956 bis 1971. Konzeption – Aufbau – Einsatz, (Reihe Schriften zur Geschichte der Deutschen Luftwaffe, Band 8),* Berlin 2019.

Jobst Reller, *Die Anfänge der evangelischen Militärseelsorge,* Berlin ²2020.

Eberhard Frhr. v. Senden, Friedrich Frhr. v. Senden, *Der Erste Weltkrieg 1914–1918. Erlebnisse eines jungen Leutnants,* Berlin 2020.

Hans-Günter Behrendt, *Flugabwehr in Deutschland. Stationierungsorte und Systeme 1956-2012,* Berlin 2021.

Harald Fritz Potempa, *Balkan 1914-1945. Raum und Kleiner Krieg als militärhistorische Kategorien in der Wahrnehmung deutscher Streitkräfte,* Berlin 2021.

Stephan Horn, *Französische und wallonische Freiwilligenverbände im Zweiten Weltkrieg. Politische Implikationen militärischer Kollaboration,* Berlin 2021.

Jörg Beining, *Streng geheim! Elektronische Kampfführung im Kalten Krieg. Die EloKa der Bundeswehr und NATO aus östlicher Perspektive,* Berlin 2021.

Gerd Bolik, *NATO-Planungen für die Verteidigung der Bundesrepublik Deutschland im Kalten Krieg,* Berlin 2021.

Martin Kutz, *Die Schlacht als Männerballett oder Mythos und Militär,* Berlin 2022.

Olaf Rönnau, *Eine totale Institution als Zwischenspiel. Die Kadettenschule der NVA von ihrer Gründung 1956 bis zu ihrer Auflösung 1961,* Berlin 2022.

Stephan Maninger, *Für einige Morgen aus Eis und Schnee – Großbritanniens Kampf um Nordamerika 1754-1763,* Berlin 2022.

Schriften zur Tradition

Eberhard Birk, Winfried Heinemann, Sven Lange (Hrsg.), *Tradition für die Bundeswehr. Neue Aspekte einer alten Debatte,* Berlin 2012.

Donald Abenheim, Uwe Hartmann (Hrsg.), *Tradition in der Bundeswehr. Zum Erbe des deutschen Soldaten und zur Umsetzung des neuen Traditionserlasses,* Berlin 2018.

Joachim Welz, *Vom Kontingentsheer zum Reichsheer: Militärkonventionen als Motor der Wehrverfassung,* Berlin 2018.

Donald Abenheim, Uwe Hartmann, *Einführung in die Tradition der Bundeswehr. Das soldatische Erbe in dem besten Deutschland, das es je gab,* Berlin 2019.

Eberhard Birk, Heiner Möllers (Hrsg.), *Die Luftwaffe und ihre Traditionen (aus der Reihe Schriften zur Geschichte der Deutschen Luftwaffe, Band 10),* Berlin 2019.

Hans-Günter Behrendt (Hrsg.): *Erinnerungsorte der Bundeswehr – Personen, Ereignisse und Institutionen der soldatischen Traditionspflege,* Berlin 2020.

Dirk Drews, Stefan Gruhl (Hrsg.): *Oberst Reinhard Hauschild 1921–2005. Traditionsstifter für die Bundeswehr? Gedenkschrift zum 100. Geburtstag,* Berlin 2021.

Dieter Krüger, *Verständigung mit Frankreich. Das vergebliche Plädoyer des Oberst Dr. Hans Speidel. Paris 1940–1942,* Berlin 2021.

Martin Kutz, *Besuch im Soldatenhimmel. Ein wissenschaftlicher Reisebericht aus einer anderen Welt,* Berlin 2022.

Jahrbuch Innere Führung

Uwe Hartmann, Claus von Rosen, Christian Walther (Hrsg.), *Jahrbuch Innere Führung 2009. Die Rückkehr des Soldatischen,* Eschede 2009.

Helmut R. Hammerich, Uwe Hartmann, Claus von Rosen (Hrsg.), *Jahrbuch Innere Führung 2010. Die Grenzen des Militärischen,* Berlin 2010.

Uwe Hartmann, Claus von Rosen, Christian Walther (Hrsg.), *Jahrbuch Innere Führung 2011. Ethik als geistige Rüstung für Soldaten,* Berlin 2011.

Uwe Hartmann, Claus von Rosen, Christian Walther (Hrsg.), *Jahrbuch Innere Führung 2012. Der Soldatenberuf zwischen gesellschaftlicher Integration und suis generis-Ansprüchen,* Berlin 2012.

Uwe Hartmann, Claus von Rosen (Hrsg.), *Jahrbuch Innere Führung 2013. Wissenschaften und ihre Relevanz für die Bundeswehr als Armee im Einsatz,* Berlin 2013.

Uwe Hartmann, Claus von Rosen (Hrsg.), *Jahrbuch Innere Führung 2014. Drohnen, Roboter und Cyborgs – Der Soldat im Angesicht neuer Militärtechnologien,* Berlin 2014.

Uwe Hartmann, Claus von Rosen (Hrsg.), *Jahrbuch Innere Führung 2015. Neue Denkwege angesichts der Gleichzeitigkeit unterschiedlicher Krisen, Konflikte und Kriege,* Berlin 2015.

Uwe Hartmann, Claus von Rosen (Hrsg.), *Jahrbuch Innere Führung 2016. Innere Führung als kritische Instanz,* Berlin 2016.

Uwe Hartmann, Claus von Rosen (Hrsg.), *Jahrbuch Innere Führung 2017. Die Wiederkehr der Verteidigung in Europa und die Zukunft der Bundeswehr,* Berlin 2017.

Uwe Hartmann, Claus von Rosen (Hrsg.), *Jahrbuch Innere Führung 2018. Innere Führung zwischen Aufbruch, Abbau und Abschaffung: Neues denken, Mitgestaltung fördern, Alternativen wagen,* Berlin 2018.

Uwe Hartmann, Claus von Rosen (Hrsg.), *Jahrbuch Innere Führung 2019. Bundeswehr im Aufbruch. Hindernisse von den verteidigungspolitischen Vorstellungen der AFD bis zu den sicherheitspolitischen Meinungen in der Zivilgesellschaft,* Berlin 2019.

Uwe Hartmann, Reinhold Janke, Claus von Rosen (Hrsg.), *Jahrbuch Innere Führung 2020. Zur Weiterentwicklung der Inneren Führung: Themen und Inhalte,* Berlin 2020.

Uwe Hartmann, Reinhold Janke, Claus von Rosen (Hrsg.), *Jahrbuch Innere Führung 2021/22. Ein neues Mindset Landes- und Bündnisverteidigung?,* Berlin 2022.

Offiziersbibliothek

Uwe Hartmann, *Offiziersbibliothek I. Deutschland,* Berlin 2020.

Franz H.U. Borkenhagen, Uwe Hartmann, *Offiziersbibliothek II. Internationale Beziehungen und Sicherheitspolitik,* Berlin 2021.

Einsatzerfahrungen

Artur Schwitalla, *Afghanistan, jetzt weiß ich erst...,* Berlin 2010.

Sascha Brinkmann, Joachim Hoppe (Hg.), *Generation Einsatz. Fallschirmjäger berichten ihre Erfahrungen aus Afghanistan,* Berlin 2010.

Ingo Werners, *Fahren, Funken, Feuern. Hinweise auf die Einsatzvorbereitung,* Berlin 2010.

Rainer Buske, *KUNDUZ. Ein Erlebnisbericht über einen militärischen Einsatz der Bundeswehr in Afghanistan im Jahre 2008,* Berlin 2015.

Marcel Bohnert, Andy Neumann, *German Mechanized Infantry on Combat Operations in Afghanistan,* Berlin 2016.

Alois Bach, Carola Hartmann (Hrsg.), *Unbekannte Helden des Alltags. Soldaten und Ehefrauen berichten über Verantwortung, Humanität und Belastung im Auslandseinsatz,* Berlin 2020.

Stefan Brux, *Anaram - Endloses Licht,* Berlin 2022.

Kurt Helmut Schiebold, *99 Tage in Afghanistan. Wie der deutsche Einsatz 2003 im Nordosten Afghanistans begann. Aus meinem Tagebuch,* Berlin 2022.
Stefan Brux, *Anaram – Golden Hour,* Berlin 2023.

Wiener Strategie-Konferenz

Wolfgang Peischel (Hrsg.), *Wiener Strategie-Konferenz 2016 – Strategie neu denken,* Berlin 2017.
Wolfgang Peischel (Hrsg.), *Wiener Strategie-Konferenz 2017 – Strategie neu denken,* Berlin 2018.
Wolfgang Peischel (Hrsg.), *Wiener Strategie-Konferenz 2018 – Strategie neu denken,* Berlin 2019.
Wolfgang Peischel (Hrsg.), *Wiener Strategie-Konferenz 2019 – Strategie neu denken,* Berlin 2021.

www.miles-verlag.jimdo.com